클라우드 네이티브
스프링 인 액션

클라우드 네이티브 스프링 인 액션

1판 1쇄 발행 2024년 3월 29일

지은이 토마스 비탈레
옮긴이 차건회
펴낸이 장성두
펴낸곳 주식회사 제이펍

출판신고 2009년 11월 10일 제406-2009-000087호
주소 경기도 파주시 회동길 159 3층 / **전화** 070-8201-9010 / **팩스** 02-6280-0405
홈페이지 www.jpub.kr / **투고** submit@jpub.kr / **독자문의** help@jpub.kr / **교재문의** textbook@jpub.kr

소통기획부 김정준, 이상복, 김은미, 송영화, 권유라, 송찬수, 박재인, 배인혜, 나준섭
소통지원부 민지환, 이승환, 김정미, 서세원 / **디자인부** 이민숙, 최병찬

진행 송영화 / **교정·교열 및 내지편집** 백지선 / **내지디자인** 이민숙
용지 에스에이치페이퍼 / **인쇄** 한승문화사 / **제본** 일진제책사

ISBN 979-11-92987-67-5 (93000)
값 45,000원

제이펍은 여러분의 아이디어와 원고를 기다리고 있습니다. 책으로 펴내고자 하는 아이디어나 원고가 있는 분께서는 책의 간단한 개요와 차례, 구성과 지은이/옮긴이 약력 등을 메일(submit@jpub.kr)로 보내주세요.

Cloud Native Spring in Action
클라우드 네이티브 네이티브 스프링 인 액션

토마스 비탈레 지음 / **차건회** 옮김

Jpub
제이펍

차 례

PART I 클라우드 네이티브 개요

CHAPTER 1 클라우드 네이티브 소개 3

CHAPTER 2 클라우드 네이티브 패턴 및 기술 42

누군가에게 '소프트웨어 개발자로 사는 것의 장점이 무엇인가?'라는 질문을 받는다면 '끊임없이 새로운 것을 경험할 수 있어 좋다'라는 대답을 하는 사람도 있을 것입니다. 그렇다면 '소프트웨어 개발자로 사는 것의 단점이 무엇인가?'라는 질문에도 이와 동일한 대답을 할 수 있을까요? 끊임없는 변화에 계속 적응해나가는 것이 장점 또는 단점이 될 수도 있겠으나, 바로 그것이 소프트웨어 개발자, 더 넓게는 IT 분야에 종사하는 엔지니어의 숙명이 아닐까 생각합니다.

필자가 대학에 들어갔을 때만 해도, 전산실의 중대형 컴퓨터와 연결된 터미널 앞에서 프로그래밍을 하고 결과를 프린트해서 제출하기까지는 한참의 시간이 지나야만 가능했습니다. 당시 교수님들에게 전해 듣기로는 그보다 더 이전에는 천공카드에 마킹한 후에 카드 더미를 들고 가야 실행을 할 수 있었다는 전설 같은 이야기도 있었습니다.

시간이 흐르면서 PC가 대중화되고, 유닉스는 리눅스로 대치되었고, 인터넷과 웹이 출현했습니다. 인터넷이 대중화되고 웹 기술이 발전함에 따라 많은 회사들이 일반 사용자를 위한 서비스를 제공하기 시작했습니다. 아마존은 폭발적으로 팽창했고, 구글은 검색 기술을 시작으로 다양하고 유용한 애플리케이션을 세계적인 스케일로 제공하기 시작했습니다. 넷플릭스로 대표되는 OTT 서비스 덕분에 영화관에 가지 않고도 거실 소파에 기대고 누워 스마트폰으로 영화를 보는 시대가 되었습니다. 이 모든 과정은 미국 국방성이 내부에서만 사용하던 인터넷을 일반에 공개한 1987년 이후 40년도 채 지나지 않아 가능했습니다. 시간을 더 거슬러 올라가 세계 최초의 컴퓨터인 에니악 ENIAC이 1946년에 발표된 지 80년도 채 지나지 않아 이런 일들이 가능해진 것입니다. 지금까지 그래왔던 것처럼 앞으로도 계속 빠른 속도로 변화해나갈 것입니다.

이런 흐름 속에서 개발자의 사정도 비슷했을 겁니다. 필자의 경우, 처음에는 백엔드 웹 프로그래밍을 C 언어의 CGI로 시작했습니다. 그러다가 PHP와 ASP, ASP.NET/C#을 거쳐 자바/스프링까지 이르렀습니다. 사용하는 프로그래밍 언어와 프레임워크의 변화에 끊임없이 대응해야만 했습니다.

늘 그렇듯이 새로운 용어나 기술이 처음 등장해 뜨거운 관심을 받을 때면 한편으로는 궁금하면서도 다른 한편으로는 위축되고 겁이 나곤 했습니다. 지금 사용하고 있는 기술도 깊이 있게 숙련되지 못했는데, 빠른 속도로 새로운 기술이 나와서 다른 사람들은 다 이미 잘 알고 있고 나만 모르는 것은 아닌지, 개발자라면 누구나 한 번쯤은 생각했음 직한 상황입니다.

클라우드, 도커, 쿠버네티스, 데브옵스, CI/CD, 파이프라인

아마 지난 10년간 소프트웨어 시스템의 배포와 운영에 있어 가장 큰 영향을 끼친 기술을 꼽는다면 이 단어들이 상위권을 차지할 것 같습니다. 그렇다고 소프트웨어 개발자로 이런 기술을 깊이 있게 이해하고 이를 바탕으로 전체 서비스를 설계할 필요는 없습니다. 하지만 자신이 작성한 코드가 어떤 과정을 거쳐 최종 사용자에게까지 서비스의 형태로 전달되는지는 알고 있어야 합니다. 테스트 도중 문제가 발생한다면 때로는 파드 내부까지 로그인해서 로그 파일을 확인해야 할 때도 있습니다. 소프트웨어 개발자의 제어 아래 놓인 개발 환경에서 빌드 파이프라인이 실패한다면 무엇이 문제인지 직접 찾아야 할 수도 있습니다. 문제를 해결해달라고 데브옵스 팀에게 부탁할 수도 있지만, 프로덕션이나 스테이지 환경이 아닌 한낱(?) 개발 환경까지 살펴봐주기에는 너무 바쁠 수도 있고 회사 규모나 사정상 개발자가 직접 파이프라인을 다뤄야만 할 수도 있습니다.

우리 속담에 '구슬이 서 말이라도 꿰어야 보배'라는 말이 있습니다. 스프링 부트, 도커, 쿠버네티스, 리액티브, 고가용성, 서버리스 등 많은 좋은 기술과 용어들이 난무하는 가운데 문제는 이들이 머릿속에서 따로 놀 뿐, 전체적이고 일관된 흐름과 맥락 안에서 이해하기는 쉽지 않다는 점입니다. 그런 점에서 이 책은 개발자의 시각에서 이런 기술들을 습득하도록 돕습니다. '15요소 방법론을 따르는 클라우드 네이티브 애플리케이션의 작성과 배포'라는 실을 사용해 '서킷 브레이커'나 '배포 파이프라인'이라는 구슬을 꿰어갑니다.

또한 개발자의 시각을 코드 작성(Dev)이나 소프트웨어 시스템 운영(Ops) 어느 한쪽 측면에 국한하지 않고 15요소 방법론의 시각으로 클라우드 네이티브 애플리케이션을 개발하고 운영하기 위해 필요한 모든 측면으로 확장시켜줍니다. 이 책의 내용을 이해하고 나면 각자의 선택에 따라 쿠버네티스라든지 빌드 파이프라인 혹은 그랄VM이나 스프링 빌드팩 같은 주제를 깊이 있게 이해하기가

훨씬 더 용이할 것입니다.

중대형 메인 프레임 서버에서 PC로, 웹과 인터넷으로, 컨테이너와 쿠버네티스로의 발전이 앞으로 어떻게 진화해나갈지는 누구도 장담할 수 없습니다. 하지만 현재를 놓고 보면, 예외는 있겠으나 '컨테이너화된 소프트웨어가 클라우드에서 쿠버네티스로 관리되면서 실행되는 컴퓨팅 환경'이 현재 백엔드의 실제적 표준(de facto standard)입니다. 이에 적합한 소프트웨어의 개발은 오롯이 소프트웨어 개발자의 몫입니다. 그런 점에서 이 책은 탁월한 길잡이이자 친절한 조언자 역할을 해줄 것입니다.

차건회

베타리더 후기 _____

 김호준(현전사)

이 책은 자바를 다루는 개발자가 클라우드 네이티브 개발을 처음 접하는 입장에서 좋은 이정표가 될 수 있습니다. 15요소 방법론을 중심으로 클라우드 네이티브 개발을 하면서 맞닥뜨릴 수 있는 어려움이나 문제들을 해결할 수 있는 방법들과 도구들을 잘 정리해주고 있으며, 예제들도 복잡하지 않게 구성되어 있습니다. 무엇보다 번역이 어색함 없이 깔끔히 잘 되어 있어서 베타리딩을 즐겁게 진행할 수 있었습니다.

 박수빈(엔씨소프트)

이 책은 스프링 개발에서 그치지 않고, 클라우드 환경으로 배포하며 서비스하려는 이들에게 매우 친절한 가이드입니다. 다소 두꺼운 분량의 책이지만 그만큼 다양한 용어와 개념을 담았고, 필요한 지식의 차례에 맞추어 실습과 함께 안내하고 있습니다. 흩어져 있는 클라우드 개발에 대한 지식을 체계적으로 정리해주는 느낌도 들었습니다.

사지원(카카오모빌리티)

이 책은 클라우드 네이티브의 처음부터 시작하여 애플리케이션 개발, 빌드와 배포 그리고 보안까지 모든 것을 총망라하는 하나의 All-In-One 같은 책입니다. 자바와 스프링에 아직 익숙하지 않다면 다소 어려울 수도 있겠지만, 힘들더라도 포기하지 않고 이 책을 완독한다면 얻어갈 것은 굉장히 많을 것입니다.

윤승환(코드벤터)

누구나 대규모 서비스를 경험하는 행운을 얻을 수는 없겠으나, 이 책을 통해 대규모 서비스를 운영하는 백엔드 개발자의 고민를 함께 경험할 수 있을 것입니다.

양성모(현대오토에버)

《스프링 인 액션》만큼이나 오랫동안 곁에 두고 읽어야 할 책이 될 것 같습니다. 스프링 부트와 도커, 쿠버네티스를 활용하여 고품질의 클라우드 네이티브 어플리케이션을 개발하는 방법을 쉽게 따라하며 배울 수 있습니다.

 이기하(오픈플랫폼 개발자커뮤니티)

'클라우드 네이티브'라는 흐름에 스프링도 여러 가지 편리한 기능이 많이 추가되었지만, 정작 제대로 사용하지 못하고 있는 현실에서 이 책은 큰 도움이 줄 것입니다. 클라우드 네이티브 개념과 컨테이너, 쿠버네티스까지 다양한 분야에 대한 설명이 있으며, 훌륭한 예제 소스 코드와 함께 친절한 설명이 적혀 있습니다. 여러 가지 개념을 이해하기에는 다소 어렵기도 하겠지만, 하나씩 따라하다 보면 클라우드 네이티브와 스프링 간의 최적의 조합을 찾을 수 있을 것입니다.

 이석곤(아이알컴퍼니)

이 책의 베타리딩을 먼저 경험해서 매우 유익하고 만족스러웠는데, 특히 실제 클라우드 환경에서의 스프링 개발에 필요한 내용과 예제를 보다 쉽게 다루는 점이 좋았습니다. 코드 예제와 실습을 통해 직접 경험할 수 있어 개념을 명확하게 이해하도록 하는 것도 장점이며, 이러한 실전 중심의 접근 방식은 클라우드 네이티브 개발에 관심 있는 개발자들에게 큰 도움이 될 것입니다.

 정현준(AtlasLabs)

이 책을 통해 스프링과 쿠버네티스를 이용해 생산성 높은 클라우드 네이티브 앱을 만드는 방법을 배울 수 있습니다. 클라우드 네이티브의 기본 사항과 패턴을 읽고, 스프링 부트/스프링 클라우드를 이용해 효율적으로 앱을 만들어 테스트를 진행·보안할 수 있는 효과적인 방법을 알려주는 책입니다. 또한 회복성, 확장성을 고려해 명령형/반응형 앱을 다룰 수 있으며, 쿠버네티스에서 앱을 설정·배포·관찰하기까지 프로덕션에 적용할 수 있는 수많은 지식을 배울 수 있을 것입니다.

추천 서문(조시 롱)

수년 동안 수십 개의 추천 서문과 머리말을 써왔지만, 이번 서문은 아마도 쓰면서 처음으로 짜증이 났던 것 같습니다. 그 이유는 '패배'의 쓰라린 아픔 때문입니다. 이 책과 같은 콘텐츠로 책을 집필하지 못해서 마음이 쓰립니다. 한편으로는 '과연 나는 이런 콘텐츠의 책을 쓸 수 있을까?' 하는 생각이 드는 것도 사실입니다.

이 책은 환상적입니다. 모든 페이지는 분명하고 심오한 경험에 기반한 참신한 아이디어로 가득 차 있습니다. 항상 이러한 개념들을 한곳으로 모으고자 했었기에, 미래에도 계속해서 이 책을 사람들에게 소개할 것입니다.

대부분의 프로덕션 환경이 쿠버네티스에서 돌아가는 요즘의 상황에서 프로덕션에 적합한 애플리케이션을 구축하고 거기에 프로덕션 자체를 구축한다고요? 이런 일은 엄청난 작업량을 요구합니다. 700쪽이 넘는 이 책처럼 말이죠! 하지만 분량에 대한 저의 장황한 설명 때문에 이 책의 구매를 망설일 필요는 없습니다. 이 책은 더 큰 주제를 다루고 있는 방대한 책입니다.

이 책은 우리가 흔히 떠올리는 주제인 서비스 및 마이크로서비스를 구축하는 방법, 지속성, 메시징, 통합 가시성을 위한 계측, 설정, 보안 등을 다룹니다. 어떤 주제는 장 전체를 할애해 다루기도 합니다.

스프링 부트 애플리케이션은 이 책이 야심 차게 준비한 스토어 프론트의 가장 중요한 부분이지만, 그렇다고 해서 이 책이 그것만 중점적으로 다루는 것은 아닙니다. 이 책은 폭넓으면서도 깊이 있는 내용을 담고 있는 놀라운 책입니다! 이 책에서 다루는 내용이 얼마나 미묘한 차이를 보이는지 느낄 수 있도록 몇 가지 구체적인 사례를 나열해보겠습니다. 다음 목록은 결코 완전한 것은 아니지만, 제가 읽으면서 깜짝 놀랐던 내용들을 포함합니다. 기존의스프링 부트와 스프링 클라우드에 관한 책에 수록됐어야 할 내용이지만, 안타깝게도 거의 찾아볼 수 없었던 그런 내용들입니다.

- 로키, 플루언트비트, 그라파나로 로깅을 환상적으로 다룹니다.

- 이 책은 단순히 쿠버네티스를 '시작하고 실행'하는 것 이상의 내용을 다룹니다. 이 책을 다 읽고 나면 쿠버네티스 배포를 손쉽게 다룰 수 있게 될 것입니다. 케이네이티브와 스프링 클라우드 함수를 사용해 서버리스로 전환할 수도 있습니다. 그런 다음 깃허브 액션, 커스터마이즈, 큐비발Kubeval과 같은 도구로 파이프라인을 구축할 수 있을 것입니다. 마지막으로 로컬에서 틸트 및 도커 컴포즈와 같은 도구를 사용해 개발 작업을 할 수 있을 것입니다.

- 단일 페이지 애플리케이션single-page application, SPA의 맥락에서 보안에 대한 논의는 그 자체로 훌륭한 책이 될 수 있습니다. 효과적이고, 반복적이며, 빠르고, 프로덕션을 염두에 두고 있습니다. 특히 이 11장은 놓치지 말아야 합니다.

- 수록된 모든 내용은 테스트를 염두에 두고 쓰여졌습니다. 스프링에는 다양한 프로젝트를 위한 보완적인 테스트 모듈이 있는데, 이 책은 이들을 잘 소개하고 있습니다.

- 또한 그랄VM의 네이티브 이미지 컴파일러와 스프링 네이티브 프로젝트를 소개합니다. 스프링 네이티브는 비교적 최근에 생태계에 추가되었기 때문에 이 책에 포함되지 않았다고 해서 비난할 사람은 아무도 없을 것입니다. 하지만 놀랍게도 이 주제가 포함되어 있습니다. 정말 대단한 일이죠!

- 저자는 이 책에서 새로운 기술적 개념을 소개하면서 독자들이 직접 구현해볼 수 있도록 구체적 설명을 해줍니다. 애자일과 깃옵스를 다룬 부분이 특히 마음에 들었습니다.

스프링 부트는 세상을 변화시켰고, 토마스 비탈레가 쓴 이 책은 멋지고 'bootiful'한 신세계를 탐색하기 위한 최고의 지도입니다. 꼭 사서 읽고, 실천하세요. 놀라운 무언가를 빌드하고 프로덕션으로 가는 여정을 즐기시기 바랍니다!

조시 롱 Josh Long, **VM웨어 Tanzu 소속 스프링 개발자 애드버킷, @starbuxman**

머리말 _____

병원에서 편리하게 사용하도록 개발한 소프트웨어를 간호사와 의사들이 자신들의 일상 업무에서 어떻게 사용하는지 보기 위해 현장 견학을 처음 갔던 때를 똑똑히 기억합니다. 우리의 애플리케이션을 통해 환자를 돌보는 방식이 어떻게 개선되었는지 목격하던 순간은 놀라웠습니다. 소프트웨어는 변화와 혁신을 가져올 수 있습니다. 이것이 바로 우리가 소프트웨어를 만드는 이유입니다. 우리는 사용자, 고객, 비즈니스 자체에 가치를 제공한다는 목표를 가지고 기술을 통해 문제를 해결합니다.

잊을 수 없는 또 다른 순간은 스프링 부트를 배웠을 때입니다. 그때까지 저는 핵심 스프링 프레임워크로 작업하는 것을 매우 즐겼습니다. 특히 보안, 데이터 지속성, HTTP 통신 및 통합과 같은 측면을 관리하기 위해 작성한 코드가 마음에 들었습니다. 많은 물리적인 노력이 필요했지만 당시 자바 환경의 여러 가지 대안을 고려하면 그만한 가치가 충분했습니다. 하지만 스프링 부트가 모든 것을 바꿔놓았습니다. 갑자기 플랫폼 자체가 이러한 모든 측면을 처리해주기 시작했습니다. 인프라 문제와 통합을 처리하는 코드가 더 이상 필요하지 않게 되었지요.

그러다 문득 인프라 문제와 통합을 처리하던 저의 코드도 더 이상 필요하지 않다는 생각을 하게 됐습니다! 그 부분에 대한 코드를 삭제하면서 애플리케이션의 비즈니스 로직, 즉 가치를 창출하는 부분보다 이런 코드에 얼마나 많은 시간을 소비했는지 새삼 깨닫게 되었습니다. 반면에 반복적으로 사용하는boilerplate 코드에 비해 실제로 비즈니스 로직에 해당하는 코드는 얼마나 적은지도 알게 됐습니다. 획기적인 순간이었습니다!

수년이 지난 지금도 스프링 부트는 자바 환경에서 엔터프라이즈급 소프트웨어 제품을 구축하기 위한 선도적인 플랫폼이며, 그렇게 인기를 끄는 이유 중 하나는 개발자의 생산성에 중점을 두고 있기 때문입니다. 각 애플리케이션을 특별하게 만드는 것은 데이터를 노출하거나 데이터베이스에 연결하는 방식이 아니라 비즈니스 로직입니다. 그리고 궁극적으로 사용자, 고객, 비즈니스에 가치를 제공하는 것은 바로 이러한 비즈니스 로직입니다. 프레임워크, 라이브러리, 통합으로 구성된 광범위한 생태계를 활용하는 스프링 부트를 사용하면 개발자는 비즈니스 로직에만 집중할 수 있습니다. 여러 모듈을 연결하고 반복적으로 사용하는 코드의 처리는 스프링 부트에게 맡기면 됩니다.

클라우드와 클라우드의 '운영체제'로 빠르게 자리 잡은 쿠버네티스는 우리 분야에서 또 하나의 게임 체인저입니다. 클라우드 컴퓨팅 모델의 기능을 활용하면 클라우드 네이티브 애플리케이션을 구축하고 프로젝트의 확장성, 복원력, 속도 및 비용 최적화를 달성할 수 있습니다. 궁극적으로 소프트웨어를 통해 창출하는 가치를 높이고 이전에는 불가능했던 방식으로 새로운 유형의 문제를 해결할 수 있는 기회를 얻게 됩니다.

이 책의 아이디어는 소프트웨어 엔지니어들이 가치를 창출하는 여정을 돕고 싶다는 바람에서 시작되었습니다. 코드에서 시작해 프로덕션까지 가야 하는 이 모험에 참여하기로 결정해주셔서 기쁩니다. 스프링 부트와 일반적인 스프링 생태계는 이러한 여정의 중추를 담당합니다. 다양한 애플리케이션을 구현하는 과정에서 클라우드 네이티브의 원칙과 패턴은 우리의 길잡이가 될 것입니다. 지속적 전달 관행의 도움을 통해 고품질 소프트웨어를 안전하고, 신속하며, 안정적으로 제공할 수 있습니다. 쿠버네티스와 그 생태계는 사용자에게 애플리케이션을 배포하고 릴리스할 수 있는 플랫폼을 제공할 것입니다.

이 책을 구성하고 집필할 때 기본 원칙으로 삼은 것은, '예제는 일상 업무와 관련 있고 즉시 적용할 수 있는 실제적인 것이어야 한다'는 것이었습니다. 이 책에서 다루는 모든 기술과 패턴은 책이라는 제한된 지면에 담을 수 있는 한도 내에서 최대한으로 고품질의 소프트웨어를 프로덕션 환경에 제공하도록 하는 것을 목표로 합니다. 그 목표를 성공적으로 달성해냈기를 희망합니다.

코드에서 시작해 프로덕션까지 이르는 클라우드 네이티브 여정에 함께 해주셔서 다시 한번 감사드립니다. 소프트웨어로 더 많은 가치를 창출하고 변화를 가져오는 데 이 책이 도움이 되기를 바라며, 책을 읽는 동안 즐겁고 유익한 경험이 되기를 바랍니다.

토마스 비탈레

감사의 글 ─────────────────────────────

책을 쓰는 것은 어려운 일이며, 개발 과정에서 저를 도와준 많은 분들의 도움이 없었다면 이 책을 쓰는 일은 불가능했을 것입니다. 먼저, 지속적으로 저를 격려하고 지원해준 가족과 친구들에게 감사의 말을 전하고 싶습니다. 특히 부모님 Sabrina와 Plinio, 여동생 Alissa(내가 아는 이 중에서 가장 용감한 사람인), 할아버지 Antonio에게 저를 항상 믿어주시고 지지해주신 것에 대해 감사합니다.

이 책을 처음 제안할 때부터 함께해주었고, 이 책을 개선하기 위해 항상 피드백과 조언을 아끼지 않은 친구이자 동료 엔지니어인 Filippo, Luciano, Luca, Marco에게 감사의 말을 전하고 싶습니다. 이 기간 동안 저를 격려해준 Systematic의 동료와 친구들에게도 감사의 말을 전하고 싶습니다. 여러분과 함께 일하는 것이 저에게는 행운입니다.

처음 스프링 생태계를 소개하고 제 커리어의 진로를 바꿔준 토리노 폴리텍대학의 Giovanni Malnati 교수님께 감사드립니다. 생산적이고 가치 있는 생태계를 만들어준 스프링 팀에게도 큰 감사를 드립니다. 저에게 많은 것을 가르쳐주고 이 책의 서문까지 써준 조시 롱에게 특별히 감사합니다. 제게 큰 의미를 줬습니다!

이 책이 귀중한 자료가 될 수 있도록 큰 도움을 준 매닝 팀 전체에게도 감사의 말씀을 전하고 싶습니다. 특히 Michael Stephens(기획 및 진행 편집자), Susan Ethridge(개발 편집자), Jennifer Stout(개발 편집자), Nickie Buckner(기술 개발 편집자), Niek Palm(기술 교정자)에게 감사의 말을 전하고 싶습니다. 이들의 피드백, 조언, 격려가 이 책에 큰 도움이 되었습니다. Mihaela Batinic(리뷰 편집자), Andy Marinkovich(제작 담당자), Andy Carroll(카피 편집자), Keri Hales(교정자), Paul Wells(제작 관리자)에게도 감사의 마음을 전합니다.

모든 리뷰어 분들께 감사드립니다: Aaron Makin, Alexandros Dallas, Andres Sacco, Conor Redmond, Domingo Sebastian, Eddú Meléndez Gonzales, Fatih Mehmet Ucar, François-David Lessard, George Thomas, Gilberto Taccari, Gustavo Gomes, Harinath Kuntamukkala, Javid Asgarov, João Miguel, Pires Dias, John Guthrie, Kerry E. Koitzsch, Michał Rutka, Mladen Knežić, Mohamed Sanaulla, Najeeb Arif, Nathan B. Crocker, Neil Croll, Özay Duman, Raffaella Ventaglio, Sani Sudhakaran Subhadra, Simeon Leyzerzon, Steve Rogers, Tan Wee, Tony Sweets, Yogesh Shetty 및 Zorodzayi Mukuya의 제안이 더 나은 책을 만드는 데 큰 도움이 되었습니다.

마지막으로, 오픈소스 기여자, 동료 연사, 콘퍼런스 주최자, 그리고 이 커뮤니티를 특별하게 만드는 데 기여하는 모든 분, 즉 수년 동안 자바 커뮤니티와 그곳에서 만난 모든 환상적인 분들께 감사의 말씀을 전합니다.

이 책에 대하여 _____

《**클라우드 네이티브 스프링 인 액션**Spring Native Spring in Action》은 스프링 부트와 쿠버네티스를 사용해 클라우드 네이티브 애플리케이션을 설계, 빌드, 배포하는 데 도움을 주기 위해 쓰여졌다. 이 책은 프로덕션에 이르는 과정을 선별해 정의하고 엔터프라이즈급 애플리케이션에 즉시 적용할 수 있는 효과적인 기술을 알려준다. 또한 아이디어부터 시작해 프로덕션까지의 과정을 단계별로 안내함으로써 클라우드 네이티브 개발이 소프트웨어 개발 라이프사이클의 모든 단계에서 어떻게 비즈니스 가치를 더할 수 있는지 보여준다. 온라인 서점 시스템을 개발하면서 스프링 및 자바 생태계에서 제공되는 강력한 라이브러리를 사용해 클라우드 네이티브 애플리케이션을 빌드하고 테스트하는 방법을 배운다. 각 장에서는 REST API, 데이터 지속성, 리액티브 프로그래밍, API 게이트웨이, 함수, 이벤트 중심 아키텍처, 복원력, 보안, 테스트, 통합 가시성 등의 주제를 다룬다. 이런 주제를 살펴본 후에 클라우드용 애플리케이션을 컨테이너 이미지로 패키징하고, 쿠버네티스 같은 클라우드 환경을 위해 배포를 설정하는 방법, 그리고 이에 더해 애플리케이션을 프로덕션 환경에서 사용할 수 있도록 하는 방안 및 지속적 전달과 지속적 배포를 사용해 코드에서 프로덕션까지 이르는 과정을 설계하는 방법까지 확장해 설명한다.

이 책은 점점 더 복잡해지는 클라우드 환경을 살펴보고 패턴과 기술을 통합해 실제 클라우드 네이티브 시스템을 구축한 후에 프로덕션 환경에 배포하는 데 도움이 되도록 실습 중심의 프로젝트 중심 가이드를 제공한다.

대상 독자

이 책은 스프링 부트와 쿠버네티스를 사용해 프로덕션 환경에서 사용할 수 있는 클라우드 네이티브 애플리케이션을 설계하고, 개발하며, 배포하는 방법에 대해 자세히 알아보려는 개발자와 아키텍트를 대상으로 한다.

이 책을 최대한 활용하려면 자바 프로그래밍 기술, 웹 애플리케이션 구축 경험, 스프링 핵심 기능에 대한 기본 지식이 있어야 한다. 또한 깃, 객체 지향 프로그래밍, 분산 시스템, 데이터베이스, 테스트 코드 작성에 익숙하다는 전제하에 집필되었다. 하지만 도커와 쿠버네티스에 대한 경험은 없어도 된다.

책의 구성

이 책은 4부, 16장으로 구성되어 있다.

1부에서는 코드에서 프로덕션까지의 클라우드 네이티브 여정을 위한 준비 단계에 해당하는데, 책의 나머지 부문에서 나누는 주제를 더 잘 이해하고 각각의 주제가 전체 클라우드 네이티브 관점에서 어디에 위치하는지 파악하는 데 도움이 될 것이다.

- 1장에서는 클라우드 네이티브 환경을 소개한다. 클라우드 네이티브의 의미, 클라우드 네이티브 애플리케이션의 기본 속성, 이를 지원하는 프로세스에 대해 정의한다.
- 2장에서는 클라우드 네이티브 개발 원칙을 다루고, 첫 번째 실습으로 최소 규모의 스프링 부트 애플리케이션을 빌드해 이것을 쿠버네티스에 컨테이너로 배포해본다.

2부에서는 스프링 부트와 쿠버네티스를 통해 프로덕션에 바로 사용할 수 있는 클라우드 네이티브 애플리케이션을 구축하기 위한 주요 사례와 패턴을 소개한다.

- 3장에서는 코드베이스 구성, 의존성 관리, 배포 파이프라인의 커밋 단계 정의 전략을 포함하여 새로운 클라우드 네이티브 프로젝트를 시작하기 위한 기본적인 사항을 살펴본다. 스프링 MVC와 스프링 부트 테스트를 사용해 REST API를 구현하고 테스트하는 방법을 배운다.
- 4장에서는 외부화된 설정의 중요성에 대해 설명하고 속성 파일, 환경 변수, 스프링 클라우드 컨피그를 사용한 설정 서비스 등 스프링 부트 애플리케이션에 사용할 수 있는 몇 가지 옵션을 논의한다.

- 5장에서는 클라우드에서 데이터 서비스의 주요 측면을 소개하고 스프링 데이터 JDBC를 사용해 스프링 부트 애플리케이션에 데이터 지속성을 추가하는 방법을 살펴본다. 또한 플라이웨이 Flyway를 사용해 프로덕션에서 데이터를 관리하는 방법과 테스트컨테이너를 활용하는 테스트 전략을 배운다.

- 6장은 컨테이너에 대해 다루며, 도커에 대해 자세히 알아보고 도커파일과 클라우드 네이티브 빌드팩을 사용해 스프링 부트 애플리케이션을 컨테이너 이미지로 패키징하는 방법을 알아본다.

- 7장은 쿠버네티스에 대한 장으로, 서비스 검색, 로드 밸런싱, 확장성, 로컬 개발 워크플로를 다룬다. 또한 스프링 부트 애플리케이션을 쿠버네티스 클러스터에 배포하는 방법에 대해 자세히 알아본다.

3부에서는 복원력, 보안, 확장성, API 게이트웨이 등 클라우드에서 실행되는 분산 시스템의 기본 속성과 패턴을 다룬다. 또한 리액티브 프로그래밍과 이벤트 중심 아키텍처에 대해서도 설명한다.

- 8장에서는 리액티브 프로그래밍과 스프링 웹플럭스 및 스프링 데이터 R2DBC를 포함한 스프링 리액티브 스택의 주요 기능을 소개한다. 또한 프로젝트 리액터를 사용해 애플리케이션의 복원력을 높이는 방법을 살펴본다.

- 9장에서는 API 게이트웨이 패턴과 스프링 클라우드 게이트웨이로 에지 서비스edge service를 구축하는 방법을 다룬다. 재시도, 시간 초과, 폴백, 회로 차단기, 속도 제한기와 같은 패턴을 사용해 스프링 클라우드와 Resilience4J로 탄력적인 애플리케이션을 구축하는 방법을 배운다.

- 10장에서는 이벤트 중심 아키텍처에 대해 설명하고 스프링 클라우드 함수, 스프링 클라우드 스트림, 래빗MQ로 구현하는 방법을 살펴본다.

- 11장에서는 한 장 전체를 할애해 보안을 다루는데, 스프링 시큐리티, OAuth2, 오픈ID 커넥트, 키클록을 사용해 클라우드 네이티브 시스템에서 인증을 구현하는 방법을 배운다. 또한 단일 페이지 애플리케이션이 시스템의 일부일 때 CORS 및 CSRF와 같은 보안 문제를 해결하는 방법도 살펴본다.

- 12장은 계속해서 보안에 관한 장으로, OAuth2와 스프링 보안을 사용해 분산 시스템 내에서 액세스를 위임하고, API와 데이터를 보호하고, 역할에 따라 사용자에게 권한을 부여하는 방법을 논의한다.

4부에서는 통합 가시성, 설정 관리, 비밀 관리 및 배포 전략과 같은 문제의 해결을 통해 클라우드 네이티브 애플리케이션을 프로덕션에 사용할 수 있도록 준비하기 위한 마지막 몇 단계를 안내한다. 또한 서버리스 및 네이티브 이미지에 대해서도 다룬다.

- 13장에서는 스프링 부트 액추에이터, 오픈텔레메트리, 그라파나 가시성 스택을 사용해 클라우드 네이티브 애플리케이션이 관찰 가능하도록 만드는 방법을 설명한다. 로그, 상태, 메트릭, 추적 등과 같은 원격 분석 데이터를 생성하도록 스프링 부트 애플리케이션을 설정하는 방법을 배운다.
- 14장은 컨피그맵, 시크릿, 커스터마이즈와 같이 쿠버네티스가 자체적으로 제공하는 기능을 포함한 고급 설정 및 시크릿 관리 전략을 살펴본다.
- 15장은 클라우드 네이티브 여정의 마지막 단계에 해당하는데, 프로덕션 환경을 위해 스프링 부트를 설정하는 방법을 살펴본다. 그런 다음 깃옵스 전략을 채택하면서 애플리케이션에 대한 지속적 배포를 설정한 후 애플리케이션을 공용 클라우드의 쿠버네티스 클러스터로 배포한다.
- 16장에서는 스프링 네이티브와 스프링 클라우드 함수를 통해 서버리스 아키텍처와 함수를 살펴본다. 또한 쿠버네티스 위에서 뛰어난 개발자 경험을 제공하는 케이네이티브와 그 강력한 기능에 대해서도 알아본다.

일반적으로 1장부터 시작하여 각 장을 순차적으로 진행하는 것이 좋다. 특정 관심사에 따라 다른 순서로 읽는 것을 선호하는 경우, 책 전체에서 사용되는 용어, 패턴 및 전략을 더 잘 이해하기 위해 1장부터 3장까지는 먼저 읽기 바란다. 하지만 각 장은 앞 장을 기반으로 하기 때문에 순차적으로 읽지 않는다면 놓치는 맥락이 있을 수도 있다.

예제 코드 등 다운로드

이 책은 실습과 프로젝트 중심의 경험을 제공한다. 2장부터는 여러 개의 클라우드 네이티브 애플리케이션으로 구성된 가상의 온라인 시스템을 구축한다.

이 책의 라이브북(온라인) 버전(https://livebook.manning.com/book/cloud-native-spring-in-action)에서 실행 가능한 코드를 얻을 수 있다. 이 책 전체에 걸쳐 개발된 프로젝트의 모든 소스 코드는 깃허브(https://github.com/ThomasVitale/cloud-native-spring-in-action)에 있으며, Apache 라이선스 2.0에 따른 라이선스를 갖는다. 각 장마다 'begin' 폴더와 'end' 폴더가 있다. 각 장은 앞 장을 기반으로 하지만, 앞 장

을 읽지 않았더라도 언제든지 특정 장의 'begin' 폴더로 실습이나 예제 실행을 시작할 수 있다. 'end' 폴더에는 해당 장의 단계를 완료한 후의 최종 결과가 포함되어 있으며, 이를 자신의 코드와 비교할 수 있다. 예를 들어, 3장의 소스 코드는 'Chapter03' 폴더에서 찾아볼 수 있는데, 여기에는 '03-begin'과 '03-end' 폴더가 들어 있다.

이 책 전체에 걸쳐 개발된 모든 애플리케이션은 자바 17과 스프링 부트 2.7을 기반으로 하며 그래들로 빌드된다. 프로젝트는 비주얼 스튜디오 코드, 인텔리제이 아이디어 또는 이클립스와 같이 자바, 그래들Gradle 및 스프링 부트를 지원한다면 어떤 IDE로도 작업할 수 있다. 또한 자신의 로컬 컴퓨터에 도커가 설치되어 있어야 한다. 2장과 부록 A에서는 로컬 환경을 설정하는 데 도움이 되는 자세한 정보를 제공한다.

예제 코드는 macOS, 우분투 및 윈도우에서 테스트되었다. 윈도우에서는 이 책 전체에서 설명하는 배포 및 설정 작업을 완료하기 위해 리눅스용 윈도우 하위 시스템Windows Subsystem for Linux, WSL을 사용할 것을 권한다. macOS에서 애플 실리콘 컴퓨터를 사용하는 경우 모든 예제를 실행할 수 있지만, 작성 시점에 ARM64 아키텍처에 대한 기본 지원을 제공하지 않는 일부 도구에서는 성능 문제가 발생할 수 있다. 각 장에서 이와 관련된 내용이 있는 경우 자세한 정보를 제공한다.

앞서 언급한 깃허브 저장소(https://github.com/ThomasVitale/cloud-native-spring-in-action)에는 이 책의 모든 소스 코드가 메인 브랜치에 포함되어 있다. 그 외에도 스프링 부트 2.x의 향후 릴리스에 따라 소스 코드를 최신 상태로 유지하는 sb-2-main 브랜치가 있다. 또한 sb-3-main 브랜치도 있는데, 이 브랜치는 스프링 부트 3.x의 향후 릴리스에 맞춰 소스 코드를 발전시켜 나갈 계획이다

이 책에는 번호가 매겨진 예제 일반 텍스트와 함께 인라인으로 된 소스 코드 예제가 많이 포함되어 있다. 두 경우 모두 소스 코드는 일반 텍스트와 구분하기 위해 이와 같은 고정 너비 글꼴로 서식이 지정되어 있다. 새로운 기능이 기존 코드 줄에 추가되는 경우와 같이 장의 이전 단계에서 변경된 코드를 강조하기 위해 코드가 굵은 글씨로 표시되는 경우도 있다.

대부분의 경우 원본 소스 코드의 서식이 변경되었으며, 책에서 사용 가능한 페이지 공간에 맞게 줄 바꿈을 추가하고 들여쓰기를 재작업했다. 드물지만 이마저도 충분하지 않은 경우에는 줄 바꿈 마커(↪)가 포함된 목록도 있다. 또한 코드가 텍스트에 설명되어 있는 경우에 소스 코드의 주석을 예제에서는 삭제한 경우가 종종 있다. 예제 코드는 많은 경우 코드에 대한 설명을 담고 있는데, 이는 중요한 개념을 강조하기 위함이다.

기타 온라인 리소스

X(구 트위터, @vitalethomas), LinkedIn(https://www.linkedin.com/in/vitalethomas) 또는 저자의 블로그(https://thomasvitale.com)를 통해 온라인에서 저자와 연락할 수 있다.

스프링 생태계에 대해 자세히 알아보려면 https://github.com/ThomasVitale/awesome-spring을 통해 책, 비디오, 팟캐스트, 강좌 및 이벤트가 포함된 교육 리소스를 제공하니 참고하기 바란다.

표지에 대하여 _____

책 표지에 실린 그림은 <Paisan Dequito(키토의 농부)>라는 제목이 붙어 있다. 이 삽화는 1797년 프랑스에서 출간된 《Costumes de Différents Pays(여러 나라의 복식)》 화집에서 가져온 것으로, 자크 그라세 드 생소뵈르Jacques Grasset de Saint-Sauveur(1757~1810)가 여러 나라의 드레스 의상을 손으로 정교하게 그리고 채색했다. 생소뵈르의 풍부한 작품들은 불과 200년 전만 해도 세계 각 도시와 지역의 문화가 얼마나 다양했는지를 생생하게 보여준다. 지리적으로 떨어져 있으면서, 사람들은 다른 언어와 방언을 사용했다. 거리나 시골에서 어디에 살고 있으며, 무엇을 사고 파는지, 어떤 계층에 속하는지를 단지 옷차림만으로도 쉽게 확인할 수 있었다.

그 이후로 우리가 옷을 입는 방식은 변했고, 풍부했던 지역별 다양성은 희미해졌다. 지금은 마을, 지역, 나라는 고사하고, 서로 다른 대륙에 사는 사람들을 구분하는 것도 어렵다. 아마도 우리는 문화적 다양성 대신에 더 다양해진 개인적 삶, 또는 빠른 속도로 변해가는 기술적인 생활을 선택했던 것 같다.

비슷비슷한 책들이 가득한 요즘, 매닝Manning 출판사는 두 세기 전 여러 지역의 다채로운 생활상을 보여주는 자크 그라세 드 생소뵈르의 그림 중 하나를 표지에 실어 IT 업계의 독창성과 진취성을 기리고자 한다.

클라우드 네이티브 개요

클라우드 네이티브 환경은 매우 광범위해서 어디부터 어떻게 시작해야 할지 막막할 수 있다. 1부는 코드 작성부터 프로덕션 환경으로 배포하기까지 클라우드 네이티브 여정의 토대를 준비하는 과정을 다룬다. 1장에서는 클라우드 네이티브 환경을 이론적으로 살펴본다. 클라우드 네이티브의 의미, 클라우드 네이티브 애플리케이션의 기본 속성 및 이를 지원하는 프로세스를 정의한다. 2장에서는 클라우드 네이티브 개발 원칙에 대해 알아보고, 스프링 부트 애플리케이션을 컨테이너로 빌드해서 쿠버네티스에 배포하는 첫 번째 실습을 해볼 것이다. 1부의 모든 내용은 이 책의 나머지 부분에서 다루는 주제를 더 잘 이해하고 전체 클라우드 네이티브 아키텍처에서 어디에 위치하는지 파악하는 데 도움이 될 것이다.

PART I

Cloud native
fundamentals

1

클라우드 네이티브 소개

이 장의 주요 내용

- 클라우드 및 클라우드 컴퓨팅 모델은 무엇인가?
- 클라우드 네이티브의 정의
- 클라우드 네이티브 애플리케이션의 특성
- 클라우드 네이티브를 지원하는 문화와 관행
- 클라우드 네이티브 접근 방식을 고려할 수 있는 시기와 이유
- 클라우드 네이티브 애플리케이션을 위한 구성 및 아키텍처

클라우드 네이티브 애플리케이션은 클라우드에서 실행되면서 변화에 탄력적으로 대응하고 고도로 분산되어 있는 시스템이다. 시스템은 여러 개의 서비스로 구성되며 이 서비스들은 네트워크를 통해 서로 통신한다. 또한 이 시스템은 끊임없이 변하는 동적 환경에 배포한다.

이 시스템에 대한 기술적인 내용을 다루기 앞서 먼저 클라우드 네이티브가 무엇인지 정의하는 것이 중요하다. 애자일, 데브옵스, 마이크로서비스 같은 이 분야의 다른 유행어와 마찬가지로 클라우드 네이티브라는 용어는 사람마다 다른 의미를 갖기 때문에 종종 오해되고 혼동을 초래한다.

이 장에서는 이 책의 내용을 이해하기 위해 필요한 개념을 설명하는 데 할애한다. 먼저 클라우드 네이티브가 무엇을 의미하는지 그리고 애플리케이션을 클라우드 네이티브 애플리케이션이라고

부를 수 있으려면 무엇이 필요한지 정의한다. 클라우드 네이티브 애플리케이션의 속성과 클라우드 컴퓨팅 모델의 특성을 살펴보고, 클라우드로 전환해야 하는 시기와 이유에 대해 설명한다. 또한 클라우드 네이티브 구성 및 아키텍처의 몇 가지 기본 개념에 대해서도 다룬다. 그림 1.1은 클라우드 네이티브 시스템을 정의하기 위해 필요한 모든 요소를 개괄적으로 보여준다. 이 장은 스프링으로 클라우드 네이티브 애플리케이션을 작성하고 쿠버네티스에 배포하기까지의 여정을 시작하기 위한 준비 작업에 해당한다.

클라우드 네이티브의 구성 요소

클라우드	애플리케이션 속성		실행
클라우드 기반 환경 클라우드 컴퓨팅을 지원하는 IT 기반 환경	**확장성** 워크로드의 증가 또는 감소를 동적으로 지원	**느슨한 결합** 각각의 구성 요소들은 서로에 대해 최소한의 지식만 갖는다.	**자동화** 재생 가능하고 효율적이며 신뢰할 만한 시스템
클라우드 컴퓨팅 컴퓨팅 자원에 대한 온디맨드 네트워크 접근	**회복성** 문제 직면 시 서비스 수준 유지	**유지 보수성** 외부에서의 제어 수준: 갱신, 설정, 배포	**지속적 배포** 더 낮고 더 빠른 소프트웨어 배포
클라우드 서비스 IaaS, CaaS, PaaS, FaaS, SaaS	**관측 가능성** 내부 상태에 대해 외부로부터 추정된 지식		**데브옵스** 서로 다른 역할 사이에서 협업하는 문화

구성	목표		아키텍처
컨테이너 경량화되고 독립적인 컴퓨팅 콘텍스트	**속도** 더 빠르고 유연한 배포	**복원력** 가용성 및 안정성	**애플리케이션 서비스** 느슨히 결합되고, 상태를 유지하지 않고 독립적으로 배포할 수 있는 단위
오케스트레이션 컨테이너 스케줄링, 클러스터 관리	**확장성** 탄력성 및 동적 확장성	**비용** 효율성 및 비용 최적화	**데이터 서비스** 데이터베이스, 메시징 시스템 및 상태를 유지하는 그 밖의 구성 요소
서버리스 클라우드 플랫폼에서 관리 되는 서버와 백엔드 서비스			**상호작용** HTTP, RSocket, gRPC, 메시징과 같은 서비스 간 통신

그림 1.1 클라우드 네이티브는 클라우드 기술의 활용을 목표로 애플리케이션을 개발하기 위한 접근 방식이다.

1.1 클라우드 네이티브란 무엇인가?

2010년 5월 25일, 클라우드 업계의 베테랑인 폴 프리맨틀Paul Fremantle은 자신의 블로그에 '클라우드 네이티브Cloud Native[1]라는 제목의 글을 올렸다. 그는 **클라우드 네이티브**라는 용어를 처음으로 사용한 사람 중 한 명이다. 그는 마이크로서비스, 도커, 데브옵스, 쿠버네티스, 스프링 부트 같은 개념과 기술이 아직 존재하지 않던 시기에 WSO2[2]에서 애플리케이션과 미들웨어가 클라우드 환경에서 잘 작동하기 위해 필요한 것, 즉 **클라우드 네이티브**가 되기 위해 무엇이 필요한지에 대해 자신의 팀원들과 토의했다.

프리맨틀의 설명에서 핵심 개념은 클라우드 네이티브 애플리케이션이 클라우드를 위해 특별히 설계되어야 하고, 클라우드 환경과 클라우드 컴퓨팅 모델의 장점을 활용할 수 있는 특성이 있어야 한다는 점이다. 클라우드가 아닌 환경에서 실행되도록 설계된 기존 애플리케이션을 클라우드로 옮기는 것을 '리프트 및 시프트lift and shift' 접근 방식이라고 부르는데 이렇게 한다고 해서 애플리케이션이 클라우드 **네이티브**가 되는 것은 아니다. 그럼 어떻게 하는 것이 클라우드 네이티브일까?

1.1.1 클라우드 네이티브에서의 세 가지 P

애플리케이션이 클라우드를 위해 특별히 설계된다는 것은 무엇을 의미할까? **클라우드 네이티브 컴퓨팅 재단**cloud native computing foundation, CNCF은 클라우드 네이티브에 대해 정의를 했는데 여기서 그 답을 찾을 수 있다.[3]

> 기업체와 같은 조직에서 클라우드 네이티브 기술을 사용하면 공용, 사설 및 하이브리드 클라우드와 같은 현대적이고 동적인 환경에서 확장 가능한 애플리케이션을 구축하고 실행할 수 있다. 이러한 접근 방식의 예로는 컨테이너, 서비스 메시, 마이크로서비스, 불가변 인프라, 선언적 API를 들 수 있다.
>
> 느슨하게 결합된 시스템에서 이러한 기술을 사용하면 복원력이 뛰어나고 관리가 용이하며 관찰 가능한 시스템을 만들 수 있다. 이것이 강력한 자동화와 결합되면 엔지니어들은 최소의 노력만으로도 큰 영향을 끼치는 변경을 자주 그리고 예측 가능한 방식으로 할 수 있다.

이 정의에서 세 가지 요점을 꼽을 수 있는데, 필자는 '클라우드의 세 가지 P'라고 부른다

---

1   P. 프리맨틀, '클라우드 네이티브' 폴 프리맨틀의 블로그, 2010년 5월 28일, http://mng.bz/Vy1G.

2   옮긴이 https://en.wikipedia.org/wiki/WSO2

3   Cloud Native Computing Foundation, "CNCF Cloud Native Definition v1.0", http://mng.bz/de1w.

- **플랫폼**platform: 클라우드 네이티브 애플리케이션은 클라우드(공용, 사설 또는 하이브리드) 같은 동적 분산 환경을 기반으로 하는 플랫폼에서 실행된다.
- **속성**property: 클라우드 네이티브 애플리케이션은 확장 가능하고 느슨하게 결합되며 복원력이 뛰어나고 관리가 용이하며 관찰 가능하도록 설계된다.
- **실행**practice: 견고한 자동화를 통해 빈번하고 예측 가능한 방식으로 시스템을 변경하는 것이 여기에 포함되는데 자동화, 지속적 전달, 데브옵스 등이 있다.

> **클라우드 네이티브 컴퓨팅 재단이란?**
> 리눅스 재단의 일부로, '지속 가능한 생태계를 구축하고 클라우드 네이티브 오픈소스 소프트웨어의 성장과 건강을 지원하는 커뮤니티를 육성한다'. CNCF는 공급 업체에 구애받지 않고 클라우드 이식성을 가능하도록 많은 클라우드 네이티브 기술 및 프로젝트를 주관한다. 클라우드 네이티브에 관한 프로젝트를 찾고 싶다면 CNCF 클라우드 네이티브 인터랙티브 랜드스케이프Cloud Native Interactive Landscape[4]를 참고하기 바란다.

다음 절에서는 위의 개념을 자세히 살펴보겠지만, 클라우드 네이티브의 정의가 특정 구현 세부 사항이나 기술과는 관련이 없다는 점을 유념해야 한다. 물론 CNCF가 컨테이너나 마이크로서비스를 정의할 때 일정 부분 특정 기술을 언급하지만 하나의 예로 제시할 뿐이다. 클라우드로의 마이그레이션을 시작할 때 일반적으로 갖기 쉬운 오해 중 하나는 클라우드로의 이행하려면 반드시 마이크로서비스 아키텍처를 채택하고 컨테이너로 빌드해서 쿠버네티스로 배포해야 한다는 것이다. 하지만 이는 사실이 아니다. 2010년에 프리맨틀이 그의 블로그에 올린 글을 보면 그 이유를 알 수 있는데, 당시에는 이런 기술이 존재하지도 않았기 때문에 이에 관해 언급하지 않았다. 그럼에도 그가 묘사한 애플리케이션은 여전히 클라우드 네이티브로 간주될 뿐만 아니라 8년 후 CNCF에서 제공한 정의와도 잘 들어맞는다.

1.2 클라우드와 클라우드 컴퓨팅 모델

클라우드 네이티브 애플리케이션을 중점적으로 설명하기 전에 먼저 이 시스템이 시작하는 장소, 즉 클라우드 네이티브 애플리케이션이 실행되는 환경인 클라우드(그림 1.2)에 대해 설명해보겠다. 이번 절에서는 클라우드와 클라우드의 주요 특성을 정의한다. 결국 클라우드 네이티브 애플리케이션이 클라우드 환경에서 잘 작동하도록 설계하려면 우리는 그 환경에 대해 알아야 한다.

---

4   Cloud Native Computing Foundation, "CNCF Cloud Native Interactive Landscape", https://landscape.cncf.io/.

그림 1.2 **클라우드는 다양한 컴퓨팅 모델을 특징으로 하는 IT 인프라이며
소비자가 필요로 하는 제어 수준에 따라 제공 업체에 의해 서비스로 제공된다.**

클라우드는 클라우드 컴퓨팅 모델에 따라 컴퓨팅 자원을 소비자에게 제공하는 IT 인프라이다. 미국 국립표준기술연구소National Institute of Standards and Technology, NIST는 클라우드 컴퓨팅을 다음과 같이 정의한다.[5]

> 클라우드 컴퓨팅은 설정 가능한 컴퓨팅 자원(예를 들어 네트워크, 서버, 스토리지, 애플리케이션 및 서비스)의 공유 풀에 접근할 수 있도록 해주는 모델인데, 여기서 접근은 어디서나 편리하게 주문형으로 네트워크를 통해 이루어지며, 관리에 들어가는 노력이나 서비스 제공자와의 접촉을 최소로 하면서 이런 서비스를 신속하게 제공하거나 회수할 수 있다.

스스로 전기를 생산하는 것이 아니라 공급자에게 전기를 얻어 사용하는 것처럼 클라우드를 통해 컴퓨팅 자원(예를 들어 서버, 스토리지, 네트워크 등)을 일종의 소비재처럼 받아 사용하는 것이다.

클라우드 공급자는 클라우드 인프라를 내부적으로 관리하기 때문에 소비자 입장에서는 서버 하드웨어나 네트워크 같은 물리적 자원에 대해 신경 쓸 필요가 없다. 클라우드를 사용하는 기업은 네트워크(일반적으로 인터넷)를 사용한 API를 사용해 그때그때 필요에 따라 리소스를 제공받거나 확장이 가능한 온디맨드 셀프 서비스를 통해 자신에게 필요한 모든 컴퓨팅 자원을 얻을 수 있다.

이 모델에서 탄력성elasticity은 주요 특징 가운데 하나다. 컴퓨팅 자원은 필요에 따라 동적으로 더 많이 제공하거나 회수할 수 있다

---

5   NIST, "The NIST Definition of Cloud Computing," SP 800-145, September 2011, http://mng.bz/rnWy

탄력성이란 자율적으로 리소스를 제공하거나 회수해서 시스템이 어느 정도로 워크로드의 변화에 적응할 수 있는지를 나타내는 지표인데 예를 들면 각 시점에서 사용 가능한 리소스가 그 시점에 요구되는 리소스와 가능한 한 일치하도록 하는 것이다.[6]

전통적인 IT 인프라로는 탄력성을 제공할 수 없다. 회사는 처음에 필요한 컴퓨팅 자원을 최대치로 계산하고 이에 맞춰 인프라를 구축하지만 이들 자원이 다 사용되는 경우는 별로 없다. 클라우드 컴퓨팅 모델을 사용하면 컴퓨팅 리소스의 사용량을 모니터링하고 실제로 사용하는 것에 대해서만 비용을 지불하면 된다.

클라우드 인프라가 어디에 있어야 하는지, 누가 관리해야 하는지에 대해서는 엄격한 요구 사항이 없다. 클라우드 서비스를 제공하기 위한 몇 가지 배포 모델이 존재하는데 주요한 것으로는 사설 클라우드, 공공 클라우드, 하이브리드 클라우드가 있다.

- **사설 클라우드**private cloud: 한 단체나 조직에서만 사용하도록 제공하는 클라우드 인프라이다. 해당 조직이나 단체가 관리하거나 제3자에 의해 관리될 수 있으며, 호스팅은 외주로 하거나 자체적으로 할 수 있다. 프라이빗 클라우드는 일반적으로 중요한 데이터 또는 매우 중요한 시스템을 다루는 조직에서 선호하는 방법이다. 또한 유럽연합 '일반 데이터 보호 규칙General Data Protection Regulation, GDPR' 또는 '캘리포니아 소비자 개인정보 보호법California Consumer Privacy Act, CCPA'과 같은 특정 법률 및 요구 사항을 준수하도록 인프라를 완벽하게 제어하고자 할 때 선택할 수 있다. 예를 들어, 은행과 의료 서비스 제공 업체는 자체 클라우드 인프라를 구축할 가능성이 높다.

- **공공 클라우드**public cloud: 일반 사용자들에게 공공으로 제공되는 클라우드 인프라이다. 일반적으로 클라우드 공급자가 소유하고 관리하며 공급자가 제어하고 관리하는 장소에서 호스팅한다. 공공 클라우드 서비스 제공 업체의 예로는 아마존 웹 서비스Amazon Web Services, AWS, 마이크로소프트 애저Microsoft Azure, 구글 클라우드Google Cloud, 알리바바 클라우드Alibaba Cloud, 디지털오션DigitalOcean 등이 있다.

- **하이브리드 클라우드**hybrid cloud: 앞의 두 가지 유형에 해당하는 클라우드 인프라 구성 몇 개를 하나로 묶어 마치 하나의 단일 환경인 것처럼 서비스를 제공한다.

클라우드 컴퓨팅 모델이 제공하는 서비스 모델은 소비자에게 제공되는 기능에 따라 다섯 가지로

---

6 N.R. Herbst, S. Kounev, and R. Reussner, "Elasticity in Cloud Computing: What it is, and What it is Not," in *Proceedings of the 10th International Conference on Automatic Computing (ICAC 2013)*, http://mng.bz/BZm2.

나눌 수 있다. 이 중 어떤 서비스 모델을 선택할지는 인프라에 대한 제어가 어느 정도 필요한지 그리고 관리할 컴퓨팅 리소스 유형이 무엇인지에 따라 달라진다.

그림 1.3은 클라우드 컴퓨팅 서비스 모델과 각 모델에서 플랫폼이 제공하는 서비스 그리고 소비자에게 제공되는 추상화에 대해 설명한다. 예를 들어 서비스형 인프라스트럭처 모델을 사용하면 플랫폼은 컴퓨팅, 스토리지 및 네트워킹 리소스를 제공하고 관리하는 반면 소비자는 가상 서버를 제공하고 관리한다.

클라우드 컴퓨팅 서비스 모델

인프라 플랫폼	컨테이너 플랫폼	애플리케이션 플랫폼	서버리스 플랫폼	소프트웨어 플랫폼
IaaS	CaaS	PaaS	FaaS	SaaS
플랫폼: 컴퓨팅, 스토리지 및 네트워킹 자원을 제공	**플랫폼**: 컨테이너 엔진, 오케스트레이터, 기반 인프라를 제공한다.	**플랫폼**: 개발 및 배포 툴, API, 기반 인프라를 제공한다.	**플랫폼**: 실행 환경, 함수를 실행하기 위해 필요한 전체 인프라, 자동 확장을 제공한다.	**플랫폼**: 소프트웨어와 이를 실행할 전체 인프라를 제공한다.
사용자: 서버, 네트워크, 스토리지를 제공, 구성, 관리한다.	**사용자**: 컨테이너화된 워크로드 및 클러스터를 빌드, 배포, 관리한다.	**사용자**: 애플리케이션을 빌드, 배포, 관리한다.	**사용자**: 함수를 빌드하고 배포한다.	**사용자**: 네트워크를 통해 서비스를 사용한다.

그림 1.3 **클라우드 컴퓨팅 서비스 모델. 제공하는 추상화 수준,
그리고 어느 주체가 어느 수준(플랫폼 또는 소비자)에서 관리할 책임이 있는지에 따라 달라진다.**

1.2.1 서비스형 인프라스트럭처

서비스형 인프라스트럭처infrastructure as a service, IaaS 모델에서 사용자는 서버, 스토리지 및 네트워크와 같은 자원을 직접 제어하고 제공할 수 있다. 예를 들어 가상 서버를 구축하고 운영체제 및 라이브러리와 같은 소프트웨어도 설치할 수 있다. 이 모델이 한동안 사용되었지만 대중적으로 널리 사용하게 된 계기는 아마존이 2006년에 아마존 웹 서비스를 제공하면서부터였다. IaaS 제품의 예로는 AWS의 일래스틱 컴퓨팅 클라우드Elastic Compute Cloud, EC2, 애저 가상 머신Azure Virtual Machine, 구글 컴퓨트 엔진Google Compute Engine, 알리바바 가상 머신Alibaba Virtual Machine, 디지털오션 드롭릿DigitalOcean Droplet이 있다.

1.2.2 서비스형 컨테이너

서비스형 컨테이너container as a service, CaaS 모델에서 사용자는 가상화를 위한 기본 리소스를 제어할 수 없고 대신 컨테이너를 만들고 관리한다. 클라우드 공급자는 이러한 컨테이너의 요구를 충족하

기 위해 필요한 기본 리소스를 제공하는데, 예를 들어 새로운 가상 머신을 만들고 인터넷을 통해 액세스할 수 있도록 네트워크를 구성해준다. 컨테이너 플랫폼을 구축하는 데 사용되는 도구의 예로는 도커 스웜Docker Swarm, 아파치 메소스Apache Mesos, 쿠버네티스Kubernetes가 있다. 주요 클라우드 공급자 모두 CaaS의 실제적 표준de-facto이 된 쿠버네티스를 관리형 서비스로 제공하는데, 이에 대한 예로는 아마존 일래스틱 쿠버네티스 서비스Amazon Elastic Kubernetes Service, EKS, 애저 쿠버네티스 서비스Azure Kubernetes Service, AKS, 구글 쿠버네티스 엔진Google Kubernetes Engine, GKE, 알리바바의 쿠버네티스를 위한 컨테이너 서비스Alibaba Container Service for Kubernetes, ACK, 디지털오션 쿠버네티스 DigitalOcean Kubernetes가 있다.

1.2.3 서비스형 플랫폼

서비스형 플랫폼platform as a service, PaaS 모델에서는 클라우드 공급자가 인프라, 도구, API를 제공하고 개발자는 이를 사용해 애플리케이션을 빌드하고 배포한다. 예를 들어 개발자는 자바 애플리케이션을 빌드하고 JARJava Archive 파일로 패키징한 다음, PaaS 모델로 실행되고 있는 플랫폼에 배포할 수 있다. 이 플랫폼은 자바 런타임, 기타 필수 미들웨어를 제공하며 데이터베이스 또는 메시징 시스템과 같은 추가 서비스도 제공할 수 있다. PaaS 제품의 예로는 클라우드 파운드리Cloud Foundry, 히로쿠Heroku, AWS 일래스틱 빈스토크Elastic Beanstalk, 애저 앱 서비스App Service, 구글의 앱 엔진App Engine, 알리바바의 웹 앱 서비스Web App Service 및 디지털오션의 앱 플랫폼App Platform이 있다. 지난 몇 년 동안 공급 업체는 개발자와 운영자에게 새로운 PaaS 경험을 제공하기 위해 쿠버네티스 환경으로 발전해왔다. 이러한 차세대 서비스의 예로는 VM웨어VMware의 탄주 애플리케이션 플랫폼 Tanzu Application Platform과 레드햇RedHat의 오픈시프트OpenShift가 있다.

1.2.4 서비스형 함수

서비스형 함수function as a service, FaaS 모델의 서버리스 컴퓨팅을 사용하면 사용자는 함수의 형태로 자신의 애플리케이션의 비즈니스 로직을 구현하는 데만 집중할 수 있고, 플랫폼은 서버 및 나머지 인프라를 제공한다. 서버리스 애플리케이션은 HTTP 요청이나 메시지와 같은 이벤트가 발생하면 실행되게 할 수 있다. 예를 들어 어떤 데이터가 메시지 큐에 들어올 때마다 특정 알고리즘에 따라 결과를 계산하는 함수를 작성할 수 있다. 상용 FaaS 제품의 예로는 아마존 AWS 람다Amazon AWS Lambda, 마이크로소프트 애저 함수Microsoft Azure Function, 구글 클라우드 함수Google Cloud Function, 알리바바 함수 컴퓨트Alibaba Functions Compute가 있다. 오픈소스로는 케이네이티브Knative와 아파치 오픈휘스크Apache OpenWhisk가 있다.

가장 추상화된 서비스는 **서비스형 소프트웨어**software as a service, SaaS다. 이 모델에서 소비자는 사용 자로서 애플리케이션에 액세스하고 클라우드 공급자는 소프트웨어 및 인프라 스택 전체를 관리한다. 많은 회사가 애플리케이션을 만들고 CaaS 또는 PaaS 모델을 통해 실행한 다음 최종 고객에게는 SaaS 형태로 판매한다. SaaS 애플리케이션의 소비자는 일반적으로 웹 브라우저 또는 모바일 장치와 같은 경량 클라이언트 프로그램을 통해 사용한다. SaaS의 예로는 프로톤 메일Proton Mail, 깃허브GitHub, 플로저블 애널리틱스Plausible Analytics, 마이크로소프트의 오피스 365 등이 있다.

> **플랫폼 vs PaaS**
>
> 클라우드 네이티브에 관련한 토론에서 플랫폼이라는 용어를 사용하면 약간의 혼란을 야기할 수 있어서 이 용어의 의미를 명확히 하는 것이 좋다. 일반적으로 플랫폼은 애플리케이션을 실행하고 관리하기 위해 사용하는 운영 환경이다. 따라서 구글 쿠버네티스 엔진은 CaaS 모델에 따라 클라우드 서비스를 제공하는 플랫폼이다. 마이크로소프트 애저 함수는 FaaS 모델에 따라 클라우드 서비스를 제공하는 플랫폼이다. 더 낮은 수준에서, 예를 들어 우분투Ubuntu에 애플리케이션을 직접 배포한다면, 우분투 역시 플랫폼이다. 이 책의 나머지 부분에서, 플랫폼이라는 용어는 방금 설명한 더 넓은 개념을 의미하고 그렇지 않은 경우에는 그 의미를 명시적으로 설명할 것이다.

1.3 클라우드 네이티브 애플리케이션의 특성

클라우드가 준비되었다면 그 특성을 활용하기 위해 애플리케이션을 어떻게 설계해야 할까?

CNCF는 클라우드 네이티브 애플리케이션이 가져야 할 다섯 가지 주요 속성을 정의한다. 그 자체로만 보면 클라우드 네이티브는 이러한 속성을 갖는 애플리케이션을 빌드하고 실행하는 방법론이라고 볼 수 있다. 코넬리아 데이비스Cornelia Davis는 이와 관련해 "클라우드 네이티브 소프트웨어는 어떻게 계산이 수행되는지에 의해 정의되는 것이지 그 계산이 어디에서 수행되는지와는 상관없다"라고 한마디로 요약한다.[7] 다른 말로 표현하자면, 클라우드는 어디where에 관한 것이고, 클라우드 네이티브는 어떻게how에 관한 것이다.

어디에 관한 것, 즉 클라우드는 이미 다루었다. 이제 **어떻게**에 대해 살펴보자. 이들 속성과 각 속성에 대한 간단한 설명을 그림 1.4에서 빠르게 훑어볼 수 있다.

---

7   C. Davis, "Realizing Software Reliability in the Face of Infrastructure Instability," in *IEEE Cloud Computing 4, 5, pp. 34-40, September/October 2017.*

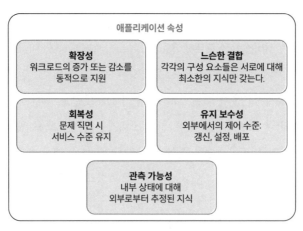

그림 1.4 **클라우드 네이티브 애플리케이션의 주요 속성**

1.3.1 확장성

클라우드 네이티브 애플리케이션은 확장이 가능하도록 설계되는데, 이것이 의미하는 바는 추가 리소스를 제공해 증가하는 워크로드를 지원한다는 것이다. 이러한 추가 리소스의 특성에 따라 수직적 확장과 수평적 확장으로 나눌 수 있다.

- **수직적 확장**vertical scalability: 수직적 확장(위/아래scaling up/down 확장)은 CPU나 메모리와 같은 컴퓨팅 노드에 하드웨어 리소스를 추가하거나 제거하는 것을 의미한다. 하드웨어 리소스를 무한정 추가할 수는 없기 때문에 이 방식은 제한적으로 이루어진다. 이 접근 방식에서는 애플리케이션 자체를 확장 혹은 축소하도록 명시적으로 설계할 필요는 없다.

- **수평적 확장**horizontal scalability: 수평적 확장(확대/축소scaling out/in 확장)은 시스템에 더 많은 컴퓨팅 노드나 컨테이너(예를 들어, 쿠버네티스를 사용할 때)를 추가하는 것을 의미한다. 이 접근 방식은 수직적 확장에서와 같은 제한은 없지만, 애플리케이션이 확장 가능하도록 만들어야 한다.

전통적인 시스템은 워크로드가 증가할 경우 일반적으로 수직적 확장을 채택한다. 수직적 확장은 애플리케이션이 더 많은 사용자를 지원하도록 하기 위해 일반적으로 취할 수 있는 접근 방식으로 단순히 CPU와 메모리를 추가하면 되기 때문에 애플리케이션을 설계할 때 처음부터 확장성을 고려해 설계하거나 확장성을 향상하기 위해 재설계를 하지 않아도 된다. 이 방식은 어떤 특정 상황에서는 좋은 방안이 될 수 있지만, 클라우드에서는 이와는 다른 무언가가 필요하다.

모든 것이 역동적이고 끊임없이 변화하는 클라우드에서는 수평적 확장을 선호한다. 이미 실행 중인 컴퓨터의 연산 능력을 높이기보다는 애플리케이션의 인스턴스를 새로 만들어내는 것이 쉬운데 이러한 일은 클라우드 컴퓨팅 모델이 제공하는 추상화 수준 덕분에 가능하다. 클라우드는 탄력적이기 때문에 짧은 시간에 동적으로 애플리케이션 인스턴스를 늘리거나 줄일 수 있다. 클라우드의 주요 특징 중 하나인 탄력성에 대해 이미 살펴봤는데, 탄력성이란 컴퓨팅 리소스를 필요에 따라 늘리거나 줄일 수 있다는 것을 의미한다. 확장성은 이러한 탄력성을 갖추기 위한 전제 조건이다.

그림 1.5는 수직적 확장 및 수평적 확장의 차이를 보여준다. 첫 번째 경우는 기존 가상 머신에 CPU나 메모리 같은 리소스를 더 많이 추가하여 확장한다. 두 번째 경우는 늘어난 작업량을 처리하는 것을 돕기 위해 또 다른 가상 머신을 추가한다.

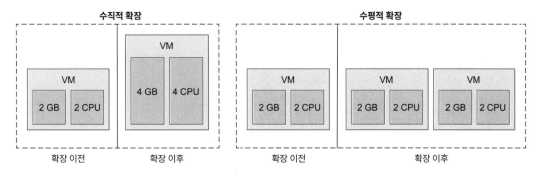

그림 1.5 증가하는 워크로드를 지원해야 할 때 수직적 확장 모델은 컴퓨팅 노드에 하드웨어 리소스를 추가하고 수평적 확장 모델은 컴퓨팅 노드의 수를 늘린다.

쿠버네티스에 대해 논의할 때 알게 되겠지만, 플랫폼(CaaS, PaaS 또는 다른 어떤 것일 수 있음)은 위의 정의에 따라 동적으로 애플리케이션의 수를 늘리거나 줄인다.

확장할 수 있는 애플리케이션을 설계하는 것은 개발자로서의 책임이다. 확장성의 큰 장애물은 애플리케이션 상태인데, 결국 애플리케이션이 상태를 갖는지stateful 아니면 상태를 갖지 않는지stateless의 문제로 귀결된다. 이 책 전체에서 필자는 상태를 갖지 않는 애플리케이션을 작성하고 이에 따라 아무 문제없이 확장할 수 있는 기법에 대해 다룰 것이다. 그중에서도 애플리케이션의 상태를 스프링에서 PostgreSQL이나 레디스Redis 같은 데이터 저장소로 저장하는 방법을 설명할 것이다.

1.3.2 느슨한 결합

각 컴포넌트들이 가능한 한 다른 컴포넌트에 대한 지식을 거의 가지고 있지 않은 시스템이 본질적으로 가지고 있는 속성이 **느슨한 결합**loose coupling이다. 각 컴포넌트는 독립적으로 진화해나가고 그 결과 한 컴포넌트가 바뀐다고 해서 그에 맞춰 다른 부분까지 변경할 필요가 없도록 하는 것을 목표로 한다.

결합coupling과 **응집력**cohesion이라는 두 가지 용어로 표현되는 이 개념은 수십 년 동안 소프트웨어 엔지니어링에서 필수적인 역할을 해왔다. 시스템을 모듈로 분해하고(**모듈화**modularization), 다른 부분에 대한 의존성을 최소화해(느슨한 결합), 함께 변화하는 코드를 캡슐화하는(높은 응집력) 것은 좋은 설계 방법이다. 아키텍처 스타일에 따라 모듈은 하나의 거대한monolithic 구성 요소 혹은 독립적인 서비스(예를 들어 마이크로서비스)로 모델링할 수 있다. 어느 쪽이든, 느슨한 결합과 높은 응집력으로 모듈화를 적절하게 달성하는 것을 목표로 해야 한다.

파르나스Parnas는 모듈화의 세 가지 이점을 다음과 같이 설명한다.[8]

- **관리**managerial: 각 모듈이 느슨하게 결합되어 있기 때문에, 각 모듈을 담당하는 팀은 서로 간의 조정과 의사소통에 많은 시간을 할애할 필요가 없다.
- **제품 유연성**product flexibility: 각 모듈은 다른 모듈과 독립적으로 진화하기 때문에 전체 시스템은 유연하다.
- **이해력**comprehensibility: 전체 시스템을 이해할 필요 없이 하나의 모듈만 이해하고 작업할 수 있다.

이러한 이점은 일반적으로 마이크로서비스와 관련된 이점이기도 하지만 실상은 마이크로서비스가 아니더라도 얻을 수 있다. 지난 몇 년 동안 많은 기업이나 조직에서 거대한 단일 시스템을 벗어나 마이크로서비스로 옮겨가기로 결정했다. 그들 중 일부는 모듈화를 적절히 하지 못해 실패했다. 밀접하게 결합되고 비응집성을 갖는 컴포넌트로 구성된 시스템을 마이크로서비스로 변경하면 그 결과는 단단히 결합되고 비응집성을 갖는 마이크로서비스가 될 뿐이다. 이런 시스템을 **분산된 모놀리스**distributed monolith라고 부르기도 한다. 필자는 이 용어가 적절하지 않다고 생각하는데, 왜냐하면 이 용어의 정의대로라면 긴밀하게 결합되어 있고, 비응집적인 컴포넌트들로 이루어진 여러 개의 분산된 모놀리스들이 있다는 것을 암시하기 때문이다. 하지만 사실은 그렇지 않다. 설계 양식은 중요하지 않다. 나쁜 디자인은 나쁜 디자인일 뿐이다. 사실, 필자는 사이먼 브라운Simon Brown이 제안한 **모듈식 모놀리스**modular monolith라는 용어를 선호하는데, 모놀리스 시스템도 느슨한 결합과 높은 응집력을 촉진할 수 있는 반면, 모놀리스와 마이크로서비스 둘 다 '진흙탕 속에 구르는 커다란 공big ball of mud'이 될 수 있다는 인식을 높일 수 있기 때문이다.

---

8   D.L. Parnas, 'On the criteria to be used in decomposing systems into modules', *Communications of the ACM 15, 12 (December 1972)*, 1053-1058, http://mng.bz/gw0l.

책 전반에 걸쳐 애플리케이션에서 느슨한 결합을 구현하는 기법을 몇 가지 살펴볼 것이다. 특별히 서비스 기반 아키텍처를 채택하고 이에 기반한 서비스를 구축하는 데 중점을 두려고 하는데, 이런 서비스는 서로 통신할 수 있는 명확한 인터페이스를 갖는다는 점과 다른 서비스에 대한 의존성을 최소로 하고 높은 응집력을 갖는다는 특성을 보인다.

1.3.3 복원력

결함이나 환경 변화가 있는 경우에도 서비스를 제공한다면 이 시스템은 복원력을 가지고 있다고 말할 수 있다. **복원력**resilience은 '정상 작동에 대한 오류 및 문제에 직면하여 허용 가능한 수준의 서비스를 제공하고 유지할 수 있도록 하는 하드웨어-소프트웨어 네트워크의 기능'이다.[9]

클라우드 네이티브 시스템을 구축할 때, 인프라건 소프트웨어건 장애가 발생하더라도 애플리케이션은 언제나 사용할 수 있도록 보장하는 것을 목표로 해야 한다. 클라우드 네이티브 애플리케이션은 모든 것이 끊임없이 변화하고, 이에 더해 결함이 발생할 가능성과 함께 결함이 실제 발생하기도 하는 동적 환경에서 실행된다. 결함을 사전에 막을 수는 없다. 과거에는 변화와 결함을 예외적 상황으로 간주하곤 했다. 그러나 클라우드 네이티브 시스템과 같이 고도로 분산된 시스템의 경우에 변화는 예외적으로 발생하는 상황으로 간주하기보다는 일어날 수밖에 없는 법칙처럼 생각해야 한다.

복원력에 대해 논의할 때, 이와 관련한 세 가지 필수적인 개념인 결함, 오류, 실패는 정의할 만한 가치가 있다.[10]

- **결함**fault: 결함은 소프트웨어 또는 인프라에서 잘못된 내부 상태를 생성하는 고장이다. 예를 들면 메서드 호출 시 널이 아닌 값을 반환해야 하는 경우에도 널 값을 반환하는 경우다.
- **오류**error: 오류는 시스템에 대해 예상하는 작동과 시스템이 실제 보이는 작동 간의 불일치다. 예를 들자면 위에서 언급한 결함으로 인해 `NullPointerException`이 발생하는 경우다.
- **실패**failure: 결함이 촉발되어 오류가 발생하면 실패로 이어져 시스템이 응답하지 않거나 요구 사양에 따라 작동하지 못하게 될 수 있다. 예를 들면 `NullPointerException`이 적절하게 처리되지 못하면 이 오류는 실패를 유발하고 시스템은 모든 요청에 대해 500 코드로 응답하게 된다.

---

9   J.E. Blyer, 'Heuristics for resilience-A richer metric than reliability," 2016 *IEEE International Symposium on Systems Engineering (ISSE), 2016, pp. 1-4.*

10 A. Avizienis, J. Laprie, and B. Randell, "Fundamental Concepts of Dependability," 2001, http://mng.bz/e7ez.

결함은 오류가 될 수 있으며, 이는 실패로 이어질 수 있기 때문에 애플리케이션은 **내결함성**fault tolerant을 갖도록 설계해야 한다. 복원력에서 필수적인 부분은 한 부분에서 실패가 일어나더라도 시스템의 다른 구성 요소에 영향을 끼치지 않아야 하고, 실패가 발생한 부분은 해결이 될 때까지 격리 상태를 유지해야 한다는 점이다. 시스템은 또한 **자가 수리**self-repairing되거나 **자가 치유**self-healing 되는 것이 바람직한데, 클라우드 모델은 실제로 이것을 가능하게 할 수 있다.

이 책에서는 결함을 허용하고 그 영향이 시스템의 다른 부분으로 전파되어 오류가 확산되는 것을 방지하는 몇 가지 기법을 설명한다. 예를 들어 서킷 브레이커circuit breaker, 재시도retries, 타임아웃 timeout, 사용률 제한rate limit 같은 패턴을 살펴본다.

1.3.4 관측 가능성

관측 가능성observability은 제어 이론에서 비롯된 속성이다. 어떤 한 시스템을 고려한다면, 관측 가능성은 그 시스템의 외부 출력에서 내부 상태를 얼마나 잘 추론할 수 있는지를 측정하는 것이다. 소프트웨어 엔지니어링의 관점에서 보자면 시스템은 하나의 애플리케이션이거나 전체로서의 분산 시스템이다. 외부 출력은 측정값metric, 로그log, 트레이스trace와 같은 데이터가 될 수 있다. 그림 1.6 은 관측 가능성이 어떻게 작동하는지 보여준다.

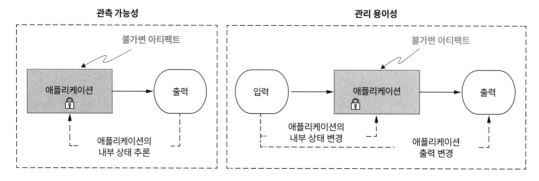

그림 1.6 **관측 가능성은 애플리케이션의 외부 출력에서 내부 상태를 추론하는 것이다.
관리 용이성은 내부 상태와 외부 입력의 출력을 변경하는 것에 관한 것이다.
두 경우 모두 애플리케이션 아티팩트는 변경되지 않으며 불가변적이다.**

트위터Twitter의 관측 가능성 엔지니어링 팀에서는 관측 가능성의 네 가지 요소를 다음과 같이 정의한다.[11]

- **모니터링**monitoring: 모니터링은 애플리케이션의 전반적인 상태에 대한 정보를 얻고 실패를 식별하기 위해 애플리케이션의 특정 양상을 측정하는 것이다. 이 책에서는 스프링 부트 액추에이터Spring Boot Actuator라는 유용한 모니터링 기능을 숙지하고 프로메테우스Prometheus와 스프링을 통합하여 애플리케이션에 대한 적절한 측정값을 외부로 제공하는 것에 대해 설명한다.

- **경고/시각화**alerting/visualization: 시스템 상태에 대한 데이터 수집은 수집된 데이터로 무언가 조치를 취하는 것으로 이어져야 유용하다. 애플리케이션을 모니터링하는 동안 오류가 식별되면 경고를 보낼 수 있어야 하고, 이를 처리하기 위한 조치가 이루어져야 한다. 특정 대시보드를 사용해 수집된 데이터를 시각화하고 관련 그래프로 표시하면 시스템의 작동을 잘 파악할 수 있다. 이 책에서는 클라우드 네이티브 애플리케이션에서 수집한 데이터를 시각화하기 위해 그라파나Grafana를 활용하는 방법을 살펴볼 것이다.

- **인프라를 추적하는 분산 시스템**distributed systems tracing infrastructure: 분산 시스템에서는 모든 서브시스템 내의 작동을 추적하는 것만으로는 충분하지 않다. 서로 다른 서브시스템 사이에서 흐르는 데이터를 추적하는 것 역시 필수적이다. 이 책에서는 스프링을 오픈텔레메트리OpenTelemetry와 통합해서 그라파나 템포Grafana Tempo를 사용해 트레이스를 수집하고 시각화한다.

- **로그 집계/분석**log aggregation/analytics: 애플리케이션의 주요 이벤트를 추적하는 것은 소프트웨어의 작동을 추론하고 문제 발생 시 디버깅을 하기 위해 중요한 작업이다. 클라우드 네이티브 시스템에서는 로그를 집계하고 수집하여 시스템 작동에 대한 더 나은 데이터를 제공하고, 해당 데이터에서 정보를 찾아내기 위해 분석을 수행할 수 있어야 한다. 이 책 전반에 걸쳐 로그에 대해 더 많은 것들을 논의할 것이다. 플루언트 비트Fluent Bit, 로키Loki, 그라파나를 사용해 로그를 수집 및 시각화하고 클라우드 네이티브 환경에서 로깅을 위한 최상의 방법을 배울 것이다.

1.3.5 관리 용이성

제어 이론에는 관측 가능성에 대응하는 개념으로 제어 가능성이 있는데, 이것은 외부 입력을 통해 유한한 시간 이내에 시스템의 상태 또는 출력을 변경하는 능력을 의미한다. 이러한 개념은 클라우드 네이티브의 주요 속성 중 마지막 속성인 **관리 용이성**manageability으로 이어진다.

---

11 A. Asta, "Observability at Twitter: technical overview, part 1," March 18, 2016, http://mng.bz/p08G.

다시 한번 제어 이론을 통해 설명하자면, 관리 용이성은 외부 입력이 시스템의 상태 또는 출력을 얼마나 쉽고 효율적으로 변경할 수 있는지에 대한 것이라고 말할 수 있다. 즉, 코드를 바꾸지 않고도 애플리케이션의 작동을 수정할 수 있는 능력이다. 이것을 **유지 보수성**maintainability과 혼동하면 안 되는데, 유지 보수성은 코드 변경을 통해 내부적으로 시스템을 얼마나 쉽고 효율적으로 변경할 수 있는지에 관한 것이다. 그림 1.6은 관리 용이성이 어떻게 작동하는지 보여준다.

관리 용이성의 한 측면으로 전체 시스템을 계속 실행하면서 동시에 애플리케이션을 배포하고 업데이트하는 것이 있다. 또 다른 요소는 설정configuration인데, 이에 관해서는 책 전반에 걸쳐 깊이 있게 다룰 것이다. 클라우드 네이티브 애플리케이션이 코드를 변경하거나 새로운 릴리스를 빌드하지 않고도 시스템의 작동을 수정할 수 있도록 설정하는 것이 바람직하다. 데이터 소스 URL, 유저명이나 패스워드 같은 인증 데이터, 인증서와 같은 세팅은 설정을 통해 하는 것이 일반적이다. 예를 들어, 개발, 테스트, 프로덕션 환경에 따라 다른 데이터 소스를 사용할 수 있다. 설정의 또 다른 유형으로는 기능 플래그feature flag가 있는데, 이를 통해 런타임 시 특정 기능을 활성화할지 여부를 결정할 수 있다. 이 책에서는 전반적으로 스프링 클라우드 설정 서버Spring Cloud Config Server, 쿠버네티스의 컨피그맵ConfigMap과 시크릿Secret, 커스터마이즈Kustomize등을 사용해 애플리케이션을 설정하기 위한 다양한 전략을 설명할 것이다.

관리 용이성은 변경 그 자체뿐 아니라 그 변경을 얼마나 쉽고 효율적으로 할 수 있는가에 관한 것이기도 하다. 클라우드 네이티브 시스템은 복잡하기 때문에 기능, 환경, 보안과 관련해 변화하는 요구 사항에 적응할 수 있는 애플리케이션을 설계하는 것이 필수적이다. 복잡성 때문에 가능한 한 많은 것을 자동화를 통해 관리하는 것을 목표로 해야 하며, 이는 클라우드 네이티브의 세 가지 P 중 마지막 단계인 실행으로 이어진다.

1.4 클라우드 네이티브를 지원하는 문화 및 관행

이번 절에서는 클라우드 네이티브 기술에 대한 CNCF의 정의에서 다음과 같은 마지막 문장에 초점을 맞춘다. '강력한 자동화와 결합하면 최소한의 노력으로 큰 영향력을 끼치는 변경을 자주 그리고 예측 가능한 방식으로 수행할 수 있게 해준다.' 여기서는 자동화, 지속적 전달, 데브옵스라는 세 가지 개념에 대해 논의하고자 한다(그림 1.7).

그림 1.7 클라우드 네이티브 개발을 위한 문화 및 관행

1.4.1 자동화

자동화automation는 클라우드 네이티브의 핵심이다. 이것은 반복적인 수동 작업을 자동화해 클라우드 네이티브 애플리케이션을 빠르게 배포하자는 아이디어에 기반한다. 애플리케이션 구축부터 배포, 인프라 제공, 설정 관리에 이르기까지 다양한 작업을 자동화할 수 있다. 자동화의 가장 중요한 장점은 프로세스와 작업이 반복 가능하며 시스템이 전반적으로 한층 더 안정적이고 신뢰할 수 있게 된다는 점이다. 수동 작업을 하다 보면 실수나 오류가 있기 마련이고 비용도 많이 든다. 자동화를 통해 더 신뢰할 수 있고 더 효율적인 결과를 얻을 수 있다.

클라우드 컴퓨팅 모델의 특징으로는 자동화된 셀프 서비스 모델을 통해 컴퓨팅 자원을 제공하고 이를 탄력적으로 늘리거나 줄일 수 있는 능력이 있다는 점이다. 클라우드 자동화의 두 가지 중요한 범주는 인프라 제공 및 설정 관리인데, 이들을 **코드형 인프라스트럭처**infrastructure as code와 **코드형 설정**configuration as code이라고 부른다.

마틴 파울러Martin Fowler는 **코드형 인프라스트럭처**를 '다른 모든 소프트웨어 시스템을 다룰 때와 동일한 방식으로 소스 코드를 통해 컴퓨팅 및 네트워크 인프라를 정의하는 접근 방식'이라고 정의한다.[12]

클라우드 제공업체는 편리한 API를 제공하는데 이것을 사용해 서버, 네트워크 및 스토리지를 생성할 수 있다. 이러한 작업을 테라폼Terraform 같은 도구로 자동화한 후에 그 코드를 형상 관리 시스템을 통해 관리하면서 애플리케이션 개발에서 하는 것과 동일한 테스드 및 배포 빙법을 적용하면

---

12 M. Fowler, "Infrastructure As Code," March 1, 2016, https://martinfowler.com/bliki/InfrastructureAsCode.html.

재현 가능하고 효율적이며 위험이 적은, 좀 더 안정적이고 예측 가능한 인프라를 얻을 수 있다. 자동화된 작업의 간단한 예로는 8개의 CPU와 64GB의 메모리를 사용하는 우분투 22.04로 새로운 가상 머신 하나를 만드는 것이다.

컴퓨팅 리소스를 생성한 후에는 이 리소스를 관리와 설정을 자동화할 수 있다. 앞의 정의를 바꿔 말하면, 코드형 설정은 소스 코드를 통해, 즉 다른 모든 소프트웨어 시스템과 동일한 방식으로 컴퓨팅 리소스에 대한 설정을 정의하는 접근 방식이다.

앤서블Ansible과 같은 도구를 사용하면 서버 또는 네트워크가 어떻게 설정되어야 하는지에 대해 작성할 수 있다. 예를 들어, 이전 단락에서 우분투 서버를 생성한 후 자바 런타임 환경을 JRE 17로 설치하고 방화벽에서 8080 포트와 8443 포트를 여는 작업을 자동화할 수 있다. 코드형 설정은 애플리케이션 설정에도 적용할 수 있다.

모든 인프라 생성 및 설정 관리 작업을 자동화하면 불안정하고 신뢰성이 떨어지는 서버, 즉 **스노플레이크 서버**Snowflake Server를 생성하는 것을 피할 수 있다. 서버를 생성하고, 설정하고 관리하는 일을 수동으로 하면 나중에 동일한 서버를 다시 생성하기 어렵다. 뿐만 아니라 수동 작업으로 생성된 서버는 이후에 변경될 위험이 있는 취약한 서버가 되기 쉽다. 자동화는 이러한 스노플레이크 서버의 생성을 피하고 **피닉스 서버**Phoenix Server, 즉 작동하는 모든 작업을 자동화하고 모든 변경 사항을 형상 관리 시스템으로 추적함으로써 위험을 줄이고 셋업을 언제든지 반복할 수 있는 서버의 생성이 가능하다. 이 개념을 극단으로 가져가면 CNCF가 클라우드 네이티브에 대한 정의에서 불변 인프라라고 언급한 소위 **불가변 서버**immutable server를 얻을 수 있다.

> **NOTE** 전통적인 스노플레이크 인프라와 불가변 인프라 혹은 불가변 컨테이너를 비교할 때 '애완동물 vs 가축'이라는 표현을 들어봤을지도 모르겠다. 전자는 애완동물처럼 많은 보살핌과 관심을 필요로 하는 반면, 후자는 우직하게 일만 하는 소와 같이 필요하면 다른 것으로 교체 가능한 것이 특징이다. 이 표현을 책 전체에서 사용하지는 않지만, 이 주제에 대한 토론에서 가끔 사용하기 때문에 여기서 언급하고 넘어간다.

불가변 서버는 초기 생성 및 설정이 끝나면 더 이상 변경되지 않는다. 말그대로 불가변이다. 필요한 변경 사항이 있으면 코드를 통해 정의하고 적용한다. 이전 서버를 삭제하는 동안 새로운 서버가 변경된 코드에서 생성되고 설정이 이루어진다.

예를 들어 현재 인프라의 우분투 20.04 서버를 우분투 22.04로 업그레이드하려는 경우 두 가지 방법이 있다. 첫 번째 방법은 코드를 통해 업그레이드를 정의하고 자동화 스크립트를 실행하여 기존 시스템(피닉스 서버)에서 업그레이드 작업을 수행하는 것이다. 두 번째 방법은 기존의 컴퓨터(불가변 서버)를 업그레이드하는 대신 자동화를 통해 우분투 22.04를 실행하는 새 컴퓨터를 생성하고 시작하는 것이다.

다음 절에서는 애플리케이션 빌드 및 배포를 위한 자동화에 대해 설명한다.

1.4.2 지속적 전달

지속적 전달이란 '프로덕션 환경에 언제든지 배포할 수 있는 방식으로 소프트웨어를 구축하는 소프트웨어 개발의 한 분야'이다.[13] 지속적 전달을 통해 팀은 짧은 주기로 기능을 구현하여 언제든지 안정적으로 소프트웨어를 배포할 수 있다. 이러한 방식은 CNCF의 클라우드 네이티브 정의에 따라 '큰 영향을 미치는 변경을 최소한의 노력으로, 자주 그리고 예측 가능한 방식으로 가하는 것'의 핵심이다.

지속적 통합continuous integration, CI은 지속적 전달의 토대가 되는 관행이다. 개발자는 변경 사항을 기본 브랜치mainline에 지속적으로, 적어도 하루에 한 번 커밋한다. 커밋이 있으면 소스는 자동으로 컴파일되고 테스트되며 실행 가능한 아티팩트(예: JAR 파일 또는 컨테이너 이미지)로 패키징된다. 새로운 변경이 있을 때마다 소프트웨어 상태에 대한 피드백을 빨리 얻고자 하는 의도다. 오류가 감지되면 즉시 수정함으로써 기본 브랜치는 개발 작업을 문제없이 계속하기 위한 안정적인 토대가 되어야 한다.

지속적 전달continuous delivery, CD은 CI를 기반으로 하며 기본 브랜치가 문제없이 배포 가능한 상태를 유지하도록 하는 데 중점을 둔다. 변경된 소스가 기본 브랜치로 병합된 결과물로 발생한 아티팩트는 실행 가능한 상태가 되고, 소프트웨어는 실제 서비스 환경과 유사한 환경에 배포된다. 이 과정에서 **배포 유효성**releasability을 검증하기 위해 사용자 수락 테스트, 성능 테스트, 보안 테스트, 컴플라이언스 테스트와 같은 여러 테스트를 거치는데 이를 통해 소프트웨어가 배포될 수 있다는 확신을 갖게 된다. 기본 브랜치가 항상 배포 가능한 상태에 있으면 새로운 버전을 출시하는 것은 이제 더 이상 기술적 결정이 아닌 비즈니스 결정 사항이 된다.

지속적 전달은 **배포 파이프라인**deployment pipeline(혹은 지속적 전달 파이프라인)을 통해 전체 프로세스의 자동화를 촉진하는데, 이에 관해서는 제즈 힘블Jez Humble과 데이비드 팔리David Farley의 저서 《Continuous Delivery》(에이콘출판사, 2013)에 잘 설명되어 있다. 배포 파이프라인을 통해 코드 커

---

13   M. Fowler, "Continuous Delivery," May 30, 2013, http://mng.bz/lRWo.

밋은 배포 가능한 결과물을 만들어내는데, 이는 실제 서비스 환경에 배포되기 위한 유일한 방법이다. 이 책 전체에서 애플리케이션의 기본 브랜치를 항상 배포 가능한 상태로 유지하기 위한 배포 파이프라인을 구축하고 이 파이프라인을 사용해 최종적으로 쿠버네티스 클러스터에 애플리케이션을 자동으로 배포할 것이다.

지속적 전달을 **지속적 배포**continuous deployment와 혼동하는 경우가 종종 있다. 지속적 전달은 변경이 이루어진 후에 소프트웨어가 실제 서비스 환경에 배포될 수 있는 상태인지 확인을 필요로 한다. 배포 여부는 사업상의 결정이다. 반면 지속적 배포는 배포 파이프라인에 마지막 단계를 하나 추가하여 변경된 사항을 프로덕션에 자동으로 배포한다.

지속적 전달은 도구에 관한 것이 아니라 조직의 문화적, 구조적 변화를 수반하는 규율이다. 애플리케이션을 테스트하고 배포하기 위해 자동화된 파이프라인을 구축한다고 해서 그것이 반드시 지속적 전달을 의미하는 것은 아니다. 마찬가지로 빌드 자동화를 위해 CI 서버를 사용한다고 해서 그것이 반드시 지속적 통합을 의미하는 것도 아니다.[14] 다음 주제는 이에 대한 필자의 의견으로, 이 주제는 흔히 도구에 관한 것으로 오해할 수도 있다.

> ### 지속적 전달 vs. CI/CD
> 지속적 통합은 지속적 전달의 토대가 되는 관행이기 때문에 이 조합을 종종 CI/CD라고 한다. 그 결과 배포 파이프라인을 CI/CD 파이프라인이라고 부를 때가 많다. 이 용어에 대해 필자는 의구심을 가지고 있는데 지속적 통합이 지속적 전달을 위한 유일한 관행은 아니기 때문이다. 예를 들어 테스트 주도 개발(TDD), 자동화된 설정 관리, 수락 테스트 및 지속적인 학습이 지속적 전달에서 동일하게 중요한 부분이다.
>
> CI/CD라는 용어는 제즈 험블과 데이비드 팔리의 저서 《Continuous Delivery》나 이에 관한 어떤 책에서도 사용한 적이 없다. 이 용어는 또한 혼동을 가져올 수 있다. CD는 지속적 전달을 의미하는 것일까 아니면 지속적 배포를 의미하는 것일까? 이 책에서 필자는 '더 나은 소프트웨어를 더 빠르게better software faster'[15] 전달하는 전체적인 접근 방식에 대해 언급할 때 CI/CD라는 용어 대신 지속적 전달이라는 용어로 사용할 것이다.

1.4.3 데브옵스

데브옵스DevOps는 요즘 많은 인기를 끌고 있지만 너무나도 자주 오해되는 용어 중 하나다. 이 용어는 클라우드 네이티브로 전환할 때 파악해야 할 중요한 개념이다.

---

14 M. Fowler, "Continuous Integration Certification," January 18, 2017, http://mng.bz/xM4X.

15 D. Farley, *Continuous Delivery Pipelines*, 2021

데브옵스의 기원은 특이한데, 흥미로운 측면 중 하나는 이 개념의 작성자가 처음에 데브옵스를 정의하지 않았다는 점이다. 그 결과 몇몇 사람들이 이 용어를 자의적인 의미로 사용하기 시작했고, 그에 따라 데브옵스는 다양한 의미를 갖게 됐다.

NOTE 데브옵스의 기원에 대해 더 많은 것을 알고 싶다면 유튜브에서 'DevOps and DevOpsDays-Where it started, where it is, where it's going'(http://mng.bz/0oln)이라는 켄 머그리지Ken Mugrage의 영상을 시청할 것을 권한다.

데브옵스의 모든 정의 중에서 소트웍스ThoughtWorks의 수석 기술자인 켄 머그리지가 제안한 것이 특히 유익하고 흥미롭다. 필자가 데브옵스의 진정한 의미라고 믿는 바를 그 역시 강조한다.

> 데브옵스는 지위나 배경에 관계없이 사람들이 시스템을 구상, 개발, 배포 및 운영하기 위해 함께 협력하는 문화다.[16]

따라서 데브옵스는 문화이며 공통의 목표를 향해 함께 일하는 것이다. 개발자, 테스터, 운영자, 보안 전문가 및 기타 사람들은 자신의 지위나 배경에 관계없이 아이디어를 제시하고 가치를 창출하기 위해 함께 일한다.

데브옵스는 밀실의 종말을 의미하고, 기능 팀, QA 팀, 운영 팀 등 팀 사이의 장벽이 더 이상 없음을 의미한다. 데브옵스는 종종 애자일의 자연스러운 연장선으로 간주된다. 애자일은 소규모 팀으로 고객에게 가치를 자주 제공한다는 개념으로 데브옵스의 원동력이 된다. 데브옵스를 설명하는 간결한 방법은 데브옵스가 아직 존재하지 않았던 2006년에 아마존의 CTO였던 워너 보겔스Werner Vogels가 발표한 유명한 문장에 담겨 있다. '개발한 사람이 운영하라.'[17]

데브옵스가 무엇인지 정의했으니, 그것이 의미하지 않는 바에 대해 간략하게 언급하겠다.

- **데브옵스는 노옵스NoOps를 의미하지 않는다.** 개발자가 운영을 담당하고 운영자의 역할이 사라진다고 생각하는 실수를 흔히 볼 수 있다. 이는 공동 작업이다. 한 팀에는 이 두 가지 역할이 다 있어 처음의 아이디어에서 시작해 제품을 생산하기까지 전반적으로 팀의 기술에 이바지한다.
- **데브옵스는 도구가 아니다.** 도커, 앤서블, 쿠버네티스, 프로메테우스와 같은 툴을 일반적으로 데브옵스 툴이라고 부르는데 이는 잘못된 것이다. 데브옵스는 하나의 문화다. 툴을 사용한다고 데브옵스 조직이 될 수 없다. 다른 말로 하자면, 데브옵스는 제품이 아니며 툴은 데브옵스를 위

---

16 K. Mugrage, "My definition of DevOps," December 8, 2020, http://mng.bz/AVox.
17 J. Barr, "ACM Queue: Interview with Amazon's Werner Vogels," *AWS News Blog, May 16, 2006*, http://mng.bz/ZpqA.

해 사용될 뿐이다.

- **데브옵스는 자동화가 아니다.** 자동화가 데브옵스의 필수적인 부분이긴 하지만, 그렇다고 데브옵스가 자동화를 의미하는 것은 아니다. 데브옵스는 아이디어에서 생산에 이르기까지 함께 작업하는 개발자와 운영자에 관한 것이며 지속적 전달과 같은 프로세스 중 일부를 자동화할 수 있다.

- **데브옵스는 역할이 아니다.** 우리가 데브옵스를 하나의 문화, 하나의 사고방식으로 생각한다면, 데브옵스의 역할을 이해하기는 어렵다. 그럼에도 데브옵스 엔지니어에 대한 요청이 증가하고 있다. 일반적으로 채용 담당자가 데브옵스 엔지니어를 검색할 때 자동화 도구, 스크립팅, IT 시스템에 대한 숙련도와 같은 기술을 가진 사람을 찾는다.

- **데브옵스는 팀이 아니다.** 기업체나 조직이 위에서 언급한 위험을 완전히 이해하지 못하면 데브옵스 팀으로 운영 팀을 대체하거나 더 나쁜 경우로는 기존의 운영 팀에 더해 데브옵스 팀을 새로 추가할 수도 있다.

클라우드 네이티브로 옮겨갈 때 개발자와 운영자 간의 협력이 가장 중요하다. 클라우드 네이티브 애플리케이션을 설계하고 구축하기 위해서는 애플리케이션이 어디에 배포되는지 항상 염두에 두어야 하는데 그곳은 바로 클라우드다. 운영자와 협력하면 개발자는 고품질의 제품을 설계하고 제작할 수 있다.

데브옵스라고 부르긴 하나 그 정의는 개발자와 운영자에게만 적용되는 것이 아님을 기억해야 한다. 그것은 일반적으로 지위나 배경에 관계없이 사람들을 가리킨다. 즉, 협업에는 테스터 및 보안 전문가와 같은 다른 역할도 포함된다(이를 위해 데브시큐옵스DevSecOps, 데브테스트옵스DevTestOps, 데브시큐테스트옵스DevSecTestOps, 데브비즈시큐테스트옵스DevBizSecTestOps 같은 새로운 용어는 필요하지 않다). 그들은 모두 함께 전체 제품 수명 주기에 대한 책임이 있으며 지속적 전달이라는 목표를 달성하기 위해 중요하다.

1.5 클라우드가 최선의 선택인가?

업계에서 저지르는 큰 실수 중 하나는 새로운 기술이나 접근 방식에 대해 모든 사람들이 언급한다는 이유 하나만으로 그것을 채택하는 것이다. 기업들이 모놀리스를 마이크로서비스로 이전하려다 비참하게 실패한 사례는 끝도 없다. 클라우드와 클라우드 네이티브 애플리케이션의 속성에 대해 이미 살펴봤는데, 이들은 몇 가지 지침을 제공한다. 여러분의 시스템이 클라우드 네이티브를 통해 해결하려는 문제점을 가지고 있지 않고 그러한 속성이 필요 없다면 '클라우드 네이티브'는 최적의 방안이 아닐 수도 있다.

기술을 다루는 사람들은 최신 유행의 최첨단 기술에 쉽게 사로잡힌다. 특정 기술이나 접근 방식이 문제를 해결할 수 있는지 파악하는 것이 핵심이다. 아이디어를 소프트웨어로 바꾸고 이를 고객에게 전달하고 가치를 제공해야 하며, 이것이 우리의 최종 목표다. 기술이나 접근 방식이 고객에게 더 많은 가치를 제공하는 데 도움이 된다면 그것을 고려해봐야 한다. 그렇게 할 가치가 없는데도 그렇게 한다면, 결국 높은 비용을 치루고 많은 문제를 겪게 될 것이다.

그렇다면 언제 클라우드로 옮겨가는 것이 좋을까? 왜 기업들은 클라우드 네이티브 방식을 채택하는 것일까? 그림 1.8에서 설명한 클라우드 네이티브로 가기 위한 주요 목표는 속도, 확장성, 복원력 및 비용이다. 비즈니스 비전에 이러한 목표가 포함되어 있고 클라우드 기술로 해결하려는 문제점을 가지고 있다면 클라우드로 이동하고 클라우드 네이티브 접근 방식을 채택하는 것이 좋다. 그렇지 않으면 클라우드를 사용하지 않는 것이 오히려 더 낫다. 예를 들어, 어떤 모놀리스 애플리케이션이 유지 관리 모드에 있으면서 새로운 기능의 추가 없이 지난 10년 동안 잘 작동해왔다면 클라우드 네이티브는 차치하고 클라우드로 옮겨가야 할 합리적인 이유조차 찾기가 쉽지 않다.

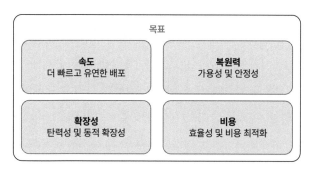

그림 1.8 클라우드 네이티브로 옮겨갈 때 속도, 복원력, 확장성 및 비용 최적화를 달성하려는 목표를 갖는다.

1.5.1 속도

기업의 중요한 목표 중 하나는 소프트웨어를 더 신속하게 출시하는 것이다. 아이디어를 제품 단계까지 최대한 빨리 구현해서 시장 출시 시간을 줄이는 것은 경쟁에서 우위를 차지하기 위해 너무나 중요하다. 석설한 아이디어를 석설한 시기에 출시하는 것은 성공과 실패의 차이를 만들어낸다.

고객들은 점점 더 많은 기능을 구현하거나 버그를 수정하기를 기대하며, 그것을 당장 해주기를 원한다. 소프트웨어의 다음 번 출시까지 6개월을 기다리는 것을 달가워하는 고객은 없을 것이다. 그들의 기대는 계속 증가하고 있고, 그 기대에 부응할 방법이 필요하다. 그 방법이란 결국 고객에게 가치를 제공하고 고객이 그 결과에 만족하는지 확인하는 것이다. 그렇지 않으면 치열한 경쟁에서 살아남지 못할 것이다.

더 신속하게 그리고 더 빈번히 출시하는 것은 경쟁과 고객 마감일 때문만은 아니다. 신속하고 빈번한 출시는 피드백 주기 역시 더 짧게 만든다. 소규모의 빈번한 출시는 고객에게서 더 빨리 피드백을 받을 수 있다는 것을 의미한다. 피드백 루프가 짧아지면 새로운 기능과 관련된 위험이 감소한다. 몇 달에 걸쳐 완벽한 기능을 구현하기보다는 바로 출시해서 고객의 피드백을 받아 그들의 기대에 부응하도록 수정할 수 있다. 또한 더 작은 릴리스에는 변경 사항이 적기 때문에 실패할 수 있는 경우의 수가 줄어든다.

고객은 소프트웨어의 지속적인 발전을 기대하기 때문에 유연성도 필요하다. 예를 들어, 새로운 유형의 클라이언트를 지원할 수 있을 정도로 유연해야 한다. 현재 우리의 일상 생활에서 점점 더 많은 것들이 인터넷에 연결되고 있다. 모든 종류의 모바일과 IoT 시스템이 그렇다. 새로운 방식으로 비즈니스 서비스를 제공하기 위해서는 향후의 확장 가능성과 새로운 클라이언트 유형에 개방적이어야 한다.

전통적인 소프트웨어 개발 방식은 이러한 목표를 지원하지 않는다. 이 개발 방식에서는 대규모 릴리스, 유연성 부족, 길게 늘어진 출시 사이클과 같은 특징을 너무나 쉽게 찾아볼 수 있다. 자동화된 작업, 지속적 전달 워크플로 및 데브옵스 관행과 결합된 클라우드 네이티브 접근 방식을 통해 기업은 일을 더 빨리 진행할 수 있고 출시 시간을 단축할 수 있다.

1.5.2 복원력

모든 것은 변하고, 실패는 항상 일어난다. 실패를 예측하고 예외로 취급하려 했던 시대는 지났다. 앞서 논의했듯이, 변화는 예외가 아니라 상수다.

새로운 기능이 출시되자마자 사용자는 소프트웨어를 24시간 내내 사용할 수 있고 업그레이드되기를 원한다. 다운타임이나 실패는 직접적인 금전 손실과 고객 불만을 야기할 수 있다. 고객은 심지어 기업의 평판에까지 영향력을 행사하고 이로 인해 미래의 시장 기회에 손해를 입을 수도 있다.

복원력이 좋은 시스템은 잘못된 일이 발생하더라도 서비스를 계속 제공한다. 가용성을 보장하기 위해서는, 실패가 발생할 때 이를 직면해 처리하고 전체 시스템이 여전히 사용자들에게 서비스를 제공할 수 있도록 하기 위한 무언가를 가지고 있어야 한다. 문제를 해결하는 데 필요한 모든 작업과 업그레이드와 같은 작업은 다운타임 없이 수행되어야 한다. 사용자들의 기대가 그렇다.

클라우드 네이티브 애플리케이션은 복원력이 높아야 하는데 클라우드 기술을 통해 복원력이 높은 인프라를 구현하기 위한 전략을 세울 수 있다. 항상 사용 가능하고 안정적이며 복원력이 높아야 하는 것이 비즈니스의 요구 사항이라면 클라우드 네이티브는 좋은 선택이 될 수 있다. 소프트웨어 시스템의 복원력을 통해 속도도 가능해진다. 시스템이 안정적일수록 새로운 기능을 안전하게 출시할 수 있는 빈도가 높아진다.

1.5.3 확장성

탄력성은 부하에 따라 소프트웨어를 확장할 수 있다는 것을 의미한다. 탄력적인 시스템을 확장하여 모든 고객에게 적절한 서비스 수준을 보장할 수 있다. 평소보다 더 많은 부하가 발생한다면 추가 트래픽을 지원하기 위해 더 많은 서비스 인스턴스를 생성하고 실행해야 한다. 또는 원치 않는 일이 발생하고 일부 서비스가 실패할 수도 있는데 이를 대체할 새로운 인스턴스를 만들어야 하는 경우도 있다.

앞으로 일어날 일을 예측하는 것이 불가능까지는 아니지만 여전히 어려운 일이다. 확장 가능한 애플리케이션을 만드는 것만으로는 충분하지 않다. 상황에 따라 동적으로 확장할 수 있어야 한다. 높은 부하가 있을 때마다 시스템은 동적으로, 신속하게, 어려움 없이 확장할 수 있어야 한다. 부하가 줄어들면 그에 맞춰 인스턴스를 줄여야 한다.

새로운 고객에게 신속하고 효율적으로 적응해야 하거나 새로운 유형의 클라이언트(서버의 작업량을 증가시키는)를 지원할 수 있는 유연성이 필요한 비즈니스라면, 확장성 높은 클라우드 네이티브 애플리케이션을 클라우드와 결합해 사용한다면 필요한 탄력성을 확보할 수 있다.

1.5.4 비용

소프트웨어 개발자로서 비용적인 측면을 직접 다루지는 않더라도 솔루션 설계 시 비용을 고려해야 할 책임은 있다. 클라우드 컴퓨팅 모델은 탄력성과 온디맨드 사용당 지불 정책으로 IT 인프라 비용을 최적화하는 데 도움이 된다. 24시간 내내 실행되는 인프라는 더 이상 필요 없다. 필요한 자원만을 생성해 실제 사용한 만큼만 지불하고, 더 이상 필요 없는 자원은 회수한다.

여기에 클라우드 네이티브 방식을 채택하면 비용 최적화를 추가로 할 수 있다. 클라우드 네이티브 애플리케이션은 클라우드 탄력성을 활용하기 위해 확장 가능하도록 설계된다. 복원력이 높기 때문에 다운타임이나 시스템 실패와 관련된 비용이 낮아진다. 느슨하게 결합되어 있기 때문에 각 팀은 더 빨리 진행할 수 있고 뚜렷한 경쟁 우위를 갖고 시장 출시 시간을 단축할 수 있다. 이 외에도 다른 장점이 많다.

클라우드로 옮겨갈 때 숨겨진 비용

클라우드로 옮겨가기로 결정하기 전에 다른 유형의 비용도 고려해야 한다. 위에서 설명한 대로 비용을 최적화할 수 있는 반면, 마이그레이션 비용과 그 결과를 고려해야 한다. 클라우드로 마이그레이션하려고 할 때 직원들의 역량이 아직 준비되지 않을 수도 있다. 필요한 기술을 습득하기 위해 교육에 투자하고 클라우드로의 마이그레이션을 돕기 위해 해당 분야의 전문가를 컨설턴트로 고용해야 할 수도 있다. 선택한 설루션에 따라 이전 상황과 비교해 몇 가지 책임을 추가로 떠안아야 할 수도 있으며, 이는 다시 특정 기술(예: 클라우드에서 보안 처리)을 필요로 할 수도 있다. 그 밖에도 마이그레이션 시 비즈니스 중단, 최종 사용자 재교육, 문서 및 지원 자료 업데이트 등도 고려해야 한다.

1.6 클라우드 네이티브 구성

지금까지 클라우드 네이티브에 대해 설명하면서 특정 기술이나 아키텍처를 언급하지 않았다. CNCF는 클라우드 네이티브에 대한 정의에서 컨테이너 및 마이크로서비스와 같이 특정 기술을 언급하고 있긴 하지만, 이미 강조했듯이 그것들은 단지 예시일 뿐이다. 애플리케이션을 클라우드 네이티브로 만들기 위해 반드시 도커 컨테이너를 사용할 필요는 없다. 서버리스나 PaaS 설루션을 생각해보라. AWS 람다 플랫폼을 위한 함수를 작성한다든지 히로쿠에 애플리케이션을 배포하면 굳이 컨테이너를 만들 필요가 없다. 이런 방식 역시 클라우드 네이티브로 분류된다.

이번 절에서는 클라우드 네이티브의 일반적인 구성 몇 가지를 설명한다(그림 1.9). 먼저 컨테이너와 오케스트레이션의 개념을 소개한다. 이 개념은 나중에 도커와 쿠버네티스에 대해 논의할 때 좀 더 자세히 살펴보기로 한다. 그런 다음 서버리스 기술 및 함수(FaaS)에 대해 논의한다. 이 책에서는 FaaS 모델에 크게 초점을 맞추지는 않고, 스프링 네이티브Spring Native와 스프링 클라우드 함수 Spring Cloud Function를 사용해 서버리스 애플리케이션을 구축하는 방법에 대한 기본적인 내용만 다룬다.

1.6.1 컨테이너

어떤 팀에 합류하여 애플리케이션에 대한 작업을 시작한다고 가정해보자. 가장 먼저 할 일은 가이드라인을 따라 동료들이 사용하는 것과 유사한 로컬 개발 환경을 갖추는 일이다. 새로운 기능을 개발한 다음 **품질 보증(QA) 환경**에서 테스트할 것이다. 문제없이 작동하는 것으로 확인되면 추가 테스트를 위해 스테이징 환경에 배포하고 최종적으로 프로덕션에 배포하게 된다. 이 애플리케이션은 특정한 환경에서 실행되도록 작성되었기 때문에 앞서 언급한 모든 환경을 가능한 한 비슷하게 유지하는 것이 중요하다. 그렇게 할 수 있는 방법이 무엇일까? 이 부분이 바로 컨테이너가 필요한 지점이다.

컨테이너 이전에는 환경 재구축, 격리 및 설정을 위해 가상 컴퓨터에 의존했다. 가상화는 하드웨어를 추상화하는 하이퍼바이저 구성 요소를 활용해 동작하기 때문에 동일한 시스템에서 여러 운영체제를 독립적으로 실행할 수 있다. 하이퍼바이저는 기계 하드웨어(유형 1) 또는 호스트 운영체제(유형 2)에서 직접 실행된다.

반면 **OS 컨테이너**OS container는 내부에서 애플리케이션을 실행하기 위해 필요한 모든 것을 가지고 있는 경량 실행 파일 패키지다. 컨테이너는 호스트와 커널을 공유한다. 새로운 격리된 콘텍스트를 추가하기 위해 전체 운영체제를 부트스트랩할 필요가 없다. 리눅스에서는 리눅스 커널이 제공하는 몇 가지 기능을 활용하면 기능하다.

- **네임스페이스**namespace: 각 프로세스(또는 프로세스 그룹)가 시스템에서 사용할 수 있는 리소스를 일부만 볼 수 있도록 하기 위해 프로세스 간 리소스를 분할

- **c그룹**cgroup: 프로세스(또는 프로세스 그룹)에 대한 리소스 사용을 제어하고 제한

NOTE 컨테이너는 동일한 운영체제 커널을 공유하는 반면, 가상화만 사용하는 경우 하드웨어를 공유한다. 두 경우 모두 격리의 정도가 다를 뿐, 격리된 상태에서 소프트웨어를 실행하기 위한 컴퓨팅 환경을 제공한다.

그림 1.10은 가상화와 컨테이너 기술의 차이점을 보여준다.

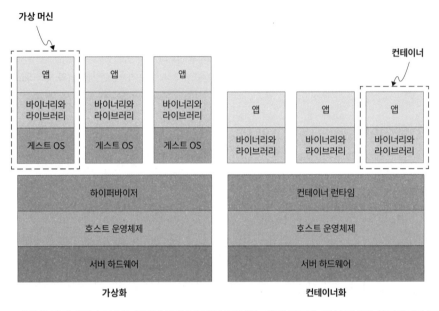

그림 1.10 **가상화 및 컨테이너 기술은 고립된 콘텍스트에서 공유하는 것이 다르다. 가상 머신은 하드웨어만 공유하고, 컨테이너는 운영체제 커널도 공유한다. 컨테이너가 더 가볍고 이식성이 좋다.**

클라우드 네이티브 애플리케이션에서 컨테이너는 왜 인기가 많을까? 전통적인 방식으로 애플리케이션을 실행하려면 가상 컴퓨터에 **자바 런타임 환경**Java Runtime Evironment, JRE과 미들웨어를 설치하고 유지 관리해야 한다. 대신 컨테이너는 애플리케이션이나 의존 라이브러 혹은 미들웨어와 관계없이 거의 모든 컴퓨팅 환경에서 안정적으로 실행할 수 있다. 어떤 애플리케이션인지, 어떤 언어로 쓰여 있는지, 어떤 라이브러리를 사용하는지는 중요하지 않다. 모든 컨테이너는 실제 세계에서 선적할 때 사용하는 컨테이너처럼 외부에서 보면 모두 비슷한 모양을 하고 있다.

따라서 컨테이너는 민첩성, 다양한 환경에서의 이식성 및 배포 반복성이 뛰어나다. 매우 가볍고 리소스를 덜 사용하기 때문에 애플리케이션을 동적으로 신속하게 확장해야 하는 클라우드에서 사용하기에는 완벽하다. 이에 비해 가상 머신은 생성과 소멸에 들어가는 비용이 훨씬 크고 시간도 많이 소요된다.

가상화와 컨테이너가 상호 배타적인 관계는 아니다. 실제로 가상 머신 위에 컨테이너를 실행하도록 구성된 인프라를 통해 둘 다 사용할 수 있다. 서비스형 인프라스트럭처_{IaaS} 모델은 새로운 가상 머신을 부트스트랩하는 데 사용할 수 있는 가상화 계층을 제공한다. 그 위에 컨테이너 런타임을 설치하고 컨테이너를 실행할 수 있다.

하나의 애플리케이션은 일반적으로 여러 개의 컨테이너로 이루어지는데, 개발이나 초기 테스트 단계에서는 이들을 같은 컴퓨터에서 실행할 수 있다. 그러나 확장성을 위해 복제를 시작하고 여러 서버로 배포해야 할 때가 되면 여러 개의 컨테이너를 관리하는 것이 너무 복잡해진다. 이때는 서비스형 컨테이너_{CaaS} 모델이 제공하는 더 높은 수준의 추상화에 따라, 서버 클러스터에서 컨테이너를 배포하고 관리해야 한다. 하지만 이면에는 여전히 가상화 계층이 있다는 점을 기억해야 한다.

컨테이너는 히로쿠나 클라우드 파운드리와 같은 PaaS 플랫폼과도 관련 있다. 여기서는 플랫폼이 JRE, 미들웨어, OS 및 필요한 의존 모듈을 제공하기 때문에 JAR 아티팩트만 제공해 애플리케이션을 배포한다. 하지만 내부적으로는 이 모든 구성 요소를 사용해 컨테이너를 생성하고 실행한다. 차이점은 컨테이너를 만드는 책임이 더 이상 사용자에게 있지 않고 플랫폼이 사용자를 위해 컨테이너를 만들어준다는 점이다. 이런 방식은 개발자들의 책임이 줄어든다는 점에서 한편으로는 편리하지만 런타임 및 미들웨어에 대한 제어권을 포기함으로써 공급업체에 의존적일 수 있다.

이 책에서는 CNCF 프로젝트인 **클라우드 네이티브 빌드팩**_{Cloud Native Buildpack}을 사용해 스프링 애플리케이션을 컨테이너화하는 방법을 배우고 도커를 사용해 로컬 환경에서 실행해볼 것이다.

컨테이너를 사용하기로 결정했다면 훌륭한 결정이다! 컨테이너의 높은 이식성으로 인해 컨테이너 런타임을 제공하는 모든 인프라에 컨테이너를 배포할 수 있다. 컨테이너를 반복적으로 만드는 것이 쉽기 때문에 개발 단계에서 스테이징 단계나 프로덕션 단계로 별 문제없이 넘어갈 수 있다. 매우 가볍기 때문에 신속하게 확장할 수 있고 애플리케이션에 높은 가용성을 제공한다. 차기 프로젝트를 클라우드 네이티브 시스템으로 개발한다면 지금까지 살펴본 사항만으로 모든 준비가 다 된 것으로 생각할 수 있다. 그런데 정말 그럴까?

단일 서버에서 컨테이너를 생성하고 관리하는 것은 간단하다. 그러나 수십 또는 수백 개의 컨테이너를 여러 대의 서버에 배포하고 처리하려면 또 다른 무언가가 필요하다.

가상 서버(IaaS 모델)에서 컨테이너 클러스터(CaaS 모델)로 옮겨갈 때 우리의 관점 역시 바뀌어야 한다.[18] IaaS에서는 가상 서버인 단일 컴퓨팅 노드에 중점을 둔다. CaaS에서는 토대가 되는 인프라를 추상화해 노드 클러스터에 중점을 둔다.

CaaS 설루션이 제공하는 새로운 관점에서, 배포 대상은 더 이상 하나의 서버가 아니라 여러 서버로 이루어진 클러스터가 된다. 쿠버네티스를 기반으로 하는 CaaS 플랫폼은 여러 서버에서 실행되는 컨테이너들을 **조정**orchestrating하면서 클라우드 네이티브 환경에서 발생하는 모든 중요한 문제를 해결하기 위해 많은 기능을 제공한다. 이 두 가지의 서로 다른 구성은 그림 1.11과 같다.

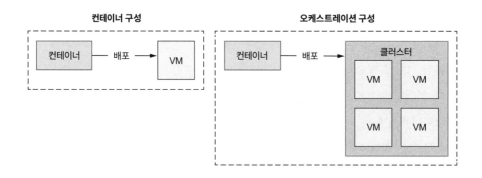

그림 1.11 컨테이너의 배포 대상은 서버지만 오케스트레이터의 경우에는 배포 대상이 클러스터다.

---

18 N. Kratzke and R. Peinl, "ClouNS-a Cloud-Native Application Reference Model for Enterprise Architects," *2016 IEEE 20th International Enterprise Distributed Object Computing Workshop (EDOCW), 2016, pp. 1-10.*

컨테이너 오케스트레이션은 다음과 같은 다양한 작업을 자동화하는 데 도움이 된다.

- 클러스터 관리로서 필요한 경우 머신을 생성하거나 삭제할 수 있다.
- 클러스터 내 컨테이너를 CPU 및 메모리에 대한 컨테이너 요구 사항을 충족하는 머신에 스케줄링 및 배포한다.
- 높은 가용성과 복원력을 위해 컨테이너를 동적으로 확장하고 상태 모니터링을 활용한다.
- 컨테이너가 서로 통신하도록 네트워크를 설정하고 라우팅, 서비스 검색 및 로드 밸런싱을 정의한다.
- 인터넷에 서비스 노출, 포트 및 네트워크를 구축한다.
- 특정 기준에 따라 컨테이너에 자원을 할당한다.
- 컨테이너 내에서 실행되는 애플리케이션을 설정한다.
- 보안 및 액세스 제어 정책을 시행한다.

오케스트레이션 툴에 대한 명령은 선언적으로 이루어지는데, 예를 들어 YAML 파일을 통해 수행된다. 보통은 특정 툴이 원하는 형식과 언어를 사용해 달성하고자 하는 상태를 기술한다. 예를 들면 클러스터에 웹 애플리케이션 컨테이너 세 개를 배포하고 이 서비스를 인터넷을 통해 제공하는 것이 달성하고자 하는 상태일 수 있다.

컨테이너 오케스트레이터의 예로는 쿠버네티스(CNCF 프로젝트), 도커 스웜, 아파치 메소스가 있다. 이 책에서는 쿠버네티스를 사용해 스프링 애플리케이션의 컨테이너를 오케스트레이션하는 방법을 배운다.

1.6.3 서버리스

가상 머신에서 컨테이너로 이동했다면 클라우드 서비스가 제공하는 추상화 계층을 한층 더 늘려 서버리스 기술을 사용할 수 있다.

서버리스 컴퓨팅 모델에 따라 개발자는 애플리케이션에 대한 비즈니스 로직을 구현하는 데만 집중할 수 있다. 쿠버네티스와 같은 오케스트레이터를 사용할 때는 인프라 생성, 용량 계획, 확장과 같은 측면을 여전히 고려해야 한다. 반면에 서버리스 플랫폼은 가상 시스템, 컨테이너 및 동적 확장을 포함하여 실행할 애플리케이션에 필요한 모든 인프라 작업을 플랫폼이 대신 처리해준다.

서버리스 아키텍처는 일반적으로 함수와 관련 있지만 주로 두 가지 모델로 나뉘는데 이 두 가지를 병행해서 함께 사용할 때가 많다.

- **서비스형 백엔드**backend as a service, BaaS: 이 모델은 클라우드 공급자가 제공하는 타사 서비스에 크게 의존하는 애플리케이션을 의미하는데, 이런 타사 서비스로는 데이터베이스, 인증 서비스, 메시지 큐와 같은 것들이 있다. 백엔드 서비스의 개발 및 운영 비용을 줄이는 데 중점을 둔다. 개발자는 백엔드 기능의 대부분 또는 전부를 BaaS 공급 업체에 일임하고 프런트엔드 애플리케이션(예: 단일 페이지 애플리케이션 또는 모바일 앱)을 구현할 수 있다. 예를 들어 옥타Okta를 사용해 사용자를 인증하거나 구글 파이어베이스Google Firebase를 사용해 데이터를 저장한다든지 아마존 API 게이트웨이를 사용해 REST API를 제공하고 관리할 수 있다.

- **서비스형 함수**function as a service, FaaS: 이 모델은 상태가 없고 이벤트에 의해 실행되며 플랫폼이 전적으로 관리하는 애플리케이션을 의미한다. 애플리케이션의 오케스트레이션 및 확장과 관련된 배포 및 운영 비용을 줄이는 데 중점을 둔다. 플랫폼이 나머지를 처리하는 동안 개발자는 애플리케이션의 비즈니스 로직을 구현할 수 있다. 서버리스 애플리케이션은 반드시 우리가 함수라고 분류하는 것으로만 구현할 필요는 없다. FaaS 모델은 주로 두 가지 유형으로 제공된다. 첫 번째로는 AWS 람다 함수, 애저 함수, 구글 클라우드 함수와 같이 공급자 제공 FaaS 플랫폼을 사용하는 것이다. 또 다른 방법은 오픈소스 프로젝트를 기반으로 하는 서버리스 플랫폼을 선택하는 것이며, 공개 클라우드나 데이터센터에서 모두 실행할 수 있으므로 공급 업체에 의존하지 않아도 되고 제어 권한을 갖는다. 이러한 프로젝트의 예로는 케이네이티브 및 아파치 오픈휘스크가 있다. 케이네이티브는 쿠버네티스에서 서버리스 런타임 환경을 제공한다. 이에 관해서는 16장에서 살펴볼 것이다. VM웨어의 탄주 애플리케이션 플랫폼VMware Tanzu application platform이나 레드햇 오픈시프트 서버리스RedHat OpenShift Serverless 혹은 구글 클라우드 런Google Cloud Run과 같은 엔터프라이즈 서버리스 플랫폼에서 이들을 사용한다.

서버리스 애플리케이션은 일반적으로 이벤트 기반이며 HTTP 요청이나 메시지와 같이 처리할 이벤트가 있을 때만 실행된다. 이벤트는 외부에서 발생하거나 다른 함수에 의해 생성될 수 있다. 예를 들어 메시지가 큐에 추가되거나 메시지를 처리하고 실행을 종료할 때마다 해당 함수를 실행할 수 있다.

더 이상 처리할 것이 없으면 플랫폼은 함수와 관련된 모든 리소스를 종료한다. 따라서 실제 사용한 것에 대해서만 비용을 지불하면 된다. CaaS 또는 PaaS로 구성된 다른 클라우드 네이티브에는 실행 중에 있는 서버가 항상 존재한다. 물론 이런 구성도 기존 시스템과 비교하면 동적 확장성의 이점을 통해 주어진 시간에 사용되는 리소스의 수를 줄일 수 있다. 그럼에도 불구하고 비용이 드는 무언가는 항상 있다. 하지만 서버리스 모델에서는 필요한 경우에만 리소스가 제공된다. 처리할 것이 없으면 모든 것이 중단된다. 이것이 바로 서버리스 플랫폼이 제공하는 주요 기능 중 하나인 **제로 스케일링**scaling to zero이다.

비용 최적화 외에도 서버리스 기술로 인해 플랫폼의 책임이 되는 것이 추가로 몇 가지가 더 있다. 개발자는 비즈니스 로직에만 집중할 수 있기 때문에 이는 이점이 될 수 있다. 그러나 어느 정도의 통제 권한을 갖고 싶은지, 그리고 공급업체에 대한 의존성을 어떻게 처리할 것인지도 고려해야 한다. 각 FaaS 및 서버리스 플랫폼에는 일반적으로 자체 기능과 API가 있다. 특정 플랫폼에서 함수를 작성하기 시작하면 컨테이너와는 다르게 다른 플랫폼으로 옮기는 것이 쉽지 않다. FaaS를 사용하면 다른 방식과 비교할 때 제어 권한 및 이식성의 책임과 범위가 훼손될 수 있다. 이것이 케이네이티브가 빠르게 인기를 얻은 이유다. 쿠버네티스를 기반으로 구축한다는 것은 서로 다른 플랫폼과 공급 업체 사이에서 서버리스 워크로드를 쉽게 옮길 수 있다는 것을 의미한다. 결국 균형의 문제다.

1.7 클라우드 네이티브 애플리케이션을 위한 아키텍처

클라우드 네이티브를 정의하고 책의 전반에 걸쳐 논의할 주요 특성을 소개하는 여정의 마지막 단계에 도달했다. 앞 절에서는 클라우드 네이티브의 주요 구성, 특히 컴퓨팅 단위인 컨테이너에 대해 살펴봤다. 이제 내부에 무엇이 있는지 살펴보고 클라우드 네이티브 애플리케이션의 설계와 디자인에 관한 높은 수준에서의 원칙 몇 가지를 살펴보겠다. 그림 1.12는 이번 절에서 다루는 주요 개념을 보여준다.

아키텍처

애플리케이션 서비스
느슨히 결합되고, 상태를
유지하지 않고 독립적으로
배포할 수 있는 단위

데이터 서비스
데이터베이스, 메시징 시스템
및 상태를 유지하는 그 밖의
구성 요소

상호작용
HTTP, RSocket, gRPC,
메시징과 같은 서비스 간 통신

그림 1.12 **클라우드 네이티브 아키텍처 요소**

1.7.1 **다중 계층에서 마이크로서비스 아키텍처까지 그리고 그 이후**

IT 인프라는 소프트웨어 애플리케이션이 설계되고 디자인되는 방식에 항상 영향을 끼쳐 왔다. 처음에는 거대한 메인프레임에 단일 구성 요소로 배포된 모놀리스 애플리케이션을 사용했다. 인터넷과 PC가 대중화되자 클라이언트/서버 패러다임에 따라 애플리케이션을 설계하기 시작했다. 이러한 패러다임에 의존하는 다중 계층 아키텍처는 데스크톱 및 웹 애플리케이션에서 널리 사용되고 코드는 UI, 비즈니스 및 데이터 계층으로 나뉜다.

애플리케이션이 점점 더 복잡해지는 반면 민첩성이 점점 더 필요해짐에 따라 코드를 좀 더 세분화하는 새로운 방법이 모색되었으며 이에 따라 새로운 아키텍처 스타일인 마이크로서비스가 등장했다. 지난 몇 년 동안 이 설계 방식이 점점 많은 인기를 얻기 시작했고 많은 회사들이 이 방식을 따라 애플리케이션을 리팩터링하고자 했다. 마이크로서비스를 모놀리스 애플리케이션과 비교하면 일반적으로 그림 1.13과 같다.

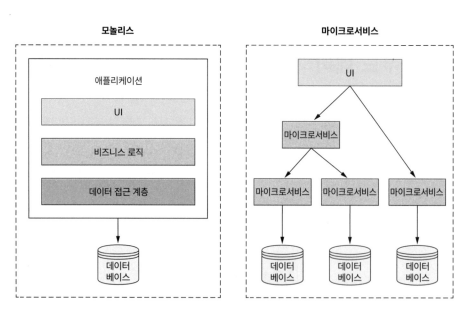

그림 1.13 **모놀리스 대 마이크로서비스. 모놀리스 아키텍처는 종종 다층 구조로 되어 있다.**
마이크로서비스는 독립적으로 배포할 수 있는 여러 구성 요소로 이루어진다.

가장 큰 차이점은 애플리케이션이 어떻게 분리되는지에 있다. 모놀리스 애플리케이션은 세 개의 큰 계층을 사용하는 것과 관련 있다. 대신, 마이크로서비스 기반 애플리케이션은 각각 하나의 기능만을 구현하는 구성 요소가 여러 개 있다. 모놀리스를 마이크로서비스로 나누고 이에 따라 하나가 아닌 여러 개의 구성 요소를 가짐으로써 복잡성을 해결하기 위한 패턴이 많이 제안되었다.

이 책은 마이크로서비스에 관한 책이 아니다. 이 주제에 관심이 있다면 샘 뉴먼Sam Newman의 《마이크로서비스 아키텍처 구축》(한빛미디어, 2023) 및 크리스 리처드슨Chris Richardson의 《마이크로서비스 패턴》(길벗, 2020)을 참고하기 바란다. 좀 더 스프링 지향적인 분석을 위해서는 존 카넬John Carnell과 일러리 후알리루포 산체스Illary Huaylupo Sanchez의 《스프링 마이크로서비스 코딩 공작소》(길벗, 2022)를 찾을 수 있다. 이에 대한 지식은 이 책에서 꼭 필요하지는 않으므로 마이크로서비스에 익숙하지 않더라도 걱정하지 않아도 된다.

수년간의 명성과 마이그레이션 실패 후에, 개발자 커뮤니티에서 이 인기 있는 설계 스타일의 미래에 대한 격렬한 토론이 있었다. 일부 엔지니어는 구성 요소의 수를 줄임으로써 복잡성을 줄이고자 **매크로서비스**macroservice에 대해 논의하기 시작했다. 비록 마이크로서비스의 원래 의도가 크기에 대한 것이 아니었는데도 말이다. '매크로 서비스'라는 용어는 신디 스리다란Cindy Sridharan이 냉소적인 의미로 제안했다. 그럼에도 그 이후에 업계에서 채택되어 드랍박스Dropbox 및 에어비앤비AirBnB 같은 회사에서 자신들의 새로운 아키텍처를 설명하는 데 사용되었다.[19] 어떤 사람들은 중앙에 모놀리스 애플리케이션이 있고 그 주위를 마이크로서비스가 둘러싸고 있는 형태의 시타델citadel 아키텍처 스타일을 제안했다. 또한 어떤 사람들은 여전히 모듈식 모놀리스의 형태를 통해 모놀리스 애플리케이션으로 돌아갈 것을 주장하기도 한다.

결국 중요한 것은 고객과 비즈니스에 가치를 전달하는 것을 지원할 수 있는 아키텍처를 선택하는 것이다. 그것이 애초에 우리가 애플리케이션을 개발하는 이유다.

각 아키텍처 스타일에는 용례가 있다. 만병 통치약이나 일률적인 해결책 같은 것은 없다. 마이크로서비스와 관련된 부정적인 경험의 대부분은 잘못된 코드 모듈화 또는 적합하지 않은 조직 구조와 같은 다른 문제에 기인한다. 모놀리스와 마이크로서비스 사이에 다툼이 있을 필요는 없다.

이 책에서는 스프링을 사용해 클라우드 네이티브 애플리케이션을 만들고 컨테이너로 빌드해서 쿠버네티스에 배포하는 방법을 보여주고자 한다. 클라우드 네이티브 애플리케이션은 마이크로서비스와 마찬가지로 분산 시스템이다. 일반적으로 마이크로서비스의 맥락에서 논의되는 주제는 실제로 분산 시스템에 속한 주제이기도 한데, 예를 들면 라우팅이나 서비스 검색 같은 것이다. 클라우드 네이티브 애플리케이션은 정의에 따라 느슨하게 결합되어 있으며 이는 마이크로서비스의 특징이기도 하다.

---

19 C. Sridharan, May 15, 2022, http://mng.bz/YG5N.

클라우드 네이티브 애플리케이션과 마이크로서비스는 비슷한 측면이 있지만 동일하지 않다는 점을 반드시 이해해야 한다. 클라우드 네이티브 애플리케이션에서 마이크로서비스 스타일을 사용할 수 있다는 점은 분명하다. 사실 많은 개발자들이 그렇게 하고 있다. 하지만 꼭 그렇게 해야만 하는 것은 아니다. 이 책에서 필자는 **서비스 기반**service-based이라고 불러도 무방한 아키텍처 스타일을 사용할 것이다. 이름이 귀에 쏙 들어오거나 화려하지 않을 수도 있지만, 우리의 목적을 위해서는 충분하다. 우리가 다루는 것은 서비스다. 크기에 상관없이 다양한 원리에 따라 논리를 캡슐화할 수 있다. 개발, 조직, 비즈니스 요구에 맞는 서비스를 설계하는 것이 우리가 추구하는 바이다.

1.7.2 클라우드 네이티브 애플리케이션을 위한 서비스 기반 아키텍처

이 책 전체에서 우리는 서비스 기반 아키텍처에 따라 클라우드 네이티브 애플리케이션을 설계하고 구축할 것이다.

여러 방식으로 다른 서비스와 상호작용할 수 있는 서비스가 업무의 중심 단위가 된다. 코넬리아 데이비스가 제안한 구별 방식을 따른다면 우리가 구축할 시스템의 아키텍처는 서비스와 상호작용이라는 두 가지 요소로 나뉜다.

- **서비스**service: 다른 구성 요소에 어떤 종류의 서비스를 제공하는 구성 요소
- **상호작용**interaction: 시스템의 요구 사항을 충족시키기 위해 수행되는 서비스 간 통신

서비스는 아주 일반적인 구성 요소다. 무엇이든 서비스가 될 수 있다. 어떤 종류의 상태를 저장하는지에 따라 분류할 수 있는데, (상태를 갖지 않는) **애플리케이션 서비스**와 (상태를 갖는) **데이터 서비스**로 구별할 수 있다. 그림 1.14는 클라우드 네이티브 아키텍처의 요소를 보여준다. 예를 들어, 도서관이 소장하고 있는 책의 관리를 위한 애플리케이션은 애플리케이션 서비스이고 책에 대한 정보를 저장하는 데 사용되는 PostgreSQL 데이터베이스는 데이터 서비스다.

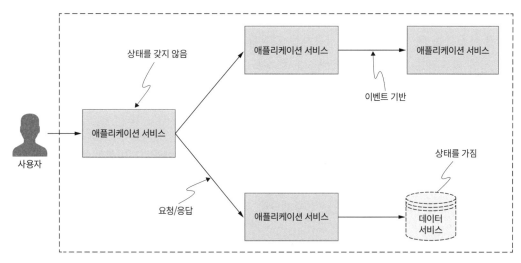

그림 1.14 클라우드 네이티브 애플리케이션을 위한 서비스 기반 아키텍처.
주요 요소는 서로 다른 방식으로 상호작용하는 (애플리케이션 또는 데이터) 서비스다.

1 애플리케이션 서비스

애플리케이션 서비스는 상태를 갖지 않으며 모든 종류의 논리를 구현한다. 이 장에서 배운 클라우드 네이티브 속성을 가지고 있다면 굳이 마이크로서비스와 같은 특정 규칙을 따를 필요가 없다.

느슨한 결합과 높은 응집력을 염두에 두고 각 서비스를 설계하는 것이 가장 중요하다. 서비스는 가능한 한 독립적이어야 한다. 분산형 시스템은 복잡하기 때문에 설계 단계에서 부터 각별한 주의가 요구된다. 서비스의 수를 늘리면 문제의 수 역시 증가한다.

아마도 대부분의 서비스를 스스로 개발하고 유지하고 있겠지만 인증이나 지불 서비스처럼 클라우드 공급자가 제공하는 서비스를 사용할 수도 있다.

2 데이터 서비스

데이터 서비스는 상태 저장이 가능하며 모든 종류의 상태를 저장한다. **상태**state는 '서비스를 종료하고 새로운 인스턴스를 생성해야 할 경우 서비스 종료 전에 저장되어야 하는 모든 것'이라고 할 수 있다.

데이터 서비스는 PostgreSQL과 같은 관계형 데이터베이스, 레디스Redis와 같은 키-값 저장소 또는 래빗MQRabbitMQ와 같은 메시지 브로커일 수 있다. 이런 서비스를 자신이 직접 관리할 수도 있다. 데이터 서비스는 상태 저장을 위한 저장소로 인해 클라우드 네이티브 애플리케이션보다 관리하기가 더 어렵지만 자신의 데이터를 제어할 수 있다는 장점이 있다. 또 다른 방법으로는 클라우드 공급자가 제공하는 데이터 서비스를 사용하는 것인데 클라우드 공급자가 스토리지, 복원력, 확장성 및 성능과 관련된 모든 문제를 관리해준다. 후자의 경우 아마존 다이나모DB_DynamoDB_, 애저 코스모스 DB_Cosmos DB_ 또는 구글 빅쿼리_BigQuery_와 같이 명백하게 클라우드를 위해 구축된 많은 데이터 서비스가 있는데 이들을 활용할 수도 있다.

클라우드 네이티브 데이터 서비스는 매력적인 주제지만, 이 책은 애플리케이션을 주로 다룰 것이다. 클러스터링, 복제, 일관성 또는 분산 트랜잭션과 같은 데이터 관련 문제는 이 책에서 자세히 설명하지 않는다. 필자도 그러고 싶지만, 그 주제만을 위한 책에서 따로 다루는 것이 합당할 것이다.

3 상호작용

클라우드 네이티브 서비스는 시스템의 요구 사항을 충족하기 위해 서로 통신한다. 의사소통이 일어나는 방식은 시스템의 전반적인 특성에 영향을 미친다. 예를 들어, 이벤트 기반 접근 방식(래빗MQ를 통해 스트리밍되는 메시지)보다 요청/응답 패턴(동기식 HTTP 호출)을 선택하면 애플리케이션의 복원력 수준이 달라진다. 이 책에서는 서로 다른 유형의 상호작용을 사용하고, 각각의 차이점과 언제 사용해야 하는지를 배운다.

요약

- 클라우드 네이티브 애플리케이션은 클라우드를 위해 특별히 설계되고 클라우드에 상주하는 고도로 분산된 시스템이다.

- 클라우드는 컴퓨팅, 스토리지 및 네트워킹 리소스 측면에서 상품으로 제공되는 IT 인프라이다.

- 클라우드에서는 사용자가 실제 사용하는 리소스에 대해서만 비용을 지불한다.

- 클라우드 플랫폼은 인프라스트럭처(IaaS), 컨테이너(CaaS), 플랫폼(PaaS), 함수(FaaS) 또는 소프트웨어(SaaS)와 같은 다양한 추상화 수준에서 서비스를 제공한다.

- 클라우드 네이티브 애플리케이션은 수평적으로 확장 가능하고, 느슨하게 결합되며, 고도로 응집력이 있고, 결함에 잘 견디고, 관리 가능하며, 관찰 가능하다.

- 클라우드 네이티브 개발은 자동화, 지속적 전달, 데브옵스에 의해 지원된다.

- 지속적 전달은 고품질 소프트웨어를 신속하고 안정적이며 안전하게 제공하기 위한 총체적인 엔지니어링 관행이다.

- 데브옵스는 서로 다른 역할 간의 협업을 통해 비즈니스 가치를 함께 제공할 수 있는 문화다.

- 현대 기업은 클라우드 네이티브 방식을 통해 신속하게 제공되고 필요에 따라 동적으로 확장되며 비용을 최적화하면서 항상 사용 가능하고 실패에 잘 견디는 소프트웨어를 만든다.

- 컨테이너는 클라우드 네이티브 시스템을 설계하기 위한 컴퓨팅의 단위로 사용될 수 있다. 가상 머신보다 가볍고 이식성, 불변성, 유연성을 제공한다(예: 도커).

- 쿠버네티스 같은 전용 플랫폼은 기본 계층을 직접 처리하지 않고 컨테이너를 관리하는 서비스를 제공하며 컨테이너 오케스트레이션, 클러스터 관리, 네트워크 서비스 및 스케줄링을 제공한다.

- 서버리스 컴퓨팅은 (케이네이티브와 같은) 플랫폼이 서버와 기반 인프라를 관리하는 반면, 개발자는 비즈니스 로직에만 집중하는 모델이다. 백엔드 기능은 비용 최적화를 위해 사용한 만큼만 지불하도록 할 수 있다.

- 마이크로서비스 아키텍처는 클라우드 네이티브 애플리케이션을 구축하는 데 사용할 수 있지만 필수 사항은 아니다.

- 클라우드 네이티브 애플리케이션을 설계하기 위해, 서비스와 그들의 상호작용을 특징으로 하는 서비스 기반 스타일을 사용한다.

- 클라우드 네이티브 서비스는 (상태를 갖지 않는) 애플리케이션 서비스와 (상태를 갖는) 데이터 서비스로 구분할 수 있다.

2 CHAPTER

클라우드 네이티브 패턴 및 기술

....

이 장의 주요 내용

- ■ 클라우드 네이티브 애플리케이션을 위한 개발 원리의 이해
- ■ 스프링 부트를 사용한 클라우드 네이티브 애플리케이션의 개발
- ■ 도커와 빌드팩을 사용한 애플리케이션의 컨테이너화
- ■ 쿠버네티스를 사용해 애플리케이션을 클라우드로 배포
- ■ 이 책에서 사용하는 패턴과 기술의 소개

....

클라우드 애플리케이션을 설계하는 방식은 전통적인 접근 방식과는 다르다. 클라우드 네이티브로 간주할 수 있는 애플리케이션을 개발하려면 우수 사례와 개발 패턴으로 구성된 **12요소 방법론**
Twelve-Factor methodology에서 출발하면 좋다. 이번 장에서는 이 방법론에 대해 알아보고, 이 책 전체에 걸쳐 확장시키며 살펴볼 것이다.

이제 간단한 스프링 부트 애플리케이션을 만들고 그림 2.1과 같이 자바, 도커, 쿠버네티스로 실행해보자. 이들 각각의 주제는 앞으로 자세하게 다룰 예정이므로, 지금 당장 완전히 이해되지 않더라도 걱정하지 않아도 된다. 이 장은 코드가 클라우드 환경의 프로덕션까지 옮겨가는 과정을 머릿속에 그려보는 한편, 이 책의 나머지 부분에서 사용할 패턴과 기술을 숙지하는 것을 목표로 한다.

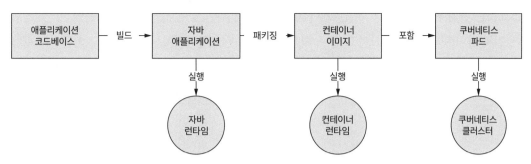

그림 2.1 자바에서 컨테이너를 거쳐 쿠버네티스로 가는 스프링 애플리케이션의 여정

마지막으로 이 책에서 앞으로 스프링과 쿠버네티스를 사용해 구축해나갈 클라우드 네이티브 프로젝트를 소개한다. 이 책의 앞부분에서 언급한 클라우드 네이티브 애플리케이션에 대한 모든 속성과 패턴을 적용할 것이다.

2.1 클라우드 네이티브 개발 원칙: 12요소와 확장

히로쿠 클라우드 플랫폼Heroku cloud platform의 엔지니어들은 클라우드 네이티브 애플리케이션을 설계하고 구축하기 위한 개발 원칙으로 12요소 방법론을 제안했다.[1] 그들은 자신들의 경험을 정리해서 다음과 같은 특성을 갖는 웹 애플리케이션을 구축하기 위한 모범 사례로 제시했다.

- 클라우드 플랫폼에 배포하기에 적합
- 확장을 염두에 둔 설계
- 다양한 시스템에 적용 가능
- 지속적 배포 및 민첩성을 지원

12요소 방법론의 목표는 개발자가 최상의 결과를 얻기 위해 고려해야 할 중요한 요소를 강조하면서 클라우드 애플리케이션의 구축을 돕는 것이었다.

나중에 이 방법론은 케빈 호프만에 의해 그의 저서 《Beyond the Twelve-Factor App》에서 수정되고 확장되어 원래의 요소들의 내용을 새롭게 하고 세 가지 요소를 새로 추가했다.[2] 지금부터는 이 확장된 일련의 원칙을 **15요소 방법론**15-Factor methodology으로 지칭한다.

---

1 A. Wiggins, "The Twelve-Factor App," https://12factor.net.
2 K. Hoffman, *Beyond the Twelve-Factor App* (O'Reilly, 2016).

15요소는 클라우드 네이티브 애플리케이션을 개발하기 위한 좋은 출발점이기 때문에 이 책 전반에 걸쳐 가이드라인으로 삼으려고 한다. 처음부터 새로운 애플리케이션을 만들거나 기존 시스템을 클라우드로 옮기는 등 어느 경우라도 이 원칙이 도움이 될 것이다. 이 책에서는 관련 있을 때마다 이 원칙에 대해 더 자세히 설명하고 스프링 애플리케이션에 적용하는 방법을 설명할 것이다.

이제 하나하나 살펴보자.

2.1.1 하나의 코드베이스, 하나의 애플리케이션

15요소 방법론은 애플리케이션과 코드베이스 사이의 일대일 관계를 설정한다. 따라서 각각의 애플리케이션은 그에 해당하는 코드베이스가 하나만 있어야 한다. 공유 코드는 별도의 코드베이스로 유지되면서 의존성 라이브러리로 포함되든지 아니면 독자적으로 실행할 수 있는 서비스로 다른 애플리케이션을 지원해야 한다. 각 코드베이스는 자신만의 코드 저장소를 통해 관리할 수도 있다.

배포deployment는 애플리케이션의 실행 인스턴스다. 서로 다른 환경으로의 배포가 가능하며 각 환경에서 실행되는 애플리케이션 아티팩트는 모두 동일하다. 애플리케이션을 특정 환경에 배포하기 위해 코드베이스를 다시 빌드할 필요가 없다. 여러 배포 사이의 상이한 측면(예: 설정)은 애플리케이션 코드베이스 외부에 있어야 한다.

2.1.2 API 우선

일반적으로 클라우드 네이티브 시스템은 API를 통해 서로 통신하는 다양한 서비스로 이루어진다. 클라우드 네이티브 애플리케이션을 설계할 때 **API 우선**API first 접근 방식을 사용하면 분산 시스템에 적합하도록 시스템을 고려하고 서로 다른 팀 간의 업무를 배분할 수 있다. API를 먼저 설계함으로써 해당 애플리케이션을 백엔드 서비스로 사용하는 다른 팀은 해당 API를 가지고 자신들의 시스템 개발을 진행할 수 있다. 코드 계약을 미리 설계하면 다른 시스템과의 통합은 더욱 견고해지고 배포 파이프라인에서 테스트가 용이해진다. 내부적으로는 다른 애플리케이션(및 팀)에 영향을 미치지 않고 API의 구현을 변경할 수도 있다.

2.1.3 의존성 관리

애플리케이션의 모든 의존 라이브러리는 명시적인 방식으로 선언되어야 하며 이를 통해 의존 라이브러리 관리 툴이 중앙 저장소에서 다운로드할 수 있어야 한다. 자바 애플리케이션이라면 일반적으로 메이븐Maven이나 그래들Gradle과 같은 도구를 사용하면 이 원리를 잘 따를 수 있다. 애플리케이션이 자신의 환경에서 제공받을 것이라고 암묵적으로 가정하는 의존성은 언어 런타임과 **의존성 관리**dependency management 툴밖에 없다. 따라서 이 두 가지 외에 애플리케이션이 개별적으로 사용하는 모든 의존성은 의존성 관리자가 제공해야 한다.

2.1.4 설계, 빌드, 릴리스, 실행

코드베이스는 설계부터 프로덕션 배포에 이르기까지 다양한 단계를 거치게 된다.

- **설계 단계**design stage: 특정 애플리케이션 기능에 필요한 기술, 의존성 및 툴이 결정된다.
- **빌드 단계**build stage: 코드베이스를 컴파일하고 의존 라이브러리와 함께 패키지로 만들어 **빌드**build라고 부르는 불가변 아티팩트를 생성한다. 이 빌드 아티팩트는 고유하게 식별할 수 있어야 한다.
- **릴리스 단계**release stage: 배포하기 위해 빌드를 특정 설정과 결합한다. 각 릴리스는 변경할 수 없으며 버전 관리 방식에 따라 예를 들어 시맨틱 버저닝semantic versioning(예: `3.9.4`) 또는 타임스탬프(예: `2011-07-07_17:21`)를 사용해 고유하게 식별할 수 있어야 한다. 용이하게 접근할 수 있도록 릴리스는 중앙 저장소에 저장되어야 하는데, 예를 들면 이전 버전으로 롤백해야 할 때 필요할 수 있다.
- **실행 단계**run stage: 애플리케이션의 특정 릴리스가 실행 환경에서 작동한다.

15요소 방법론에 따르면 이러한 단계를 엄격하게 분리해야 하며 런타임에 코드를 변경할 수는 없다. 왜냐하면 변경 시 빌드 태그와 다른 코드가 실행되기 때문이다. 빌드 및 릴리스 아티팩트는 변경할 수 없으며 동일한 아티팩트의 재생성을 위해 고유한 식별자로 지정해야 한다.

2.1.5 설정, 크리덴셜 및 코드

15요소 방법론에서는 **설정**configuration에 대한 정의를 배포 사이에 변경될 가능성이 있는 모든 것이라고 한다. 애플리케이션의 설정을 변경해야 한다면 코드의 변경이나 애플리케이션의 재빌드 없이도 그렇게 할 수 있어야 한다.

설정의 예로는 데이터베이스 또는 메시징 시스템과 같은 백엔드 서비스에 대한 리소스 정보, 타사 API에 액세스할 수 있는 유저 정보 및 기능 플래그를 들 수 있다. 만일 코드베이스를 갑자기 외부에 공개한다면 노출되는 유저 정보나 환경 관련 정보가 있는지 자문해보면 설정을 올바르게 외부화했는지 확인할 수 있다.

이 요소를 준수하려면 설정이 코드에 포함되어 있거나 해당 코드베이스에서 발견되면 안 된다. 이에 대한 유일한 예외는 기본default 설정인데, 이 설정은 애플리케이션 코드베이스와 함께 패키징할 수 있다. 어떤 유형의 설정이라도 설정 파일을 사용할 수 있지만 별도의 저장소로 관리해야 한다.

15요소 방법론은 환경 변수를 사용한 설정을 권고한다. 이렇게 하면 동일한 애플리케이션을 다른 환경에 배포할 수 있지만 환경에 고유한 설정에 따라 다르게 작동하도록 배포할 수 있다.

2.1.6 로그

클라우드 네이티브 애플리케이션은 로그의 라우팅 및 저장과는 관련이 없다. 애플리케이션은 로그를 시간 순서대로 생성되는 이벤트로 처리해 표준 출력에 기록한다. 로그 저장이나 순환에 대해서는 애플리케이션이 더 이상 신경 쓰지 말아야 한다. **로그 수집기**log aggregator와 같은 외부 툴을 사용해 로그를 수집하고 검사할 수 있다.

2.1.7 일회성

전통적인 환경에서는 애플리케이션이 계속 작동하고 종료되지 않도록 하기 위해 많은 노력을 기울인다. 하지만 클라우드 환경에서는 더 이상 신경 쓰지 않아도 된다. 애플리케이션은 삭제될 수 있다. 실패가 발생하고 애플리케이션이 응답하지 않으면 종료하고 새 인스턴스를 시작하면 된다. 부하가 많아지면 증가된 워크로드를 지원하기 위해 애플리케이션 인스턴스를 늘리면 된다. 언제라도 애플리케이션을 시작하거나 중지할 수 있는 경우를 일컬어 '이 애플리케이션은 **일회성**disposability이다'라고 한다.

이렇게 동적인 방식으로 애플리케이션 인스턴스를 처리하려면 새 인스턴스가 필요할 때마다 신속하게 시작하고, 필요 없을 때는 정상적으로 종료하도록 설계해야 한다. 인스턴스를 빠르게 시작할 수 있으면 시스템의 탄력성이 좋아져 견고성과 복원력을 보장한다. 이렇게 할 수 없다면 성능 및 가용성 문제가 발생할 수 있다.

애플리케이션이 종료 신호를 받으면 새로운 요청을 수락하지 않고 이미 진행중인 요청을 모두 완료한 다음 종료하는 것을 **우아한 종료**graceful shutdown라고 한다. 웹 프로세스에서는 이 문제가 간단하지만 다른 경우에는 그렇지 않은데, 예를 들면 워커 프로세스는 담당 작업을 작업 큐로 반환해야 하며 그 이후에만 종료할 수 있다.

2.1.8 지원 서비스

지원 서비스backing service는 어떤 애플리케이션이 자신의 기능을 제공하기 위해 사용하는 외부 리소스로 정의할 수 있다. 지원 서비스의 예로는 데이터베이스, 메시지 브로커, 캐싱 시스템, SMTP 서버, FTP 서버, RESTful 웹 서비스가 있다. 이들을 탈착식 리소스처럼 처리하면 애플리케이션 코드를 수정하지 않고도 이 리소스를 쉽게 변경할 수 있다.

소프트웨어 개발 라이프사이클에 걸쳐 데이터베이스를 사용하는 방법을 고려해야 한다. 개발, 테스트, 프로덕션 단계에 따라 다른 데이터베이스를 사용할 가능성이 높다. 데이터베이스를 탈착식 리소스와 함께 처리하면 환경에 따라 다른 서비스를 사용할 수 있다. 리소스가 애플리케이션에 연결되는 것은 리소스 바인딩을 통해 이루어진다. 예를 들어, 리소스 바인딩은 데이터베이스의 URL, 사용자 이름 및 암호로 구성된다.

2.1.9 환경 동일성

환경 동일성environment parity은 모든 환경을 가능한 한 비슷하게 유지하는 것이다. 현실적으로 이 요소를 통해 메꾸고자 하는 간극, 즉 차이가 세 가지 정도로 존재한다.

- **시간 차이**time gap: 코드 변경 이후 배포까지의 기간은 상당히 클 수 있다. 15요소 방법론은 자동화 및 지속적 배포를 활용해서 개발자가 코드를 작성한 이후부터 프로덕션에 배포할 때까지의 기간을 줄이기 위해 노력한다.
- **사람 차이**people gap: 개발자는 애플리케이션을 만들고 운영자는 프로덕션에서 배포를 관리한다. 이 격차는 데브옵스 문화를 수용해 개발자와 운영자 간의 협력을 증진하고 '만든 사람이 실행한다'는 철학을 실현함으로써 해결할 수 있다.
- **도구 차이**tool gap: 환경 간의 주요 차이점 중 하나는 지원 서비스를 처리하는 방법이다. 예를 들어, 개발자는 로컬 환경에서 H2 데이터베이스를 사용하지만 실제 서비스 환경에서는 PostgreSQL을 사용할 수 있다. 일반적으로는 모든 환경에서 동일한 유형과 동일한 버전의 지원 서비스를 사용해야 한다.

2.1.10 관리 프로세스

일반적으로 애플리케이션을 지원하기 위해 몇 가지 관리 작업이 필요하다. 데이터베이스 마이그레이션, 배치batch 작업 또는 점검 보수와 같은 작업은 일회성 프로세스로 처리해야 한다. 애플리케이션 프로세스에 대해 수행한 것과 동일한 고려 사항이 **관리 프로세스**administrative process에도 적용된다. 즉, 관리 작업 역시 코드의 형태로 형상 관리 시스템을 통해 관리하면서 지원의 대상이 되는 애플리케이션과 함께 제공해서 애플리케이션과 동일한 환경에서 실행해야 한다.

일반적으로 관리 작업은 한 번 실행한 후에 더 이상 사용하지 않는 작은 독립형 서비스 또는 상태가 없는 플랫폼에서 특정 이벤트가 발생할 때 실행하도록 설정된 함수로 구성하거나 혹은 애플리케이션의 일부로 특정 엔드포인트를 호출해 실행하도록 하는 것이 좋다.

2.1.11 포트 바인딩

15요소 방법론을 따르는 애플리케이션은 독립적이어야 하고 **포트 바인딩**port binding을 통해 서비스를 제공해야 한다. 프로덕션에는 외부로 공개된 엔드포인트로 들어온 요청을 특정 포트에 바인딩된 내부 서비스로 변환하는 라우팅 서비스가 가능하다.

애플리케이션이 실행 환경에서 외부 서버에 의존하지 않는 경우 독립적이라고 할 수 있다. 자바 웹 애플리케이션은 톰캣Tomcat, 제티Jetty, 언더토Undertow 같은 서버 컨테이너에서 실행할 수 있다. 반면 클라우드 네이티브 애플리케이션은 실행 환경이 톰캣 같은 서버 컨테이너를 제공하도록 규정하는 대신 자체적으로 의존성을 관리한다. 예를 들어 스프링 부트를 사용하면 웹 애플리케이션 서버가 임베디드 형태로 제공된다. 애플리케이션은 실행 환경이 제공하는 서버에 의존하는 대신 자신의 내부에 웹 애플리케이션 서버를 가지고 있다. 웹 애플리케이션 서버 하나에 여러 개의 애플리케이션을 배포하는 전통적인 방식과 달리 이러한 접근법은 웹 애플리케이션 서버 하나에 애플리케이션이 하나만 존재한다.

애플리케이션이 제공하는 서비스는 포트 바인딩을 통해 외부로 노출된다. 웹 애플리케이션은 HTTP 서비스를 특정 포트에 바인딩하고 다른 애플리케이션을 지원하는 서비스로 작동할 수 있다. 이런 일은 클라우드 네이티브 시스템에서 통상적으로 일어난다.

2.1.12 상태를 갖지 않는 프로세스

1장에서 클라우드로 옮겨가는 이유 중의 하나가 높은 확장성 때문이라는 것을 살펴봤다. 확장성을 보장하기 위해 애플리케이션이 **상태를 갖지 않는 프로세스**stateless process가 되도록 설계하고 **아무것도 공유하지 않는 아키텍처**share-nothing architecture를 채택해야 하는데, 이는 애플리케이션 인스턴스 간에 상태를 공유해서는 안 된다는 의미다. 애플리케이션 인스턴스를 파괴하고 인스턴스를 새로 만들면 데이터가 손실되는지 질문해볼 때 그렇다는 답이 나오면 그 애플리케이션은 상태를 가지고 있다는 것을 의미한다.

무엇이 되었든 상태는 저장해야 한다. 그렇지 않으면 애플리케이션은 대부분 쓸모없을 것이다. 따라서 애플리케이션은 상태를 갖지 않도록 설계하고 대신 상태는 데이터 저장소와 같은 상태를 갖는 서비스를 통해 처리해야 한다. 다시 말해서 상태를 갖지 않는 애플리케이션은 상태의 관리 및 저장을 지원 서비스에 위임하게 된다.

2.1.13 동시성

상태를 갖지 않도록 애플리케이션을 설계하는 것만으로는 확장성을 담보하기에 부족하다. 확장이 필요하다는 것은 더 많은 사용자에게 서비스를 제공해야 한다는 의미다. 따라서 애플리케이션은 **동시성**concurrency을 통해 많은 사용자에게 서비스를 제공할 수 있어야 한다.

15요소 방법론에서 프로세스는 제약 없이 다룰 수 있어야 한다. 여러 머신에 흩어져 있는 여러 개의 프로세스에 워크로드를 분산함으로써 프로세스를 수평적으로 확장할 수 있어야 하는데 애플리케이션이 상태를 갖지 않을 때만 동시 처리가 가능해진다. JVM 애플리케이션에서는 스레드 풀 내의 사용 가능한 스레드를 사용해 동시성을 처리한다.

프로세스는 종류에 따라 분류가 가능하다. 예를 들어 HTTP 요청을 처리하는 웹 프로세스와 백그라운드에서 예약된 작업을 실행하는 작업자 프로세스가 있을 수 있다.

2.1.14 원격 측정

관측 가능성은 클라우드 네이티브 애플리케이션의 속성 중 하나다. 클라우드에서 분산 시스템을 관리하는 것은 복잡한데 이러한 복잡성을 관리할 수 있는 유일한 방법은 시스템의 작동을 원격으로 모니터링할 수 있도록 모든 구성 요소가 올바른 데이터를 제공하는 것이다. **원격 측정**telemetry 데이터의 예로는 로그, 메트릭, 추적, 상태, 이벤트가 있다. 앞서 2.1절에서 소개한 바 있는 호프만 Hoffman은 애플리케이션을 우주 탐사선으로 비유하는 아주 매력적인 이미지를 통해 원격 측정의 중요성을 강조한다. 원격으로 애플리케이션을 모니터링하고 제어하려면 어떤 종류의 원격 측정이 필요할까?

2.1.15 인증 및 승인

보안은 소프트웨어 시스템의 필수적인 특성 중 하나임에도 불구하고, 필요한 주목을 받지 못하는 경우가 많다. **제로 트러스트**zero trust 접근법에 따라 시스템 내 상호작용의 안전성은 모든 설계적, 인프라적 수준에서 확보되어야 한다. 보안에는 인증과 권한 외에도 다른 많은 것들이 포함되지만 우선 여기서부터 출발해도 좋다.

인증을 통해 누가 애플리케이션을 사용하고 있는지 추적할 수 있다. 그런 다음 사용자 권한을 통해 특정 작업을 수행할 수 있는지 확인할 수 있다. ID 및 액세스 관리의 구현을 위한 표준이 몇 가지 있는데 이 책에서는 그중 OAuth 2.0 및 오픈ID 커넥트OpenID Connect, OIDC를 사용한다.

2.2 스프링을 사용한 클라우드 네이티브 애플리케이션 구축

지금까지 클라우드 네이티브 접근 방식과 따라야 할 주요 개발 관행에 대해 살펴봤으므로, 이제 기술적인 부분에 대해 좀 더 구체적으로 논의할 때가 됐다. 스프링을 살펴보자. 이 책을 읽는 독자들이라면 아마도 이전에 스프링을 사용해 개발한 경험이 있을 것이고, 지금은 스프링을 사용해 클라우드 네이티브 애플리케이션을 구축하는 방법을 배우고 싶어 할 것이다.

스프링 생태계는 클라우드 네이티브 애플리케이션을 포함하여 애플리케이션이 가질 수 있는 거의 모든 요구 사항을 처리할 수 있는 기능을 제공한다. 지금까지 가장 많이 사용된 자바 프레임워크로 오랜 기간 동안 사용되어 왔고 강력하고 신뢰할 만하다. 스프링 커뮤니티는 훌륭하며 스프링을 지속적으로 발전시켜 나가고 있다. 스프링은 끊임없이 변하는 기술과 개발 관행을 능숙하게 따라잡고 있다. 따라서 새로운 클라우드 네이티브 프로젝트를 위해 스프링을 사용하는 것은 탁월한 선택이다.

이번 절에서는 스프링의 흥미로운 몇 가지 특징을 살펴보고자 한다. 그런 다음 스프링 부트 애플리케이션을 만들어볼 것이다.

2.2.1 스프링 개요

스프링은 웹 애플리케이션, 보안, 데이터 액세스, 통합, 배치 처리, 설정, 메시징, 빅 데이터 등 소프트웨어 개발의 다양한 측면을 다루는 여러 프로젝트로 이루어져 있다. 스프링 플랫폼은 모듈식 설계로 인해 필요한 프로젝트만 사용하고 이들을 결합할 수 있다는 장점이 있다. 그리고 이것은 애플리케이션의 종류에 관계없이 가능하다.

스프링 플랫폼은 이 모든 것을 시작한 프로젝트로, 핵심은 **스프링 프레임워크**Spring Framework다. 스프링 프레임워크는 의존성 주입, 트랜잭션 관리, 데이터 액세스, 메시징, 웹 애플리케이션 등을 지원한다. 이들을 그냥 엮기만 해도 기업 애플리케이션을 구축할 수 있기 때문에 개발자는 비즈니스 로직에만 집중할 수 있다.

스프링 프레임워크는 **스프링 콘텍스트**Spring Context 또는 **스프링 컨테이너**Spring Container라고 부르는 실행 콘텍스트를 제공하는데, 여기에서 빈bean, 속성, 리소스가 애플리케이션의 전체 라이프 사이클에 걸쳐 관리된다. 이 책을 읽는 독자들은 이미 스프링 프레임워크의 핵심 기능에 익숙할 것이라는 전제하에, 이에 관해서 너무 많은 시간을 할애하지는 않을 것이다. 다만 스프링 프레임워크의 핵심적인 내용 중 스프링 콘텍스트의 역할을 인식하고 스프링 빈, 애너테이션 기반 설정, 의존성 주입 기능을 잘 활용해야 하므로 이 부분을 특히 잘 다루고 이해할 것을 권한다.

스프링 프레임워크를 기반으로 **스프링 부트**Spring Boot를 사용하면 독립적으로 실행할 수 있고 실제 서비스를 제공할 수 있는 애플리케이션을 신속하게 개발할 수 있다. 스프링 부트는 스프링 및 타사 라이브러리에 대한 자신들만의 관점을 따라 합리적인 기본 설정을 번들로 제공한다. 이를 통해 개발자는 최소한의 작업과 노력으로 개발을 시작할 수 있고 스프링 부트가 제공하는 기본 설정을 바꾸기 원하면 언제든지 그렇게 할 수 있다.

이 책 전반에 걸쳐 스프링 부트, 스프링 클라우드, 스프링 데이터, 스프링 보안, 스프링 세션, 스프링 네이티브를 비롯한 여러 스프링 프로젝트를 사용해 클라우드 네이티브 애플리케이션의 패턴과 모범 사례를 구현할 것이다.

NOTE 스프링 핵심 기능에 대해 더 많은 것을 알고 싶다면 로렌티우 스필카Laurentiu Spilca의 《Spring Start Here》(Manning, 2021)와 크레이그 월즈Craig Walls의 《Spring in Action 6th Edition》(Manning, 2022)을 포함하여 이 주제에 관한 책을 여러 권 찾을 수 있을 것이다. 또한 마크 헤클러Mark Heckler의 《처음부터 제대로 배우는 스프링 부트》(한빛미디어, 2023)를 참고해도 도움이 될 것이다.

2.2.2 스프링 부트 애플리케이션 구축

폴라소피아라는 업체를 위해 폴라 북숍 애플리케이션을 구축하는 프로젝트에 참여한다고 가정해보자. 이 업체는 전문 서점을 관리하고 북극점과 북극에 관한 책을 온라인으로 판매하기를 원한다. 이를 위해 클라우드 네이티브 방식을 고려하고 있다.

팀장으로부터 파일럿 프로젝트 하나를 할당받았다. 이 프로젝트를 구현한 후에는 클라우드에 배포되는 것까지의 과정이 어떻게 이루어지는지를 동료들에게 보여줘야 한다. 작성해야 하는 웹 애플리케이션은 카탈로그 서비스이며, 지금은 사용자 환영 문구만 보여주면 된다. 이 파일럿 프로젝트가 성공하고 호평을 받는다면 이를 기반으로 클라우드 네이티브 애플리케이션을 구축해 실제 서비스화할 것이다.

작업의 목표를 고려해 환영 메시지를 반환하는 HTTP 엔드포인트 하나를 갖는 RESTful 서비스를 구현할 수 있다. 전체 애플리케이션을 구성할 서비스 가운데 하나가 될 카탈로그 서비스에 대한 기본 기술 스택으로 스프링을 채택한다고 해보자. 이 시스템의 아키텍처는 그림 2.2에 나와 있으며, 다음 절에서는 이 애플리케이션을 빌드하고 배포할 것이다.

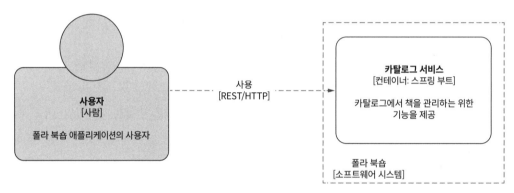

그림 2.2 C4 모델을 따른 폴라 북숍 애플리케이션의 아키텍처 다이어그램

그림 2.2는 사이먼 브라운Simon Brown이 만든 C4 모델(https://c4model.com)을 따라 만든 아키텍처 다이어그램을 보여주고 있는데 책 전반에 걸쳐 이 표기법을 사용할 것이다. 이 모델의 세 가지 추상화를 사용해 폴라 북숍 프로젝트의 아키텍처를 설명하면 다음과 같다.

- **사람**person: 소프트웨어 시스템을 사용하는 사람을 나타낸다. 폴라 북숍 예에서는 서점의 고객이다.
- **시스템**system: 사용자에게 가치를 제공하기 위해 구축하는 전체 애플리케이션을 나타낸다. 폴라 북숍 예에서는 폴라 북숍 시스템이다.
- **컨테이너**container: 애플리케이션이든 데이터든 서비스를 나타낸다. 도커와 혼동해서는 안 된다. 폴라 북숍 예에서는 카탈로그 서비스다.

이 업무를 위해 스프링 프레임워크와 스프링 부트를 사용해 다음과 같은 작업을 수행할 것이다.

- 애플리케이션을 구현하는 데 필요한 의존성을 선언

- 스프링 부트로 애플리케이션을 부트스트래핑
- 외부로 제공되는 HTTP 엔드포인트를 통해 환영 메시지를 반환하는 컨트롤러의 구현
- 애플리케이션의 실행

이 책에서 모든 예제는 이 책을 쓰는 현재 시점을 기준으로 자바의 최신 장기 릴리스인 자바 17을 기반으로 한다. 계속 진행하기 전에 부록 A의 A.1에 있는 지침에 따라 OpenJDK 17 배포판을 설치하기 바란다. 다음으로는 자바, 그래들, 스프링을 지원하는 IDE가 설치되어 있어야 한다. 이 책은 인텔리제이 아이디어IntelliJ IDEA를 사용하겠지만 비주얼 스튜디오 코드Visual Studio Code 같은 다른 IDE를 설치해도 무방하다. 마지막으로 아직 계정이 없다면 깃허브GitHub에서 무료 계정을 만들기 바란다(https://github.com). 코드를 저장하고 지속적 전달 파이프라인을 정의할 때 깃허브를 사용할 것이다.

1 프로젝트 초기화

이 책을 통해 우리는 몇 가지 서로 다른 클라우드 네이티브 애플리케이션을 만들 것이다. 깃 저장소를 정의하고 깃허브를 통해 각각의 코드를 저장할 것을 권한다. 코드베이스 관리에 대한 자세한 설명은 다음 장에서 살펴보기로 하고, 일단 지금은 `catalog-service`라는 이름으로 깃 저장소를 생성한다.

그런 다음 스프링 이니셜라이저Spring Initializr(https://start.spring.io)에서 스프링 부트 프로젝트 하나를 생성하고 생성된 코드를 방금 만든 `catalog-service` 저장소에 저장한다. 스프링 이니셜라이저는 브라우저 또는 REST API를 통해 JVM 기반 프로젝트를 생성하기 위해 사용할 수 있는 편리한 서비스다. 인텔리제이 아이디어나 비주얼 스튜디오 코드와 같은 인기 있는 IDE에도 통합되어 있다. 카탈로그 서비스 생성을 위해 사용할 선택 사항들은 그림 2.3에서 확인할 수 있다.[3]

---

3   울긴이 현재는 UI가 약간 다른데 그래들 프로젝트에 대한 선택이 그래들-그루비(Groovy)와 그래들-코틀린(Kotlin)으로 나뉜다. 이 책의 소스 코드 예제와 동일하게 하려면 그래들-그루비를 선택하면 된다.

Project	**Language**		**Dependencies**
O Maven Project	● Java	O Kotlin	
● Gradle Project	O Groovy		**Spring Web** `WEB`

Spring Boot
O 3.0.0 (SNAPSHOT)　O 3.0.0 (M4)
O 2.7.4 (SNAPSHOT)　● 2.7.3
O 2.6.12 (SNAPSHOT)　O 2.6.11

Build web, including RESTful, applications using Spring
MVC. Uses Apache Tomcat as the default embedded
container.

Project Metadata

Group	com.polarbookshop
Artifact	catalog-service
Name	catalog-service
Description	Manages the books in the catalog.
Package name	com.polarbookshop.catalogservice
Packaging	● Jar　O War
Java	O 18　● 17　O 11　O 8

그림 2.3 스프링 이니셜라이저를 통해 카탈로그 서비스 프로젝트를 초기 생성시 선택 사항

초기화할 때 빌드할 애플리케이션에 대한 몇 가지 세부 정보를 표 2.1에서와 같이 제공할 수 있다.

표 2.1 스프링 이니셜라이저에서 프로젝트를 생성하도록 구성할 수 있는 주요 선택 사항

매개변수	설명	카탈로그 서비스를 위한 선택 값
프로젝트	프로젝트의 빌드 툴로 그래들 혹은 메이븐 중 어떤 것을 사용할 것인지 결정할 수 있다. 이 책의 모든 예제는 그래들을 사용한다.	그래들
언어	스프링은 세 가지 주요 JVM 언어인 자바, 코틀린, 그루비를 지원한다. 이 책의 모든 예제는 자바를 사용한다.	자바
스프링 부트	사용할 스프링 부트의 버전을 선택한다. 이 책의 모든 예제는 스프링 2.7.3을 사용하지만 이후의 패치 버전을 사용해도 무방하다.	스프링 부트 2.7.3
그룹	메이븐 저장소에서 사용하는 프로젝트의 그룹 ID	com.polarbookshop
아티팩트	메이븐 저장소에서 사용하는 아티팩트 ID	catalog-service
이름	프로젝트의 이름	catalog-service
패키지 이름	프로젝트의 기본 자바 패키지	com.polarbookshop.catalogservice
패키징	프로젝트를 WAR(애플리케이션 서버에 배포)이나 JAR(독자적 애플리케이션) 중 어떤 형식으로 패키징할지 선택할 수 있다. 클라우드 네이티브 애플리케이션은 JAR로 패키징하기 때문에 이 책의 모든 예제는 JAR을 사용한다.	JAR

매개변수	설명	카탈로그 서비스를 위한 선택 값
자바	프로젝트에 사용할 자바 버전. 이 책의 모든 예제는 자바 17을 사용한다.	17
의존 모듈	프로젝트에 포함할 의존 모듈/라이브러리	Spring Web

새로 생성된 프로젝트의 구조가 그림 2.4에 나와 있다. 다음 절에서는 프로젝트 구조에 대해 설명한다.

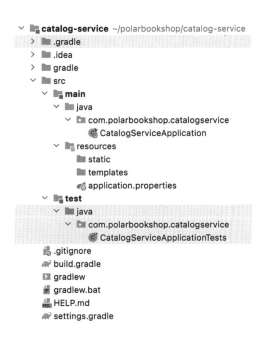

그림 2.4 스프링 이니셜라이저를 사용해 새로 생성한 스프링 부트 프로젝트의 구조

이 책의 모든 소스 코드에 대한 저장소[4]에는 각 장마다 'begin'과 'end'라는 이름의 폴더가 있는데 'begin' 폴더를 통해 필자가 사용한 것과 동일한 셋업으로 시작하고 'end' 폴더를 통해 최종 결과를 확인할 수 있다. 예를 들어, 현재 2장을 읽고 있으므로 Chapter02/02-begin과 Chapter02/02-end에서 관련 코드를 찾을 수 있다.

TIP 이 장의 'begin' 폴더에는 curl 명령어도 있는데 스프링 이니셜라이저 웹사이트에서 수동으로 프로젝트를 생성하지 않고도 터미널에서 이 명령을 사용해 프로젝트를 시작하는 데 필요한 모든 코드를 zip 파일 형태로 내려받을 수 있다.

---

4   https://github.com/ThomasVitale/cloud-native-spring-in-action

2 빌드 설정

방금 초기화한 프로젝트를 IDE로 열고 build.gradle 파일을 열어 이 파일에 정의된 카탈로그 서비스 애플리케이션의 그래들 빌드 설정을 살펴보자. 스프링 이니셜라이저에서 선택한 모든 값을 이 파일에서 볼 수 있다.

예제 2.1 카탈로그 서비스의 빌드 설정

```
plugins {
    id 'org.springframework.boot' version '2.7.3'          ← 그래들에서 스프링 부트의 지원을 제공하고
    id 'io.spring.dependency-management' version '1.0.13.RELEASE'   사용할 버전을 선언
    id 'java'                                              ← 스프링에 대한
}                                                            의존성 관리 기능을 제공
              애플리케이션의 컴파일, 빌드, 테스트 작업을 수립하고
              그래들에 자바 지원을 제공

group = 'com.polarbookshop'       ← 카탈로그 서비스 프로젝트의 그룹 ID
version = '0.0.1-SNAPSHOT'        ← 애플리케이션의 버전.
sourceCompatibility = '17'          기본적으로 0.0.1-SNAPSHOT이다.
                        프로젝트 빌드 시
                        사용할 자바 버전

repositories {         ← 의존 라이브러리를 검색할
    mavenCentral()       아티팩트 저장소
}
              애플리케이션에 의해 사용될
              의존 라이브러리
dependencies {
    implementation 'org.springframework.boot:spring-boot-starter-web'
    testImplementation 'org.springframework.boot:spring-boot-starter-test'
}
```

---

5   https://github.com/ThomasVitale/cloud-native-spring-in-action

```
tasks.named('test') {
  useJUnitPlatform()  ◄─── JUnit 5가 제공하는
}                          JUnit 플랫폼으로 테스트하도록 설정
```

이 프로젝트는 다음과 같은 주요 의존성 라이브러리가 포함되어 있다.

- **스프링 웹**Spring Web(`org.springframework.boot:spring-boot-starter-web`)은 스프링 MVC로 웹 애플리케이션을 빌드하는 데 필요한 라이브러리를 제공하며 임베디드 서버로는 기본 설정상 톰캣이 포함되어 있다.

- **스프링 부트 테스트**Spring Boot Test(`org.springframework.boot:spring-boot-starter-test`)는 스프링 테스트, JUnit, 어서트J AssertJ, 모키토 Mockito를 포함해 애플리케이션을 테스트할 수 있는 여러 라이브러리 및 유틸리티를 제공한다. 모든 스프링 부트 프로젝트에 자동으로 포함된다.

[NOTE] 스프링 부트는 특정 사용 사례에 필요한 모든 라이브러리를 서로 호환되는 버전끼리 함께 묶어 번들로 제공하는 스타터 의존 라이브러리를 제공한다. 이것을 사용하면 빌드 설정이 상당히 단순해진다.

프로젝트의 이름은 settings.gradle라는 두 번째 파일에서 정의한다.

```
rootProject.name = 'catalog-service'
```

③ 애플리케이션 부트스트래핑

앞 절에서 카탈로그 서비스 프로젝트를 초기화하고 JAR 패키징 옵션을 선택했다. JAR로 패키징된 자바 애플리케이션은 실행할 `public static void main(String[] args)` 메서드를 시작할 때 가지고 있어야 하고 이는 스프링 부트도 마찬가지다. 카탈로그 서비스에는 이 프로젝트 초기화 때 자동 생성된 `CatalogServiceApplication`이라는 클래스가 있고 이 클래스 안에 `main()` 메서드를 정의해 스프링 부트 애플리케이션을 실행한다.

예제 2.2 **카탈로그 서비스의 부트스트랩 클래스**

```
package com.polarbookshop.catalogservice;

import org.springframework.boot.SpringApplication;
import org.springframework.boot.autoconfigure.SpringBootApplication;

@SpringBootApplication  ◄─── 스프링 설정 클래스를 정의하고
public class CatalogServiceApplication {    컴포넌트 스캔과 스프링 부트 자동 설정을 실행한다.
```

```
public static void main(String[] args) {  ◄───────
    SpringApplication.run(CatalogServiceApplication.class, args);
  }
}
```

> 애플리케이션을 시작하는 메서드.
> 현재 클래스를 애플리케이션의
> 부트스트랩 단계에서 실행하도록
> 설정한다.

@SpringBootApplication 애너테이션은 아래와 같은 세 가지 다른 애너테이션을 한꺼번에 포함한다.

- @Configuration은 해당 클래스가 빈을 정의하는 클래스임을 나타낸다.
- @ComponentScan을 사용하면 컴포넌트 검색을 통해 빈을 찾아 스프링 콘텍스트에 자동으로 등록한다.
- @EnableAutoConfiguration은 스프링 부트에서 제공하는 자동 설정 기능을 활성화한다.

스프링 부트 자동 설정은 클래스 경로에 특정 클래스가 있거나 혹은 특정 빈이 존재하거나 어떤 속성 값과 같은 다양한 조건에 따라 활성화된다. 카탈로그 서비스 프로젝트는 spring-boot-starter-web에 의존하기 때문에 스프링 부트는 임베디드 톰캣 서버 인스턴스를 초기화하고 웹 애플리케이션을 실행하는 데 필요한 최소한의 설정을 적용해 즉시 웹 애플리케이션을 실행한다.

지금까지는 애플리케이션 설정에 대해 살펴봤으므로 이제 카탈로그 서비스에서 HTTP 엔드포인트를 외부로 노출해보자.

4 컨트롤러 구현

지금까지 우리는 스프링 이니셜라이저에 의해 생성된 프로젝트를 살펴봤고 이제는 애플리케이션에 대한 비즈니스 로직을 구현할 때가 됐다.

카탈로그 서비스는 사용자가 도서 카탈로그에 방문한 것을 환영하기 위한 인사말을 반환하는 HTTP GET 엔드포인트를 노출한다. 컨트롤러 클래스에서 이에 대한 핸들러를 정의할 수 있다. 그림 2.5는 상호작용의 흐름을 보여준다.

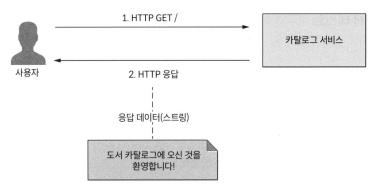

그림 2.5 **카탈로그 서비스의 HTTP 엔드포인트에서 환영 메시지를 받는 과정 중 발생하는 사용자와 애플리케이션 간의 상호작용**

카탈로그 서비스 프로젝트에서 HomeController라는 새로운 클래스를 하나 만들고 루트 엔드포인트(/)로 GET 요청을 처리하는 메서드를 구현해보자.

예제 2.3 **환영 메시지를 반환하는 HTTP 엔드포인트의 정의**

```
package com.polarbookshop.catalogservice;

import org.springframework.web.bind.annotation.GetMapping;
import org.springframework.web.bind.annotation.RestController;

@RestController          ◀── REST/HTTP 엔드포인트를 위한
public class HomeController {      핸들러를 정의하는 클래스로 인식

  @GetMapping("/")       ◀── 루트 엔드포인트로
  public String getGreeting() {      GET 요청을 처리
    return "도서 카탈로그에 오신 것을 환영합니다!";
  }
}
```

클래스에 @RestController 애너테이션이 있으면 그 클래스는 HTTP 요청을 처리하는 컨트롤러로 식별한다. @GetMapping 애너테이션을 통해 getGreeting() 메서드를 루트 엔드포인트(/)로 들어오는 GET 요청에 대한 핸들러로 표시할 수 있다. 해당 엔드포인트에 대한 모든 GET 요청은 이 메서드가 처리하게 된다. 스프링을 사용해 RESTful 서비스를 구축하는 방법에 대한 자세한 설명은 다음 깅에시 실퍼보기로 한다.

5 **애플리케이션 테스트**

스프링 이니셜라이저에서 스프링 프로젝트를 만들 때 기본적인 테스트 설정이 포함된다. build.
gradle 파일은 스프링 애플리케이션을 테스트하는 데 필요한 의존성 라이브러리를 자동으로 가
져온다. 또한 테스트 클래스가 자동으로 생성된다. 프로젝트 초기화로 생성된 CatalogService
ApplicationTests 클래스의 코드를 살펴보자.

예제 2.4 **스프링 콘텍스트를 검증하는 자동 생성 테스트 클래스**

```
package com.polarbookshop.catalogservice;

import org.junit.jupiter.api.Test;
import org.springframework.boot.test.context.SpringBootTest;

@SpringBootTest  ◀─────────────────        스프링 부트 애플리케이션을
class CatalogServiceApplicationTests {      테스트하기 위한 셋업 제공

  @Test  ◀──  테스트 케이스를 식별
  void contextLoads() {  ◀────      애플리케이션 콘텍스트가 올바르게 로드됐는지
  }                                 검증하기 위해 사용되는 빈 테스트
}
```

기본적으로 생성된 테스트 클래스는 @SpringBootTest 애너테이션을 사용해 테스트 클래스로 식
별되는데, 이 애너테이션은 스프링 부트 애플리케이션을 테스트하는 데 도움이 되는 많은 기능을
제공한다. 책 전반에 걸쳐서, 이에 대한 내용을 더 자세하게 다룰 예정이므로 지금은 이 애너테이
션을 통해 테스트를 실행할 전체 스프링 애플리케이션 콘텍스트를 로드한다는 것만 알아두면 된
다. 테스트 케이스는 하나밖에 없고 그마저도 비어 있지만 스프링 콘텍스트가 올바르게 로드되었
는지 확인하는 데 사용된다.

터미널 창을 열고 애플리케이션 루트 폴더(catalog-service)로 이동한 다음, 그래들 test 작업을
실행해보자.

```
$ ./gradlew test  ◀─  옮긴이 메이븐의 경우 ./mvnw test
```

작업이 성공적으로 수행되고 테스트 결과가 녹색으로 보여야 하는데, 이는 스프링 애플리케이션
이 오류 없이 시작될 수 있음을 의미한다. HTTP 엔드포인트에 대해서는 어떨까?

❻ 애플리케이션 실행

애플리케이션 구현이 끝났으므로 이제 실행할 수 있다. 실행하는 방법은 여러 가지가 있는데, 다른 것은 나중에 살펴보기로 하고 지금은 스프링 부트의 그래들 플러그인이 제공하는 **bootRun**을 사용해보자.

테스트를 수행한 터미널 창에서 다음과 같은 명령을 실행해보자.

```
$ ./gradlew bootRun⁶
```

위의 명령을 실행하면 애플리케이션이 즉시 실행되고 요청을 수락할 준비가 된다. 그림 2.6에서는 애플리케이션 시작 단계에서 출력되는 로그를 볼 수 있다.

```
  .   ____          _            __ _ _
 /\\ / ___'_ __ _ _(_)_ __  __ _ \ \ \ \
( ( )\___ | '_ | '_| | '_ \/ _` | \ \ \ \
 \\/  ___)| |_)| | | | | || (_| |  ) ) ) )
  '  |____| .__|_| |_|_| |_\__, | / / / /
 =========|_|==============|___/=/_/_/_/
 :: Spring Boot ::                (v2.7.3)

2022-08-28 17:35:36.231  INFO 55496 --- [           main] c.p.c.CatalogServiceApplication          : Starting CatalogServiceApplication using Java 17
2022-08-28 17:35:36.233  INFO 55496 --- [           main] c.p.c.CatalogServiceApplication          : No active profile set, falling back to 1 default profile
2022-08-28 17:35:36.842  INFO 55496 --- [           main] o.s.b.w.embedded.tomcat.TomcatWebServer  : Tomcat initialized with port(s): 8080 (http)
2022-08-28 17:35:36.849  INFO 55496 --- [           main] o.apache.catalina.core.StandardService   : Starting service [Tomcat]
2022-08-28 17:35:36.849  INFO 55496 --- [           main] org.apache.catalina.core.StandardEngine  : Starting Servlet engine: [Apache Tomcat/9.0.65]
2022-08-28 17:35:36.907  INFO 55496 --- [           main] o.a.c.c.C.[Tomcat].[localhost].[/]        : Initializing Spring embedded WebApplicationContext
2022-08-28 17:35:36.907  INFO 55496 --- [           main] w.s.c.ServletWebServerApplicationContext : Root WebApplicationContext: initialization completed in 637 ms
2022-08-28 17:35:37.162  INFO 55496 --- [           main] o.s.b.w.embedded.tomcat.TomcatWebServer  : Tomcat started on port(s): 8080 (http) with context path ''
2022-08-28 17:35:37.171  INFO 55496 --- [           main] c.p.c.CatalogServiceApplication          : Started CatalogServiceApplication in 1.222 seconds
```

그림 2.6 **카탈로그 서비스 애플리케이션 시작 로그**

그림 2.6의 로그에서 애플리케이션 시작은 다음 두 가지 주요 단계로 이루어진다는 것을 알 수 있다.

- 내장된 톰캣 서버의 초기화 및 실행(기본적으로 HTTP를 통해 8080 포트 청취)
- 스프링 애플리케이션 콘텍스트의 초기화 및 실행

이 시점에서 HTTP 엔드포인트가 의도한 대로 작동하는지 최종적으로 확인할 수 있다. 브라우저 창을 열고 http://localhost:8080/을 방문하면 폴라 북숍의 도서 카탈로그에 온 것을 환영한다는 응답을 확인할 수 있다.

```
Welcome to the book catalog!
```

---

6 옮긴이 메이븐의 경우 `./mvnw spring-boot:run`

폴라 북숍 애플리케이션의 개발 부분은 완료됐다. 즉 도서 카탈로그 방문 시 사용자를 환영하는 문자열을 반환하는 카탈로그 서비스 애플리케이션을 갖게 된 것이다. 계속 진행하기 전에 애플리케이션을 중지하기 위해 [Ctrl]+[C]를 눌러 bootRun 프로세스를 종료한다.

다음 단계는 애플리케이션을 클라우드에 배포하는 것이다. 어떤 클라우드 인프라로도 배포할 수 있으려면 먼저 컨테이너화해야 한다. 도커의 세계로 들어가보자.

2.3 도커를 통한 애플리케이션 컨테이너화

카탈로그 서비스 애플리케이션은 잘 작동한다. 하지만 클라우드에 배포하려면 애플리케이션을 컨테이너로 만들어야 하는데 왜 그럴까? 컨테이너를 사용하면 주변 환경과의 격리가 가능하고 애플리케이션이 실행할 때 사용하는 모든 것이 컨테이너 안에 준비된다. 우리의 경우 대부분의 의존성은 그레들에 의해 관리되고 애플리케이션과 함께 JAR 아티팩트로 패키징된다. 그러나 자바 런타임은 이 아티팩트에 포함되지 않는다. 컨테이너를 사용하지 않는다면 애플리케이션을 배포하는 머신에 자바 런타임을 설치해야 한다. 애플리케이션을 컨테이너화한다는 것은 어떤 종류의 클라우드 환경이라도 애플리케이션이 독립적이고 이식 가능하다는 것을 의미한다. 컨테이너를 사용하면 애플리케이션을 구현하는 데 사용되는 언어나 프레임워크에 상관없이 표준적인 방식으로 애플리케이션을 관리할 수 있다.

리눅스 재단Linux Foundation의 프로젝트인 **오픈 컨테이너 이니셔티브**Open Container Initiative, OCI는 컨테이너 작업을 위한 업계 표준을 정의한다(https://opencontainers.org). 특히 OCI 이미지 사양은 컨테이너 이미지를 빌드하는 방법을, OCI 런타임 사양은 컨테이너 이미지를 실행하는 방법을, OCI 배포 사양은 컨테이너 이미지를 배포하는 방법을 정의한다. 이 책에서 우리가 컨테이너 작업에 사용할 도구는 OCI 사양을 준수하는 도커(https://www.docker.com)이다.

도커는 '컨테이너라는 느슨하게 격리된 환경에서 애플리케이션을 패키징하고 실행할 수 있는 기능을 제공'하는 오픈소스 플랫폼이다. 또한 도커는 이 기술의 배후에 있는 회사의 이름이기도 한데, 이 회사는 OCI의 창립 멤버 중 하나다. 이 회사의 몇 가지 상업용 제품이 같은 이름을 사용한다. 필자가 도커라는 용어를 사용할 때는 특별히 다르게 밝히지 않는 한, 컨테이너를 만들고 실행하는 데 사용할 오픈소스 플랫폼을 의미한다.

계속하기 전에 부록 A의 A.2절에 있는 지침에 따라 자신의 개발 환경에 도커를 설치하고 설정해보자.

2.3.1 도커 소개: 이미지 및 컨테이너

컴퓨터에 도커 플랫폼을 설치하면 클라이언트/서버 아키텍처를 특징으로 하는 도커 엔진 패키지를 갖게 된다. **도커 서버**Docker server에는 **도커 데몬**Docker daemon이 포함되어 있는데 도커 데몬은 백그라운드에서 실행하면서 이미지, 컨테이너, 볼륨, 네트워크 같은 도커 객체를 만들고 관리한다. 도커 서버가 실행되는 컴퓨터를 **도커 호스트**Docker host라고 한다. 컴퓨터에서 컨테이너를 실행하려면 컴퓨터가 도커 호스트여야 하고 도커 데몬이 실행 중이어야 한다. 이 데몬 프로세스로 인해 컨테이너의 이식성이 가능하다.

도커 데몬은 API를 제공하는데 이 API를 통해 컨테이너를 실행하거나 볼륨을 생성하는 것과 같은 명령을 도커에 전달할 수 있다. 이 API를 사용해 데몬과 상호작용하는 것이 **도커 클라이언트**Docker client다. 도커 클라이언트는 명령어 기반이며 도커 컴포즈Docker Compose와 같이 스크립트 방식을 사용하거나 도커 명령어 인터페이스Command line interface, CLI를 사용해 도커 데몬과의 직접 상호작용하면서 명령을 전달한다.

도커 엔진은 클라이언트 및 서버라는 특징 외에 이 플랫폼의 또 다른 필수적인 특징으로 **컨테이너 저장소**container registry가 있는데 이는 메이븐 저장소와 비슷한 기능을 갖는다. 메이븐 저장소는 자바 라이브러리를 유지 관리하고 배포하는 데 사용하지만 컨테이너 저장소는 컨테이너 이미지에 대해 동일한 일을 수행하고 OCI 배포 사양을 따른다. 컨테이너 저장소는 공용 저장소와 사설 저장소로 구분된다. 회사로서의 도커는 도커 허브Docker Hub(https://hub.docker.com)라는 공용 저장소를 제공하고 있는데 우분투, PostgreSQL, OpenJDK 같은 인기 있는 오픈소스 프로젝트의 이미지를 관리한다. 도커를 자신의 로컬 컴퓨터에 설치하면 컨테이너 저장소로 도커 허브가 기본 설정된다.

그림 2.7은 도커 문서(https://docs.docker.com)에 나온 도커 아키텍처에 대한 설명에 기초해서 도커 클라이언트, 도커 서버, 컨테이너 저장소가 어떻게 상호작용하는지 보여준다.

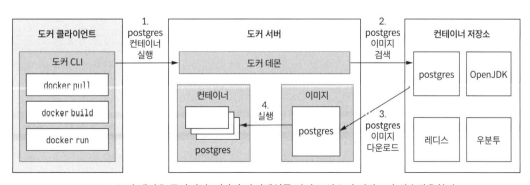

그림 2.7 **도커 엔진은 클라이언트/서버 아키텍처를 가지고 있으며 저장소와 상호작용한다.**

도커 데몬은 다양한 객체를 관리하지만 이번 절에서는 이미지와 컨테이너에 중점을 둔다.

컨테이너 이미지container image(또는 간단히 **이미지**image)는 내부에서 애플리케이션을 실행하는 데 필요한 모든 것을 포함하는 실행 가능한 경량의 패키지다. 그중 **도커 이미지**Docker image 형식은 컨테이너 이미지를 만드는 데 가장 많이 사용되며 OCI 프로젝트의 OCI 이미지 사양의 표준으로 자리 잡았다. OCI 이미지는 `Dockerfile`에서 명령을 정의함으로써 아무것도 없는 상태에서 출발해 원하는 이미지를 만들 수 있는데 이 파일은 텍스트 형식의 파일로 이미지를 생성하기 위한 모든 단계를 지정한다. 예를 들어 OpenJDK 이미지를 기반으로 그 위에 자바 애플리케이션을 추가할 수 있다. 생성한 이미지는 도커 허브와 같은 컨테이너 저장소로 업로드push할 수 있다. 이미지는 베이스 이름과 태그를 통해 고유하게 식별하는데, 태그는 일반적으로 버전 번호다. 예를 들어 버전 22.04의 우분투 이미지는 `ubuntu:22.04`로 식별한다. 콜론을 사용해 베이스 이름과 버전을 구분한다.

컨테이너container는 컨테이너 이미지의 실행 가능한 인스턴스다. 도커 CLI 또는 도커 컴포즈를 통해 컨테이너의 라이프사이클을 관리할 수 있는데 컨테이너를 시작, 중지, 업데이트, 삭제할 수 있다. 컨테이너는 기반이 되는 이미지와 빌드 시작 시 제공된 설정(예: 컨테이너를 자신의 목적에 맞게 빌드하기 위해 제공하는 환경 변수)에 의해 정의된다. 기본적으로 컨테이너는 다른 컨테이너 혹은 호스트 머신과 격리되어 있지만, **포트 포워딩**port forwarding이나 **포트 매핑**port mapping이라는 프로세스를 통해 외부 세계에 자신의 서비스를 특정 포트로 노출할 수 있다. 컨테이너는 어떤 이름이라도 가질 수 있다. 이름을 지정하지 않으면 도커 서버가 `bazinga_schrodinger`와 같은 임의의 이름을 할당한다. OCI 이미지를 컨테이너로 실행하려면 도커나 OCI 사양과 호환되는 컨테이너 런타임이 필요하다.

새 컨테이너를 실행하려면 도커 CLI를 통해 도커 데몬과 상호작용해야 하는데 이때 도커 데몬은 지정된 이미지가 로컬 서버에 이미 존재하는지 확인한다. 존재하지 않는다면 컨테이너 저장소에서 이미지를 찾아 다운로드한 후에 그 이미지를 사용해 컨테이너를 실행한다. 이러한 흐름을 그림 2.7에서 확인할 수 있다.

macOS와 윈도우의 도커는 어떻게 작동하는가?

앞 장에서 컨테이너가 동일한 운영체제 커널을 공유하고 네임스페이스 및 cgroup과 같은 리눅스의 기능에 의존한다는 것을 살펴봤다. 우리는 도커를 사용해 스프링 부트 애플리케이션을 리눅스 컨테이너 안에서 실행하는데 도커는 macOS 또는 윈도우 시스템에서 어떻게 작동할까?

리눅스 운영체제에 도커를 설치하면 리눅스 호스트에 전체 도커 엔진이 제공된다. 하지만 맥용 도커 데스크톱 Docker Desktop 또는 윈도우용 도커 데스크톱을 설치하는 경우에는 도커 클라이언트만 macOS/윈도우 호스트에 설치된다. 이때 내부적으로는 리눅스로 경량 가상 시스템이 구성되고 도커 서버 구성 요소가 가상 시스템에 설치된다. 사용자 입장에서는 사용 시 리눅스와 거의 차이가 없고 차이점을 알아채기도 어렵다. 도커 CLI를 통해 작업을 수행할 때마다 실제로는 자신의 로컬 컴퓨터가 아닌 다른 컴퓨터(리눅스를 실행하는 가상 컴퓨터)의 도커 서버와 상호작용하는 것이다.

도커를 시작하고 docker version 명령을 실행해보면 직접 확인할 수 있다. macOS에서는 도커 클라이언트가 darwin/amd64에서, 윈도우에서는 windows/amd64에서 실행되고 있는 반면 도커 서버는 linux/amd64에서 실행되고 있다는 것을 알 수 있다.

```
$ docker version
Client:
  Cloud integration: v1.0.24
  Version:           20.10.14
  API version:       1.41
  Go version:        go1.16.15
  Git commit:        a224086
  Built:             Thu Mar 24 01:49:20 2022
  OS/Arch:           darwin/amd64
  Context:           default
  Experimental:      true

Server:
  Engine:
    Version:          20.10.14
    API version:      1.41 (minimum version 1.12)
    Go version:       go1.16.15
    Git commit:       87a90dc
    Built:            Thu Mar 24 01:45:44 2022
    OS/Arch:          linux/amd64
    Experimental:     false
```

도커는 AMD64 이외의 다른 아키텍처도 지원한다. 예를 들어 ARM 기반 칩인 애플 실리콘을 사용하는 맥북의 경우 도커 클라이언트는 darwin/arm64에서 실행되고 도커 서버는 linux/arm64에서 실행된다.

2.3.2 컨테이너를 통한 스프링 애플리케이션의 실행

카탈로그 서비스로 돌아가서 이 애플리케이션을 어떻게 컨테이너로 실행할 수 있는지 알아보자. 여러 가지 방법이 있지만 여기서는 스프링 부트와 바로 통합해 사용할 수 있는 클라우드 네이티브 빌드팩Cloud Native Buildpacks(https://buildpacks.io)을 사용한다. 클라우드 네이티브 빌드팩은 히로쿠와 피버틀pivotal에 의해 시작되었고 현재는 CNCF에서 호스팅하는 프로젝트인데 낮은 층위의 `Dockerfile`을 사용하는 대신 더 높은 층위의 추상화를 통해 애플리케이션 소스 코드를 컨테이너 이미지로 자동 변환하는 기능을 제공한다.

클라우드 네이티브 빌드팩 사양을 구현한 패키토 빌드팩Paketo Buildpacks은 그래들과 메이븐에 대한 스프링 부트 플러그인을 통해 스프링 부트를 지원한다. 즉, 별도로 툴이나 의존성 라이브러리를 추가한다든지 도커파일을 작성하지 않고도 스프링 부트 애플리케이션을 컨테이너화할 수 있다.

6장에서 클라우드 네이티브 빌드팩 프로젝트의 작동 방식과 스프링 부트 애플리케이션을 컨테이너화하기 위해 설정을 어떻게 하는지에 대해 설명할 것이다. 여기서는 미리보기 정도로 생각하고 사용해보자.

먼저 터미널 창을 열고 카탈로그 서비스 프로젝트의 루트 폴더(catalog-service)로 이동한 다음 `bootBuildImage`라는 그래들 작업을 실행한다. 이 명령만으로도 내부적으로 클라우드 네이티브 빌드팩을 사용해 애플리케이션을 컨테이너 이미지로 패키징한다.

```
$ ./gradlew bootBuildImage⁷   ◀── 옮긴이 메이븐의 경우 ./mvnw spring-boot:build-image
```

CAUTION 이 책의 집필 시점에서 패키토 프로젝트는 ARM64 이미지에 대한 지원을 추가하기 위한 노력이 진행 중이다. 깃허브의 패키토 빌드팩 저장소에서 진행 상황을 확인할 수 있다.[8] 지원이 되기 전 까지는 빌드팩을 사용해 컨테이너를 빌드하고 애플 실리콘 컴퓨터의 도커 데스크톱을 통해 실행할 수 있다. 하지만 빌드 프로세스 및 애플리케이션 시작 단계가 평소보다 느릴 수 있다. 공식적으로 지원이 되기 전에 사용할 수 있는 다른 방법으로는 `./gradlew bootBuildImage –builder ghcr.io/thomasvitale/java-builder-arm64` 명령을 통해 패키토 빌드팩의 ARM64 지원 시험판을 지정할 수 있다. 하지만 시험용이고 프로덕션에 적용할 단계는 아직 아니라는 점을 유념해야 한다. 좀 더 자세한 정보를 원한다면 깃허브의 문서를 참고하기 바란다.[9]

---

7   옮긴이 메이븐의 경우 `./mvnw spring-boot:build-image`

8   http://github.com/paketo-buildpacks/stacks/issues/51

9   https://github.com/ThomasVitale/paketo-arm64

작업을 처음 실행하면 컨테이너 이미지를 만들기 위해 빌드팩이 사용하는 패키지를 다운로드하는 데 1분 정도 걸리지만 두 번째부터는 몇 초밖에 걸리지 않을 것이다. 생성된 이미지는 기본적으로 `catalog-service:0.0.1-SNAPSHOT(<project_name> : <version>)`이라는 이름을 갖는다. 다음과 같은 명령을 실행하여 새로 만든 이미지의 세부 정보를 얻을 수 있다.

```
$ docker images catalog-service:0.0.1-SNAPSHOT
REPOSITORY       TAG              IMAGE ID       CREATED        SIZE
Catalog-service  0.0.1-SNAPSHOT   f0247a113eff   42 years ago   275MB
```

NOTE 이 명령의 출력에서 이미지가 42년 전에 만들어진 것으로 나오는 것으로 나오는데 이것은 재현 가능한 빌드를 얻기 위해 클라우드 네이티브 빌드팩이 사용하는 규칙이다. 한번 실행한 이후의 빌드 명령은 입력이 변경되지 않은 경우 동일한 출력을 제공해야 한다. 정확하게 생성된 타임스탬프를 사용하면 그렇게 하는 것이 불가능하므로 클라우드 네이티브 빌드팩은 기존의 타임스탬프를 사용한다(1980년 1월 1일).

마지막으로 이미지를 실행하고 컨테이너화된 애플리케이션이 올바르게 작동하는지 확인해보자. 터미널 창을 열고 다음 명령을 실행한다.

```
$ docker run --rm --name catalog-service -p 8080:8080 \
    catalog-service:0.0.1-SNAPSHOT
```

CAUTION 애플 실리콘 컴퓨터에서 위와 같은 명령으로 컨테이너를 실행하면 '경고: 요청한 이미지의 플랫폼(linux/amd64)이 탐지된 호스트 플랫폼(linux/arm64/v8)과 일치하지 않으며 특정 플랫폼이 요청되지 않았다'라는 메시지가 출력될 수도 있다. 이 경우 패키토 빌드팩이 ARM64를 지원하기 전까지는 `--platform linux/amd64`라는 추가 인수를 명령(이미지 이름 앞에)에 포함해야 한다.

이 명령에 대해 그림 2.8에서 자세히 살펴볼 수 있다.

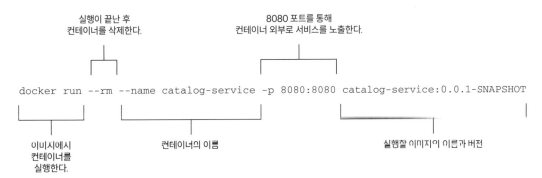

그림 2.8 **이미지에서 컨테이너화된 애플리케이션을 시작하는 도커 명령**

브라우저 창을 열고 http://localhost:8080/으로 이동하여 이전과 동일한 인사말을 응답으로 받는지 확인해보기 바란다.

```
Welcome to the book catalog!
```

확인이 끝난 후에 Ctrl+C를 눌러 컨테이너를 종료한다.

도커가 어떻게 작동하는지 그리고 스프링 부트 애플리케이션에서 컨테이너 이미지를 만드는 방법과 컨테이너 저장소를 사용하는 방법에 대해 6장에서 자세히 살펴보기로 한다. 도커 CLI 대신 도커 컴포즈를 사용해서 컨테이너를 관리하는 방법도 살펴보기로 한다.

2.4 쿠버네티스로 컨테이너 관리

지금까지 스프링 부트로 카탈로그 서비스라는 웹 애플리케이션을 구축하고 클라우드 네이티브 빌드팩을 사용해 컨테이너화한 후에 도커로 실행했다. 폴라 북숍의 파일럿 프로젝트를 완료하려면 마지막 단계로 애플리케이션을 클라우드 환경에 배포해야 한다. 이를 위해 컨테이너 오케스트레이션의 사실상 표준이라고 할 수 있는 쿠버네티스를 사용할 것이다. 쿠버네티스에 대해서는 이후의 장에서 자세히 다루겠지만, 여기서는 쿠버네티스가 어떻게 작동하는지, 그리고 웹 애플리케이션을 배포하기 위해 어떻게 사용하는지에 대해 맛보기로 조금 경험해보기 바란다.

쿠버네티스Kubernetes(줄여서 **K8s**로 표시할 때가 많다)는 컨테이너 애플리케이션의 배포, 확장, 관리를 자동화하기 위한 오픈소스 시스템이다(https://kubernetes.io). 도커에서 컨테이너로 작업할 때 배포 대상은 하나의 머신이다. 앞 절의 예제에서 배포 대상이 실제 컴퓨터였다면 다른 시나리오에서는 가상 머신(VM)일 수 있다. 어떤 경우든 하나의 특정 머신에 컨테이너를 배포하는 것이다. 하지만 여러 대의 머신에 배포해야 할 경우에는 어떻게 해야 할까? 다운타임 없이 컨테이너를 배포하거나, 클라우드 탄력성을 활용하여 확장하거나, 여러 호스트에 걸쳐 컨테이너를 연결하려면 컨테이너 엔진 이상의 무언가가 필요하다. 특정 머신 한 대에 배포하는 대신 여러 머신으로 구성된 클러스터로 배포할 때 쿠버네티스는가 제공하는 기능 중 하나는 우리를 대신해서 클러스터를 관리해준다는 점이다. 이 차이점에 대해 앞 장에서 토폴로지의 측면에서 다뤘다. 그림 2.9에서는 컨테이너 구성과 오케스트레이션 구성이 서로 다른 배포 대상을 갖는다는 점을 상기시켜준다.

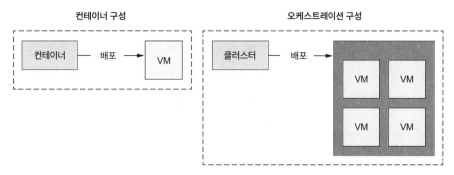

그림 2.9 컨테이너의 배포 대상은 한 대의 머신이지만, 오케스트레이터의 경우 클러스터다.

계속하기 전에 부록 A의 A.3절에 있는 도움말에 따라 미니큐브minikube를 설치해 자신의 개발 환경에서 쿠버네티스 클러스터를 시작해보자. 설치 절차가 완료되면 다음 명령을 사용해 로컬 쿠버네티스 클러스터를 시작할 수 있다.

```
$ minikube start
```

2.4.1 쿠버네티스 소개: 배포, 파드, 서비스

쿠버네티스는 CNCF가 관리하는 오픈소스 컨테이너 오케스트레이터다. 불과 몇 년 만에 컨테이너 오케스트레이션에 가장 많이 사용되는 설루션이 되었으며 모든 주요 클라우드 제공 업체가 쿠버네티스를 서비스로 제공한다. 쿠버네티스는 데스크톱, 데이터 센터, 클라우드는 물론이고 심지어 IoT 장치에서도 실행할 수 있다.

컨테이너 구성에는 컨테이너 런타임이 있는 컴퓨터가 필요하다. 쿠버네티스를 사용하면 오케스트레이션 구성이기 때문에 클러스터가 필요하다. 쿠버네티스 **클러스터**cluster는 컨테이너화된 애플리케이션을 실행하는 작업자 머신의 집합인데 작업자 머신을 **노드**node라고 한다. 모든 클러스터에는 적어도 하나의 작업자 노드가 존재하며, 미니큐브를 사용하면 로컬 머신에서 쉽게 단일 노드 클러스터를 생성할 수 있다. 프로덕션, 즉 실제 서비스 환경에서는 클라우드 공급자가 관리하는 클러스터를 사용하게 된다.

쿠버네티스 클러스터에는 **작업자 노드**worker node라고 부르는 머신이 여러 대 존재할 수 있는데 이 작업자 노드에 컨테이너화된 애플리케이션이 배포된다. 컨테이너가 실행하고 네트워크에 연결할 수 있도록 작업자 노드는 CPU, 메모리, 네트워크, 스토리지 등을 제공한다.

컨트롤 플레인control plane은 작업자 노드를 관리하는 컨테이너 오케스트레이션 계층이다. API 및 인터페이스를 통해 컨테이너의 라이프사이클을 정의, 배포, 관리한다. 컨트롤 플레인에는 클러스터 관리, 스케줄링, 상태 모니터링처럼 오케스트레이터의 대표적인 기능을 구현하기 위해 필요한 모든 필수적인 요소가 포함된다.

NOTE 컨테이너 오케스트레이션의 맥락에서 **스케줄링**은 컨테이너 인스턴스에게 그 컨테이너를 실행할 노드를 맺어주는 것을 의미한다. 컨테이너를 어떤 노드에 할당할지는 여러 가지 기준에 따라 결정되는데 그중 한 가지는 노드가 컨테이너를 실행할 가용 계산 자원을 충분히 가지고 있는지의 여부다.

쿠버네티스와의 상호작용은 CLI 클라이언트인 kubectl을 통해 이루어진다. kubectl은 컨트롤 플레인과의 통신을 통해 작업자 노드에서 작업을 수행한다. 클라이언트는 작업자 노드와 직접 연결하지 않는다. 그림 2.10은 쿠버네티스 아키텍처를 높은 층위의 관점에서 볼 때의 구성 요소를 보여준다.

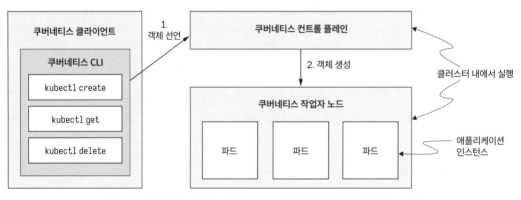

그림 2.10 **쿠버네티스의 주요 구성 요소는 API, 컨트롤 플레인, 작업자 노드다.**

쿠버네티스는 시스템 내장 객체든 사용자 정의 객체든 간에 다양한 객체를 관리할 수 있다. 이번 절에서는 파드, 배포, 서비스 객체를 설명한다.

* **파드**pod: 가장 작은 배포 단위로 하나 이상의 컨테이너를 포함할 수 있다. 일반적으로 하나의 파드에는 애플리케이션이 하나만 있지만 핵심 애플리케이션을 지원하기 위한 컨테이너가 추가로 포함될 수 있다(예: 로깅이나 초기화 단계에서 실행할 관리 작업 같은 기능을 제공하는 컨테이너). 쿠버네티스는 컨테이너를 직접 관리하지 않고 파드를 관리한다.

* **배포**deployment: 배포 객체를 통해 애플리케이션에 대해 원하는 배포 상태를 쿠버네티스에 알린다. 각 인스턴스에 대해 파드를 만들고 잘 작동하도록 관리한다. 무엇보다도 배포를 통해 여러

개의 파드를 하나의 집합체로 관리하는 것이 가능하다.

- **서비스**_{service}: 서비스 정의를 통해 배포(파드의 집합)는 클러스터 내의 다른 노드나 외부로 노출된다. 또한 서비스는 파드 인스턴스들이 균일한 부하를 갖도록 관리한다.

> **NOTE** 이 책 전체에서 쿠버네티스 자원은 대문자로 시작하는데 같은 용어가 다른 의미로 사용될 때와 구별하기 위해서다. 예를 들어, 애플리케이션을 의미할 때는 서비스(service)라고 하고, 쿠버네티스 객체를 의미할 때는 서비스(Service)라고 할 것이다.[10]

새 애플리케이션을 실행하려는 경우, 위와 같은 쿠버네티스 객체에 대해 **리소스 매니페스트**_{resource manifest}를 정의할 수 있는데, 이것은 애플리케이션에 대해 원하는 상태를 기술하는 파일이다. 예를 들어 '5개를 복제해서 8080 포트를 통해 외부로 노출되어야 한다'라고 명시할 수 있다. 리소스 매니페스트는 일반적으로 YAML을 사용해 작성된다. 그런 다음 kubectl 클라이언트를 사용해 컨트롤 플레인에게 매니페스트의 명세대로 리소스를 생성하도록 요청한다. 마지막으로 컨트롤 플레인은 이 요청을 처리하기 위해 내부 구성 요소를 사용해 작업자 노드에 리소스를 생성한다. 컨트롤 플레인은 리소스 매니페스트에 정의된 이미지를 가져오기 위해 여전히 컨테이너 저장소를 사용한다. 이에 대한 워크플로는 그림 2.10과 같다.

2.4.2 쿠버네티스에서 스프링 애플리케이션 실행

폴라 북숍 프로젝트로 다시 돌아가보자. 앞 절에서 카탈로그 서비스 애플리케이션을 컨테이너화했다. 이제 쿠버네티스를 사용해 클러스터에 배포할 때가 왔다. 이미 로컬 환경에서 클러스터가 실행되고 있을 것이다. 필요한 것은 리소스 매니페스트 파일이다.

쿠버네티스와 상호작용하기 위한 일반적인 방법은 YAML 또는 JSON 파일에 선언적 명령어를 정의하는 것이다. 7장에서 리소스 매니페스트를 작성하는 방법을 살펴볼 것이다. 그때까지는 도커에서 그랬듯이 쿠버네티스 CLI를 사용한다.

먼저 컨테이너 이미지로 카탈로그 서비스를 배포하도록 쿠버네티스에 명령해야 한다. 이전에 이미 이미지를 하나 만들었다(`catalog-service:0.0.1-SNAPSHOT`). 미니큐브는 도커 허브 레지스트리에서 이미지를 가져오도록 기본 설정되어 있기 때문에 로컬 레지스트리에는 액세스할 수 없다. 더군다나 우리가 생성한 카탈로그 서비스 애플리케이션 이미지는 도커 허브 레지스트리에서 찾을 수

---

10 _{옮긴이} 전후 문맥을 통해 의미하는 바가 명확하지 않을 때는 애플리케이션을 의미할 경우에 애플리케이션 서비스로, 쿠버네티스 객체를 의미하는 경우에 쿠버네티스 서비스라고 번역했다.

없다. 하지만 걱정하지 않아도 된다. 수동 작업을 통해 로컬 클러스터로 가져올 수 있기 때문이다.

터미널 창을 열고 다음과 같은 명령을 실행한다.

```
$ minikube image load catalog-service:0.0.1-SNAPSHOT
```

파드는 배포의 단위지만, 우리가 직접 파드를 관리하지는 않을 것이다. 우리 대신 쿠버네티스가 그 일을 처리한다. 파드는 애플리케이션 인스턴스이기에 영구적이지 않고 언제든지 삭제할 수 있다. 클라우드 네이티브의 목표를 달성하려면 플랫폼이 파드 인스턴스를 관리하고 한 인스턴스가 다운되면 다른 파드로 대체할 수 있어야 한다. 이를 위해서는 **배포 리소스**가 필요한데 이를 통해 쿠버네티스는 애플리케이션 인스턴스를 **파드** 리소스로 생성할 수 있다.

터미널 창에서 다음 명령을 실행한다.

```
$ kubectl create deployment catalog-service \
    --image=catalog-service:0.0.1-SNAPSHOT
```

이 명령에 대한 설명은 그림 2.11을 참고하기 바란다.

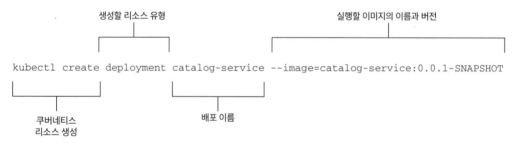

그림 2.11 **컨테이너 이미지에서 배포를 생성하는 쿠버네티스 명령이다.
쿠버네티스는 애플리케이션용 파드 생성을 처리한다.**

배포 객체가 잘 생성됐는지 다음과 같이 확인할 수 있다.

```
$ kubectl get deployment
NAME              READY   UP-TO-DATE   AVAILABLE   AGE
catalog-service   1/1     1            1           7s
```

쿠버네티스가 배포 생성 명령을 실행할 때 내부적으로는 배포 리소스에 정의된 애플리케이션용 파드가 만들어진다. 다음과 같이 생성된 파드 객체를 확인할 수 있다.

```
$ kubectl get pod
NAME                                READY   STATUS    RESTARTS   AGE
catalog-service-5b9c996675-nzbhd    1/1     Running   0          21s
```

TIP kubectl logs deployment/catalog-service를 실행하여 애플리케이션 로그를 확인할 수도 있다.

쿠버네티스의 기본 설정으로는 파드로 실행중인 애플리케이션에 액세스할 수 없다. 이 문제를 해결해보자. 먼저 다음과 같은 명령을 실행하면 서비스 리소스를 통해 카탈로그 서비스를 클러스터에 노출할 수 있다.

```
$ kubectl expose deployment catalog-service \
    --name=catalog-service \
    --port=8080
```

이 명령은 그림 2.12를 통해 살펴보기로 한다.

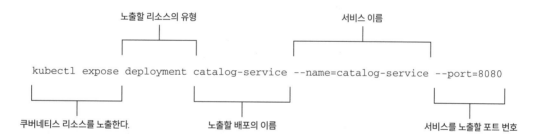

그림 2.12 배포를 서비스로 노출하는 쿠버네티스 명령.
카탈로그 서비스 애플리케이션은 8080 포트를 통해 클러스터 네트워크에 노출된다.

서비스 객체에 의해 애플리케이션은 클러스터 내부의 다른 구성 요소에 노출된다. 다음 명령을 실행하면 서비스가 잘 생성됐는지 확인할 수 있다.

```
$ kubectl get service catalog-service
NAME              TYPE        CLUSTER-IP      EXTERNAL-IP   PORT(S)    AGE
catalog-service   ClusterIP   10.96.141.159   <none>        8080/TCP   7s
```

이제 컴퓨터의 로컬 포트(예: 8000)로부터 클러스터 내에서 서비스에 노출된 포트(8080)로 트래픽을 전달할 수 있다. 도커의 포트 매핑을 떠올려보자. 비슷한 방식으로 작동하는데, 다음과 같은 명령을 실행하여 결과 출력을 통해 포트 포워딩이 올바르게 설정되었는지 확인할 수 있다.

```
$ kubectl port-forward service/catalog-service 8000:8080
Forwarding from 127.0.0.1:8000 -> 8080
Forwarding from [::1]:8000 -> 8080
```

그림 2.13을 보자.

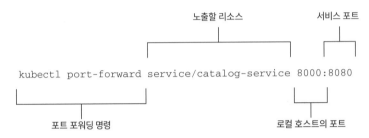

그림 2.13 **로컬 호스트의 포트에서 클러스터 내부의 서비스 포트로 포워딩하는 쿠버네티스 명령. 카탈로그 서비스 애플리케이션은 8000 포트를 통해 로컬 호스트에 노출된다.**

해당 요청은 로컬 컴퓨터에서 8000 포트에 액세스할 때마다 카탈로그 서비스 애플리케이션을 노출하는 쿠버네티스 클러스터 내의 서비스로 전달된다. 브라우저 창을 열고 `http://localhost:8000/`으로 이동해(**8080**이 아닌 **8000**임을 주의하기 바란다) 이전과 동일한 인사말을 응답으로 받는지 확인해보자.

```
Welcome to the book catalog!
```

위의 메시지를 확인했다면 이 장의 모든 과정을 훌륭하게 해낸 것이다! 스프링 부트를 사용해 자바 애플리케이션을 구현하는 것으로 이 여정을 시작했다. 그런 다음 클라우드 네이티브 빌드팩으로 컨테이너를 만들고 도커에서 실행했다. 마지막으로 쿠버네티스를 사용해 애플리케이션을 클러스터에 배포했다. 물론 자신의 컴퓨터에서 돌아가는 로컬 클러스터였지만, 클라우드의 리모트 클러스터로 할 수도 있다. 이 과정의 묘미는 어떤 환경이라도 상관없이 같은 방식으로 작동한다는 점이다. 지금까지 한 것과 정확하게 같은 방법과 과정을 통해 공용 클라우드 인프라 클러스터에 카탈로그 서비스를 배포할 수 있다. 멋지지 않은가?

7장에서는 쿠버네티스로 더 많은 일을 할 것이다. 이제 [Ctrl]+[C]를 눌러 포트 포워딩을 종료하고, `kubectl delete service catalog-service`를 실행해 서비스를 삭제한 후에, `kubectl delete deployment catalog-service`를 실행해 배포 객체도 삭제한다. 마지막으로 `minikube stop`을 실행해 쿠버네티스 클러스터를 중지할 수 있다.

2.5 폴라 북숍: 클라우드 네이티브 애플리케이션

이 책은 현실 업무에 적용할 수 있는 코드 모범을 최대한 많이 제공하고자 한다. 몇 가지 핵심 개념을 탐구하고 스프링 애플리케이션을 구축, 컨테이너화, 배포까지 해봤으니 이제 더 복잡한 프로젝트인 온라인 서점을 시작해보자. 이 책의 나머지 부분에서는 스프링 애플리케이션을 기반으로 하는 클라우드 네이티브 시스템을 개발하고 컨테이너화한 후에 공용 클라우드의 실제 쿠버네티스 클러스터에 배포하는 것까지 배운다.

뒤따르는 장에서는 실습을 사용한 학습이 완벽해지도록 하기 위해 각 장에서 다루는 개념을 실제적인 클라우드 네이티브 시나리오에 어떻게 적용할 수 있는지를 보여줄 것이다. 다시 한번, 프로젝트에 사용된 모든 코드는 이 책의 깃허브 저장소에서 내려받을 수 있다.

이번 절에서는 우리가 구축할 클라우드 네이티브 프로젝트에 대한 요구 사항을 정의하고 아키텍처를 설명한다. 그런 다음 구현에 사용할 주요 기술과 패턴을 살펴볼 것이다.

2.5.1 시스템 요구 사항 이해

폴라 북숍은 북극의 역사·지리·동물 등 북극에 대한 지식과 정보를 전파하는 사명을 가진 전문 서점으로 북극에 있다. 이 서점을 관리하는 단체인 폴라소피아는 북극에 대한 책을 전 세계에 보급하기 위해 온라인 판매를 시작하기로 했지만 그것은 시작에 불과하다. 이 프로젝트는 매우 야심 차고, 이 단체의 비전 중 하나는 폴라소피아의 사명을 완수하기 위한 소프트웨어 제품군을 갖추는 것이다. 성공적인 파일럿 프로젝트를 마친 후, 회사는 클라우드 네이티브 프로젝트를 진행하기로 결정했다.

이 책 전반에 걸쳐 기능과 통합 측면에서 무한한 가능성을 가진 시스템의 핵심 부분을 구축할 수 있을 것이다. 시장 출시 시간을 줄이고, 사용자에게 피드백을 빨리 받기 위해 제품 관리 팀은 새로운 기능을 짧은 주기로 출시할 계획을 가지고 있다. 이 서점을 세계의 어느 곳에 있는 누구에게라도 가깝게 만드는 것이 목표이기 때문에 이 애플리케이션은 확장성이 높아야 한다. 전 세계 사용자를 대상으로 하는 이런 시스템에서 복원력은 필수적이다.

폴라소피아는 작은 조직이기 때문에 비용을 최적화해야 하는데 특히 인프라와 관련된 비용이 그렇다. 그들은 자체 데이터 센터를 구축할 여유가 없기 때문에 IT 하드웨어를 임대 사용하기로 결정했다.

지금까지 다룬 내용을 통해 기업체들이 클라우드로 옮겨가려는 이유를 몇 가지 정도는 알 수 있을 것이다. 그것이 바로 폴라 북숍 애플리케이션을 위해 하려는 일이다. 물론 그 애플리케이션은 클라우드 네이티브 애플리케이션이 될 것이다.

북극에 관한 책이 애플리케이션을 통해 판매 가능해지고 고객이 책을 구매하면 주문 현황을 확인할 수 있어야 한다. 폴라 북숍 애플리케이션의 사용자는 두 가지 유형으로 나눌 수 있다.

- 고객은 카탈로그에서 책을 검색하고, 구입하고, 주문을 확인할 수 있다.
- 직원은 책을 관리하고 기존 정보를 업데이트하며 카탈로그에 새 도서를 추가할 수 있다.

그림 2.14는 폴라 북숍 클라우드 네이티브 시스템의 아키텍처를 보여준다. 그림에서 알 수 있듯이, 이 시스템은 여러 개의 서비스로 구성되어 있다. 일부는 위에서 설명한 기능을 제공하기 위해 시스템의 비즈니스 로직을 구현한다. 다른 서비스는 중앙 집중식 설정과 같은 공통의 문제를 처리한다. 좀 더 명확히 말하자면, 다이어그램에는 보안이나 관측 가능성 문제를 담당하는 서비스는 표시되지 않았다. 그 부분은 나중에 살펴볼 것이다.

이후에 이어지는 장에서는 그림 2.14의 다이어그램을 특정 서비스에 대해 좀 더 자세히 논의하고 배포 단계에서 여러 가지 다양한 관점을 통해 시스템을 시각화하는 방법에 대해 상세하게 설명할 것이다. 이제 프로젝트에 사용된 패턴과 기술을 살펴보자.

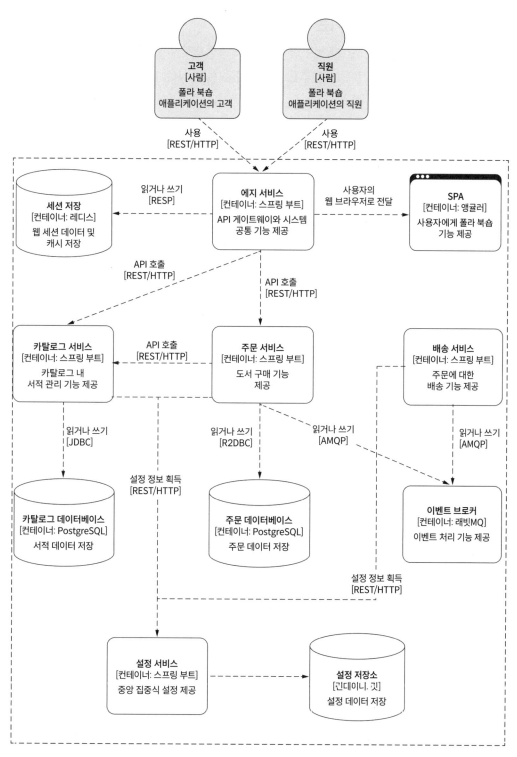

그림 2.14 폴라 북숍의 아키텍쳐. 클라우드 네이티브 시스템은 애플리케이션과 데이터 서비스로 이루어져 있는데 이들은 서로 다른 역할과 책임을 갖는다. 명확성을 위해 보안 및 관측 가능성과 관련된 서비스는 표시되지 않았다.

2.5.2 프로젝트에서 사용되는 패턴과 기술

이 책에서 새로운 주제를 소개할 때마다 폴라 북숍 프로젝트에 어떻게 적용할 수 있는지를 설명할 것이다. 이번 절에서는 우리가 다룰 주요 관심사와 이를 달성하기 위해 사용할 기술과 패턴을 개략적으로 설명한다.

1 웹과 상호작용

폴라 북숍은 여러 서비스로 구성되어 있는데 이들이 기능을 제공하려면 서로 통신해야 한다. HTTP를 통해 동기식으로 상호작용하는 RESTful 서비스를 블로킹 방식(전통적인 서블릿 사용) 혹은 넌블로킹 방식(리액티브 프로그래밍 사용)으로 구축한다. 스프링 MVC와 리액터 프로젝트Project Reactor에 기반한 스프링 웹플럭스Spring WebFlux는 이를 달성하기 위해 사용할 수 있는 주요 도구다.

클라우드 네이티브 애플리케이션을 구축할 때는 느슨하게 결합된 서비스를 설계하고 분산 시스템 환경에서 데이터의 일관성을 유지할 수 있는 방법을 고려해야 한다. 동기식 통신은 하나의 기능을 수행하기 위해 연관된 서비스가 많을수록 문제를 일으킬 소지가 많다. 이벤트 기반 프로그래밍이 클라우드에서 많은 인기를 얻고 있는 이유가 이것 때문이다. 이벤트 기반 프로그래밍을 통해 동기식 통신에서 발생할 수 있는 문제를 해결할 수 있다.

이벤트 및 메시징 시스템을 사용해 서비스를 분리하고 데이터 일관성을 보장하는 방법을 설명할 것이다. 스프링 클라우드 스트림Spring cloud stream을 사용해 서비스 간의 데이터 흐름을 구현하고 스프링 클라우드 함수Spring cloud function를 사용해 메시지 처리를 위한 함수를 정의할 것이다. 이것은 자연스럽게 애저 함수, AWS 람다 또는 케이네이티브와 같은 플랫폼으로 배포되는 서버리스 애플리케이션으로 발전할 수 있다.

2 데이터

데이터는 소프트웨어 시스템에서 중요한 부분이다. 폴라 북숍은 관계형 데이터베이스 PostgreSQL을 사용해 애플리케이션이 처리한 데이터를 영구적으로 저장한다. 스프링 데이터 JDBC(명령형)와 스프링 데이터 R2DBC(반응형)를 활용해 애플리케이션과 데이터 소스를 통합하는 방법을 보여줄 것이다. 그런 다음 플라이웨이Flyway를 활용해서 데이터 소스를 변경하고 스키마 마이그레이션을 관리하는 방법을 살펴볼 것이다.

클라우드 네이티브 애플리케이션은 상태를 갖지 않지만 상태를 어딘가에는 저장해야 한다. 폴라 북숍은 레디스를 사용해 세션 데이터를 외부의 데이터 저장소에 저장함으로써 애플리케이션은 상태를 갖지 않고 확장 가능할 수 있다. 스프링 세션Spring Session을 사용하면 클러스터 환경에서 사용자 세션을 쉽게 구현할 수 있다. 특히 스프링 세션 데이터 레디스Spring Session Data Redis를 활용해 레디스로 애플리케이션의 세션 관리를 통합하는 방법을 보여줄 것이다.

지속성 데이터 및 세션 데이터 외에도 이벤트 중심 프로그래밍 패턴을 구현하기 위한 메시지도 다룰 것이다. 스프링 AMQP와 래빗MQ는 이를 위해 사용할 기술이다.

로컬 환경에서 이들 데이터 서비스는 도커 컨테이너를 통해 실행할 것이다. 실제 서비스 환경에서는 디지털오션DigitalOcean이나 애저와 같은 클라우드 공급자가 제공하는 관리 서비스를 사용하는데 이를 통해 가용성, 클러스터링, 스토리지, 데이터 복제와 같은 중요한 기능을 제공받을 수 있다.

3 설정

이 책에서는 폴라 북숍에서 서비스를 설정하는 방법을 다양하게 살펴볼 것이다. 먼저 스프링 부트 속성과 프로파일에서 제공하는 옵션을 살펴보고 언제 사용할지 알아본다. 그런 다음 스프링 애플리케이션을 JAR 및 컨테이너를 통해 실행할 때 설정 외부화를 적용하기 위해 환경 변수를 사용하는 방법을 배운다. 그런 다음 스프링 클라우드 컨피그Spring Cloud Config의 설정 서버를 통해 설정 관리를 중앙 집중화하는 방법을 살펴본다. 마지막으로 쿠버네티스에서 컨피그맵과 시크릿을 어떻게 사용하는지 배울 것이다.

4 라우팅

폴라 북숍은 분산 시스템이기 때문에 **라우팅**routing 설정이 필요하다. 쿠버네티스는 서비스 디스커버리 기능이 내장되어 있는데 이를 통해 서비스는 물리적 주소나 호스트 이름과는 독립적으로 존재할 수 있다. 클라우드 네이티브 애플리케이션은 확장 가능하므로 하나의 서비스가 여러 개의 인스턴스를 가질 수 있고, 이때 서비스와 여러 인스턴스 사이의 상호작용을 고려해야 한다. 즉 서비스가 호출될 때 어떤 인스턴스를 호출해야 하는가에 대해 생각해봐야 한다. 하지만 이미 말했듯이 쿠버네티스는 기본적으로 작업 부하 분산 기능을 가지고 있기 때문에 애플리케이션에서 이것을 따로 구현할 필요가 없다.

또한 스프링 클라우드 게이트웨이Spring Cloud Gateway를 사용해 API를 내부에서 변경하더라도 외부에 영향을 미치지 않도록 API 게이트웨이 역할을 하는 서비스를 구현하는 방법을 설명할 것이다. 이러한 서비스는 보안 및 복원력과 같이 특정 비즈니스 로직에 속하지 않고 공통으로 발생하는 이슈를 처리하는 에지 서비스가 될 것이다. 또한 이러한 서비스는 폴라 북숍의 진입점이 되므로 고

가용성, 고성능, 내구성을 갖춰야 한다.

5 관측 가능성

폴라 북숍 시스템에서 서비스가 클라우드 네이티브 조건을 만족하려면 **관측 가능성**observability을 제공해야 한다. 스프링 부트 액추에이터Actuator를 사용해 상태health 및 정보info 엔드포인트를 설정한 후 마이크로미터Micrometer에 측정값을 제공하고 이를 프로메테우스Prometheus가 불러와 처리하는 방법을 보여줄 것이다. 그런 다음 그라파나Grafana를 사용해 가장 중요한 정보를 시각화함으로써 유용한 대시보드를 만들어볼 것이다.

요청은 하나 이상의 서비스에서 처리될 수 있기 때문에 한 서비스에서 다른 서비스로의 요청 흐름을 따라 가려면 분산 추적 기능이 필요하다. 이것은 오픈텔레메트리OpenTelemetry를 사용해 설정할 것이다. 그런 다음 그라파나 템포Grafana Tempo를 통해 트레이스 데이터를 가져와서 처리하고 시각화하면 시스템이 어떻게 기능하는지 완벽하게 볼 수 있을 것이다.

마지막으로, 로그에 대한 전략이 있어야 한다. 로그를 이벤트 스트림으로 처리해야 하므로 스프링 애플리케이션에서는 로그의 처리나 저장 방식에 대해 고려하지 않고 로그를 표준 출력으로 내보낸다. 플루언트 비트Fluent Bit를 통해 모든 서비스에서 로그를 수집하고 로키Loki를 사용해 이 로그를 저장하고 처리하며 그라파나를 통해 로그를 검색할 것이다.

6 복원력

클라우드 네이티브 애플리케이션은 **복원력**resilience이 있어야 한다. 폴라 북숍 프로젝트의 경우 프로젝트 리액터Project Reactor, 스프링 클라우드 서킷 브레이커Spring Cloud Circuit Breaker 및 Resilience4J를 사용해 서킷 브레이커, 재시도, 타임아웃, 기타 패턴을 구현하고 이를 통해 애플리케이션이 복원력을 갖도록 하는 다양한 기술을 보여줄 것이다.

7 보안

보안은 이 책에서 깊이 다룰 수 없는 방대한 주제다. 그럼에도 불구하고 요즘 가장 중요한 소프트웨어 문제 중 하나이기 때문에 이 주제를 살펴보는 것이 좋다. 그것은 시스템 전체에 영향을 미치는 주제로 프로젝트를 시작할 때부터 지속적으로 다뤄야 한다.

폴라 북숍의 경우 클라우드 네이티브 애플리케이션에 인증 및 권한 부여 기능을 추가하는 방법을 보여줄 것이다. 이를 위해 서비스 간 그리고 사용자와 애플리케이션 간의 통신을 안전하게 보호하는 방법을 살펴본다. OAuth 2.1 및 오픈아이디 커넥트는 이러한 기능을 구현하는 데 필요한 표준이다. 스프링 보안Spring Security은 이들 표준을 지원하고 외부 서비스와 원활하게 통합하여 인증 및 권한 설정을 제공한다. 키클록Keycloak을 사용해 신원 및 액세스 제어 관리를 수행할 것이다.

또한 비밀 관리와 암호화의 개념을 소개할 것이다. 이 주제를 깊게 다룰 수는 없지만, 스프링 부트 애플리케이션을 설정하기 위해 비밀을 관리하는 방법을 배울 것이다.

8 테스트

클라우드 네이티브 애플리케이션을 성공적으로 개발하려면 자동화된 테스트가 무엇보다 중요하다. 몇 가지 수준의 자동 테스트가 폴라 북숍 애플리케이션을 테스트할 것이다. 이를 위해 JUnit5 JUnit5를 사용해 단위 테스트를 작성하는 방법을 살펴본다. 또한 통합 테스트를 개선하기 위해 편리한 유틸리티가 스프링 부트에 많이 추가됐는데, 이는 서비스의 품질을 보장하는 데 사용된다. REST 엔드포인트, 메시징 스트림, 데이터 통합 및 보안을 포함하여 폴라 북숍의 다양한 기능에 대한 테스트를 작성할 것이다.

서로 다른 환경 간의 동일성을 유지하는 것은 애플리케이션의 품질을 보장하기 위해 필수적이다. 이것은 지원 서비스에 대해 특히 그렇다. 프로덕션에서는 PostgreSQL, 레디스 및 다른 서비스를 사용할 수 있다. 테스트에서는 목mock이나 H2 인메모리 데이터베이스와 같은 테스트 전용 도구보다는 실제와 좀 더 유사한 서비스를 사용해야 한다. 테스트컨테이너[11] 프레임워크Testcontainers framework를 활용하면 자동화된 테스트에서 컨테이너를 통해 실제 서비스를 사용하는 데 도움이 된다.

9 빌드 및 배포

폴라 북숍의 주요 서비스는 스프링을 사용한다. 스프링 애플리케이션을 JAR 파일로 패키징한 후 이것을 실행하고, 또한 클라우드 네이티브 빌드팩으로 컨테이너를 생성, 이를 도커로 실행하고, 마지막으로 쿠버네티스로 컨테이너를 배포하는 방법을 살펴볼 것이다. 또한 스프링 네이티브Spring Native 및 그랄VMGraalVM을 사용해서 스프링 애플리케이션을 네이티브 이미지로 컴파일한 후 서버리스 아키텍처 위에서 즉석 시작 시간, 즉석 최대 성능, 메모리 소비 감소 및 이미지 크기 감소와 같은 그랄VM의 장점을 경험해볼 것이다. 그런 다음 쿠버네티스를 기반으로 구축된 서버리스 플랫

---

11 [옮긴이] 이 책에서 테스트컨테이너로 번역되면 testcontainer를 의미한다.

폼에 케이네이티브를 사용해 배포한다.

또한 깃허브 액션GitHub Actions으로 배포 파이프라인을 구축해 빌드 단계를 자동화하는 방법을 살펴볼 것이다. 파이프라인은 매번 커밋이 있을 때마다 애플리케이션을 빌드하고 테스트를 실행한 후에 배포 가능한 상태의 패키지를 만든다. 이러한 자동화는 지속적 전달 문화를 고양해 고객에게 신속하고 안정적으로 가치를 제공한다. 마지막으로 깃옵스GitOps 관행과 아르고 CDArgo CD를 사용해 프로덕션 쿠버네티스 클러스터에 폴라 북숍의 배포를 자동화할 것이다.

🔟 UI

이 책은 백엔드 기술에 초점을 맞추고 있기 때문에 프런트엔드와 관련한 주제는 다루지 않는다. 물론, 애플리케이션은 사용자와 상호작용할 수 있는 프런트엔드가 필요하다. 폴라 북숍의 경우 클라이언트는 앵귤러 프레임워크를 사용한다. UI 애플리케이션 코드는 이 책의 범위 밖이기 때문에 살펴보지 않지만, 코드 자체는 책의 코드 저장소에 포함되어 있다.

요약

- 15요소 방법론이 제시하는 개발 원칙은 실행 환경 전반에 걸쳐 최대한의 이식성을 제공하고, 클라우드 플랫폼에 배포하기에 적합하며, 확장 가능하고, 개발과 프로덕션 환경을 동일하게 만들고, 지속적인 제공을 가능하게 하는 애플리케이션을 구축하는 것을 목표로 한다.

- 스프링에는 최신 자바 애플리케이션 개발을 지원하기 위해 가장 일반적인 기능을 제공하는 모든 프로젝트가 포함되어 있다.

- 스프링 프레임워크는 전체 라이프 사이클 동안 빈과 속성이 관리되는 애플리케이션 콘텍스트를 제공한다.

- 스프링 부트는 클라우드 네이티브 개발의 기반으로 임베디드 서버, 자동 설정, 모니터링 및 컨테이너화 기능을 포함하여 프로덕션에 언제든지 배포할 수 있는 애플리케이션을 신속하게 구축할 수 있다.

- 컨테이너 이미지는 내부에서 애플리케이션을 실행하는 데 필요한 모든 것을 포함하는 경량의 실행 가능한 패키지이다.

- 도커는 컨테이너를 만들고 실행하기 위한 OCI 호환 플랫폼이다.

- 스프링 부트 애플리케이션은 클라우드 네이티브 빌드팩을 사용해 컨테이너 이미지로 패키징할 수 있는데, 클라우드 네이티브 빌드팩은 CNCF의 프로젝트로 애플리케이션 소스 코드를 프로덕션에 배포 가능한 컨테이너 이미지로 변환하는 방법을 기술한다.

- 클라우드 네이티브 시스템에서는 흔히 여러 개의 컨테이너를 다뤄야 하기 때문에 이로 인해 복잡한 시스템을 관리하는 방법이 필요하다. 쿠버네티스는 컨테이너를 오케스트레이션, 스케줄 및 관리할 수 있는 기능을 제공한다.

- 쿠버네티스 파드는 최소의 배포 단위다.

- 쿠버네티스 배포에서는 컨테이너 이미지에서 애플리케이션 인스턴스를 파드로 만드는 방법을 기술한다.

- 쿠버네티스 서비스를 통해 애플리케이션 엔드포인트를 클러스터 외부로 노출할 수 있다.

15요소 방법론

1	하나의 코드베이스, 하나의 애플리케이션
2	API 우선
3	의존성 관리
4	설계, 빌드, 릴리스, 실행
5	설정, 크리덴셜 및 코드
6	로그
7	일회성
8	지원 서비스
9	환경 동일성
10	관리 프로세스
11	포트 바인딩
12	상태를 갖지 않는 프로세스
13	동시성
14	원격 측정
15	인증 및 승인

클라우드 네이티브 개발

1부에서는 클라우드 네이티브 애플리케이션의 주요 기능을 정의했는데, 코드에서 배포까지의 과정을 처음으로 대략 경험해봤다. 2부에서는 스프링 부트와 쿠버네티스를 활용해 실제 서비스 환경에 바로 배포 가능한 클라우드 네이티브 애플리케이션을 구축하기 위한 주요 사례와 패턴을 소개한다.

3장은 클라우드 네이티브 프로젝트를 새로 시작하기 위한 기본 사항을 다루는데, 코드베이스 구성, 의존성 관리 및 배포 파이프라인의 커밋 단계 정의 전략 등을 설명한다. 스프링 MVC 및 스프링 부트 테스트를 사용해 REST API를 구현하고 테스트하는 법을 배운다. 4장은 설정을 외부화하는 것의 중요성을 설명하고 스프링 부트 애플리케이션에서 사용할 수 있는 몇 가지 옵션인 속성 파일, 환경 변수, 스프링 클라우드 컨피그의 설정 서비스 등을 살펴본다. 5장에서는 클라우드에서 데이터 서비스의 주요한 측면을 살펴보고, 스프링 데이터 JDBC를 사용해 스프링 부트 애플리케이션에서 데이터 지속성을 구현하는 방법을 다룬다. 또한 프로덕션 환경에서 플라이웨이를 사용해 어떻게 데이터를 관리하고 테스트컨테이너를 활용해 테스트 전략을 어떻게 가져갈지에 대해 살펴볼 것이다. 6장은 컨테이너에 관한 장이다. 도커에 대해 자세히 알아보고 도커 파일과 클라우드 네이티브 빌드팩을 사용해 스프링 부트 애플리케이션을 컨테이너 이미지로 패키징하는 방법에 대해 좀 더 자세히 다룬다. 마지막으로, 7장에서는 쿠버네티스에 대해 설명하는데 서비스 검색, 부하 분산, 확장성을 다루고 로컬 환경에서의 개발 워크플로를 살펴본다. 또한 쿠버네티스 클러스터에 스프링 부트 애플리케이션을 배포하는 방법에 대해 자세히 알아볼 것이다.

PART II

Cloud native

development

3

클라우드 네이티브
개발 시작

이 장의 주요 내용

- 클라우드 네이티브 프로젝트의 부트스트래핑
- 임베디드 서버와 톰캣을 사용한 작업
- 스프링 MVC를 사용한 RESTful 애플리케이션 구축
- 스프링 테스트를 사용한 RESTful 애플리케이션 테스트
- 깃허브 액션을 사용한 빌드 및 테스트 자동화

클라우드 네이티브는 범위가 매우 넓기 때문에 어디서부터 시작해야 할지 막막할 수도 있다. 1부에서는 클라우드 네이티브 애플리케이션과 지원 프로세스에 대한 이론적 내용을 소개했고, 아주 간단한 스프링 부트 애플리케이션을 구축하고 이것을 컨테이너로 만들어 쿠버네티스에 배포하기까지의 전 과정을 처음으로 직접 경험해봤다. 이를 통해 클라우드 네이티브 기술을 전반적으로 이해했을 것이고 또한 이 책에서 지금부터 다룰 각각의 주제가 클라우드 네이티브 전체에서 어디에 위치하는지 알게 되었을 것이다.

클라우드는 다양한 종류의 애플리케이션을 통해 달성할 수 있는 무한한 가능성을 우리에게 열어주었다. 이 장에서는 그중 가장 일반적인 유형 중 하나인 REST API를 통해 HTTP로 기능을 제공하는 웹 애플리케이션으로 시작하려고 한다. 이후의 모든 장에서 따라야 할 개발 프로세스를 살펴보며, 그 과정에서 전통적인 웹 애플리케이션과 클라우드 웹 애플리케이션 간의 중요한 차이점

을 살펴본다. 또한 스프링 부트와 스프링 MVC에서 필요한 부분만 빼내 하나로 합치고, 필수적인 테스트와 실제 서비스 환경을 위한 고려 사항을 특별히 강조해서 살펴볼 것이다. 또한 의존성 관리, 동시성, API 우선 원칙을 포함해 15요소 방법론에서 권장하는 지침 몇 가지도 설명할 것이다.

앞 장에서 만들어본 카탈로그 서비스 애플리케이션을 계속 구현할 텐데 이 애플리케이션은 폴라 북숍 시스템에서 도서 카탈로그를 관리한다.

NOTE 이 장의 예제에 나오는 소스 코드는 Chapter03/03-begin과 Chapter03/03-end 폴더에서 내려받을 수 있고, 프로젝트의 처음 그리고 최종 소스가 있으므로 참고하기 바란다.[1]

3.1 클라우드 네이티브 프로젝트 부트스트래핑

개발 프로젝트를 새로 시작하는 것은 언제나 흥미로운 일이다. 15요소 방법론에는 클라우드 네이티브 애플리케이션을 부트스트랩할 때 필요한 몇 가지 실용적인 지침이 있다.

- **하나의 코드베이스, 하나의 애플리케이션**one codebase, one application: 클라우드 네이티브 애플리케이션은 형상 관리 시스템을 통해 하나의 코드베이스로 관리해야 한다.
- **의존성 관리**dependency management: 클라우드 네이티브 애플리케이션은 의존성을 명시적으로 관리하는 도구를 사용해야 하며 암시적 의존성, 즉 배포되는 환경이 의존성을 제공할 것으로 예상하거나 기대하지 말아야 한다.

이번 절에서는 이 두 가지 원칙에 대해 좀 더 자세히 논의한 후에, 폴라 북숍 시스템의 첫 번째 클라우드 네이티브 애플리케이션인 카탈로그 서비스에서 그 원칙을 어떻게 적용할지 살펴보겠다.

3.1.1 하나의 코드베이스, 하나의 애플리케이션

클라우드 네이티브 애플리케이션은 깃과 같은 형상 관리 시스템을 통해 단일한 코드베이스로 관리해야 한다. 각 코드베이스는 여러 환경에 배포할 수 있는 불가변 아티팩트, 즉 **빌드**build를 생성해야 한다. 그림 3.1은 코드베이스, 빌드, 배포 사이의 관계를 보여준다.

---

1   https://github.com/ThomasVitale/cloud-native-spring-in-action

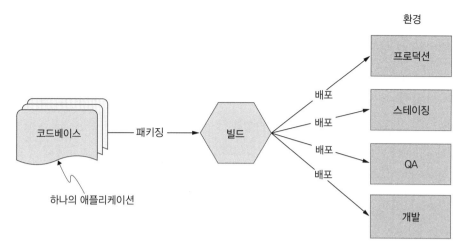

그림 3.1 각 애플리케이션은 코드베이스가 있으며, 이 코드베이스에서 생성된 불가변 빌드가 코드 수정 없이 각각의 다른 환경에 배포된다.

다음 장에서 살펴보겠지만, 환경에 종속적인 모든 설정은 애플리케이션 코드베이스의 외부에 있어야 한다. 어떤 코드가 두 개 이상의 애플리케이션에서 필요하다면 해당 코드는 독립적인 서비스나 의존성 라이브러리로 분리해야 한다. 후자의 경우는 시스템이 결국 **분산된 모놀리스**distributed monolith가 되지 않도록 신중하게 판단해야 한다.

NOTE 코드가 코드베이스와 코드 저장소로 구성되는 방식을 생각해보면 시스템 아키텍처에 더 집중할 수 있고 실제로 독립적인 서비스로 존재할 수 있는 부분을 식별하는 데 도움이 된다. 이것을 제대로 한다면 코드베이스는 모듈성과 느슨한 결합에 용이한 구조가 될 수 있다.

15요소 방법론에 따르면 각 코드베이스는 하나의 애플리케이션을 가져야 하지만 코드 저장소에 대해서는 언급하지 않고 있다. 각 코드베이스를 별도의 서로 다른 저장소로 관리할 수도 있고 동일한 저장소를 사용할 수도 있다. 클라우드 네이티브 개발 시에는 두 방법 모두 사용된다. 이 책에서는 여러 개의 애플리케이션을 개발하는데 유지 보수와 배포성을 위해 각 코드베이스는 자신만의 깃 저장소로 관리할 것을 권장한다.

앞 장에서는 폴라 북숍 시스템의 첫 번째 애플리케이션인 카탈로그 서비스를 초기화 작업하고 `catalog-service`라는 이름의 깃 저장소로 로컬 컴퓨터에 저장했다. 원격 저장소로는 깃허브를 사용할 것을 추천하는데 이후에 지속적 전달을 지원하는 배포 파이프라인을 정의할 때 깃허브 액션을 워크플로 엔진으로 사용하기 때문이다.

애플리케이션에서 의존성을 어떻게 관리할지는 애플리케이션의 신뢰성과 이식성에 영향을 미치기 때문에 중요한 문제다. 자바 생태계에서 의존성 관리를 위해 가장 많이 사용하는 도구는 **그래들**과 **메이븐**이다. 둘 다 매니페스트 파일에 의존성을 선언하고 중앙 저장소에서 다운로드할 수 있는 기능을 제공한다. 프로젝트에 필요한 모든 의존성을 명시적으로 나열하는 이유는 애플리케이션이 실행되는 환경이 어떤 라이브러리를 제공할 것이라고 암묵적으로 예상함에도 불구하고 실제로는 제공되지 않는 상황을 방지하기 위함이다.

NOTE 이들 도구는 의존성 관리 외에도 자바 프로젝트를 빌드, 테스트 및 설정하는 기능도 제공하기 때문에 애플리케이션 개발에서 필수적인 도구다. 이 책의 예제는 그래들을 사용하지만 메이븐을 사용해도 무방하다.

의존성 매니페스트 파일과 함께 의존성 관리자 역시 있어야 한다. 그래들과 메이븐은 각각 gradlew, mvnw라는 **래퍼 스크립트**wrapper script로 의존성 관리 툴을 실행할 수 있는데 이 스크립트는 코드베이스에 포함할 수 있다. 예를 들면 (컴퓨터에 그래들이 설치되어 있다고 가정한 경우) gradle build와 같이 그래들 명령을 실행하는 대신 ./gradlew build를 실행할 수 있다. 이 스크립트는 프로젝트에 정의된 빌드 도구의 특정 버전을 호출한다. 해당 버전의 빌드 툴이 아직 설치되어 있지 않으면 다운로드를 해서 설치한 후에 명령을 실행한다. 래퍼 스크립트를 사용하면 프로젝트의 모든 팀원들과 자동화된 도구가 동일한 버전의 그래들 또는 메이븐을 사용할 수 있다. 스프링 이니셜라이저를 통해 프로젝트를 새로 만들 때 바로 사용 가능한 래퍼 스크립트가 포함되어 있기 때문에 별도로 다운로드하거나 설정할 필요가 없다.

NOTE 무엇이든지 외부 의존성이 적어도 하나는 필요한데 바로 런타임이다. 우리의 경우는 자바 런타임 환경(JRE)이다. 애플리케이션을 컨테이너 이미지로 패키징하면 자바 런타임이 이미지 자체에 포함되어 더 많은 제어 권한을 갖는다. 하지만 애플리케이션의 최종 아티팩트는 이미지를 실행하는 데 필요한 컨테이너 런타임에 의존한다. 이러한 컨테이너화 과정에 대한 더 자세한 내용은 6장에서 살펴볼 것이다.

이제 코드로 넘어가보자. 폴라 북숍 시스템은 카탈로그를 통해 제공되는 책을 관리할 카탈로그 서비스 애플리케이션이 필요하다. 앞 장에서는 이 서비스에 대한 소스 프로젝트를 이미 초기화했다. 시스템의 아키텍처는 그림 3.2에 다시 한번 나와 있다.

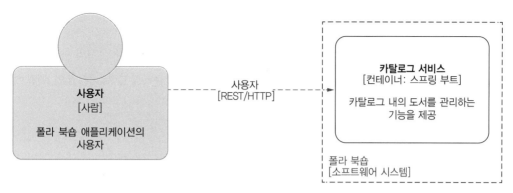

그림 3.2 **현재 하나의 애플리케이션 서비스만으로 구성된 폴라 북숍 시스템의 아키텍처**

애플리케이션에 필요한 모든 의존성 라이브러리는 자동 생성된 build.gradle 파일(catalog-service/build.gradle)에 열거되어 있다.

```
dependencies {
  implementation 'org.springframework.boot:spring-boot-starter-web'
  testImplementation 'org.springframework.boot:spring-boot-starter-test'
}
```

여기서 두 가지의 의존성 라이브러리가 필요하다.

- 스프링 웹(org.springframework.boot:Spring-boot-starter-web): 스프링 MVC로 웹 애플리케이션을 구축하는 데 필요한 라이브러리를 제공하며 톰캣을 임베디드 서버로 포함하도록 기본 설정되어 있다.
- 스프링 부트 테스트(org.springframework.boot:Spring-boot-starter-test): 스프링 테스트 Spring Test, JUnit, 어서트J, 모키토를 포함해 애플리케이션을 테스트할 수 있는 여러 라이브러리 및 유틸리티를 제공한다. 모든 스프링 부트 프로젝트에 자동으로 포함된다.

스프링 부트의 가장 큰 특징 중 하나는 의존성 관리를 처리하는 방식이다. spring-boot-starter-web과 같은 스타터 의존성 라이브러리 덕분에 개발자는 더 많은 의존성을 관리하지 않아도 되고 임포트한 특정 버전이 서로 호환되는지 확인해야 하는 번거로움을 덜 수 있다. 이것은 스프링 부트의 또 다른 기능으로 이를 통해 간단하고 생산적인 방식으로 개발을 시작할 수 있다.

다음 절에서는 스프링 부트에 포함된 서버의 작동 방식과 설정 방법에 대해 자세히 알아보자.

3.2 임베디드 서버로 작업

스프링 부트를 사용하면 다양한 사용 사례와 패턴을 특징으로 하는 다양한 유형의 애플리케이션 (웹, 이벤트 중심, 서버리스, 배치, 작업 애플리케이션)을 만들 수 있다. 클라우드 네이티브의 맥락에서 이들 모두는 몇 가지 공통된 측면을 공유한다.

- 런타임 외에는 외부 의존성을 갖지 않은 채 완전히 독립적이다.
- 표준적이고 실행 가능한 아티팩트로 패키징된다.

웹 애플리케이션을 생각해보자. 전통적인 방법은 WAR 또는 EAR 파일(자바 애플리케이션을 패키징하는 데 사용되는 아카이브 형식)로 패키징한 후에 톰캣과 같은 웹 서버나 와일드플라이Wildfly 같은 애플리케이션 서버에 배포한다. 서버에 대한 외부 의존성을 갖게 되면 애플리케이션 자체의 이식성과 발전을 제한하고 유지 보수 비용이 늘어난다.

이번 절에서는 클라우드 네이티브 웹 애플리케이션에서 스프링 부트, 스프링 MVC, 임베디드 서버를 사용해 이러한 문제를 해결하는 방법을 살펴보려고 한다. 다른 유형의 애플리케이션에도 이와 유사한 원칙을 적용할 수 있다. 또한 전통적인 애플리케이션과 클라우드 네이티브 애플리케이션의 차이점, 톰캣과 같은 임베디드 서버의 작동 방식 및 설정 방법에 대해 설명할 것이다. 그리고 서버, 포트 바인딩, 동시성에 관한 15요소 방법론의 몇 가지 지침에 대해서도 자세히 살펴볼 것이다.

- **포트 바인딩**port binding: 기존 애플리케이션은 실행 환경이 제공하는 외부 서버에 의존하지만 클라우드 네이티브 애플리케이션은 독립적이고 환경에 따라 설정 가능한 포트로 바인딩해서 서비스를 외부로 제공할 수 있다.
- **동시성**concurrency: JVM 애플리케이션에서는 사용할 수 있는 여러 스레드를 스레드 풀에 두고 동시성을 처리한다. 동시성 처리가 한계에 도달하면 수직적 확장보다 수평적 확장을 선호한다. 즉 애플리케이션에 컴퓨팅 리소스를 더 많이 추가하기보다는 인스턴스를 더 많이 배포해 워크로드를 분산하는 것을 선호한다.

이러한 원칙에 따라 카탈로그 서비스를 독립적이고 실행 가능한 JAR로 패키징한다.

3.2.1 실행 가능한 JAR 및 임베디드 서버

전통적인 접근법과 클라우드 네이티브 접근법의 차이점 중 하나는 애플리케이션을 패키징하고 배포하는 방법이다. 전통적으로는 애플리케이션 서버나 독립형 웹 서버가 사용됐다. 이런 유형의 서버는 프로덕션 환경에서 설정과 유지 비용이 높았기 때문에 효율성을 위해 여러 개의 애플리케이션을 EAR 또는 WAR로 패키징해서 배포했다. 이러한 시나리오는 애플리케이션이 서로 얽매여 있기 마련이다. 만약 서버 수준에서 무언가 변경해야 한다면, 그 변화는 다른 팀과 조정되어야 하고 해당 서버에서 실행 중인 모든 애플리케이션에 적용되기 때문에 민첩성과 애플리케이션의 변경에 제한이 따른다. 이 외에도 애플리케이션 배포는 컴퓨터에서 사용할 수 있는 서버의 유형에 따라 달라질 수 있기 때문에 다양한 환경에 대한 애플리케이션의 이식성이 제한된다.

클라우드 네이티브에서는 상황이 다르다. 클라우드 네이티브 애플리케이션은 독립적이어야 하고 실행 환경이 제공하는 서버에 의존하지 않는다. 대신 필요한 서버 기능은 애플리케이션 자체에 포함되어 조달된다. 스프링 부트는 서버 기능을 내장함으로써 외부 의존성을 제거하고 애플리케이션을 독립 실행형으로 만드는 데 일조한다. 스프링 부트에는 **톰캣** 서버가 미리 설정되어 번들로 제공되지만 언더토Undertow나 제티Jetty 혹은 네티Netty로 대체할 수 있다.

서버 의존성 문제를 해결했으니 이에 따라 애플리케이션을 패키징하는 방법 역시 변경해야 한다. JVM 생태계에서 클라우드 네이티브 애플리케이션은 JAR 아티팩트로 패키징된다. 독립적으로 실행할 수 있기 때문에 JVM 이외의 외부 의존성 없이 실행할 수 있다. 스프링 부트는 JAR 및 WAR 유형의 패키지가 둘 다 가능할 정도로 유연하다. 하지만 클라우드 네이티브 애플리케이션의 경우 **팻 JAR**fat-JAR 혹은 **우버 JAR**uber-JAR이라고 부르는 독립적 JAR을 사용하는데 이 안에는 애플리케이션, 의존성 라이브러리 및 임베디드 서버가 모두 포함되어 있다. 그림 3.3은 웹 애플리케이션을 패키징하고 실행하기 위한 전통적인 방법과 클라우드 네이티브 방법을 비교한다.

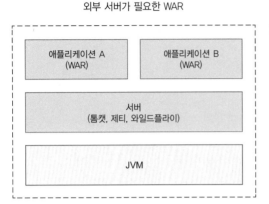
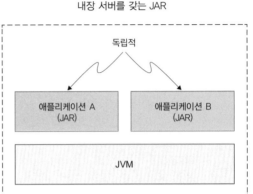

그림 3.3 전통적으로 애플리케이션은 **WAR**로 패키징하여 실행 환경에서 서버를 사용해 실행된다.
클라우드 네이티브 애플리케이션은 **JAR**로 패키징하여 독립적이며 내장된 서버를 사용한다.

클라우드 네이티브 애플리케이션에 사용되는 내장 서버는 일반적으로 웹 서버 구성 요소와 실행 콘텍스트로 이루어져 있고 이를 통해 자바 웹 애플리케이션이 웹 서버와 상호작용한다. 예를 들어 톰캣은 웹 서버 구성 요소(코요테Coyote)와 자바 서블릿 API를 기반으로 한 실행 콘텍스트를 가지고 있는데 이 실행 콘텍스트를 보통 서블릿 컨테이너(카탈리나Catalina)라고 부른다. 이 책에서는 **웹 서버** web server와 **서블릿 컨테이너**Servlet container라는 용어를 교대로 사용할 것이다. 반면 클라우드 네이티브 애플리케이션은 애플리케이션 서버를 권장하지 않는다.

앞 장에서는 카탈로그 서비스 프로젝트를 만들 때 JAR 패키지 옵션을 선택했다. 그런 다음 그래들의 bootRun 작업을 통해 애플리케이션을 실행했다. 이 방법은 개발 작업에서 프로젝트를 빌드하고 독립적인 애플리케이션으로 실행하기 위한 편리한 방법이다. 이제 임베디드 서버와 JAR 패키지에 대해 더 많이 알게 됐으니 다른 방법을 살펴보자.

먼저 애플리케이션을 JAR 파일로 패키징한다. 터미널 창을 열고 카탈로그 서비스 프로젝트의 루트 폴더(catalog-service)로 이동한 다음과 같은 명령을 실행한다.

```
$ ./gradlew bootJar²
```

2 　옮긴이　메이븐의 경우는 다음과 같이 하면 된다. `./mvnw clean package spring-boot:repackage`

그래들의 bootJar 작업은 코드를 컴파일하고 애플리케이션을 JAR 파일로 패키징한다. 이때 JAR은 build/libs 폴더로 생성되도록 기본 설정되어 있다. 이 폴더에 실행 가능한 catalog-service-0.0.1-SNAPSHOT.jar 파일이 만들어져 있을 것이다. JAR 파일이 만들어졌으면 여느 표준 자바 애플리케이션처럼 실행해보자.

```
$ java -jar build/libs/catalog-service-0.0.1-SNAPSHOT.jar
```

NOTE 또 다른 실용적인 그래들 작업으로는 bootJar와 test 작업을 하나로 결합한 build가 있다.

프로젝트에는 spring-boot-starter-web 의존성이 포함되어 있기 때문에 스프링 부트는 내장 톰캣 서버를 자동으로 구성한다. 그림 3.4의 로그를 보면 최초의 실행 단계 중 하나가 애플리케이션 자체에 포함된 톰캣 서버의 인스턴스를 초기화하는 것임을 알 수 있다.

```
...Starting CatalogServiceApplication using Java 17
...No active profile set, falling back to 1 default profile: "default"
...Tomcat initialized with port(s): 9001 (http)
...Starting service [Tomcat]
...Starting Servlet engine: [Apache Tomcat/9.0.65]
...Initializing Spring embedded WebApplicationContext
...Root WebApplicationContext: initialization completed in 276 ms
...Tomcat started on port(s): 9001 (http) with context path ''
...Started CatalogServiceApplication in 0.529 seconds (JVM running for 0.735)
```

그림 3.4 **카탈로그 서비스 애플리케이션의 시작 로그**

다음 절에서는 스프링 부트에서 내장 서버가 어떻게 작동하는지 자세히 살펴보겠다. 다음으로 넘어가기 전에 Ctrl+C를 눌러 애플리케이션을 중지하기 바란다.

3.2.2 요청당 스레드 모델 이해

HTTP상에서의 동기식 상호작용을 위해 웹 애플리케이션에서 일반적으로 사용하는 요청/응답 패턴을 생각해보자. 클라이언트는 서버로 HTTP 요청을 보내고 서버는 계산을 수행한 후에 HTTP 응답을 클라이언트에게 보내준다.

톰캣과 같은 서블릿 컨테이너에서 실행되는 웹 애플리케이션은 **요청당 스레드**thread per request라는 모델을 기반으로 요청을 처리한다. 각 요청에 대해 애플리케이션은 해당 특정 요청을 처리하는 데만 전념할 스레드를 할당하고 요청에 대한 응답이 클라이언트에 반환될 때까지 이 스레드는 오직

그 목적으로만 사용하고 다른 목적으로는 사용하지 않는다. 요청을 처리할 때 I/O와 같은 집약적인 작업이 수행되면 이 작업이 완료될 때까지 스레드를 차단한다. 예를 들어 데이터베이스 읽기가 필요한 경우 데이터베이스에서 데이터를 받을 때까지 스레드는 다른 일을 하지 않고 기다리기만 한다. 이런 종류의 처리를 동기화synchronous, 블로킹blocking 처리라고 부르는 이유가 여기에 있다.

톰캣은 스레드 풀을 초기화해서 가지고 있는데, 모든 HTTP 요청은 이 스레드 풀을 통해 관리한다. 새로운 요청이 들어왔는데 모든 스레드가 사용 중이면 그 요청은 큐로 들어가 스레드 하나가 사용 가능한 상태로 풀릴 때까지 기다린다. 즉, 톰캣의 스레드 수는 동시에 들어오는 요청을 지원할 수 있는 상한선이 된다. 성능 문제를 디버깅할 때 이것을 기억하면 매우 유용하다. 스레드를 소진하는 경우가 계속 발생하면 스레드 풀에 대한 설정을 변경해 더 많은 요청을 수용할 수 있다. 더 많은 스레드는 결국 더 많은 리소스의 사용을 의미하기 때문에 전통적인 애플리케이션에서는 특정 인스턴스에 더 많은 계산 리소스를 추가한다. 반면 클라우드 네이티브 애플리케이션에서는 수평적 확장 및 더 많은 복제본을 배포한다.

> **NOTE** 요청당 스레드 모델은 블로킹으로 인해 사용 가능한 계산 리소스를 효율적으로 사용하지 못한다. 따라서 애플리케이션이 많은 수의 요구에 응답해야 하는 경우 이 모델은 이상적이지 않을 수 있다. 8장에서는 스프링 웹플럭스와 프로젝트 리액터 같은 리액티브 프로그래밍 패러다임을 통해 비동기적이고 넌블로킹적인 방식을 소개할 것이다.

스프링 MVC는 MVC 전체 또는 REST 기반 웹 애플리케이션을 구현하기 위해 스프링 프레임워크에 포함된 라이브러리다. 어느 쪽이든 자바 서블릿 API 사양을 따르는 서블릿 컨테이너를 제공하는 톰캣 같은 서버를 기반으로 한다. 그림 3.5는 스프링 웹 애플리케이션에서 REST 기반 요청/응답이 어떻게 상호작용하는지 보여준다.

DispatcherServlet은 요청 처리를 위한 진입점 역할을 수행한다. 클라이언트가 특정 URL 패턴으로 새로운 HTTP 요청을 보내면 DispatcherServlet은 HandlerMapping에게 해당 엔드포인트를 담당하는 컨트롤러를 요청하고, 그다음에는 주어진 컨트롤러에게 요청을 실제 처리해줄 것을 요청한다. 컨트롤러는 다른 서비스를 호출하여 요청을 처리한 다음 DispatcherServlet에 응답을 반환하고 최종적으로 클라이언트에게 HTTP 응답이 보내진다.

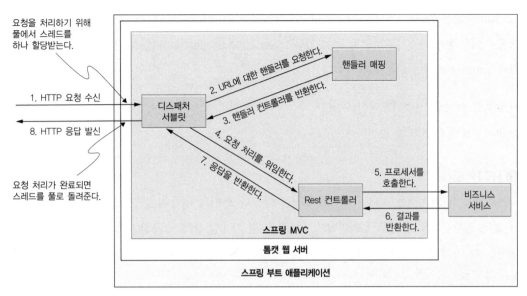

그림 3.5 DispatcherServlet은 서블릿 컨테이너(톰캣)의 진입점이다. 실제 HTTP 요청은 컨트롤러로 위임 처리하는데, 주어진 엔드포인트를 어떤 컨트롤러가 담당하는지는 HandlerMapping에 의해 결정된다.

여기서 톰캣 서버가 스프링 부트 애플리케이션에 어떻게 내장되어 있는지 주목해야 한다. 스프링 MVC는 자신의 기능을 수행하기 위해 웹 서버에 의존한다. 이 점은 서블릿 API를 구현하는 어떤 웹 서버에 대해서라도 마찬가지겠지만, 현재 우리는 명시적으로 톰캣을 사용하고 있으므로 톰캣에 대한 설정을 몇 가지 살펴보자.

3.2.3 내장 톰캣 설정

톰캣은 모든 스프링 부트 웹 애플리케이션에 기본 설정으로 포함되어 있는 서버다. 때로는 톰캣에 대한 기본 설정으로도 충분할 수 있지만, 프로덕션 환경의 경우 특정 요구 사항을 위해 톰캣의 작동을 사용자 지정 변경해야 할 수도 있다.

NOTE 전통적인 스프링 애플리케이션에서는 server.xml이나 context.xml 같은 전용 파일을 통해 톰캣과 같은 서버를 설정한다. 스프링 부트에서는 두 가지 방법이 가능한데, 속성을 통해 설정하거나 WebServerFactoryCustomizer 빈을 통해 설정할 수 있다.

이번 절에서는 속성을 통해 톰캣을 설정하는 방법을 살펴볼 것이고 애플리케이션 설정에 대한 좀 더 자세한 내용은 다음 장에서는 다룰 것이다. 지금은 프로젝트의 src/main/resources 폴더에 있는 application.properties 또는 application.yml 파일을 통해 속성을 정의할 수 있다는 것만 알고 있으면 충분하다. 두 가지 형식 중 어떤 것이라도 상관없다. .properties 파일의 형식은 키-값 쌍이고 .yml 파일은 YAML 형식을 사용한다. 이 책에서는 YAML을 사용해 속성을 정의할 것이다. 스프링 이니셜라이저는 기본적으로 비어 있는 application.properties 파일을 생성하기 때문에 확장자가 .properties라면 .yml로 변경한다.

카탈로그 서비스 애플리케이션을 위한 내장 서버를 설정해보자. 모든 설정 속성은 application.yml 파일을 통해 정의할 것이다.

① HTTP 포트

기본적으로 내장 서버는 8080 포트로 요청을 받는다. 하나의 애플리케이션으로만 실행하면 문제가 없다. 일반적으로 클라우드 네이티브 시스템의 경우 개발 중에 스프링 애플리케이션을 더 많이 실행할 때 여러 개의 스프링 애플리케이션을 실행해야 하는데, `server.port` 속성을 통해 애플리케이션에 특정 포트 번호를 지정할 수 있다.

예제 3.1 **웹 서버 포트 설정**

```
server:
  port: 9001
```

② 연결 타임아웃

`server.tomcat.connection-timeout` 속성은 클라이언트에서 TCP 연결을 수락하고 실제로 HTTP 요청을 받기까지 톰캣이 최대한 기다리는 시간을 정의한다. 이 속성은 **서비스 거부 공격**denial-of-service attack, DoS attack을 방지하는 데 도움이 된다. 연결이 이뤄지고 나면 톰캣은 요청을 처리할 스레드를 할당하지만 요청을 아직 받지 않은 상태에서 이 속성을 통해 지정한 시간이 지나면 스레드는 스레드 풀로 회수된다. 이 속성은 또한 HTTP 요청의 페이로드를 읽는 시간도 제한하는 데 사용한다.

기본 설정 값은 `20s`(20초)인데 일반적인 클라우드 네이티브 애플리케이션으로는 너무 큰 값일 수 있다. 클라우드에 고도로 분산된 시스템 관점으로 본다면, 아마도 몇 초 이상 기다리지 않아도 되는데 톰캣 인스턴스가 너무 오랫동안 멈춰서 다른 시스템까지 연쇄적으로 실패하는 상황을 발생하는 것은 누구도 원치 않을 것이다. `2s` 정도가 더 좋은 설정일 것이다. 또한 `server.tomcat.keep-alive-timeout` 속성을 통해 새로운 HTTP 요청을 기다리는 동안 연결을 유지하는 시간을 설정할 수 있다.

예제 3.2 **톰캣을 위한 타임아웃 설정**

```
server:
  port: 9001
  tomcat:
    connection-timeout: 2s
    keep-alive-timeout: 15s
```

3 스레드 풀

톰캣은 요청당 스레드 모델에 따라 요청을 처리하는 **스레드 풀**thread pool을 가지고 있다. 사용 가능한 스레드 수에 따라 최대로 동시에 처리할 수 있는 요청의 수가 결정된다. `server.tomcat.threads.max` 속성을 통해 최대 요청 처리 스레드 수를 설정할 수 있다. 또한 `server.tomcat.threads.min-spare` 속성을 통해 풀에 항상 유지해야 하는 최소의 스레드 수도 정의할 수 있는데 톰캣이 시작할 때 이 속성에 정의한 갯수 만큼의 스레드가 풀에 생성된다.

스레드 풀에 대한 최상의 설정을 결정하는 것은 복잡하며, 이것을 계산하기 위한 마법의 공식 같은 것은 없다. 적절한 설정을 찾으려면 일반적으로 리소스 분석과 모니터링이 필요하고 여러 다양한 설정 값을 많이 시도해봐야 한다. 스레드 풀의 최대/최소에 대한 기본 설정 값은 각각 200과 10인데 이는 최대 200개까지 스레드를 늘릴 수 있으며 항상 10개의 작업자 스레드가 실행된다는 의미이므로 프로덕션 환경에서는 이 값으로 시작해도 문제없을 것이다. 로컬 환경에서 리소스 사용을 최적화하기 위해 해당 값을 낮추어야 할 수도 있는데 스레드 수에 따라 리소스 사용이 비례해서 늘어나기 때문이다.

예제 3.3 **톰캣 스레드 풀 설정**

```
server:
  port: 9001
  tomcat:
    connection-timeout: 2s
    keep-alive-timeout: 15s
    threads:
      max: 50
      min-spare: 5
```

지금까지 스프링 부트로 만들어진 클라우드 네이티브 애플리케이션은 내장 서버를 포함하는 JAR 파일로 패키징되어 실행 환경에 대한 추가적인 의존도가 없고 높은 민첩성을 갖는다는 것을 살펴 봤다. 또한 요청당 스레드가 어떻게 작동하는지 살펴봤고, 톰캣과 스프링 MVC에서의 요청 처리 흐름과 톰캣 설정에 대해 배웠다. 다음 절에서는 카탈로그 서비스의 비즈니스 로직을 다루고, 스프링 MVC를 사용해 REST API를 구현해보자.

3.3 스프링 MVC를 이용한 RESTful 애플리케이션 구축

클라우드 네이티브 애플리케이션을 구축하면 시스템의 전반적인 기능을 위해 상호작용하는 여러 마이크로서비스로 구성된 분산 시스템을 개발할 가능성이 높다. 개발한 애플리케이션이 조직 내 다른 팀이 개발한 서비스에 의해 사용될 수도 있다. 아니면 제3자에게 그 기능을 제공할 수도 있다. 어느 쪽이든 서비스 간 통신에 필수적인 요소가 API다.

15요소 방법론은 **API 우선** 패턴을 권장한다. 서비스 인터페이스를 먼저 결정하고 구현 작업은 나중에 수행하라는 것이다. API는 애플리케이션과 그 애플리케이션 사용자 간의 공개적인 계약을 의미하며, 그것을 최우선으로 정의해야 한다.

계약에 동의하고 API를 먼저 정의한다고 가정해보자. 이 경우 다른 팀은 자신들의 솔루션 작업을 시작하고 미리 정한 API를 기반으로 자신들의 시스템과 우리의 애플리케이션을 통합할 수 있다. 그렇지 않으면 병목 현상이 발생하고 다른 팀들은 애플리케이션 개발을 완료할 때까지 기다려야 한다. 또한 API를 미리 논의하면 이해 당사자와의 생산적인 토론을 통해 애플리케이션의 범위를 명확히 하고 구현할 사용자 스토리도 정의할 수 있다.

클라우드에서는 모든 애플리케이션이 다른 애플리케이션의 지원 서비스가 될 수 있다. API 우선 원칙을 채택하면 애플리케이션을 발전시켜 나가고 미래의 요구 사항에 맞춰 적응하기가 쉽다.

이번 절에서는 클라우드 네이티브 애플리케이션에서 가장 많이 사용하는 서비스 인터페이스 모델인 REST API로 카탈로그 서비스 계약을 정의한다. 스프링 MVC를 사용해 REST API를 구현, 검증, 테스트할 것이다. 또한 향후의 요구 사항에 적응하면서 API를 개발하기 위한 몇 가지 고려 사항을 살펴볼 텐데, 이러한 요구 사항의 변화는 클라우드 네이티브 애플리케이션처럼 고도로 분산된 시스템에서 흔히 일어난다는 것을 알 수 있을 것이다.

3.3.1 REST API를 먼저, 비즈니스 로직은 그다음

API를 먼저 설계한다는 것은 요구 사항을 이미 정의했다고 가정하므로, 먼저 요구 사항으로 시작한다. 카탈로그 서비스는 다음과 같은 사용 사례를 지원해야 한다.

- 카탈로그에서 도서 목록 보기
- 국제 표준 도서 번호(ISBN)로 도서 검색
- 카탈로그에 새 도서 추가
- 도서에 대한 기존 정보 편집
- 카탈로그에서 도서 삭제

즉, 이 애플리케이션은 도서에 대한 CRUD 작업을 수행하기 위한 API를 제공해야 한다고 말할 수 있다. 형식은 HTTP에 적용되는 REST 스타일을 따를 것이다. 이 사용 사례를 충족하기 위해 API를 설계하는 방법은 여러 가지가 있다. 이 장에서는 표 3.1에 기술된 방법을 사용할 것이다.

표 3.1 카탈로그 서비스에서 노출되는 REST API 사양

엔드포인트	HTTP 메서드	요청 본문	상태	응답 본문	설명
/books	GET		200	Book[]	카탈로그 내 모든 도서를 가져온다.
/books	POST	Book	201	Book	카탈로그에 새 도서 추가한다.
			422		동일한 ISBN 도서가 이미 존재한다.
/books/{isbn}	GET		200	Book	주어진 ISBN을 갖는 도서를 가져온다.
			404		주어진 ISBN을 갖는 도서가 존재하지 않는다.
/books/{isbn}	PUT	Book	200	Book	주어진 ISBN을 갖는 도서를 업데이트한다.
			201	Book	주어진 ISBN을 갖는 도서를 생성한다.
/books/{isbn}	DELETE		204		주어진 ISBN을 갖는 도서를 삭제한다.

API 문서화

API를 문서화하는 것은 API 우선 접근법을 따를 때 필수적인 부분이다. 이를 위한 방법이 스프링 생태계에서는 주로 두 가지가 가능하다.

- 스프링은 테스트 주도 개발(TDD)을 통해 REST API를 문서화하는 데 도움이 되도록 스프링 레스트 독스 Spring REST Docs 프로젝트[3]를 제공하는데, 이를 통해 유지 보수가 편리한 고품질의 문서화가 가능하다. 아스키독스AsciiDocs 또는 마크다운Markdown 같은 형식의 파일을 생성하고 사람들이 읽도록 하는 데 목적이 있다. 이 형식의 문서화에 OpenAPI 지원을 원한다면 restdocs-api-spec라는 커뮤니티 기반 프로젝트를 사용하면 스프링 레스트 독스에 OpenAPI 형식을 추가로 지원할 수 있다.[4]
- springdoc-openapi라는 커뮤니티 기반 프로젝트를 사용하면 오픈API 3 형식[5]에 따라 API 문서 생성을 자동화하는 데 도움이 된다.

---

3   https://spring.io/projects/spring-restdocs

4   https://github.com/ePages-de/restdocs-api-spec

5   https://springdoc.org

REST API를 통해 코드에 대한 계약이 이루어졌으니, 다음 단계로 넘어가 비즈니스 로직을 살펴보자. 설루션은 세 가지 개념을 중심으로 한다.

- **개체**entity: 개체는 '책'처럼, 한 도메인에서 명사를 나타낸다.
- **서비스**service: 서비스는 도메인에 대한 사용 사례를 정의하고 구현한다. 예를 들어 '카탈로그에 책을 추가'.
- **리포지터리**repository: 리포지터리는 도메인 계층으로 하여금 데이터 소스와 독립적으로 데이터에 액세스하기 위한 추상화 계층이다.

도메인 개체부터 살펴보자.

1 도메인 개체 정의

표 3.1에 정의된 REST API를 사용하면 책에 대한 여러 가지 작업을 수행할 수 있다. 책은 **도메인 개체**domain entity다. 카탈로그 서비스 프로젝트에 비즈니스 로직을 위한 새로운 com.polarbookshop.catalogservice.domain 패키지를 생성하고 도메인 개체를 표현하기 위해 자바 레코드[6] Book을 만든다.

예제 3.4 책 레코드를 사용해 애플리케이션의 도메인 개체 정의

```
package com.polarbookshop.catalogservice.domain;

public record Book (          ◀─── 도메인 모델은 불가변 객체인
    String isbn,    ◀─────          레코드로 구현된다.
    String title,
    String author,
    Double price      ┃
){}                   ┗── 책을 고유하게 식별
```

2 사용 사례 구현

앞서 애플리케이션 요구 사항에 따라 나열한 사용 사례는 @Service 클래스로 구현할 수 있다. com.polarbookshop.catalogservice.domain 패키지에 아래 예제와 같이 BookService 클래스를 만들어보자. 이 서비스는 잠시 후에 생성할 몇 가지 클래스를 사용한다.

---

6 [옮긴이] 레코드(record)는 자바 14에서 새로 도입된 것으로 불가변 데이터를 좀 더 편리하게 표현하기 위해 몇 가지 제약을 가지고 있는 클래스다.

예제 3.5 애플리케이션의 사용 사례 구현

```java
package com.polarbookshop.catalogservice.domain;

import org.springframework.stereotype.Service;

@Service          ◄──────────────── 이 클래스는 스프링이 관리하는 서비스라는 것을 표시하는
public class BookService {                  스테레오타입 애너테이션
  private final BookRepository bookRepository;

  public BookService(BookRepository bookRepository) {
    this.bookRepository = bookRepository;  ◄────  BookRepository를
  }                                                생성자 오토와이어링을 통해 제공5

  public Iterable<Book> viewBookList() {
    return bookRepository.findAll();
  }

  public Book viewBookDetails(String isbn) {    존재하지 않는 책을 보려고 할 때
    return bookRepository.findByIsbn(isbn)       그에 해당하는 예외를 발생한다.
      .orElseThrow(() -> new BookNotFoundException(isbn));
  }

  public Book addBookToCatalog(Book book) {
    if (bookRepository.existsByIsbn(book.isbn())) {  ◄──  동일한 책을 여러 번 추가하려고 시도하면
      throw new BookAlreadyExistsException(book.isbn());   그에 해당하는 예외를 발생한다.
    }
    return bookRepository.save(book);
  }

  public void removeBookFromCatalog(String isbn) {
    bookRepository.deleteByIsbn(isbn);
  }

  public Book editBookDetails(String isbn, Book book) {
    return bookRepository.findByIsbn(isbn)
      .map(existingBook -> {
        var bookToUpdate = new Book(  ◄──  책을 수정할 때 개체 식별자인 ISBN 코드를 제외한
          existingBook.isbn(),              모든 필드를 수정할 수 있다.
          book.title(),
          book.author(),
          book.price());
        return bookRepository.save(bookToUpdate);
      })
      .orElseGet(() -> addBookToCatalog(book));  ◄──  카탈로그에 존재하지 않는 책을 수정하려고 하면
  }                                                    새로운 책을 만든다.
}
```

---

7 옮긴이 스프링 4.3부터 생성자가 하나일 경우 @Autowired 애너테이션을 생략해도 된다.

3.3 스프링 MVC를 이용한 RESTful 애플리케이션 구축

❸ 데이터 액세스를 위해 리포지터리 추상화

BookService 클래스는 BookRepository 객체를 사용해 책을 검색하고 저장한다. 도메인 계층에서는 데이터가 어떻게 저장되는지 알 필요가 없기 때문에 BookRepository는 실제 구현에서 추상화를 분리해낸 인터페이스다. 책 데이터에 액세스하기 위한 추상화를 정의하기 위해 com.polarbookshop.catalogservice.domain 패키지에 BookRepository 인터페이스를 만들어보자.

예제 3.6 **데이터에 접근을 위해 도메인 계층이 사용하는 추상화**

```
package com.polarbookshop.catalogservice.domain;

import java.util.Optional;

public interface BookRepository {
    Iterable<Book> findAll();
    Optional<Book> findByIsbn(String isbn);
    boolean existsByIsbn(String isbn);
    Book save(Book book);
    void deleteByIsbn(String isbn);
}
```

리포지터리 인터페이스는 도메인에 속하지만 구현은 지속성 계층에 속한다. 5장에서 관계형 데이터베이스를 사용하는 데이터 지속성 계층을 추가할 것이다. 지금은 간단한 메모리 맵을 통해 책을 검색하고 저장하는 것만으로도 충분하다. com.polarbookshop.catalogservice.persistence 패키지에 InMemoryBookRepository 클래스를 만들어 BookRepository 인터페이스를 구현할 수 있다.

예제 3.7 **BookRepository 인터페이스의 인메모리 구현**

```
package com.polarbookshop.catalogservice.persistence;

import java.util.Map;
import java.util.Optional;
import java.util.concurrent.ConcurrentHashMap;
import com.polarbookshop.catalogservice.domain.Book;
import com.polarbookshop.catalogservice.domain.BookRepository;
import org.springframework.stereotype.Repository;
```

```java
@Repository
public class InMemoryBookRepository implements BookRepository {
  private static final Map<String, Book> books =          테스트 목적으로 책을 저장하기 위한
    new ConcurrentHashMap<>();                             인메모리 맵

  @Override
  public Iterable<Book> findAll() {
    return books.values();
  }

  @Override
  public Optional<Book> findByIsbn(String isbn) {
    return existsByIsbn(isbn) ? Optional.of(books.get(isbn)) :
      Optional.empty();
  }

  @Override
  public boolean existsByIsbn(String isbn) {
    return books.get(isbn) != null;
  }

  @Override
  public Book save(Book book) {
    books.put(book.isbn(), book);
    return book;
  }

  @Override
  public void deleteByIsbn(String isbn) {
    books.remove(isbn);
  }
}
```

❹ 도메인 오류를 알리기 위한 예외의 사용

예제 3.5에서 사용한 두 가지 예외를 구현해야만 카탈로그 서비스에 대한 비즈니스 로직이 완성된다.

BookAlreadyExistsException은 이미 존재하는 책을 카탈로그에 추가하려고 시도할 때 발생시키는 런타임 예외로, 카탈로그에 중복된 항목이 없도록 하기 위한 것이다.

```
package com.polarbookshop.catalogservice.domain;

public class BookAlreadyExistsException extends RuntimeException {
  public BookAlreadyExistsException(String isbn) {
    super("A book with ISBN " + isbn + " already exists.");
  }
}
```

BookNotFoundException은 카탈로그에 없는 책을 가져오려고 시도할 때 발생시키는 런타임 예외다.

예제 3.9 **책을 찾을 수 없을 때 발생하는 예외**

```
package com.polarbookshop.catalogservice.domain;

public class BookNotFoundException extends RuntimeException {
  public BookNotFoundException(String isbn) {
    super("The book with ISBN " + isbn + " was not found.");
  }
}
```

이제 카탈로그 서비스의 비즈니스 로직이 완성됐다. 상대적으로 간단하지만 비즈니스 로직은 데이터의 저장 방식이나 클라이언트와 데이터를 주고받는 방식에 따라 영향 받지 않는 것이 바람직하다. 비즈니스 로직은 API를 포함해서 다른 어떤 것과도 독립적이어야 한다. 이 주제에 관심이 있다면 **도메인 주도 디자인**domain-driven design과 **육각형 아키텍처**hexagonal architecture에 대해 찾아보기 바란다.

3.3.2 스프링 MVC를 이용한 REST API 구현

비즈니스 로직을 구현했으니 이제 REST API를 통해 사용 사례를 외부로 노출할 수 있다. 스프링 MVC는 @RestController 클래스를 통해 특정 HTTP 메서드 및 리소스 엔드포인트에 대해 들어오는 HTTP 요청을 처리한다.

앞 절에서 보았듯이, DispatcherServlet은 각 요청에 대해 해당 컨트롤러를 호출한다. 그림 3.6은 클라이언트가 HTTP GET 요청을 보내 특정한 책의 세부 사항을 볼 수 있는 시나리오를 보여준다.

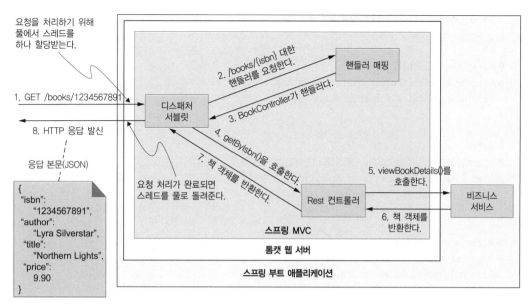

요청을 처리하기 위해
풀에서 스레드를
하나 할당받는다.

1. GET /books/1234567891

8. HTTP 응답 발신

응답 본문(JSON)

```
{
  "isbn":
    "1234567891",
  "author":
    "Lyra Silverstar",
  "title":
    "Northern Lights",
  "price":
    9.90
}
```

2. /books/{isbn} 대한
핸들러를 요청한다.

3. BookController가 핸들러다.

4. getBylsbn()을 호출한다.

7. 책 객체를 반환한다.

핸들러 매핑

디스패처
서블릿

요청 처리가 완료되면
스레드를 풀로 돌려준다.

5. viewBookDetails()를
호출한다.

6. 책 객체를
반환한다.

Rest 컨트롤러

비즈니스
서비스

스프링 MVC

톰캣 웹 서버

스프링 부트 애플리케이션

그림 3.6 /books/isbn 엔드포인트로 도착하는 HTTP GET 요청의 처리 흐름

우리는 애플리케이션 요구 사항에 정의된 사용 사례에 대해 각각의 메서드 핸들러를 구현할 것이기 때문에 클라이언트는 모든 사례를 다 사용할 수 있다. 웹 계층을 위한 패키지(com.polarbookshop.catalogservice.web)를 만들고 여기에 BookController 클래스를 추가해 이 컨트롤러 클래스가 /books를 베이스로 하는 엔드포인트로 전송된 HTTP 요청을 처리하도록 하자.

예제 3.10 REST 엔드포인트에 대한 핸들러 정의

```
package com.polarbookshop.catalogservice.web;

import com.polarbookshop.catalogservice.domain.Book;
import com.polarbookshop.catalogservice.domain.BookService;
import org.springframework.http.HttpStatus;
import org.springframework.web.bind.annotation.*;

@RestController                              클래스가 스프링 컴포넌트이고
@RequestMapping("books")                     REST 엔드포인트를 위한 핸들러를 제공한다는 것을
public class BookController {                 표시하는 스테레오타입 애너테이션
  private final BookService bookService;
                                             클래스가 핸들러를 제공하는
                                             루트 패스 URI("/books")를 인식
  public BookController(BookService bookService) {
    this.bookService = bookService;
  }

                        HTTP GET 메서드를
  @GetMapping           특정 핸들러 메서드로 연결
  public Iterable<Book> get() {
```

```java
        return bookService.viewBookList();
    }

    @GetMapping("{isbn}")                                    ◄── 루트 패스 URI에 추가되는
    public Book getByIsbn(@PathVariable String isbn) {   ◄──    URI 템플릿 변수 ("/books/{isbn}")
        return bookService.viewBookDetails(isbn);
    }                                                              @PathVariable은 메서드 변수를
                                                                   URI 템플릿 변수({isbn})와 바인드한다.

                                                            HTTP POST 요청을
                                                            특정 핸들러 메서드로 연결
    @PostMapping
    @ResponseStatus(HttpStatus.CREATED)          ◄──       책이 성공적으로 생성되면
    public Book post(@RequestBody Book book) {   ◄──       201 상태 코드를 반환한다.
        return bookService.addBookToCatalog(book);
    }                                                          @RequestBody는 웹 요청의 본문을
                                                               메서드 변수로 바인드한다.
                                                       HTTP DELETE 요청을
                                                       특정 핸들러 메서드로 연결
    @DeleteMapping("{isbn}")
    @ResponseStatus(HttpStatus.NO_CONTENT)        ◄──
    public void delete(@PathVariable String isbn) {
        bookService.removeBookFromCatalog(isbn);
    }                                                      책이 성공적으로 삭제되면
                                                           204 상태 코드를 반환한다.
                                                  HTTP PUT 요청을
                                                  특정 핸들러 메서드로 연결
    @PutMapping("{isbn}")
    public Book put(@PathVariable String isbn, @RequestBody Book book) {
        return bookService.editBookDetails(isbn, book);
    }
}
```

이제 애플리케이션을 실행해보자(`./gradlew bootRun`). 애플리케이션과의 HTTP 상호작용을 확인할 때는 `curl`과 같은 커맨드라인 도구나 인섬니아Insomnia 같은 그래픽 사용자 인터페이스가 제공되는 소프트웨어를 사용할 수 있다. 이 책은 HTTPie(https://httpie.org)라는 편리한 커맨드라인 도구를 사용한다. 부록 A의 A.4 절에서 이 도구의 설치 방법에 대한 정보를 찾을 수 있다.

터미널 창을 열고 HTTP POST 요청을 통해 카탈로그에 책을 추가해보자.

```
$ http POST :9001/books author="Lyra Silverstar" \
    title="Northern Lights" isbn="1234567891" price=9.90
```

이 요청의 결과로 201 상태 코드를 갖는 HTTP 응답을 받아야 한다. 즉, 201 코드는 책이 성공적으로 만들어졌음을 의미한다. 책을 생성할 때 제공한 ISBN 코드를 사용해 책이 잘 가져와지는지 HTTP GET 요청을 보내 확인해보자.

```
$ http :9001/books/1234567891

HTTP/1.1 200
Content-Type: application/json

{
  "author": "Lyra Silverstar",
  "isbn": "1234567891",
  "price": 9.9,
  "title": "Northern Lights"
}
```

애플리케이션 테스트가 끝나면 Ctrl+C로 실행을 중지한다.

콘텐츠 협상

BookController의 모든 핸들러 메서드는 Book이라는 자바 객체에 대해 작동한다. 그러나 요청을 수행하면 JSON 객체가 반환된다. 어떻게 이것이 가능할까?

스프링 MVC는 HttpMessageConverter 빈을 사용해 반환될 객체를 클라이언트가 지원하는 특정 표현으로 변환한다. 콘텐츠 유형에 대한 결정은 **콘텐츠 협상**content negotiation이라는 프로세스가 수행하는데, 이 과정에서 클라이언트와 서버는 양쪽이 다 이해할 수 있는 표현에 대해 합의한다. 클라이언트는 HTTP 요청의 Accept 헤더를 통해 자신이 지원하는 콘텐츠 유형을 서버에 알릴 수 있다.

스프링 부트는 HttpMessageConverter 빈을 설정해서 JSON으로 표시된 객체를 반환하도록 기본 설정되어 있고 HTTPie 도구는 모든 콘텐츠 유형을 허용하도록 기본 설정되어 있다. 결과적으로 클라이언트와 서버는 둘 다 JSON 콘텐츠 유형을 지원하므로 이를 사용해 통신하기로 양쪽 사이에 합의가 이루어진다.

우리가 지금까지 구현한 애플리케이션은 아직 완전하지 않다. 예를 들어 잘못된 형식의 ISBN이나 제목을 지정하지 않고 책을 생성하는 것을 막을 방법이 없다. 입력 값이 유효한지 확인하는 것이 필요하다.

3.3.3 데이터 유효성 검사 및 오류 처리

일반적으로 데이터를 저장하기 전에 데이터 일관성과 보안을 위해 항상 유효성을 검사해야 한다. 만약 책 정보에 제목이 없다면 그런 책은 쓸모없고 애플리케이션 역시 성공적인 것이라고 볼 수 없다.

Book 클래스의 경우 유효성 확인을 위해 다음 제약 조건을 사용할 수 있다.

- ISBN은 올바른 형식으로 정의되어야 한다(ISBN-10 또는 ISBN-13).

- 제목은 반드시 있어야 한다.

- 저자는 반드시 있어야 한다.

- 가격은 반드시 있어야 하고 0보다 큰 값이어야 한다.

자바 빈 유효성 검사Java Bean Validation는 애너테이션을 통해 자바 객체에 대한 제약 조건 및 유효성 검사 규칙을 표현하기 위해 많이 사용하는 규격이다. 스프링 부트는 자바 빈 유효성 검사 API와 그 구현을 포함하고 있는 스타터 의존성을 제공하는데, 이 스타터 의존성을 쓰면 편리하다. 카탈로그 서비스 프로젝트의 build.gradle 파일에 의존성을 새로 추가해보자. 의존성을 새로 추가한 후에는 그래들 의존성을 갱신하거나 다시 임포트해야 한다.

예제 3.11 **카탈로그 서비스에 스프링 부트 유효성 검사 의존성 추가**

```
dependencies {
  ...
  implementation 'org.springframework.boot:spring-boot-starter-validation'
}
```

이제 자바 빈 유효성 검사 API를 사용해 Book 레코드 필드에 직접 애너테이션을 달고 유효성 검사 제약 조건을 정의할 수 있다.

예제 3.12 **각 필드에 대해 정의한 유효성 제약**

```
package com.polarbookshop.catalogservice.domain;

import javax.validation.constraints.NotBlank;
import javax.validation.constraints.NotNull;
import javax.validation.constraints.Pattern;
import javax.validation.constraints.Positive;

public record Book (

  @NotBlank(message = "The book ISBN must be defined.")
  @Pattern(
    regexp = "^([0-9]{10}|[0-9]{13})$",
    message = "The ISBN format must be valid."
  )
  String isbn,
```

이 필드는 주어진 정규 표현식의 값과 일치하는 형식을 가져야 한다(표준 ISBN 형식).

```
@NotBlank(
  message = "The book title must be defined."
)
String title,

@NotBlank(message = "The book author must be defined.")
String author,

@NotNull(message = "The book price must be defined.")
@Positive(
  message = "The book price must be greater than zero."
)
Double price
){}
```

이 필드는 널 값이 되어서는 안 되고 화이트스페이스가 아닌 문자를 최소 하나 이상 있어야 한다.

이 필드는 널 값이 되어서는 안 되고 0보다 큰 값을 가져야 한다.

NOTE 책은 국제표준도서번호ISBN에 따라 고유하게 식별한다. ISBN은 이전에 10자리 숫자로 구성되었지만 현재 13자리 숫자로 구성되어 있다. 간편을 기하고자, 정규식 표현식을 활용해 길이와 모든 요소가 숫자인지를 확인하는 것으로 제한한다.

자바 빈 유효성 검증 API의 애너테이션은 제약 조건을 정의하지만 이것만으로는 유효성 검증이 이뤄지지 않는다. 스프링에게 BookController 클래스의 Book 개체에 대한 유효성을 검사하도록 지시해야 하는데 @RequestBody가 메서드 인수로 지정될 때 @Valid 애너테이션을 사용하면 된다. 이런 식으로 책을 새로 생성하거나 업데이트할 때마다 스프링은 유효성 검사를 실행하고 제약 조건을 위반하면 오류가 발생한다. BookController 클래스의 post()와 put() 메서드를 다음과 같이 변경할 수 있다.

예제 3.13 **요청 본문으로 전달된 책 데이터의 유효성 검사**

```
...
@PostMapping
@ResponseStatus(HttpStatus.CREATED)
public Book post(@Valid @RequestBody Book book) {
  return bookService.addBookToCatalog(book);
}

@PutMapping("{isbn}")
public Book put(@PathVariable String isbn, @Valid @RequestBody Book book) {
  return bookService.editBookDetails(isbn, book);
}
...
```

스프링은 오류 메시지를 여러 가지 다양한 방법으로 처리할 수 있게 해준다. API를 구축할 때 도메인 데이터만큼 오류 메시지도 중요하기 때문에 어떤 유형의 오류를 발생할지 고려하는 것이 바람직하다. REST API인 경우 HTTP 응답은 목적에 맞는 상태 코드를 가져야 하고 클라이언트가 문제를 발견하는 데 도움이 되도록 의미 있는 메시지를 포함해야 한다.

방금 정의한 유효성 검사 제약 조건을 위반하면 MethodArgumentNotValidException이 발생한다. 존재하지 않는 책을 가져오려고 하면 어떻게 될까? 우리가 이전에 구현한 비즈니스 로직에서는 이러한 상황에서 별도의 예외(BookAlreadyExistException and BookNotFoundException)를 발생한다. 이들 예외는 모두 REST API 콘텍스트에서 처리되어 원래의 사양에 정의한 오류 코드를 반환해야 한다.

REST API의 오류를 처리하려면 자바 표준 예외를 사용하고 @RestControllerAdvice 클래스를 통해 주어진 예외가 발생할 때 어떤 작업을 수행할지 정의하면 된다. 예외를 처리하는 코드와 예외를 발생하는 코드를 분리하는 중앙식 접근법이다. 다음 예제와 같이 com.polarbookshop.catalogservice.web 패키지에 BookControllerAdvice 클래스를 새로 만들어보자.

예제 3.14 **예외를 어떻게 처리할지 정의하는 어드바이스 클래스**

```
package com.polarbookshop.catalogservice.web;

import java.util.HashMap;
import java.util.Map;
import com.polarbookshop.catalogservice.domain.BookAlreadyExistsException;
import com.polarbookshop.catalogservice.domain.BookNotFoundException;
import org.springframework.http.HttpStatus;
import org.springframework.validation.FieldError;
import org.springframework.web.bind.MethodArgumentNotValidException;
import org.springframework.web.bind.annotation.ExceptionHandler;
import org.springframework.web.bind.annotation.ResponseStatus;
import org.springframework.web.bind.annotation.RestControllerAdvice;

@RestControllerAdvice          ◄───        클래스가 중앙식 예외
public class BookControllerAdvice {          핸들러임을 표시

  @ExceptionHandler(BookNotFoundException.class)   ◄───   이 핸들러가 실행되어야 할
  @ResponseStatus(HttpStatus.NOT_FOUND)                   대상인 예외 정의
  String bookNotFoundHandler(BookNotFoundException ex) {
    return ex.getMessage();    ◄───   HTTP 응답 본문에
  }                                   포함할 메시지

  @ExceptionHandler(BookAlreadyExistsException.class)
```

```
@ResponseStatus(HttpStatus.UNPROCESSABLE_ENTITY)
String bookAlreadyExistsHandler(BookAlreadyExistsException ex) {
  return ex.getMessage();
}

@ExceptionHandler(MethodArgumentNotValidException.class)
@ResponseStatus(HttpStatus.BAD_REQUEST)
public Map<String, String> handleValidationExceptions(
  MethodArgumentNotValidException ex
) {
  var errors = new HashMap<String, String>();
  ex.getBindingResult().getAllErrors().forEach(error -> {
    String fieldName = ((FieldError) error).getField();
    String errorMessage = error.getDefaultMessage();
    errors.put(fieldName, errorMessage);
  });
  return errors;
  }
}
```

예외를 발생할 때 HTTP 응답에 포함할 상태 코드 정의

책 데이터 유효성 검증이 실패한 경우 발생하는 예외 처리

빈 메시지 대신 의미 있는 오류 메시지를 위해 유효하지 않은 필드 확인

@RestControllerAdvice 클래스는 예외와 상태 코드 간 매핑을 제공하는데, 카탈로그에 이미 있는 책을 생성하려고 할 때는 상태 코드 422(처리할 수 없는 개체), 존재하지 않는 책을 가져오려고 할 때는 상태 코드 404(찾을 수 없음), Book 객체에서 하나 이상의 필드가 잘못되었을 때는 상태 코드 400(잘못된 요청)의 응답을 반환한다. 각 응답에는 유효성 검사 제약 조건 또는 사용자 정의 예외에서 지정한 의미 있는 메시지가 포함된다.

이제 애플리케이션을 빌드해서 다시 실행해보자(./gradlew bootRun). 제목이 없거나 잘못된 형식의 ISBN으로 책을 생성하려는 요청은 실패한다.

```
$ http POST :9001/books author="Jon Snow" title="" isbn="123ABC456Z" \
    price=9.90
```

위의 요청 결과는 '400 Bad Request'라는 상태 코드 및 메시지를 응답으로 받는데, 이는 HTTP 요청이 잘못되었기 때문에 서버에서 처리할 수 없다는 것을 의미한다. 응답 본문에는 요청의 어느 부분이 잘못되었는지, 어떻게 수정해야 하는지에 대한 자세한 메시지가 포함되어 있다.

```
HTTP/1.1 400
Content-Type: application/json
```

```
{
  "isbn": "The ISBN format must be valid.",
  "title": "The book title must be defined."
}
```

확인이 끝나면 Ctrl+C로 실행을 중지한다.

이것으로 카탈로그 서비스의 도서 관리와 관련된 기능에 대한 REST API 구현을 마쳤다. 이제 새로운 요구 사항에 적응하기 위해 API를 변경하는 것과 관련된 측면을 몇 가지 살펴보자.

3.3.4 미래 요구 사항을 위해 진화하는 API

분산 시스템에서는 다른 애플리케이션의 기능에 악영향을 미치지 않고 API를 변경하고 발전해나갈 수 있는 계획이 필요하다. 이것은 도전적인 작업이라 할 수 있다. 그 이유는 우리의 API는 독립적인 애플리케이션이지만 다른 애플리케이션에 서비스를 제공하기 위해 존재하고, 따라서 클라이언트와 완전히 독립적으로 코드를 변경할 수 있는 경우는 별로 없기 때문이다.

가장 좋은 방법은 API를 이전 버전과 호환되게 변경하는 것이다. 카탈로그 서비스 애플리케이션을 사용하는 클라이언트에 영향을 미치지 않고도 Book 객체에 선택적인 필드를 추가할 수 있다.

때로는 어쩔 수 없이 클라이언트에 영향을 끼치는 변경을 해야 할 때도 있다. 이 경우에는 **API 버저닝**API versioning을 사용할 수 있다. 카탈로그 서비스 애플리케이션의 REST API를 변경하기로 결정했다면 엔드포인트에 대해 버전을 도입할 수 있다. 버전은 /v2/books 같이 엔드포인트에 버전 번호가 들어갈 수 있다. 또는 HTTP 헤더로 지정할 수도 있다. 이렇게 API 버전을 사용하면 클라이언트가 기존 API를 사용하는 데 문제가 없지만 새로운 API 버전과 일치하도록 조만간 자신들의 인터페이스를 변경해야 한다. 즉, 클라이언트 쪽에서의 변경이 필요하다.

다른 접근법은 REST API 클라이언트가 API의 변경에 가능한 한 탄력적으로 대응하도록 만드는 데 중점을 둔다. 해결책은 로이 필딩Roy Fielding이 자신의 박사 학위 논문인 'Architectural Styles and the Design of Network-based Software Architectures'[8]에서 설명한 바와 같이 REST 아키텍처의 **하이퍼미디어**hypermedia를 사용하는 것이다. REST API는 요청된 객체, 다음에 **어디**where로 가야하는지에 대한 정보, 관련 작업을 수행하기 위한 **링크**link를 반환할 수 있다. 이 기능의 장점은

---

8 https://www.ics.uci.edu/~fielding/pubs/dissertation/top.htm

링크를 따라가는 것이 이치에 맞을 때만 링크가 표시되어 **언제**when 갈 것인지에 대한 정보를 제공한다는 것이다.

하이퍼미디어는 애플리케이션 상태 엔진으로서의 하이퍼미디어Hypermedia as the Engine of Application State에 대한 약어인 **HATEOAS**로 불리기도 하는데 리처드슨Richardson의 성숙도 모델Maturity Model에 따르면 HATEOAS는 가장 높은 수준의 API 성숙도를 갖는 것으로 나타났다. 스프링은 REST API에 하이퍼미디어 지원을 추가하는 스프링 HATEOAS 프로젝트를 제공한다. 이 책에서 사용하지는 않겠지만, 웹사이트에서 이 프로젝트의 온라인 문서를 확인해보기 바란다.[9]

스프링으로 RESTful 애플리케이션을 구축하는 것에 대한 토론은 이것으로 마무리한다. 다음 절에서는 애플리케이션의 작동을 확인하기 위해 자동화된 테스트를 어떻게 작성할지 살펴본다.

3.4 스프링 RESTful 애플리케이션 테스트

고품질 소프트웨어를 작성하려면 자동화된 테스트가 가장 중요하다. 클라우드 네이티브 방식을 채택해 이루고자 하는 목표 중 하나는 속도다. 지속적 전달 프로세스는 고사하고 자동화된 방식으로 코드를 제대로 테스트하지 않는다면 속도는 불가능한 목표다.

개발자는 일반적으로 한 기능을 구현하고 배포한 다음 다른 기능에 대해 작업을 시작할 때 기존 코드를 리팩터링할 수도 있다. 다만 코드를 리팩터링하는 것은 기존에 잘 작동하던 기능을 손상시킬 수 있기 때문에 위험하다. 하지만 자동화된 테스트가 있다면 이러한 위험은 줄어들고 리팩터링을 두려움 없이 할 수 있다. 자신이 변경한 코드로 인해 기존의 코드가 작동하지 않는다면 테스트가 실패할 것이라는 것을 알고 있기 때문이다. 또한 자신의 코드에 대한 피드백 주기를 짧게 가져가고, 코드 변경에 어떤 실수는 없었는지 최대한 빨리 확인할 수 있다. 이런 이유로 테스트의 유용성과 효율성을 극대화하는 방식으로 테스트를 설계할 수 있다. 테스트 커버리지를 최대로 하는 것을 목표로 하기보다는 의미 있는 테스트를 작성하도록 해야 한다. 예를 들어 게터getter와 세터setter 메서드에 대한 테스트 코드를 작성하는 것은 무의미하다.

테스트 주도 개발test-driven development, TDD은 지속적 전달이 핵심적인 관행으로 소프트웨어를 신속하고 안정적이며 안전하게 배포하는 목표를 달성하는 데 도움이 된다. 이 방법론은 소프트웨어 개

---

9 https://spring.io/projects/spring-hateoas

발 시 프로덕션 코드를 구현하기 전에 테스트 코드를 먼저 작성할 것을 권장한다. 필자는 실제 현업에서 TDD를 채택할 것을 추천한다. 하지만 새로운 기술과 프레임워크를 다루고 있는데 여기에 TDD까지 다루기는 적합하지 않으므로 이 책에서는 그 원칙을 따르지는 않을 것이다.

자동화된 테스트를 통해 새로 추가한 기능이 의도한 대로 작동하고 동시에 기존의 기능 역시 여전히 잘 작동한다는 것을 확인할 수 있다. 이것은 자동화된 테스트가 **회귀 테스트**regression test라는 것을 의미한다. 테스트 코드 작성으로 실수를 방지하여 팀원들과 자기 자신을 보호해야 한다. 무엇을 테스트할지 그리고 어느 정도로 자세히 테스트해야 하는지는 테스트 대상 코드와 관련된 위험에 따라 달라진다. 테스트 코드 작성은 기술을 향상할 수 있는 학습의 장인데 특히 이제 막 자신의 커리어를 시작하는 소프트웨어 개발자에게는 더욱 그렇다.

브라이언 매릭Brian Marick은 애자일 테스팅 사분면Agile Testing Quadrants 모델을 통해 소프트웨어 테스트를 분류하는 방법을 제안했다. 그 이후 리사 크리스핀Lisa Crispin과 자넷 그레고리Janet Gregory는 자신들의 저서인 《애자일 테스팅》(정보문화사, 2012), 《More Agile Testing》(Addison-Wesley Professional, 2014), 《Agile Testing Condensed》(Library and Archives Canada, 2019)를 통해 이 모델을 설명하고 발전시켰다. 그들의 모델은 제즈 험블과 데이비드 팔리의 《Continuous Delivery》(에이콘출판사, 2013)이라는 저서를 통해 받아들여졌다. 이 모델에서 사분면은 테스트가 기술인지 비즈니스 지향인지, 개발 팀을 지원하는지 또는 제품을 검증하는지의 여부에 따라 소프트웨어 테스트를 분류한다. 그림 3.7은 이 책 전반에 걸쳐 언급할 테스트 유형과 예를 보여주는데 《Agile Testing Condensed》에서 제시된 모델을 기반으로 하고 있다.

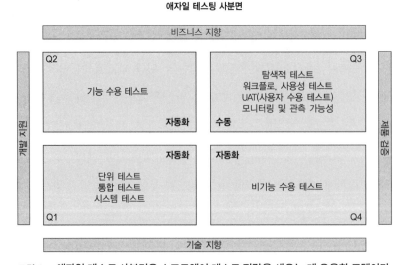

그림 3.7 **애자일 테스트 사분면은 소프트웨어 테스트 전략을 세우는 데 유용한 모델이다.**

지속적 전달 관행에 따라, 그림 3.7의 사분면 중 세 개의 면에서 완전히 자동화된 테스트를 달성하는 것을 목표로 해야 한다. 책 전체에 걸쳐 우리는 주로 왼쪽 하단 사분면에 중점을 둘 것이다. 이번 절에서는 단위 테스트 및 통합 테스트(때로는 **구성 요소 테스트**component test라고도 함)를 살펴본다. **단위 테스트**unit tests는 애플리케이션의 단위가 되는 하나의 구성 요소의 작동을 개별적으로 검증하고, **통합 테스트**integration tests는 애플리케이션 내에서 서로 상호작용하는 여러 부분들이 전체적으로 어떻게 작동하는지 확인한다.

그래들이나 메이븐 프로젝트에서 테스트 클래스는 일반적으로 src/test/java 폴더에 위치한다. 스프링에서 단위 테스트를 실행할 때는 스프링 애플리케이션 콘텍스트를 로드할 필요가 없고 스프링 라이브러리에도 의존하지 않는다. 반면에 통합 테스트를 실행하려면 스프링 애플리케이션 콘텍스트가 필요하다. 이번 절에서는 단위 및 통합 테스트를 통해 카탈로그 서비스와 같은 RESTful 애플리케이션을 테스트하는 방법을 살펴본다.

3.4.1 JUnit 5를 이용한 단위 테스트

단위 테스트는 스프링을 몰라도 되고 스프링 라이브러리가 필요하지도 않다. 단위 테스트는 하나의 구성 요소를 고립된 단위로 보고 그 작동을 테스트하려는 목적을 갖는다. 테스트의 대상이 되는 코드가 필요로 하는 의존성이 있다면 어떤 것이라도 **목**mock **객체**를 사용해 외부 구성 요소를 차단한다.

스프링 애플리케이션의 단위 테스트는 다른 자바 애플리케이션의 단위 테스트와 다르지 않기 때문에 단위 테스트에 대해 자세히 다루지는 않을 것이다. 기본적으로 스프링 이니셜라이저를 통해 생성한 스프링 프로젝트에는 spring-boot-starter-test 의존성이 기본 설정으로 포함되어 있는데 이 스타터 의존성은 다시 JUnit 5, 모키토, 어서트J 같은 테스트 라이브러리를 프로젝트로 임포트한다. 따라서 단위 테스트 코드를 작성할 준비가 되어 있는 상태다.

애플리케이션의 비즈니스 로직을 단위 테스트 영역에서 다루는 것은 합리적이다. 카탈로그 서비스 애플리케이션에서 Book 클래스의 유효성 검사 논리는 단위 테스트의 대상으로 적합하다. 유효성 검사 제약 조건은 자바 유효성 검사 API 애너테이션을 사용해 정의하는데, 이 제약 조건이 Book 클래스에 올바르게 적용되는지 테스트하려고 한다. 다음 예제에서 볼 수 있듯이 BookValidation Tests 클래스를 통해 이를 확인할 수 있다.

예제 3.15 Book 객체의 유효성 검사 제약 조건을 검증하기 위한 단위 테스트

```java
package com.polarbookshop.catalogservice.domain;

import java.util.Set;
import javax.validation.ConstraintViolation;
import javax.validation.Validation;
import javax.validation.Validator;
import javax.validation.ValidatorFactory;
import org.junit.jupiter.api.BeforeAll;
import org.junit.jupiter.api.Test;
import static org.assertj.core.api.Assertions.assertThat;

class BookValidationTests {
  private static Validator validator;

  @BeforeAll        ◄── 클래스 내의 테스트를 실행하기 전에
                         가장 먼저 실행할 코드 블록임을 나타낸다.
  static void setUp() {
    ValidatorFactory factory = Validation.buildDefaultValidatorFactory();
    validator = factory.getValidator();
  }
                    ┌── 테스트 케이스임을 나타낸다.
  @Test     ◄──┘
  void whenAllFieldsCorrectThenValidationSucceeds() {
    var book =
      new Book("1234567890", "Title", "Author", 9.90);
    Set<ConstraintViolation<Book>> violations = validator.validate(book);
    assertThat(violations).isEmpty();    ◄── 유효성 검사에서
  }                                          오류가 없음을 확인한다.

  @Test
  void whenIsbnDefinedButIncorrectThenValidationFails() {
    var book =
      new Book("a234567890", "Title", "Author", 9.90);
    Set<ConstraintViolation<Book>> violations = validator.validate(book);
    assertThat(violations).hasSize(1);
    assertThat(violations.iterator().next().getMessage())
      .isEqualTo("The ISBN format must be valid.");    ◄── 유효성 검사 제약 조건 위반이
  }                                                        잘못된 ISBN에 대한 것인지 확인한다.
}
```

유효한
ISBN으로
책을 생성
한다.

유효하지
않은 ISBN
코드로
책을 생성
한다.

테스트 코드 작성을 다 마쳤다면 다음 명령을 사용해 테스트를 실행해보자.

```
$ ./gradlew test --tests BookValidationTests[10]
```

---

10 (옮긴이) 메이븐의 경우 ./mvnw test -Dtest="BookValidationTests"

통합 테스트는 소프트웨어 구성 요소 간의 상호작용을 다루며 스프링에서 통합 테스트를 실행하기 위해서는 애플리케이션 콘텍스트를 정의해야 한다. `spring-boot-starter-test` 의존성은 스프링 프레임워크 및 스프링 부트의 테스트 유틸리티를 임포트한다.

스프링 부트는 강력한 `@SpringBootTest` 애너테이션을 제공하는데 이 애너테이션은 테스트를 실행할 때 테스트 클래스에서 애플리케이션 콘텍스트를 자동으로 부트스트랩하기 위해 사용한다. 콘텍스트를 만들기 위해 사용하는 설정은 필요한 경우 사용자 정의로 변경할 수 있다. 그렇지 않은 경우에는 일반적인 스프링 부트의 자동 설정을 포함해 `@SpringBootApplication` 애너테이션으로 표시된 클래스가 컴포넌트 스캔 및 속성을 위한 설정 소스가 된다.[11]

웹 애플리케이션에 대해 작업할 때 모의 웹 환경 혹은 실행 중인 서버에서 테스트를 수행할 수 있다. 이에 대한 설정은 표 3.2에서 볼 수 있듯이 `@SpringBootTest` 애너테이션의 `webEnvironment` 속성에 대한 값을 정의하면 된다.

표 3.2 스프링 부트 통합 테스트는 모의 웹 환경 혹은 실행 중인 서버로 초기화할 수 있다.

웹 환경 옵션	설명
`MOCK`	모의 서블릿 컨테이너로 웹 애플리케이션 콘텍스트를 생성한다. 기본값이다.
`RANDOM_PORT`	임의의 포트 번호를 사용하는 서블릿 컨테이너로 애플리케이션 콘텍스트를 생성한다.
`DEFINED_PORT`	`server.port` 속성에 정의한 포트 번호를 듣는 서블릿 컨테이너로 애플리케이션 콘텍스트를 생성한다.
`NONE`	서블릿 컨테이너 없이 애플리케이션 컨텍스를 생성한다.

모의 웹 환경을 사용하면 `MockMvc` 객체를 통해 HTTP 요청을 애플리케이션에 보내고 결과를 확인할 수 있다. 실행 서버 환경의 경우 `TestRestTemplate` 유틸리티를 사용해 실제 서버에서 실행 중인 애플리케이션에 대한 REST 호출을 수행할 수 있다. HTTP 응답을 검사하면 API가 의도한 대로 작동하는지 확인할 수 있다.

최근 버전의 스프링 프레임워크 및 스프링 부트는 웹 애플리케이션을 테스트하기 위한 기능을 확장했다. 이제는 모의 환경과 실행 서버 환경 모두 `WebTestClient` 클래스를 사용해 REST API를

---

11 [옮긴이] `@SpringBootApplication` 애너테이션은 `@Configuration`과 `@ComponentScan`을 포함하고 있기 때문에 이 애너테이션이 붙은 클래스의 패키지와 그 아래의 모든 패키지를 컴포넌트 스캔한다는 의미다.

테스트할 수 있다. MockMvc 및 TestRestTemplate과 비교할 때 WebTestClient는 현대적이고 풍부한 API를 제공하고 추가적인 기능도 가지고 있다. 또한 카탈로그 서비스 같은 명령형 애플리케이션뿐만 아니라 반응형 애플리케이션에도 사용할 수 있어 학습과 생산성에 최적이다.

WebTestClient는 스프링 웹플럭스 프로젝트의 일부이기 때문에 이 클래스를 사용하기 위해서는 카탈로그 서비스 프로젝트의 build.gradle에 의존성을 새로 추가해야 한다. 추가한 후에는 의존성을 새로고침하거나 다시 임포트해야 한다.

예제 3.16 스프링 리액티브 웹을 위한 테스트 의존성 추가

```
dependencies {
  ...
  testImplementation 'org.springframework.boot:spring-boot-starter-webflux'[12]
}
```

8장에서는 스프링 웹플럭스와 리액티브 애플리케이션에 대해 논의한다. 지금은 카탈로그 서비스가 제공하는 API를 테스트하기 위해 WebTestClient 객체를 어떻게 사용할지에 대해서만 살펴보자. 앞 장에서 스프링 이니셜라이저를 통해 프로젝트를 생성할 때 CatalogServiceApplicationTests라는 클래스가 내용 없이 비어 있는 상태로 만들어지는 것을 살펴봤다. 이제 이 클래스에 통합 테스트 코드를 추가해보자. 이를 위해 완전한 스프링 애플리케이션 콘텍스트를 제공하도록 설정되어 있는 @SpringBootTest 애너테이션을 사용하고 웹 환경으로는 서비스를 임의의 포트를 통해 제공하는 실행 서버로 한다(어떤 포트를 사용할 것인지는 중요하지 않다).

예제 3.17 카탈로그 서비스 통합 테스트

```
package com.polarbookshop.catalogservice;

import com.polarbookshop.catalogservice.domain.Book;
import org.junit.jupiter.api.Test;
import org.springframework.beans.factory.annotation.Autowired;
import org.springframework.boot.test.context.SpringBootTest;
import org.springframework.test.web.reactive.server.WebTestClient;
```

---

12 [옮긴이] 메이븐의 경우 다음과 같이 의존성을 추가하면 된다.

```
<dependency>
    <groupId>org.springframework.boot</groupId>
    <artifactId>spring-boot-starter-webflux</artifactId>
    <scope>test</scope>
</dependency>
```

```
import static org.assertj.core.api.Assertions.assertThat;

@SpringBootTest(                                         ◄─── 완전한 스프링 웹 애플리케이션
  webEnvironment = SpringBootTest.WebEnvironment.RANDOM_PORT       콘텍스트와 임의의 포트를 듣는
)                                                                  서블릿 컨테이너를 로드한다.
class CatalogServiceApplicationTests {

  @Autowired
  private WebTestClient webTestClient;  ◄─── 테스트를 위해
                                             REST 엔드포인트를 호출할 유틸리티

  @Test
  void whenPostRequestThenBookCreated() {
    var expectedBook = new Book("1231231231", "Title", "Author", 9.90);

                       HTTP POST 요청을 보낸다.
    webTestClient
      .post()      ◄────────────┐     "/books" 엔드포인트로 요청을 보낸다.
      .uri("/books")  ◄─────────┘     요청 본문에 Book 객체를 추가한다.
      .bodyValue(expectedBook)  ◄─────┘
      .exchange()   ◄─── 요청을 전송한다.    HTTP 응답이
      .expectStatus().isCreated()  ◄─── "201 생성" 상태를 갖는지 확인한다.
      .expectBody(Book.class).value(actualBook -> {
        assertThat(actualBook).isNotNull();  ◄───┤ HTTP 응답의 본문이 널 값이 아닌지 확인한다.
        assertThat(actualBook.isbn())
          .isEqualTo(expectedBook.isbn());  ◄───┤ 생성된 객체가 예상과 동일한지 확인한다.
      });
  }
}
```

NOTE 이전에 생성자 기반 의존성 주입이 권장된다고 했는데 왜 예제 3.17에서는 필드 기반 의존성 주입을 사용했는지 궁금할 것이다. 프로덕션 코드에서 필드 기반 의존성 주입을 사용하는 것이 폐기되었고 비추천 방식이긴 하지만 테스트 클래스에서는 이 방식이 여전히 허용된다. 테스트 이외의 다른 모든 경우에서는 앞서 설명한 이유로 생성자 기반 의존성 주입을 고수하는 것이 바람직하다. 자세한 내용은 스프링 프레임워크 공식 문서[13]를 참고하기 바란다.

이제 다음 명령을 사용해 테스트를 실행해보자.

```
$ ./gradlew test --tests CatalogServiceApplicationTests
```

모든 통합 테스트마다 전체 애플리케이션 콘텍스트를 로드하는 것이 애플리케이션의 규모에 따라서는 번거로운 일일 수 있다. 스프링 부트에는 콘텍스트를 캐시로 저장해 @SpringBootTest 애너

---

13 https://spring.io/projects/spring-framework

테이션이 붙거나 혹은 이와 동일하게 설정된 모든 테스트 클래스에서 콘텍스트를 재사용하는 편리한 기능이 있는데 이 기능은 기본적으로 활성화되어 있다. 하지만 때로는 이것만으로는 충분하지 않을 때도 있다.

테스트 실행 시간이 중요하기 때문에 스프링 부트는 애플리케이션의 필요한 부분만 로드해서 통합 테스트를 실행할 수 있는 기능이 완벽하게 구비되어 있다. 어떻게 작동하는지 살펴보자.

3.4.3 @WebMvcTest를 사용한 REST 컨트롤러의 테스트

어떤 통합 테스트는 완전한 애플리케이션 콘텍스트가 필요하지 않을 수도 있다. 예를 들면 데이터 지속성 계층을 테스트할 때는 웹 구성 요소를 로드할 필요가 없고, 웹 구성 요소를 테스트할 때는 데이터 지속성 계층을 로드할 필요가 없다.

스프링 부트는 애플리케이션의 특정한 일부만 대상으로 해서 애플리케이션 콘텍스트를 어떤 컴포넌트(빈)의 하위 그룹으로만 초기화할 수 있다. **슬라이스 테스트**slice test는 @SpringBootTest 애너테이션을 사용하지 않고 대신 웹 MVC, 웹 플럭스, REST 클라이언트, JDBC, JPA, 몽고디비, 레디스, JSON 같은 애플리케이션의 특정 부분을 위한 전용 애너테이션을 사용한다. 이런 애너테이션을 사용하면 특정 슬라이스만 포함하고 그 외의 다른 빈은 갖지 않는 애플리케이션 콘텍스트를 초기화할 수 있다.

@WebMvcTest 애너테이션을 사용하면 스프링 MVC 컨트롤러가 의도한 대로 작동하는지 테스트할 수 있다. @WebMvcTest는 (실행 서버 환경이 아닌) 모의 웹 환경에서 스프링 애플리케이션 콘텍스트를 로드하고 스프링 MVC 인프라를 설정하며 @RestController 및 @RestControllerAdvice와 같은 MVC 계층에서 사용되는 빈만 포함한다. 또한 테스트 중인 특정 컨트롤러가 사용하는 빈만 포함하도록 콘텍스트를 제한하는 것이 좋다. 이를 위해서는 다음 예제에서와 같이 컨트롤러 클래스를 @WebMvcTest 애너테이션의 인수로 제공하면 된다.

예제 3.18 웹 MVC 슬라이스에 대한 통합 테스트

```
package com.polarbookshop.catalogservice.web;

import com.polarbookshop.catalogservice.domain.BookNotFoundException;
import com.polarbookshop.catalogservice.domain.BookService;
import org.junit.jupiter.api.Test;
import org.springframework.beans.factory.annotation.Autowired;
import org.springframework.boot.test.autoconfigure.web.servlet.WebMvcTest;
```

```java
import org.springframework.boot.test.mock.mockito.MockBean;
import org.springframework.test.web.servlet.MockMvc;
import static org.mockito.BDDMockito.given;
import static org.springframework.test.web.servlet.request
    ↪.MockMvcRequestBuilders.get;
import static org.springframework.test.web.servlet.result
    ↪.MockMvcResultMatchers.status;

@WebMvcTest(BookController.class)          ◀──── 스프링 MVC 컴포넌트에 중점을 두고,
class BookControllerMvcTests {                   명시적으로는 BookController 클래스를
                                                 타깃으로 하는 테스트 클래스임을 나타낸다.
    @Autowired
    private MockMvc mockMvc;    ◀──── 모의 환경에서 웹 계층을 테스트하기 위한
                                      유틸리티 클래스
    @MockBean    ◀──── 스프링 애플리케이션 콘텍스트에
    private BookService bookService;       BookService의 모의 객체를 추가한다.

    @Test
    void whenGetBookNotExistingThenShouldReturn404() throws Exception {
        String isbn = "73737313940";
        given(bookService.viewBookDetails(isbn))
            .willThrow(BookNotFoundException.class);    ◀──── 모의 빈이 어떻게
                                                              작동할 것인지 규정한다.
        mockMvc                                    MockMVC는 HTTP GET 요청을 수행하고
            .perform(get("/books/" + isbn))    ◀──── 결과를 확인하기 위해 사용한다.
            .andExpect(status().isNotFound());    ◀──── 응답이 "404 발견되지 않음" 상태를
    }                                                   가질 것으로 예상한다.
}
```

> **CAUTION** 인텔리제이 아이디어를 사용하는 경우 MockMvc를 오토와이어링할 수 없다는 경고 메시지를 볼 수 있으나 걱정하지 않아도 된다. @SuppressWarnings("SpringJavaInjectionPointsAutowiringInspection") 애너테이션을 필드에 추가하면 경고를 제거할 수 있다.

이제 다음 명령으로 테스트를 해보자.

```
$ ./gradlew test --tests BookControllerMvcTests
```

MockMvc는 톰캣과 같은 서버를 로드하지 않고도 웹 엔드포인트를 테스트할 수 있는 유틸리티 클래스다. 이러한 테스트는 당연히 앞 절에서 작성한 테스트보다 경량인데, 테스트를 실행하기 위해 임베디드 서버가 필요하지 않기 때문이다.

슬라이스 테스트는 애플리케이션 슬라이스에서 요청한 설정만 포함하는 애플리케이션 콘텍스트

를 가지고 테스트를 수행한다. BookService와 같이 슬라이스 외부의 빈이 필요한 경우에는 해당 클래스에 대한 목 객체를 사용한다.

@MockBean 애너테이션으로 생성한 모의 객체는 애플리케이션 콘텍스트에 포함된다는 점에서 모키토로 생성한 표준 모의 객체와는 다르다. 콘텍스트가 이 빈을 오토와이어링해야 할 때마다 실제 구현 객체가 아닌 목 객체로 의존성 주입을 한다.

3.4.4 @JsonTest를 사용한 JSON 직렬화 테스트

BookController의 메서드가 반환하는 Book 객체는 JSON 객체로 변환된다. 기본 설정에 의해 스프링 부트는 잭슨 라이브러리를 자동으로 설정해 자바 객체를 JSON으로 변환하고(**직렬화**serialization), JSON은 자바 객체로 변환한다(**역직렬화**deserialization).

@JsonTest 애너테이션을 사용하면 도메인 객체에 대한 JSON 직렬화 및 역직렬화를 테스트할 수 있다. @JsonTest는 스프링 애플리케이션 콘텍스트를 로드하고 사용 중인 특정 라이브러리에 대한 JSON 매퍼를 자동으로 구성한다(잭슨으로 기본 설정되어 있다). 또한 JsonPath 및 JSONAssert 라이브러리를 사용해 JSON 매핑이 예상대로 작동하는지 확인하는 데 사용할 수 있는 JacksonTester 유틸리티도 구성한다.

NOTE JsonPath는 JSON 객체를 탐색하고 데이터를 추출하는 데 사용할 수 있는 표현식을 제공한다. 예를 들어 Book 객체의 JSON 표현에서 isbn 필드값을 얻으려면 @.isbn과 같은 JsonPath 표현식을 사용할 수 있다. JsonPath 라이브러리에 대한 자세한 내용은 해당 프로젝트의 매뉴얼[14]을 참고하기 바란다.

다음 예제는 BookJsonTests라는 클래스를 통해 직렬화와 역직렬화에 대한 테스트를 보여준다.

예제 3.19 **JSON 슬라이스에 대한 통합 테스트**

```
package com.polarbookshop.catalogservice.web;

import com.polarbookshop.catalogservice.domain.Book;
import org.junit.jupiter.api.Test;
import org.springframework.beans.factory.annotation.Autowired;
import org.springframework.boot.test.autoconfigure.json.JsonTest;
import org.springframework.boot.test.json.JacksonTester;
import static org.assertj.core.api.Assertions.assertThat;
```

---

14 https://github.com/json-path/JsonPath

```java
@JsonTest                    ─────►  JSON 직렬화에 중점을 둔
class BookJsonTests {                 테스트 클래스임을 나타낸다.

    @Autowired                        JSON 직렬화 및 역직렬화를 확인하기 위한
    private JacksonTester<Book> json; ◄─── 유틸리티 클래스

    @Test
    void testSerialize() throws Exception {
        var book = new Book("1234567890", "Title", "Author", 9.90);
        var jsonContent = json.write(book);
        assertThat(jsonContent).extractingJsonPathStringValue("@.isbn")  ◄───
            .isEqualTo(book.isbn());
        assertThat(jsonContent).extractingJsonPathStringValue("@.title")          JsonPath 형식을 사용해
            .isEqualTo(book.title());                                             JSON 객체를 탐색하고
        assertThat(jsonContent).extractingJsonPathStringValue("@.author")         자바의 JSON 변환을
            .isEqualTo(book.author());                                            확인한다.
        assertThat(jsonContent).extractingJsonPathNumberValue("@.price")
            .isEqualTo(book.price());
    }

    @Test
    void testDeserialize() throws Exception {
        var content = """           ◄───  자바 텍스트 블록 기능을 사용해
            {                              JSON 객체를 정의한다.
                "isbn": "1234567890",
                "title": "Title",
                "author": "Author",
                "price": 9.90
            }
            """;
        assertThat(json.parse(content))  ◄───  JSON에서 자바 객체로의
            .usingRecursiveComparison()          변환을 확인한다.
            .isEqualTo(new Book("1234567890", "Title", "Author", 9.90));
    }
}
```

CAUTION 인텔리제이 아이디어를 사용하면 JacksonTester를 오토와이어링할 수 없다는 경고 메시지가 나타나지만 걱정하지 않아도 된다. @SuppressWarnings("SpringJavaInjectionPointsAutowiringInspect") 애너테이션을 해당 필드에 추가하면 경고를 제거할 수 있다.

이제 다음과 같은 명령으로 테스트를 실행해보자.

```
$ ./gradlew test --tests BookJsonTests
```

책의 소스 코드 저장소에는 카탈로그 서비스 프로젝트에 대한 단위 및 통합 테스트 코드가 더 많이 나와 있으므로 참고하기 바란다.

애플리케이션에 대한 테스트를 자동화했으니 새로운 기능이나 버그 수정이 배포될 때마다 실행이 자동화되도록 해야 한다. 다음 절에서는 지속적 전달의 핵심 패턴인 배포 파이프라인을 소개한다.

3.5 배포 파이프라인: 빌드 및 테스트

1장에서 소개했듯이, 지속적 전달은 고품질 소프트웨어를 신속하고 안정적이며 안전하게 출시하기 위한 총체적인 접근법이다. 이러한 접근법을 채택하기 위한 기본 패턴은 배포 파이프라인인데 커밋된 코드는 이 파이프라인을 통해 배포 가능한 소프트웨어가 된다. 배포 파이프라인은 가능한 한 자동화되어야 하고 소프트웨어가 프로덕션 환경에 배포되는 유일한 방법이어야만 한다.

제즈 험블과 데이비드 팔리의 저서인 《Continuous Delivery》와 데이비드 팔리의 저서인 《Continuous Delivery Pipeline》(2021)에 소개된 개념을 기반으로 배포 파이프라인의 몇 가지 주요 단계를 구분할 수 있다.

- **커밋 단계**commit stage: 개발자가 새로운 코드를 기본 브랜치에 커밋하면 빌드, 단위 테스트, 통합 테스트, 정적 코드 분석 및 패키지 생성이 이루어진다. 이 단계의 마지막에는 실행 가능한 애플리케이션 아티팩트가 아티팩트 저장소에 저장된다. 이것이 **릴리스 후보**release candidate다. 가령 메이븐 저장소에 저장된 JAR 아티팩트나 컨테이너 저장소에 저장된 컨테이너 이미지일 수 있다. 이 단계로 인해 지속적 통합 관행이 가능해진다. 개발자들에게 빠르게, 아마도 5분 이내에, 코드 변경에 대한 빠른 피드백을 제공하고 다음 작업으로 넘어갈 수 있게 해준다.

- **수락 단계**acceptance stage: 아티팩트 저장소에 새로운 릴리스 후보가 저장되면 이 단계가 시작하는데 프로덕션과 유사한 환경에 애플리케이션을 배포하고 릴리스 가능성에 대한 신뢰를 높이기 위한 테스트를 추가로 실행한다. 수락 단계에서 실행되는 테스트는 일반적으로 느리지만 전체 배포 파이프라인 실행을 1시간 미만으로 유지하기 위해 노력해야 한다. 이 단계에 포함된 테스트의 사례로는 성능 테스트, 보안 테스트, 준수 테스트 같은 기능적 수용 테스트와 비기능적 수용 테스트가 있다. 필요한 경우 이 단계에는 탐색 테스트, 사용성 테스트 같은 수동 작업도 포함될 수 있다. 이 단계가 끝나면 릴리스 후보는 언제든지 프로덕션에 배포할 준비가 된 것이다. 아직까지 배포에 대한 확신이 없다면 이 단계에서 수행해야 할 몇 가지 테스트를 놓치고 있다고 봐야 한다.

- **프로덕션 단계**production stage: 릴리스 후보가 커밋과 수락 단계를 거치고 나면, 프로덕션에 배포할 수 있다고 확신할 수 있다. 이 단계는 지속적 배포 관행의 채택 여부에 따라 수동 또는 자동으로 시작할 수 있다. 새로운 릴리스 후보는 수용 단계와 동일한 배포 스크립트를 사용해 프로덕션 환경에 배포된다. 배포가 성공적이었는지 확인하기 위해 최종적으로 자동화된 테스트를 실행할 수도 있다.

이번 절에서는 카탈로그 서비스에 대한 배포 파이프라인을 부트스트래핑하고 커밋 단계의 첫 번째 과정을 정의하는 방법을 살펴보겠다. 그런 다음 깃허브 액션을 사용해 이러한 단계를 자동화하는 방법을 살펴보기로 한다.

3.5.1 배포 파이프라인의 커밋 단계 이해

지속적 통합은 지속적 전달의 핵심 관행이다. 이 관행이 성공적으로 정착되면 개발자는 하루에 여러 번 작은 분량의 작업 결과를 메인 브랜치에 커밋한다. 각 코드 커밋 후 배포 파이프라인의 커밋 단계는 변경된 애플리케이션을 빌드하고 테스트한다.

이 단계가 성공적으로 수행되지 못하면 개발자는 다른 작업을 시작할 수 없기 때문에 신속하게 진행되어야 한다. 이 점은 매우 중요하다. 커밋 단계가 실패하면 담당 개발자는 즉시 재수정을 하거나 코드를 이전 상태로 되돌려야 한다. 그렇지 않으면 메인 브랜치에 오류가 있어 다른 개발자가 자신의 코드를 통합하지 못하게 된다.

카탈로그 서비스와 같은 클라우드 네이티브 애플리케이션을 위한 배포 파이프라인을 설계해보자. 지금은 커밋 단계의 처음 몇 과정만 중점적으로 다룬다(그림 3.8).

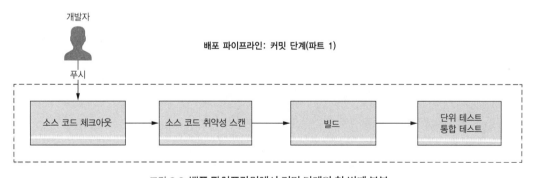

그림 3.8 **배포 파이프라인에서 커밋 단계의 첫 번째 부분**

개발자가 새로운 코드를 메인 브랜치에 푸시하면, 커밋 단계가 시작되는데 먼저 저장소에서 소스 코드를 가져온다. 메인 브랜치에 대한 커밋이 항상 시작점이다. 지속적 통합 관행에 따라 작은 분량만큼만 작업하고 하루에 여러 번(**지속적으로**continuously) 변경된 코드를 통합하는 것이 목표다.

다음으로 파이프라인은 다양한 유형의 정적 코드 분석을 수행한다. 이 예제에서는 그중에서도 취약성 스캔에 중점을 둘 것이다. 실제 프로젝트에서는 추가로 다른 단계가 더 필요할 수도 있는데 예를 들면 보안 이슈를 탐지하고 특정 코딩 표준을 준수하는지(**코드 린팅**code linting) 확인하기 위한 정적 코드 분석이 필요할 수도 있다

마지막으로 파이프라인은 애플리케이션을 구축하고 자동화된 테스트를 실행한다. 커밋 단계에서는 테스트를 위해 전체 애플리케이션을 배포할 필요 없이 기술적인 부분에 중점을 두고 테스트를 수행한다. 이 단계에서의 테스트는 주로 단위 테스트이고 통합 테스트도 포함된다. 통합 테스트가 너무 오래 걸리면 커밋 단계를 빠르게 유지하기 위해 통합 테스트를 수락 단계로 옮기는 것이 좋다.

폴라 북숍 프로젝트에서 사용할 취약성 스캐너는 **그라이프**grype[15]로 클라우드 네이티브 세계에서 점점 더 많이 사용하고 있는 강력한 오픈소스 도구다. 그라이프는 VM웨어의 탄주 애플리케이션 플랫폼에서 제공하는 보안 공급망 솔루션의 일부로 제공되고 있기도 하다. 부록 A의 A.4절에서 설치 방법에 대한 도움말을 찾을 수 있다.

이제 그라이프가 어떻게 작동하는지 알아보자. 터미널 창을 열고 카탈로그 서비스 프로젝트의 루트 폴더(catalog-service)로 이동한 다음 `./gradlew build`로 애플리케이션을 빌드한다. 그런 다음 그라이프를 사용해 작성한 자바 코드베이스의 취약성을 스캔해보자. 이 도구는 알려진 취약성 목록(**취약성 데이터베이스**)을 다운로드한 후 프로젝트를 스캔하며 취약성을 찾는다. 스캔은 컴퓨터에서 로컬로 수행되고 파일이나 아티팩트가 외부 서비스로 전송되지 않는다. 이러한 방식은 더 규제된 환경이나 외부와 차단된 상황과 잘 들어맞는다.

```
$ grype .
 ✓ Vulnerability DB        [updated]
 ✓ Indexed .
 ✓ Cataloged packages      [35 packages]
 ✓ Scanned image           [0 vulnerabilities]

No vulnerabilities found
```

---

[15] https://github.com/anchore/grype

커밋 단계의 나머지 과정은 6장과 7장에서 다룬다. 이제 깃허브 액션을 사용해 배포 파이프라인을 자동화하는 방법을 알아보자. 이것이 다음 하위 절의 주제다.

3.5.2 깃허브 액션을 이용한 커밋 단계 구현

배포 파이프라인 자동화를 위해 선택할 수 있는 솔루션은 많다. 이 책에서는 깃허브 액션GitHub Actions[16]을 사용한다. 깃허브 액션은 관리형 솔루션으로 프로젝트에 필요한 모든 기능을 제공하는데 모든 깃허브 저장소에서 이미 설정되어 있기 때문에 편리하게 사용할 수 있다. 이 주제를 일찍 소개함으로써 앞으로 책 전체에서 프로젝트를 진행하는 동안 배포 파이프라인을 사용해 변경 사항을 확인할 수 있을 것이다.

깃허브 액션은 깃허브에 내장된 플랫폼으로 코드 저장소에서 직접 소프트웨어 워크플로를 자동화할 수 있다. **워크플로**workflow는 자동화된 프로세스다. 워크플로를 사용해 배포 파이프라인의 커밋 단계를 모델링할 수 있다. 각 워크플로는 특정 이벤트를 듣고 있다가 해당 이벤트가 발생하면 시작한다.

워크플로는 깃허브 저장소 루트의 .github/workflow 폴더에 정의되어야 하며 깃허브 액션에서 제공하는 YAML 형식에 따라 기술되어야 한다. 카탈로그 서비스 프로젝트(catalog-service)에서 .github/workflows 폴더를 새로 만들고 여기에 commit-stage.yml이라는 이름의 파일을 만들자. 이 워크플로는 새 코드가 저장소로 푸시될 때마다 트리거된다.

예제 3.20 **워크플로 이름과 트리거 정의**

```
name: Commit Stage  ◀─── 워크플로의 이름
on: push  ◀─── 새 코드를 저장소로 푸시하면
            워크플로를 시작한다.
```

---

16 https://github.com/features/actions
17 https://tekton.dev
18 https://cd.foundation

각 워크플로는 동시에 실행되는 **작업**job으로 이루어진다. 지금은 그림 3.8에 나와 있는 모든 단계를 수행할 작업을 하나만 정의한다. 각 작업은 깃허브에서 제공하는 서버인 **러너**runner 인스턴스에서 실행되며 우분투, 윈도우, macOS 중에서 선택할 수 있다. 카탈로그 서비스의 경우 깃허브가 제공하는 우분투 러너에서 모든 것을 실행할 것이다. 또한 각 작업이 어떤 **권한**permission을 가져야 할지에 대해 구체적인 아이디어를 가지고 있어야 한다. 'Build and Test' 작업은 깃 저장소에 대한 읽기 액세스가 필요하고 깃허브에 취약성 보고서를 보낼 때는 보안 이벤트에 대한 쓰기 액세스가 필요하다.

예제 3.21 **애플리케이션을 빌드하고 테스트하기 위한 작업 설정**

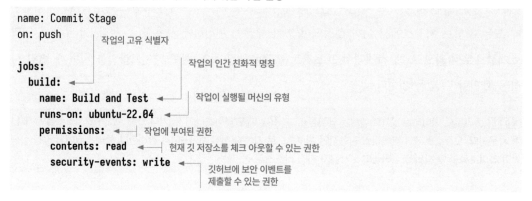

각 작업은 순차적으로 실행되는 **단계**step로 구성된다. 각 단계는 쉘 명령 또는 하나의 **액션**action일 수 있다. 액션은 복잡한 작업을 보다 구조화되고 재현 가능한 방식으로 수행하기 위한 사용자 정의 애플리케이션이다. 예를 들면 애플리케이션을 실행 파일로 패키징한다든지, 테스트를 실행한다든지, 컨테이너 이미지를 만든다든지, 컨테이너 저장소로 푸시하는 것과 같은 작업을 수행할 수 있다. 깃허브가 기본적으로 제공하는 액션들이 있지만 커뮤니티가 개발한 액션을 제공하는 마켓플레이스도 있다.

CAUTION 깃허브 마켓플레이스의 액션을 사용할 때는 타사 애플리케이션을 사용할 때처럼 신중하게 다루고 보안 위험을 관리해야 한다. 타사가 제공하는 액션보다는 깃허브나 검증된 단체에서 제공하는 신뢰할 수 있는 액션을 사용하는 것이 바람직하다.

'Build and Test' 잡이 실행할 단계를 기술하고 커밋 단계의 첫 번째 부분을 완료해보자. 최종 결과는 다음과 같다.

예제 3.22 애플리케이션을 빌드하고 테스트하는 단계의 구현

```yaml
name: Commit Stage
on: push

jobs:
  build:
    name: Build and Test
    runs-on: ubuntu-22.04
    permissions:
      contents: read
      security-events: write
    steps:
    - name: Checkout source code
      uses: actions/checkout@v3          ◄─── 현재 깃 저장소(catalog-service)를 체크아웃한다.
    - name: Set up JDK
      uses: actions/setup-java@v3        ◄─── 자바 런타임을 설치하고 설정한다.
      with:  ◄───┤ 사용할 버전, 배포, 캐시 유형을 정의한다.
        distribution: temurin
        java-version: 17
        cache: gradle
    - name: Code vulnerability scanning
      uses: anchore/scan-action@v3       ◄─── 그라이프를 사용해 취약성을 스캔한다.
      id: scan  ◄───┤ 현재 단계의 식별자를 할당하고 이후의 단계에서 참고할 수 있다.
      with:
        path: "${{ github.workspace }}"  ◄───┤ 체크아웃 저장소 패스
        fail-build: false            ◄───┤ 보안 취약성 발견 시 빌드 실패 여부
        severity-cutoff: high        ◄───┤ 오류로 간주할 최소 수준의 보안 유형(낮음, 중간, 높음, 치명적)
        acs-report-enable: true      ◄───┤ 스캔이 완료된 이후에 리포트를 생성할지 여부
    - name: Upload vulnerability report
      uses: github/codeql-action/upload-sarif@v2   ◄───┤ 깃허브로 보안 취약성 리포트(SARIF 형식) 전송
      if: success() || failure()     ◄───┤ 이전 단계가 실패하더라도 리포트 전송
      with:
        sarif_file: ${{ steps.scan.outputs.sarif }}  ◄───┤ 이전 단계 결과의 리포트를 가져온다.
    - name: Build, unit tests and integration tests
      run: |
        chmod +x gradlew   ◄───┤ 윈도우 호환성을 해결하면서 그래들 래퍼 스크립트를 실행 가능하게 만든다.
        ./gradlew build    ◄───┤ 코드베이스를 컴파일하고 단위 및 통합 테스트를 실행하는 그래들 빌드 작업을 수행한다.
```

CAUTION 취약성 보고서를 업로드하려면 깃허브 저장소는 공개된 상태여야 한다. 엔터프라이즈 구독을 하는 경우에만 비공개 저장소에 대해서도 가능하다. 저장소를 비공개로 유지하려면 취약성 보고서 업로드 단계를 건너뛰어야 한다. 이 책 전체에 걸쳐, 폴라 북숍 프로젝트와 관련된 깃허브의 모든 지장소는 공개된 저장소라고 가정한다.

배포 파이프라인에 대한 초기 커밋 단계 선언을 완료한 후 변경 내용을 커밋하고 원격 깃허브 저장소로 푸시한다. 그러면 새로 만든 워크플로가 즉시 시작된다. 깃허브 저장소 페이지의 '액션' 탭에서 실행 결과를 볼 수 있다. 그림 3.9는 예제 3.22의 워크플로를 실행한 결과의 일례를 보여준다.

커밋 단계의 결과를 나타내는 색상을 녹색으로 유지함으로써, 코드를 변경해도 기존 기능이 계속 잘 작동하고 (적절한 테스트가 있다고 가정하에) 새로운 문제가 발생하지 않았음을 확신할 수 있다 .

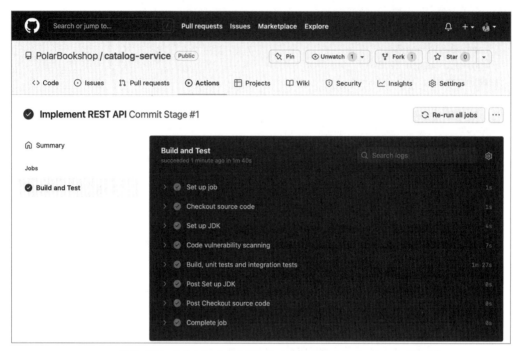

그림 3.9 원격 저장소에 새로운 변경 사항을 푸시하면 커밋 단계 워크플로가 실행된다.

취약성 스캔을 실행하는 단계는 그라이프를 유지 관리하는 앤코어Anchore가 제공하는 액션을 기반으로 한다. 예제 3.22의 설정은 심각한 취약점이 발견되더라도 워크플로가 실패하지 않는다. 스캔 결과는 카탈로그 서비스의 깃허브 저장소의 '보안' 섹션에서 볼 수 있다. 이 책을 쓰는 현재 기준으로 카탈로그 서비스 프로젝트는 높은 수준이나 치명적인 취약점이 발견되지 않았다. 하지만 이후에는 상황이 달라질 수도 있다. 취약성이 발견되는 경우에는 영향을 받는 의존성 라이브러리에 대해 최신 보안 패치를 사용하는 것을 고려하기 바란다. 이 책의 예제를 위해서 취약성이 발견되더라도 빌드를 실패하지 않는 것으로 설정했는데 혹여 취약성 발견으로 인한 실패가 학습에 방해가 되지 않도록 하기 위함이다. 실제 현업에서는 공급망 보안과 관련된 회사 정책에 따라 그라이프를 신중하게 설정하거나 조정해서 결과가 준수되지 않으면 워크플로가 실패하도록 하는 것이 바람직하다(fail-build 속성을 true로 설정). 자세한 내용은 프로젝트의 공식 문서[19]를 참고하기 바란다.

---

19 https://github.com/anchore/grype

예제 3.22에서는 자바 프로젝트에서 취약점을 스캔한 후, 그라이프가 생성한 보안 보고서를 가져와 깃허브로 업로드하는 단계도 추가했다. 보안 취약성이 발견되면 깃허브 저장소 페이지의 '보안' 탭에서 그 결과를 볼 수 있다(그림 3.10).

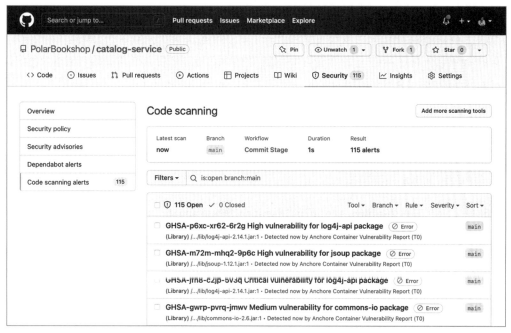

그림 3.10 그라이프가 생성하고 깃허브에 업로드한 보안 취약성 보고서

[NOTE] 이 책을 쓰고 있는 현재, 책의 예제 코드 베이스는 그라이프를 통해 어떤 취약점도 발견되지 않는다. 그림 3.10은 취약성 보고서의 사례를 보여주기 위해 의도적으로 취약점을 많이 가지고 있는 다른 프로젝트를 스캔한 결과다.

이제 다음 장에서는 클라우드 네이티브 개발의 주요 관행 중 하나인 설정 외부화에 대해 살펴보겠다.

요약

- 각 클라우드 네이티브 애플리케이션은 자체 코드베이스에서 관리해야 하고 모든 의존성은 그래들이나 메이븐과 같은 노구를 사용해 매니페스트 파일로 선언해야 한다.

- 클라우드 네이티브 애플리케이션은 환경이 제공하는 서버에 의존하지 않는다. 대신 임베디드 서버를 사용하고 독립적으로 실행한다.

- 톰캣은 스프링 부트 애플리케이션에서 임베디드 서버로 기본 설정되어 있고 속성을 통해 포트, 연결, 시간 초과 및 스레드 등의 설정을 사용자 정의할 수 있다.

- 톰캣과 같은 서블릿 컨테이너가 제공하는 요청/응답 상호작용은 동기식 및 블로킹 방식이다. 각 스레드는 응답이 반환될 때까지 HTTP 요청을 처리한다.

- 'API 우선' 원칙은 계약을 수립하기 위해 비즈니스 로직을 구현하기 전에 API를 설계할 것을 권장한다. 이렇게 하면 다른 팀은 애플리케이션이 완성되기까지 기다리지 않고도 계약을 기반으로 애플리케이션을 사용하도록 자신들의 서비스를 동시에 개발할 수 있다.

- 스프링 MVC에서 REST API는 @RestController 클래스로 구현된다.

- REST 컨트롤러의 메서드 핸들러는 특정 메서드(GET, POST, PUT, DELETE)와 엔드포인트(예: /books)로 들어오는 요청을 처리한다.

- 컨트롤러 메서드는 @GetMapping, @PostMapping, @PutMapping, @DeleteMapping, @RequestMapping 애너테이션을 통해 어떤 엔드포인트에 대해 어떤 작업을 수행하는지 선언한다.

- @RestController 클래스 메서드는 @Valid 애너테이션을 적용하여 처리가 이루어지기 전에 HTTP 요청 본문의 유효성을 검사할 수 있다.

- 주어진 자바 객체에 대한 검증 제약 조건은 필드의 자바 빈 유효성 검증 API의 애너테이션을 사용해 정의된다(예: @NotBlank, @Pattern, @Positive).

- HTTP 요청을 처리하는 동안 발생한 자바 예외는 중앙 집중식 @RestControllerAdvice 클래스의 HTTP 상태 코드 및 본문으로 변환되는데 이를 통해 예외를 처리하는 코드와 예외를 발생하는 코드를 분리할 수 있다.

- 단위 테스트는 스프링 설정을 인식하지 못하지만 JUnit, 모키토, 어서트J 같은 친숙한 도구를 사용해 표준 자바 테스트로 작성할 수 있다.

- 통합 테스트를 실행하려면 스프링 애플리케이션 콘텍스트가 필요하다. @SpringBootTest 애너테이션을 사용해 테스트하기 위해 임베디드 서버를 포함한 전체 애플리케이션 콘텍스트를 초기화할 수 있다.

- 테스트가 애플리케이션의 '슬라이스'에만 초점을 맞추고 설정의 일부만 필요로 하는 경우 스프링 부트는 보다 특정 목적을 위한 통합 테스트에서 사용할 수 있는 몇 가지 애너테이션을 제공

한다. 이러한 애너테이션을 사용하면 스프링 애플리케이션 콘텍스트가 초기화되지만 특정 기능 슬라이스에서 사용되는 컴포넌트와 설정만 로드된다.

- @WebMvcTest는 스프링 MVC 구성 요소를 테스트하기 위한 애너테이션이다.

- @JsonTest는 JSON 직렬화 및 역직렬화를 테스트하기 위한 애너테이션이다.

- 깃허브 액션은 깃허브가 제공하는 도구로 파이프라인(또는 워크플로)을 선언하여 작업을 자동화한다. 배포 파이프라인을 만드는 데 사용할 수 있다.

4 CHAPTER

외부화 설정 관리

이 장의 주요 내용

- 속성과 프로파일을 사용한 스프링 설정
- 스프링 부트로 외부 설정 적용
- 스프링 클라우드 컨피그 서버로 설정 서버 구현
- 스프링 클라우드 컨피그 클라이언트를 사용한 애플리케이션 설정

앞 장에서는 도서 카탈로그를 관리하기 위한 RESTful 애플리케이션을 만들었다. 구현하는 과정에서 톰캣 스레드 풀이나 연결 제한 시간과 같이 애플리케이션의 특정 측면을 설정하기 위해 application.yml 파일에 값을 지정했다. 애플리케이션을 여러 환경에 배포한다면 먼저 테스트 환경에서 실행한 다음 스테이징 환경에 배포하고 마지막으로 프로덕션 환경에서 실행할 것이다. 이 환경들마다 톰캣 설정을 다르게 설정해야 한다면 어떻게 할 수 있을까?

일반적인 방식은 애플리케이션을 소스 코드와 여러 다른 환경에 대한 각각의 설정 데이터를 포함하는 번들로 패키징하고 실행할 때 플래그를 통해 원하는 설정을 선택한다. 따라서 만일 특정 환경에 대한 설정 데이터를 업데이트해야 한다면 애플리케이션을 다시 빌드해야 한다. 이 방식의 변형된 형태로는 각 환경에 대해 별도의 빌드를 만드는 것이 있다. 하지만 스테이징 환경과 프로덕션 환경이 서로 다른 아티팩트를 실행하기 때문에 두 환경이 어떻게 동일하게 작동하는지는 보장할 수 없다.

설정configuration은 15요소 방법론에 의하면 배포 간 변경될 수 있는 모든 것으로 정의된다. 예를 들면 크리덴셜, 리소스 핸들, 지원 서비스의 URL 등이다. 여러 환경에 배포되는 애플리케이션은 각 환경에 따라 요구 사항이 다를 수 있고 따라서 설정도 달라진다. 클라우드 네이티브 애플리케이션의 핵심 중 하나는 환경이 달라지더라도 애플리케이션 아티팩트는 동일하다는 점이다. 어떤 환경에 배포하든 애플리케이션 빌드는 변경되지 않는다.

각각의 배포 릴리스는 빌드와 설정, 두 가지의 조합이다. 그림 4.1에서 볼 수 있듯이 동일한 빌드가 동일하지 않은 설정 데이터와 함께 여러 환경에 배포된다.

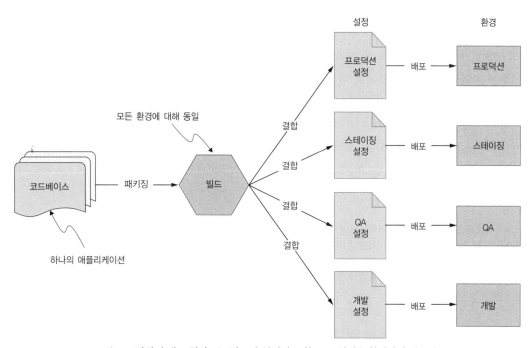

그림 4.1 각각의 배포 릴리스는 빌드와 설정의 조합으로, 설정은 환경마다 다르다.

배포할 때 변경될 수 있는 것이라면 어떤 것이라도 설정 가능한 것이어야 한다. 예를 들면 **기능 플래그**feature flag, 지원 서비스 연결을 위한 크리덴셜, 데이터베이스에 대한 리소스 핸들, 외부 API에 대한 URL 등이 있는데 이들은 배포하는 환경에 따라 다른 값을 갖는다. 클라우드 네이티브 애플리케이션은 코드를 재빌드하지 않고도 교체할 수 있도록 외부화된 설정을 선호한다. 크리덴셜에 관해서는 애플리케이션 코드에 있으면 안 되다는 점이 훨씬 더 중요하다. 소스 코드 저장소가 의도치 않게 공개되어 소스 안에 있던 크리덴셜이 노출되는 데이터 침해 사고가 많았다. 여러분의 코드베이스에 그런 사고가 일어나지 않도록 해야 한다.

스프링에서는 설정 데이터가 속성(키-값 쌍) 형식으로 추상화되는데 속성 파일, JVM 시스템 속성, 시스템 환경 변수와 같이 여러 유형의 다른 소스를 통해 정의할 수 있다. 이 장에서는 스프링 애플리케이션 설정의 다양한 측면을 클라우드 네이티브와 관련해 다룬다. 먼저 스프링이 설정을 처리하는 방법의 이면에 있는 주요 개념인 속성과 프로파일을 설명하고 스프링 부트에서 외부화된 설정을 적용하는 방법에 대해 살펴볼 것이다. 그런 다음 설정 데이터를 저장하기 위해 백엔드로 깃 저장소를 사용하고 스프링 클라우드 컨피그 서버로 설정 서버를 구성하는 방법을 보여줄 것이다. 마지막으로 클라우드 컨피그 클라이언트를 사용해 컨피그 서버를 통해 스프링 부트 애플리케이션을 설정하는 법을 배울 것이다.

이 장을 마치고 나면, 클라우드 네이티브 애플리케이션을 사용자의 필요와 설정 데이터 유형에 따라 다양한 방식으로 설정할 수 있을 것이다. 표 4.1에 클라우드 네이티브 애플리케이션의 설정 데이터를 정의하기 위해 이 장에서 다루는 세 가지 주요 전략을 요약했다. 14장은 이 장에서 다루는 주제를 더 확장해 시크릿 관리와 함께 쿠버네티스에서 컨피그맵과 시크릿을 사용하는 방법을 살펴볼 것이다

[NOTE] 이 장의 예제 소스 코드는 Chapter04/04-begin 및 Chapter04/04-end 폴더에 있고 각각 프로젝트의 초기 및 최종 상태를 나타낸다.[1]

표 4.1 클라우드 네이티브 애플리케이션의 설정은 다양한 전략이 가능하다. 다양한 전략에 따라 설정할 수 있다. 설정 데이터 유형 및 애플리케이션 요구 사항에 따라 이들을 모두 사용할 수도 있다.

설정 전략	특징
애플리케이션과 함께 패키징된 속성 파일	• 이 파일은 애플리케이션이 지원하는 설정 데이터의 명세서 역할을 할 수 있다. • 합리적인 기본값을 정의하는 데 유용하다. 이때 기본값은 주로 개발 환경을 위한 것이다.
환경 변수	• 환경 변수는 모든 운영체제에서 지원되므로 이식성이 우수하다. • 대부분의 프로그래밍 언어는 환경 변수에 접근할 수 있다. 자바에서는 System.getenv() 메서드를 사용한다. 스프링에서는 Environment 추상화를 사용할 수 있다. • 활성 프로파일, 호스트 명, 서비스 이름, 포트 번호와 같이 애플리케이션이 배포되는 인프라와 플랫폼에 따라 달라지는 설정 데이터를 정의하는 데 유용하다.
설정 서비스	• 설정 데이터 지속성, 감사, 책임을 제공한다. • 암호화 또는 전용 시크릿 볼트를 통해 시크릿 관리가 가능하다. • 연결 풀, 크리덴셜, 기능 플래그, 스레드 풀 및 URL과 같은 애플리케이션 고유의 설정 데이터를 정의하는 데 유용하다.

---

1   https://github.com/ThomasVitale/cloud-native-spring-in-action

4.1 스프링 설정: 속성과 프로파일

설정이라는 용어는 문맥에 따라 다른 의미를 가질 수 있다. 스프링 프레임워크의 핵심 기능과 `ApplicationContext`에 대해 논의하고 있다면, 설정은 어떤 빈(스프링에 등록되는 자바 객체)이 스프링 컨테이너에 의해 관리되어야 하는지 그리고 필요한 경우 의존성 주입의 여부를 정의하는 것을 의미한다. XML 파일(XML 구성), `@Configuration` 클래스(자바 설정) 또는 `@Component` 같은 애너테이션(애너테이션 기반 설정)을 통해 빈을 정의할 수 있다.

하지만 이 책에서 사용하는 설정이라는 용어는 특별히 다르게 명시하지 않는 한, 방금 전에 설명한 스프링에서 의미하는 설정이 아니라 15요소 방법론에 정의된 바와 같이 배포 사이에 변경될 가능성이 있는 모든 것을 의미한다.

스프링에서는 `Environment`라는 편리한 추상화 기능을 통해 설정 소스에 상관없이 모든 설정 데이터에 액세스할 수 있다. 스프링 애플리케이션 환경의 두 가지 주요 측면은 **속성**property과 **프로파일**profile이다. 속성에 대해서는 앞 장에서 이미 살펴봤다. 프로파일은 빈과 설정 데이터를 논리적인 그룹으로 묶어 레이블로 지정해놓고 해당 프로파일이 활성화된 경우에만 런타임에 로드하고자 할 때 사용할 수 있는 도구다. 그림 4.2는 스프링 애플리케이션 환경의 주요 측면을 보여준다.

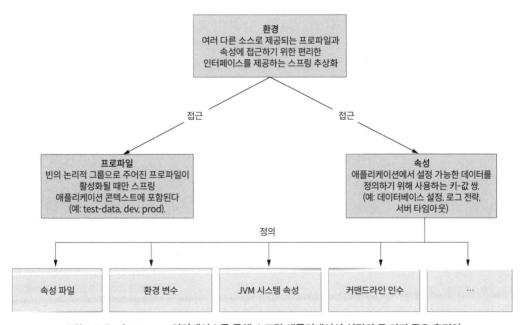

그림 4.2 Environment 인터페이스를 통해 스프링 애플리케이션 설정의 두 가지 주요 측면인 속성 및 프로파일에 대한 액세스가 가능하다.

이번 절에서는 사용자 정의 속성 및 프로파일 사용 시기를 포함해 클라우드 네이티브 애플리케이션을 위한 속성과 프로파일의 기초적인 내용을 설명한다.

4.1.1 속성: 설정을 위한 키-값 쌍

속성은 자바에서 `java.util.Properties`를 통해 지원되는 키-값 쌍으로 특별한 제약 없이 사용할수 있다. 많은 애플리케이션에서 컴파일된 자바 코드 외부에 설정 매개변수를 저장하고자 할 때 속성은 필수적인 역할을 한다. 스프링 부트는 여러 소스에서 속성을 자동으로 로드한다. 동일한 속성이 여러 소스에 정의되면 어떤 속성이 우선순위를 갖는지 결정하는 규칙이 있다. 예를 들어 속성 파일과 커맨드라인 인수 모두 `server.port` 속성에 대한 값을 지정하고 있다면 커맨드라인이 우선한다. 아래는 속성 소스의 우선순위 목록인데 가장 우선순위가 높은 것부터 나열되어 있다.

1. 테스트 클래스의 `@TestPropertySource` 애너테이션

2. 커맨드라인 인수

3. `System.getProperties()` 메서드를 사용한 JVM 시스템 속성

4. `System.getenv()` 메서드를 사용한 OS 환경 변수

5. 설정 데이터 파일

6. `@Configuration` 클래스의 `@PropertySource` 애너테이션

7. `SpringApplication.setDefaultProperties`으로 기본 설정된 속성

우선순위 목록 전체를 보려면 스프링 부트 문서[2]를 참고하기 바란다.

설정 데이터 파일은 더 세부적인 우선순위가 있는데 아래 목록은 가장 높은 우선순위부터 나열한다.

1. JAR 외부에 패키징된 application-{profile}.properties/application-{profile}.yml에 정의된 프로파일별 애플리케이션 속성[3]

2. JAR 외부에 패키징된 application.properties/application.yml에 정의된 기본 애플리케이션 속성

3. JAR 내부에 패키징된 application-{profile}.properties/application-{profile}.yml에 정의된 프로파일별 애플리케이션 속성

4. JAR 내부에 패키징된 application.properties/application.yml에 정의된 기본 애플리케이션 속성

---

2   https://spring.io/projects/spring-boot

3   옮긴이 예를 들어 스프링 부트의 경우 기본적으로 애플리케이션 루트의 /config 서브 디렉터리를 최우선 순위로 확인한다.

스프링 속성 처리의 장점은 설정 값을 얻고자 할 때 특정 소스에 대해 알 필요가 없다는 점이다. Environment 추상화를 사용하면 통합 인터페이스를 통해 모든 소스에 정의된 속성에 액세스할 수 있다. 한 속성이 여러 소스에 중복 정의되면 우선순위가 가장 높은 속성을 반환한다. 사용자 정의 소스를 추가하고 우선순위를 지정할 수도 있다.

> NOTE 스프링 프레임워크는 Properties 형식에 따라 정의된 속성을 기본적으로 지원한다. 또한 스프링 부트는 YAML 형식을 사용해 속성을 정의할 수 있는 기능이 추가로 제공된다. YAML은 JSON의 상위 집합으로 단순한 Properties 형식보다 유연성이 더 좋다. 공식 웹사이트[4]에는 YAML을 '모든 프로그래밍 언어를 위한 인간 친화적 데이터 직렬화 언어'라고 설명한다. 어느 방식이든 애플리케이션에서 자유롭게 선택할 수 있다. 이 책의 모든 예제에서는 YAML을 사용한다.

1 애플리케이션 속성의 사용

자바 클래스에서 속성에 액세스하는 방법은 그림 4.3과 같이 몇 가지가 있다. 가장 일반적인 접근법은 Environment 인터페이스를 사용해 애플리케이션 속성에 액세스하는 방법이다. 이를테면 server.port 속성의 값을 얻으려면 다음과 같이 할 수 있다.

```java
@Autowired
private Environment environment;

public String getServerPort() {
  return environment.getProperty("server.port");
}
```

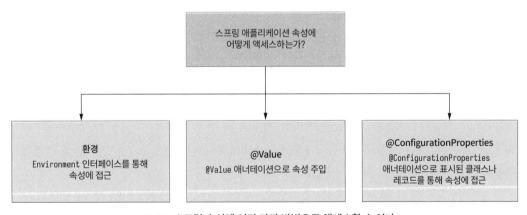

그림 4.3 **스프링 속성에 여러 가지 방법으로 액세스할 수 있다.**

---

4   https://yaml.org

Environment 객체를 명시적으로 호출하지 않고도 속성을 주입할 수 있다. 스프링 빈을 주입할 때 @Autowired 애너테이션을 사용하는 것처럼 @Value 애너테이션을 통해 속성 값을 주입할 수 있다.

```
@Value("${server.port}")
private String serverPort;

public String getServerPort() {
  return serverPort;
}
```

코드 내에 하드코딩하지 않고도 속성을 사용해 애플리케이션을 설정할 수 있는데 이는 우리가 달성하고자 하는 목표 중 하나다. 그러나 환경 객체 또는 @Value 주석을 사용하는 경우라 해도 속성 키는 여전히 하드 코딩되어 있고[5] 관리하기 까다롭다. 스프링 팀이 권장하는 보다 강력하고 유지 관리하기 편한 방식은 @ConfigurationProperties 애너테이션으로 표시된 특수한 빈을 통해 설정 데이터를 액세스하는 것이다. 다음 절에서 사용자 지정 속성을 정의하는 법을 배울 때 이 기능을 살펴본다.

❷ 사용자 지정 속성 정의

스프링 부트는 사용하는 스타터 의존성에 따라 애플리케이션의 모든 측면을 설정하는 수많은 속성이 번들로 제공된다. 하지만 조만간 사용자 정의 속성이 필요할 때가 온다.

지금까지 작업한 카탈로그 서비스 애플리케이션을 고려해보자. 2장에서 사용자에게 환영 메시지를 반환하는 HTTP 엔드포인트를 정의했다. 이제 새로운 요구 사항이 있는데, 그것은 환영 메시지를 설정 데이터로 제공하는 것이다. 그 자체로는 아주 유용한 기능은 아니지만 다양한 설정 옵션을 보여주는 예로 사용하기에는 좋다.

가장 먼저 해야 할 일은 스프링 부트가 애플리케이션 콘텍스트에서 설정 데이터 빈이 있는지 스캔하도록 지시하는 것이다. 이렇게 하려면 카탈로그 서비스 프로젝트(catalog-service)의 CatalogServiceApplication 클래스에 @ConfigurationPropertiesScan 애너테이션을 추가하면 된다.

5　옮긴이 위의 예제에서 "server.port"나 "${server.port}"는 하드코드로 들어가 있다.

```
package com.polarbookshop.catalogservice;

import org.springframework.boot.SpringApplication;
import org.springframework.boot.autoconfigure.SpringBootApplication;
import org.springframework.boot.context.properties.ConfigurationPropertiesScan;

@SpringBootApplication                         스프링 콘텍스트에
@ConfigurationPropertiesScan    ◄──────         설정 데이터 빈을 로드한다.
public class CatalogServiceApplication {
  public static void main(String[] args) {
    SpringApplication.run(CatalogServiceApplication.class, args);
  }
}
```

> **NOTE** @ConfigurationPropertiesScan 애너테이션을 사용해 스프링이 애플리케이션 콘텍스트에서 설정 데이터 빈을 찾는 대신 @EnableConfigurationProperties 애너테이션을 통해 직접 설정 클래스를 지정할 수도 있다.

그런 다음 com.polarbookshop.catalogservice.config라는 새로운 패키지를 정의하고 이 패키지 안에 PolarProperties라는 이름의 클래스를 새로 만들고 @ConfigurationProperties 애너테이션을 통해 설정 데이터를 나타내는 클래스임을 표시한다. @ConfigurationProperties 애너테이션은 prefix 인수를 사용할 수 있는데 이 인수와 필드 이름이 결합해 속성 키를 생성한다. 스프링 부트는 prefix 인수로 지정된 값으로 시작하는 모든 속성을 해당 클래스의 필드로 매핑하려고 시도한다. 예제에서는 빈에 매핑되는 속성은 단 하나뿐인데 polar.greeting이다. 선택사항이긴 하지만, 각 속성에 자바독_{JavaDoc} 주석 형식의 설명을 추가할 수 있고, 이것은 메타데이터로 변환할 수 있다.

예제 4.2 **스프링 빈을 사용한 사용자 정의 속성**

```
package com.polarbookshop.catalogservice.config;

import org.springframework.boot.context.properties.ConfigurationProperties;

@ConfigurationProperties(prefix = "polar")   ◄──    이 클래스는 'polar'로 시작하는 설정 속성에 대한
public class PolarProperties {                       소스임을 표시한다.
  /**
   * A message to welcome users.
   */                                        사용자 정의 속성인 polar.greeting (프리픽스 + 필드명) 속성이
  private String greeting;   ◄──────          문자열로 인식되는 필드
```

```
  public String getGreeting() {
    return greeting;
  }

  public void setGreeting(String greeting) {
    this.greeting = greeting;
  }
}
```

선택 사항으로 build.gradle 파일에 스프링 부트 설정 프로세서Spring Boot Configuration Processor라는 새로운 의존성을 추가할 수 있다. 그렇게 하면 프로젝트를 빌드할 때 새로운 속성에 대한 메타데이터가 자동으로 생성되고 META-INF/spring-configuration-metadata.json에 저장된다. IDE에서 해당 항목을 선택해 각 속성에 대한 설명 메시지를 표시할 수 있고 자동 완성 및 유형 검사도 가능하다. 의존성을 새로 추가한 후에는 새로고침을 하거나 다시 임포트해야 함을 잊지 말자.

예제 4.3 **스프링 부트 설정 프로세서 의존성 추가**

```
configurations {  ◄──    프로젝트를 빌드할 때 그래들이 설정 프로세서를
  compileOnly {           사용하도록 설정한다.
    extendsFrom annotationProcessor
  }
}

dependencies {
  ...
  annotationProcessor 'org.springframework.boot:spring-boot-configuration-processor'
}
```

이제 프로젝트를 빌드하면 메타데이터를 생성할 수 있다(`./gradlew clean build`). 이 시점에서 application.yml 파일에 polar.greeting 속성의 기본값을 정의할 수 있다. 새 속성을 삽입하는 동안 IDE는 그림 4.4와 같이 자동 완성 옵션과 유형 검사를 제공할 것이다.[6]

예제 4.4 **카탈로그 서비스에서 사용자 정의 속성 값 지정**

```
polar:
  greeting: Welcome to the local book catalog!
```

---

6 [옮긴이] 자동 완성 옵션이 나타나지 않는다면 https://github.com/ThomasVitale/cloud-native-spring-in-action/blob/main/Guides/configuring-intellij-idea.md를 참조하기 바란다.

그림 4.4 **스프링 부트 설정 프로세서를 사용하면 사용자 정의 속성 빈의 자바독 주석이 IDE에서 사용하는 메타 데이터로 변환되어 유용한 정보를 보여주고, 자동 완성 과 유형 검사 기능도 제공한다.**

예제 4.2에서 greeting 필드는 application.yml에서 값을 정의한 polar.greeting 속성에 매핑된다.

❸ 사용자 지정 속성 사용

@ConfigurationProperties 애너테이션이 달린 클래스 또는 레코드는 표준 스프링 빈이므로 필요한 곳이면 어디든 주입할 수 있다. 스프링 부트는 시작시 모든 설정 빈을 초기화하고 지원하는 모든 설정 데이터 소스에서 데이터를 읽어 설정 빈의 필드에 채운다. 카탈로그 서비스의 경우 설정 데이터는 application.yml 파일을 통해 제공된다.

카탈로그 서비스에 대한 새로운 요구 사항은 루트 엔드포인트가 반환하는 환영 메시지를 polar.greeting 속성을 통해 설정 가능하게 만드는 것이었다. HomeController 클래스를 열고 핸들러 메서드가 고정된 문자열 값을 사용하는 대신 사용자 지정 속성에서 메시지를 가져오도록 변경해보자.

예제 4.5 **설정 속성 빈의 사용자 정의 속성 사용**

```
package com.polarbookshop.catalogservice;

import com.polarbookshop.catalogservice.config.PolarProperties;
import org.springframework.web.bind.annotation.GetMapping;
import org.springframework.web.bind.annotation.RestController;

@RestController
public class HomeController {
  private final PolarProperties polarProperties;    ◀── 사용자 정의 속성 액세스를 위해
                                                         생성자 오토와이어링을 통해 주입된 빈

  public HomeController(PolarProperties polarProperties) {
    this.polarProperties = polarProperties;
  }

  @GetMapping("/")
  public String getGreeting() {
    return polarProperties.getGreeting();    ◀── 설정 데이터 빈에서 가져온
  }                                              환영 메시지를 사용한다.
}
```

이제 애플리케이션이 변경한 대로 작동하는지 확인해보자(./gradlew bootRun). 애플리케이션을 실행한 후에 터미널 창을 열고 카탈로그 서비스에 노출된 루트 엔드포인트로 GET 요청을 보낸다. 결과는 polar.greeting 속성에 대해 application.yml에서 설정한 메시지를 응답으로 받아야 한다.

```
$ http :9001/
Welcome to the local book catalog!
```

NOTE 애플리케이션 코드와 함께 패키징되는 속성 파일은 합리적인 기본 설정 값을 정의하기 위한 목적으로 사용하면 유용하다. 이 파일은 또한 애플리케이션이 지원하는 설정 속성의 규격 혹은 명세로도 사용할 수 있다.

다음 절에서는 스프링 Environment 추상화가 모델링하는 또 다른 핵심 사항인 프로파일에 대해 살펴보고 이것을 클라우드 네이티브 애플리케이션에 사용하는 방법을 배운다. 다음으로 넘어가기 전에 Ctrl+C로 애플리케이션을 중지해도 된다.

4.1.2 프로파일: 기능 플래그와 설정 그룹

어떤 빈을 특정 조건 하에서만 스프링 콘텍스트로 로드해야 할 때가 있다. 예를 들어 로컬로 작업하거나 애플리케이션을 테스트하는 경우에만 테스트 데이터를 생성하는 빈을 정의할 수 있다. 프로파일은 빈을 논리적으로 묶는 그룹이라고 할 수 있는데 이 그룹에 속한 빈은 해당 프로파일이 활성인 경우에만 스프링 콘텍스트로 로드된다. 스프링 부트는 이 개념을 속성 파일로 확장해 특정 프로파일이 활성화된 경우에만 로드하도록 설정 데이터 그룹을 정의할 수 있다.

한 번에 하나 혹은 그 이상의 프로파일을 활성화할 수도 있고 때론 활성화된 프로파일이 없을 수도 있다. 어떤 프로파일에도 할당되지 않은 빈은 항상 활성화된다. default 프로파일에 할당된 빈은 다른 프로파일이 활성 상태가 아닐 때만 활성화된다.

이번 절에서는 기능 플래그와 설정 그룹이라고 하는 두 가지의 서로 다른 용례의 관점에서 스프링 프로파일을 살펴본다.

1 프로파일을 기능 플래그로 사용

프로파일의 첫 번째 사용 사례는 지정된 프로파일이 활성화된 경우에만 빈 그룹을 로드하는 것이다. 이때 배포 환경을 그룹화와 연관지어서는 안 된다. dev 또는 prod와 같은 프로파일을 사용해 빈을 조건부로 로드하는 것은 흔히 볼 수 있는 실수다. 이렇게 하면 애플리케이션이 환경과 결합되며 일반적으로 클라우드 네이티브 애플리케이션에는 바람직하지 않다.

애플리케이션을 세 가지 환경(개발, 테스트, 프로덕션)에 배포하고 조건부로 특정 빈을 로드하기 위해 dev, test, prod라는 세 가지 프로파일을 정의하는 경우를 고려해보자. 어느 시점에 이 세 가지 환경에 더해 스테이징 환경을 새로 추가하고 이 환경에 prod 프로파일로 표시되어 있는 빈을 로드하려고 한다. 어떻게 해야 할까? 두 가지 방법이 있다. 스테이징 환경에서 prod 프로파일을 활성화하거나(그다지 합리적이지 않아 보인다), 소스 코드를 업데이트하여 staging 프로파일을 추가하고 prod로 표시된 빈을 staging 프로파일에도 할당한다(애플리케이션은 불가변이고 소스 코드 수정 없이 어떤 환경이라도 배포할 수 있어야 한다는 원칙에 위배된다). 조건부로 로드할 빈 그룹과 연관된 경우 이렇게 하기보다는 프로파일을 기능 플래그처럼 사용할 것을 추천한다. 프로파일을 어디에서 활성화할 것인지를 생각하지 말고 그 프로파일이 어떤 기능을 제공하는지 고려하고 프로파일의 이름도 그에 따라 정해야 한다.

그러나 특정 플랫폼에서 인프라와 관련한 이슈를 처리하는 빈이 필요할 수도 있다. 예를 들어(스테이징 또는 프로덕션에 관계없이) 애플리케이션이 쿠버네티스 환경에 배포될 때만 로드해야 하는 빈이 있을 수 있다. 이 경우 kubernetes라는 프로파일을 정의할 수 있다.

3장에서는 도서 관리를 위한 카탈로그 서비스 애플리케이션을 구축했다. 로컬에서 실행할 때는 카탈로그에 책이 없기 때문에 애플리케이션으로 작업을 하려면 먼저 책을 추가해야 한다. 더 나은 방법은 애플리케이션 시작 시 필요하다면 일부 테스트 데이터를 생성하는 것이다(예를 들면 개발 또는 테스트 환경에서). 테스트 데이터 로드는 설정을 통해 활성화/비활성화하는 기능의 하나로 모델링할 수 있다. testdata라는 프로파일을 정의해 테스트 데이터 로드를 활성화 혹은 비활성화할 수 있다. 이런 방식으로 프로파일을 배포 환경과 독립적으로 유지하고 배포 환경에 전혀 제약이 없는 기능 플래그로 사용할 수 있다. 이제 실습을 해보자.

먼저 카탈로그 서비스 프로젝트에 com.polarbookshop.catalogservice.demo라는 패키지를 새로 추가하고 BookDataLoader 클래스를 만든다. 이 클래스에 @Profile 애너테이션을 적용하여 testdata 프로파일이 활성화된 경우에만 스프링이 이 클래스를 로드하도록 지시할 수 있다. 그런 다음 3장에서 구현한 BookRepository를 사용해 데이터를 저장한다. 마지막으로 @EventListener (ApplicationReadyEvent.class) 애너테이션을 통해 애플리케이션이 시작 단계를 완료하면 테스트 데이터를 생성한다.

예제 4.6 **testdata 프로파일이 활성일 때 도서 테스트 데이터 로드**

```java
package com.polarbookshop.catalogservice.demo;

import com.polarbookshop.catalogservice.domain.Book;
import com.polarbookshop.catalogservice.domain.BookRepository;
import org.springframework.boot.context.event.ApplicationReadyEvent;
import org.springframework.context.annotation.Profile;
import org.springframework.context.event.EventListener;
import org.springframework.stereotype.Component;

@Component
@Profile("testdata")          ◄──── 이 클래스를 testdata 프로파일에 할당한다.
public class BookDataLoader {        이 클래스는 testdata 프로파일이 활성화될 때만
  private final BookRepository bookRepository;   로드된다.

  public BookDataLoader(BookRepository bookRepository) {
    this.bookRepository = bookRepository;
  }
                                          ApplicationReadyEvent가 발생하면
                                          테스트 데이터 생성이 시작된다.
  @EventListener(ApplicationReadyEvent.class)  ◄── 이 이벤트는 애플리케이션 시작 단계가
  public void loadBookTestData() {              완료되면 발생한다.
    var book1 = new Book("1234567891", "Northern Lights",
      "Lyra Silverstar", 9.90);
    var book2 = new Book("1234567892", "Polar Journey",
      "Iorek Polarson", 12.90);
    bookRepository.save(book1);
    bookRepository.save(book2);
  }
}
```

개발 환경에서 `spring.profiles.active` 속성을 사용해 테스트 데이터 프로파일을 활성화할 수 있다. 카탈로그 서비스 프로젝트의 application.yml 파일에서도 설정할 수 있지만 테스트 데이터 기능을 활성화로 기본 설정하는 것은 바람직하지 않다.[7] 프로덕션 환경에서 testdata 프로파일을 비활성화로 변경하는 것을 잊어버릴 수 있기 때문이다. 더 좋은 방법은 bootRun 작업을 실행할 때 특별히 로컬 개발 환경을 위해 testdata 프로파일을 설정하는 것이다. 이를 위해서는 다음과 같은 코드를 build.gradle 파일에 추가하면 된다.

---

7 옮긴이 이전에도 설명했듯이 application.yml은 주로 기본값 설정을 위해 사용되기 때문에 여기에 `spring.profiles.active` 속성에 testdata를 지정하면 모든 환경에서 활성화된 프로파일이 된다.

예제 4.7 개발 환경을 위한 활성 프로파일 정의

```
bootRun {
  systemProperty 'spring.profiles.active', 'testdata'
}
```

이 설정을 확인하기 위해 애플리케이션을 빌드하고 실행해보자(./gradlew bootRun). 그림 4.5와 같이 애플리케이션 로그에서 활성화된 모든 프로파일을 볼 수 있다(우리 예제의 경우는 `testdata`만 있지만 활성 프로파일은 한 개 이상 지정할 수 있다).

```
...Starting CatalogServiceApplication using Java 17
...The following 1 profile is active: "testdata"
...Tomcat initialized with port(s): 9001 (http)
...Starting service [Tomcat]
...Starting Servlet engine: [Apache Tomcat/9.0.65]
...Initializing Spring embedded WebApplicationContext
...Root WebApplicationContext: initialization completed in 276 ms
...Tomcat started on port(s): 9001 (http) with context path ''
...Started CatalogServiceApplication in 0.529 seconds (JVM running for 0.735)
```

그림 4.5 testdata 프로파일이 활성 상태일 때의 카탈로그 서비스 로그

그런 다음 카탈로그에 있는 모든 책을 가져오기 위한 요청을 애플리케이션에 보낸다.

```
$ http :9001/books
```

위의 요청에 대해 예제 4.6에서 만든 테스트 데이터를 응답으로 받아야 한다. 확인을 마친 후 Ctrl + C 로 애플리케이션을 중지한다.

NOTE 프로파일을 기능 플래그처럼 사용하는 대신 좀 더 확장 가능하고 구조화된 접근법은 기능 설정을 위한 사용자 정의 속성을 정의하고 @ConditionalOnPropert나 @ConditionalOnCloudPlatform 같은 애너테이션을 사용해 스프 링 애플리케이션 콘텍스트로 로드할 빈을 제어하는 것이다. 예를 들어 polar.testdata.enabled 사용자 정의 속성을 정의하고 BookDataLoader 클래스에 @ConditionalOnProperty(name = "polar.testdata.enabled", havingValue = "true") 애너테이션을 사용하면 된다. 이런 방식은 스프링 부트 자동 설정의 기본 토대 중 하나다.

이제 프로파일의 다른 용례로 설정 데이터를 그룹화하는 방법을 살펴보자.

2 프로파일을 설정 그룹으로 사용

스프링 프레임워크의 프로파일 기능을 사용하면 특정 프로파일이 활성화된 경우에만 해당 빈

을 로드할 수 있다. 마찬가지로 스프링 부트를 사용하면 특정 프로파일이 활성화된 경우에만 로드하는 설정 데이터를 정의할 수 있다. 이를 수행하는 일반적인 방법은 속성 파일명 끝에 프로파일을 추가하고 그 파일에 설정 데이터를 정의하는 것이다. 카탈로그 서비스로 다시 돌아가서 application-dev.yml이라는 파일을 만들고 이 파일에 polar.greeting 속성을 정의하면 dev 프로파일이 활성화될 때만 스프링 부트가 이 파일의 값을 사용한다. 프로파일별 속성 파일은 단순 속성 파일에 우선하기 때문에 application-dev.yml에 정의된 값은 application.yml의 값보다 우선한다.

속성 파일의 맥락에서 프로파일은 설정 데이터를 그룹화하는 데 사용되며 앞 절에서 프로파일을 기능 플래그로 사용할 때 설명했던 문제점 없이도 배포 환경에 매핑할 수 있다. 하지만 프로파일별 속성 파일을 애플리케이션과 함께 패키징하지 않는 경우에만 가능하다. 15요소 방법론은 설정 값을 환경에 따라 그룹화해서 애플리케이션 소스 코드와 번들로 제공하지 않는 것을 권장하는데, 이렇게 하면 확장성이 떨어지기 때문이다. 프로젝트가 진행됨에 따라 새로운 환경이 여러 단계에 걸쳐 만들어질 수 있다. 가령 개발자는 새로운 기능을 시도하기 위해 자신만의 환경을 만들 수 있다. 스프링 프로파일처럼 구현되고 다시 빌드해야 할 설정 그룹이 머지 않아 너무 많아질 수 있다. 따라서 이 장 뒷부분에서 살펴보겠지만, 설정 서버가 제공하는 전용 저장소처럼 애플리케이션 외부에 설정 데이터를 보관해야 할 수도 있다. 여기서 기본 설정이나 개발과 관련한 설정은 예외다.

다음 절에서는 스프링 부트가 외부화된 설정을 처리하는 방법을 설명하고 동일한 애플리케이션 빌드를 사용하면서, 설정 데이터는 커맨드라인 인수, JVM 시스템 속성, 환경 변수를 통해 외부에서 제공하는 방법을 살펴보겠다.

4.2 외부화된 구성: 하나의 빌드, 여러 설정

애플리케이션 소스 코드와 함께 번들로 만들어지는 속성 파일은 합리적인 기본값을 정의하는 데 유용하다. 하지만 환경에 따라 다른 값을 제공해야 할 때는 무언가 다른 것이 필요하다. 외부화된 설정을 사용하면 동일한 애플리케이션 코드의 불가변 빌드를 일관되게 사용하면서 배포 위치에 따라 애플리케이션 설정을 다르게 할 수 있다. 중요한 점은 애플리케이션을 빌드해서 패키지를 만든 후에 더 이상 변경하지 않는다는 것이다. 설정 변경이 필요한 경우(예를 들어 크리덴셜 혹은 데이터베이스 핸들의 변경) 외부에서 이루어진다.

15요소 방법론은 설정을 (애플리케이션의 실행) 환경에 저장할 것을 권장하는데 스프링 부트는 이것을 달성하기 위한 방법을 몇 가지 제공한다. 애플리케이션이 어디에 배포되는지에 따라 우선순위가 높은 속성 소스 중 하나를 사용해 기본 설정 값을 재지정할 수 있다. 이번 절에서는 커맨드라인 인수, JVM 속성 및 환경 변수를 사용해 클라우드 네이티브 애플리케이션을 재빌드 없이 설정하는 방법을 살펴본다. 그림 4.6은 스프링 속성을 덮어쓰기 위한 우선순위 규칙이 어떻게 작동하는지 보여준다.

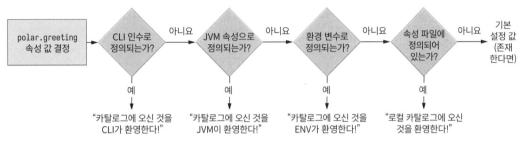

그림 4.6 스프링 부트는 우선순위 목록에 따라 모든 속성 소스를 평가한다.
결국, 각 속성은 가장 우선순위가 높은 소스에서 정의된 값으로 정해진다.

카탈로그 서비스 애플리케이션을 살펴보자. 첫째, 애플리케이션을 JAR 아티팩트로 패키징해야 한다. 터미널 창을 열고 프로젝트 루트 폴더로 이동한 후에 다음 명령을 실행해보자.

```
$./gradlew bootJar
```

이번에는 그래들을 사용하지 않고 애플리케이션을 실행할 것이다. 왜냐하면 동일한 불가변 JAR 아티팩트를 사용하면서 애플리케이션 설정만 변경하는 법을 살펴보려 하기 때문이다(즉, 애플리케이션을 재빌드하지 않는다). 아래 명령과 같이 표준 자바 애플리케이션으로 실행할 수 있다.

```
$java -jar build/libs/catalog-service-0.0.1-SNAPSHOT.jar
```

속성을 아직 재정의하지 않았기 때문에 루트 엔드포인트는 application.yml 파일에 정의된 polar.greeting 값을 반환한다.

```
$ http :9001/
Welcome to the local book catalog!
```

다음 절에서는 `polar.greeting` 속성에 대해 다른 값을 제공하는 방법을 살펴볼 것이다. 다음으로 넘어가기 전에 자바 프로세스를 종료하는 것(Ctrl+C)을 잊지 말자.

4.2.1 커맨드라인 인수를 통한 애플리케이션 설정

스프링 부트는 커맨드라인 인수를 속성 키-값 쌍으로 변환하여 Environment 객체에 저장하도록 기본 설정되어 있다. 프로덕션 환경의 애플리케이션에서 커맨드라인 인수는 우선순위가 가장 높다. 이전에 만든 것과 동일한 JAR을 사용하면서 커맨드라인 인수를 지정하여 사용자 정의 설정을 해보자.

```
$ java -jar build/libs/catalog-service-0.0.1-SNAPSHOT.jar \
    --polar.greeting="Welcome to the catalog from CLI"
```

커맨드라인 인수의 이름은 스프링 속성과 같고 CLI 인수로 익숙한 -- 접두사를 그 앞에 붙인다. 이제 애플리케이션은 커맨드라인 인수로 정의한 메시지를 사용하는데, 속성 파일보다 우선순위가 높기 때문이다.

```
$ http :9001/
Welcome to the catalog from CLI
```

4.2.2 JVM 시스템 속성을 통해 애플리케이션 구성

JVM 시스템 속성은 커맨드라인 인수와 유사하게 스프링 속성을 재정의하지만 우선순위는 더 낮다. 이 역시 외부화 설정에 속하기 때문에 새로운 JAR 아티팩트를 만들 필요가 없다. 이전에 패키징된 아티팩트를 계속 사용할 수 있다. 이전 예에서 실행한 자바 프로세스를 Ctrl+C를 눌러 종료하고 다음과 같은 명령을 실행해보자.

```
$java -Dpolar.greeting="Welcome to the Catalog from JVM" \
    -jar build/libs/catalog-service-0.1-SNAPSHOT.jar
```

JVM 시스템 속성은 스프링 속성과 동일한 이름을 가지며 JVM 인수에서 일반적으로 사용되는 -D를 속성 앞에 붙인다. 이번에도 애플리케이션은 JVM 시스템 속성으로 정의된 메시지를 사용하는데 속성 파일보다 우선하기 때문이다 .

```
$ http :9001/
Welcome to the catalog from JVM
```

JVM 시스템 속성과 CLI 인수를 모두 지정하면 어떻게 될까? 우선순위 규칙에 따라 커맨드라인 인수가 JVM 속성보다 우선하기 때문에 스프링은 커맨드라인 인수로 지정된 값을 사용할 것이다. 다시 한번 이전 자바 프로세스를 종료하고 다음 명령을 실행해보자.

```
$java -Dpolar.greeting="Welcome to the catalog from JVM" \
  -jar build/lib/catalog-service-0.0.1-SNAPSHOT.jar
  --polar.greeting="Welcome to the catalog from CLI"
```

예상할 수 있겠지만 결과는 다음과 같다.

```
$ http :9001/
Welcome to the catalog from CLI
```

CLI 인수 및 JVM 속성을 사용하면 설정을 외부화하고 애플리케이션의 불가변 빌드를 유지할 수 있다. 그러나 애플리케이션을 시작할 때 명령이 약간씩 다르기 때문에 배포할 때 오류가 발생할 수 있다. 더 나은 접근법은 15요소 방법론에서 권장되는 환경 변수의 사용이다. 다음 절로 넘어가기 전에 현재 자바 프로세스를 종료하자(Ctrl + C).

4.2.3 환경 변수를 통해 애플리케이션 구성

외부화된 설정을 위해 흔히 운영체제에 정의된 환경 변수를 사용하는데, 15요소 방법론에서도 이 방식을 권장한다. 환경 변수의 장점 중 하나는 모든 운영체제가 환경 변수를 지원하기 때문에 어떤 환경에도 이식할 수 있다는 점이다. 또한 대부분의 프로그래밍 언어는 환경 변수에 액세스할 수 있는 기능을 제공한다. 가령 자바에서는 System.getenv() 메서드를 호출할 수 있다.

스프링에서는 시스템의 환경 변수를 명시적으로 읽을 필요가 없다. 스프링은 시작 단계에서 자동으로 환경 변수를 읽고 스프링 Environment 객체에 추가하기 때문에 다른 속성과 동일한 방식으로 액세스할 수 있다. 예를 들어 MY_ENV_VAR 변수를 정의한 환경에서 스프링 애플리케이션을 실행한다면 Enivronment 인터페이스 또는 @Value 애너테이션을 통해 해당 값에 액세스할 수 있다.

또한 이에 기반해 스프링 부트는 환경 변수를 사용해 스프링 속성을 자동으로 재지정할 수 있게 함으로써 스프링 프레임워크 기능을 한 단계 더 확장한다. 명령행 인수 및 JVM 시스템 속성의 경우 스프링 속성과 동일한 명명 규칙을 사용했다. 그러나 환경 변수에는 운영체제가 규정하는 명명 제약 조건이 있다. 예를 들어 리눅스는 모든 문자를 대문자로 사용하고 단어 사이는 밑줄로 구분하는 구문을 공통적으로 사용한다.

스프링 속성의 키에 대해 모든 문자를 대문자로 만들고 점이나 대시를 밑줄로 바꾸면 리눅스 환경 변수 구문으로 변경할 수 있다. 스프링 부트는 내부에서 사용하는 구문으로 올바르게 매핑한다. 예를 들어 **POLAR_GREETING**이라는 환경 변수는 `polar.greeting` 속성으로 인식된다. 이 기능을 **완화된 바인딩**relaxed binding이라고 부른다.

카탈로그 서비스 애플리케이션에서 `polar.greeting` 속성을 다음과 같은 명령으로 재지정할 수 있다.

```
$ POLAR_GREETING="Welcome to the catalog from ENV" \
    java -jar build/libs/catalog-service-0.0.1-SNAPSHOT.jar
```

TIP 윈도우에서는 파워셸 콘솔에서 $env:POLAR_GREETING = "Welcome to the catalog from ENV"; java -jar build/libs/catalog-service-0.0.1-SNAPSHOT.jar을 실행하면 같은 결과를 얻을 수 있다.

카탈로그 서비스가 시작할 때 스프링 부트는 주변 환경에 정의된 **POLAR_GREETING**을 `polar.greeting` 속성에 매핑할 수 있음을 인식하고 이 값을 스프링 **Environment**에 저장해 application.yml에 정의된 값을 재정의한다.

결과는 다음과 같다.

```
$ http :9001/
Welcome to the catalog from ENV
```

애플리케이션을 테스트한 후 Ctrl+C로 프로세스를 중지한다. 윈도우 파워셸에서 애플리케이션을 실행한 경우에는 Remove-Item Env:POLAR_GREETING으로 환경 변수를 설정을 해제한다.

환경 변수를 사용해 설정 데이터를 저장하는 경우 (CLI 인수 및 JVM 속성에 대해 했던 것처럼) 애플리케이션을 실행하기 위해 명령을 변경할 필요가 없다. 스프링은 환경 변수가 배포되는 콘텍스트에서 환경 변수를 자동으로 읽는다. 이 접근법은 CLI 인수 또는 JVM 시스템 속성을 사용할 때보다 오류 발생 가능성이 낮다.

> **NOTE** 프로파일, 포트 번호, IP 주소 및 URL과 같이 애플리케이션이 배포되는 인프라 또는 플랫폼에 따라 달라지는 설정 데이터를 환경 변수로 정의할 수 있다.

환경 변수는 가상 컴퓨터, OCI 컨테이너 및 쿠버네티스 클러스터에서 원활하게 작동한다. 하지만 이것으로 충분하지 않을 수도 있다. 다음 절에서는 환경 변수에 영향을 미치는 몇 가지 문제와 스프링 클라우드 컨피그가 이 문제를 어떻게 해결할 수 있는지 살펴보겠다.

4.3 스프링 클라우드 컨피그 서버로 중앙식 설정 관리하기

환경 변수를 사용하면 애플리케이션의 설정을 외부화하고 15요소 방법론을 따를 수 있다. 그러나 환경 변수를 사용하더라도 처리할 수 없는 문제가 몇 가지 있다.

- 설정 데이터는 애플리케이션 코드만큼 중요하므로 지속성부터 시작해 애플리케이션 코드와 동일한 관리와 주의를 가지고 처리해야 한다. 설정 데이터를 어디에 저장해야 할까?
- 환경 변수에 대해서는 세부적인 액세스 제어를 할 수 없다. 설정 데이터에 대한 액세스를 어떻게 제어할 수 있을까?
- 설정 데이터는 애플리케이션 코드와 마찬가지로 진화하고 변경한다. 어떻게 설정 데이터의 수정을 추적하고 릴리스에 사용된 설정을 감사해야 할까?
- 설정 데이터를 변경한 후, 어떻게 애플리케이션을 다시 시작하지 않고도 런타임에 읽을 수 있도록 할 수 있을까?
- 애플리케이션 인스턴스 수가 증가하면 각 인스턴스에 대해 분산된 방식으로 설정을 처리하는 것이 어려워질 수 있다. 이 상황을 어떻게 극복할 수 있을까?
- 스프링 부트의 속성이나 환경 변수는 설정 암호화를 지원하지 않기 때문에 암호를 안전하게 저장할 수 없다. 시크릿을 어떻게 관리해야 할까?

스프링 생태계는 이런 문제를 다룰 수 있는 방법을 많이 가지고 있다. 이들을 세 가지 유형으로 분류할 수 있다.

- **설정 서비스**configuration service: 지기 자신민의 설정 시비스를 실행하고 스프링 애플리케이션을 설정하는 데 사용할 수 있는 모듈을 스프링 클라우드 프로젝트가 제공한다.
  - 스프링 클라우드 알리바바Spring Cloud Alibaba는 알리바바 나코스Alibaba Nacos를 데이터 저장

소로 사용하는 설정 서비스를 제공한다.

- 스프링 클라우드 컨피그Spring Cloud Config는 깃 저장소, 데이터 저장소 또는 하시코프 볼트 HashiCorp Vault와 같이 장착 가능한 데이터 소스에 의해 지원되는 설정 서비스를 제공한다.

- 스프링 클라우드 콘술Spring Cloud Consul은 하시코프 콘술Hashicorp Consul을 데이터 저장소로 사용하는 설정 서비스를 제공한다.

- 스프링 클라우드 볼트Spring Cloud Vault는 하시코프 볼트Hashicorp Vault를 데이터 저장소로 사용하는 설정 서비스를 제공한다.

- 스프링 클라우드 주키퍼Spring Cloud Zookeeper는 아파치 주키퍼Apache Zookeeper를 데이터 저장소로 사용하는 설정 서비스를 제공한다.

- **클라우드 공급업체 서비스**cloud vendor service: 클라우드 공급업체가 제공하는 플랫폼에서 애플리케이션을 실행할 때 이들 업체가 제공하는 설정 서비스의 사용을 고려해볼 수 있다. 스프링 클라우드는 스프링 부트 애플리케이션의 설정을 위해 사용할 수 있도록 주요 클라우드 공급 업체 설정 서비스와의 통합을 제공한다.

  - 스프링 클라우드 AWS는 AWS 파라미터 스토어Parameter Store 및 AWS 시크릿 관리자Secrets Manager와의 통합을 제공한다.

  - 스프링 클라우드 애저는 애저 키 볼트Key Vault와의 통합을 제공한다.

  - 스프링 클라우드 GCP는 GCP 비밀 관리자Secret Manager와의 통합을 제공한다.

- **클라우드 플랫폼 서비스**cloud platform service: 쿠버네티스 플랫폼에서 애플리케이션을 실행할 때 컨피그맵 및 시크릿을 사용해 문제없이 스프링 부트를 설정할 수 있다.

이번 절에서는 스프링 클라우드 컨피그를 사용해 중앙식 설정 서버를 구현하는 방법을 살펴볼 것이다. 스프링 클라우드 컨피그는 깃 저장소에 저장된 설정 데이터를 모든 애플리케이션에 전달하는 책임을 가지고 있다. 14장에서는 비밀 관리와 쿠버네티스의 컨피그맵 및 시크릿 기능을 포함해 설정에 대한 보다 고급 주제를 다룬다. 스프링 클라우드 컨피그에서 사용할 많은 기능과 패턴은 설정 서비스 및 클라우드 공급 업체 서비스와 관련된 다른 설루션에도 쉽게 적용할 수 있다.

NOTE 설정 서비스의 여러 방식 중에 어떤 것을 선택할지는 인프라와 요구 사항에 따라 다르다. 가령 이미 애저에서 워크로드를 실행하고 있으며, GUI로 설정 데이터를 관리해야 한다면 설정 서비스를 직접 실행하는 대신 애저 키 볼트를 사용하는 것이 좋다. 깃을 통해 설정 데이터의 버전을 관리하려고 한다면, 스프링 클라우드 컨피그나 쿠버네티스의 컨피그맵과 시크릿이 더 나은 선택이 될 수 있다. 또한 심지어는 절충해서 애저와 같은 클라우드 공급업체가 제공하는 관리형 스프링 클라우드 컨피그나 VM웨어 탄주Tanzu를 사용할 수도 있다.

중앙 집중식 설정에 대한 아이디어는 두 가지 주요 구성 요소를 중심으로 구축된다.

- 설정 데이터에 대한 데이터 저장소로 지속성, 버전 관리, 액세스 제어를 제공한다.
- 데이터 저장소에 기반해 설정 데이터를 관리하고 여러 애플리케이션에 설정 데이터를 제공하는 서버의 역할이다.

다양한 환경에서 많은 애플리케이션을 배포한다고 가정해보자. 설정 서버는 중앙의 한 장소에서 모든 설정 데이터를 관리하지만 설정 데이터는 여러 가지 다른 방식으로 저장할 수 있다. 이를테면 민감하지 않은 데이터는 깃 저장소에 저장하고 비밀이 보장되어야 하는 정보는 하시코프 볼트를 사용해 저장할 수 있다. 데이터가 저장되는 방식에 관계없이 설정 서버는 통합 인터페이스를 통해 다른 애플리케이션에 설정 데이터를 보내준다. 그림 4.7은 중앙 집중식 설정이 어떻게 작동하는지 보여준다.

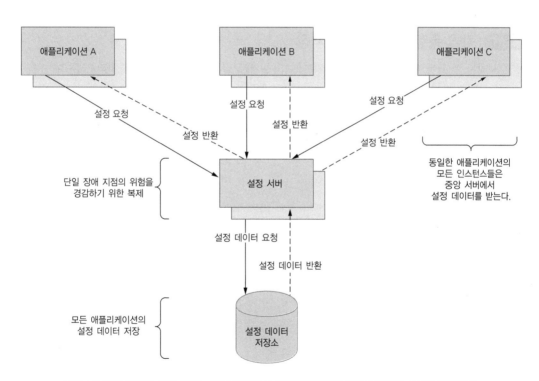

그림 4.7 **중앙 집중식 설정 서버는 모든 환경에서 여러 애플리케이션의 외부화된 속성을 관리한다.**

그림 4.7에서 설정 서버는 모든 애플리케이션을 시원하는 서비스라는 점을 분명하게 알 수 있다. 즉, 단일 장애 지점single point of failure이 될 위험이 있음을 의미한다. 설정 서버를 갑자기 사용할 수

없게 되면 다른 모든 애플리케이션 역시 시작할 수 없다. 높은 가용성을 요구하는 다른 애플리케이션과 마찬가지로 설정 서버를 확장하면 이러한 위험을 쉽게 줄일 수 있다. 설정 서버를 사용할 때 기본적으로 최소한 두 개의 복제본을 배포해야 한다.

NOTE 자격 증명, 기능 플래그, 타사 서비스에 대한 URL, 스레드 풀 및 타임아웃과 같이 특정 인프라 또는 배포 플랫폼에 의존하지 않는 설정 데이터에 대해 중앙 집중식 설정 서버를 사용할 수 있다.

우리는 스프링 클라우드 컨피그 서버를 사용해 폴라 북숍 시스템을 위한 중앙식 설정 서버를 구성해볼 것이다. 스프링 클라우드 프로젝트는 클라이언트 라이브러리(스프링 클라우드 컨피그 클라이언트Spring Cloud Config Client)도 제공하는데 이 클라이언트는 스프링 부트 애플리케이션을 설정 서버와 통합하는 데 사용할 수 있다.

이제 설정 데이터를 저장하기 위한 저장소를 정의하는 것으로 시작해보자.

4.3.1 깃을 통한 설정 데이터 저장

설정 서버는 스프링 애플리케이션에 설정 데이터를 제공할 책임이 있다. 설정 서버를 구축하기 전에 데이터를 저장하고 추적할 방법이 필요하다. 스프링 클라우드 컨피그 서버는 설정 데이터를 저장하기 위한 다양한 백엔드 솔루션과 통합되는데 깃 저장소를 사용하는 것이 가장 일반적이다.

먼저, `config-repo`라는 이름으로 깃 저장소를 새로 만들자(최종적인 내용은 Chapter04/04-end/config-repo 폴더를 참고하기 바란다). 깃 저장소는 로컬이나 원격 어느 것이라도 괜찮지만 이 예제를 위해서는 애플리케이션 저장소에 대해 했던 것과 마찬가지로 깃허브의 원격 저장소로 연동할 것을 권한다. 기본 브랜치 이름으로 `main`을 사용할 것이다.

설정 저장소 내에 .properties 또는 .yml 파일에 스프링 형식으로 속성을 직접 저장할 수 있다. 이전의 카탈로그 서비스 예를 계속 사용해 환영 메시지의 외부화된 속성을 정의해보자. config-repo 폴더로 이동해 catalog-service.yml 파일을 만든다. 그런 다음 카탈로그 서비스에서 사용하는 `polar.greeting` 속성에 대한 값을 정의해보자.

예제 4.8 **설정 서버를 사용하는 경우를 위한 새로운 메시지 정의**

```
polar:
  greeting: "Welcome to the catalog from the config server"
```

다음으로 catalog-service-prod.yml 파일을 만들고, polar.greeting에 다른 값을 정의해 prod 프로파일이 활성화된 경우에만 이 값을 사용한다.

예제 4.9 prod 프로파일이 활성화된 경우를 위한 새로운 메시지 정의

```
polar:
  greeting: "Welcome to the production catalog from the config server"
```

마지막으로 변경 사항을 원격 저장소로 푸시하는 것을 잊지 말자.

스프링 클라우드 컨피그는 각 애플리케이션에 대한 설정 데이터를 어떻게 찾을까? 여러 애플리케이션의 속성을 저장하려면 저장소를 어떻게 구성해야 할까? 특정 애플리케이션의 설정을 위해 사용할 속성 파일을 식별하기 위해 다음과 같은 세 가지 매개변수를 사용한다.

* {application}: spring.application.name 속성에 정의된 애플리케이션의 이름이다.
* {profile}: spring.profiles.active 속성에 의해 정의된 활성 프로파일 중 하나다.
* {label}: 특정 저장소에서 사용하는 식별자. 깃의 경우 태그, 브랜치 이름 또는 커밋 ID가 될 수 있다. 버전으로 구분된 설정 파일 세트를 식별하는 데 유용하다.

필요에 따라 다음과 같은 다양한 조합으로 폴더를 구성할 수 있다.

```
/{application}/application-{profile}.yml
/{application}/application.yml
/{application}-{profile}.yml
/{application}.yml
/application-{profile}.yml
/application.yml
```

각 애플리케이션에 대해 애플리케이션의 이름을 따서 속성 파일을 만들고 루트 폴더에 두거나(즉, /catalog-service.yml 또는 /catalog-service-prod.yml) 속성 파일의 기본 이름을 사용하고 애플리케이션 이름을 딴 하위 폴더에 둘 수도 있다(즉, /catalog-service/application.yml 또는 /catalog-service/application-prod.yml).

또한 루트 폴더에 application.yml 또는 application-{profile}.yml 파일을 두고 모든 애플리케이션의 기본값을 정의할 수도 있다. 이 기본 파일은 특정 속성 소스를 찾을 수 없을 때 대체 파일로 사용할 수 있다. 스프링 클라우드 컨피그 서버는 항상 애플리케이션 이름, 활성 프로파일 및 깃 레이블을 사용해 특정 경로와 가장 일치하는 속성을 반환한다.

레이블lable 개념은 깃을 설정 서버의 백엔드로 사용할 때 특히 흥미롭다. 예를 들어 서로 다른 환경을 위해서는 수명이 긴 브랜치를, 특정 기능의 테스트를 위해서는 수명이 짧은 브랜치를 만들 수 있다. 스프링 클라우드 컨피그 서버는 레이블 정보를 사용해 해당 깃 브랜치, 태그, 커밋 ID에서 올바른 설정 데이터를 반환할 수 있다.

설정 데이터를 위한 깃 저장소가 준비되었으므로 설정 데이터를 관리할 설정 서버를 만들자.

4.3.2 설정 서버 구성

스프링 클라우드 컨피그 서버 프로젝트를 사용하면 최소한의 노력으로 설정 서버를 구성할 수 있다. 설정 서버는 전형적인 스프링 부트 애플리케이션으로 설정 서버 기능을 가능케 하는 특정 속성을 가지고 있고 깃 저장소를 설정 데이터 백엔드로 사용한다. 폴라 북숍 시스템은 이 서버를 통해 카탈로그 서비스 애플리케이션에 설정 데이터를 제공한다. 그림 4.8은 이 설루션의 아키텍처를 보여준다.

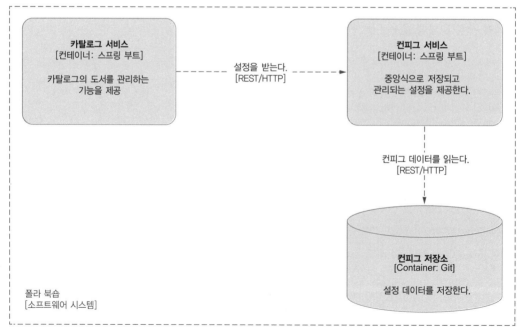

그림 4.8 카탈로그 서비스 애플리케이션에 설정을 제공하기 위해 깃 저장소를 사용하는 중앙 집중식 설정 서버

이제 코드로 넘어가보자.

1 프로젝트 부트스트래핑

폴라 북숍 시스템은 중앙 집중식 설정을 제공하기 위한 설정 서비스 애플리케이션이 필요하다.
스프링 이니셜라이저[8]에서 프로젝트를 초기화한 후에 생성된 프로젝트 소스 코드를 `config-service`라는 이름의 깃 저장소로 저장한다. 그림 4.9는 초기화를 위해 선택할 옵션을 보여준다.

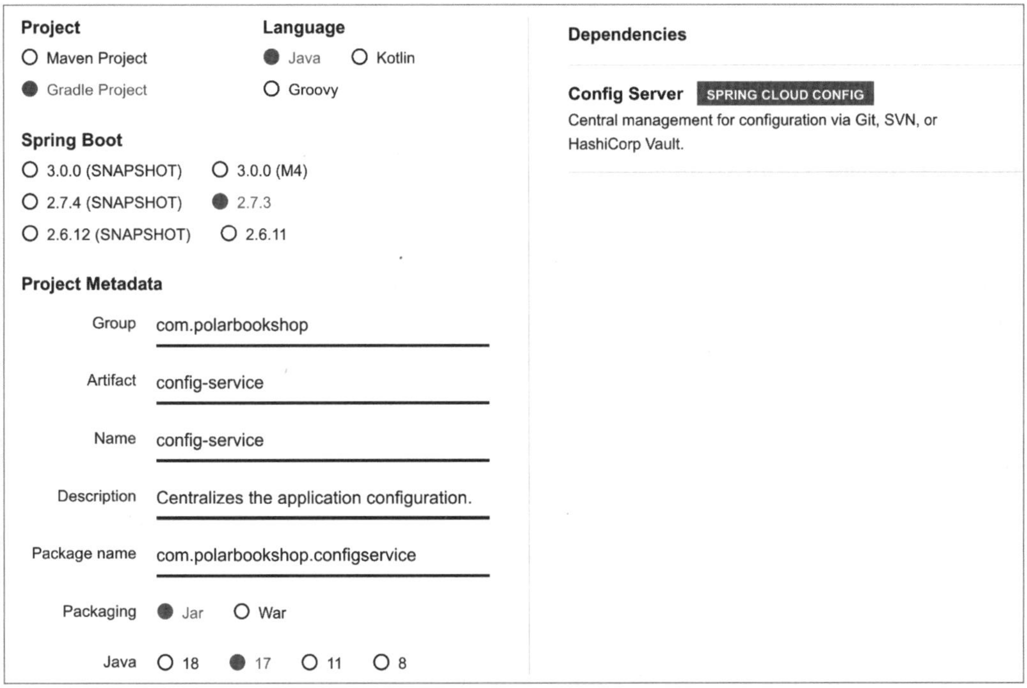

Project
- ○ Maven Project
- ● Gradle Project

Language
- ● Java   ○ Kotlin
- ○ Groovy

Spring Boot
- ○ 3.0.0 (SNAPSHOT)   ○ 3.0.0 (M4)
- ○ 2.7.4 (SNAPSHOT)   ● 2.7.3
- ○ 2.6.12 (SNAPSHOT)   ○ 2.6.11

Project Metadata

Group	com.polarbookshop
Artifact	config-service
Name	config-service
Description	Centralizes the application configuration.
Package name	com.polarbookshop.configservice
Packaging	● Jar ○ War
Java	○ 18 ● 17 ○ 11 ○ 8

Dependencies

Config Server `SPRING CLOUD CONFIG`
Central management for configuration via Git, SVN, or
HashiCorp Vault.

그림 4.9 **스프링 이니셜라이저에서 설정 서비스 프로젝트를 초기화하기 위한 선택 옵션**

TIP 스프링 이니셜라이저 웹사이트에서 프로젝트를 수동으로 생성하는 것을 원치 않는다면 다른 방법도 있다. 이 장의 begin 폴더에서 curl 명령을 찾을 수 있는데, 이 명령을 사용하면 터미널 창에서 프로젝트를 시작하는 데 필요한 모든 코드를 압축해놓은 zip 파일을 다운로드할 수 있다.

생성된 build.gradle 파일에서 스프링 클라우드의 의존성 관리가 스프링 부트와 어떻게 다른지 확인할 수 있다. 모든 스프링 클라우드 프로젝트는 의존성을 관리하기 위해 BOM(bill of material)에 의존하는 독립적인 릴리스 트레인을 따른다. 스프링 클라우드 릴리스 트레인은 시맨틱 버전 전략(예를

---

8 https://start.spring.io/

들면 스프링 부트의 버전인 2.7.0)을 채택하지 않고 출시 연도로(예를 들면 2021.0.3) 명명된다.

예제 4.10 설정 서비스의 그래들 설정

```
plugins {
  id 'org.springframework.boot' version '2.7.3'
  id 'io.spring.dependency-management' version '1.0.13.RELEASE'
  id 'java'
}

group = 'com.polarbookshop'
version = '0.0.1-SNAPSHOT'
sourceCompatibility = '17'

repositories {
  mavenCentral()
}

ext {
  set('springCloudVersion', "2021.0.3")        ◁── 사용할 스프링 클라우드
}                                                    버전 정의

dependencies {
  implementation 'org.springframework.cloud:spring-cloud-config-server'
  testImplementation 'org.springframework.boot:spring-boot-starter-test'
}

dependencyManagement {
  imports {
    mavenBom "org.springframework.cloud:
  ↪spring-cloud-dependencies:${springCloudVersion}"   ◁── 스프링 클라우드
  }                                                        의존성 관리를 위한 BOM
}

tasks.named('test') {
  useJUnitPlatform()
}
```

주된 의존성 라이브러리는 다음과 같다.

- **스프링 클라우드 컨피그 서버**(org.springframework.cloud:spring-cloud-configserver): 스프링 웹을 토대로 해서 설정 서버를 구축할 수 있는 라이브러리와 유틸리티를 제공한다.

- **스프링 부트 테스트**(org.springframework.boot:spring-boot-starter-test): 스프링 테스트, JUnit, 어서트J, 모키토를 포함해 애플리케이션을 테스트할 수 있는 여러 라이브러리 및 유틸리티를 제공한다. 모든 스프링 부트 프로젝트에 자동으로 포함된다.

2 설정 서버 활성화

앞서 설정 서비스를 위해 초기화로 생성한 프로젝트를 실제 작동하는 설정 서버로 변경하는 것은 간단하다. 자바에서 해야 할 유일한 작업은 ConfigServiceApplication과 같은 설정 클래스[9]에 @EnableConfigServer 애너테이션을 추가하는 것이다.

예제 4.11 **스프링 부트에서 설정 서버 활성화**

```java
package com.polarbookshop.configservice;

import org.springframework.boot.SpringApplication;
import org.springframework.boot.autoconfigure.SpringBootApplication;
import org.springframework.cloud.config.server.EnableConfigServer;

@SpringBootApplication
@EnableConfigServer          ◄──── 스프링 부트 애플리케이션에서
public class ConfigServiceApplication {        설정 서버를 활성화한다.
  public static void main(String[] args) {
    SpringApplication.run(ConfigServiceApplication.class, args);
  }
}
```

자바 쪽에서는 이것이 전부다.

3 설정 서버 설정

다음 단계는 컨피그 서비스의 작동을 설정할 차례다. 설정 서버도 설정이 필요하다! 우선 스프링 클라우드 컨피그 서버는 내장 톰캣 서버에서 실행되므로 카탈로그 서비스와 마찬가지로 연결 시간 초과 및 스레드 풀을 설정할 수 있다.

이전에 설정 데이터를 저장하기 위해 깃 저장소를 초기화했었다. 이제 스프링 클라우드 컨피그 서버에게 어디서 설정 데이터를 찾을 수 있는지 알려줘야 한다. 컨피그 서비스 프로젝트의 src/main/resources 경로에 있는 application.yml 파일을 통해 그렇게 한다(자동 생성된 application.properties 파일을 application.yml로 변경한다).

spring.cloud.config.server.git.uri 속성은 설정 데이터 저장소 위치를 가리켜야 한다. 필자가 지정한 속성 값을 확인해보면 깃허브의 main 브랜치라는 것을 알 수 있다. 기본적으로 spring.

9　[옮긴이] @SpringBootApplication 애너테이션은 @SpringBootConfiguration, @EnableAutoConfiguration, @ComponentScan 애너테이션을 포함하고 있기 때문에 자동으로 설정 클래스가 된다.

`cloud.config.server.git.default-label` 속성을 통해 설정 서버가 기본 설정으로 고려해야 할 브랜치를 지정할 수 있다. 깃 저장소를 사용할 때 레이블 개념은 깃 브랜치, 태그 혹은 커밋 ID에 대한 추상화라는 것을 기억하기 바란다.

예제 4.12 **설정 서버와 설정 저장소 사이의 통합을 위한 설정**

```
server:
  port: 8888 ◀─── 컨피그 서비스 애플리케이션이 듣는 포트
  tomcat:
    connection-timeout: 2s
    keep-alive-timeout: 15s
    threads:
      max: 50
      min-spare: 5

spring:
  application:
    name: config-service ◀─── 현재 애플리케이션의 이름
  cloud:
    config:
      server:
        git:
          uri: <your-config-repo-github-url> ◀─── 설정 데이터 저장 백엔드로 사용할 원격 깃 저장소의 URL.
          default-label: main                     예를 들어 https://github.com/PolarBookshop/config-repo.
                    └─── 서버는 이 설정에 따라 기본적으로
                         main 브랜치에서 설정 데이터를 반환한다.
```

CAUTION 컨피그 서비스에 대한 설정은 설정 저장소가 깃허브에서 공개 상태라는 것을 가정한다. 비공개 저장소를 사용할 때(실제 애플리케이션은 비공개인 경우가 많다), 설정 속성을 추가해 코드 저장소 공급자와 인증하는 방법을 지정해야 한다. 자세한 내용은 스프링 클라우드 컨피그 공식 문서[10]를 참고하면 된다. 크리덴셜 처리에 대해서는 14장에서 논의한다.

4.3.3 복원력 높은 설정 서버 생성

컨피그 서비스는 시스템의 단일 장애 지점이 될 수 있다. 설정 데이터를 위해 모든 애플리케이션이 설정 서비스를 사용한다면, 설정 서비스는 높은 가용성을 가져야 한다. 이 목표를 향한 첫 번째 단계는 프로덕션 환경에서 설정 서비스를 여러 인스턴스로 배포하는 것이다. 한 인스턴스가 어떤 이유로든지 작동을 중단하면 다른 인스턴스가 설정을 제공할 수 있어야 한다. 7장에서 애플리케이션 확장에 대해 자세히 알아보고 쿠버네티스에서 애플리케이션 확장을 어떻게 할 수 있는지 알아볼 것이다.

---

10 https://spring.io/projects/spring-cloud-config

하지만 컨피그 서비스를 확장하는 것만으로는 부족하다. 컨피그 서비스는 설정 데이터 백엔드로 원격 깃 저장소를 사용하기 때문에 이 둘 사이의 상호작용에서 더 향상된 복원력이 있어야 한다. 먼저 설정 서버가 원격 저장소와의 연결에 너무 많은 시간을 기다리지 않도록 타임아웃을 정의할 수 있다. `spring.cloud.config.server.git.timeout` 속성은 이 목적을 위해 사용된다.

스프링 클라우드 컨피그는 원격 저장소에서 설정 데이터를 최초로 가져온 후에 로컬에 복제한다. `spring.cloud.config.server.git.clone-on-start` 속성을 사용해 저장소 복제가 서비스 시작 시 이루어질 수 있도록 이 속성을 `true`로 지정할 것을 권한다. 이렇게 하면 서비스 시작 단계가 약간 느려지긴 하겠지만 원격 저장소와 통신하는 데 문제가 있다면 배포가 신속하게 실패한다. 배포한 후에서야 요청이 잘못되었음을 알게 되는 것보다는 서비스 시작 시 실패하는 것이 더 낫다. 또한 요청이 성공한 경우 설정 데이터를 미리 가지고 있기 때문에 고객의 첫 번째 요청을 더 빨리 처리할 수 있다.

설정 데이터 저장소의 로컬 복사본은 원격 저장소와의 통신이 일시적으로 실패하더라도(예를 들어 깃허브가 다운되거나 네트워크에 문제가 있는 경우) 설정 데이터를 클라이언트 애플리케이션에 반환할 수 있기 때문에 설정 서버의 내결함성을 향상한다. 그러나 설정 서버가 저장소를 아직 로컬로 복제하지 않은 경우에는 대체 가능한 데이터가 존재하지 않는다. 서비스 시작 시 빨리 실패하고 문제를 바로 조사하는 것이 더 바람직한 것은 이런 이유 때문이다.

저장소의 로컬 복사본이 성공적으로 만들어지면 로컬 저장소가 원격 저장소와 달라질 수 있다. `spring.cloud.config.server.git.force-pull` 속성을 설정하면 설정 서버가 항상 원격 저장소와 동일한 데이터를 사용할 수 있는데 로컬 복제본이 원격 저장소와 달라지면 기존 로컬 복제본은 삭제하고 데이터를 새로 가져온다. 로컬 복제본은 무작위로 생성된 이름의 폴더에 저장되도록 기본 설정되어 있다. 필요한 경우 `spring.cloud.config.server.git.basedir` 속성을 통해 복제되는 위치를 지정할 수 있다. 이 책의 설정 서비스는 기본 설정을 사용한다.

컨피그 애플리케이션에 대한 application.yml 파일을 다음과 같이 업데이트해서 코드 저장소 서비스(이 경우 깃허브)와의 상호작용에 영향을 미칠 수 있는 오류에 대한 내결함성을 향상시킬 수 있다.

예제 4.13 **컨피그 서비스의 내결함성 향상**

```
spring:
  application:
    name: config-service
  cloud:
    config:
      server:
        git:
          uri: <your-config-repo-github-url>
          default-label: main
          timeout: 5          ◀──┤ 원격 저장소와의 연결시 시간 한도
          clone-on-start: true ◀──┤ 서비스 시작시 리모트 저장소의 복제본을 로컬에 저장
          force-pull: true     ◀──┤ 로컬 저장본이 원격 저장소와 다를 경우 무조건 원격 저장소로부터 다운로드
```

다음 절에서 컨피그 서비스가 제대로 작동하는지 확인해보자.

4.3.4 설정 서버 REST API 이해

스프링 클라우드 컨피그 서버는 스프링 부트 애플리케이션과 원활히 작동하는데 REST API를 통해 속성을 자신의 기본 형식으로 제공한다. 이것을 쉽게 확인할 수 있다. 컨피그 서비스를 빌드하고 실행한 후에(./gradlew bootRun) 터미널 창을 열고 /catalog-service/default로 HTTP GET 요청을 해보자.

```
$ http :8888/catalog-service/default
```

위 요청에 대해 활성화된 스프링 프로파일이 존재하지 않는 경우의 설정 데이터를 응답으로 받는다. prod 프로파일이 활성화된 경우의 설정을 가져오기 위해 다음과 같이 해보자.

```
$ http :8888/catalog-service/prod
```

그림 4.10에서 볼 수 있듯이, 이 요청에 대한 응답은 catalog-service.yml 및 catalog-service-prod.yml에 정의되어 있는 카탈로그 서비스 애플리케이션의 설정인데, prod 프로파일이 지정되었기 때문에 catalog-service-prod.yml이 catalog-service.yml보다 우선한다.

```
{
    "label": null,
    "name": "catalog-service",
    "profiles": [
        "prod"
    ],
    "propertySources": [
        {
            "name": "https://github.com/PolarBookshop/config-repo/catalog-service-prod.yml",
            "source": {
                "polar.greeting": "Welcome to the production catalog from the config server"
            }
        },
        {
            "name": "https://github.com/PolarBookshop/config-repo/catalog-service.yml",
            "source": {
                "polar.greeting": "Welcome to the catalog from the config server"
            }
        }
    ],
    "state": null,
    "version": "c3553ffec24804010d44bfc88a8854ef43b359b9"
}
```

결과를 검색하기 위한 깃 레이블. 아무것도 지정되지 않았고 이 경우에는 "main" 브랜치가 사용된다.

설정이 적용될 애플리케이션의 이름

설정을 가져올 활성 프로파일

우선순위(높은 순위에서 낮은 순위로)대로 순서를 매긴 속성 소스 목록

특정 설정 백엔드를 위해 사용하는 상태 필드 (우리의 설정에는 관련 없다)

저장소 버전. 깃 저장소에 대해서는 커밋 ID

그림 4.10 설정 서버는 애플리케이션 이름, 프로필, 레이블에 기반해 설정 데이터를 가져오기 위한 REST API를 제공한다. 이 이미지는 "/catalog-service/prod" 엔드포인트의 결과를 보여준다.

애플리케이션 테스트가 끝나면 Ctrl+C로 실행을 중지한다.

스프링 클라우드 컨피그 서버는 {application}, {profile}, {label}의 서로 다른 조합을 사용한 엔드포인트를 통해 속성을 제공한다.

```
/{application}/{profile}[/{label}]
/{application}-{profile}.yml
/{label}/{application}-{profile}.yml
/{application}-{profile}.properties
/{label}/{application}-{profile}.properties
```

스프링 클라우드 컨피그 클라이언트를 사용할 때 애플리케이션에서 이러한 엔드포인트를 직접 호출할 필요가 없지만(스프링 클라우드 컨피그 클라이언트가 이런 일을 해주기 때문에) 서버가 설정 데이터를 어떤 방식으로 제공하는지 아는 것은 유용하다. 스프링 클라우드 컨피그 서버로 구축된 설정 서버는 네트워크의 모든 애플리케이션이 액세스할 수 있는 표준 REST API를 제공한다. 다른 언어 및 프레임워크로 개발된 애플리케이션이라 할지라도 REST API를 통해 동일한 설정 서버를 사용할 수 있다.

14장에서는 어떻게 설정을 처리해야 하는지에 대해 자세히 설명한다. 예를 들어 스프링 클라우드 컨피그는 비밀 정보를 나타내는 속성을 깃 저장소에 저장하기 전에 암호화하는 기능을 가지고 있다. 또한 여러 다른 종류의 백엔드 설루션을 설정 데이터 저장소로 사용할 수 있기 때문에 깃 저장소에는 공개되더라도 문제되지 않는 속성을 저장하고 하시코프 볼트에는 비밀 정보를 저장할 수 있다. 또한 REST API 자체도 보호되어야 하는데, 이 문제도 역시 다룰 것이다. 프로덕션 환경에 배포하기 전에 이러한 이슈들이 논의되어야 하기 때문에 보안의 관점에서 중요한 모든 사항을 다룰 것이다.

이제 우리의 설루션을 완성하기 위해 카탈로그 서비스를 업데이트하고 컨피그 서비스 애플리케이션과 통합해보자.

4.4 스프링 클라우드 컨피그 클라이언트로 설정 서버 사용

앞 절에서 구축한 컨피그 서비스 애플리케이션은 REST API를 통해 설정 정보를 제공하는 서버이다. 일반적으로 애플리케이션은 이 API와 명시적으로 상호작용하지만 스프링 애플리케이션을 위해 스프링 클라우드 컨피그 클라이언트Spring Cloud Config Client가 제공된다.

이번 절에서는 스프링 클라우드 컨피그 클라이언트를 사용해 카탈로그 서비스를 설정 서버와 통합하는 방법에 대해 설명한다. 새로운 변경사항이 설정 저장소로 푸시될 때마다 일어나는 상호작용을 어떻게 하면 더욱 견고하게 할 수 있는지, 클라이언트의 설정을 어떻게 갱신할 수 있는지에 대해 살펴본다.

4.4.1 설정 클라이언트 구축

스프링 부트 애플리케이션을 설정 서버와 통합하기 위한 첫 번째 단계는 스프링 클라우드 클라이언트에 대한 의존성을 새로 추가하는 것이다. 카탈로그 서비스 프로젝트(catalog-service)에 대한 build.gradle 파일을 다음과 같이 업데이트해보자. 의존성을 새로 추가한 후에는 의존성을 새로고침하거나 재임포트하는 것을 잊지 말자.

```
ext {
  set('springCloudVersion', "2021.0.3")
}

dependencies {
  ...
  implementation 'org.springframework.cloud:spring-cloud-starter-config'
}

dependencyManagement {
  imports {
    mavenBom "org.springframework.cloud:
      spring-cloud-dependencies:${springCloudVersion}"
  }
}
```

이제 카탈로그 서비스가 설정 정보를 컨피그 서비스에서 가져오도록 해야 한다. 이를 위해서 `spring.config.import` 속성에 `configserver:`라는 값을 전달한다. 카탈로그 서비스와 같은 클라이언트 애플리케이션에 대해 작업할 때 로컬 환경에서는 설정 서버의 실행을 원하지 않을 수도 있다. 그런 경우에는 `optional:` 접두사(`optional:configserver:`)를 통해 설정 서버와의 상호작용을 선택적으로 만들 수 있다. 카탈로그 서비스를 시작할 때 설정 서버가 실행되고 있지 않다면 애플리케이션이 경고 메시지를 기록하지만 작동을 중지하지는 않는다. 이 작업을 수행할 때 프로덕션 환경에서조차 선택 사항이 되지 않도록 주의해야 한다. 그렇지 않으면 잘못된 설정을 사용할 위험이 있다.

다음으로 카탈로그 서비스는 컨피그 서비스의 URL을 알아야 한다. 이를 위해서는 두 가지 방법이 가능하다. `spring.config.import` 속성에 추가하거나(`optional:configserver:http://localhost:8888`) 좀 더 구체적인 속성인 `spring.cloud.config.uri`을 사용할 수 있다. 여기서 두 번째 방식을 사용하는데 애플리케이션을 다른 환경에 배포할 때 URL 값만 변경하면 된다.

설정 서버가 올바른 설정 데이터를 반환하기 위해서는 애플리케이션 이름을 사용하기 때문에 `spring.application.name` 속성을 `catalog-service`로 설정해야 한다. {application} 매개변수를 기억하는가? `spring.application.name` 값이 이 매개변수 위치에 사용된다.

카탈로그 서비스 프로젝트의 application.yml 파일을 열고 다음과 같이 설정을 변경한다.

```yaml
spring:
  application:
    name: catalog-service       ←──  설정 서버에서 설정을 필터링하는 데 사용하는
                                      애플리케이션의 이름
  config:
    import: "optional:configserver:"  ←──  가능하면 컨피그 서버에서
                                           설정 데이터를 가져온다.
  cloud:
    config:
      uri: http://localhost:8888  ←──┤ 설정 서버의 URL
```

이제 제대로 작동하는지 확인해보자. 카탈로그 서비스 애플리케이션은 `polar.greeting` 속성 키의 값으로 "Welcome to the local book catalog!"라는 값을 가지고 있다. 하지만 설정 서버를 사용하는 경우에는 설정 서버에서 가져온 속성이 로컬 속성보다 우선하기 때문에 `config-repo`에서 정의한 값이 대신 사용된다.

먼저 컨피그 서비스를 실행한다(`./gradlew bootRun`). 그런 다음 카탈로그 서비스를 JAR 아티팩트(`./gradlew bootJar`)로 패키징하고 다음과 같이 실행한다.

```
$ java -jar build/libs/catalog-service-0.1-SNAPSHOT.jar
```

그런 다음 다른 터미널 창을 열고 GET 요청을 루트 엔드포인트로 보내자.

```
$ http :9001/
Welcome to the catalog from the config server!
```

예상한 대로 애플리케이션이 반환하는 환영 메시지는 `config-repo`, 좀 더 구체적으로는 catalog-service.yml 파일에 정의된 메시지이다.

또한 prod 프로파일을 활성화해서 애플리케이션을 실행해보자. Ctrl+C로 카탈로그 서비스를 중단하고 활성 프로파일로 prod를 지정하고 애플리케이션을 다시 시작한다.

```
$ java -jar build/libs/catalog-service-0.0.1-SNAPSHOT.jar \
    --spring.profiles.active=prod
```

이제는 `config-repo` 저장소의 catalog-service-prod.yml 파일에 정의한 메시지 값을 응답으로 받을 것으로 예상된다.

```
$ http :9001/
Welcome to the production catalog from the config server
```

확인이 끝났으면 다시 한번 Ctrl+C로 애플리케이션을 중지한다.

다음 절에서는 애플리케이션과 설정 서버 간의 상호작용에서 내결함성을 높이는 방법에 대해 살펴보기로 하자.

4.4.2 내결함성이 높은 설정 클라이언트의 구축

설정 서버와의 통합이 선택이 아닌 필수인 경우 애플리케이션이 설정 서버에 연결할 수 없다면 애플리케이션은 시작하지 못한다. 만약 설정 서버가 작동하고 있더라도, 분산 환경에서 상호작용이 일어나기 때문에 문제가 발생할 수 있다. 따라서 애플리케이션이 신속히 실패하도록 타임아웃을 정의하는 것이 좋다. `spring.cloud.config.request-connect-timeout`을 사용해 설정 서버와의 연결 시 타임아웃을 제어할 수 있다. `spring.cloud.config.request-read-timeout`을 사용하면 서버에서 설정 데이터를 읽는 데 걸리는 시간을 제한할 수 있다.

카탈로그 서비스 프로젝트의 application.yml을 열고 다음과 같은 설정을 적용하여 설정 서비스와의 상호작용의 내결함성을 향상시켜보자. 다시 말하지만 타임아웃을 설정하는 보편적인 규칙은 없다. 아키텍처 및 인프라 특성에 따라 설정값을 조정해야 할 수도 있다.

예제 4.16 **스프링 클라우드 컨피그 클라이언트의 내결함성을 높이기 위한 설정**

```yaml
spring:
  application:
    name: catalog-service
  config:
    import: "optional:configserver:"
  cloud:
    config:
      uri: http://localhost:8888
      request-connect-timeout: 5000    ◀── 설정 서버에 연결될 때까지 기다리는 시간(밀리초)
      request-read-timeout: 5000    ◀── 설정 서버에서 설정 데이터를 읽을 때까지 기다리는 시간(밀리초)
```

설정 서비스가 복제된다 해도 카탈로그 서비스와 같은 클라이언트 애플리케이션을 시작할 때 설정 서비스가 일시적으로 사용할 수 없는 상태일 가능성은 여전히 있다. 이런 상황에서는 애플리케이션이 설정 서버에 연결이 안 된다고 해서 바로 포기하고 실패 상태로 가기보다는 **재시도**retry **패턴**을 활용해 설정 서버에 연결을 재시도하도록 설정할 수 있다. 스프링 클라이언트의 재시도 구현은 스프링 리트라이Spring Retry 라이브러리를 기반으로 하므로 카탈로그 서비스 프로젝트의 build.gradle 파일에 이에 대한 의존성을 추가해야 한다. 의존성을 새로 추가한 뒤에는 반드시 새로고침하거나 재임포트한다.

예제 4.17 **카탈로그 서비스에 스프링 리트라이 의존성 추가**

```
dependencies {
  ...
  implementation 'org.springframework.retry:spring-retry'
}
```

재시도 패턴에 대해서는 8장에서 좀 더 자세히 살펴볼 것이다. 지금은, 최종적으로 실패라고 판단하기 전에 컨피그 서비스에 연결을 몇 번 더 시도하도록 카탈로그 서비스를 설정하려고 한다(spring.cloud.config.retry.max-attempts). 연결 시도를 할 때 각각의 시도 사이에 시간 지연이 있는데 이 지연은 지수 백오프 전략exponential backoff strategy에 따라 계산되며 현재의 지연에 spring.cloud.config.retry.multiplier 속성의 값을 곱한 값이 된다. 초기 지연은 spring.cloud.config.retry.initial-interval로 설정되며 각 지연은 spring.cloud.config.retry.max-period 값을 초과할 수 없다.

카탈로그 서비스 프로젝트의 application.yml 파일에 재시도 설정을 추가해보자.

예제 4.18 **스프링 클라우드 컨피그 클라이언트에 재시도 패턴 적용**

```
spring:
  application:
    name: catalog-service
  config:
    import: "optional:configserver:"
  cloud:
    config:
      uri: http://localhost:8888
      request-connect-timeout: 5000
      request-read-timeout: 5000
      fail-fast: true    ◀────  설정 서버 연결 실패를
      retry:                    치명적 오류로 인식
```

```
max-attempts: 6          ◄──┤ 시도의 최대 횟수
initial-interval: 1000   ◄──┤ 최초 재시도 지연 시간(밀리초)
max-interval: 2000       ◄──┤ 재시도 지연 최대 시간(밀리초)
multiplier: 1.1          ◄──┤ 지연 시간 계산 승수
```

재시도 작동은 spring.cloud.config.fail-fast 속성이 true로 설정된 경우에만 활성화된다. 설정 서버가 다운되었더라도 설정 서비스가 필수가 아닌 선택적인 지원 서비스인 점을 고려하면 로컬 환경에서는 재시도를 원하지 않을 수도 있다. 설정 서버가 다운된 상태에서 연결을 재시도할 때 애플리케이션이 어떻게 작동하는지 테스트해보기 바란다. 하지만 로컬 환경에서 선택 사항으로 설정하고 싶으면 fail-fast 속성을 false로 지정해야 한다는 점을 잊지 말자. 프로덕션 환경에서는 fail-fast 속성을 true로 지정하고 이 장에서 다루는 전략 중 하나를 사용할 수 있다. 애플리케이션 테스트가 끝나면 Ctrl+C로 두 애플리케이션을 모두 중지한다.

이제 설정 서비스를 사용해 원하는 애플리케이션을 설정할 준비가 되었다. 하지만 아직 다루지 못한 부분이 있다. 런타임에 어떻게 설정을 바꿀 수 있을까?

4.4.3 런타임 시 설정 새로고침

컨피그 서비스를 지원하는 깃 저장소에 새로운 변경 사항을 푸시하면 어떤 일이 일어날까? 표준 스프링 부트 애플리케이션에서는 (속성 파일 또는 환경 변수에서) 속성을 변경하고 반영하려면 애플리케이션을 다시 시작해야 한다. 스프링 클라우드 컨피그는 실행 시간에 클라이언트 애플리케이션에서 설정을 업데이트할 수 있다. 설정 저장소에 새 변경사항이 푸시될 때마다 설정 서버와 통합된 모든 애플리케이션에 신호를 보내고 애플리케이션은 설정 변경에 영향 받는 부분을 재로드한다. 스프링 클라이언트 컨피그는 클라이언트 애플리케이션에서 설정을 업데이트할 수 있는 다양한 방법을 제공한다.

이번 절에서는 새로고침하기 위한 방법 중 하나로 **핫 리로드**hot reload라는 간단한 방법을 살펴본다.[11] 이 방법은 실행 중인 카탈로그 서비스 인스턴스에 특수한 POST 요청을 보내 변경된 설정 데이터를 재로드하게 한다. 그림 4.11은 이 방법이 어떻게 작동하는지 보여준다.

---

11 [옮긴이] 핫 리로드는 앱을 처음부터 다시 시작하지 않고 새로운 코드 변경에 따른 코드 변경 사항만 표시하며 변경된 코드에만 적용된다.

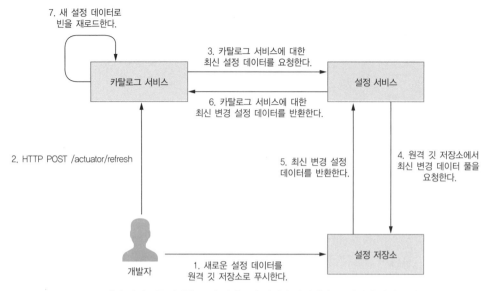

7. 새 설정 데이터로
빈을 재로드한다.

3. 카탈로그 서비스에 대한
최신 설정 데이터를 요청한다.

카탈로그 서비스

설정 서비스

6. 카탈로그 서비스에 대한
최신 변경 설정 데이터를 반환한다.

2. HTTP POST /actuator/refresh

5. 최신 변경 설정
데이터를 반환한다.

4. 원격 깃 저장소에서
최신 변경 데이터 풀을
요청한다.

개발자

1. 새로운 설정 데이터를
원격 깃 저장소로 푸시한다.

설정 저장소

그림 4.11 설정 서비스를 지원하는 깃 저장소의 설정이 변경되면 그 변경된 설정을 사용해
애플리케이션의 일부를 새로고침하라는 신호를 카탈로그 서비스로 보낸다.

이 기능은 2장에서 소개한 15요소 방법론에서 설명한 **관리 프로세스**administrative process 중 하나다. 이 경우 프로세스를 관리하기 위해 채택된 전략은 특정 HTTP 엔드포인트를 호출하여 관리 기능을 활성화하도록 애플리케이션 자체에 관리 기능을 내장하는 것이다.

NOTE 프로덕션 환경에서는 각 애플리케이션 인스턴스에 대해 명시적으로 새로고침을 유발하기보다는 좀 더 자동화되고 효율적인 방법으로 설정을 새로고침하기를 원할 것이다. 설정 서버를 지원하는 원격 깃 저장소에 대해 새 변경사항이 저장소로 푸시될 때마다 설정 서버에 자동으로 알리는 웹훅을 설정할 수 있다. 그러면 설정 서버는 스프링 클라우드 버스Spring Cloud Bus와 래빗MQ 같은 메시지 브로커를 사용해 모든 클라이언트 애플리케이션에 알릴 수 있다. 14장에서는 프로덕션 환경에서 설정을 새로 고치기 위한 더 많은 시나리오를 다룬다.

① 설정 새로고침 활성화

원격 깃 저장소에 새로운 설정 변경 사항을 커밋하고 푸시한 다음 클라이언트 애플리케이션의 특정 엔드포인트로 POST 요청을 보내고 이 요청이 애플리케이션 콘텍스트 내에서 `RefreshScope RefreshedEvent`를 발생하도록 할 수 있다. 스프링 부트 액추에이터Spring Boot Actuator 프로젝트를 사용해 새로고침 엔드포인트를 제공하려면 카탈로그 서비스 프로젝트의 build.gradle 파일에 의존성을 새로 추가해야 한다. 새로 추가된 후에는 의존성을 새로고침하거나 다시 임포트한다.

예제 4.19 **카탈로그 서비스에서 스프링 부트 액추에이터 의존성 추가**

```
dependencies {
  ...
  implementation 'org.springframework.boot:spring-boot-starter-actuator'
}
```

스프링 부트 액추에이터 라이브러리는 새로고침 이벤트를 트리거하는 /actuator/refresh 엔드포인트를 설정한다. 기본 설정상 이 엔드포인트는 노출되지 않기 때문에 카탈로그 서비스 프로젝트(catalog-service)의 application.yml 파일에서 이 엔드포인트를 명시적으로 활성화해야 한다.

예제 4.20 **스프링 부트 액추에이터 설정을 사용한 refresh 엔드포인트 활성화**

```
management:
  endpoints:
    web:
      exposure:
        include: refresh    ◀──    HTTP를 통해 /actuator/refresh 엔드포인트를 노출한다.
```

NOTE 13장에서 스프링 부트 액추에이터에 대해 광범위하게 논의할 것이므로 위의 설정을 완전히 이해하지 못하더라도 걱정하지 않아도 된다. 지금은 스프링 부트 액추에이터가 프로덕션 환경에서 애플리케이션을 모니터링하고 관리하는 데 유용한 엔드포인트를 많이 제공한다는 것을 알고 있는 것으로 충분하다.

새로고침 이벤트인 RefreshScopeRefreshedEvent는 이 이벤트를 처리하는 컴포넌트가 없다면 무의미하다. 새로고침이 트리거될 때마다 다시 로드해야 할 빈에 @RefreshScope 애너테이션을 사용할 수 있다. 하지만 @ConfigurationProperties 빈을 통해 사용자 정의 속성을 정의했기 때문에 이미 기본적으로 RefreshScopeRefreshedEvent를 듣고 있고 따라서 코드를 변경할 필요가 없다. 새로고침이 트리거되면 PolarProperties 빈이 최신 설정 값을 가지고 다시 로드된다. 작동하는지 확인해보자.

❷ 런타임에 설정 변경

이제 실행 시간에 설정을 변경하는 방법을 살펴보기로 한다. 먼저 설정 서비스와 카탈로그 서비스를 모두 시작해야 한다(./gradlew bootRun). 그런 다음 설정 데이터를 저장하고 있는 config-repo 저장소의 config-repo/catalog-service.yml에서 polar.greeting 속성의 값을 변경한다.

```
polar:
greeting: "Welcome to the catalog from a fresh config server"
```

수정 후에 변경사항을 커밋하고 푸시한다.

설정 서비스에서 새 속성 값을 반환할 것이다. http :8888/catalog-service/default 요청을 통해 확인할 수 있다. 그러나 아직 카탈로그 서비스에는 이 업데이트가 전달되지 않은 상태다. http :9001/ 명령을 실행해보면, 여전히 이전의 "Welcome to the catalog from the config server"라는 메시지가 반환된다는 것을 알 수 있다. 새로고침을 트리거해보자.

카탈로그 서비스의 /actuator/refresh 엔드포인트로 POST 요청을 보내보자.

```
$ http POST :9001/actuator/refresh
```

이 요청은 RefreshScopeRefreshedEvent를 트리거한다. PolarProperties 빈은 @Configuration Properties 애너테이션을 가지고 있으므로 이 이벤트에 반응해 새로운 설정 데이터를 확인해보자.

```
$ http :9001/
Welcome to the catalog from a fresh config server
```

마지막으로 Ctrl+C를 사용해 두 애플리케이션의 실행을 중지한다.

훌륭하다! 애플리케이션을 다시 시작하지도 않고, 재빌드하지도 않고, 변경사항의 추적성은 보장하면서 런타임에 애플리케이션 설정을 업데이트했다. 클라우드 환경에 아주 적합하다. 비밀 관리, 컨피그맵, 시크릿 등 프로덕션 환경에 필요한 설정을 관리하는 고급 기술은 14장에서 다룰 것이다.

요약

- 스프링의 Environment 추상화는 속성 및 프로파일에 액세스하기 위한 통합 인터페이스를 제공한다.

- 속성은 설정을 저장하기 위해 사용되는 키-값 쌍이다.

- 프로파일은 특정 프로파일이 활성화된 경우에만 로드되는 빈의 논리적 그룹이다.

- 스프링 부트는 우선순위 규칙에 따라 여러 소스에서 속성을 수집한다. 커맨드라인 인수, JVM 시스템 변수, OS 환경 변수, 프로파일별 속성 파일 및 일반 속성 파일을 통해 속성을 정의할 수 있다.

- 스프링 빈은 `@Value` 애너테이션으로 값을 주입하거나 `@ConfigurationProperties` 애너테이션으로 속성 세트에 매핑된 빈을 통해 `Environment` 객체의 속성에 액세스할 수 있다.

- 활성 프로파일은 `spring.profile.active` 속성으로 정의할 수 있다.

- `@Profile` 애너테이션은 지정된 프로파일이 활성화된 경우에만 빈 또는 설정 클래스가 고려되도록 표시한다.

- 스프링 부트에서 관리되는 속성은 15요소 방법론에서 정의한 외부화된 설정을 제공하지만 충분하지는 않다.

- 설정 서버를 통해 애플리케이션을 다시 시작하지 않고도 런타임에 비밀 암호화, 설정 추적성, 버전 관리 및 콘텍스트 새로고침과 같은 측면을 처리한다.

- 스프링 클라우드 컨피그 서버 라이브러리를 사용해 설정 서버를 설정할 수 있다.

- 설정 자체는 전용 깃 저장소와 같이 다양한 전략에 따라 저장할 수 있다.

- 설정 서버는 애플리케이션 이름, 활성 프로파일 및 기타 레이블을 사용해 어떤 설정이 애플리케이션에 제공되어야 하는지 식별한다.

- 스프링 부트 애플리케이션은 스프링 클라우드 컨피그 클라이언트 라이브러리를 사용해 설정 서버에서 설정 데이터를 받아 설정할 수 있다.

- `@ConfigurationProperties` 애너테이션을 갖는 빈은 `RefreshScopeRefreshedEvent`를 듣도록 설정되어 있다.

- `RefreshScopeRefreshedEvent`는 설정 저장소에 새로운 변경 사항이 푸시되면 트리거될 수 있는데, 그 결과 클라이언트 애플리케이션은 최신 설정 데이터로 콘텍스트를 다시 로드한다.

- 스프링 부트 액추에이터는 이벤트를 수동으로 트리거하는 데 사용할 수 있는 `/actuator/refresh` 엔드포인트를 정의한다.

5
CHAPTER

클라우드에서
데이터 저장과 관리

이 장의 주요 내용

- 클라우드 네이티브 시스템에서의 데이터베이스 이해
- 스프링 데이터 JDBC를 사용한 데이터 지속성 구현
- 스프링 부트 및 테스트컨테이너를 이용한 데이터 지속성 테스트
- 플라이웨이를 사용한 프로덕션 환경에서의 데이터베이스 관리

1장에서 클라우드 네이티브 시스템을 애플리케이션 서비스와 데이터 서비스로 구분했다. 지금까지 애플리케이션 서비스를 살펴봤는데, 애플리케이션 서비스는 클라우드 환경에서 잘 작동하기 위해 상태를 갖지 않는다. 그러나 애플리케이션이 상태 또는 데이터를 어딘가에 저장하지 않는다면 대부분의 애플리케이션은 쓸모가 없을 것이다. 가령 3장에서 만든 카탈로그 서비스 애플리케이션은 영구 저장 메커니즘이 없기 때문에 실제로 책 카탈로그를 관리하는 데 사용할 수 없다. 일단 애플리케이션을 중지하면 카탈로그에 추가한 책들은 모두 사라져 버린다. 반면에 애플리케이션이 상태를 갖게 되면 수평적으로 확장할 수 없다.

상태state는 서비스를 종료하고 새로운 인스턴스를 만들 때 보존되어야 하는 모든 것이다. 데이터 서비스는 시스템의 한 구성 요소로 상태를 갖는다. 예를 들어 PostgreSQL, 카산드라Cassandra, 레디스Redis와 같은 데이터 저장소 또는 래빗MQ, 아파치 카프카Apache Kafka와 같은 메시징 시스템이 있다.

이 장에서는 클라우드 네이티브 시스템을 위한 데이터베이스와 클라우드에서 데이터 지속성의 주된 내용을 소개한다. 로컬 환경에서는 PostgreSQL을 실행하기 위해 도커를 사용하지만 프로덕션 환경에서는 클라우드 플랫폼에서 제공하는 관리 서비스로 대체할 것이다. 그런 다음 스프링 데이터 JDBC를 사용해 카탈로그 서비스에 데이터 지속성 계층을 추가한다. 마지막으로 플라이웨이를 사용해 프로덕션에서 데이터베이스를 관리하고 발전시키는 것과 관련한 내용을 다룬다.

[NOTE] 이 장의 예제에 대한 소스 코드는 각각 프로젝트의 초기, 중간 및 최종 상태를 나타내는 Chapter05/05-begin, Chapter05/05-intermediate 및 Chapter05/05-end 폴더에서 다운로드할 수 있다.[1]

5.1 클라우드 네이티브 시스템을 위한 데이터베이스

데이터는 여러 가지 방법으로 저장할 수 있다. 전통적으로 비용 절감을 위해 하나의 대규모 데이터베이스 서버를 사용하는데, 새 서버를 구축하는 데 비용과 시간이 많이 들기 때문에 이렇게 대용량의 데이터베이스 서버를 사용한다. 이런 작업은 조직 프로세스에 따라 며칠에서 몇 달이 걸릴 수 있다. 하지만 클라우드에서는 그렇지 않다.

클라우드는 탄력적이고 셀프 서비스 형태의 주문형 생성 기능을 갖는데 이 점이 데이터 서비스를 클라우드로 마이그레이션하려는 강력한 동기가 된다. 클라우드 네이티브 애플리케이션을 설계할 때 해당 애플리케이션이 생성할 데이터에 가장 적합한 저장소 유형을 고려해야 한다. 그런 다음 클라우드 플랫폼을 통해 API 또는 그래픽 사용자 인터페이스를 통해 저장소를 생성할 수 있다. 예전에 시간이 많이 걸리던 작업이 이제는 몇 분밖에 걸리지 않는다. PostgreSQL 데이터베이스 서버 인스턴스를 마이크로소프트 애저에 배포하는 것은 `az postgres server create` 명령을 실행하면 될 만큼 간단하다.

클라우드 네이티브 애플리케이션은 클라우드 자체의 특성으로 인해 상태를 갖지 않도록 설계되고, 컴퓨팅 노드가 여러 다른 클러스터, 지리적 영역 및 클라우드에 걸쳐 흩어져 있게 만든 동적 인프라다. 애플리케이션이 상태를 가지고 있다면 어떤 문제가 발생할지는 분명하다. 분산적이고 역동적인 환경에서 각각의 서비스가 상태를 어떻게 유지할 수 있을까? 애플리케이션이 상태를 갖지 않도록 하는 것은 이런 이유 때문이다.

그럼에도 클라우드에서 상태를 유지하고 관리해야 할 필요가 여전히 있다. 이번 절에서는 클라우

---

1   https://github.com/ThomasVitale/cloud-native-spring-in-action

드에서 데이터 서비스 및 지속성 관리 문제를 설명하고 데이터 서비스를 직접 관리할지 아니면 클라우드 공급자가 제공하는 것을 사용할지에 따라 달라지는 여러 방법에 대해 설명한다. 그런 다음 PostgreSQL 데이터베이스 인스턴스를 로컬 환경의 컨테이너로 설정하는 방법을 살펴본다.

5.1.1 클라우드에서의 데이터 서비스

데이터 서비스는 상태를 저장하고자 설계된 클라우드 네이티브 아키텍처의 구성 요소다. 애플리케이션이 상태를 갖지 않도록 설계한다는 것은 결국 클라우드에서 저장과 관련한 복잡한 문제를 적은 수의 구성 요소로만 한정한다는 의미가 된다.

전통적으로 저장과 관련된 사항은 운영 엔지니어 및 데이터베이스 관리자가 처리했다. 그러나 클라우드 및 데브옵스 관행에서는 개발자가 애플리케이션의 요구 사항에 가장 적합한 데이터 서비스를 선택한다. 그리고 클라우드 네이티브 애플리케이션과 동일한 접근법을 따라 배포된다. 데이터베이스 관리자와 같은 전문가는 성능, 보안 및 효율성과 같은 측면을 다루면서 개발자가 선택한 기술을 최대한 활용할 수 있도록 조언해준다. 그러나 목표는 클라우드 네이티브 애플리케이션에서와 마찬가지로 저장 및 데이터 서비스를 주문형으로 제공하고 셀프 서비스 방식으로 설정하는 것이다.

애플리케이션과 데이터 서비스의 차이점은 클라우드 인프라의 세 가지 기본 구성 요소인 컴퓨팅, 저장 및 네트워크 측면에서 시각화할 수 있다. 그림 5.1에서 볼 수 있듯이 애플리케이션 서비스는 상태가 없으므로 컴퓨팅 및 네트워크 리소스를 사용한다. 반면에 데이터 서비스는 상태를 유지하기 위해 스토리지가 필요하다.

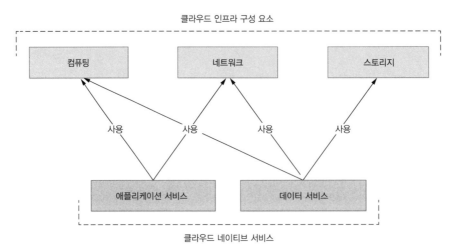

그림 5.1 **애플리케이션 서비스(상태가 없음)는 클라우드 인프라에서 컴퓨팅 및 네트워크 자원만 사용한다. 데이터 서비스(상태가 있음)는 스토리지도 필요하다.**

클라우드 환경에서 데이터 서비스가 직면할 수 있는 어려움과 애플리케이션에 가장 적합한 설루션을 선택하는 데 도움이 되도록 데이터 서비스의 주요 범주를 살펴보겠다.

1 데이터 서비스가 직면하는 도전

클라우드 네이티브 시스템의 데이터 서비스는 데이터베이스 및 메시지 브로커와 같이 이미 만들어져 있어 가져다 쓰기만 하면 되는 구성 요소인 경우가 많다. 가장 적합한 기술을 선택하기 위해 고려해야 할 몇 가지 속성이 있다.

- **확장성**scalability: 클라우드 네이티브 애플리케이션은 동적으로 확장되고 축소될 수 있다. 데이터 서비스도 다르지 않다. 확장성을 통해 워크로드의 증가나 감소에 적응할 수 있어야 한다. 하지만 데이터 저장소에 안전한 접근을 보장하면서 확장해야 하는 어려운 점이 새롭게 등장한다. 클라우드의 시스템을 통해 전송되는 데이터의 양은 그 어느 때보다도 많다. 갑작스러운 증가가 있을 수 있으므로 데이터 서비스는 워크로드 증가 가능성을 지원하고 탄력적으로 대응해야 한다.

- **복원력**resilience: 클라우드 네이티브 애플리케이션과 마찬가지로 데이터 서비스는 실패에 대해 복원력이 있어야 한다. 이때 새로 등장하는 문제점은 특정 스토리지 기술을 통해 저장되는 데이터 역시 복원력이 있어야 한다는 점이다. 데이터의 복원력을 높이고 데이터 손실을 방지하기 위한 핵심 전략 중 하나는 복제다. 여러 클러스터와 서로 다른 지리적 영역에 걸쳐 데이터를 복제하면 비용은 많이 들지만 복원력은 훨씬 더 좋아진다. 관계형 데이터베이스와 같은 데이터 서비스는 데이터 일관성을 보장하면서 복제를 가능케 한다. 반면 일부 비관계형 데이터베이스와 같은 다른 데이터베이스는 높은 수준의 복원력을 제공하지만 데이터 일관성이 항상 보장되지는 않는다(소위 말하는 **궁극적 일관성**eventual consistency을 제공한다).

- **성능**performance: 데이터가 복제되는 방식은 성능에 영향을 미칠 수 있다. 물론 성능은 특정 스토리지 기술의 I/O 액세스 대기 시간과 네트워크 대기 시간에 의해서도 제한된다. 스토리지를 사용하는 데이터 서비스와 비교해 스토리지가 어디에 있는지도 중요한데 이것은 클라우드 네이티브 애플리케이션에서는 접해본 적이 없는 문제다.

- **컴플라이언스**compliance: 컴플라이언스 측면에서 데이터 서비스는 클라우드 네이티브 애플리케이션과 비교해 더 많은 문제가 발생할 수 있다. 지속성 데이터는 일반적으로 기업에 중요하며 종종 특정 법률, 규정 또는 고객 계약에 의해 보호되는 정부를 포함한다 가령 개인과 민감한 정보를 다룰 때는 개인정보보호법에 따라 데이터를 관리하는 것이 중요하다. 유럽에서는 '일반 데이터 보호 규정General Data Protection Regulation, GDPR'을 따르는 것을 의미한다. 캘리포니아에는 '캘리포니아 소비자 개인정보 보호법California Consumer Privacy Act, CCPA'이 있으며, 특정 분야는

추가 법률이 적용된다. 이를테면 미국의 건강 자료는 '건강보험 양도 및 책임에 대한 법Health Insurance Portability and Accountability, HIPAA'에 따라 처리해야 한다. 클라우드 네이티브 스토리지와 클라우드 공급자 모두 준수해야 하는 법률이나 계약을 따라야 한다. 이런 문제 때문에 의료 서비스 제공 업체나 은행처럼 민감한 데이터를 다루는 조직은 데이터 관리를 보다 잘 제어하고 해당 규정을 준수하기 위해 일종의 클라우드 네이티브 저장소를 자신들이 직접 관리하는 장소에 두고 사용하는 것을 선호한다.

2 데이터 서비스의 범주

데이터 서비스는 클라우드 공급자 또는 사용자 중 누구에게 책임이 있는지에 따라 분류할 수 있다. 클라우드 공급자는 데이터 서비스를 위한 여러 제품을 보유하고 있으며 사용자를 대신해 클라우드 네이티브 저장소의 모든 주요 문제를 해결한다.

PostgreSQL, 레디스, 마리아DBMariaDB와 같은 산업 표준 서비스를 사용할 수 있다. 일부 클라우드 제공 업체는 이를 토대로 해서 확장성, 가용성, 성능 및 보안을 최적화해 향상된 기능을 제공한다. 예를 들어 관계형 데이터베이스가 필요한 경우 아마존 관계형 데이터베이스 서비스(RDS), 애저 데이터베이스 또는 구글 클라우드 SQL을 사용할 수 있다.

클라우드 제공 업체는 또한 클라우드 전용으로 특별히 제작된 새로운 유형의 데이터 서비스를 제공하는데 고유한 API를 통해 사용할 수 있다. 가령 구글 빅쿼리BigQuery는 높은 확장성에 초점을 맞춘 서버리스 데이터 웨어하우스 솔루션이다. 또 다른 사례는 애저의 비관계형 데이터베이스인 코스모스 DBCosmos DB인데 속도가 매우 빠르다.

또 다른 옵션은 데이터 서비스를 직접 관리하는 것인데 관리에 따른 업무 복잡성은 늘어나지만 솔루션에 대한 통제력은 더 커진다. 가상 머신을 기반으로 한 보다 전통적인 방법이나 컨테이너를 사용할 수 있는데 후자의 경우에는 클라우드 네이티브 애플리케이션을 통해 배운 기술과 지식을 활용할 수 있다. 컨테이너를 사용하면 쿠버네티스와 같은 통합 인터페이스를 통해 시스템의 모든 서비스를 관리할 수 있고 그에 따라 컴퓨팅 및 스토리지 리소스를 함께 처리하면서 비용을 절감할 수 있다. 그림 5.2는 클라우드에 대한 데이터 서비스의 범주를 보여준다.

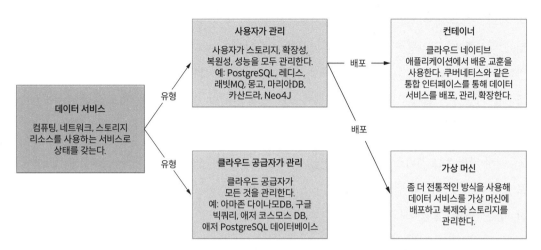

그림 5.2 **데이터 서비스는 사용자(컨테이너 또는 가상 머신) 스스로 또는 클라우드 공급자가 관리할 수 있다.
첫 번째 경우는 좀 더 전통적인 방식의 서비스를 사용할 수 있지만
두 번째 경우에는 공급 업체가 클라우드를 위해 특별히 구축한 여러 형태의 서비스를 사용할 수 있다.**

NOTE 데이터 서비스를 직접 실행하고 관리하기로 결정했다면(가상 머신이든 쿠버네티스 상의 컨테이너든), 또 다른 중요한 결정은 어떤 종류의 스토리지를 사용할 것인가이다. 로컬 저장소를 사용할 것인가 아니면 원격 저장소를 사용할 것인가? 클라우드 네이티브 스토리지라는 주제는 흥미롭지만, 이 책에서는 다루기가 어렵다. 이에 대해 더 알고 싶다면 CNCF의 클라우드 네이티브 인터랙티브 랜드스케이프[2]에서 해당 절을 참고하기 바란다.

다음 절에서는 관계형 데이터베이스를 중점적으로 살펴보고 로컬 환경에서 PostgreSQL 컨테이너를 만들어볼 것이다.

5.1.2 PostgreSQL을 컨테이너로 실행

카탈로그 서비스 애플리케이션은 관계형 데이터베이스인 PostgreSQL을 사용해 카탈로그의 도서 데이터를 저장하려고 한다. PostgreSQL은 강력한 신뢰성, 견고성 및 성능을 갖춘 인기 있는 오픈소스 데이터베이스로 관계형 및 비관계형 데이터를 모두 지원한다.[3] 대부분의 클라우드 공급 업체는 PostgreSQL을 관리형 서비스로 제공하기 때문에 사용자가 직접 가용성, 복원력 및 영구 스토리지와 같은 사항을 관리하지 않아도 된다. PostgreSQL 애저 데이터베이스, PostgreSQL 아마존 RDS, PostgreSQL 구글 클라우드 SQL, PostgreSQL 알리바바 클라우드 압사라DB_ApsaraDB RDS, 디지털 오션 PostgreSQL이 이 유형의 서비스에 속한다.

---

2 https://landscape.cncf.io

3 https://www.postgresql.org

이 책의 뒷부분에서 우리는 폴라 북숍 시스템을 클라우드 공급자가 관리하는 쿠버네티스 클러스터에 배포할 때 관리형 PostgreSQL에 어떻게 사용하는지 살펴볼 것이다. 15요소 방법론에서 권장하는 대로 환경 동일성을 보장하기 위해 개발 환경에서도 역시 PostgreSQL을 사용하려고 한다. 도커를 사용하면 데이터베이스를 로컬에서 보다 쉽게 실행할 수 있기 때문에 로컬 컴퓨터에서 컨테이너를 통해 PostgreSQL을 실행하는 방법을 보여줄 것이다.

2장에서 카탈로그 서비스 애플리케이션을 위해 도커를 처음 사용했었다. PostgreSQL을 컨테이너로 실행하는 것도 이와 별반 다르지 않다. 도커 엔진이 작동하고 있는지 확인한 후 터미널 창을 열고 다음 명령을 실행해보자.

```
$ docker run -d \
    --name polar-postgres \        ◀── 컨테이너의 이름
    -e POSTGRES_USER=user \        ◀── 관리자의 사용자 이름
    -e POSTGRES_PASSWORD=password \   ◀── 관리자 패스워드
    -e POSTGRES_DB=polardb_catalog \  ◀── 생성할 데이터베이스 이름
    -p 5432:5432 \                 ◀── 데이터베이스를 포트 번호 5432로 노출
    postgres:14.4                  ◀── 도커 허브에서 다운로드할 PostgreSQL 컨테이너 이미지
```

위의 명령은 카탈로그 서비스 컨테이너를 실행했을 때와 비교해 몇 가지 새로운 요소를 찾을 수 있다. 먼저 컨테이너를 실행하는 도커 이미지(`postgres:14.3`)를 사용자가 만들지 않고 도커 허브 컨테이너 저장소에서 가져온다(도커 허브 컨테이너 저장소는 도커를 설치할 때 기본 설정으로 지정된다).

두 번째는 환경 변수를 컨테이너의 인수로 전달한다는 점이다. PostgreSQL은 컨테이너를 생성할 때 데이터베이스의 설정에 사용되는 몇 가지 환경 변수를 받아들인다.

NOTE 이 책에서는 도커에서 스토리지를 설정하는 방법(볼륨volume)은 다루지 않을 것이다. 따라서 컨테이너를 제거하면 로컬 PostgreSQL 컨테이너에 저장된 데이터는 손실된다. 데이터 지속성이라는 이 장의 주제와 어긋나는 것처럼 보일 수 있지만 프로덕션 환경에서 스토리지 관련 문제는 클라우드 공급 업체가 관리하기 때문에 사용자가 직접 다룰 필요는 없다. 그러나 로컬 컨테이너에 지속성을 추가하는 것에 관심이 있다면 공식 도커 문서[4]에서 볼륨 사용 방법을 읽어보기 바란다.

다음 절에서는 스프링 데이터 JDBC 및 PostgreSQL을 사용해 스프링 부트 애플리케이션에 데이터 지속성을 추가하는 방법을 살펴본다.

---

4 https://docs.docker.com

NOTE 필요하다면, docker stop polar-postgres로 컨테이너를 멈추고 docker start polar-postgres로 다시 시작할 수 있다. 처음부터 다시 시작하려면 docker rm -fv polar-postgres로 컨테이너를 제거한 후에 이전 docker run 명령으로 다시 만들 수 있다.

5.2 스프링 데이터에 대한 데이터 지속성 JDBC

스프링은 스프링 데이터_{Spring Data} 프로젝트를 통해 다양한 데이터 지속성 기술을 지원하는데, 스프링 데이터는 관계형(JDBC, JPA, R2DBC)과 비관계형 데이터베이스(Cassandra, Redis, Neo4J, MongoDB 등)에 대한 전용 모듈을 포함하고 있다. 스프링 데이터는 공통적인 추상화와 패턴을 제공하기 때문에 여러 모듈을 살펴보는 것이 쉽고 명확하다. 이번 절에서는 관계형 데이터베이스에 초점을 맞추고 있지만 스프링 데이터를 사용하는 애플리케이션과 데이터베이스 간 상호작용의 핵심 내용(그림 5.3)은 모든 유형에 동일하게 적용된다.

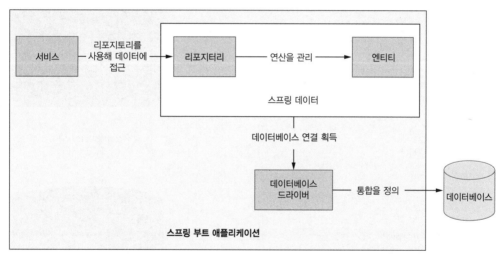

그림 5.3 드라이버는 애플리케이션과 데이터베이스 간의 연결을 설정한다.
엔티티는 도메인 객체를 나타내며 리포지터리를 통해 저장 및 검색할 수 있다.

그림 5.3에 표시된 상호작용의 주요 요소는 데이터베이스 드라이버, 엔티티, 리포지터리다.

* **데이터베이스 드라이버**: (**연결 팩토리**_{connection factory}를 통해) 특정 데이터베이스와의 통합을 제공하는 구성 요소. 관계형 데이터베이스의 경우 명령형/블로킹 애플리케이션에서 JDBC 드라이버(Java Database Connectivity API)를 사용하거나 반응형/넌블로킹 애플리케이션에서 R2DBC 드라이버를 사용할 수 있다. 비관계형 데이터베이스의 경우, 각 공급업체는 자체 전용 솔루션을 가지고 있다.

- **엔티티**: 데이터베이스에 저장되는 도메인 객체. 각 인스턴스를 고유하게 식별하는 필드(**기본 키** primary key)를 포함해야 하며 전용 애너테이션을 사용해 자바 객체와 데이터베이스 항목 간의 매핑을 설정할 수 있다.
- **리포지터리[5]**: 데이터 저장 및 검색을 위한 추상화. 스프링 데이터는 기본적인 구현과 함께 해당 데이터베이스에만 속하는 고유 기능을 제공하기 위해 기본 구현을 확장한 모듈을 제공한다.

이번 절에서는 스프링 데이터 JDBC를 사용해 카탈로그 서비스와 같은 스프링 부트 애플리케이션에 데이터 지속성을 추가하는 방법을 보여준다. JDBC 드라이버를 통해 PostgreSQL 데이터베이스와 상호작용하도록 연결 풀을 설정하고, 엔티티를 정의한 다음, 리포지터리를 사용해 데이터에 액세스하고 트랜잭션도 사용해볼 것이다. 그림 5.4는 이 장을 마치면 폴라 북숍 아키텍처가 어떻게 될지 보여준다.

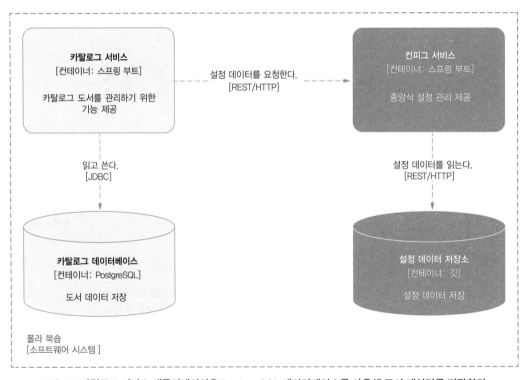

그림 5.4 카탈로그 서비스 애플리케이션은 PostgreSQL 데이터베이스를 사용해 도서 데이터를 저장한다.

---

5 (옮긴이) 이 책에서 '리포지터리'와 '저장소' 용어를 구분해서 사용하였다. 소스 코드를 저장하는 의미로는 저장소로, 데이터 지속성을 위한 리포지터리 패턴의 경우에는 리포지토리로 번역했다.

스프링 데이터 JDBC 아니면 스프링 데이터 JPA?

스프링 데이터는 애플리케이션을 JDBC 드라이버를 통해 관계형 데이터베이스와 통합하기 위한 방법으로 스프링 데이터 JDBC와 스프링 데이터 JPA 이렇게 두 가지를 제공한다. 이 중 어떤 것을 선택해야 할까? 언제나 그렇듯이, 이 질문에 대한 대답은 '요구 사항과 처한 상황에 따라 다르다'이다.

스프링 데이터 JPASpring Data JPA[6]는 스프링데이터 프로젝트에서 가장 많이 사용되는 모듈이다. JPAJava Persistence API는 자카르타 EE(이전에는 자바 EE)에 포함된 표준 사양이다. 이 사양을 구현한 것 중에 하이버네이트Hibernate가 가장 많이 쓰인다. 하이버네이트는 현업에서 검증된 강력한 객체 관계 매핑Object/Relational Mapping, ORM 프레임워크로 자바 애플리케이션의 데이터 지속성을 위해 사용한다. 하이버네이트는 많은 유용한 기능을 제공하지만 복잡한 프레임워크이기도 하다. 지속성 콘텍스트persistence context, 게으른 로딩lazy loading, 더티 체킹dirty checking, 세션과 같은 측면을 알지 못한다면 문제에 봉착할 수 있고 이런 문제는 JPA와 하이버네이트에 대한 깊은 이해와 지식이 없이는 해결하기 어렵다. 하이버네이트에 대해 더 많이 알면 알수록 스프링데이터 JPA가 얼마나 개발 작업을 간단하게 해주고 생산성을 높여주는지 알 수 있다. 스프링 데이터와 하이버네이트에 대해 더 깊이 알고 싶다면 블라드 미할차Vlad Mihalcea의 《High-Performance Java Persistence and SQL》과 카탈린 투도세Catalin Tudose의 《Java Persistence with Spring Data and Hibernate》(Manning, 2022)를 참고하기 바란다.

스프링 데이터 JDBCSpring Data JDBC[7]는 최근에 스프링 데이터 제품군에 추가된 모듈이다. 스프링 데이터 JDBC는 집계, 집계 루트aggregate roots, 리포지터리와 같은 도메인 주도 설계(DDD) 개념을 따라 관계형 데이터베이스를 통합한다. 또 다른 DDD 개념인 제한된 콘텍스트bounded context로 정의되는 도메인을 다루는 마이크로서비스의 경우에 스프링 데이터 JDBC는 가볍고 단순하며 탁월한 선택이다. 개발자는 SQL 쿼리를 더 잘 제어할 수 있고 불변 엔티티를 사용할 수 있다. 스프링 데이터 JPA에 대한 좀 더 간단한 대안이기 때문에 JPA의 모든 기능을 제공하지는 않고 따라서 모든 시나리오에 사용할 수 있는 것은 아니다. 두 가지를 모두 이해한 후에 요구 사항을 고려해 특정 시나리오에 더 적합한 모듈을 결정하는 것이 좋다.

클라우드 네이티브 애플리케이션과 잘 맞고 또 그것이 가지고 있는 단순성으로 인해 이 책에서는 스프링 데이터 JDBC를 사용한다. 스프링 데이터의 공통 추상화 및 패턴 덕분에 스프링 데이터 JDBC를 스프링 데이터 JPA로 변환하는 것은 용이하다. 다음 절에서는 두 가지 모듈의 차이점을 살펴보는데, 스프링 데이터 JPA를 사용해 동일한 요구 사항을 구현하기를 원하는 독자들에게 충분한 정보를 제공하기 위해서다. 책과 함께 제공되는 코드 저장소에는 참고로 사용할 수 있도록 카탈로그 서비스의 JPA 버전도 수록되어 있다(Chapter05/05-end/catalog-service-jpa).

5.2.1 JDBC로 데이터베이스에 연결

카탈로그 서비스 애플리케이션의 데이터 지속성 계층에 대한 구현을 시작해보자. 최소한 사용할 특정 데이터베이스에 대한 스프링 데이터 모듈과 필요하다면 데이터베이스 드라이버도 임포트해야 한다. 스프링 데이터 JDBC는 다른 관계형 데이터베이스도 지원하기 때문에 사용할 특정 데이터

---

6 https://spring.io/projects/spring-data-jpa

7 https://spring.io/projects/spring-data-jdbc

베이스 드라이버에 대한 의존성을 명시적으로 선언해야 한다.

카탈로그 서비스 프로젝트(catalog-service)의 build.gradle 파일에 두 가지 의존성을 새로 추가해보자. 추가한 후에는 의존성을 새로고침하거나 다시 임포트한다.

예제 5.1 **카탈로그 서비스에서 스프링 데이터 JDBC 의존성 추가**

```
dependencies {
    ...
    implementation 'org.springframework.boot:spring-boot-starter-data-jdbc'
    runtimeOnly 'org.postgresql:postgresql'
}
```

다음과 같은 두 가지 의존성이 필요하다.

- **스프링 데이터 JDBC**(`org.springframework.boot:spring-boot-starter-data-jdbc`): 스프링 데이터 및 JDBC를 사용해 관계형 데이터베이스에 대한 데이터 지속성을 위해 필요한 라이브러리를 제공한다.
- **PostgreSQL**(`org.postgresql:postgresql`): 애플리케이션이 PostgreSQL 데이터베이스에 연결할 수 있도록 JDBC 드라이버를 제공한다.

PostgreSQL 데이터베이스는 카탈로그 서비스 애플리케이션을 지원하는 서비스다. 따라서 15요소 방법론에 따라 탈부착이 가능한 리소스처럼 다루어야 한다. 리소스 부착은 PostgreSQL의 경우 다음과 같이 구성된 리소스 바인딩을 통해 수행된다.

- 사용할 드라이버, 데이터베이스 서버의 위치, 애플리케이션이 연결할 데이터베이스 이름 등을 정의하는 URL
- 지정된 데이터베이스와의 연결에 사용할 사용자 이름과 암호

스프링 부트 덕분에 이러한 값을 설정 속성으로 제공할 수 있다. 따라서 데이터베이스를 변경하고 싶으면 리소스 바인딩 값만 변경하면 된다.

카탈로그 서비스 프로젝트의 application.yml 파일을 열고 PostgreSQL과의 연결을 설정하기 위한 속성을 추가해보자. 설정 정보는 이전에 PostgreSQL 컨테이너를 만들 때 환경 변수로 정의한 값과 같다.

예제 5.2 JDBC를 사용한 데이터베이스 연결 설정

```
spring:
    datasource:   ◀────   주어진 데이터베이스에 액세스 권한을 가지고 있는
        username: user            유저의 크리덴셜과 연결을 원하는 데이터베이스에 대한
        password: password        JDBC URL
        url: jdbc:postgresql://localhost:5432/polardb_catalog
```

데이터베이스 연결을 열고 닫는 것은 상대적으로 비용이 많이 드는 작업이므로 애플리케이션이 데이터에 액세스할 때마다 이 작업을 반복해서 수행하는 것은 바람직하지 않다. 이에 대한 해결책은 **연결 풀링**connection pooling이다. 애플리케이션이 데이터를 액세스할 때마다 연결을 새로 만드는 대신 이미 생성한 연결을 재사용한다. 이렇게 하면 상당한 성능 최적화를 이룰 수 있다.

스프링 부트는 연결 풀링에 히카리CP_{Hikari CP}를 사용하며 application.yml 파일에서 이에 대한 설정을 할 수 있다. 최소한 두 가지 설정이 필요한데 연결 타임아웃(`spring.datasource.hikari.connection-timeout`)과 최대 풀 크기(`spring.datasource.hikari.maximum-pool-size`)이다. 이 두 가지 설정이 필요한 이유는 애플리케이션의 복원력과 성능에 영향을 미치기 때문이다. 톰캣 스레드 풀과 마찬가지로 어떻게 설정해야 하는지는 여러 가지 요인에 따라 다르다. 풀의 크기에 대한 히카리CP의 분석[8]을 참고하기 바란다.

예제 5.3 데이터베이스와의 상호작용을 위한 연결 풀 설정

```
spring:
    datasource:
        username: user
        password: password
        url: jdbc:postgresql://localhost:5432/polardb_catalog
        hikari:
            connection-timeout: 2000  ◀──┤ 풀에서 연결 객체를 얻기 위해 기다려야 하는 최대 시간(밀리초)
            maximum-pool-size: 5      ◀──┤ 히카리CP가 풀에 최대한으로 유지할 수 있는 연결 객체의 수
```

스프링 부트 애플리케이션을 PostgreSQL 데이터베이스에 연결했으니 이제 저장할 데이터를 정의해보자.

---

8   https://github.com/brettwooldridge/HikariCP/wiki/About-Pool-Sizing

스프링 데이터를 통한 지속성 엔티티 정의

카탈로그 서비스는 이미 애플리케이션의 도메인 엔티티를 나타내는 Book 레코드가 있다. 비즈니스 도메인과 그 복잡성에 따라 도메인 엔티티와 지속성 엔티티를 분리하여 도메인 엔티티를 지속성 엔티티와는 완전히 독립적인 것으로 만들 수도 있다. 이렇게 모델링하는 방법에 더 알고 싶다면 도 메인 중심 설계와 육각형 설계 원칙을 참고하기 바란다.

이 책에서는 비즈니스 도메인이 매우 간단하므로 두 가지 엔티티를 분리하기보다는 Book 레코드를 지속성 엔티티로 변경해서 사용하려고 한다.

🔳 도메인 클래스에 지속성 부과

스프링 데이터 JDBC는 불가변 엔티티를 사용할 것을 권장하기 때문에 자바 레코드로 엔티티를 모 델링하는 것은 바람직한 방법이다. 레코드는 불가변성을 의도해 설계되었고 프레임워크가 객체를 채우는 데 사용할 수 있도록 모든 인수를 갖는 생성자를 제공하기 때문이다.

지속성 엔티티에는 객체의 식별자 역할을 하는 필드가 있어야 하며 이 필드가 데이터베이스의 기 본 키로 변환된다. 식별자 필드는 (org.springframework.data.annotation 패키지의) @Id 애너테 이션으로 표시한다. 데이터베이스는 생성된 각 객체에 대해 고유한 식별자를 자동으로 생성해야 한다.

> NOTE 도서는 ISBN에 의해 고유하게 식별되기 때문에 ISBN은 도메인 엔티티의 **자연적 키**natural key (또는 **비즈니스 키**business key)라고 부를 수 있다. ISBN을 기본 키로 사용하거나 **기술적 키**technical key (또는 **대리 키**surrogate key)를 기본 키로 사용할 수도 있다. 두 접근법 모두 장단점이 있다. 이 책에서는 기술적 키를 사용하는데 관리하기 용이하고 도메인 문제를 세부적인 지속성 구현 사항과 분리하기 위해서다.

Book을 생성하고 데이터베이스로 저장하기 위해 이 정도 내용이면 충분하다. 한 명의 사용자가 기 존에 존재하는 Book 객체를 업데이트할 때는 아무런 문제가 없다. 하지만 동일한 엔티티가 여러 사용자에 의해 동시에 업데이트된다면 어떻게 될까? 스프링 데이터 JDBC는 이러한 문제를 해결하 기 위해 **낙관적인 잠금**optimistic locking 을 지원한다. 사용자는 데이터를 동시에 읽을 수 있다. 업데이 트 작업을 시도할 때 애플리케이션이 업데이트를 위해 읽은 이후 변경사항이 있는지 확인한다. 만 약 변경사항이 있다면 업데이트는 수행되지 않고 예외를 발생한다. 이 확인 작업은 0부터 카운트 를 시작하고 업데이트할 때마다 자동으로 증가하는 숫자 필드를 기반으로 한다. 이 필드는 (org. springframework.data.annotation 패키지의) @Version 애너테이션으로 표시할 수 있다 .

@Id 필드가 null이고 @Version 필드가 0이면, Spring Data JDBC는 새로운 객체라고 가정한다. 결과적으로, 테이블에 새 행을 삽입할 때 식별자 생성은 데이터베이스에 의존한다. 값이 제공되면 이미 데이터베이스에서 객체를 찾아 업데이트할 것으로 기대된다.

이제 Book 레코드에 식별자와 버전 번호에 해당하는 필드를 새로 추가해보자. 두 필드 모두 내부적으로 스프링 데이터 JDBC에 의해 처리되기 때문에 모든 인수를 갖는 생성자를 사용하는 것은 테스트 데이터 생성과 같은 상황에서 코드 작성이 번거로울 수 있다. 편의성을 위해 Book 레코드에 비즈니스 로직과 관련된 필드만 전달해 객체를 생성하도록 정적 팩토리 메서드를 추가해보자.

예제 5.4 **Book 객체에 대한 식별자 및 버전 정의**

```
package com.polarbookshop.catalogservice.domain;

public record Book (

    @Id        ◀─── 이 필드를 엔티티에 대한
    Long id,         기본 키로 식별한다.

    @NotBlank(message = "The book ISBN must be defined.")
    @Pattern(
      regexp = "^([0-9]{10}|[0-9]{13})$",
      message = "The ISBN format must be valid."
    )
    String isbn,

    @NotBlank(message = "The book title must be defined.")
    String title,

    @NotBlank(message = "The book author must be defined.")
    String author,

    @NotNull(message = "The book price must be defined.")
    @Positive(message = "The book price must be greater than zero.")
    Double price,

    @Version      ◀─── 낙관적 잠금을 위해 사용되는
    int version        엔티티 버전 번호

){
    public static Book of(
      String isbn, String title, String author, Double price
    ) {
      return new Book(
        null, isbn, title, author, price, 0    ◀─── ID가 널이고 버전이 0이면
                                                    새로운 엔티티로 인식한다.
```

```
        );
    }
}
```

스프링 데이터 JPA는 가변 객체를 사용하기 때문에 자바 레코드를 사용할 수 없다. JPA 엔티티 클래스는 @Entity 애너테이션으로 표시하며 인수를 갖지 않는 기본 생성자를 가져야 한다. JPA 식별자는 org.spring framework.data.annotation 대신 javax.persistence 패키지의 @Id 및 @Version 애너테이션을 사용해야 한다.

새 필드를 추가했기 때문에 Book 생성자를 사용하는 클래스를 업데이트해야 하는데 Book 생성자에 id와 version 값을 전달해야 한다.

BookService 클래스는 책을 업데이트하기 위한 논리를 구현한다. 이 클래스를 열고 데이터 계층을 호출할 때 책 식별자와 버전이 올바르게 전달되도록 editBookDetails() 메서드를 변경하자.

예제 5.5 **책 업데이트 시 기존 식별자와 버전을 포함**

```
package com.polarbookshop.catalogservice.domain;

@Service
public class BookService {

    ...

    public Book editBookDetails(String isbn, Book book) {
        return bookRepository.findByIsbn(isbn)
            .map(existingBook -> {
                var bookToUpdate = new Book(          ┌ 기존 책의 식별자를
                    existingBook.id(),      ◄─────────┘ 사용한다.
                    existingBook.isbn(),
                    book.title(),
                    book.author(),
                    book.price(),                     ┌ 기존 책 버전 사용 시 업데이트가 성공하면
                    existingBook.version());  ◄───────┘ 자동으로 증가한다.
                return bookRepository.save(bookToUpdate);
            })
            .orElseGet(() -> addBookToCatalog(book));
    }
}
```

BookDataLoader는 새로운 정적 팩토리 메서드를 사용해 Book 객체를 만들 수 있다. id와 version 필드는 프레임워크가 처리해준다.

예제 5.6 **정적 팩토리 메서드를 사용해 책을 생성**

```
package com.polarbookshop.catalogservice.demo;

@Component
@Profile("testdata")
public class BookDataLoader {

    ...

    @EventListener(ApplicationReadyEvent.class)
    public void loadBookTestData() {
        var book1 = Book.of("1234567891", "Northern Lights",
            "Lyra Silverstar", 9.90);
        var book2 = Book.of("1234567892", "Polar Journey",
            "Iorek Polarson", 12.90);
        bookRepository.save(book1);
        bookRepository.save(book2);
    }
}
```

프레임워크가 내부적으로
식별자와 버전에 대한 할당 값을
처리한다.

이와 유사하게 테스트 코드 역시 업데이트할 수 있는데 이 부분은 독자들에게 맡기겠다. 또한 BookJsonTests의 테스트를 확장하여 새로운 필드의 직렬화 및 역직렬화를 확인할 수 있다. 이 책의 코드 저장소에서 Chapter05/05-intermediate/catalog-service를 참고하기 바란다.

지속성 엔티티로서의 Book 레코드는 관계형 리소스에 자동으로 매핑된다. 클래스 및 필드 이름은 소문자로 변환되고 카멜 케이스camel case의 경우 밑줄로 연결된 단어로 변환된다. Book 레코드는 book 테이블, title 필드는 title 컬럼, price 필드는 price 컬럼 등으로 변환된다. 그림 5.5는 자바 객체와 관계형 테이블 사이의 매핑을 보여준다.

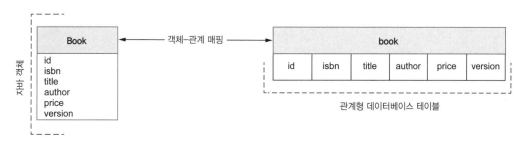

그림 5.5 **지속성 엔티티로 표시된 자바 클래스는 스프링 데이터 JDBC에 의해 데이터베이스의 관계형 리소스에 자동으로 매핑된다.**

2 데이터베이스 스키마 생성

데이터베이스에 매핑이 이루어지려면 그림 5.5와 같이 정의된 테이블이 있어야 한다. 스프링 데이터는 애플리케이션이 시작할 때 데이터 소스를 초기화할 수 있는 기능을 제공한다. schema.sql 파일을 사용해 스키마를 만들고 data.sql 파일을 사용해 새로 만든 테이블에 데이터를 삽입하도록 기본 설정되어 있다. 이 파일들은 src/main/resources 폴더에 있어야 한다.

이 기능은 데모 및 실험에는 유용하지만 프로덕션 환경에 사용하기에는 너무 제한적이다. 이 장의 뒷부분에서 살펴보겠지만, 플라이웨이나 리퀴베이스처럼 좀 더 정교한 도구를 사용해 관계형 자원을 생성·변경하면서 데이터베이스를 버전으로 관리할 수 있게 하는 것이 더 바람직하다. 지금은 데이터 계층을 구현하는 데 집중하도록 내장된 데이터베이스 초기화 기능을 사용한다.

NOTE 스프링 데이터 JPA의 토대인 하이버네이트는 자바에 정의된 엔티티에서 스키마를 자동으로 생성하는 흥미로운 기능을 제공한다. 데모와 실험에는 편리한 기능이지만, 프로덕션 환경에 사용하기 전에 주의 깊게 생각해보기 바란다.

카탈로그 서비스 프로젝트에서 schema.sql 파일을 src/main/resources 폴더에 새로 추가해보자. 그런 다음 SQL 명령어를 작성하여 자바의 Book 레코드로 매핑될 book 테이블을 만들자.

예제 5.7 book 테이블 생성을 위한 SQL 명령어

```
DROP TABLE IF EXISTS book;        테이블이 이미 존재하면
CREATE TABLE book (               삭제한다.
    id              BIGSERIAL PRIMARY KEY NOT NULL,     테이블의 기본 키. 데이터베이스는 연속되는
    author          varchar(255) NOT NULL,             숫자를 생성한다. (bigserial 유형)
    isbn            varchar(255) UNIQUE NOT NULL,       UNIQUE 제약 조건은 ISBN은
    price           float8 NOT NULL,                    오직 하나의 책에만 할당되도록 보장한다.
    title           varchar(255) NOT NULL,             제약 조건은 해당 컬럼이
    version         integer NOT NULL                    값을 반드시 가지도록 보장한다.
);                                정수로 저장되는
                                  엔티티 버전 번호
```

기본 설정으로는 인메모리 데이터베이스를 사용하는 경우에만 스프링 데이터가 schema.sql 파일을 로드한다. 우리는 PostgreSQL을 사용하기 때문에 이 기능을 명시적으로 활성화해야 한다. 카탈로그 서비스 프로젝트의 application.yml 파일에 다음과 같은 설정을 추가해 schema.sql 파일로 데이터베이스 스키마를 초기화해보자.

예제 5.8 **SQL 스크립트에서 데이터베이스 스키마 초기화**

```yaml
spring:
  sql:
    init:
      mode: always
```

애플리케이션이 시작할 때 스프링 데이터는 파일을 읽고 PostgreSQL 데이터베이스에 대해 SQL 명령을 실행하여 책 테이블을 생성하고 데이터를 추가한다.

다음 절에서는 지속성 엔티티와 관련된 감사_{audit} 이벤트를 캡처해 각 행이 테이블에 처음으로 추가된 시간과 마지막 수정 시간을 추적해보고자 한다.

5.2.3 JDBC 감사 활성화와 설정

데이터를 유지할 때 테이블의 각 행에 대한 생성 날짜와 마지막으로 수정된 날짜를 알면 유용하다. 인증 및 권한으로 애플리케이션이 안전하게 되고 나면 더 나아가 각 엔티티를 누가 생성했고 누가 가장 마지막으로 업데이트했는지 알 수 있다. 이를 **데이터베이스 감사**_{database auditing}라고 한다.

스프링 데이터 JDBC를 사용하면 설정 클래스에서 @EnableJdbcAuditing 애너테이션을 사용해 모든 지속성 엔티티에 대한 감사를 활성화할 수 있다. com.polarbookshop.catalogservice.config 패키지에 DataConfig 클래스를 추가하고 JDBC 관련 설정을 이 클래스에 모아놓자.

예제 5.9 **애너테이션 설정을 사용한 JDBC 감사 활성화**

```java
package com.polarbookshop.catalogservice.config;

import org.springframework.context.annotation.Configuration;
import org.springframework.data.jdbc.repository.config.EnableJdbcAuditing;

@Configuration  ◀──  이 클래스가 스프링 설정의
                      소스임을 나타낸다.
@EnableJdbcAuditing  ◀──
public class DataConfig {}          지속성 엔티티에 대한
                                    감사를 활성화
```

NOTE 스프링데이터 JPA에서는 @EnableJpaAuditing 애너테이션으로 JPA 감사를 활성화하고 엔티티 클래스에 @EntityListeners(AuditingEntityListener.class)로 애너테이션을 추가해야만 감사 이벤트를 듣는다. 그렇지 않으면 스프링데이터 JDBC와 같이 자동으로 발생하지 않는다.

이 기능이 활성화되면 데이터의 생성, 변경, 삭제가 일어날 때마다 감사 이벤트가 생성된다. 스프링 데이터는 전용 필드를 통해 이러한 이벤트(감사 메타 데이터)의 정보를 받아 엔티티의 일부로 데이터

베이스에 저장할 수 있도록 편리한 애너테이션을 제공한다(표 5.1).

표 5.1 데이터베이스 감사가 활성화되면 엔티티 필드에 이러한 애너테이션을 사용해 감사 메타데이터를 캡처할 수 있다.

애너테이션	엔티티 필드에 대해 하는 일
@CreatedBy	엔티티를 생성한 사용자를 나타내는 필드를 표시한다. 이 필드는 생성할 때 값이 지정되고 그 이후로는 변경되지 않는다.
@CreatedDate	엔티티가 언제 생성되었는지 나타내는 필드를 표시한다. 엔티티 생성 시 값이 지정되고 그 이후로는 변경되지 않는다.
@LastModifiedBy	엔티티를 가장 최근에 수정한 사용자를 나타내는 필드를 표시한다. 엔티티를 생성하거나 변경할 때마다 업데이트된다.
@LastModifiedDate	엔티티가 가장 최근에 수정된 때를 나타내는 필드를 표시한다. 엔티티를 생성하거나 변경할 때마다 업데이트된다.

카탈로그 서비스에서 createdDate와 lastModifiedDate 필드를 Book 레코드에 추가할 수 있다. 12장에서 스프링 보안을 소개하고 나면, 이 객체를 확장해서 누가 엔티티를 만들거나 업데이트했는지 알 수 있다.

Book 레코드에 이 두 개의 필드를 새로 추가한 다음 정적 팩토리 메서드를 수정해보자. 새 객체를 만들 때 해당 필드는 null로 지정할 수 있는데 스프링 데이터가 내부적으로 값을 지정하기 때문이다.

예제 5.10 **지속성 엔티티에서 감사 메타데이터를 캡처하기 위한 필드 정의**

```
package com.polarbookshop.catalogservice.domain;

public record Book (

  @Id
  Long id,

  ...

  @CreatedDate          ◄─── 엔티티가
  Instant createdDate,        생성된 때

  @LastModifiedDate     ◄─────── 엔티티가 마지막으로
  Instant lastModifiedDate,      수정된 때

  @Version
  int version
){
  public static Book of(
    String isbn, String title, String author, Double price
```

```
    ) {
        return new Book(null, isbn, title, author, price, null, null, 0);
    }
}
```

Book 레코드를 확장 후 BookService 클래스를 다시 한번 수정해야 한다. BookService 클래스를
열고 데이터 계층을 호출할 때 감사 메타데이터가 올바르게 전달되도록 editBookDetails() 메서
드를 변경해보자.

예제 5.11 **책을 업데이트할 때 기존의 감사 메타데이터 포함**

```
package com.polarbookshop.catalogservice.domain;

@Service
public class BookService {

    ...

    public Book editBookDetails(String isbn, Book book) {
        return bookRepository.findByIsbn(isbn)
            .map(existingBook -> {
                var bookToUpdate = new Book(
                    existingBook.id(),
                    existingBook.isbn(),
                    book.title(),
                    book.author(),
                    book.price(),
                    existingBook.createdDate(),        기존 책 레코드의
                                                       생성 날짜 사용
                    existingBook.lastModifiedDate(),    기존 책 레코드의 마지막 수정 날짜 사용. 업데이트가
                    existingBook.version());            성공하면 스프링 데이터에 의해 자동으로 변경된다.
                return bookRepository.save(bookToUpdate);
            })
            .orElseGet(() -> addBookToCatalog(book));
    }
}
```

다음으로 schema.sql 파일에서 새 필드에 대한 컬럼을 book 테이블에 추가해보자.

예제 5.12 **감사 메타데이터를 위한 컬럼을 book 테이블에 추가**

```
DROP TABLE IF EXISTS book;
CREATE TABLE book (
    id                  BIGSERIAL PRIMARY KEY NOT NULL,
    author              varchar(255) NOT NULL,
```

```
    isbn                  varchar(255) UNIQUE NOT NULL,
    price                 float8 NOT NULL,
    title                 varchar(255) NOT NULL,      엔티티가 생성된 때
    created_date          timestamp NOT NULL,    ◄─── (timestamp 유형으로 저장)
    last_modified_date    timestamp NOT NULL,    ◄───
    version               integer NOT NULL            엔티티가 마지막으로 수정된 때
);                                                    (timestamp 유형으로 저장)
```

테스트 코드를 이에 맞춰 수정하는 것은 독자들에게 맡기겠다. 또한 BookJsonTests의 테스트를 확장하여 새로운 필드의 직렬화 및 역직렬화를 확인할 수 있다. 이 책의 코드 저장소에서 Chapter05/05-intermediate/catalog-service를 참고하기 바란다.

지금까지 감사 메타데이터를 포함하여 데이터베이스의 관계형 객체에 자바 객체를 매핑하기 위한 모든 내용을 살펴봤다. 하지만 데이터베이스에서 데이터를 액세스할 수 있는 방법이 여전히 필요하다. 다음 절에서 이에 관해 살펴보자.

5.2.4 스프링 데이터의 데이터 리포지터리

리포지터리 패턴repository pattern은 데이터 소스와 독립적으로 데이터에 액세스하기 위한 추상화를 제공한다. 리포지터리의 예로는 BookService에서 사용하는 BookRepository 인터페이스가 있다. 비즈니스 로직을 구현하는 도메인 계층은 데이터에 접근할 수만 있다면 그 데이터가 어디서 왔는지는 알 필요가 없다. 3장에서는 리포지터리 인터페이스의 구현을 위해 메모리에 데이터를 저장하는 클래스를 추가했다. 지금은 지속성 계층을 구축하고 있으므로 PostgreSQL의 데이터에 액세스하기 위한 구현이 필요하다.

좋은 점은 스프링 데이터 리포지터리는 계속 사용할 수 있다는 것이다. 스프링 데이터 리포지터리는 사용 중인 특정 지속성 기술과는 독립적으로 데이터 저장소에서 데이터를 액세스할 수 있게 해준다. 관계형이든 비관계형이든 상관없이 어떤 지속성 시나리오라도 리포지터리 추상화는 동일하기 때문에 리포지터리는 스프링 데이터의 가장 중요한 기능이라고 할 수 있다.

1 데이터 리포지터리의 사용

스프링 데이터 리포지터리의 사용자는 인터페이스를 정의하기만 하면 된다. 애플리케이션이 시작할 때 스프링 데이터가 인터페이스에 대한 구현 코드를 재빠르게 생성한다. 카탈로그 서비스 프로젝트(catalog-service)에서 InMemoryBookRepository 클래스를 삭제하기 바란다.

이제 카탈로그 서비스 프로젝트에서 BookRepository 인터페이스를 어떻게 리팩터링할지 살펴보자. 우선 스프링 데이터가 제공하는 리포지터리 인터페이스 중 하나를 확장해야 한다. 대부분의 스프링 데이터 모듈은 지원하는 데이터 소스에 대한 리포지터리 구현을 이미 가지고 있다. 카탈로그 서비스 애플리케이션에는 Book 객체에 대한 표준 CRUD 연산이 필요하므로 BookRepository 인터페이스가 CrudRepository를 확장하도록 만들 수 있다.

CrudRepository는 save() 및 findAll()을 포함한 CRUD 연산을 수행하는 메서드를 제공한다. 따라서 자신의 인터페이스에서는 이 메서드를 굳이 명시적으로 선언할 필요가 없기 때문에 BookRepository에서 삭제해도 된다. CrudRepository의 기본 메서드는 @Id 애너테이션 필드를 기반으로 한다. 하지만 우리의 애플리케이션은 ISBN을 기반으로 책에 액세스하기 때문에 이러한 작업을 명시적으로 선언해야 한다.

예제 5.13 책에 액세스하기 위한 리포지터리 인터페이스

```
package com.polarbookshop.catalogservice.domain;

import java.util.Optional;
import org.springframework.data.jdbc.repository.query.Modifying;
import org.springframework.data.jdbc.repository.query.Query;
import org.springframework.data.repository.CrudRepository;

public interface BookRepository
    extends CrudRepository<Book,Long> {          ← 엔티티(Book)와 기본 키 유형(Long)을 지정하면서
                                                    CRUD 연산을 제공하는 리포지터리를 확장한다.
  Optional<Book> findByIsbn(String isbn);    ←
  boolean existsByIsbn(String isbn);              실행 시간에 스프링 데이터에 의해
                                                  구현이 제공되는 메서드
                         데이터베이스 상태를
                         수정할 연산임을 나타낸다.
  @Modifying    ←
  @Query("delete from Book where isbn = :isbn")  ←
  void deleteByIsbn(String isbn);                    스프링 데이터가 메서드 구현에
}                                                     사용할 쿼리를 선언한다.
```

애플리케이션이 시작할 때 스프링 데이터는 일반적인 모든 CRUD 작업과 BookRepository 인터페이스에서 선언한 메서드에 대한 구현을 제공한다. 스프링 데이터에서 사용자 지정 쿼리를 정의하는 데는 주로 두 가지 옵션이 있다.

• @Query 애너테이션으로 SQL과 유사한 문을 제공하고 메서드가 이를 실행한다.

- 구체적인 명명 규칙에 따라 쿼리 메서드를 정의할 수 있는데 명명 규칙은 공식 문서[9]에 자세히 설명되어 있다. 표 5.2에서 볼 수 있듯 일반적으로 여러 개의 키워드를 결합해 메서드 이름을 만든다. 이 책을 쓰는 시점에 스프링 데이터 JDBC는 읽기 작업만 가능하다. 반면 스프링데이터 JPA는 쿼리 메서드를 전폭적으로 지원한다.

표 5.2 **특정 명명 규칙에 따라 구성 요소를 조합해 사용자 지정 쿼리를 리포지터리에 추가하고 스프링 데이터로 구현하여 생성할 수 있다.**

리포지터리 메서드 구성 요소	예
Action	find, exists, delete, count
Limit	One, All, First10
-	By
Property expression	findByIsbn, findByTitleAndAuthor, findbyAuthorOrPrice
Comparison	findByTitleContaining, findByIsbnEndingWith, findByPriceLessThan
Ordering operator	orderByTitleAsc, orderByTitleDesc

개발할 때 비어 있는 데이터베이스로 시작해 하나의 명령만으로 책을 생성하도록 BookData Loader 클래스를 개선할 수 있는데 BookRepositoy가 CrudRepository 인터페이스에서 상속받은 메서드를 사용하면 된다.

예제 5.14 **스프링 데이터에서 제공하는 새로운 메서드를 사용한 삭제와 저장**

```
package com.polarbookshop.catalogservice.demo;

@Component
@Profile("testdata")
public class BookDataLoader {
  private final BookRepository bookRepository;

  public BookDataLoader(BookRepository bookRepository) {
    this.bookRepository = bookRepository;
  }

  @EventListener(ApplicationReadyEvent.class)
  public void loadBookTestData() {          빈 데이터베이스로 시작하기 위해
    bookRepository.deleteAll();   ◄────     기존 책이 있다면 모두 삭제한다.
    var book1 = Book.of("1234567891", "Northern Lights",
      "Lyra Silverstar", 9.90);
    var book2 = Book.of("1234567892", "Polar Journey",
```

---

9   https://spring.io/projects/spring-data

```
        "Iorek Polarson", 12.90);
    bookRepository.saveAll(List.of(book1, book2));  ◀──── 여러 객체를
  }                                                        한꺼번에 저장한다.
}
```

2 트랜잭션 콘텍스트 정의

스프링 데이터는 리포지터리가 수행하는 모든 작업에 대해 트랜잭션 콘텍스트를 설정한다. 예를 들어 CrudRepository의 모든 메서드는 트랜잭션으로 수행된다. saveAll() 메서드를 호출한다면 이 메서드는 트랜잭션 내에서 수행될 것이라는 것을 알기에 이 메서드를 안심하고 호출할 수 있다.

반면에 BookRepository에서 했던 것처럼 사용자 정의 쿼리 메서드를 추가할 때는 트랜잭션으로 실행할 것을 명시적으로 지정해야만 트랜잭션으로 처리된다. 스프링 프레임워크가 제공하는 선언적 트랜잭션 관리를 사용해 클래스 또는 메서드에 (org.springframework.transaction. annotation 패키지의) @Transactional 애너테이션으로 표시하면 하나의 **작업 단위**unit of work로 실행할 수 있다.

BookRepository가 정의한 사용자 지정 메서드 중 deleteByIsbn()은 데이터베이스의 상태를 변경하기 때문에 트랜잭션을 수행하기에 적합한 대상이다. 따라서 이 메서드에 @Transacctional 애너테이션을 추가하면 트랜잭션으로 실행할 수 있다.

예제 5.15 **트랜잭션 연산 정의**

```java
package com.polarbookshop.catalogservice.domain;

import java.util.Optional;
import org.springframework.data.jdbc.repository.query.Modifying;
import org.springframework.data.jdbc.repository.query.Query;
import org.springframework.data.repository.CrudRepository;
import org.springframework.transaction.annotation.Transactional;

public interface BookRepository extends CrudRepository<Book,Long> {

  Optional<Book> findByIsbn(String isbn);
  boolean existsByIsbn(String isbn);

  @Modifying
  @Transactional  ◀──── 메서드가 트랜잭션으로
                        실행됨을 나타낸다.
  @Query("delete from Book where isbn = :isbn")
  void deleteByIsbn(String isbn);
}
```

NOTE 스프링 프레임워크가 제공하는 선언적 트랜잭션 관리에 대한 자세한 내용은 공식 문서[10]를 참고하기 바란다.

작업을 잘 마쳤다! 카탈로그 서비스 애플리케이션에 데이터 지속성 기능을 성공적으로 추가했다. 제대로 작동하는지 확인해보자. 먼저 PostgreSQL 컨테이너가 계속 실행 중인지 확인해야 한다. 컨테이너가 실행 중이 아니라면 이 장의 시작 부분에 있는 설명을 따라 PostgreSQL 컨테이너를 먼저 실행한다. 그런 다음 애플리케이션(`./gradlew bootRun`)을 시작하고 각 REST 엔드포인트에 HTTP 요청을 보내고 예상한 대로 작동하는지 확인해본다. 확인이 끝나면 데이터베이스 컨테이너를 제거하고(`docker rm -fv polar-postgres`) 애플리케이션을 중지한다(`Ctrl`+`C`).

TIP 책의 소스 코드 저장소에는 PostgreSQL 데이터베이스에 직접 쿼리를 실행하고 애플리케이션에서 생성된 스키마 및 데이터를 확인할 수 있는 유용한 명령을 찾아볼 수 있다(Chapter05/05-intermediate/catalog-service/README.md).

데이터 지속성을 수동으로 확인하는 것도 좋지만 자동화하는 것이 더 낫다. 다음 절은 이에 대한 내용이다.

5.3 스프링 및 테스트컨테이너로 데이터 지속성 테스트하기

앞 절에서는 애플리케이션에 데이터 지속성을 추가해 컨테이너로 실행되는 PostgreSQL 데이터베이스에 연결했는데, 이는 프로덕션 환경에서 사용하는 기술과 동일하며 15요소 방법론이 권장하는 환경 동일성을 위해 바람직한 시도였다. 모든 환경을 최대한 비슷하게 유지하면 프로젝트의 품질이 향상된다.

데이터 소스가 환경마다 다른 점은 환경 간 차이를 만드는 주요 원인 중 하나다. 로컬 환경에서 개발 작업을 할 때 H2 또는 HSQL과 같은 인메모리 데이터베이스를 사용하는 것은 흔한 일이다. 하지만 이것은 애플리케이션의 예측성과 견고성에 영향을 미친다. 모든 관계형 데이터베이스가 SQL 언어를 사용하고 스프링 데이터 JDBC가 일반적인 추상화를 제공하지만 각 공급 업체는 자신만의 고유한 기능을 가지고 있기 때문에 개발 및 테스트에서 사용하는 것과 동일한 데이터베이스를 프로덕션에서 사용하는 것이 필수적이다. 그렇지 않으면 프로덕션 환경에서만 발생하는 오류를 사전에 발견할 수 없다.

---

10 https://spring.io/projects/spring-framework

'그럼 테스트는 어떻게 하죠?'라고 물어볼 수도 있다. 훌륭한 질문이다. 인메모리 데이터베이스를 사용하는 또 다른 이유는 통합 테스트에서 사용하기 쉽기 때문이다. 그러나 통합 테스트는 애플리케이션의 외부 서비스와의 통합도 테스트해야 한다. H2와 같은 디비를 사용하면 이런 부분에 대한 테스트의 신뢰성이 저하된다. 지속적 전달에서 각 커밋은 릴리스 후보가 된다. 배포 파이프라인에서 실행되는 자동 테스트가 프로덕션 환경과 다른 지원 서비스를 사용한다고 가정해보자. 이 경우 애플리케이션이 제대로 작동할지 확신할 수 없기 때문에 애플리케이션이 프로덕션 환경에서 안전하게 배포되기 전에 수동 테스트를 추가로 수행해야 한다. 따라서 환경 간 격차를 줄이는 것은 중요하다.

이미 PostgreSQL로 경험해봤듯이, 도커를 사용하면 로컬 환경에서 실제 데이터베이스로 애플리케이션을 구축하고 개발하는 것이 용이해진다. 이와 비슷하게, 테스트를 위한 자바 라이브러리인 테스트컨테이너Testcontainer는 통합 테스트에서 지원 서비스를 컨테이너로 쉽게 사용할 수 있게 해준다.

이번 절에서는 **@DataJdbcTest** 애너테이션을 사용해 데이터 지속성 계층에 대한 슬라이스 테스트를 작성하고 **@SpringBootTest** 애너테이션을 사용해 통합 테스트에 데이터베이스를 포함하는 방법을 살펴본다. 두 경우 모두 테스트컨테이너를 이용해서 실제 PostgreSQL 데이터베이스에 대한 자동 테스트를 실행한다.

5.3.1 PostgreSQL을 위한 테스트컨테이너 설정

테스트컨테이너(https://testcontainers.org)는 테스트를 위한 자바 라이브러리로 JUnit을 지원하며 데이터베이스, 메시지 브로커, 웹 서버에 대한 일회용 경량 컨테이너를 제공한다. 프로덕션 환경에서 사용되는 실제 지원 서비스와 동일한 서비스를 테스트에서도 사용할 수 있기 때문에 통합 테스트를 구현하기에 완벽한다. 결과적으로 더 신뢰성있고 안정적인 테스트가 이루어지며, 이는 더 높은 품질의 애플리케이션으로 이어지고 지속적 전달 관행과도 잘 맞는다.

테스트컨테이너로 경량 PostgreSQL 컨테이너를 구성하면 데이터 지속성 계층과 관련된 자동 테스트에 사용할 수 있다. 어떻게 작동하는지 살펴보자.

빈서 카탈로그 프로젝트의 build.gradle 파일에서 PostgreSQL에 대한 테스트컨테이너 모듈 의존성을 추가해야 한다. 의존성을 새로 추가한 후에는 의존성을 새로고침하거나 다시 임포트한다.

예제 5.16 **카탈로그 서비스에서 테스트컨테이너 의존성 추가**

```
ext {
  ...
  set('testcontainersVersion', "1.17.3")    ◄── 사용할 테스트컨테이너
}                                                  버전을 지정한다.

dependencies {
  ...
  testImplementation 'org.testcontainers:postgresql'  ◄── PostgreSQL 데이터베이스에 대한
}                                                            컨테이너 관리 기능을 제공한다.

dependencyManagement {
  imports {
    ...
    mavenBom "org.testcontainers:
    ↪ testcontainers-bom:${testcontainersVersion}"  ◄── 테스트컨테이너 의존성
  }                                                        관리를 위한 BOM
}
```

테스트를 실행할 때는 애플리케이션이 `spring.datasource.url` 속성을 통해 설정한 데이터베이스 대신 테스트컨테이너가 제공한 PostgreSQL 인스턴스를 사용해야 한다. src/test/resourcs에 application-integration.yml 파일을 새로 만들고 속성 값을 재지정할 수 있다. 이 파일에 정의된 속성은 `integration` 프로파일이 활성화되면 기본 속성보다 높은 우선순위를 갖는다. 이 경우에 테스트컨테이너가 정한 형식에 따라 `spring.datasource.url` 속성 값을 재지정하면 된다.

src/test/resourcs에 application-integration.yml 파일을 새로 만들고 다음과 같이 설정을 추가해보자.

예제 5.17 **테스트컨테이너가 제공하는 PostgreSQL 데이터 소스 사용**

```
sprin
    datasource:
      url: jdbc:tc:postgresql:14.4:///    ◄── 테스트컨테이너의 PostgreSQL 모듈을 지정한다.
                                               '14.4'는 사용할 PostgreSQL의 버전이다.
```

테스트컨테이너를 설정하는 데 필요한 것은 이것뿐이다. `integration` 프로파일이 활성화되면 스프링 부트는 테스트컨테이너에서 인스턴스로 만든 PostgreSQL 컨테이너를 사용한다. 이제 데이터 지속성 계층을 검증하기 위한 자동 테스트를 작성할 준비가 되었다.

3장에서 보았듯이 스프링 부트를 사용하면 애플리케이션의 특정 슬라이스에서 사용하는 스프링 구성 요소만 로드하여 통합 테스트를 실행할 수 있다(**슬라이스 테스트**). 카탈로그 서비스에서 MVC 및 JSON 슬라이스에 대한 테스트를 작성했다. 이제 데이터 슬라이스에 대한 테스트를 작성하는 방법을 살펴보자.

BookRepositoryJdbcTests 클래스를 새로 만들고 @DataJdbcTest 애너테이션으로 표시한다. 이 애너테이션으로 인해 스프링 부트는 모든 스프링 데이터 JDBC 엔티티 및 리포지터리를 애플리케이션 콘텍스트로 로드한다. 또한 JdbcAggregateTemplate를 자동으로 설정하는데 각 테스트 케이스에 대한 콘텍스트를 설정할 때 (테스트 대상 객체인) 리포지터리 대신 사용할 수 있는 하위 레벨의 객체다.

예제 5.18 데이터 JDBC 슬라이스에 대한 통합 테스트

```
package com.polarbookshop.catalogservice.domain;

import java.util.Optional;
import com.polarbookshop.catalogservice.config.DataConfig;
import org.junit.jupiter.api.Test;
import org.springframework.beans.factory.annotation.Autowired;
import org.springframework.boot.test.autoconfigure.data.jdbc.DataJdbcTest;
import org.springframework.boot.test.autoconfigure.jdbc.AutoConfigureTestDatabase;
import org.springframework.context.annotation.Import;
import org.springframework.data.jdbc.core.JdbcAggregateTemplate;
import org.springframework.test.context.ActiveProfiles;
import static org.assertj.core.api.Assertions.assertThat;
```

```
                                        스프링 데이터 JDBC 컴포넌트를
                                        집중적으로 테스트하는 클래스임을 나타낸다.
@DataJdbcTest ◄
@Import(DataConfig.class) ◄────── 데이터 설정을 임포트한다(감사를 활성화하기 위해 필요).
@AutoConfigureTestDatabase( ◄
  replace = AutoConfigureTestDatabase.Replace.NONE          테스트컨테이너를 이용해야 하기 때문에
                                                            내장 테스트 데이터베이스 사용을 비활성화한다.
)
@ActiveProfiles("integration") ◄
class BookRepositoryJdbcTests {        application-integration.yml에서 설정을 로드하기 위해
                                       integration 프로파일을 활성화한다.

  @Autowired
  private BookRepository bookRepository;

  @Autowired
  private JdbcAggregateTemplate jdbcAggregateTemplate; ◄        데이터베이스와 상호작용하기 위한
                                                               하위 수준의 객체

  @Test
```

```
  void findBookByIsbnWhenExisting() {
    var bookIsbn = "1234561237";
    var book = Book.of(bookIsbn, "Title", "Author", 12.90);
    jdbcAggregateTemplate.insert(book);  ◄────────────   JdbcAggregateTemplate은
    Optional<Book> actualBook = bookRepository.findByIsbn(bookIsbn);   테스트에 필요한 데이터를
                                                              준비하는 데 사용한다.
    assertThat(actualBook).isPresent();
    assertThat(actualBook.get().isbn()).isEqualTo(book.isbn());
  }
}
```

@DataJdbcTest 애너테이션은 많은 편리한 기능을 캡슐화한다. 예를 들면 각 테스트 메서드를 트랜잭션으로 실행하고 실행이 끝날 때마다 롤백을 수행해 데이터베이스를 원상태로 되돌린다. 예제 5.18에서 테스트 메서드를 실행한 후 트랜잭션이 롤백되기 때문에 findBookByIsbnWhenExisting()에서 생성한 책은 더 이상 데이터베이스에 남아 있지 않게 된다.

테스트컨테이너 설정이 잘 작동하는지 확인해보자. 먼저 도커 엔진이 로컬 환경에서 실행되고 있는지 확인해야 한다. 그런 다음 터미널 창을 열고 카탈로그 서비스 프로젝트의 루트 폴더로 이동한 다음 테스트가 성공적으로 수행되는지 확인하기 위해 다음과 같은 명령을 실행한다. 내부적으로 테스트컨테이너는 테스트를 실행하기 전에 PostgreSQL 컨테이너를 생성하고 테스트가 끝나면 제거한다.

```
$ ./gradlew test --tests BookRepositoryJdbcTests
```

책의 소스 코드 저장소에는 카탈로그 서비스 프로젝트에 대한 단위 및 통합 테스트에 대한 예제가 더 많이 나와 있다. 다음 절에서는 테스트컨테이너를 이용해 완전한 통합 테스트를 실행하는 방법을 설명한다.

5.3.3 @SpringBootTest 및 테스트컨테이너를 이용한 통합 테스트

카탈로그 서비스 애플리케이션에는 이미 @SpringBootTest 애너테이션을 통해 완전한 통합 테스트를 수행하는 CatalogServiceApplicationTests 클래스가 있다. 앞서 정의한 테스트컨테이너 설정은 integration 프로파일이 활성화된 모든 자동 테스트에 적용되므로 CatalogServiceApplicationTests 클래스에 프로파일 설정을 추가해야 한다.

```
package com.polarbookshop.catalogservice;

@SpringBootTest(webEnvironment = SpringBootTest.WebEnvironment.RANDOM_PORT)
@ActiveProfiles("integration")      ◀─────   application-integration.yml에서 설정을 로드하기 위해
class CatalogServiceApplicationTests {        integration 프로파일을 활성화한다.
  ...
}
```

터미널 창을 열고 카탈로그 서비스 프로젝트의 루트 폴더로 이동한 후에 테스트가 성공적으로 수행되는지 확인하기 위해 다음과 같은 명령을 실행해보자. 내부적으로 테스트컨테이너는 테스트 실행 전에 PostgreSQL 컨테이너를 생성하고 테스트가 끝나면 제거한다.

```
$ ./gradlew test --tests CatalogServiceApplicationTests
```

잘 마쳤다! 스프링 부트 애플리케이션에 데이터 지속성을 추가하고 환경 동일성을 보장하면서 테스트를 작성했다. 다음 절에서는 프로덕션 환경에서 스키마와 데이터를 어떻게 관리할 것인지에 대해 논의하면서 이 장을 마무리한다.

5.4 플라이웨이를 통한 프로덕션 환경에서의 데이터베이스 관리

데이터베이스의 변경 사항을 소스 코드처럼 형상 관리 시스템을 통해 관리하면 좋다. 일관되고 자동화된 방법으로 데이터베이스를 관리할 수 있어야 한다. 예를 들어 데이터베이스 상태를 추론하거나, 특정 변경 사항이 이미 적용되었는지의 여부를 확인해야 할 때가 있다. 또한 데이터베이스를 처음부터 다시 생성한다든지 데이터베이스의 마이그레이션을 통제되고 반복 가능하며 신뢰할 만한 방식으로 해야 할 필요가 있다. 지속적 전달은 데이터베이스 관리를 포함하여 가능한 한 많은 것을 자동화할 것을 장려한다.

자바 생태계에서 데이터베이스 변경 사항의 추적, 버전 관리 및 배포를 위해 가장 많이 사용하는 두 가지 도구는 **플라이웨이**Flyway[11]와 리퀴베이스Liquibase[12]이다. 둘 다 스프링 부트와 완벽하게 통합

---

11 https://flywaydb.org
12 https://liquibase.org

되어 있다. 이번 절에서는 플라이웨이를 어떻게 사용하는지 살펴본다.

5.4.1 플라이웨이 이해: 데이터베이스 버전 관리

플라이웨이는 데이터베이스에 대한 버전 관리를 제공하는 도구로 데이터베이스 상태 버전에 대한 단일 진실 원천single source of truth을 제공하고 변경 사항을 점진적으로 추적한다. 또한 데이터베이스 변경을 자동화하고 데이터베이스의 상태를 재생하거나 롤백할 수 있다. 플라이웨이는 매우 안정적이며 클러스터 환경에서 안심하고 사용할 수 있다. 아마존 RDS, 애저 데이터베이스 및 구글 클라우드 SQL과 같은 클라우드 데이터베이스를 비롯해 여러 관계형 데이터베이스를 지원한다.

NOTE 이번 절에서는 플라이웨이가 제공하는 기능을 몇 가지만 소개하지만 이 도구가 제공하는 강력한 기능을 모두 확인하려면 공식 문서[13]를 참고하길 바란다.

플라이웨이의 핵심은 데이터베이스 변경을 관리하는 것이다. 데이터베이스 변경을 **마이그레이션**migration이라고 부르는데 **버전 마이그레이션**versioned migration 혹은 **반복 마이그레이션**repeatable migration이 가능하다. 버전 마이그레이션은 고유한 버전 번호로 식별되며 정확히 한 번씩 순서대로 적용된다. 이미 수행된 마이그레이션에 문제가 있다면 변경 사항을 되돌리기 위해 **실행 취소 마이그레이션**undo migration을 수행할 수 있다. 버전 마이그레이션은 스키마, 테이블, 컬럼 및 시퀀스와 같은 관계형 객체의 생성·변경·삭제와 데이터의 수정을 위해 사용할 수 있다. 반면 반복 마이그레이션은 체크섬checksum[14]이 바뀔 때마다 반복적으로 적용된다. 뷰, 프로시저, 패키지의 생성과 변경에 사용할 수 있다.

두 가지 마이그레이션 모두 표준 SQL 스크립트(DDL 변경에 유용) 또는 자바 클래스(데이터 마이그레이션과 같은 DML 변경에 유용)로 정의할 수 있다. 플라이웨이는 처음 실행할 때 데이터베이스에 자동으로 생성된 `flyway_schema_history` 테이블을 통해 이미 적용된 마이그레이션 정보를 저장하고 추적 관리한다. 비유적으로 설명하면 마이그레이션은 깃 저장소의 커밋과 같고, 스키마 히스토리 테이블은 모든 커밋 목록을 가지고 있는 저장소 로그로 생각할 수 있다(그림 5.6).

---

13 https://flywaydb.org
14 [옮긴이] 체크섬은 SQL 코드 파일에 대한 체크섬이다. 버전 마이그레이션에서는 이미 수행한 마이그레이션에 대한 체크섬의 변경이 발견되면 오류가 발생해 스프링 부트의 시작 프로세스는 중지된다.

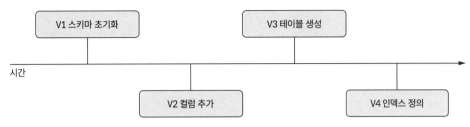

플라이웨이를 사용한 데이터베이스 마이그레이션

그림 5.6 **플라이웨이 마이그레이션은 데이터베이스의 변경을 의미하고 깃 저장소의 커밋에 해당하는 것으로 생각할 수 있다.**

NOTE 플라이웨이를 사용하기 위한 전제 조건은 관리할 데이터베이스와 올바른 액세스 권한을 가진 사용자가 모두 존재해야 한다는 점이다. 데이터베이스와 사용자가 있으면 플라이웨이를 통해 데이터베이스 변경 사항을 관리할 수 있다. 플라이웨이로 사용자를 관리해서는 안 된다.

플라이웨이는 독립 실행형 모드로 사용하거나 자바 애플리케이션 내에서 사용할 수 있다. 스프링 부트의 자동 설정 기능 덕분에 애플리케이션에 플라이웨이를 포함하는 것이 편리하게 이루어진다. 스프링 부트에 통합해서 사용하는 경우 플라이웨이는 src/main/resources/db/migration 폴더에서 SQL 마이그레이션을 검색하고 src/main/java/db/migration에서 자바 마이그레이션을 검색한다.

스키마와 데이터 마이그레이션을 수행하는 것은 2장에서 소개한 15요소 방법론에서 설명한 관리 프로세스 중 하나다. 이 경우 이런 프로세스를 관리하기 위해 채택할 수 있는 전략은 애플리케이션 자체에 관리 프로세스를 포함하는 것이다. 애플리케이션 시작 단계에서 이 프로세스가 활성화되도록 기본 설정되어 있다. 이것을 카탈로그 서비스에서 어떻게 구현할 수 있는지 알아보자.

카탈로그 서비스 프로젝트(catalog-service)의 build.gradle 파일에 플라이웨이 의존성을 추가하자. 추가한 후에는 의존성을 새로고침하거나 다시 임포트한다.

예제 5.20 **카탈로그 서비스에 플라이웨이 의존성 추가**

```
dependencies {
  ...
  implementation 'org.flywaydb:flyway corc'
}
```

다음 절에서는 데이터베이스 스키마를 초기화하기 위해 첫 번째 마이그레이션을 생성하는 방법을 배운다.

플라이웨이를 이용한 데이터베이스 스키마 초기화

처음으로 적용할 데이터베이스 변경은 일반적으로 스키마를 초기화하는 것이다. 지금까지 우리는 스프링 부트가 기본적으로 제공하는 데이터 소스 초기화 기능을 활용해 실행할 SQL 문을 schema.sql 파일을 통해 제공했다. 이제는 SQL 플라이웨이 마이그레이션을 사용해 스키마를 초기화할 수 있다.

먼저 schema.sql 파일을 삭제하고 카탈로그 서비스 프로젝트의 application.yml 파일에서 `spring.sql.init.mode` 속성을 제거한다.

다음으로 src/main/resources/db/migration 폴더를 만든다. 이 폴더는 기본 설정에 따라 플라이웨이가 SQL 마이그레이션을 찾는 경로다. 폴더 내부에 카탈로그 서비스 애플리케이션에 필요한 데이터베이스의 스키마를 초기화하는 SQL 문을 위해 V1__Initial_schema.sql 파일을 만든다. 버전 번호(V1) 뒤에 두 개의 밑줄이 있음을 유의해야 한다.

플라이웨이에서 SQL 마이그레이션 파일의 이름은 특정 명명 패턴을 준수해야 한다. 정규 버전 마이그레이션은 다음과 같은 순서 및 규칙을 따라야 한다.

- **접두사**prefix: 버전 마이그레이션은 V를 사용
- **버전**version: 점이나 밑줄을 통해 여러 부분으로 구분되는 버전 번호(예: 2.0.1)
- **구분자**separator: 두 개의 밑줄(__)
- **설명**description: 밑줄로 구분되는 하나 이상의 단어
- **접미사**suffix: .sql

V1__Initial_schema.sql 마이그레이션 스크립트에 book 테이블 생성을 위한 SQL 문을 작성하면 스프링 부트 JDBC가 Book 지속성 엔티티로 매핑한다.

예제 5.21 **스키마 초기화를 위한 플라이웨이 마이그레이션 스크립트**

```
CREATE TABLE book (        ◄── 테이블 정의
    id                     BIGSERIAL PRIMARY KEY NOT NULL,    ◄── id 필드를 기본 키로 선언
    author                 varchar(255) NOT NULL,
    isbn                   varchar(255) UNIQUE NOT NULL,    ◄── isbn 필드는 고유한 값이어야 한다는 제약 조건
    price                  float8 NOT NULL,
    title                  varchar(255) NOT NULL,
    created_date           timestamp NOT NULL,
    last_modified_date     timestamp NOT NULL,
```

```
  version integer       NOT NULL
);
```

플라이웨이가 데이터베이스 스키마의 변경 사항을 관리하면 버전 관리의 모든 이점을 얻을 수 있다. 5.1.2에서 설명한 내용을 따라 새로운 PostgreSQL 컨테이너를 시작해보자(이전 컨테이너가 계속 실행 중이라면, 먼저 `docker rm -fv polar-postgres`를 실행해 컨테이너를 제거하기 바란다). 애플리케이션을 실행하고 모든 것이 올바르게 작동하는지 확인한다(`./gradlew bootRun`).

NOTE 책의 소스 코드 저장소에는 PostgreSQL 데이터베이스에 직접 쿼리를 실행하고 플라이웨이에서 생성된 스키마 및 데이터를 확인할 수 있는 유용한 명령이 실려 있다(Chapter05/05-end/catalog-service/README.md).

자동 테스트는 플라이웨이를 사용할 것이다. 그들을 실행해보자. 모두 성공해야 한다. 완료되면 변경 내용을 원격 깃 저장소로 푸시하고 깃허브 액션의 커밋 단계 결과를 확인해보자. 이 단계도 성공적으로 수행되어야 한다. 마지막으로 애플리케이션(Ctrl+C)과 PostgreSQL 컨테이너(`docker rm -fv polar-postgres`)를 중지한다.

마지막 절에서는 플라이웨이 마이그레이션을 사용해 데이터베이스를 진화해가는 방법을 배운다.

5.4.3 플라이웨이를 이용한 데이터베이스 진화

카탈로그 서비스 애플리케이션을 완료하고 프로덕션에 배포했다고 가정해보자. 서점 직원들은 카탈로그에 책을 추가하고 애플리케이션에 대한 피드백을 수집하기 시작할 것이다. 피드백을 수집한 결과 카탈로그 기능에 대한 새로운 요구 사항이 생겼는데 책 출판사에 대한 정보를 제공하는 것이라고 해보자. 이 새로운 요구 사항을 어떻게 처리해야 할까?

애플리케이션은 이미 프로덕션 환경에서 실행 중이고 일부 데이터가 이미 만들어졌으므로 플라이웨이를 사용해 새로운 데이터베이스 변경을 적용하기 위해 **book** 테이블에 **publisher**라는 새로운 컬럼을 추가할 수 있다. 카탈로그 서비스 프로젝트의 src/main/resources/db/migration 폴더에 V2__Add_publisher_column.sql 이름의 파일을 새로 만들고 컬럼을 새로 추가하기 위한 SQL 명령문을 작성해보자.

예제 5.22 **테이블 스키마를 업데이트하기 위한 플라이웨이 마이그레이션 스크립트**

```
ALTER TABLE book
ADD COLUMN publisher varchar(255);
```

데이터베이스 변경에 따라 자바 레코드도 업데이트해야 한다. 프로덕션 환경의 데이터베이스에는 출판사 정보가 없이 저장된 책이 이미 존재할 수 있기 때문에 새로 추가할 필드는 값을 반드시 갖지 않아도 되는 선택적 필드여야 한다. 그렇지 않으면 기존 데이터가 유효하지 않게 된다. 이에 따라 정적 팩토리 메서드도 수정해야 한다.

예제 5.23 **기존 데이터 엔티티에 새로운 선택적 필드 추가**

```
package com.polarbookshop.catalogservice.domain;

public record Book (
  @Id
  Long id,

  ...

  String publisher,     ◀──┤ 새로운 선택적 필드

  @CreatedDate
  Instant createdDate,

  @LastModifiedDate
  Instant lastModifiedDate,

  @Version
  int version
){
  public static Book of(
    String isbn, String title, String author, Double price, String publisher
  ) {
    return new Book(
      null, isbn, title, author, price, publisher, null, null, 0
    );
  }
}
```

NOTE 이 변경 후 정적 팩토리 메서드와 Book() 생성자를 호출하는 클래스를 업데이트하여 출판사 필드 값을 포함해야 한다. null 또는 Polarsophia와 같은 문자열 값을 사용할 수 있다(선택 사항). 최종 결과를 보려면 소스 코드(Chapter05/05-end/catalog-service)를 확인한다. 마지막으로 자동 테스트와 애플리케이션이 모두 올바르게 실행되는지 확인해야 한다.

이 새 버전의 카탈로그 서비스가 프로덕션에 배포되면 플라이웨이는 V1_Initial_schema.sql는 이미 적용되었기 때문에 건너뛰고 V2__Add_publisher_column.sql의 변경 사항을 적용한다. 이제

서점 직원은 카탈로그에 새 책을 추가할 때 출판사 이름을 입력할 수 있으며 기존 데이터 역시 여전히 유효하다.

출판사 필드가 값을 반드시 가져야 하는 필드라면 어떻게 해야 할까? 카탈로그 서비스의 세 번째 버전에서는 SQL 마이그레이션을 통해 publisher 컬럼을 NON NULL로 만들고 자바 마이그레이션을 통해 데이터베이스의 기존 책에 출판사를 추가할 수 있다.

이와 같은 2단계 접근법은 데이터베이스 업그레이드를 수행할 때 이전 버전과의 호환성을 보장하기 위해 아주 흔하게 사용하는 방식이다. 다음 장에서 살펴보겠지만 같은 애플리케이션을 여러 개의 인스턴스가 실행할 때 새로운 버전은 일반적으로 **롤링 업그레이드**rolling upgrade라는 절차를 통해 이루어지는데 한 번에 하나(또는 몇 개)의 인스턴스를 업데이트함으로써 다운타임을 갖지 않으려고 한다. 업그레이드 중에 이전 버전과 새 버전의 애플리케이션이 동시에 실행되기 때문에 새 버전을 통해 데이터베이스 변경 사항이 적용된 후에도 이전 인스턴스가 여전히 올바르게 실행되는 것이 무엇보다도 중요하다.

요약

- 상태는 서비스를 종료하고 새로운 인스턴스를 만들 때 보존되어야 하는 모든 것이다.
- 데이터 서비스는 클라우드 네이티브 아키텍처에서 상태를 갖는 구성 요소이므로 스토리지 기술이 필요하다.
- 클라우드는 역동적인 환경이기 때문에 데이터 서비스를 사용하는 것은 어려운 문제다.
- 데이터 서비스를 선택할 때 고려해야 할 몇 가지 측면은 확장성, 복원성, 성능, 특정 규정 및 법률의 준수다.
- 클라우드 공급자가 제공하고 관리하는 데이터 서비스를 사용하거나 가상 머신 또는 컨테이너에 의존하여 자체 서비스를 운영할 수 있다.
- 스프링 데이터는 데이터 액세스를 위한 공통 추상화 및 패턴을 제공하므로 여러 종류의 관계형 및 비관계형 데이터베이스 전용 모듈에 연결하는 것은 간단하다.
- 스프링 데이터의 주요 요소는 데이티베이스 드라이버, 엔티티, 리포지터리다.
- 스프링 데이터 JDBC는 스프링 애플리케이션과 JDBC 드라이버를 사용하는 관계형 데이터베이스

- 의 통합을 지원하는 프레임워크다.

- 엔티티는 도메인 객체를 나타내며 스프링 데이터 JDBC에서 불가변 객체로 관리할 수 있다. `@Id` 애너테이션으로 기본 키를 나타내는 필드가 있어야 한다.

- 스프링 데이터를 사용하면 엔티티를 만들거나 업데이트할 때마다 감사 메타데이터를 캡처할 수 있다. `@EnableJdbcAuditing`으로 이 기능을 활성화할 수 있다.

- 데이터 리포지터리는 데이터베이스에서 엔티티에 액세스할 수 있게 해준다. 인터페이스만 정의하면 구현은 스프링 데이터가 생성해준다.

- 요구 사항에 따라 `CrudRepository`와 같이 스프링 데이터가 제공하는 리포지터리 인터페이스 중 하나를 확장할 수 있다.

- 스프링 데이터 JDBC에서는 모든 사용자 지정 변경 연산(생성/업데이트/삭제)은 트랜잭션으로 실행되어야 한다.

- 작업을 단일 작업 단위로 실행하려면 `@Transacctional` 애너테이션을 사용해야 한다.

- `@DataJdbcTest` 애너테이션을 사용해 스프링 데이터 JDBC 슬라이스에 대한 통합 테스트를 실행할 수 있다.

- 환경 동일성은 테스트 및 배포 파이프라인의 품질과 신뢰성에 필수적이다.

- 테스트컨테이너 라이브러리를 사용해 애플리케이션과 지원 서비스 간의 통합을 테스트할 수 있다. 이때 지원 서비스는 일회용 경량 컨테이너를 통해 사용할 수 있다.

- 데이터베이스 스키마는 애플리케이션에 매우 중요하다. 프로덕션 환경에서는 데이터베이스에 대해 버전 관리를 제공하는 플라이웨이와 같은 도구를 사용해야 한다.

- 플라이웨이는 재현성, 추적성, 신뢰성을 보장하기 위해 데이터베이스 변경을 관리한다.

6

스프링 부트 컨테이너화

이 장의 주요 내용

- 도커에서 컨테이너 이미지로 작업
- 스프링 부트 애플리케이션을 컨테이너 이미지로 패키징
- 도커 컴포즈를 사용한 스프링 부트 컨테이너 관리
- 깃허브 액션을 사용한 이미지 빌드 및 푸시 자동화

지금까지 REST API를 노출하고 컨테이너로 실행되는 PostgreSQL 데이터베이스를 통해 데이터를 저장하는 카탈로그 서비스 애플리케이션을 개발했다. 폴라 북숍 시스템의 첫 번째 구성 요소인 카탈로그 서비스를 쿠버네티스 클러스터로 배포할 때가 가까워졌다. 하지만 그 전에 스프링 부트 애플리케이션을 컨테이너 이미지로 패키징하고 수명주기를 관리하는 법을 알아야 한다.

이 장에서는 컨테이너 이미지의 본질적인 특성을 살펴보고 이미지를 만드는 방법에 대해 배운다. 도커를 사용해 컨테이너 작업을 수행하지만 OCI 표준과 호환되는 다른 컨테이너 런타임으로도 동일한 작업을 수행할 수 있다.[1] 지금부터 이 책에서 **컨테이너 이미지**container image 또는 **도커 이미지**docker image라는 용어는 OCI 이미지 사양과 호환되는 이미지를 의미한다.

---

1 https://opencontainers.org

그 과정에서 보안이나 성능과 같이 프로덕션 환경에서 컨테이너 이미지를 구축할 때 고려해야 할 사항도 논의할 것이다. 컨테이너 이미지를 생성하기 위한 방법으로 도커파일Dockerfile과 클라우드 네이티브 빌드팩Cloud Native Buildpacks을 살펴보겠다.

여러 개의 컨테이너로 작업을 할 때는 도커 CLI가 그다지 효율적이지 않기 때문에 도커 컴포즈를 활용해 여러 컨테이너와 컨테이너의 라이프사이클을 관리하는 것을 살펴볼 것이다

마지막으로 3장에서 시작한 배포 파이프라인에 대한 작업을 이어나간다. 컨테이너 이미지를 패키징하고 깃허브 컨테이너 저장소GitHub Container Registry에 자동으로 업로드하기 위한 몇 가지 새로운 단계를 배포 파이프라인의 커밋 단계에 추가할 것이다.

NOTE 이 장의 예제 소스 코드는 프로젝트의 초기 및 최종 상태를 포함하는 Chapter06/06-begin 및 Chapter06/06-end 폴더에서 찾아볼 수 있다.[2]

6.1 도커에서 컨테이너 이미지로 작업하기

2장에서는 도커 엔진의 주요 구성 요소에 대해 소개했는데, 도커 엔진은 클라이언트/서버 구조를 가지고 있다. 도커 CLI는 도커 서버와의 상호작용을 위해 사용하는 클라이언트다. 도커 서버는 도커 데몬을 통해 도커의 모든 리소스(예를 들어, 이미지, 컨테이너, 네트워크)를 관리한다. 서버는 컨테이너 저장소와도 연결해 이미지를 업로드하고 다운로드할 수 있다. 편의상 다시 한번 이들 구성 요소 사이의 상호작용 흐름을 그림 6.1이 보여준다.

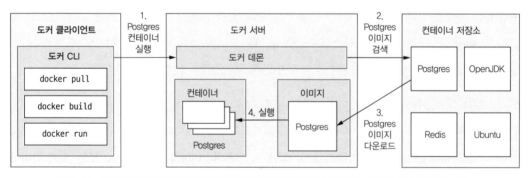

그림 6.1 도커 엔진은 클라이언트/서버 아키텍처를 가지고 있고 컨테이너 저장소와 상호작용한다.

---

2   https://github.com/ThomasVitale/cloud-native-spring-in-action

이번 절에서는 2장에서 다루었던 부분부터 시작해 컨테이너 이미지에 대해 더 자세히 살펴본다. 컨테이너 이미지는 애플리케이션을 실행하는 데 필요한 모든 것을 그 안에 가지고 있는 경량 실행 파일 패키지다. 컨테이너 이미지의 주요 특성과 이미지를 만드는 법을 배우고 마지막으로 컨테이너 저장소에 업로드해볼 것이다. 다음으로 넘어가기 전에 터미널 창에서 docker version 명령을 실행해 로컬 컴퓨터에서 도커 엔진이 작동하고 있는지 확인해보자.

6.1.1 컨테이너 이미지 이해

컨테이너 이미지는 여러 개의 명령을 순서대로 실행한 결과물로, 각 명령의 실행한 결과로 **레이어** layer가 만들어진다. 각 이미지는 여러 개의 레이어로 이루어져 있으며, 각 층은 해당 명령어를 실행한 결과 생성된 변경 사항을 나타낸다. 이미지는 이 일련의 명령을 실행해 얻은 최종 결과물이고 컨테이너로 실행할 수 있다.

이미지는 베이스 이미지를 기반으로 만들거나 아예 처음부터 만들 수도 있다. 베이스 이미지를 기반으로 새로운 이미지를 생성하는 것이 가장 일반적인 방법이다. 예를 들어 우분투 이미지부터 시작해 그 위에 일련의 변경 사항을 적용할 수 있다. 예를 들면 명령 순서는 다음과 같다.

1. 우분투를 베이스 이미지로 사용한다.
2. 자바 런타임 환경을 설치한다.
3. java --version 명령을 실행한다.

그림 6.2와 같이 각 명령어는 하나의 레이어를 생성하고 최종적으로 컨테이너 이미지를 만든다.

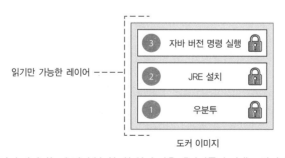

그림 6.2 **컨테이너 이미지는 수정이 불가능한 읽기 전용 레이어를 순서대로 쌓아 올려 구성된다. 첫 번째 레이어는 베이스 이미지를 나타내며, 나머지는 그 위에 적용된 수정을 나타낸다.**

컨테이너 이미지의 모든 레이어는 읽기 전용이다. 일단 적용되면 더 이상 수정할 수 없다. 무언가를 변경해야 하면, (새로운 명령어를 실행함으로써) 기존의 레이어 위에 새로운 레이어를 적용해야 한다. 상위 레이어에 적용된 변경사항은 하위 레이어에 영향을 미치지 않다. 이러한 접근법을 **카피 온 라이트**copy-on-write라고 하는데, 원본 항목의 복사본을 상위 계층에 만들고 이 복사본을 변경한다.

이미지가 컨테이너로 실행되면 **컨테이너 레이어**container layer라고 부르는 마지막 한 레이어가 기존의 모든 레이어 위에 자동으로 적용된다. 이 마지막 레이어가 유일하게 쓰기가 가능한 레이어로 컨테이너 실행 중 생성되는 데이터를 저장하기 위해 사용된다. 런타임에 이 레이어는 애플리케이션에서 필요한 파일을 생성하거나 임시 데이터를 저장하는 데 사용될 수 있다. 하지만 쓰기는 가능하지만 휘발성이 있다는 것을 기억해야 한다. 즉 컨테이너를 삭제하면 실행 도중 그 층에 저장된 모든 것이 사라진다. 그림 6.3은 실행 중에 있는 컨테이너의 레이어와 해당 이미지의 레이어를 비교한다.

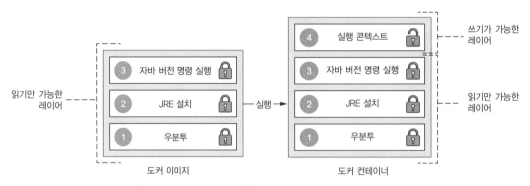

그림 6.3 **실행 중에 있는 컨테이너에는 이미지 레이어 위에 여분의 레이어가 있다.**
유일하게 쓸 수 있는 레이어지만 휘발성이 있다는 것을 기억해야 한다.

NOTE 컨테이너 이미지의 모든 층이 읽기 전용이라는 사실은 보안과 관련해 시사하는 바가 있다. 비밀이나 민감한 정보를 하위 레이어에 저장하면 안되는데, 왜냐하면 상위 레이어에서 그것을 삭제하더라도 하위 계층에는 여전히 남아 있기 때문이다. 예를 들어 암호나 암호화 키를 컨테이너 이미지로 패키징해서는 안 된다.

지금까지 컨테이너 이미지가 어떻게 구성되는지 살펴봤지만 컨테이너 이미지를 만드는 방법은 아직 배우지 않았다. 이제 이미지를 생성해보자.

6.1.2 도커파일을 통한 이미지 생성

OCI 형식에 따라 **도커파일**Dockerfile이라고 부르는 특정 파일에 명령어를 순서대로 나열해 컨테이너 이미지를 정의할 수 있다. 이 파일은 레시피 역할을 하는 스크립트인데, 원하는 이미지를 빌드build

하기 위해 필요한 모든 단계를 이 파일에 정의해놓는다.

도커파일에서 각 명령 단계는 도커의 특정 구문 형식으로 된 명령어로 시작한다. 그런 다음 익숙한 셸 명령어를 해당 명령의 인수로 전달할 수 있는데, 여기서 셸 명령어는 베이스 이미지로 사용하는 리눅스 배포판에 따라 다르다. 형식은 다음과 같다.

```
INSTRUCTION arguments
```

NOTE 도커는 AMD64 및 ARM64 아키텍처를 갖는 컴퓨터에서 리눅스 컨테이너를 지원한다. 또한 윈도우 컨테이너(윈도우 시스템에서만 실행 가능)도 지원하지만 이 책에서는 리눅스 컨테이너만 사용한다.

앞 절에서 언급한 컨테이너 이미지를 구축하기 위해 실제로 도커파일을 만들어보자. 다음과 같이 세 가지 명령으로 이루어진다.

1. 우분투를 베이스 이미지로 사용하라

2. 자바 런타임 환경을 설치하라

3. java --version 명령을 실행하라

my-java-image 폴더를 만들고 그 안에 Dockerfile이라는 파일을 확장자 없이 만들자(Chapter06/06-end/my-java-image). 파일명을 다르게 할 수도 있지만, 지금은 기본 설정 규칙을 따르자.

예제 6.1 OCI 이미지를 생성하기 위한 명령을 담고 있는 도커파일

```
FROM ubuntu:22.04                                          ◀──  새 이미지에 대한 베이스 이미지로
                                                                 우분투 22.04를 지정한다.
RUN apt-get update && apt-get install -y default-jre        ◀──  익숙한 bash 명령을 사용해
                                                                 JRE를 설치한다.
ENTRYPOINT ["java", "--version"]                            ◀──  실행 컨테이너의 엔트리 포인트를 정의한다.
```

도커는 기본 설정으로 도커 허브를 연결해 이미지를 찾고 다운로드한다. 따라서 ubuntu:22.04 이미지는 도커 허브에서 다운로드한다. 도커 허브는 (특정 속도 제한 내에서) 무료로 사용할 수 있는 저장소이며 도커를 설치할 때 자동으로 설정된다.

java --version 명령은 컨테이너 실행을 위한 **진입점**entry point이다. 진입점을 지정하지 않으면 컨테이너가 실행되지 않는다. 가상 머신과 달리 컨테이너는 운영체제를 실행하기 위한 것이 아니라 작

업을 실행하기 위한 것이다. 실제로 docker run ubuntu로 우분투 컨테이너를 실행하면 컨테이너는 즉시 빠져 나오는데 운영체제 말고는 어떤 작업도 엔트리 포인트로 정의되지 않기 때문이다.

표 6.1은 도커파일에 정의할 수 있는 가장 일반적인 명령어를 보여준다.

표 6.1 컨테이너 이미지를 만들기 위해 도커파일에서 사용하는 가장 일반적인 명령어

명령	설명	예
FROM	후속 명령어의 대상이 될 베이스 이미지를 정의한다. 도커파일에서 가장 처음에 와야 하는 명령이다.	FROM ubuntu:22.04
LABEL	키-값 형식에 따라 이미지에 메타데이터를 추가한다. LABEL 명령은 여러 번 정의할 수 있다.	LABEL version="1.2.1"
ARG	사용자가 빌드 시에 전달할 수 있는 변수를 정의한다. ARG 명령은 여러 번 정의할 수 있다.	ARG JAR_FILE
RUN	기존 레이어 위에서 인자로 전달된 명령어를 실행해 새로운 레이어를 생성한다. RUN 명령은 여러 번 정의할 수 있다.	RUN apt-get update && apt-get install -y default-jre
COPY	호스트 파일 시스템의 파일 또는 디렉터리를 컨테이너 내부의 파일 또는 디렉터리로 복사한다.	COPY app-0.0.1-SNAPSHOT.jar app.jar
USER	모든 후속 명령어 및 컨테이너 실행을 위한 사용자를 정의한다.	USER sheldon
ENTRYPOINT	이미지가 컨테이너로 실행될 때 실행할 프로그램을 정의한다. 여러 개의 ENTRYPOINT 명령이 있으면 마지막 명령만 고려된다.	ENTRYPOINT ["/bin/bash"]
CMD	실행 중인 컨테이너에 대한 기본 설정을 지정한다. ENTRYPOINT 명령이 정의되어 있으면 그 명령의 인수로 전달되고 그렇지 않으면 실행 파일도 가능하다. 도커파일에 여러 개의 CMD 명령이 있으면 마지막 명령만 고려된다.	CMD ["sleep", "10"]

도커파일에 컨테이너 이미지를 만들기 위한 명세를 다 마치면, docker build 명령을 실행해 도커파일 내의 모든 명령을 하나씩 수행하면서 각 명령에 대해 새로운 레이어를 생성할 수 있다. 도커파일부터 이미지와 컨테이너까지 전체 프로세스가 그림 6.4에 설명되어 있다. 도커파일의 첫 번째 명령이 어떻게 이미지의 가장 낮은 레이어를 생성하는지 주의 깊게 살펴보기 바란다.

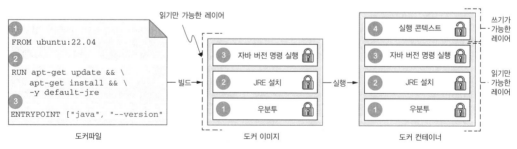

그림 6.4 **이미지 생성은 도커파일부터 시작된다. 도커파일의 각 명령은 이미지의 레이어를 순서대로 만든다.**

이제 터미널 창을 하나 열고 도커파일이 있는 my-java-image 폴더로 이동한 후에 다음과 같은 명령을 실행해보자(명령 마지막에 점이 있는 것을 주의하기 바란다).

```
$ docker build -t my-java-image:1.0.0 .
```

이 명령의 구문은 그림 6.5에 설명되어 있다.

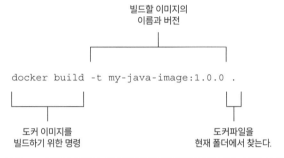

그림 6.5 **주어진 이름과 버전으로 새 이미지를 빌드하는 도커 CLI 명령**

실행이 완료되면 docker image 명령을 통해 새로 만든 이미지에 대한 세부 정보를 볼 수 있다.

```
$ docker images my-java-image
REPOSITORY       TAG      IMAGE ID       CREATED        SIZE
my-java-image    1.0.0    96d1f58857aa   6 seconds ago  549MB
```

계층화된 접근법으로 인해 이미지 빌드는 성능이 좋다. 각 이미지 레이어는 이전 이미지 레이어의 증분이며 도커는 모든 이미지 레이어를 캐시한다. 한 레이어를 변경하고 이미지를 다시 빌드하면 해당 레이어와 그 이후의 레이어만 다시 생성된다. 레지스트리에 저장된 이미지의 새 버전을 컨테이너로 실행하면 새로운 레이어만 다운로드받기 때문에 런타임 성능이 향상된다.

따라서 변경 가능성에 따라 레이어의 순서를 정해 이미지 빌드 프로세스를 최적화하는 것이 바람직하다. 자주 변경될 가능성이 많을수록 도커파일의 뒤에 오도록 하는 것이 좋다.

컨테이너 이미지는 dookor run 명령으로 실행할 수 있는데, 이 명령은 컨테이너를 시작하고 도커파일에서 진입점으로 지정된 프로세스를 실행한다.

```
$ docker run --rm my-java-image:1.0.0

openjdk 11.0.15 2022-04-19
OpenJDK Runtime Environment (build 11.0.15+10-Ubuntu-0ubuntu0.22.04.1)
OpenJDK 64-Bit Server VM (build 11.0.15+10-Ubuntu-0ubuntu0.22.04.1, mixed mode)
```

실행을 완료하면 컨테이너는 중지될 것이다. --rm 인수를 사용했기 때문에 실행이 끝난 후 컨테이너가 자동으로 제거된다.

NOTE 앞선 명령의 실행 결과를 통해 우분투 22.04의 기본 OpenJDK가 이 책에서 사용하는 자바 17이 아니라 자바 11이라는 것을 알 수 있다.

이제 컨테이너 저장소에 이미지를 업로드하는 방법을 살펴보자.

6.1.3 깃허브 컨테이너 저장소로 이미지 저장

지금까지는 컨테이너 이미지를 정의, 빌드, 실행하는 법을 배웠다. 이번 절에서는 컨테이너 저장소까지 확장해서 전체 그림을 완성하고자 한다.

컨테이너 저장소와 이미지의 관계는 메이븐 저장소와 자바 라이브러리의 관계와 같다. 많은 클라우드 제공 업체는 자체적으로 저장소 설루션을 가지고 있는데, 취약성 스캔 및 이미지 인증 같은 서비스를 추가로 제공한다. 도커를 설치하면 도커 회사가 제공하는 컨테이너 저장소인 도커 허브를 사용하도록 기본 설정된다. 도커 허브는 PostgreSQL, 래빗MQ, 레디스와 같은 많은 인기 있는 오픈소스 프로젝트의 이미지를 제공한다. 앞 절에서 우분투에 대해 했던 것과 같이 타사 이미지를 다운로드받기 위해 도커 허브를 계속 사용할 것이다.

자신의 이미지를 저장하려면 어떻게 해야 할까? 도커 허브 또는 애저 컨테이너 저장소처럼 클라우드 공급 업체가 제공하는 저장소 중 하나를 사용할 수 있다. 다음과 같은 이유로 인해 이 책 전체에 걸쳐 우리의 프로젝트에서는 깃허브 컨테이너 저장소[3]를 사용할 것이다.

- 모든 개인 깃허브 계정에서 사용할 수 있고 공개 저장소에 대해서는 무료다. 비공개 저장소에서도 사용할 수 있지만 제한이 있다.
- 무료 계정으로도 사용료 제한 없이 익명으로 공용 컨테이너 이미지에 접근할 수 있다.

---

3   https://docs.github.com/en/packages

- 깃허브 생태계에 완전히 통합되어 있으며 이미지부터 관련 소스 코드까지 원활하게 이동할 수 있다.
- 무료 계정으로도 레지스트리에 액세스할 수 있는 토큰을 여러 개 생성할 수 있다. 각각의 다른 목적에 대해 서로 다른 액세스 토큰을 발행하는 것이 좋다. 깃허브를 사용하면 토큰 수에 제한 없이 **개인 액세스 토큰**personal access token, PAT 기능을 사용할 수 있다. 또한 깃허브 액션을 통해 깃허브 컨테이너 저장소에 액세스하면 PAT를 설정하지 않아도 깃허브가 자동으로 토큰을 제공하고 추가 설정 없이도 자동 파이프라인에 안전하게 제공된다.

깃허브 컨테이너 저장소에 이미지를 저장하려면 인증을 받아야 하며, 이를 위해 개인 액세스 토큰이 필요하다. 깃허브 계정에서 Settings(설정) > Developer Settings(개발자 설정) > Personal access Tokens(개인 액세스 토큰)으로 이동하고 'Generate New Token(새로운 토큰 생성)'을 선택한다. 의미 있는 이름을 입력하고 범위scope는 `write:package`를 선택해 컨테이너 저장소에 이미지를 저장할 수 있도록 토큰 권한을 부여한다(그림 6.6). 마지막으로 토큰을 생성하고 복사한다. 깃허브는 토큰 값을 단 한 번만 보여준다. 토큰이 곧 필요하므로 복사한 토큰 값을 반드시 저장해놓기 바란다.

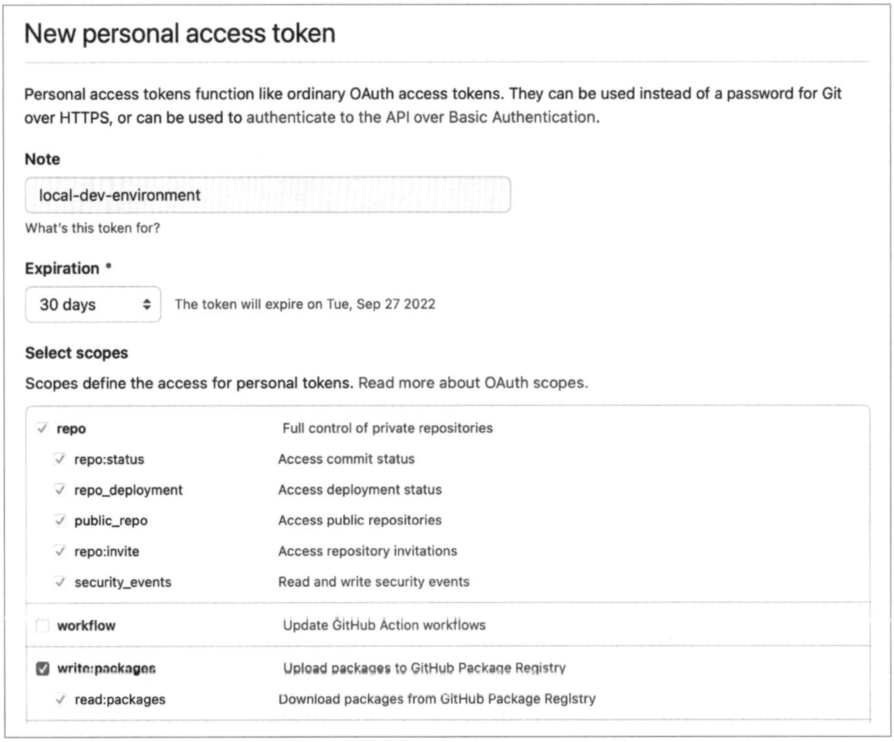

그림 6.6 **깃허브 컨테이너 저장소에 대한 쓰기 권한을 갖는 개인 액세스 토큰**

다음으로 터미널 창을 열고 깃허브 컨테이너 저장소로 인증을 실행한다(그 전에 도커 엔진이 실행 중인지 확인하기 바란다). 필요하면 사용자 이름(깃허브 사용자 이름)과 패스워드(자신의 깃허브 PAT)를 입력한다.

```
$ docker login ghrc.io
```

이 책을 처음부터 여기까지 잘 따라 온 상태라면 로컬에 생성한 my-java-image라는 이름의 도커 이미지를 가지고 있어야 한다. 그렇지 않다면 앞 절에서 설명한 작업을 제대로 수행했는지 다시 한 번 확인하기 바란다.

컨테이너 이미지는 OCI 호환 컨테이너 저장소에서 채택한 공통의 명명 규칙을 따르는데 <container_registry>/<namespace>/<name>[:<tag>]: 형식이다.

- **컨테이너 저장소**container registry: 이미지가 저장되는 컨테이너 저장소의 호스트 이름을 의미한다. 도커 허브의 호스트 이름은 docker.io이며 일반적으로 생략된다. 도커 엔진은 저장소를 지정하지 않으면 암묵적으로 docker.io를 이미지 이름 앞에 추가하기 때문에 깃허브 컨테이너 저장소를 사용할 때는 호스트 이름인 ghcr.io를 명시적으로 지정해야 한다.
- **네임스페이스**namespace: 도커 허브나 깃허브 컨테이너 저장소를 사용할 때는, 소문자로 된 도커 또는 깃허브의 사용자 이름을 네임스페이스로 사용한다. 다른 저장소에서는 저장소에 대한 경로일 수도 있다.
- **이름**name과 **태그**tag: 이미지 이름은 이미지의 모든 버전을 포함하는 저장소(또는 **패키지**)를 의미한다. 특정 버전을 선택하기 위한 태그가 그 뒤에 올 수 있고, 태그가 없는 경우에는 기본 설정으로 latest 태그가 사용된다.

ubuntu 또는 postgresql과 같은 공식 이미지는 이름만으로도 다운로드할 수 있는데 이 이름은 암묵적으로 docker.io/library/ubuntu 또는 docker.io/library/postgres와 같은 완전한 이름으로 변환된다.

반면 자기 자신이 만든 이미지를 깃허브 컨테이너 저장소에 업로드할 때는 ghcr.io/<your_github_username>/<image_name> 형식에 따라 이미지 이름 전체를 명시적으로 사용해야 한다. 예를 들어 필자의 깃허브 사용자 이름은 ThomasVitale이며, 필자의 개인 이미지의 이름은 ghcr.io/thomasvitale/<image_name>(사용자 이름을 소문자로 해야 한다는 것을 유의하자) 형식을 따른다.

이전에 my-java-image:1.0.0이라는 이름으로 이미지를 만들었으므로 컨테이너 저장소에 저장하기 전에 이름을 완전하게 지정해야 한다(즉, 이미지에 **태그**를 지정해야 한다). docker tag 명령으로 이작업을 수행할 수 있다.

```
$ docker tag my-java-image:1.0.0 \
    ghcr.io/<your_github_username>/my-java-image:1.0.0
```

이제 깃허브 컨테이너 저장소로 이미지를 **푸시**push할 수 있다.

```
$ docker push ghcr.io/<your_github_username>/my-java-image:1.0.0
```

깃허브 계정에서 profile(프로필) 페이지로 이동한 다음 Package(패키지) 섹션으로 가면 my-java-image 이미지를 볼 수 있을 것이다. 클릭하면 ghcr.io/<your_github_username>/my-java-image:1.0.0 이미지를 볼 수 있다(그림 6.7). 기본적으로 새 이미지를 호스팅하는 저장소는 비공개다.

그림 6.7 **깃허브 컨테이너 저장소는 컨테이너 이미지 저장을 위해 사용할 수 있는 공용 저장소다.
깃허브 프로필의 패키지 섹션에서 이미지를 볼 수 있다.**

TIP 같은 페이지에서 저장된 이미지나 이미지 저장소 전체(깃허브에서는 **패키지**라고 부른다)를 삭제할 수도 있다.

이것으로 이번 절을 모두 마쳤다. 컨테이너 이미지의 주요 기능, 만드는 방법, 저장 방법을 살펴봤으니 이제 스프링 부트 애플리케이션을 이미지로 패키징하는 방법에 대해 자세히 알아보자.

6.2 스프링 부트 애플리케이션을 컨테이너 이미지로 패키지

앞 장에서는 REST API와 데이터베이스 통합 기능을 갖춘 카탈로그 서비스 애플리케이션을 만들었다. 이번 절에서는 쿠버네티스에 배포하기 전 중간 단계로 카탈로그 서비스를 도커 컨테이너로 실행할 이미지를 만들어보겠다.

먼저 스프링 부트 애플리케이션을 컨테이너 이미지로 패키징할 때 고려해야 할 몇 가지 사항을 살펴본다. 그런 다음 도커파일 및 클라우드 네이티브 빌드팩을 사용해 이미지를 만들어볼 것이다.

6.2.1 스프링 부트의 컨테이너화를 위한 준비

스프링 부트 애플리케이션을 컨테이너 이미지로 패키징한다는 것은 고립된 콘텍스트에서 계산 리소스와 네트워크를 가지고 애플리케이션을 실행한다는 것을 의미한다. 이러한 격리된 환경에 대해 두 가지 질문이 있을 수 있다.

* 어떻게 네트워크를 통해 애플리케이션에 도달할 수 있을까?
* 어떻게 다른 컨테이너와 연결해 상호작용할 수 있을까?

이제 이 두 가지 이슈를 살펴보자.

1 포트 전달을 사용한 애플리케이션 서비스 노출

2장에서는 카탈로그 서비스를 컨테이너로 실행할 때 애플리케이션의 서비스를 노출하는 8080 포트를 로컬 컴퓨터의 8080 포트로 매핑했다. 그런 다음 http://localhost:8080에서 애플리케이션을 사용할 수 있었다. 이것을 **포트 포워딩**port forwarding, **포트 매핑**port mapping, **포트 공개**port publishing라고 하는데 외부에서 컨테이너화된 애플리케이션을 액세스하기 위해 사용한다.

기본 설정상 컨테이너는 도커 호스트 내부의 격리된 네트워크로 연결한다. 자신의 로컬 네트워크에서 컨테이너로 연결하려면 포트 매핑을 명시적으로 설정해야 한다. 예를 들면 카탈로그 서비스 애플리케이션을 실행할 때 docker run 명령에서 -p 8080:8080(첫 번째는 외부 포트, 두 번째는 컨테이너 포트) 인수를 통해 포트 매핑을 지정했다. 그림 6.8은 포트 매핑이 어떻게 작동하는지 보여준다.

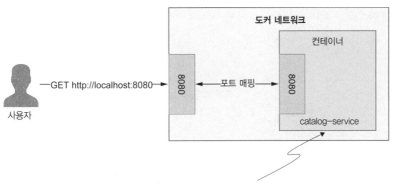

그림 6.8 **포트 매핑을 통해 컨테이너 네트워크에서 외부 세계로의 트래픽을 포워딩함으로써**
컨테이너화된 애플리케이션이 제공하는 서비스에 접근할 수 있다.

2 서비스 발견을 위한 도커 내장 DNS 서버의 사용

앞 장에서 카탈로그 서비스 애플리케이션은 `jdbc:postgresql:/localhost:5432` URL을 통해 컨테이너로 실행 중인 PostgreSQL 데이터베이스 서버에 액세스할 수 있었는데 포트 포워딩 덕분에 그렇게 할 수 있었다. 이 사이의 상호작용은 그림 6.9에 나와 있다. 하지만 카탈로그 서비스를 컨테이너로 실행한다면 `localhost`는 더 이상 자신의 로컬 컴퓨터가 아닌 컨테이너 내부를 나타내기 때문에 더 이상 데이터베이스 컨테이너에 연결할 수 없다. 어떻게 이 문제를 해결할 수 있을까?

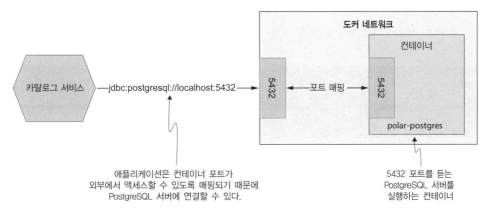

그림 6.9 **카탈로그 서비스 애플리케이션은 포트 매핑 덕분에 PostgreSQL 컨테이너와 상호작용할 수 있고**
외부 세계에서 데이터베이스에 액세스할 수 있다.

도커는 동일한 네트워크의 컨테이너가 호스트 이름이나 IP 주소가 아닌 컨테이너 이름을 사용해 서로를 찾을 수 있도록 해주는 **DNS 서버**를 내장하고 있다. 예를 들어 카탈로그 서비스는 URL `jdbc:postgresql://polar-postgres:5432`를 통해 PostgreSQL 서버를 호출할 수 있는데, 여기서

`polar-postgres`는 컨테이너 이름이다. 그림 6.10은 이것이 어떻게 작동하는지 보여준다. 이 장 뒷부분에서 코드를 통해 실행해볼 것이다.

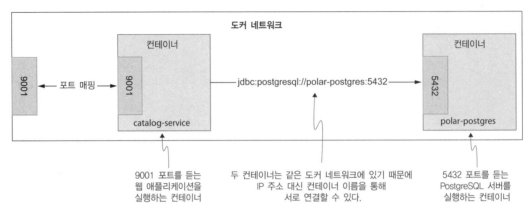

그림 6.10 카탈로그 서비스 컨테이너는 둘 다 동일한 도커 네트워크에 있기 때문에
PostgreSQL 컨테이너와 직접 상호작용할 수 있다.

따라서 카탈로그 서비스와 PostgreSQL이 IP 주소 또는 호스트 이름 대신 컨테이너 이름을 사용해 서로 연결할 수 있도록 네트워크를 만들어보자. 터미널 창에서 다음과 같은 명령을 실행한다.

```
$ docker network create catalog-network
```

그런 다음 네트워크가 성공적으로 만들어졌는지 확인해보자.

```
$ docker network ls
NETWORK ID      NAME              DRIVER    SCOPE
178c7a048fa9    catalog-network   bridge    local
...
```

그런 다음 PostgreSQL 컨테이너를 시작하면서 방금 만든 카탈로그 네트워크에 연결하도록 지정할 수 있다. `--net` 인수를 사용하면 컨테이너는 인수로 지정된 네트워크에 가입하고 도커 내장 DNS 서버를 사용한다.

```
$ docker run -d \
    --name polar-postgres \
    --net catalog-network \
    -e POSTGRES_USER=user \
```

```
  -e POSTGRES_PASSWORD=password \
  -e POSTGRES_DB=polardb_catalog \
  -p 5432:5432 \
  postgres:14.4
```

이 명령이 실패하면 5장에서 만든 PostgreSQL 컨테이너가 계속 실행 중일지도 모르니 확인해보기 바란다. 만일 그렇다면 `docker rm -fv polar-postgres`로 먼저 기존 컨테이너를 제거하고 앞의 명령을 다시 실행하면 된다.

6.2.2 도커파일로 스프링 부트 컨테이너화

클라우드 네이티브 애플리케이션은 독립적이다. 스프링 부트를 사용하면 런타임 환경을 제외하고 애플리케이션이 실행하기 위해 필요한 모든 것을 독립 실행 가능한 JAR로 패키징할 수 있다. JAR 아티팩트 외에도 컨테이너 이미지에 필요한 것은 운영체제와 JRE뿐이므로 컨테이너 이미지를 아주 간단하게 만들 수 있다. 이번 절에서는 도커파일을 사용해 카탈로그 서비스 애플리케이션을 컨테이너화하는 방법을 설명한다.

먼저 베이스 이미지를 정해야 한다. 이전처럼 우분투 이미지를 선택한 다음 JRE를 명시적으로 설치하거나 이미 JRE를 제공하는 이미지를 베이스 이미지로 선택할 수 있는데 후자가 더 편리하다. 모든 주요 OpenJDK 배포판은 도커 허브에 관련 이미지가 있기 때문에 이 중에서 원하는 것을 선택하면 된다. 이 예제에서는 지금까지 로컬에서 사용했던 것과 동일한 OpenJDK 배포판인 이클립스 테무린Eclipse Temurin 17을 사용할 것이다. 그런 다음 카탈로그 서비스의 JAR 파일을 이미지에 복사해야 한다. 마지막으로 JRE에서 애플리케이션을 실행하는 명령으로 컨테이너의 진입점을 선언한다.

카탈로그 서비스 프로젝트(catalog-service)를 열고 루트 폴더에 도커파일(확장자 없음)을 생성한다. 이 파일에 애플리케이션을 컨테이너화하기 위한 단계를 기술할 것이다 .

예제 6.2 카탈로그 서비스 이미지 생성을 위한 도커파일

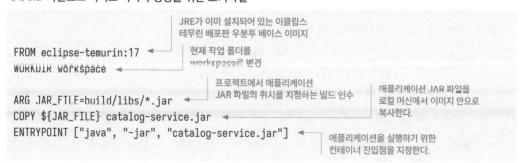

이 도커파일은 docker build 명령으로 이미지를 만들 때 지정할 수 있는 JAR_FILE 인수를 선언한다.

다음으로 넘어가기 전에 카탈로그 서비스 애플리케이션을 JAR 아티팩트로 빌드해야 한다. 터미널 창을 열고 카탈로그 서비스 프로젝트 루트 폴더로 이동한다. 먼저, JAR 아티팩트를 만든다.

```
$ ./gradlew clean bootJar
```

도커파일 스크립트는 기본적으로 그래들에서 사용하는 경로인 build/libs/에서 애플리케이션 JAR 파일을 복사하도록 작성됐다. 따라서 그래들을 사용하는 경우 JAR_FILE 인수 없이 다음과 같은 명령으로 컨테이너 이미지를 만들 수 있다.

```
$ docker build -t catalog-service .
```

하지만 메이븐을 사용해 빌드했다면 다음 명령과 같이 JAR_FILE 빌드 인수에 메이븐이 사용하는 경로를 지정해야 한다(마지막 점을 잊지 말자).

```
$ docker build --build-arg JAR_FILE=target/*.jar -t catalog-service .
```

두 경우 모두 카탈로그 서비스 애플리케이션이 컨테이너 이미지로 패키징된다. 버전이 지정되지 않았기 때문에 이미지가 자동으로 latest 태그로 표시된다. 이미지가 생성됐는지 확인해보자.

앞 절에서 살펴봤던 두 가지 방식, 즉 포트 전달 및 도커 내장 DNS 서버의 사용을 기억해보자. docker run 명령에 두 가지 인수를 추가하여 처리할 수 있다.

- -p 9001:9001은 컨테이너 내부의 9001 포트(카탈로그 서비스가 노출되면)를 로컬 호스트의 9001 포트에 매핑한다.
- --net catalog-network은 카탈로그 서비스 컨테이너를 이전에 만든 카탈로그 네트워크로 연결해 PostgreSQL 컨테이너를 사용할 수 있다.

하지만 아직 충분하지 않다. 앞 장에서는 카탈로그 서비스에 대한 spring.datasource.url 속성을 jdbc:postgresql:/localhost:5432/polardb_catalog로 지정했다. localhost를 가리키기 때문에 컨테이너 내에서 작동하지 않는다. 다시 컴파일하지 않고도 외부에서 스프링 부트 애플리케이션을 설정하는 방법을 이미 알고 있지 않은가? 환경 변수를 통해 그렇게 할 수 있다. 동일한 URL에서 `localhost`를 PostgreSQL 컨테이너 이름인 `polar-postgres`로 대체해 `spring.datasource.url` 속성을 덮어써야 한다. 다른 환경 변수를 사용해 `testdata` 스프링 프로파일을 활성화해 카탈로그에서 테스트 데이터를 생성할 수도 있다.

```
$ docker run -d \
    --name catalog-service \
    --net catalog-network \
    -p 9001:9001 \
    -e SPRING_DATASOURCE_URL=jdbc:postgresql://polar-postgres:5432/polardb_catalog \
    -e SPRING_PROFILES_ACTIVE=testdata \
    catalog-service
```

명령이 상당히 길다. 하지만 도커 CLI를 계속 사용하지는 않을 것이다. 이 장의 뒷 부분에서 CLI 대신 사용할 수 있는 도커 컴포즈에 대해 소개한다.

터미널 창을 열고 애플리케이션을 호출해 5장에서처럼 제대로 작동하는지 확인해보자.

```
$ http :9001/books
```

확인이 끝나면 두 컨테이너를 모두 삭제하는 것을 잊지 말자.

```
$ docker rm -f catalog-service polar-postgres
```

지금까지 살펴본 접근법은 개발 환경에서 도커를 실험하고 이미지가 어떻게 작동하는지 이해하는 데는 완벽하다. 그러나 프로덕션 환경에 적합한 이미지를 생성하려면 고려해야 할 사항이 몇 가지 있다. 다음 절의 주제는 이에 대한 것이다.

6.2.3 프로덕션을 위한 컨테이너 이미지 빌드

도커파일을 사용하는 것이 처음에는 그다지 어렵지 않지만 프로덕션 환경에 적합한 이미지를 구축하는 것은 어려울 수 있다. 이번 절에서는 앞에서 만든 이미지를 개선하는 방법을 살펴볼 것이다.

스프링 부트가 제공하는 계층화된 JAR_{layered-JAR} 기능을 사용해 보다 효율적인 이미지를 만들 것이다. 그런 다음 컨테이너 이미지와 관련해 필수적으로 필요한 보안에 관한 사항을 논의한다. 마지막으로 애플리케이션을 컨테이너화하기 위해 도커파일과 클라우드 네이티브 빌드팩 중 하나를 선택할 때 고려해야 할 사항도 살펴본다.

1 성능

컨테이너 이미지를 만들 때 빌드할 때와 런타임의 성능을 고려해야 한다. OCI 이미지의 특징인 계층화된 아키텍처를 통해 이미지를 만들 때 변경되지 않은 레이어를 캐싱하고 재사용할 수 있다. 컨테이너 저장소는 이미지를 레이어별로 저장하므로 새 버전을 가져올 때 변경된 레이어만 다운로드된다. 모든 애플리케이션 인스턴스에 대해 절약할 수 있는 시간과 대역폭을 고려해볼 때 이것은 클라우드 환경에서 상당한 이점이다.

앞 절에서는 카탈로그 서비스 독립 실행형 JAR 파일을 이미지의 레이어로 복사했다. 결과적으로 애플리케이션에서 무언가를 변경할 때마다 전체 레이어를 다시 작성해야 한다. 애플리케이션에 새 REST 엔드포인트를 추가하는 경우를 생각해보자. 스프링 라이브러리와 의존성은 변경되지 않고 오직 애플리케이션 코드만 변경되지만 모든 것이 함께 패키징되어 있기 때문에 전체 레이어를 다시 빌드해야 한다. 스프링 부트를 통해 이 상황을 개선할 수 있다.

우버 JAR_{Uber-JAR}을 컨테이너 이미지에 넣는 것은 결코 효율적이지 않다. JAR 아티팩트는 애플리케이션에서 사용되는 모든 의존성, 클래스 및 자원을 포함하고 있는 압축 아카이브이다. 이 모든 파일은 JAR 내에서 폴더의 계층 구조로 구성된다. 표준 JAR 아티팩트를 확장해 각 폴더를 다른 컨테이너 이미지 수준으로 배치할 수 있다. 버전 2.3부터 스프링 부트는 이것을 더 효율적으로 만들었는데 애플리케이션을 JAR 아티팩트로 패키징하기 위한 새로운 방법인 계층화된 JAR 모드를 도입했다. 스프링 부트 2.4 이후로는 이 모드가 기본 설정이므로, 이 기능을 사용하기 위한 추가 설정이 필요 없다.

계층화된 JAR 모드_{layered-JAR mode}를 사용해 패키징된 애플리케이션은 컨테이너 이미지와 유사하게 여러 레이어로 만들어진다. 이 새로운 기능은 보다 효율적인 이미지를 구축하는 데 탁월하다. 새로운 JAR 패키지를 사용할 때, JAR 아티팩트를 확장한 다음 각 JAR 레이어에 대해 다른 이미지 레이어를 만들 수 있다. 여기서 목표는 (자주 변경되는) 자신의 클래스를 (자주 변경되지 않는) 프로젝트 의존성 라이브러리와는 분리해 다른 계층에 두는 것이다.

기본적으로 스프링 부트 애플리케이션은 다음과 같은 계층으로 이루어진 JAR 아티팩트로 패키징되는데 가장 낮은 계층부터 시작된다.

- **의존성(dependencies) 계층**: 프로젝트에 추가된 모든 주요 의존성
- **스프링 부트 로더(spring-boot-loader) 계층**: 스프링 부트 로더 컴포넌트가 사용하는 클래스

- **스냅숏 의존성(snapshot-dependencies) 계층:** 모든 스냅숏 의존성
- **애플리케이션(application) 계층:** 애플리케이션 클래스 및 리소스

기존 애플리케이션에 새로운 REST 엔드포인트를 추가하는 시나리오라면 애플리케이션을 컨테이너화할 때 application 계층만 작성하면 된다. 또한 프로덕션에서 애플리케이션을 업그레이드할 때 컨테이너를 실행 중인 노드에 새로운 레이어만 다운로드하면 업그레이드가 더 빠르고 비용이 낮아진다(특히 사용된 대역폭마다 지불해야 하는 클라우드 플랫폼에서 그렇다).

이제 계층화된 JAR 모드를 사용해 카탈로그 서비스를 보다 효율적으로 컨테이너화하기 위해 이전에 작성했던 도커파일을 수정해보자. 이 새로운 전략을 사용하기 위해서는 JAR 파일을 이미지로 복사하고 이전에 설명한 네 개의 계층으로 확장하기 위한 준비 작업을 수행해야 한다. 원래의 JAR 파일은 이미지에 있으면 안 된다. 그렇지 않으면 우리의 최적화 계획은 의미가 없다. 도커는 이에 대한 해결책인 **다단계 빌드**multi-stage build를 제공한다. 우리의 예제에서는 두 개의 단계로 나눈다. 첫 번째 단계는 JAR 파일에서 계층을 추출한다. 두 번째 단계는 각 JAR 계층을 별도의 이미지 레이어로 배치한다. 최종적으로 (원래 JAR 파일도 포함해서) 첫 번째 단계의 결과는 폐기 처분되고, 두 번째 단계에서 최종 컨테이너 이미지가 생성된다.

예제 6.3 카탈로그 서비스 이미지를 좀 더 효율적으로 빌드하기 위한 도커파일

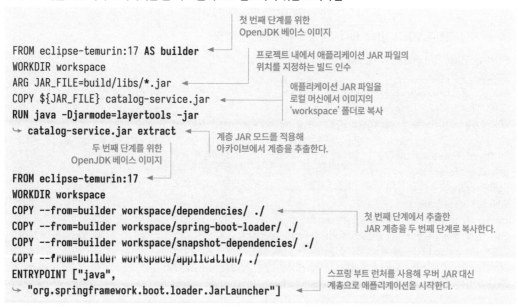

JAR 파일의 계층 구조에 대한 설정을 변경하려면 어떻게 해야 할까? 항상 그렇듯이 스프링 부트는 합리적인 기본값을 제공하지만 사용자 정의 설정을 통해 필요에 맞게 조정할 수 있다. 프로젝트에 내부적으로 공유하는 의존성을 가지고 있다면 이런 의존성 라이브러리는 보통 타사 의존성보다 자주 변경되기 때문에 별도의 계층으로 분리하고자 할 수도 있다. 스프링 부트 그래들이나 메이븐 플러그인을 통해 사용자 정의 설정을 할 수 있다. 자세한 내용은 https://spring.io/projects/spring-boot의 스프링 부트 문서를 참고하기 바란다

컨테이너를 만들고 실행하는 프로세스는 이전과 동일하지만 이제는 이미지가 빌드 및 실행 시간에 더 효율적이고 최적화되었다. 하지만 여전히 프로덕션 환경을 위한 준비는 충분치 못하다. 보안은 어떻게 해야 할까?

2 보안

도커와 컨테이너화를 시작할 때 사람들은 보안에 대해 너무나 자주 과소 평가한다. 컨테이너는 기본적으로 루트 사용자로 실행되므로 잠재적으로 도커 호스트에 루트 액세스를 허용한다는 점을 유념해야 한다. 최소 권한의 원칙에 따라 필요 이상의 권한을 갖지 않는 사용자를 만들어 이 사용자가 도커파일에 정의된 진입점 프로세스를 실행하게 하면 위험을 완화할 수 있다.

카탈로그 서비스를 위해 작성된 도커파일을 고려해보자. 루트 권한을 갖지 않는 새로운 사용자를 만드는 단계를 추가하고 이 사용자가 애플리케이션을 실행하도록 하면 도커파일이 보안 측면에서 개선된다.

예제 6.4 **더 안전한 카탈로그 서비스 이미지를 빌드하기 위한 도커파일**

```
FROM eclipse-temurin:17 AS builder
WORKDIR workspace
ARG JAR_FILE=build/libs/*.jar
COPY ${JAR_FILE} catalog-service.jar
RUN java -Djarmode=layertools -jar catalog-service.jar extract

FROM eclipse-temurin:17          'spring'이라는 이름의          'spring'을
RUN useradd spring ◄             유저를 만든다.               현재 유저로 설정한다.
USER spring ◄
WORKDIR workspace
COPY --from=builder workspace/dependencies/ ./
COPY --from=builder workspace/spring-boot-loader/ ./
COPY --from=builder workspace/snapshot-dependencies/ ./
COPY --from=builder workspace/application/ ./
ENTRYPOINT ["java", "org.springframework.boot.loader.JarLauncher"]
```

앞서 언급했듯이, 암호나 키와 같은 시크릿을 컨테이너 이미지에 저장해서는 안 된다. 상위 계층에서 지워진다고 해도 원래 계층에 그대로 남아 쉽게 액세스할 수 있기 때문이다.

마지막으로 도커파일에서 최신 베이스 이미지와 라이브러리를 사용하는 것도 중요하다. 컨테이너 이미지에서 취약성을 스캔하는 것은 배포 파이프라인에서 채택되고 자동화되어야 하는 최상의 관행이다. 3장에서는 그라이프를 사용해 코드베이스에서 취약성을 스캔하는 방법을 배웠다. 컨테이너 이미지를 스캔하는 데도 그라이프를 사용할 수 있다.

수정된 도커파일을 사용해 카탈로그 서비스에 대한 새 컨테이너 이미지를 만들어보자. 터미널 창을 열고 카탈로그 서비스 루트 폴더로 이동한 다음과 같은 명령을 실행한다(마지막 점을 잊지 말자).

```
$ docker build -t catalog-service .
```

그런 다음 **grype**를 통해 새로 만든 이미지에 취약성이 있는지 검사한다.

```
$ grype catalog-service
```

심각한 취약성을 발견했는가? 공급망 보안 및 관련 위험 관리에 대해서는 범위가 벗어나므로 이 책에서는 다루지 않는다. 애플리케이션 아티팩트에 대한 취약성 검사를 수행하고 자동화하는 방법을 보여주고 싶지만, 스캔 결과에 대한 후속 조치를 취하는 부분은 독자에게 맡기겠다. 조직의 보안 전략을 정의하고, 컴플라이언스 검증을 최대한으로 자동화하는 것의 중요성에 대해서는 아무리 강조해도 지나치지 않다.

이번 절에서는 프로덕션 환경에 적합한 컨테이너 이미지를 만들 때 고려해야 할 몇 가지 필수적인 사항을 살펴봤지만 다뤄야 할 내용이 더 있다. 프로덕션 환경에 적합한 이미지를 만들 수 있는 다른 방법은 없을까? 다음 절에서는 컨테이너 이미지를 만드는 다른 방법을 소개한다.

3 도커파일 대 빌드팩

도커파일은 매우 강력하고 결과를 완벽하고 세밀하게 제어할 수 있다. 그러나 관리 및 유지 보수에 추가적인 노력이 필요하고 가치 흐름에 몇 가지 문제가 발생할 수 있다.

개발자가 앞에서 살펴본 성능 및 보안 문제를 모두 다루고 싶지 않을 수도 있으며 대신 애플리케이션 코드에 집중하기를 원할 수 있다. 클라우드로 옮겨야 하는 이유 가운데 고객에게 가치를 더 빨리 전달하는 것이 있다. 도커파일을 추가하고 이러한 모든 문제를 고려하는 것은 개발자가 해야하는 일이 아닐 수도 있다.

운영자로서 컨테이너 이미지가 도커파일로 구축될 때 조직 내에서 공급망을 제어하고 확보하는 것이 어려울 수 있다. **완벽한**perfect 도커파일을 작성하고 다른 애플리케이션의 여러 저장소에 복사하는 데 시간을 투자해야 하는 것은 일반적이다. 그러나 모든 팀이 동일한 방식을 인식하고, 승인된 도커파일에 부합하는지 확인하며 조직 전체의 변화를 맞춰 나가면서 누가 무엇을 책임지고 있는지 이해하기는 어려운 일이다.

클라우드 네이티브 빌드팩은 일관성, 보안, 성능 및 거버넌스에 중점을 둔 다른 접근법을 제공한다. 개발자는 도커파일을 작성하지 않고도 애플리케이션 소스 코드에서 프로덕션 환경에 적합한 OCI 이미지를 자동으로 생성할 수 있다. 운영자는 전체 조직 내에서 애플리케이션 아티팩트를 정의하고 제어하며 안전하게 할 수 있다.

궁극적으로 도커파일을 사용할지 아니면 빌드팩 같은 도구를 사용할지에 대한 결정은 조직과 요구 사항에 달려 있다. 두 가지 모두 유효한 방법이며 프로덕션 환경에서 사용할 수 있다. 필자는 빌드팩을 사용하지 말아야 할 합당한 이유가 없다면 빌드팩을 사용할 것을 권한다.

NOTE 도커파일을 작성하지 않고도 자바 애플리케이션을 컨테이너 이미지로 패키징하는 또 다른 옵션으로 구글이 개발한 지브Jib가 있는데 그래들 및 메이븐 플러그인(https://github.com/GoogleContainerTools/jib)으로 사용할 수 있다.

다음 절과 이 책의 나머지 부분에서는 도커파일이 아닌 클라우드 네이티브 빌드팩을 사용할 것이다. 그럼에도 불구하고 도커파일이 어떻게 작동하는지 살펴본 이유가 몇 가지 있다. 우선, 도커파일을 알면 컨테이너 이미지 기능과 레이어를 더 쉽게 이해할 수 있기 때문이다. 또한 기초적인 내용이긴 하지만 스프링 부트 애플리케이션을 컨테이너화하기 위해 작성한 도커파일을 통해 필요한 부분을 강조하고 컨테이너 내에서 애플리케이션 JAR의 실행을 설명하는 방법을 보여주기를 원했기 때문이다. 마지막 이유로는, 심지어 빌드팩으로 생성된 이미지라고 해도 무언가가 잘못된 경우, 이미지를 만드는 과정을 이해하고 있다면 컨테이너를 디버깅하는 것이 좀 더 쉽기 때문이다. 스프링 부트 애플리케이션용 도커파일에 대해 자세히 알고 싶다면 공식 문서(https://spring.io/projects/spring-boot)를 확인한다.

6.2.4 클라우드 네이티브 빌드팩을 이용한 스프링 부트 컨테이너화

클라우드 네이티브 빌드팩(https://buildpacks.io)은 CNCF가 '어느 클라우드에서나 실행할 수 있는 이미지로 애플리케이션 소스 코드를 변환'하기 위해 유지 관리하는 프로젝트다. 1장에서 컨테이너를 소개할 때 히로쿠, 클라우드 파운드리 같은 PaaS 플랫폼이 내부적으로는 컨테이너를 사용하는데 애플리케이션을 실행하기 전에 애플리케이션 소스 코드를 컨테이너로 변환한다는 점을 강조했다. 그러한 작업을 빌드팩을 사용해 수행한다.

클라우드 네이티브 빌드팩은 히로쿠와 피버틀이 PaaS 플랫폼을 기반으로 컨테이너를 통해 클라우드 네이티브 애플리케이션을 오랫동안 운영한 경험을 바탕으로 개발되었고 개선되어 왔다. 기술적으로 성숙한 프로젝트이며 스프링 부트 2.3 이후 그래들 및 메이븐용 스프링 부트 플러그인에 통합되어 전용 빌드팩 CLI인 **pack**을 설치할 필요가 없다.

클라우드 네이티브 빌드팩이 제공하는 기능은 다음과 같다.

- 애플리케이션 유형을 자동으로 감지해 도커파일 없이 패키지를 생성한다.
- 다양한 언어와 플랫폼을 지원한다.
- 캐시와 레이어를 통해 높은 성능을 갖는다.
- 재현 가능한 빌드를 보장한다.
- 보안 측면에서 모범 사례를 사용한다.
- 프로덕션 환경에 적합한 이미지를 만든다.
- 그랄VM을 사용해 네이티브 이미지의 빌드를 지원한다.

물론 이 밖에도 많다.

[NOTE] 클라우드 네이티브 빌드팩에 대해 더 알고 싶다면 빌드팩 코어 팀의 일원인 에밀리 케이시의 스크린 캐스트 '에밀리 케이시와 함께 하는 클라우드 네이티브 빌드팩(Cloud Native Buildpacks with Emily Casey, http://mng.bz/MOxB)'을 권한다.

컨테이너 생성 프로세스는 애플리케이션을 컨테이너화하는 방법에 대한 모든 정보를 가지고 있는 **빌더 이미지**builder image에 의해 조정된다. 이러한 정보는 (운영체제, OpenJDK 및 JVM 설정과 같은) 애플리케이션의 특정 측면을 전담하는 **빌드팩**buildpack을 통해 제공된다. 스프링 부트 플러그인은 클라우드 네이티브 빌드팩 사양을 구현한 것 중 하나인 패키토 빌드팩Paketo Buildpacks(https://paketo.io) 빌더를 채택해 자바 및 스프링 부트를 비롯한 다양한 유형의 애플리케이션을 지원한다.

패키토 빌더 컴포넌트는 일련의 기본 빌드팩 시퀀스를 사용해 실제 빌드 작업을 수행한다. 이 구조는 고도로 모듈화되어 있고 사용자의 필요에 따라 변경할 수 있다. 시퀀스에 새로운 빌드팩을 추가하거나(예를 들어 애플리케이션에 모니터링 에이전트를 추가하거나), 기존 빌드팩을 교체하거나(예를 들어 기본 설정된 벨소프트_Bellsoft 리버리카_Liberica 오픈 JDK를 마이크로소프트 오픈 JDK로 대체하거나), 심지어 완전히 다른 빌더 이미지를 사용할 수도 있다.

NOTE 클라우드 네이티브 빌드팩 프로젝트는 빌드팩 저장소를 운영하고 있는데 여기에서 애플리케이션을 컨테이너화하는 데 사용할 수 있는 빌드팩을 찾아보고 자세히 알아볼 수 있다. 이 저장소는 패키토를 포함해 모든 구현을 관리하고 제공한다(https://registry.buildpacks.io).

스프링 부트 플러그인에서 제공하는 빌드팩 통합은 카탈로그 서비스 프로젝트의 build.gradle 파일에서 설정할 수 있다. 이미지 이름을 설정하고 환경 변수를 통해 자바 버전을 정의해보자.

예제 6.5 **카탈로그 서비스를 컨테이너화하기 위한 설정**[4]

빌드팩을 사용해 OCI 이미지를 빌드하기 위한 스프링 부트 플러그인 작업

빌드할 OCI 이미지의 이름. 이 이름은 그래들의 프로젝트 설정에서 정의한 이름과 같다. 버전 번호를 사용하지 않고 암묵적인 latest 태그를 사용한다.

```
bootBuildImage {
  imageName = "${project.name}"
  environment = ["BP_JVM_VERSION" : "17.*"]
}
```

이미지에 설치할 JVM 버전. 최신 버전인 자바 17을 사용한다.

다음과 같은 명령을 실행하여 이미지를 만들어보자.

```
$ ./gradlew bootBuildImage
```

CAUTION 집필 시점에 패키토 프로젝트는 ARM64 이미지를 지원하기 위해 노력 중이다. http://github.com/paketo-buildpacks/stacks/issue/51에서 패키토 빌드팩 프로젝트의 기능 진행 상황을 확인할 수 있다. 그때까지 빌드팩을 사용해 컨테이너를 만들고 애플 실리콘 컴퓨터의 도커 데스크톱을 통해 실행할 수 있다. 그러나 빌드 프로세스 및 애

4　[옮긴이] 메이븐의 경우 pom.xml의 스프링부트 메이븐 플러그인(spring-boot-maven-plugin) 설정에서 다음과 같이 하면 된다.

```
<configuration>
  <image>
    <name>${project.name}</name>
    <env>
      <BP_JVM_VERSION>17.*</BP_JVM_VERSION>
    </env>
  </image>
</configuration>
```

플리케이션 시작 단계는 평소보다 느릴 것이다. 공식 지원이 될 때까지는 다음과 같이 ARM64를 시험적으로 지원하는 패키토 빌드팩을 인수로 지정할 수 있다. ./gradlew bootBuildImage --builder ghcr.io/thomasvitale/java-builder-arm64. 시험판이기 때문에 아직 프로덕션 환경에는 적합하지 않다. 더 많은 정보를 원하면 깃허브에서 관련 문서를 참고하기 바란다(https://github.com/ThomasVitale/paketo-arm64).

처음 작업을 실행하면 컨테이너 이미지를 만들기 위해 사용하는 패키지를 다운로드 받느라 1분 정도 걸린다. 두 번째부터는 몇 초밖에 걸리지 않을 것이다. 명령어의 출력을 자세히 살펴보면 빌드팩이 이미지를 생성하기 위해 수행하는 모든 단계를 확인할 수 있다. 여기에는 JRE를 추가하고 스프링 부트에서 만든 계층화된 JAR을 사용하는 단계도 포함되어 있다. 플러그인은 기본 작동을 변경할 수 있는 속성을 많이 가지고 있는데 예를 들어 패키토 대신 자신의 빌더 컴포넌트를 제공할 수도 있다. 설정할 수 있는 옵션에 대한 전체 목록은 공식 문서에서 확인할 수 있다(https://spring.io/projects/spring-boot).

카탈로그 서비스를 컨테이너로 다시 실행해보자. 하지만 이번에는 빌드팩이 만든 이미지를 사용한다. 6.2.1절에서 설명한 대로 PostgreSQL 컨테이너를 먼저 시작하는 것을 잊지 말자.

```
$ docker run -d \
    --name catalog-service \
    --net catalog-network \
    -p 9001:9001 \
    -e SPRING_DATASOURCE_URL=jdbc:postgresql://polar-postgres:5432/polardb_catalog \
    -e SPRING_PROFILES_ACTIVE=testdata \
    catalog-service
```

CAUTION 애플 실리콘 컴퓨터에서 앞의 명령을 통해 컨테이너를 실행하면 '경고: 요청한 이미지의 플랫폼(linux/amd64)이 탐지된 호스트 플랫폼(linux/arm64/v8)과 일치하지 않으며 특정 플랫폼이 요청되지 않았다'와 같은 메시지를 반환할 수 있다. 이 경우 패키토 빌드팩이 ARM64에 대한 지원을 추가하기 전까지는 --platform linux/amd64라는 인수를 명령(이미지 이름 앞에)에 포함하기 바란다.

브라우저 창을 열고 http://localhost:9001/books로 애플리케이션을 호출하고 제대로 작동하는지 확인해본다. 작업이 완료되면 PostgreSQL 및 카탈로그 서비스 컨테이너를 모두 삭제한다.

```
$ docker rm -f catalog-service polar-postgres
```

마지막으로 카탈로그 서비스가 PostgreSQL과 통신하기 위해 설정한 네트워크도 제거할 수 있다. 다음 절에서 도커 컴포즈를 살펴보고 나면 네트워크는 더 이상 필요 없게 될 것이다.

```
$ docker network rm catalog-network
```

스프링 부트 2.4 이후로는 스프링 부트 플러그인 설정을 통해 이미지를 컨테이너 저장소로 직접 저장할 수도 있다. 그렇게 하려면 먼저 특정 컨테이너 저장소로 인증하기 위한 설정을 build.gradle 파일에 추가해야 한다.

예제 6.6 **카탈로그 서비스를 컨테이너화하기 위한 설정**

```
bootBuildImage {
  imageName = "${project.name}"
  environment = ["BP_JVM_VERSION" : "17.*"]        컨테이너 저장소 연결을
                                                   설정하기 위한 섹션
  docker {
    publishRegistry {                              컨테이너 저장소 인증을 설정하기 위한 섹션.
      username = project.findProperty("registryUsername")   값은 그래들 속성을 통해 전달된다.
      password = project.findProperty("registryToken")
      url = project.findProperty("registryUrl")
    }
  }
}
```

컨테이너 저장소로 인증하는 방법에 대한 세부 사항은 유연성(그래들 빌드를 변경하지 않고도 이미지를 다른 저장소에 저장할 수 있음)과 보안(특히 토큰은 소스 코드에 포함해서는 안됨)을 위해 그래들 속성으로 외부화된다.

크리덴셜에 대한 황금률을 기억해보자. 암호는 결코 알려주면 안 된다. 절대로 알려주어서는 안 된다! 어떤 서비스가 사용자를 대신해 리소스에 접근하는 권한을 위임해야 한다면 액세스 토큰을 사용해야 한다. 스프링 부트 플러그인을 사용하면 암호를 통해 저장소로 인증할 수 있지만 암호 대신 토큰을 사용해야 한다. 6.1.3절에서 로컬 환경의 이미지를 깃허브 컨테이너 저장소로 푸시할 수 있도록 깃허브에서 개인 액세스 토큰을 생성했다. 그 때 만든 토큰을 더 이상 사용하지 않는다면, 앞서 설명한 절차에 따라 새로운 토큰을 생성할 수 있다.

마지막으로 bootBuildImage 작업을 실행해 새로운 이미지를 만들고 저장할 수 있다. --imageName 인수를 사용하면 컨테이너 저장소가 요구하는 대로 완전한 형식의 이미지 이름을 정의할 수 있다. --publishImage 인수를 사용하면 스프링 부트 플러그인이 컨테이너 저장소에 이미지를 직접 푸시하도록 지시할 수 있다. 또한 컨테이너 저장소에 대한 그래들 속성 값을 전달하는 것을 잊지 말자.

```
$ ./gradlew bootBuildImage \
  --imageName ghcr.io/<your_github_username>/catalog-service \
  --publishImage \
  -PregistryUrl=ghcr.io \
  -PregistryUsername=<your_github_username> \
  -PregistryToken=<your_github_token>
```

TIP (Apple Silicon 컴퓨터와 같은) ARM64 컴퓨터에서 작업하면 `--builder ghcr.io /thomasvitale/java-builder-arm64` 인수를 앞의 명령에 추가하여 ARM64를 지원하는 패키토 빌드팩의 시험용 버전을 사용할 수 있다. 그것은 시험용이기 때문에 프로덕션 환경에 적합하지 않다는 것을 알아야 한다. 자세한 내용은 GitHub 문서를 참고하기 바란다.[5] 이 시험용을 사용하지 않더라도 공식 지원이 될 때까지[6] 빌드팩을 사용해 컨테이너를 만들고 애플 실리콘 컴퓨터의 도커 데스크톱을 통해 실행할 수 있지만 빌드 프로세스 및 애플리케이션 시작 단계는 평소보다 느려질 수 있다.

명령이 성공적으로 완료되면 깃허브 계정으로 가서 프로필 페이지로 이동한 다음 패키지 섹션으로 들어간다. 6.1.3절에서 저장한 `my-java-image` 이미지와 비슷하게 새로운 `catalog-service` 항목이 보여야 한다(기본적으로 컨테이너 이미지를 호스팅하는 패키지는 비공개다). `catalog-service` 항목을 클릭하면 방금 전에 저장소로 업로드한 `ghcr.io/your_github_username/catalog-service:latest` 이미지를 찾을 수 있을 것이다(그림 6.11).

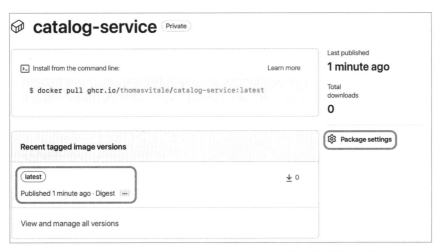

그림 6.11 깃허브 컨테이너 저장소에 저장된 이미지는 '패키지' 단위로 구성된다.

그러나 `catalog-service` 패키지는 아직 `catalog-service` 소스 코드 저장소에 연결되지 않았다. 나중에 깃허브 액션을 사용해 이미지를 만들고 저장하는 방법을 알게 되면 소스 코드 저장소에서 이미지를 업로드할 수 있다.

---

5 https://github.com/ThomasVitale/paketo-arm64
6 https://github.com/paketo-buildpacks/stacks/issues/51

일단 지금은 이미지를 저장할 때 생성된 `catalog-service` 패키지를 삭제한다. 그렇게 하지 않으면 깃허브 액션을 사용해 이미지를 저장할 때 충돌이 일어난다. `catalog-service` 패키지 페이지(그림 6.11)의 사이드바 메뉴에서 패키지 설정을 선택하고 설정 페이지 하단으로 스크롤한 다음 '이 패키지 삭제(Delete This Package)'(그림 6.12)를 선택한다.

그림 6.12 수동으로 생성된 카탈로그 서비스 패키지를 삭제한다.

NOTE 지금까지 우리는 컨테이너 이미지의 이름을 지정할 때 암묵적으로 `latest` 태그를 사용했는데 프로덕션 환경을 위해서는 권장하지 않는 방식이다. 15장에서는 애플리케이션을 출시할 때 버전을 처리하는 방법을 살펴볼 것이다. 그때까지는 암묵적인 `latest` 태그를 사용한다.

6.3 도커 컴포즈를 통한 스프링 부트 컨테이너의 관리

클라우드 네이티브 빌드팩을 사용하면 도커파일을 직접 작성하지 않고도 스프링 부트 애플리케이션을 빠르고 효율적으로 컨테이너화할 수 있다. 그러나 컨테이너를 여러 개 실행하면 도커 CLI가 약간 번거로울 수 있다. 터미널 창에 명령을 치는 것은 오류가 발생하기 쉽고 읽기도 어려울 뿐만 아니라 버전 관리가 쉽지 않다.

도커 컴포즈는 도커 CLI보다 더 나은 사용자 경험을 제공한다. 명령행 대신 YAML 파일을 통해 실행할 컨테이너와 그 특성을 기술한다. 도커 컴포즈를 사용하면 시스템을 구성하는 모든 애플리케이션과 서비스를 한 곳에서 정의하고 라이프사이클을 함께 관리할 수 있다.

이번 절에서는 도커 컴포즈를 사용해 카탈로그 서비스와 PostgreSQL의 컨테이너를 실행하도록 설정한다. 그런 다음 컨테이너 내에서 실행 중인 스프링 부트 애플리케이션을 디버깅하는 방법을 배운다.

맥용 도커 데스크톱 또는 윈도우용 도커 데스크톱을 설치한 경우 이미 도커 컴포즈가 설치되어 있다. 리눅스를 사용하고 있다면 https://www.docker.com의 도커 컴포즈 설치 페이지를 방문하여 배포 지침을 따라 설치한다. 두 경우 모두 `docker-compose --version` 명령을 실행하여 도커 컴포즈가 올바르게 설치되었는지 확인할 수 있다.

6.3.1 도커 컴포즈를 통한 컨테이너 라이프사이클 관리

도커 컴포즈 구문은 매우 직관적이고 자명하며 도커 CLI 인수에 일대일로 매핑될 때가 많다. docker-compose.yml 파일의 루트 섹션은 version과 services인데 version은 사용할 구문을 지정하고 services는 실행할 모든 컨테이너에 대한 사양을 지정한다. 이 두 가지 외에 volume과 network가 선택 사항으로 루트 섹션에 올 수 있다.

[NOTE] 네트워크 설정을 추가하지 않으면 도커 컴포즈가 자동으로 하나를 만들고 파일의 모든 컨테이너를 그 네트워크에 연결한다. 즉, 도커 내장 DNS 서버를 사용해 컨테이너 이름을 통해 서로 상호작용할 수 있다.

모든 배포 관련 스크립트를 별도의 코드베이스에, 가능하다면 별도의 저장소를 통해 모아놓는 것이 좋다. 깃허브에 polar-deployment라는 이름의 저장소를 새로 만들자. 이 저장소는 폴라 북숍 시스템을 구성하는 애플리케이션을 실행하기 위해 필요한 모든 도커 및 쿠버네티스 스크립트를 가지고 있을 것이다. 저장소 내부에 폴라 북숍을 위한 도커 컴포즈 설정을 위해 'docker'라는 이름의 폴더도 만들자. 최종 결과는 소스 코드 저장소의 Chapter06/06-end/polar-deployment를 참고하기 바란다.

polar-deployment/docker 폴더에서 docker-compose.yml 파일을 만들고 실행할 서비스를 다음과 같이 정의한다.

예제 6.7 **카탈로그 서비스를 설명하는 도커 컴포즈 파일(docker-compose.yml)**

```
version: "3.8"  ◀─── 도커 컴포즈 구문 버전
services:  ◀─── 실행할 모든 컨테이너를 나열하는 섹션

  catalog-service:  ◀─── catalog-service 컨테이너를 기술하는 섹션
    depends_on:
      - polar-postgres                        컨테이너를 실행하는 데 사용할 이미지
    image: "catalog-service"  ◀───           카탈로그 서비스는 PostgreSQL 데이터베이스 이후에
    container_name: "catalog-service"  ◀───   시작해야 한다.
    ports:  ◀─── 포트 매핑 목록을 위한 섹션
      - 9001:9001                             컨테이너의 이름
    environment:  ◀─── 환경 변수를 나열하는 섹션
      - BPL_JVM_THREAD_COUNT=50               메모리 계산을 위한 스레드의 수를 설정하는
      - SPRING_DATASOURCE_URL=jdbc:postgresql://polar-postgres:5432/polardb_catalog    패키토 빌드팩 환경 변수
      - SPRING_PROFILES_ACTIVE=testdata  ◀───
                                              'testdata' 프로파일을
                  polar-postgres 컨테이너를    활성화
  polar-postgres:  ◀─── 기술하는 섹션
```

```
image: "postgres:14.4"
container_name: "polar-postgres"
ports:
  - 5432:5432
environment:
  - POSTGRES_USER=user
  - POSTGRES_PASSWORD=password
  - POSTGRES_DB=polardb_catalog
```

카탈로그 서비스 컨테이너에 대해 `BPL_JVM_THREAD_COUNT`라는 환경 변수가 하나 더 있다는 것을 알아챘는지 모르겠다. 15장에서는 패키토 빌드팩이 제공하는 자바 메모리 계산기에 대해 배우고 스프링 부트 애플리케이션을 위해 CPU와 메모리를 설정하는 방법에 대해 살펴본다. 지금은 `BPL_JVM_THREAD_COUNT` 환경 변수가 JVM 스택에서 메모리를 할당할 스레드 수를 설정하는 데 사용된다는 것만 알고 있으면 충분하다. 서블릿 기반 애플리케이션의 기본 설정 값은 250이다. 3장에서는 톰캣 스레드 풀에 대해 낮은 값을 사용했는데 JVM 메모리에 대해서도 동일하게 설정해 전체 컨테이너 메모리 사용량을 낮게 유지하는 것이 좋다. 책 전체에 걸쳐 많은 컨테이너(애플리케이션과 지원 서비스 모두)를 배포하기 때문에 이렇게 설정하면 컴퓨터에 과부하를 주지 않게 된다 .

도커 컴포즈는 두 개의 컨테이너를 기본 설정상 같은 네트워크에 연결하기 때문에 이전처럼 명시적으로 네트워크를 지정할 필요가 없다. 이제 도커 컴포즈를 사용해 컨테이너를 시작해보자. 터미널 창을 열고 파일이 들어 있는 폴더로 이동한 다음과 같은 명령을 실행하여 분리detached 모드로 컨테이너를 시작한다.

```
$ docker-compose up -d
```

명령을 수행하고 http://localhost:9001/books로 카탈로그 서비스 애플리케이션을 호출해 올바르게 작동하는지 확인해보자. 확인이 끝나면 계속 실행하도록 컨테이너를 그대로 두고 다음 절을 따라 카탈로그 서비스 애플리케이션을 디버깅해보자.

6.3.2 스프링 부트 컨테이너 디버깅

IDE에서 스프링 부트 애플리케이션을 표준 자바로 실행할 때 디버그 모드로 실행하도록 지정할 수 있다. 그러면 IDE는 애플리케이션을 실행하는 로컬 자바 프로세스에 디버거를 부착한다. 그러나 컨테이너 내에서 실행하면 프로세스가 로컬 컴퓨터에서 실행되지 않기 때문에 IDE가 더 이상 그렇게 할 수 없다.

다행히도, 컨테이너에서 실행되는 스프링 부트 애플리케이션을 로컬로 실행할 때와 거의 동일하게 디버깅할 수 있다. 먼저 컨테이너 내부의 JVM에게 특정 포트를 통해 디버그 연결을 듣도록 지시해야 한다. 패키토 빌드팩이 생성한 컨테이너 이미지는 디버그 모드에서 애플리케이션을 실행하기 위한 전용 환경 변수를 지원한다(BPL_DEBUG_ENABLED 및 BPL_DEBUG_PORT). 그런 다음 그 디버그 포트를 컨테이너 외부로 노출하면 IDE가 그 포트를 통해 연결할 수 있다. 그림 6.13은 이 과정이 어떻게 작동하는지 보여준다.

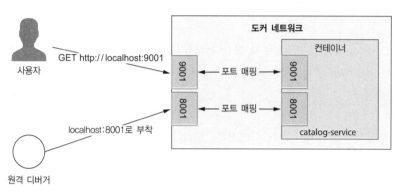

그림 6.13 **원하는 대로 컨테이너에서 포트를 노출할 수 있다.**
카탈로그 서비스의 경우 서버 포트와 디버그 포트를 모두 노출한다.

docker-compose.yml 파일을 업데이트하여 카탈로그 서비스 애플리케이션을 디버깅하도록 구성해보자.

예제 6.8 **카탈로그 서비스가 디버그 모드에서 실행되도록 하기 위한 설정**

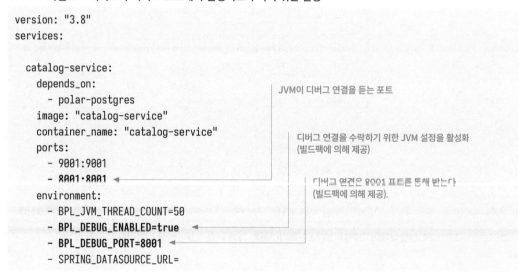

```
↪jdbc:postgresql://polar-postgres:5432/polardb_catalog
    - SPRING_PROFILES_ACTIVE=testdata
...
```

docker-compose.yml을 업데이트한 후에 터미널 창에서 docker-compose.yml 파일이 있는 폴더로 이동한 후에 다음과 같은 명령을 다시 실행해보자.

```
$ docker-compose up -d
```

도커 컴포즈는 PostgreSQL 컨테이너의 설정이 변경되지 않았다는 것을 인식하고 PostgreSQL 컨테이너에 대해서는 아무 일도 하지 않는다. 반면에 카탈로그 서비스 컨테이너는 새로운 설정으로 다시 로드한다.

이제 자신이 사용하는 IDE에서 원격 디버거를 설정하고 8001 포트를 지정해야 한다. 이에 관해 사용하는 IDE에서 설정하는 방법을 찾아보기 바란다. 그림 6.14는 인텔리제이 아이디어Intellij IDEA에서 원격 디버거를 설정하는 방법을 보여준다.

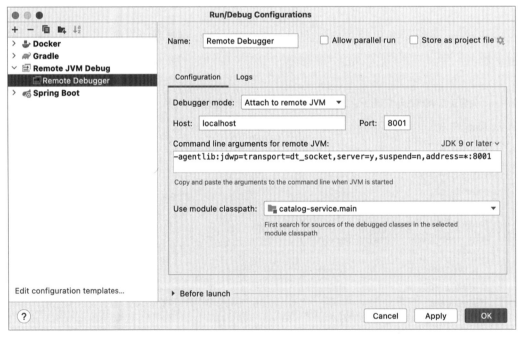

그림 6.14 인텔리제이 아이디어에서 컨테이너화된 자바 애플리케이션을 디버깅하기 위한 설정

일단 카탈로그 서비스가 시작되면 마치 로컬에서 실행하는 것처럼 디버깅할 수 있다.

이번 절에서는 여기까지 다루기로 한다. docker-compose.yml 파일이 위치한 폴더에서 다음 명령을 사용해 두 컨테이너를 중지하고 제거한다.

```
$ docker-compose down
```

> **NOTE** 이 책에서는 도커를 모두 다루기보다는 스프링 부트 애플리케이션을 쿠버네티스를 통해 프로덕션 환경에 성공적으로 배포하기 위해 필요한 주제만 다룬다. 도커 이미지, 네트워크, 볼륨, 보안 및 아키텍처에 대해 자세히 알고 싶다면 https://docs.docker.com에 있는 공식 문서를 참고하기 바란다. 또한 이 주제에 대해 매닝 출판사가 펴낸 책도 있는데, 엘튼 스톤맨Elton Stoneman의 《도커 교과서》(길벗, 2022), 이안 미엘Ian Miell과 아이단 홉슨 세이어즈Aidan Hobson Sayers의 《예제로 배우는 도커》(에이콘출판사, 2021)가 있다.

애플리케이션을 변경한 후에, 새 이미지를 만들고 저장소로 등록하는 것을 매번 수동으로 하는 것은 바람직하지 않다. 그런 일은 깃허브 액션과 같이 자동화된 워크플로 엔진이 해야 할 작업이다. 다음 절에서는 3장에서 시작한 배포 파이프라인의 커밋 단계를 어떻게 완성할지 살펴본다.

6.4 배포 파이프라인: 패키지 및 등록

폴라 북숍 프로젝트의 지속적 전달을 지원하기 위한 배포 파이프라인을 3장에서부터 구현하기 시작했다. 지속적 전달은 고품질 소프트웨어를 신속하고 안정적이며 안전하게 제공하기 위한 총체적인 엔지니어링 접근 방식이다. 배포 파이프라인은 코드를 커밋한 순간부터 출시 가능한 소프트웨어를 생성하기까지의 전 과정을 자동화하기 위한 기본적인 패턴이다. 배포 파이프라인에는 세 가지 주요 단계, 즉 커밋 단계, 수락 단계, 생산 단계가 있음을 살펴봤다.

계속해서 커밋 단계를 중점적으로 살펴보자. 개발자가 새로운 코드를 메인 브랜치에 커밋하면 빌드, 단위 테스트, 통합 테스트, 정적 코드 분석, 패키지 같은 여러 과정을 거치게 된다. 이 단계의 마지막에 실행 가능한 애플리케이션 아티팩트를 아티팩트 저장소로 등록한다. 이 아티팩트가 **릴리스 후보**다. 3장에서는 패키징하고 릴리스 후보를 등록하는 최종 과정만 제외하고 앞부분의 모든 주요 과정을 살펴봤다. 이번 절에서는 바로 이 마지막 과정을 살펴보기로 한다.

6.4.1 커밋 단계에서 릴리스 후보 빌드

정적 코드 분석, 컴파일, 단위 테스트, 통합 테스트를 하면 애플리케이션을 실행 가능한 아티팩트로 패키징하고 저장소로 등록해야 한다. 우리의 경우, 실행 가능한 아티팩트는 컨테이너 저장소에 등록될 컨테이너 이미지다.

아티팩트는 단 한 번만 생성한다는 것이 지속적 전달의 핵심적인 아이디어고 이것은 15요소 방법론도 마찬가지다. 커밋 단계의 마지막 과정에서 배포 파이프라인은 다음 단계에서 사용할 컨테이너 이미지를 생성한다. 파이프라인의 어느 지점에서든지 무언가 잘못되었다는 것이 확인되면(예: 테스트 실패) 해당 릴리스 후보는 거부된다. 릴리스 후보가 모든 후속 단계를 성공적으로 수행하면 프로덕션에 배포할 준비가 된 것임을 의미한다.

실행 가능한 아티팩트를 생성한 후 저장소로 등록하기 전에 추가 작업을 수행할 수 있다. 예를 들면 취약성 검사를 할 수 있는데, 코드베이스에서 했던 것과 비슷한 방식으로 그라이프를 사용해 컨테이너 이미지에 대해 취약성 검사를 수행할 수 있다. 컨테이너 이미지에는 애플리케이션 라이브러리뿐만 아니라 이전 보안 분석에 포함되지 않은 시스템 라이브러리가 포함된다. 따라서 코드베이스와 최종 생성된 아티팩트 둘 다 취약성 스캔이 필요하다. 그림 6.15는 릴리스 후보를 생성하고 저장소로 등록하기 위한 새로운 과정을 보여준다.

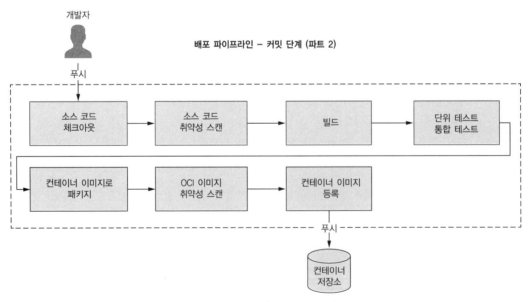

그림 6.15 커밋 단계의 마지막에 릴리스 후보를 아티팩트 저장소에 등록한다.
이 책에서는 컨테이너 이미지를 컨테이너 저장소로 등록한다.

등록된 릴리스 후보는 언제 어디서나 다운로드해 사용할 수 있는데 배포 파이프라인의 다음 단계, 즉 수락 단계에서도 이 릴리스 후보를 사용한다. 어떻게 모든 이해관계자들이 폴라 북숍 프로젝트의 컨테이너 이미지가 손상되지 않은 유효한 이미지라는 것을 확신하고 사용할 수 있을까? 이미지 서명을 통해 이를 달성할 수 있다. 등록 과정이 끝나면, 릴리스 후보를 서명하기 위한 새로운 과정을 추가할 수 있다. 예를 들면 시그스토어_{Sigstore}(https://www.sigstore.dev)를 사용할 수 있는데, 소프트웨어 무결성과 관련해 서명, 검증, 보호를 위한 오픈소스 도구를 제공하는 비영리 서비스다. 이 주제에 관심이 있다면 프로젝트 웹사이트를 확인하기 바란다.

다음 절에서는 실제로 배포 파이프라인의 커밋 단계에 새로운 과정을 추가하는 방법을 살펴보겠다.

6.4.2 깃허브 액션을 통한 컨테이너 이미지 등록

깃허브 액션은 깃허브 저장소에서 직접 소프트웨어 워크플로를 자동화하는 데 사용할 수 있는 엔진이다. 워크플로 정의는 일반적으로 깃허브의 저장소 루트 아래의 .github/workflow/ 디렉터리에 저장된다.

3장에서 카탈로그 서비스 배포 파이프라인의 커밋 단계를 위한 워크플로 작업을 시작했다. 이제 애플리케이션을 패키징하고 저장소로 등록하는 과정을 추가하는 작업을 해보자.

카탈로그 서비스 프로젝트(catalog-service)에서 커밋 단계에 대한 워크플로를 정의한 YAML 파일 (.github/workflows/commit-stage.yml)을 열고 애플리케이션을 위한 컨테이너 이미지를 만들 때 반드시 필요한 몇 가지 환경 변수를 정의한다. 환경 변수를 사용하면 사용할 컨테이너 저장소 또는 릴리스 아티팩트의 버전을 변경하는 것이 쉽다. 깃허브 사용자 이름이 들어가는 위치에 자신의 사용자 이름을 지정하되 모두 소문자로 해야 한다. 15장에서는 소프트웨어 출시 전략을 다루는데, 그 전까지는 모든 이미지에 버전 번호 대신 latest 태그를 사용한다.

예제 6.9 릴리스 후보에 대한 사항을 환경 변수로 설정

```
name: Commit Stage
on: push

env:                                          깃허브 컨테이너 저장소를
   REGISTRY: ghcr.io  ◀────                   사용한다.
   IMAGE_NAME: <your_github_username>/catalog-service  ◀──  이미지의 이름.
   VERSION: latest  ◀────                     자신의 깃허브 유저명을 소문자로 추가한다.
                        지금은 새 이미지를
jobs:                   latest로 태깅한다.
   ...
```

그런 다음 워크플로에 'Package and Publish' 작업을 새로 추가해보자. 'Build and Test' 작업이 성공적으로 완료되고 워크플로가 main 브랜치에서 실행되면 새로 추가한 작업이 실행될 것이다. 카탈로그 서비스를 컨테이너 이미지로 패키징하기 위해 로컬에서 사용했던 것과 동일한 전략인 스프링 부트 그래들 플러그인에서 제공하는 빌드팩 통합을 사용할 것이다. 이미지를 직접 푸시하지 않는다는 점을 주목하기 바란다. 취약성 검사를 위해 이미지를 먼저 스캔하기 위해서다. 현재의 commit-stage.yml 파일을 다음과 같이 업데이트한다.

예제 6.10 빌드팩을 사용해 애플리케이션을 OCI 이미지로 패키지

```
name: Commit Stage
on: push

env:
  REGISTRY: ghcr.io
  IMAGE_NAME: <your_github_username>/catalog-service
  VERSION: latest

jobs:
  build:
    ...
  package:          ◀── 잡의 고유 식별자
    name: Package and Publish
    if: ${{ github.ref == 'refs/heads/main' }}   ◀── 잡을 main 브랜치에 대해서만 실행한다.
    needs: [ build ]   ◀── 'build' 잡이 성공적으로 수행된 경우에만 이 잡을 실행한다.
    runs-on: ubuntu-22.04   ◀── 우분투 22.04에서 잡을 실행
    permissions:
      contents: read   ◀── 현재 깃 저장소를 체크아웃하기 위한 권한
      packages: write   ◀── 깃허브 컨테이너 저장소로 이미지를 업로드하기 위한 권한
      security-events: write   ◀── 깃허브로 보안 이벤트를 제출하기 위한 권한
    steps:
      - name: Checkout source code
        uses: actions/checkout@v3   ◀── 현재 깃 저장소(catalog-service)를 체크아웃한다.
      - name: Set up JDK
        uses: actions/setup-java@v3   ◀── 자바 런타임을 설치하고 설정한다.
        with:
          distribution: temurin
          java-version: 17
          cache: gradle
      - name: Build container image
        run: |
          chmod +x gradlew                    컨테이너 이미지를 빌드하고 릴리스 후보를 위한 이름을
          ./gradlew bootBuildImage \   ◀── 정의하기 위해 스프링 부트의 빌드팩 통합을 사용한다.
            --imageName
            ↪ ${{ env.REGISTRY }}/${{ env.IMAGE_NAME }}:${{ env.VERSION }}
```

애플리케이션을 컨테이너 이미지로 패키징한 후에는, 3장에서 한 것과 유사하게 그라이프를 사용해 취약점을 스캔하고 깃허브에 보고서를 제출하기 위한 세부 단계를 commit-stage.yml에 추가한다. 마지막으로 컨테이너 저장소로 인증하고 릴리스 후보 이미지를 푸시한다.

예제 6.11 **이미지 취약성을 검사하고 깃허브 컨테이너 저장소에 등록**

```
name: Commit Stage
on: push

env:
  REGISTRY: ghcr.io
  IMAGE_NAME: polarbookshop/catalog-service
  VERSION: latest

jobs:
  build:
    ...
  package:
    ...
    steps:
      - name: Checkout source code
        ...
      - name: Set up JDK
        ...
      - name: Build container image
        ...
      - name: OCI image vulnerability scanning
        uses: anchore/scan-action@v3          ◀─── 취약성 검사를 위해
        id: scan                                   그라이프를 사용해
        with:                                      릴리스 후보
          image:          ◀─── 스캔할 이미지는        이미지를 스캔한다.
                             릴리스 후보다.
            ↳ ${{ env.REGISTRY }}/${{ env.IMAGE_NAME }}:${{ env.VERSION }}
          fail-build: false       ◀─── 이미지에서 취약점이 발견되더라도
          severity-cutoff: high        빌드를 실패로 만들지 않는다.
          acs-report-enable: true
      - name: Upload vulnerability report
        uses: github/codeql-action/upload-sarif@v2   ◀─── 깃허브로 보안 취약성 리포트를
        if: success() || failure()                        업로드한다(SARIF 형식).
        with:
          sarif_file: ${{ steps.scan.outputs.sarif }}
      - name: Log into container registry      ◀─── 깃허브
        uses: docker/login-action@v2                컨테이너
        with:                                       저장소와
          registry: ${{ env.REGISTRY }}      ◀─── 저장소 정보는 환경 변수로 정의된다.   인증한다.
          username: ${{ github.actor }}      ◀─── 깃허브 액션이 제공하는 현재 사용자의 깃허브 유저명
          password: ${{ secrets.GITHUB_TOKEN }}   ◀─── 저장소와 인증하기 위해 필요한
                                                       토큰. 깃허브 액션이 제공한다.
```

```
 → - name: Publish container image
     run: docker push
   ↳ ${{ env.REGISTRY }}/${{ env.IMAGE_NAME }}:${{ env.VERSION }}
```

릴리스 후보를
저장소로 푸시한다.

예제 6.11은 심각한 취약점이 발견되더라도 워크플로를 실패로 만들지 않는다. 하지만 카탈로그 서비스 깃허브 저장소의 '보안' 섹션에서 검사 결과를 찾을 수 있다. 이 책을 쓰고 있는 현재, 카탈로그 서비스 프로젝트에는 심각한 취약점이 발견되지 않았다. 이후로는 상황이 달라질 수도 있다. 3장에서 언급했듯이, 실제 시나리오에서는 공급망 보안과 관련된 회사 정책에 따라 그라이프를 신중하게 설정하고 세밀하게 조정해서 기준을 만족하지 못하면 워크플로가 실패하도록 하는 것이 바람직하다(fail-build 속성을 true로 설정). 자세한 내용은 프로젝트의 공식 문서(https://github.com/anchore/grype)를 참고하기 바란다.

배포 파이프라인의 커밋 단계를 완료한 후 깃허브의 카탈로그 서비스 저장소를 확인해 반드시 공개 상태로 만들기 바란다. 그런 다음 원격 저장소의 메인 브랜치에 변경 내용을 푸시하고 액션 탭에서 워크플로 실행 결과를 확인해보자.

CAUTION 취약성 보고서를 업로드하려면 깃허브 저장소가 공개 상태여야만 한다. 엔터프라이즈 구독의 경우에만 비공개 저장소도 가능하다. 저장소를 비공개로 유지하려면 취약성 보고서 업로드 단계를 건너뛰어야 한다. 이 책 전체에 걸쳐, 폴라 북숍 프로젝트를 위한 깃허브의 모든 저장소는 공개 상태라고 가정한다.

깃허브 액션을 통해 저장소 이름을 딴 이미지들은 자동으로 서로 관련된 것으로 인식된다. 워크플로 실행을 완료하면 깃허브의 catalog-service 저장소 메인 페이지의 사이드바에 'catalog-service'라는 항목을 가지고 있는 'Packages'라는 섹션이 생긴 것을 볼 수 있다(그림 6.16). 이 항목을 클릭하면 카탈로그 서비스에 대한 컨테이너 이미지 저장소로 이동한다.

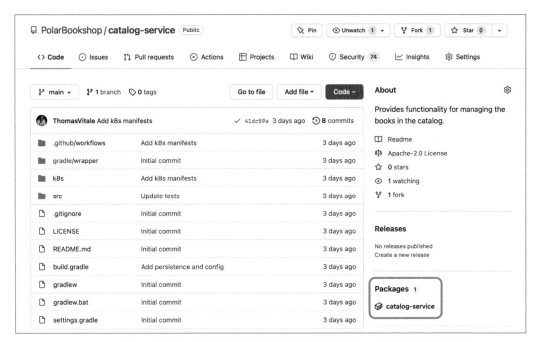

그림 6.16 **깃허브 컨테이너 저장소를 사용하면 컨테이너 이미지가 소스 코드 바로 옆에 보인다.**

[NOTE] 깃허브 컨테이너 저장소에 등록된 이미지의 공개 여부는 이미지와 연결된 깃허브 코드 저장소의 공개 여부와 동일하다. 이미지와 연결된 저장소가 없으면 기본적으로 비공개다. 책 전체에 걸쳐, 폴라 북숍을 위해 만든 모든 이미지는 깃허브 컨테이너 저장소를 통해 공개적으로 접근할 수 있다고 가정한다. 그렇지 않으면 패키지의 메인 페이지로 가서 사이드바 메뉴에서 'Package Settings(패키지 설정)'을 선택하고 설정 페이지 하단으로 스크롤한 다음 'Change Visibility(가시성 변경)' 버튼을 클릭해 패키지를 공개로 변경한다.

잘 마쳤다! 지금까지 REST API를 노출시키고 관계형 데이터베이스와 상호작용하는 스프링 부트 애플리케이션을 만들었고 애플리케이션에 대한 단위 및 통합 테스트를 작성해봤다. 플라이웨이로 데이터베이스 스키마를 처리하게 함으로써 프로덕션 환경에 대한 준비를 마쳤다. 마지막으로 컨테이너 내에서 모든 것을 실행하고 이미지 생성, 도커, 클라우드 네이티브 빌드팩 및 취약성 검색을 살펴보았다. 다음 장에서는 쿠버네티스를 좀 더 자세히 살펴봄으로써 프로덕션 환경을 향해 나아가는 클라우드 네이티브 애플리케이션의 여정의 첫 부분을 마무리하려고 한다. 하지만 다음으로 넘어가기 전에 잠시 휴식을 취하면서, 음료수로 목도 좀 축이고 지금까지 해낸 것을 자축하길 바란다.

요약

- 컨테이너 이미지는 애플리케이션을 실행하는 데 필요한 모든 것을 포함하는 경량 실행 파일 패키지다.

- 각 이미지는 여러 레이어로 구성되어 있으며, 각 레이어는 해당 명령어에 의해 생성된 수정을 나타낸다. 최종 아티팩트는 컨테이너로 실행할 수 있다.

- 컨테이너를 실행하면 이미지의 기존 레이어 위에 쓰기 가능한 레이어가 추가된다.

- 컨테이너 이미지를 정의하는 표준적인 방법은 Dockerfile이라는 특정 파일에 명령 시퀀스를 나열하는 것이다.

- Dockerfile은 원하는 이미지를 만들기 위해 필요한 모든 단계를 가지고 있는 레시피 역할을 한다.

- 컨테이너 이미지를 구축할 때 성능과 보안이 중요한 관심사다. 예를 들면 어떤 이미지 레이어에도 비밀을 저장하면 안 되며 루트 사용자를 통해 컨테이너를 실행하면 안 된다.

- 컨테이너 저장소와 OCI 이미지의 관계는 메이븐 저장소와 자바 라이브러리의 관계와 같다. 컨테이너 저장소의 예로는 도커 허브와 깃허브 컨테이너 저장소가 있다.

- 스프링 부트 애플리케이션을 컨테이너 이미지로 패키징할 수 있는 방법은 다양하다.

- 도커파일은 최대한의 유연성을 제공하지만 필요한 모든 것을 설정하는 것은 자신의 책임이다.

- (스프링 부트 플러그인을 통해 통합되어 있는) 클라우드 네이티브 빌드팩을 사용하면 소스 코드에서 직접 OCI 이미지를 만들어 보안, 성능 및 스토리지를 최적화할 수 있다.

- 스프링 부트 애플리케이션을 컨테이너로 실행할 때 외부에서 어떤 포트(8080)를 통해 컨테이너로 연결할지, 그리고 컨테이너끼리 서로 통신할 필요가 있을지 고려해야 한다. 통신이 필요한 경우에는 도커 DNS 서버를 사용해 IP 또는 호스트 이름 대신 컨테이너 이름으로 동일한 네트워크 내에서 실행 중인 컨테이너에 연결할 수 있다.

- 컨테이너로 실행되는 애플리케이션을 디버깅하려면 디버그 포트를 노출해야 한다.

- 도커 컴포즈는 도커 서버와 상호작용하고 도커 CLI보다 우수한 사용자 경험을 제공하는 클라이언트이다. YAML 파일을 통해 모든 컨테이너를 관리할 수 있다.

- 깃허브 액션을 사용해 애플리케이션을 컨테이너 이미지로 패키징하는 프로세스를 자동화하고 취약점을 스캔하여 컨테이너 저장소에 등록할 수 있다. 이것은 배포 파이프라인의 커밋 단계의 일부다.

- 배포 파이프라인의 커밋 단계의 결과는 릴리스 후보다.

7

스프링 부트를 위한
쿠버네티스 기초

이 장의 주요 내용

- 도커에서 쿠버네티스로의 이동
- 스프링 부트 애플리케이션을 쿠버네티스에 배포
- 서비스 검색 및 부하 분산의 이해
- 확장성 및 일회용 애플리케이션 구축
- 로컬 쿠버네티스 개발 워크플로 구축
- 깃허브 액션으로 쿠버네티스 매니페스트 검증

앞서 우리는 도커, 이미지, 컨테이너의 주요 특성에 대해 알아봤다. 빌드팩 및 스프링 부트를 사용하면 도커파일을 작성하거나 추가 도구를 설치할 필요 없이 단 하나의 명령만으로 프로덕션 환경에 적합한 이미지를 만들 수 있다. 도커 컴포즈를 사용하면 여러 애플리케이션을 동시에 제어할 수 있어 마이크로서비스와 같은 아키텍처에 편리하다. 하지만 컨테이너가 작동을 멈추거나 컨테이너를 실행하고 있는 머신(도커 호스트)이 멈추면 어떻게 될까? 혹은 애플리케이션을 확장하려면 어떻게 해야 할까? 이 장에서는 쿠버네티스를 워크플로에 도입해 도커만으로는 해결할 수 없는 문제를 다룬다.

쿠버네티스 클러스터를 설정하고 관리하는 것은 개발자의 일이 아니다. 아마존, 마이크로소프트, 구글 같은 클라우드 공급자들이 제공하는 관리 서비스나 (일반적으로 플랫폼 팀이라고 불리는) 조직

내 전문 팀이 자체적으로 관리하는 서비스를 사용할 가능성이 높다. 지금은 **미니큐브**minikube로 설정한 로컬 쿠버네티스 클러스터를 사용하고 이후에 클라우드 공급업체가 제공하는 관리형 쿠버네티스 서비스를 사용할 것이다.

개발자가 자신의 일상적인 업무에서 인프라 문제에 너무 많은 시간을 할애하지 않아야 하지만 기본적인 내용은 알아야 한다. 쿠버네티스는 오케스트레이션 도구의 사실상 표준이 되었고 컨테이너의 배포에 대해 논의할 때 빠지지 않고 등장한다. 클라우드 공급자는 개발자들에게 더 나은 경험을 제공하기 위해 쿠버네티스를 기반으로 한 플랫폼을 만드는 일을 해왔다. 일단 쿠버네티스가 어떻게 작동하는지 알게 되면, 그 플랫폼을 사용하는 것은 간단해진다. 왜냐하면 쿠버네티스가 사용하는 용어와 추상화에 익숙해지기 때문이다.

이번 장에서는 쿠버네티스의 주요 기능을 살펴보고 스프링 부트 애플리케이션을 위한 파드, 배포, 서비스를 만들고 관리하는 방법을 배운다. 그 과정에서 애플리케이션을 부드럽게 종료하고 확장하는 법을 살펴보고 쿠버네티스가 제공하는 서비스 검색 및 부하 분산 기능을 사용하는 법도 배울 것이다. 또한 틸트Tilt를 사용해 로컬 개발 워크플로를 자동화하고, 옥탄트Octant를 사용해 워크로드를 시각화하며, 쿠버네티스 매니페스트를 검증하는 방법 역시 배운다.

> NOTE 이 장의 예제 소스 코드는 프로젝트의 초기 및 최종 상태를 포함하는 Chapter07/07-begin 및 Chapter07/07-end 폴더에서 찾아볼 수 있다.[1]

7.1 도커에서 쿠버네티스로의 이동

도커 컴포즈를 사용하면 네트워크와 스토리지 설정을 포함해 한 번에 여러 컨테이너의 배포를 관리할 수 있다. 매우 강력하긴 하지만 한 대의 머신에 대해서만 사용할 수 있다.

도커 CLI 및 도커 컴포즈는 단일한 도커 데몬과 상호작용하는데, 도커 데몬은 도커 호스트라고 부르는 단일 시스템 안에서 도커 리소스를 관리한다. 또한 도커 CLI나 도커 컴포즈를 통해 컨테이너를 확장하는 것은 불가능하다. 시스템의 확장성 및 복원력과 같은 클라우드 기본 특성이 필요한 상황에서는 도커 CLI나 도커 컴포즈의 사용이 제한된다. 그림 7.1은 도커를 사용할 때 어떻게 단일 컴퓨터를 대상으로 하는지 보여준다.

---

1   https://github.com/ThomasVitale/cloud-native-spring-in-action

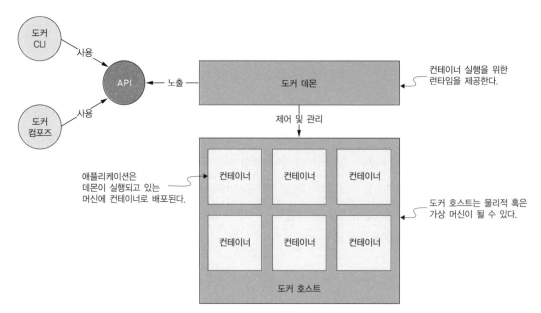

그림 7.1 도커 클라이언트는 도커 호스트라고 부르는 시스템의 리소스만 관리할 수 있는 도커 데몬과 상호작용한다. 애플리케이션은 컨테이너를 통해 도커 호스트에 배포된다.

2장에서는 도커 같은 컨테이너 런타임에서 쿠버네티스 같은 오케스트레이션 플랫폼으로 이동할 때 관점을 바꿔야 한다는 것을 살펴봤다. 도커로는 컨테이너를 개별 머신에 배포하지만 쿠버네티스로는 컨테이너를 여러 머신으로 이루어진 클러스터에 배포함으로써 확장성과 복원력을 가질 수 있다.

쿠버네티스 클라이언트는 API를 통해 쿠버네티스 컨트롤 플레인과 상호작용하는데, 컨트롤 플레인은 쿠버네티스 클러스터에 객체를 만들고 관리한다. 이 새로운 시나리오에서는 여전히 단일 개체에 명령을 보내지만, 이 명령은 하나의 머신이 아닌 여러 머신에 대해 수행된다. 그림 7.2는 쿠버네티스를 사용할 때의 논리적 인프라를 보여준다.

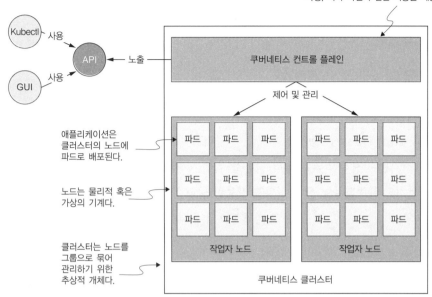

그림 7.2 **쿠버네티스 클라이언트는 쿠버네티스 컨트롤 플레인과 상호작용하는데, 컨트롤 플레인은 하나 이상의 노드로 구성된 클러스터에서 컨테이너화된 애플리케이션을 관리한다. 애플리케이션은 클러스터의 노드에 파드로 배포된다.**

그림 7.2에서 볼 수 있는 주요 구성 요소는 다음과 같다.

* **클러스터**cluster: 컨테이너화된 애플리케이션을 실행하는 노드의 집합. 컨트롤 플레인을 가지고 있고 하나 이상의 작업자 노드로 이루어진다.
* **컨트롤 플레인**control plane: 파드의 라이프사이클을 정의, 배포 및 관리하기 위한 API 및 인터페이스를 제공하는 클러스터 구성 요소. 클러스터 관리, 스케줄링, 상태 모니터링과 같이 오케스트레이터의 일반적인 기능을 구현하는 모든 필수 요소들로 이루어져 있다.
* **작업자 노드**worker node: 컨테이너가 실행하고 네트워크에 연결할 수 있도록 CPU, 메모리, 네트워크 및 스토리지 등을 제공하는 물리적 또는 가상 머신을 말한다.
* **파드**Pod: 애플리케이션 컨테이너를 감싸는 가장 작은 배포 단위이다.

쿠버네티스 인프라에 대한 올바른 이해를 바탕으로 로컬 컴퓨터에서 쿠버네티스 클러스터를 만들고 관리하는 방법을 알아보자.

7.1.1 **로컬 쿠버네티스 클러스터**

2장에서는 로컬 환경에서 쿠버네티스 클러스터를 실행하기 위해 **미니큐브**(https://minikube.sigs.k8s.io)를 사용했다. 미니큐브 CLI를 사용해 기본 설정에 따라 로컬 쿠버네티스 클러스터를 만들었다. 이번 절에서는 미니큐브에 대한 사용자 정의 설정 방법을 살펴보고 이를 활용해 폴라 북숍을 배포하기 위한 새로운 로컬 쿠버네티스 클러스터를 초기화한다.

NOTE 아직 미니큐브를 설치하지 않은 경우 부록 A의 A.3절에 나와 있는 도움말을 참고하기 바란다.

미니큐브는 도커를 기반으로 실행하기 때문에, 도커 엔진을 먼저 시작해야 한다는 점을 기억해야 한다. 그런 다음 `minikube stop` 명령을 통해 기본 클러스터가 실행되지 않도록 해야 한다. 이제부터는 기본 클러스터를 사용하지 않고 폴라 북숍을 위해 사용자 정의 클러스터를 만들어볼 것이다. 미니큐브를 사용하면 **프로파일**을 통해 식별이 가능한 클러스터를 여러 개 만들고 제어할 수 있다. 프로파일이 지정되지 않으면 미니큐브는 기본 클러스터에 대해 수행된다.

CAUTION 이 책의 예제를 로컬 쿠버네티스 클러스터에서 실행하려면 도커가 적어도 2개의 CPU와 4GB의 메모리를 가져야 한다. 맥 또는 윈도우용 도커 데스크톱을 사용하고 있고 도커 엔진에 할당된 리소스를 늘려야 하는 경우에는 해당 매뉴얼을 참고하여 특정 운영체제에서 도커 데스크톱을 수행하는 방법에 대한 지침을 확인하기 바란다(https://docs.docker.com/desktop).

도커 위에 `polar`라는 이름으로 새로운 쿠버네티스 클러스터를 만들어보자. 이번에는 CPU와 메모리에 대한 리소스를 제한한다.

```
$ minikube start --cpus 2 --memory 4g --driver docker --profile polar
```

다음 명령을 사용해 현재 클러스터의 모든 노드 목록을 얻을 수 있다.

```
$ kubectl get nodes

NAME    STATUS   ROLES                 AGE   VERSION
polar   Ready    control-plane,master  21s   v1.24.3
```

방금 전에 만든 클러스터는 하나의 노드만으로 구성되어 있는데, 이 노드는 컨트롤 플레인을 가지고 있고, 컨테이너화된 워크로드를 배포하기 위한 작업자 노드 역할을 수행한다.

동일한 쿠버네티스 클라이언트(`kubectl`)를 사용해 다른 로컬 또는 원격 클러스터와 상호작용할 수 있다. 다음 명령은 상호작용할 수 있는 모든 **콘텍스트**context를 나열한다.

```
$ kubectl config get-contexts

CURRENT   NAME      CLUSTER   AUTHINFO
*         polar     polar     polar
```

둘 이상의 콘텍스트가 있는 경우 `kubectl`이 `polar`를 사용하도록 설정되어 있는지 반드시 확인한다. 다음 명령을 실행하면 현재 콘텍스트를 확인할 수 있다.

```
$ kubectl config current-context
polar
```

수행 결과가 `polar`가 아니라면, 다음과 같은 명령을 수행해 콘텍스트를 변경해보자.

```
$ kubectl config use-context polar
Switched to context "polar".
```

이 장의 나머지 부분에서는 이 `polar` 로컬 클러스터가 실행 중이라고 가정한다. 언제든지 `minikube stop --profile polar`로 클러스터를 중지하고 `minikube start --profile polar`로 다시 시작할 수 있다. 삭제하고 다시 시작하고 싶다면 `minikube delete --profile polar` 명령을 실행하면 된다.

다음 절에서는 PostgreSQL 데이터베이스를 배포하여 로컬 쿠버네티스 클러스터 설정을 완료한다.

7.1.2 로컬 클러스터에서 데이터 서비스 관리

5장에서 배운 것처럼 데이터 서비스는 시스템의 중요한 구성 요소이며 스토리지 처리 문제로 인해 클라우드 환경에서 특별한 관리가 필요하다. 쿠버네티스에서 지속성과 스토리지를 관리하는 것은 복잡한 주제이며 일반적으로 개발자의 책임이 아니다.

폴라 북숍 시스템을 프로덕션 환경에 배포하면 클라우드 공급자가 제공하는 관리형 데이터 서비스를 사용하기 때문에 로컬 환경에 PostgreSQL을 배포하기 위한 설정을 준비해놓았다. 이 책의 소스 코드 저장소를 확인하고(Chapter07/07-end), polar-deployment/kubernetes/platform/development 폴더의 내용을 자신의 **polar-deployment** 저장소의 동일한 경로로 복사하기 바란다. 그 폴더에는 PostgreSQL 데이터베이스를 실행하기 위한 기본적인 쿠버네티스 매니페스트가 포함되어 있다.

터미널 창을 열고 **polar-deployment** 저장소의 kubernetes/platform/development 폴더로 이동한 후 다음과 같은 명령을 실행하여 로컬 클러스터에 PostgreSQL을 배포해보자.

```
$ kubectl apply -f services
```

NOTE 앞선 명령은 services 폴더 내의 매니페스트에 정의된 리소스를 생성한다. 다음 절에서는 kubectl apply 명령과 쿠버네티스 매니페스트에 대해 자세히 살펴볼 것이다.

명령을 실행한 결과, 로컬 쿠버네티스 클러스터에 PostgreSQL 컨테이너를 실행하는 파드가 생성된다. 다음과 같은 명령을 통해 확인할 수 있다.

```
$ kubectl get pod

NAME                              READY   STATUS    RESTARTS   AGE
polar-postgres-677b76bfc5-lkkqn   1/1     Running   0          48s
```

TIP kubectl logs deployment/polar-postgres를 통해 데이터베이스 로그를 확인할 수 있다.

> ### 헬름을 사용한 쿠버네티스 서비스 실행
> 쿠버네티스 클러스터에서 타사 서비스를 실행하기 위한 방법 중 헬름Helm(https://helm.sh)이 인기를 끌고 있는데 헬름은 패키지 매니저로 생각하면 된다. 컴퓨터에 소프트웨어를 설치하려면 앱트Apt(우분투), 홈브루Homebrew(macOS), 초콜래티Chocolatey(윈도우) 같은 운영체제 패키지 관리자 중 하나를 사용한다. 이와 유사하게 쿠버네티스에서는 헬름을 사용할 수 있지만 **패키지**package 대신 **차트**chart라고 부른다. 클라우드 네이티브 여정의 현재 단계에서 헬름을 사용하는 것은 약간 시기상조이고 혼란스러울 수도 있다. 헬름이 어떻게 작동하는지 완전히 이해하기 위해서는 먼저 쿠버네티스에 더 친숙해지는 것이 필수적이다.

이 장의 나머지 부분에서는 PostgreSQL 인스턴스가 로컬 클러스터에서 실행되고 있다고 가정한다. 데이터베이스 배포를 취소해야 하는 경우 동일한 폴더에서 **kubectl delete -f services** 명령을 실행하면 된다.

다음 절에서는 쿠버네티스의 주요 개념을 설명하고 스프링 부트 애플리케이션을 로컬 클러스터에 배포하는 방법을 살펴본다.

7.2 스프링 부트를 위한 쿠버네티스 배포

이번 절에서는 개발자로서 주로 다루게 될 쿠버네티스 객체를 설명하고 플랫폼 팀과 효율적으로 의사 소통하고 애플리케이션을 클러스터에 배포하기 위해 필요한 용어를 살펴본다.

우리는 앞서 이미 스프링 부트 애플리케이션의 컨테이너화 작업을 수행했다. 쿠버네티스에서도 스프링 부트 애플리케이션은 여전히 컨테이너로 패키징되지만 배포 객체가 제어하는 파드 안에서 실행된다.

파드와 배포는 쿠버네티스로 작업할 때 이해하고 있어야 할 핵심 개념이다. 먼저 파드와 배포의 몇 가지 주요한 특징을 살펴보고 카탈로그 서비스 애플리케이션 배포를 위한 쿠버네티스 자원을 선언하고 생성하는 연습을 해보자.

7.2.1 컨테이너에서 파드로

앞 절에서 언급했듯이 파드는 쿠버네티스에서 배포의 가장 작은 단위다. 도커에서 쿠버네티스로 옮겨가면 컨테이너 관리도 파드 관리로 전환해야 한다.

파드Pod는 가장 작은 쿠버네티스 객체이며 클러스터에서 '실행 중인 컨테이너의 집합'을 의미한다. 일반적으로 파드 하나에 컨테이너 하나(애플리케이션)만 실행하는 것이 원칙이지만 로깅, 모니터링, 보안과 같은 추가 기능을 수행하는 헬퍼 컨테이너를 선택적으로 실행할 수도 있다.[2]

파드는 일반적으로 애플리케이션 인스턴스를 실행하는 컨테이너 하나로 구성된다. 이것만 보면 컨테이너를 직접 실행하는 것과 크게 다르지 않아 보인다. 그러나 애플리케이션 컨테이너가 일부 **헬퍼**helper 컨테이너와 함께 배포되어야 하는 시나리오가 있을 수 있다. 이 경우 헬퍼 컨테이너는 애플리케이션에서 필요한 초기화 작업을 수행하거나 로깅과 같은 추가적인 기능을 수행한다. 예를 들어, **링커드**Linkerd(**서비스 메시**service mesh)는 자체 컨테이너(**사이드카**sidecar)를 파드에 추가해 HTTP 트래픽을 가로채 상호 전송 계층 보안(**mTLS**mutual Transport Layer Security)을 통해 모든 파드 간의 통신을 안전하게 하기 위한 암호화 작업을 수행한다. 그림 7.3은 단일 컨테이너와 다중 컨테이너 파드를 보여준다.

---

2 https://kubernetes.io/docs/reference/glossary/?fundamental=true#term-pod

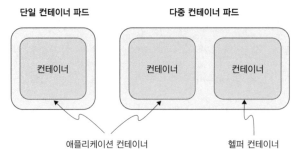

단일 컨테이너 파드   다중 컨테이너 파드

애플리케이션 컨테이너   헬퍼 컨테이너

그림 7.3 파드는 쿠버네티스에서 배포의 가장 작은 단위다. 이들은 적어도 하나의 기본 컨테이너(애플리케이션)를
실행하고 로깅, 모니터링, 보안과 같은 추가 기능을 위해 선택적으로 헬퍼 컨테이너를 실행할 수 있다.

이 책에서는 애플리케이션을 실행하는 단일 컨테이너 파드를 사용한다. 컨테이너와 비교하면 파드
는 관련된 여러 개의 컨테이너를 하나의 단위처럼 관리할 수 있게 해주지만 그것이 전부는 아니다.
파드를 직접 만들고 관리하는 것은 일반 도커 컨테이너의 경우와 크게 다르지 않다. 애플리케이션
을 배포하고 확장하는 방법을 정의하려면 더 높은 수준의 추상화가 필요한데 바로 배포 객체다.

7.2.2 배포를 통한 파드 제어

어떻게 애플리케이션을 5개의 복제본으로 실행하도록 확장할 수 있을까? 오류가 발생하더라도 항
상 5개의 복제본이 실행되도록 하려면 어떻게 해야 할까? 다운타임 없이 새 버전의 애플리케이션
을 배포할 수 있는 방법은 무엇인가? 이러한 질문에 대한 답이 **배포**다.

배포deployment는 상태를 갖지 않고 복제되는 애플리케이션의 수명주기를 관리하는 객체다. 각 복
제본은 파드로 나타낸다. 복제본은 더 나은 복원력을 위해 클러스터의 여러 노드에 배포된다.[3]

도커는 컨테이너의 생성과 제거를 통해 애플리케이션 인스턴스를 직접 관리한다. 하지만 쿠버네티
스는 파드를 직접 관리하지 않는다. 대신 배포 객체가 그 일을 한다. 배포는 몇 가지 중요하고 유용
한 특징이 있다. 배포 객체를 사용해 애플리케이션을 배포하고, 다운타임 없이 업그레이드를 실행하
며, 오류가 발생하면 이전 버전으로 롤백하거나 업그레이드를 일시 중지하고 다시 시작할 수 있다.

배포를 통해 복제도 관리할 수 있다. **레플리카셋**ReplicaSet이라는 객체를 사용해 항상 원하는 수의
파드가 클러스터에서 실행되도록 한다. 복제본 중 하나가 중지하면 자동으로 복제본을 새로 만들
어 교체한다. 또한 복제본은 클러스터의 여러 노드에 배포되어 한 노드가 중지하더라도 더욱 높은
가용성을 가질 수 있다. 그림 7.4는 컨테이너, 파드, 레플리카셋, 배포 사이의 관계를 보여준다.

---

3   https://kubernetes.io/docs/reference/glossary/?fundamental=true#term-deployment

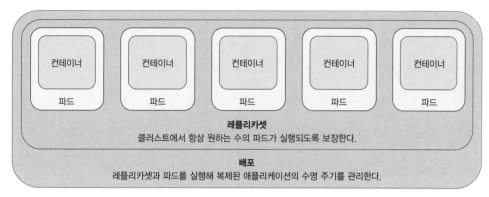

그림 7.4 배포는 클러스터에서 레플리카셋과 파드를 통해 복제된 애플리케이션을 관리한다. 레플리카셋은 어떤 상황에도 원하는 수의 파드가 항상 실행되도록 보장한다. 파드는 컨테이너화된 애플리케이션을 실행한다.

달성하려는 것을(**원하는 상태**desired state) 배포라는 편리한 추상화를 통해 선언하기만 하면 쿠버네티스는 이를 실현해준다. 구체적인 결과를 어떤 방식으로 얻을지는 걱정할 필요가 없다. 앤서블Ansible이나 퍼핏Puppet과 같은 명령형 도구와 달리 쿠버네티스에게 원하는 것을 말하기만 하면 쿠버네티스가 그것을 이루기 위한 방법을 알아 내고 그 방법을 일관되게 유지한다. 이것을 **선언적 설정**declarative configuration이라고 부른다.

쿠버네티스는 컨트롤러를 사용해 시스템을 모니터링하고 원하는 상태와 실제 상태를 비교한다. 둘 사이에 차이를 발견하면 실제 상태를 원하는 상태와 일치하도록 만든다. 배포와 레플리카셋은 컨트롤러 객체로 배포, 복제 및 자체 복구를 처리한다. 예를 들어 스프링 부트 애플리케이션에 복제본 3개를 배포하겠다고 선언한다고 가정해보자. 그중 하나가 중지하면 관련 레플리카셋이 이것을 알아차리고 실제 상태를 원하는 상태와 일치하도록 파드를 새로 생성한다.

스프링 부트 애플리케이션을 OCI 이미지로 패키징한 다음 쿠버네티스 클러스터에서 실행하기 위해 필요한 것은 배포 객체를 정의하는 것뿐이다. 다음 절에서 이에 대해 배워보자.

7.2.3 스프링 부트 애플리케이션을 위한 배포 객체 생성

클러스터에서 쿠버네티스 객체를 만들고 관리할 수 있는 방법은 몇 가지가 있다. 2장에서는 kubectl 클라이언트를 직접 사용했지만, 이 방법은 버전 관리와 재현성이 부족하다. 도커 CLI보다 도커 컴포즈를 선호하는 것과 같은 이유다.

쿠버네티스에서 권장되는 방법은 일반적으로 YAML 형식으로 된 **매니페스트**manifest 파일에 객체의 원하는 상태를 기술하는 것이다. 즉 **선언적 설정**을 사용하는 것인데, 이것이 의미하는 바는 원하는 것을 어떻게 이룰지를 기술하는 것이 아니라 우리가 원하는 것을 단지 선언만 하면 된다는 것이다. 2장에서는 kubectl을 사용해 객체를 만들고 삭제할 것을 **명령**했다. 반면 매니페스트 파일은 클러스터에 **적용**한다. 쿠버네티스는 매니페스트의 원하는 상태와 클러스터의 실제 상태를 자동으로 조정한다.

쿠버네티스 매니페스트는 그림 7.5와 같이 일반적으로 4개의 주요 섹션으로 구성된다.

- apiVersion은 특정 객체를 표현하기 위한 버전을 지정한다. 파드나 서비스 같은 핵심 자원은 버전 번호로만(예를 들어 v1과 같은) 구성된 버전 스키마를 따른다. 배포 또는 레플리카셋 같은 다른 리소스는 그룹과 버전 번호로 이루어진(예를 들어, apps/v1) 버전 스키마를 따른다. 어떤 버전을 사용해야 할지 명확하지 않을 때는 쿠버네티스 문서(https://kubernetes.io/docs)를 참고하거나 kubectl explain <object_name> 명령을 통해 사용할 API 버전을 포함해 객체에 대한 자세한 정보를 얻을 수 있다.

- kind는 파드, 레플리카셋, 배포, 서비스와 같이 생성하려는 쿠버네티스 객체의 유형을 지정한다. kubectl api-resources 명령을 사용하면 클러스터에서 지원하는 모든 객체의 종류를 나열할 수 있다.

- metadata를 통해 작성할 객체에 대한 세부 정보를 제공할 수 있는데 이름이나 분류를 위한 레이블 집합(키-값 쌍)이 포함된다. 예를 들어 쿠버네티스에게 특정 레이블이 부착된 모든 객체를 복제하도록 지시할 수 있다.

- spec은 각 객체 유형에 따라 달라지는 섹션이며 원하는 설정을 선언하기 위해 사용한다.

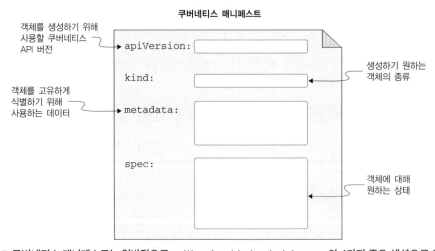

쿠버네티스 매니페스트

객체를 생성하기 위해
사용할 쿠버네티스
API 버전

apiVersion:

생성하기 원하는
객체의 종류

kind:

객체를 고유하게
식별하기 위해
사용하는 데이터

metadata:

spec:

객체에 대해
원하는 상태

그림 7.5 **쿠버네티스 매니페스트는 일반적으로** apiVersion, kind, metadata, spec**의 4가지 주요 섹션으로 구성된다.**

쿠버네티스 매니페스트의 주요 섹션을 살펴봤으니 스프링 부트 애플리케이션을 실행할 배포 객체에 대한 매니페스트를 정의해보자.

❶ YAML을 사용한 배포 매니페스트 정의

쿠버네티스 매니페스트의 구조는 다양하게 가져갈 수 있다. 카탈로그 서비스 애플리케이션에서는 프로젝트 루트(catalog-service)에 'k8s'라는 이름의 폴더를 만들자. 이 폴더에는 애플리케이션의 매니페스트를 저장할 것이다.

NOTE 앞 장에서 소개한 예제를 그대로 따라오지 않았다면 책의 소스 코드 저장소[4]를 참고해 Chapter07/07-begin/catalog-service에 있는 프로젝트를 사용해도 된다.

먼저 catalog-service/k8s 폴더에 deployment.yml 파일을 새로 만든다. 그림 7.5에서 볼 수 있듯이, 첫 번째 섹션에는 `apiVersion`, `kind`, `metadata`가 포함된다.

예제 7.1 **카탈로그 서비스에 대한 배포 매니페스트 초기화(deployment.yml)**

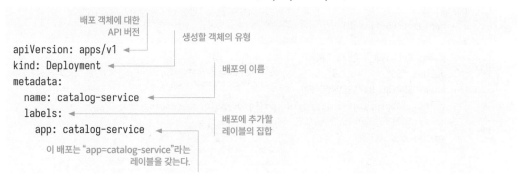

NOTE 쿠버네티스 API는 시간이 지남에 따라 변경될 수 있다. 언제나 현재 실행 중인 쿠버네티스 버전에서 지원하는 API를 사용해야 한다. 지금까지 잘 따라왔다면 이런 문제를 겪지 않을 것이다. 문제가 발생하면 쿠버네티스는 아주 자세한 오류 메시지를 통해 정확히 무엇이 잘못되었는지, 어떻게 수정해야 하는지 알려준다. 또한 `kubectl explain <object_name>` 명령을 사용하면 주어진 객체에 대해 쿠버네티스가 지원하는 API 버전을 확인할 수 있다.

배포 매니페스트의 `spec` 섹션에는 `selector` 부분이 있는데 이것은 레플리카셋을 통해 확장할 객체를 식별하는 방법을 정의한다(더 자세한 내용은 나중에 다룬다). 또한 `template` 부분도 있는데 원하는 파드 및 컨테이너를 생성하기 위한 명세를 기술한다.

---

4 https://github.com/ThomasVitale/cloud-native-spring-in-action

예제 7.2 **카탈로그 서비스 배포에 대한 원하는 상태**

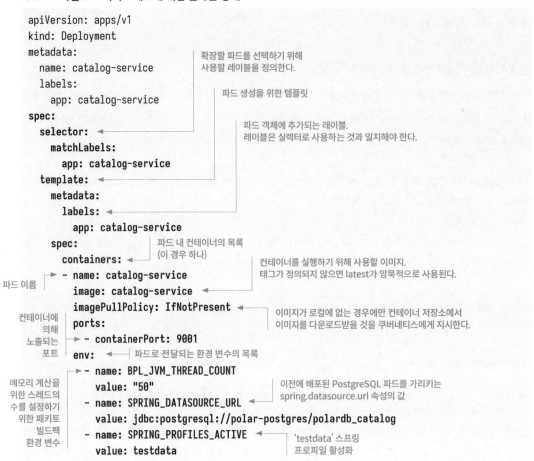

```
apiVersion: apps/v1
kind: Deployment
metadata:
  name: catalog-service
  labels:
    app: catalog-service
spec:
  selector:          ◄
    matchLabels:
      app: catalog-service
  template:          ◄
    metadata:
      labels:        ◄
        app: catalog-service
    spec:
      containers:    ◄
      - name: catalog-service
        image: catalog-service        ◄
        imagePullPolicy: IfNotPresent ◄
        ports:
        - containerPort: 9001
        env:          ◄
        - name: BPL_JVM_THREAD_COUNT
          value: "50"
        - name: SPRING_DATASOURCE_URL  ◄
          value: jdbc:postgresql://polar-postgres/polardb_catalog
        - name: SPRING_PROFILES_ACTIVE ◄
          value: testdata
```

확장할 파드를 선택하기 위해 사용할 레이블을 정의한다.

파드 생성을 위한 템플릿

파드 객체에 추가되는 레이블. 레이블은 실렉터로 사용하는 것과 일치해야 한다.

파드 내 컨테이너의 목록 (이 경우 하나)

컨테이너를 실행하기 위해 사용할 이미지. 태그가 정의되지 않으면 latest가 암묵적으로 사용된다.

파드 이름

컨테이너에 의해 노출되는 포트

이미지가 로컬에 없는 경우에만 컨테이너 저장소에서 이미지를 다운로드받을 것을 쿠버네티스에게 지시한다.

파드로 전달되는 환경 변수의 목록

메모리 계산을 위한 스레드의 수를 설정하기 위한 패키토 빌드팩 환경 변수

이전에 배포된 PostgreSQL 파드를 가리키는 spring.datasource.url 속성의 값

'testdata' 스프링 프로파일 활성화

containers 부분은 도커 컴포즈 파일의 services 섹션에서 컨테이너를 정의하는 방식과 유사하기 때문에 낯이 익을 수도 있다. 도커와 마찬가지로 환경 변수를 사용해 애플리케이션이 연결할 PostgreSQL 인스턴스의 URL을 정의할 수 있다. URL의 호스트 이름(polar-postgres)은 서비스 객체의 이름인데 이 서비스 객체는 이전에 kubernetes/platform/development 폴더에서 만들었고[5] 데이터베이스를 노출하기 위해 사용했다. 이 장의 뒷부분에서 서비스에 대해 자세히 알아보겠다. 지금은 클러스터의 다른 객체가 polar-postgres라는 이름을 통해 PostgreSQL 인스턴스와 통신할 수 있다는 것만 알면 된다.

프로덕션 환경에서 이미지는 컨테이너 저장소에서 가져온다. 개발 중에는 로컬 이미지로 작업하는

5 　옮긴이　7.1.2절에서 수행한 작업이다.

것이 더 편리하다. 앞 장에서 배운 대로 카탈로그 서비스를 위한 이미지를 하나 만들어보자.

```
$ ./gradlew bootBuildImage
```

TIP (애플 실리콘 컴퓨터와 같은) ARM64 컴퓨터에서 작업하면 --builder ghcr.io/thomasvitale/java-builder-arm64 인수를 앞의 명령에 추가해 ARM64를 지원하는 패키토 빌드팩의 시험용 버전을 사용할 수 있다. 시험용이기 때문에 프로덕션 환경에는 아직 적합하지 않다는 것을 알아야 한다. 자세한 내용은 깃허브의 매뉴얼[6]을 참고하기 바란다. 공식 지원이 추가되기 전에[7] 이 시험용 없이도 여전히 빌드팩을 사용해 컨테이너를 생성하고 애플 실리콘 컴퓨터의 도커 데스크톱을 통해 실행할 수 있지만 빌드 프로세스 및 애플리케이션 시작 단계는 평소보다 느려질 수 있다.

기본적으로 미니큐브는 로컬 컨테이너 이미지에 액세스할 수 없다. 따라서 카탈로그 서비스에 대해 방금 전에 만든 이미지를 찾을 수 없다. 하지만 걱정하지 않아도 된다. 수동으로 로컬 클러스터에 불러올 수 있다.

```
$ minikube image load catalog-service --profile polar
```

NOTE YAML은 표현력이 풍부한 언어지만 공백 문자에 대한 제약이나 사용하는 에디터가 충분히 지원하지 않는 등의 이유로 코딩 경험을 상당히 악화시킬 수 있다. YAML 파일과 관련된 kubectl 명령이 실패하면 빈칸과 들여쓰기가 올바르게 사용되었는지 확인해보기 바란다. 쿠버네티스의 경우 YAML 매니페스트를 작성하는 동안 에디터에 플러그인을 설치하여 구문, 공백 및 들여쓰기를 올바르게 사용하는 데 도움을 받을 수 있다. 이 책의 저장소의 README.md 파일에서 몇 가지 플러그인을 찾아볼 수 있다.[8]

이제 배포 매니페스트가 있으니, 이것을 로컬 쿠버네티스 클러스터에 적용하는 방법을 살펴보자.

2 매니페스트에서 배포 객체를 생성

kubectl 클라이언트를 사용해 클러스터에 쿠버네티스 매니페스트를 적용할 수 있다. 터미널 창을 열고 카탈로그 서비스 루트 폴더(catalog-service)로 이동한 후에 다음과 같은 명령을 실행한다.

```
$ kubectl apply -f k8s/deployment.yml
```

이 명령은 클러스터의 모든 관련 객체를 만들고 관리하는 쿠버네티스 컨트롤 플레인에 의해 처리

---

6 https://github.com/ThomasVitale/paketo-arm64

7 https://github.com/paketo-buildpacks/stacks/issues/51

8 https://github.com/ThomasVitale/cloud-native-spring-in-action

된다. 다음 명령을 통해 어떤 객체가 만들어졌는지 확인할 수 있다.

```
$ kubectl get all -l app=catalog-service

NAME                                        READY    STATUS       RESTARTS    AGE
pod/catalog-service-68bc5659b8-k6dpb        1/1      Running      0           42s

NAME                                        READY    UP-TO-DATE   AVAILABLE   AGE
deployment.apps/catalog-service             1/1      1            1           42s

NAME                                        DESIRED  CURRENT      READY       AGE
replicaset.apps/catalog-service-68bc5659b8  1        1            1           42s
```

배포 매니페스트에서 레이블을 일관되게 사용했기 때문에 레이블 `app=catalog-service`를 사용해 카탈로그 서비스 배포와 관련된 모든 쿠버네티스 객체를 가져올 수 있다. deployment.yml의 선언을 통해 배포, 레플리카셋, 파드를 생성했음을 볼 수 있다.

카탈로그 서비스가 올바르게 시작되었는지 확인하려면 배포 로그를 확인하면 된다.

```
$ kubectl logs deployment/catalog-service
```

NOTE `kubectl get pods` 명령을 실행한 결과의 출력에서 STATUS 열을 확인하면 파드가 성공적으로 생성되었는지 모니터링할 수 있다. 파드가 배포되지 않으면 해당 열을 확인해보기 바란다. 흔히 볼 수 있는 오류 상태는 `ErrImagePull` 또는 `ImagePullBackOff`이다. 이것은 쿠버네티스가 컨테이너 저장소에서 파드가 사용할 이미지를 다운로드할 수 없을 때 발생한다. 현재 로컬 이미지를 사용하고 있으므로 카탈로그 서비스 컨테이너 이미지를 만들어 미니큐브에 로드했는지 확인해야 한다. `kubectl describe pod <pod_name>` 명령을 통해 오류에 대한 자세한 정보를 얻을 수 있고 `kubectl logs <pod_name>` 명령을 사용하면 특정 파드 인스턴스에서 애플리케이션 로그를 가져와 출력할 수 있다.

컨테이너를 쿠버네티스 클러스터와 같은 클라우드 환경에 배포할 때는 사용 가능한 자원이 충분히 있는지 확인해야 한다. 15장에서는 쿠버네티스에서 실행할 컨테이너에 CPU 및 메모리 리소스를 할당하는 방법을 살펴보고 클라우드 빌드팩 네이티브가 제공하는 자바 메모리 계산기를 적용해 JVM 메모리를 설정하는 방법을 알아보기로 하고 현재는 리소스에 대한 기본 설정을 사용한다.

지금까지 스프링 부트 애플리케이션에 대한 배포를 만들어 로컬 쿠버네티스 클러스터에서 실행했다. 하지만 클러스터 안에 고립돼 있기 때문에 아직 이 애플리케이션을 사용할 수 없다. 다음 절에서는 애플리케이션을 외부 세계로 노출하는 방법과 쿠버네티스가 제공하는 서비스 검색 및 부하 분산 기능을 사용하는 방법을 배운다.

7.3 서비스 검색 및 부하 분산

지금까지 파드와 배포 객체에 대해 살펴봤으니, 이제는 서비스 객체에 대해 조금 더 깊이 있게 다뤄보자. 카탈로그 서비스 애플리케이션이 로컬 쿠버네티스 클러스터에서 파드로 실행되고 있지만 아직 해결되지 않은 질문이 있다. 클러스터에서 실행 중인 PostgreSQL 파드와 어떻게 상호작용할 수 있을까? PostgreSQL 파드를 어디서 찾아야 하는지 애플리케이션 파드는 어떻게 알 수 있을까? 클러스터의 다른 파드에서 사용할 수 있도록 스프링 부트 애플리케이션을 어떻게 노출할 수 있을까? 클러스터 외부로는 어떻게 노출할 수 있을까?

이번 절에서는 클라우드 네이티브 시스템의 두 가지 중요한 사항인 **서비스 검색**service discovery 및 부하 분산을 통해 이러한 질문에 답하려고 한다. 스프링 애플리케이션으로 작업할 때 이 두 가지 사항을 구현하기 위해 두 가지 주요 패턴, 즉 클라이언트 측client-side과 서버 측server-side 패턴을 제시할 것이다. 그런 다음 서비스 객체를 통해 쿠버네티스에서 기본적으로 제공하는 서버 측 접근법을 적용한다. 즉, 클라이언트 측 옵션과 달리 서버 측 패턴을 지원하기 위해 코드에서 변경할 것은 아무것도 없다. 마지막으로 카탈로그 서비스 파드와 PostgreSQL 파드 간의 통신이 어떻게 이루어지는지 이해하고 카탈로그 서비스 애플리케이션을 하나의 네트워크 서비스로 노출한다.

7.3.1 서비스 검색 및 부하 분산의 이해

서비스가 다른 서비스와 통신해야 할 경우 서비스를 어디에서 찾을 수 있을지에 대한 정보를 제공해야 하는데, 예를 들면 IP 주소라든지 DNS 이름일 수 있다. 알파 앱과 베타 앱이라는 두 가지 애플리케이션이 있다고 가정해보자. 그림 7.6은 베타 앱 인스턴스가 하나만 있는 경우 두 애플리케이션 사이의 통신이 어떻게 일어나는지 보여준다.

프로세스 간 통신: 서비스 검색이나 부하 분산이 없다.

그림 7.6 베타 앱 인스턴스가 하나만 있으면 알파 앱과 베타 앱 간의 프로세스 간 통신은 DNS 이름을 기반으로 하는데 DNS 이름을 통해 베타 앱의 IP 주소를 찾는다.

그림 7.6의 시나리오에서 알파 앱은 **업스트림**upstream으로, 베타 앱은 **다운스트림**downstream으로 부

른다. 또한 베타 앱은 알파 앱의 **지원 서비스**backing service다. 베타 앱이 실행되는 인스턴스는 하나뿐이므로 DNS 이름은 IP 주소로 매핑된다.

클라우드는 동일한 서비스를 실행하는 인스턴스를 여러 개 가질 수 있다. 각 서비스 인스턴스에는 고유한 IP 주소가 있다. 물리적 시스템이나 장기간 실행되는 가상 시스템과 달리 서비스 인스턴스는 클라우드에서 오랜 기간 존재하지 않는다. 애플리케이션 인스턴스는 일회용이다. 더 이상 반응하지 않는다든지 하는 다양한 이유로 인해 새로운 것으로 대치되거나 삭제될 수 있다. 자동 확장을 사용해 워크로드에 따라 애플리케이션을 자동으로 확장하거나 축소할 수도 있다. 따라서 클라우드에서 프로세스 간 통신을 위해 IP 주소를 사용하기는 어렵다.

이 문제의 해결을 위해 DNS 레코드를 사용해 복제본에 할당된 IP 주소 중 하나로 연결하도록 라운드 로빈 방식을 고려할 수 있다. IP 주소 중 하나가 변경 되더라도 호스트 이름을 알면 DNS 서버가 새 주소로 업데이트되기 때문에 지원 서비스에 도달할 수 있다. 그러나 토폴로지가 너무 자주 변경되기 때문에 클라우드 환경에 최적은 아니다. 일부 DNS 구현은 만료 후에도 이름 조회 결과를 캐시한다. 마찬가지로 어떤 애플리케이션은 DNS 조회 결과를 너무 오래 캐시할 수도 있다. 어느 쪽이든 더 이상 유효하지 않은 호스트 이름/IP 주소 매핑 결과를 사용할 가능성이 높다.

클라우드 환경에서의 서비스 검색을 위해서는 이와는 다른 해결책이 필요하다. 첫째, 실행 중인 모든 서비스 인스턴스를 추적하고 해당 정보를 **서비스 레지스트리**service registry에 저장해야 한다. 새 인스턴스를 만들 때마다 레지스트리에 항목을 추가해야 한다. 인스턴스가 중지하면 그에 따라 제거해야 한다. 레지스트리는 동일한 애플리케이션에 대해 여러 개의 인스턴스가 실행될 수 있다는 것을 인식해야 한다. 둘째, 애플리케이션이 지원 서비스를 호출해야 할 때마다 레지스트리에서 **조회**lookup를 통해 어떤 IP 주소로 연결할 것인지 결정한다. 여러 인스턴스가 실행 중이라면 워크로드를 분산시키기 위해 **부하 분산**load-balancing 전략이 적용된다.

문제가 해결되는 지점에 따라 클라이언트 측 서비스 검색과 서버 측 서비스 검색으로 구분한다. 두 가지 방법 모두 살펴보자.

7.3.2 클라이언트 측 서비스 검색 및 부하 분산

클라이언트 측 서비스 검색을 위해서는 애플리케이션이 시작할 때 서비스 레지스트리에 등록하고 종료할 때 등록을 취소해야 한다. 지원 서비스를 호출하는 경우 서비스 레지스트리에 IP 주소를 요청한다. 여러 인스턴스가 실행 중인 경우 레지스트리는 IP 주소의 목록을 반환한다. 애플리케이션은 애플리케이션 자체에서 정의한 부하 분산 전략에 따라 그중 하나를 선택한다. 그림 7.7은 이 방식이 어떻게 작동하는지 보여준다.

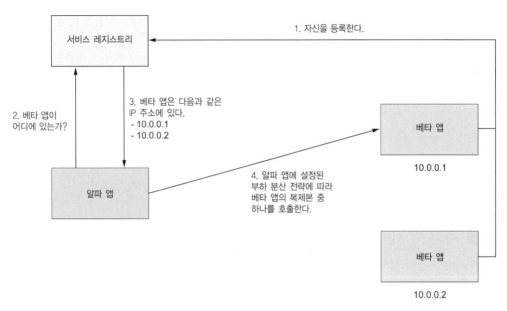

클라이언트 측 서비스 검색과 부하 분산: 모델

1. 자신을 등록한다.

2. 베타 앱이 어디에 있는가?

3. 베타 앱은 다음과 같은 IP 주소에 있다.
- 10.0.0.1
- 10.0.0.2

서비스 레지스트리

알파 앱

베타 앱

10.0.0.1

4. 알파 앱에 설정된 부하 분산 전략에 따라 베타 앱의 복제본 중 하나를 호출한다.

베타 앱

10.0.0.2

그림 7.7 알파 앱과 베타 앱 간의 프로세스 간 통신은 호출할 특정 인스턴스의 IP 주소를 기반으로 하며 서비스 레지스트리에서 조회할 때 반환되는 IP 주소 목록 중에서 하나를 선택한다.

스프링 클라이언트 프로젝트는 스프링 애플리케이션에 클라이언트 측 서비스 검색을 추가할 수 있는 몇 가지 방안을 제공한다. 그중 인기 있는 방법 중 하나는 스프링 클라우드 넷플릭스 유레카Eureka인데 넷플릭스가 개발한 유레카 서비스 레지스트리를 기반으로 하고 있다. 다른 대안으로는 스프링 클라우드 콘술Spring Cloud Consul, 스프링 클라우드 주키퍼 디스커버리Spring Cloud Zookeeper Discovery, 스프링 클라우드 알리바바 나코스Spring Cloud Alibaba Nacos가 있다.

서비스 레지스트리를 명시적으로 관리하는 것 외에도 모든 애플리케이션에 올바른 통합을 추가해야 한다. 앞서 언급한 각 방법에 대해 스프링 클라우드는 최소한의 노력으로 스프링 애플리케이션에 추가하여 서비스 레지스트리를 사용할 수 있는 클라이언트 라이브러리를 제공한다. 마지막으로, 스프링 클라우드 로드 밸런서Spring Cloud Load Balancer는 클라이언트 쪽에서의 부하 분산을 위해 사용할 수 있는데, 더 이상 유지 보수되고 있지 않는 스프링 클라우드 넷플릭스 리본Spring Cloud Netflix Ribbon보다 선호되는 솔루션이다.

스프링 클라우드가 제공하는 모든 라이브러리는 클라우드 네이티브 애플리케이션을 구축하고 마이크로서비스 아키텍처를 구현하는 데 공헌을 했다. 이러한 설루션의 장점은 애플리케이션이 부하 분산 전략을 완전히 제어할 수 있다는 점이다. 예를 들어 **헤징**hedging과 같은 패턴을 구현한다고 가정해보자. 헤징은 특정 시간 제한 내에 한 인스턴스에서 올바른 응답을 받을 확률을 높이기 위해 동일한 요청을 여러 인스턴스로 보내는 패턴이다. 클라이언트 서비스 검색은 이 패턴을 사용할 때 유용하다.

단점은 개발자에게 더 많은 책임을 부여한다는 점이다. 시스템에 다른 언어와 프레임워크를 사용해 구축된 애플리케이션이 포함되어 있다면 각 애플리케이션에 대해 클라이언트 부분을 다른 방식으로 처리해야 한다. 또한 애저 스프링 앱Azure Spring App 또는 VM웨어 탄주 애플리케이션 서비스VMware Tanzu Application Service 같은 PaaS 설루션을 사용하지 않는 한 서비스 레지스트리를 배포하고 유지 관리하는 서비스가 하나 더 있어야 한다. 서버 측 서비스 검색 설루션은 애플리케이션에서 정교한 제어를 하지 않고 이 문제를 해결한다. 어떻게 하는지 살펴보자.

7.3.3 서버 측 서비스 검색 및 부하 분산

서버 측 서비스 검색 설루션은 책임의 많은 부분을 배포 플랫폼이 담당하게 하고 개발자는 비즈니스 로직에 집중하면서 서비스 검색 및 부하 분산에 필요한 모든 기능은 플랫폼에 의존한다. 이러한 설루션은 자동으로 애플리케이션 인스턴스를 등록 혹은 등록 취소하고 로드 밸런서를 사용해 특정 전략에 따라 들어오는 요청을 현재 가용한 인스턴스 중 하나로 라우팅한다. 이 경우 애플리케이션은 플랫폼에서 업데이트하고 관리하는 서비스 레지스트리와 상호작용할 필요가 없다. 그림 7.8은 이 방식이 어떻게 작동하는지 보여준다.

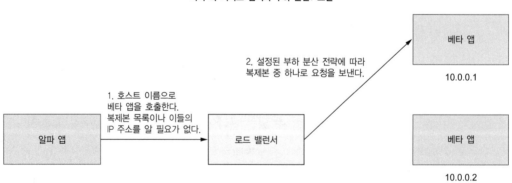

서버 측 서비스 검색과 부하 분산: 모델

그림 7.8 알파 앱과 베타 앱 간의 프로세스 간 통신은 DNS 이름을 기반으로 이루어지고 로드 밸런서에 의해 인스턴스 중 하나의 IP 주소로 매핑된다. 서비스 등록 과정은 플랫폼에 의해 처리되고 밖으로는 드러나지 않는다.

이 서비스 검색 패턴을 쿠버네티스에서는 서비스 객체에 기반해서 구현한다. **서비스**Service는 '파드의 집합으로 실행되고 있는 애플리케이션을 네트워크 서비스로 노출하기 위한 추상화의 한 방법'으로 정의할 수 있다.[9]

서비스 객체는 (일반적으로 레이블을 사용하는) 파드 집합을 대상으로 하고 액세스 정책을 정의하는 추상화다. 애플리케이션은 서비스 객체를 통해 노출된 파드로 연결해야 하는 경우 파드를 직접 호출하지 않고 대신 서비스 이름을 사용한다. 카탈로그 서비스 애플리케이션이 PostgreSQL 인스턴스와 상호작용하도록 하기 위해 했던 작업이 바로 이 방식이었다(`polar-postgres`는 PostgreSQL 파드를 노출시키는 서비스의 이름이었다). 그런 다음 서비스 이름은 쿠버네티스 컨트롤 플레인에서 실행되는 로컬 DNS 서버에 의해 서비스의 IP 주소로 매핑된다.

NOTE 서비스에 할당된 IP 주소는 수명 주기 동안 고정된다. 따라서 서비스 이름의 DNS 레코드는 애플리케이션 인스턴스에서와 같이 자주 변경되지 않는다.

서비스 이름의 IP 주소를 찾으면, 쿠버네티스는 프록시(**큐브 프록시**kube-proxy)를 사용해 서비스 객체에 대한 연결을 가로채 서비스 대상 파드 중 하나로 전달한다. 프록시는 현재 가용한 모든 복제본을 알고 있으며 서비스 유형 및 프록시 설정에 따라 부하 분산 전략을 채택한다. 앞서 설명한 문제가 이 단계에서 DNS 없이도 해결된다. 쿠버네티스가 채택한 서비스 검색 구현은 그림 7.9에 나와 있다.

서버 측 서비스 검색 및 부하 분산: 쿠버네티스

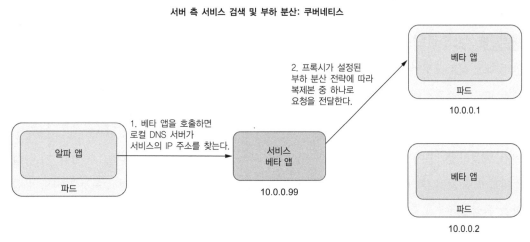

그림 7.9 **쿠버네티스에서 알파 앱과 베타 앱 간의 프로세스 간 통신은 서비스 객체를 통해 이루어진다. 서비스에 도착하는 모든 요청은 프록시가 가로챈 다음, 특정 부하 분산 전략에 따라 서비스에 속하는 복제본 중 하나로 전달한다.**

---

9 https://kubernetes.io/docs/reference/glossary/?fundamental=true#term-service

이 설루션은 스프링 부트 애플리케이션에 노출되지 않는다. 스프링 클라우드 넷플릭스 유레카 같은 설루션과는 달리 자신의 코드 변경 없이 서비스 검색 및 부하 분산을 쿠버네티스에서 그냥 가져다 쓰기만 하면 된다. 따라서 애플리케이션을 배포하기 위해 쿠버네티스 기반 플랫폼을 사용할 때는 이 방식을 선호한다.

서비스 검색 및 스프링 클라우드 쿠버네티스

앞 절에서 언급한 클라이언트 측 서비스 검색을 위한 설루션 중 하나를 사용하는 기존 애플리케이션을 마이그레이션해야 한다면 스프링 클라우드 쿠버네티스Spring Cloud Kubernetes를 사용해 마이그레이션 작업을 보다 원활하게 수행할 수 있다. 이때 애플리케이션의 기존 서비스 검색 및 부하 분산 논리는 변경하지 않고 그대로 사용할 수 있다. 하지만 서비스 레지스트리를 위해 스프링 클라우드 넷플릭스 유레카와 같은 설루션 대신 스프링 클라우드 쿠버네티스 디스커버리 서버Spring Cloud Kubernetes Discovery Server를 사용할 수도 있다. 이렇게 하면 애플리케이션 코드를 너무 많이 변경하지 않고도 애플리케이션을 쿠버네티스로 편리하게 마이그레이션할 수 있다. 자세한 내용은 프로젝트 문서를 참고하기 바란다.[10]

서비스의 특정 인스턴스와 관련해 처리할 것이 있다거나 애플리케이션에서 부하 분산을 수행해야 하는 경우가 아니라면 쿠버네티스에서 자체적으로 제공하는 서비스 검색 기능을 사용하고 이와 관련된 코드는 애플리케이션에서 제거해나가는 방식으로 점차 마이그레이션할 것을 권한다.

서비스 검색 및 부하 분산이 쿠버네티스에서 어떻게 구현되는지 전체적으로 이해했으니 이것을 토대로 스프링 부트 애플리케이션을 노출하기 위한 서비스 객체를 정의하는 방법을 살펴보자.

7.3.4 쿠버네티스 서비스를 통한 스프링 부트 애플리케이션 노출

앞 절에서 살펴봤듯이 파드 집합을 노출하는 쿠버네티스 서비스 객체 덕분에 다른 애플리케이션은 개별 파드 인스턴스에 대한 자세한 정보 없이도 서비스를 호출할 수 있다. 이 모델을 통해 애플리케이션은 자세한 세부 사항을 고민할 필요 없이 서비스 검색 및 부하 분산 기능을 사용할 수 있다.

먼저, 애플리케이션에 적용할 액세스 정책에 따라 서비스 유형을 몇 가지로 나눌 수 있다. 기본 설정이면서 또 가장 흔히 사용되는 것으로 **클러스터IP**ClusterIP라고 부르는 유형이고 이것은 파드의 집합을 클러스터에 노출한다. 이 유형은 파드가 서로 통신할 수 있게 해준다(예를 들면 카탈로그 서비스와 PostgreSQL).

클러스터IP 서비스를 특징짓는 네 가지의 정보가 있다.

---

10 https://spring.io/projects/spring-cloud-kubernetes

- selector: 서비스를 통해 노출할 대상이 되는 파드를 찾을 때 사용하는 레이블
- protocol: 서비스가 사용하는 네트워크 프로토콜
- port: 서비스가 듣는 포트(우리는 애플리케이션에 대한 모든 서비스 객체에 80 포트를 사용할 것이다.)
- targetPort: 서비스가 파드로 요청을 전달할 때 사용하는 파드의 포트

그림 7.10은 클러스터IP 서비스와 8080 포트를 통해 애플리케이션을 실행하는 대상 파드 집합 간의 관계를 보여준다. 서비스 이름은 유효한 DNS 이름이어야 하는데 다른 파드가 이 서비스의 대상 파드로 액세스할 때 이 이름을 호스트 이름으로 사용하기 때문이다.

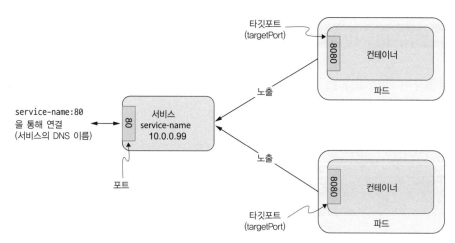

그림 7.10 클러스터IP 서비스는 클러스터 내부의 네트워크에 파드 집합을 노출한다.

❶ YAML로 서비스 매니페스트 정의

카탈로그 서비스 애플리케이션을 catalog-service라는 DNS 이름과 80 포트로 노출하도록 서비스 객체의 매니페스트를 정의하는 방법을 살펴보자. 이전에 만든 catalog-service/k8s 폴더에 service.yml 파일을 새로 추가한다.

예제 7.3 카탈로그 서비스 애플리케이션에 대한 서비스 매니페스트

```
apiVersion: v1      ◀── 서비스 객체의 API 버전
kind: Service       ◀── 생성할 객체의 유형
motadata:
  name: catalog-service   ◀── 서비스 이름. 유효한 DNS 이름이어야 한다.
  labels:
    app: catalog-service  ◀── 서비스에 추가될 레이블
spec:
  type: ClusterIP   ◀── 서비스의 유형
```

```
  selector:
    app: catalog-service   ◄──┤ 대상으로 삼고 노출해야 하는 파드를 찾는 데 사용할 레이블
  ports:
  - protocol: TCP   ◄──┤ 서비스가 사용할 네트워크 프로토콜
    port: 80   ◄──┤ 서비스가 노출할 포트
    targetPort: 9001   ◄──┤ 서비스의 대상이 되는 파드가 노출할 포트
```

2 매니페스트를 사용한 서비스 객체 생성

배포에서 했던 것과 같은 방식으로 서비스 매니페스트를 적용할 수 있다. 터미널 창을 열고 카탈로그 서비스 루트 폴더(catalog-service)로 이동한 후 다음과 같은 명령을 실행해보자.

```
$ kubectl apply -f k8s/service.yml
```

이 명령은 쿠버네티스 컨트롤 플레인이 처리하고 클러스터에 서비스 객체를 생성하고 관리한다. 다음 명령으로 결과를 확인해보자.

```
$ kubectl get svc -l app=catalog-service

NAME              TYPE        CLUSTER-IP      EXTERNAL-IP   PORT(S)   AGE
catalog-service   ClusterIP   10.102.29.119   <none>        80/TCP    42s
```

ClusterIP 유형이기 때문에 이 서비스를 통해 클러스터 내의 다른 파드는 IP 주소(클러스터 IP)나 이름을 통해 카탈로그 서비스 애플리케이션과 통신할 수 있다. 다음 장에서 만들어볼 클러스터 내 다른 애플리케이션에는 유용할지 모르지만, 지금 이 서비스를 테스트하려면 어떻게 해야 할까? 즉 어떻게 클러스터 외부로 애플리케이션을 노출해 테스트할 수 있을까?

객체(이 경우 서비스 객체)를 로컬 컴퓨터에 노출하기 위해 지금은 쿠버네티스가 제공하는 포트 전달 기능을 사용해보자. 2장에서 이미 해봤으니 이 명령은 익숙할 것이다.

```
$ kubectl port-forward service/catalog-service 9001:80
Forwarding from 127.0.0.1:9001 -> 9001
Forwarding from [::1]:9001 -> 9001
```

마침내 포트 로컬 호스트의 9001 포트로 애플리케이션을 호출할 수 있으며, 모든 요청은 서비스 객체를 거쳐 최종적으로 카탈로그 서비스 파드로 전달된다. 브라우저에서 http://localhost:9001을 방

문하여 환영 메시지를 보거나 http://localhost:9001/books를 방문하여 카탈로그의 책 목록을 확인해 보기 바란다.

TIP kubectl port-forward 명령에 의해 시작된 프로세스는 Ctrl+C를 클릭해 명시적으로 중지하지 않는 한 계속 실행된다. 그 전에 다른 CLI 명령을 실행해야 한다면 다른 터미널 창을 열어서 하기 바란다.

그림 7.11은 로컬 컴퓨터, 카탈로그 서비스 및 PostgreSQL 간의 통신이 어떻게 이루어지는지 보여준다.

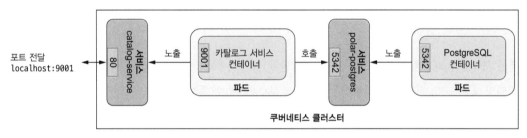

그림 7.11 **카탈로그 서비스 애플리케이션은 포트 전달을 통해 로컬 컴퓨터에 노출된다. 카탈로그 서비스와 PostgreSQL은 둘 다 클러스터 내 호스트 이름, IP 주소 및 서비스 객체에 할당된 포트를 통해 클러스터 내부에 노출된다.**

지금까지는 카탈로그 서비스의 인스턴스를 하나만 실행했지만 쿠버네티스를 활용해 여러 개의 인스턴스로 확장할 수 있다. 다음 절에서는 스프링 부트 애플리케이션을 확장해보고 클라우드 네이티브 애플리케이션에 필수적인 빠른 시작 및 우아한 종료와 같은 사항을 살펴본다.

NOTE 애플리케이션에서 무언가를 바꿀 때마다 이 모든 명령을 다시 실행하고 로컬에서 테스트하는 것은 바람직하지 않다. 하지만 걱정하지 않아도 된다. 7.5절에서 이 모든 작업을 자동화하기 위해 로컬 쿠버네티스 개발 워크플로를 설정하는 방법을 살펴볼 것이다.

7.4 확장성과 일회성

동일한 애플리케이션의 인스턴스를 여러 개 배포하면 높은 가용성을 달성하기에 유용하다. 부하가 높아지면 워크로드는 여러 복제본에 분산될 수 있다. 한 인스턴스에 오류가 발생해 더 이상 요청을 처리할 수 없으며 이 인스턴스를 삭제하고 새 인스턴스를 만들 수 있다. 이러한 애플리케이션 인스턴스의 연속적이고 동적인 확장을 위해서는 15요소 방법론에 따라 애플리케이션은 상태를 갖지 않아야 하고 일회적, 즉 필요한 대로 만들어 쓰다가 필요 없어지면 폐기할 수 있어야 한다.

이번 절에서는 애플리케이션이 일회적이어야 한다는 것이 무엇을 의미하는지, 어떻게 우아한 종료를 가능하게 할 수 있는지, 그리고 쿠버네티스에서 어떻게 애플리케이션을 확장할 수 있는지 살펴본다.

7.4.1 일회성을 위한 조건: 빠른 시작

애플리케이션 서버에 배포되는 전통적인 애플리케이션은 시작하는 데 오랜 시간이 걸린다. 애플리케이션이 연결을 받아들일 준비가 되기까지 몇 분씩 걸리는 것이 드물지 않았다. 반면 클라우드 네이티브 애플리케이션은 몇 분이 아닌 몇 초 이내에 빠르게 시작하도록 최적화된다. 스프링 부트는 빠른 시작을 위해 이미 최적화되어 있으며 새 버전마다 더욱 개선되고 있다.

빠른 시작fast startup은 클라우드 환경에 적합한데 애플리케이션이 일회용이며 자주 만들어지고 삭제되고 확장되기 때문이다. 시작 시간이 빨라질수록 새 애플리케이션 인스턴스는 연결을 받아들일 준비를 더 빨리 갖출 수 있다.

마이크로서비스와 같은 표준 애플리케이션은 몇 초 이내로 시작하는 것이 바람직하다. 반면에 서버리스 애플리케이션은 일반적으로 초 단위가 아닌 밀리초 범위에서 더 빠르게 시작해야 한다. 스프링 부트는 이 두 가지 요구 사항을 모두 충족하지만 서버리스의 경우는 추가적인 설정이 조금 더 필요하다.

16장에서는 스프링 클라우드 함수로 서버리스 애플리케이션에 대해 살펴보고 스프링 네이티브 및 그랄VM을 사용해 네이티브 이미지로 패키징하는 방법을 살펴볼 것이다. 이렇게 하면 자원은 적게 소비하고, 이미지 크기는 줄어들면서 거의 즉각적으로 시작할 수 있는 애플리케이션을 얻을 수 있다.

7.4.2 일회성을 위한 조건: 우아한 종료

애플리케이션을 빠르게 시작하는 것만으로는 확장성 요구를 해결하기에 충분하지 않다. 애플리케이션 인스턴스가 종료될 때에도 클라이언트에게 다운타임이나 오류가 일어나지 않고 정상적으로 실행되어야 한다. **우아한 종료**graceful shutdown가 의미하는 바는 애플리케이션이 새로운 요청을 받아들이지 않고, 데이터베이스 연결과 같은 열려 있는 리소스를 닫으면서 그 시점에 진행 중인 모든 요청을 완료하는 것이다.

스프링 부트의 임베디드 서버는 모두 우아한 종료를 지원하지만 약간 다른 방식으로 작동한다. 톰캣, 제티, 네티는 종료 신호가 수신되면 새로운 요청을 전혀 받아들이지 않는다. 반면에 언더토는 새로운 요청을 계속 받아들이지만 HTTP 503 상태 코드로 응답한다.

기본 설정상 스프링 부트는 종료 신호(SIGTERM)를 받은 직후 서버를 중지한다. `server.shutdown` 속성을 설정하면 우아한 종료 모드로 전환할 수 있다. 또한 **우아한 종료 기간**grace period을 설정하면 대기 중인 모든 요청을 애플리케이션이 처리할 수 있는 기간을 지정할 수 있다. 이 기간이 만료되면, 아직 대기 중인 요청이 있더라도 애플리케이션이 종료된다. 우아한 종료 기간은 30초로 기본 설정되어 있고 `spring.lifecycle.timeout-per-shutdown-phase` 속성을 통해 변경할 수 있다.

카탈로그 서비스에서 우아한 종료를 설정해보자. 환경 변수를 사용할 수도 있고, application.yml을 사용한 기본 설정을 통해 할 수도 있다. 여기서는 두 번째 방식으로 해볼 것이다. catalog-service/src/main/resources 폴더에 있는 application.yml을 열고 다음과 같이 설정을 변경해보자.

```
server:
  port: 9001
  shutdown: graceful  ◀─── 우아한 종료 활성화
  tomcat:
    connection-timeout: 2s
    keep-alive-timeout: 15s
    threads:
      max: 50
      min-spare: 5

spring:
  application:
    name: catalog-service
  lifecycle:                                ◀─── 15초의 종료 기간을 둔다.
    timeout-per-shutdown-phase: 15s
...
```

애플리케이션 소스 코드를 수정했기 때문에 새로운 컨테이너 이미지를 만들어 미니큐브에 로드해야 한다. 매번 이렇게 하는 것은 그다지 효율적이지 않다. 이 장의 뒷부분에서 더 나은 방법을 살펴볼 것이다. 일단 지금은 이전에 설명한 대로 카탈로그 서비스를 컨테이너 이미지로 패키징하고 (`./gradlew bootBuildImage`) 폴라 북숍에 사용하는 쿠버네티스 클러스터로 로드한다(`minikube image load catalog-service --profile polar`).

애플리케이션에서 우아한 종료를 활성화하면 이에 따라 배포 매니페스트도 변경해야 한다. (나운 스케일링 프로세스나 업그레이드 과정에서) 파드를 종료해야 하는 경우 쿠버네티스는 SIGTERM 신호를

전송한다. 스프링 부트는 이 신호를 가로채 우아한 종료를 시작한다. 기본적으로 쿠버네티스는 우아한 종료를 위해 30초를 기다린다. 이 기간이 지났는데도 파드가 종료되지 않으면 쿠버네티스는 파드를 강제로 종료하기 위해 SIGKILL 신호를 보낸다. 스프링 부트의 우아한 종료 기간이 쿠버네티스보다 짧기 때문에 애플리케이션이 종료 시점을 제어한다.

쿠버네티스는 SIGTERM 신호를 파드로 보내면서 또 다른 구성 요소들에게는 종료되는 파드 쪽으로 요청 전달을 중지할 것을 통보한다. 쿠버네티스는 분산 시스템이며 두 작업이 병렬로 발생하기 때문에 종료 파드가 이미 종료 절차를 시작했지만 짧은 시간 동안 요청을 계속 받을 수 있다. 이 경우 해당 요청이 거부되어 클라이언트에 오류가 발생한다. 우리의 목표는 클라이언트가 파드의 중지 절차를 모르게 하는 것이기 때문에 이런 시나리오는 받아들이기 어렵다.

권장되는 해결책은 쿠버네티스가 클러스터 전체에 요청 전달 중지 명령을 전파할 수 있는 충분한 시간을 확보하기 위해 SIGTERM 신호를 파드로 보내는 것을 지연하는 것이다. 이렇게 하면 파드가 우아한 종료 절차를 시작할 때, 쿠버네티스의 다른 모든 구성 요소는 그 파드로 새로운 요청을 보내지 않아야 한다는 것을 이미 알게 된다. 기술적으로 이 지연은 preStop 훅을 통해 설정할 수 있다. 투명하고 우아한 종료를 지원하려면 어떻게 카탈로그 서비스의 배포 매니페스트를 수정해야 하는지 알아보자.

catalog-service/k8s에 있는 deployment.yml 파일을 열고 SIGTERM 신호를 5초 지연하도록 preStop 훅을 추가해보자.

예제 7.4 종료 절차 시작전 쿠버네티스 지연 설정

```yaml
apiVersion: apps/v1
kind: Deployment
metadata:
  name: catalog-service
  labels:
    app: catalog-service
spec:
  ...
  template:
    metadata:
      labels:
        app: catalog-service
    spec:
      containers:
        - name: catalog-service
```

```
image: catalog-service
imagePullPolicy: IfNotPresent
lifecycle:
  preStop: ◄─────────────────┐   쿠버네티스가 파드에 SIGTERM 신호를 보내기 전에
    exec:                     │   5초를 기다리게 한다.
      command: [ "sh", "-c", "sleep 5" ]
...
```

마지막으로 kubectl apply -f k8s/deployment.yml 명령을 실행해 수정한 배포 객체를 적용해보자. 쿠버네티스는 실제 상태를 새로 갱신된 원하는 상태와 일치시키기 위해 기존 파드를 제거하고 우아한 종료가 완전하게 설정된 새로운 파드를 생성한다.

> NOTE 파드에 여러 컨테이너가 실행되고 있으면 SIGTERM 신호는 병렬로 모든 컨테이너로 전송된다. 쿠버네티스는 최대 30초까지 기다린다. 이 시간이 지나면 파드에 있는 컨테이너 중 하나가 아직 끝나지 않았더라도 강제로 종료한다.

카탈로그 서비스에 대한 우아한 종료를 설정했으니 이제는 쿠버네티스 클러스터에서 어떻게 확장할 수 있는지 살펴보자.

7.4.3 스프링 부트 애플리케이션 확장

확장성은 1장에서 배운 클라우드 네이티브 애플리케이션의 주요 속성 중 하나다. 15요소 방법론에 의하면 애플리케이션이 확장 가능하기 위해서는 일회용이어야 하며 상태를 갖지 않아야 한다.

앞 절에서 일회성을 다뤘고, 카탈로그 서비스는 이미 상태를 갖지 않는 애플리케이션이다. 상태는 없지만 상태를 갖는 서비스(PostgreSQL 데이터베이스)를 사용해 책에 대한 데이터를 영구적으로 저장한다. 확장하거나 축소할 때 애플리케이션이 상태를 갖는다면, 인스턴스가 끝날 때마다 상태를 소실할 것이다. 일반적인 아이디어는 애플리케이션을 상태를 갖지 않도록 유지하고 카탈로그 서비스에서 했던 것처럼 상태를 저장하기 위해 데이터 서비스를 사용하는 것이다.

쿠버네티스에서 복제는 레플리카셋 객체에 의해 파드 레벨에서 처리된다. 앞서 살펴본 것처럼, 배포 객체는 이미 레플리카셋을 사용하도록 설정되어 있다. 이를 위해 얼마나 많은 복제본을 배포할 것인지 지정하기만 하면 되는데 배포 매니페스트를 통해 설정할 수 있다.

catalog-service/k8s에 있는 deployment.yml 파일을 열고 카탈로그 서비스를 실행하는 파드의 복제본 수를 원하는 만큼 정의하면 되는데 2개로 설정해보자.

예제 7.5 **카탈로그 서비스 파드 복제본 수 설정**

```
apiVersion: apps/v1
kind: Deployment
metadata:
  name: catalog-service
  labels:
    app: catalog-service
spec:
  replicas: 2   ◀━━━┤ 몇 개의 파드 복제본을 배포할 것인지 설정한다.
  selector:
    matchLabels:
      app: catalog-service
  ...
```

복제는 레이블로 제어된다. 예제 7.5의 설정은 쿠버네티스가 레이블 app=catalog-service를 갖는 파드를 관리하고 항상 두 개의 복제본이 실행되도록 한다.

변경된 사항을 적용해보자. 터미널 창을 열고 카탈로그 서비스 폴더로 이동하여 다음과 같은 명령을 실행해 변경된 배포 리소스를 적용한다.

```
$ kubectl apply -f k8s/deployment.yml
```

이 명령을 통해 쿠버네티스는 실제 상태(복제본 1개)와 원하는 상태(복제본 2개)가 일치하지 않는다는 것을 인식하고 즉시 카탈로그 서비스의 새로운 복제본을 배포한다. 다음 명령을 사용해 결과를 확인할 수 있다.

```
$ kubectl get pods -l app=catalog-service

NAME                                  READY   STATUS    RESTARTS   AGE
catalog-service-68bc5659b8-fkpcv      1/1     Running   0          2s
catalog-service-68bc5659b8-kmwm5      1/1     Running   0          3m94s
```

'AGE' 열을 보면 두 개의 복제본이 있는 상태를 달성하기 위해 방금 전에 배포된 파드가 무엇인지 알 수 있다.

둘 중 하나가 끝나면 어떻게 될까? 확인해보자. 파드 복제본 두 개 중 하나를 골라서 이름을 복사한다. 예를 들면 앞의 명령 같은 경우 catalog-service-68bc5659b8-kmwm5라는 이름의 파드를 선택할 수 있다. 그런 다음 터미널 창에서 다음 명령을 사용해 그 파드를 삭제해보자.

```
$ kubectl delete pod <pod-name>
```

배포 매니페스트는 두 개의 복제본이 실행되는 것을 원하는 상태로 선언하고 있다. 파드 하나가 삭제되었고 그 결과 한 개의 파드만 있기 때문에 쿠버네티스는 즉시 실제 상태와 원하는 상태가 일치하도록 작업을 수행한다. `kubectl get pods -l app=catalog-service` 명령을 실행해 파드를 다시 확인해보면 두 개의 파드를 볼 수 있을 것이다. 그중 하나는 삭제된 파드를 대체하기 위해 방금 전에 만들어진 파드다. AGE 컬럼을 확인하면 그 사실을 알 수 있다.

```
$ kubectl get pods -l app=catalog-service

NAME                             READY   STATUS    RESTARTS   AGE
catalog-service-68bc5659b8-fkpcv   1/1     Running   0          42s
catalog-service-68bc5659b8-wqchr   1/1     Running   0          3s
```

내부적으로 레플리카셋 객체는 배포된 복제본 수를 계속 확인하면서 항상 원하는 상태와 일치하게 한다. 이러한 기본적인 기능을 토대로 워크로드에 따라 매니페스트를 매번 업데이트하지 않고도 오토스케일러가 파드 수를 동적으로 늘리거나 줄이도록 설정할 수 있다.

다음 절로 넘어가기 전에 복제본 수를 다시 1로 변경하고 지금까지 만든 모든 리소스를 제거하여 클러스터를 정리한다. 먼저 터미널 창을 열고 쿠버네티스 매니페스트를 정의한 카탈로그 서비스 폴더로 이동한 다음 카탈로그 서비스를 위해 작성한 모든 객체를 삭제한다.

```
$ kubectl delete -f k8s
```

마지막으로 polar-deployment 저장소의 kubernetes/platform/development 폴더로 이동한 후에 PostgreSQL 설치를 삭제한다.

```
$ kubectl delete -f services
```

7.5 틸트를 사용한 로컬 쿠버네티스 개발

앞 절에서는 쿠버네티스의 기본 개념을 배우고 애플리케이션을 클러스터에 배포하기 위해 파드, 레플리카셋, 배포, 서비스 같은 기본적인 객체를 사용해 작업했다. 배포 및 서비스 매니페스트를 정의한 후 코드를 변경할 때마다 매번 컨테이너 이미지를 수동으로 재빌드하고 kubectl 클라이언트를 사용해 파드를 업데이트하는 것은 번거로운 일이다. 하지만 다행히 이런 번거로운 일을 하지 않아도 된다.

이번 절에서는 로컬 쿠버네티스 개발 워크플로를 설정해 이미지를 만든다든지 쿠버네티스 클러스터에 매니페스트를 적용하는 것과 같은 단계를 자동화하는 방법을 알아본다. 이것은 쿠버네티스 플랫폼으로 작업하기 위한 **내부 개발 루프**inner development loop 중 일부분을 구현하는 것이다. **틸트** Tilt[11]는 인프라와 관련한 많은 문제를 처리해주고 개발자로 하여금 애플리케이션의 비즈니스 로직에 더 집중할 수 있게 해준다. 또한 옥탄트를 사용하면 편리한 GUI를 통해 쿠버네티스 객체를 시각화하고 관리할 수 있다.

7.5.1 틸트를 사용한 내부 개발 루프

틸트는 쿠버네티스에서 작업할 때 좋은 개발자 경험을 제공하는 것을 목표로 한다. 로컬 환경에서 컨테이너화된 워크로드의 빌드, 배포, 관리 기능을 제공하는 오픈소스 도구다. 이 책에서는 틸트의 기본적인 기능 중 일부만 사용해 특정 애플리케이션에 대한 개발 워크플로를 자동화해볼 것이다. 하지만 틸트는 중앙 집중 방식으로 여러 애플리케이션 및 서비스의 배포를 조정하는 데도 유용하다. 부록 A의 A.4절에서 설치 방법에 대한 정보를 찾을 수 있다.

우리의 목표는 다음과 같은 단계를 자동화하는 워크플로를 설계하는 것이다.

1. 클라우드 네이티브 빌드팩을 사용해 스프링 부트 애플리케이션을 컨테이너 이미지로 패키징한다.
2. 이미지를 쿠버네티스 클러스터(우리의 경우 minikube를 통해 만든 클러스터)에 업로드한다.
3. YAML 매니페스트에 선언된 모든 쿠버네티스 객체를 적용한다.
4. 로컬 컴퓨터에서 애플리케이션에 액세스할 수 있도록 포트 전달을 활성화한다.
5. 클러스터에서 실행 중인 애플리케이션의 로그에 쉽게 액세스한다.

---

11 https://tilt.dev

틸트를 설정하기 전에 로컬 쿠버네티스 클러스터에서 PostgreSQL 인스턴스를 실행한다. 터미널 창을 열고 **polar-deployment** 저장소의 kubernetes/platform/development 폴더로 이동한 다음 PostgreSQL을 배포하기 위해 다음 명령을 실행해보자.

```
$ kubectl apply -f services
```

이제 틸트를 설정해 자동 개발 워크플로를 수립하는 방법을 살펴보겠다.

틸트는 **틸트파일**Tiltfile이라는 확장 가능한 설정 파일을 통해 설정할 수 있는데 이 파일은 스타라크 Starlark라는 언어로 작성한다. 스타라크는 파이썬을 단순화한 프로그래밍 언어다. 카탈로그 서비스 프로젝트(catalog-service)의 루트 폴더에 Tiltfile(확장자가 없음)이라는 이름의 파일을 새로 만든다. 이 파일은 다음과 같이 세 가지 주요 설정을 담고 있다.

- 컨테이너 이미지를 빌드하는 방법(클라우드 네이티브 빌드팩)
- 애플리케이션을 배포하는 방법(쿠버네티스 YAML 매니페스트)
- 애플리케이션에 액세스하는 방법(포트 전달)

예제 7.6 카탈로그 서비스를 위한 틸트 설정(틸트파일)

```
# 빌드
custom_build(
    # 컨테이너 이미지의 이름
    ref = 'catalog-service',
    # 컨테이너 이미지를 빌드하기 위한 명령
    command = './gradlew bootBuildImage --imageName $EXPECTED_REF',
    # 새로운 빌드를 시작하기 위해 지켜봐야 하는 파일
    deps = ['build.gradle', 'src']
)

# 배포
k8s_yaml(['k8s/deployment.yml', 'k8s/service.yml'])

# 관리
k8s_resource('catalog-service', port_forwards=['9001'])
```

TIP (애플 실리콘 컴퓨터와 같은) ARM64 컴퓨터에서 작업하면 ./gradlew bootBuildImage --imageName $EXPECTED_REF 명령에 --builder ghcr.io/thomasvitale/java-builder-arm64 인수를 추가해 ARM64를 지원하는 패키토 빌드팩의 시험용 버전을 사용할 수 있다. 시험용이기 때문에 프로덕션 환경에는 아직 적합하지 않다는 것을 알아야 한다. 자세한 내용은 깃허브의 매뉴얼[12]을 참고하기 바란다.

틸트파일은 이 장에서 우리가 로컬 쿠버네티스 클러스터에서 애플리케이션을 빌드, 로드, 배포, 등록하기 위해 사용한 것과 동일한 방식을 틸트가 사용하도록 설정한다. 가장 큰 차이점은 틸트를 통해 모든 것이 자동화됐다는 점이다!

터미널 창을 열고 카탈로그 서비스 프로젝트의 루트 폴더로 이동한 다음 명령을 실행하여 틸트를 시작해보자.

```
$ tilt up
Tilt started on http://localhost:10350/
```

tilt up 명령으로 시작된 프로세스는 Ctrl+C를 눌러 명시적으로 중지하지 않는 한 계속 실행된다. 틸트가 제공하는 유용한 기능 중 하나는 편리한 GUI를 통해 틸트가 관리하는 서비스를 추적하고 애플리케이션 로그를 확인하며 수동으로 업데이트를 시작할 수 있다는 점이다. 틸트가 서비스를 시작한 URL(기본 설정으로 http://localhost:10350)을 열면, 틸트가 카탈로그 서비스를 만들고 배포하기 위해 수행하는 과정을 모니터링할 수 있다(그림 7.12). 처음에는 빌드팩 라이브러리를 다운로드하기 때문에 1-2분 정도 걸릴 수 있지만 그 뒤로는 훨씬 빠를 것이다.

그림 7.12 틸트는 애플리케이션을 모니터하고 관리할 수 있는 편리한 GUI를 제공한다.

---

12 https://github.com/ThomasVitale/paketo-arm64

애플리케이션을 만들고 배포하는 것 외에도 틸트는 로컬 컴퓨터의 9001 포트로 포트 전달을 활성화했다. 애플리케이션이 제대로 작동하는지 확인해보자.

```
$ http :9001/books
```

틸트를 사용하면 애플리케이션이 소스 코드와 동기화된다. 애플리케이션을 변경할 때마다 틸트는 업데이트 작업을 실행하여 새 컨테이너 이미지를 만들고 배포한다. 이 모든 과정이 자동으로 그리고 지속적으로 일어난다.

> **NOTE** 코드에서 뭔가를 바꿀 때마다 컨테이너 이미지 전체를 재빌드하는 것은 그리 효율적이지 않다. 변경된 파일만 동기화하여 현재 이미지에 업로드하도록 틸트를 설정할 수 있다. 이를 위해 스프링 부트 데브툴즈Spring Boot DevTools[13]와 패키토 빌드팩[14]이 제공하는 기능을 사용할 수 있다.

애플리케이션 테스트가 끝나면 카탈로그 서비스 프로젝트에서 틸트 프로세스를 중지하고 다음 명령을 실행해 배포된 애플리케이션을 중지한다.

```
$ tilt down
```

7.5.2 옥탄트를 사용한 쿠버네티스 워크로드 시각화

쿠버네티스 클러스터에 애플리케이션을 여러 개 배포하기 시작하면 관련된 모든 쿠버네티스 객체를 관리하거나 오류가 발생할 때 원인을 조사하는 것이 어려워질 수 있다. 쿠버네티스 워크로드를 시각화하고 관리하기 위한 다양한 설루션이 있다. 이번 절에서는 쿠버네티스 클러스터 및 애플리케이션을 조사할 수 있는 개발자 친화적인 쿠버네티스용 오픈소스 웹 인터페이스인 옥탄트Octant[15]를 살펴본다. 부록 A의 A.4절에서 설치 방법에 대한 정보를 찾을 수 있다.

앞 절에서 사용한 로컬 쿠버네티스 클러스터가 계속 실행되고 있고 PostgreSQL도 배포됐는지 확인해보자. 또한 카탈로그 서비스가 배포되지 않은 상태라면 프로젝트 루트 폴더로 들어가서 **tilt up** 명령을 실행해 카탈로그 서비스를 배포하기 바란다. 그런 다음 터미널 창을 새로 열고 다음 명령을 실행해보자.

---

13 https://mng.bz/nY8v
14 https://mng.bz/vo5x
15 https://octant.dev

```
$ octant
```

이 명령을 실행하면 브라우저를 열어 옥탄트 대시보드를 보여준다(보통 http://localhost:7777). 그림 7.13은 이 대시보드를 보여준다. 개요 페이지는 클러스터에서 실행되는 모든 쿠버네티스 객체를 시각화해서 제공한다. 지금까지 잘 따라왔다면 PostgreSQL 및 카탈로그 서비스가 클러스터에서 실행되고 있을 것이다.

그림 7.13 옥탄트는 쿠버네티스 클러스터와 워크로드를 조사하기 위한 웹 인터페이스를 제공한다.

개요 페이지에서 객체를 클릭하면 자세한 내용을 볼 수 있다. 가령 카탈로그 서비스 파드에 해당하는 항목을 클릭하면 그림 7.14와 같이 객체에 대한 자세한 정보를 볼 수 있다. 또한 포트 전달 활성화, 로그 확인, 파드 매니페스트 수정, 오류 분석과 같은 여러 작업을 수행할 수 있다.

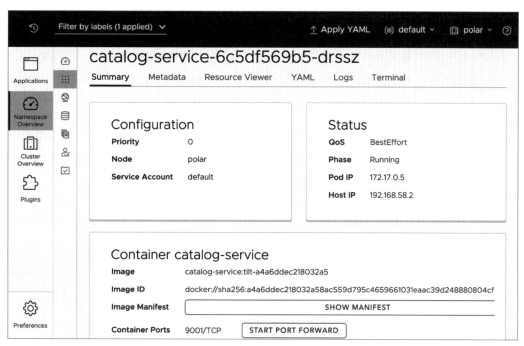

그림 7.14 **옥탄트를 사용하면 파드 정보에 쉽게 액세스하고 로그 확인 및 포트 전달 활성화를 할 수 있다.**

시간을 할애해 옥탄트가 제공하는 많은 기능을 확인해보기 바란다. 로컬 혹은 원격 쿠버네티스 클러스터에 문제가 발생할 때 이를 분석하고 해결하기 위해 사용할 수 있는 편리한 도구다. 우리 또한 폴라 북숍 애플리케이션을 배포할 프로덕션 환경의 원격 클러스터를 확인해야 할 때 옥탄트를 사용할 것이다. 지금은 일단 Ctrl + C 를 눌러 옥탄트를 중지한다.

옥탄트 확인을 마치고 나면 카탈로그 서비스 프로젝트에서 `tilt down` 명령을 통해 애플리케이션 배포를 취소한다. 그런 다음 `polar-deployment` 저장소의 `kubernetes/platform/development` 폴더로 이동하고 `kubectl delete -f services` 명령을 통해 PostgreSQL를 삭제한다. 마지막으로 클러스터를 중지한다.

```
$ minikube stop --profile polar
```

7.6 배포 파이프라인: 쿠버네티스 매니페스트 유효성 검사

3장에서 소프트웨어를 신속하고 안정적이며 안전하게 사용자에게 전달하기 위한 접근법인 지속적 전달을 살펴보면서 배포 파이프라인의 개념과 중요성을 설명했다. 지금까지 배포 파이프라인의 첫 번째 단계인 커밋 단계를 자동화했다. 개발자가 새로운 코드를 메인 브랜치에 커밋하면 커밋 단계가 시작하는데, 빌드, 단위 테스트, 통합 테스트, 정적 코드 분석 및 패키지 생성의 과정을 거친다. 이 단계가 끝나면 실행 가능한 애플리케이션 아티팩트가 아티팩트 저장소에 등록되는데 이것이 바로 **릴리스 후보**다.

지금까지 이 장에서는 **자원 매니페스트**resource manifest를 기반한 선언적 접근법을 통해 스프링 부트 애플리케이션을 쿠버네티스에 배포하는 방법을 배웠다. 쿠버네티스에 릴리스 후보를 성공적으로 배포하기 위해서는 자원 매니페스트가 필수적이기 때문에 이 파일은 반드시 정확해야 한다. 이번 절에서는 커밋 단계의 일부로 쿠버네티스 매니페스트의 유효성을 검사하는 방법을 살펴본다.

7.6.1 커밋 단계에서 쿠버네티스 매니페스트 검증

이 장에서는 쿠버네티스 클러스터에서 배포와 서비스 생성을 위한 자원 매니페스트를 다루었다. **매니페스트**는 '쿠버네티스 API 객체에 대해 JSON 또는 YAML 형식으로 표현한 명세'다. 이 명세는 '매니페스트를 적용할 때 쿠버네티스가 유지해야 하는 객체의 원하는 상태'를 지정한다.[16]

매니페스트는 객체의 원하는 상태를 지정하기 때문에, 매니페스트를 통해 기술된 명세가 쿠버네티스 API를 준수하는지 확인해야 한다. (해당 매니페스트를 사용해 쿠버네티스 클러스터에 애플리케이션을 배포하는 수락 단계까지 기다리는 대신) 배포 파이프라인의 커밋 단계에서 자동화된 검증을 통해 오류가 발생하면 이 사실을 최대한 빨리 인지하는 것이 바람직하다. 그림 7.15는 커밋 단계에 쿠버네티스 매니페스트 유효성 검사를 포함하는 경우의 주요 과정을 보여준다.

16　https://kubernetes.io/docs/reference/glossary/?fundamental=true#term-manifest

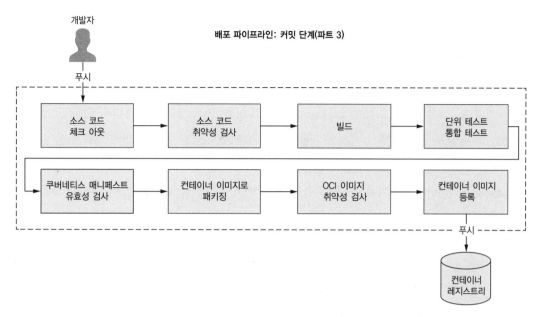

그림 7.15 **쿠버네티스 매니페스트가 애플리케이션 저장소에 포함되면,
커밋 단계에 새로 포함된 과정에서 유효성을 검사한다.**

쿠버네티스 매니페스트가 쿠버네티스 API를 준수하는지 검증하는 방법이 몇 가지 있다. 우리는 오픈소스 도구인 **큐비발**Kubeval[17]을 사용할 것이다. 부록 A의 A.4절에서 설치 방법에 대한 정보를 찾을 수 있다.

큐비발을 어떻게 사용하는지 확인해보자. 터미널 창을 열고 카탈로그 서비스 프로젝트(catalog-service)의 루트 폴더로 이동한다. 그런 다음 kubeval 명령을 사용해 k8s 디렉터리 내의 쿠버네티스 매니페스트가 유효한지 검사한다(-d k8s). --strict 플래그를 사용하면 객체 스키마에 정의되어 있지 않은 속성이 있는지 확인한다.

```
$ kubeval --strict -d k8s

PASS - k8s/deployment.yml contains a valid Deployment (catalog-service)
PASS - k8s/service.yml contains a valid Service (catalog-service)
```

다음 절에서는 깃허브 액션으로 구현한 커밋 단계 워크플로에서 큐비발을 사용하는 방법을 살펴본다.

---

17 https://www.kubeval.com

깃허브 액션은 카탈로그 서비스의 배포 파이프라인에서 커밋 단계를 구현하기 위해 사용한 워크플로 엔진이다. 그림 7.15와 같이 쿠버네티스 매니페스트 유효성 검사 단계를 포함하도록 확장해보자.

먼저 카탈로그 서비스 프로젝트(catalog-service)의 .github/workflow 폴더에 있는 commit-stage.yml 파일을 연다. 유효성 검사 단계를 구현하기 위해 CNCF 인큐베이팅 프로젝트인 플럭스CD_FluxCD의 관리자인 스테판 프로단_Stefan Prodan이 작성한 액션을 사용할 것이다. 이 프로젝트는 깃옵스_GitOps 원칙에 따라 쿠버네티스를 위한 지속적 배포 솔루션을 제공한다. 이 액션을 사용하면 쿠버네티스와 관련된 유용한 도구의 특정 버전을 설치할 수 있다. 이 액션을 설정해 kubectl과 큐비발을 설치해보자.

예제 7.7 **카탈로그 서비스에 대한 쿠버네티스 매니페스트의 유효성 검증**

```
name: Commit Stage
on: push
...

jobs:
  build:
    name: Build and Test
    ...
    steps:
    ...
    - name: Validate Kubernetes manifests        쿠버네티스를 위한
      uses: stefanprodan/kube-tools@v1       ◀──  유용한 도구를 설치할 수 있는 액션
      with:
        kubectl: 1.24.3        ◀──┤  쿠버네티스 CLI를 설치한다.
        kubeval: 0.16.1
        command: |
          kubeval --strict -d k8s    ◀──   k8s 폴더에 있는 쿠버네티스 매니페스트의
  package:                                  유효성 검사를 위해 큐비발을 사용한다.
    ...
  큐비발을 설치한다.
```

commit-stage.yml 파일에 유효성 검증 과정을 추가한 후 변경 사항을 깃허브의 catalog-service 저장소에 커밋하고 푸시하면 커밋 단계 워크플로가 성공적으로 완료되었는지 확인할 수 있다. 성공적으로 완료됐다면 매니페스트가 쿠버네티스 API를 준수한다는 것을 의미한다.

여기까지 끝낸 것을 축하한다!

요약

- 도커는 단일 머신에서 단일 인스턴스 컨테이너를 실행할 때 사용하기 적합하다. 시스템에 확장성이나 복원력 같은 특성이 필요한 경우에는 쿠버네티스를 사용할 수 있다.

- 쿠버네티스는 머신의 클러스터에 걸쳐 컨테이너를 확장하기 위한 모든 기능을 제공하는데 컨테이너에 오류가 발생하거나 머신이 중단되더라도 복원력을 보장해준다.

- 파드는 쿠버네티스에서 배포할 수 있는 가장 작은 단위다.

- 파드를 직접 만들지 않고 배포 객체를 사용해 애플리케이션의 원하는 상태를 선언하면 쿠버네티스는 실제 상태와 일치하게 만든다. 언제라도 원하는 수의 복제본을 생성하고 실행하는 것도 그중 하나다.

- 클라우드는 동적 환경이고 구성이 계속 변한다. 서비스 검색 및 부하 분산을 통해 서비스 간의 상호작용이 동적으로 이루어지는데, 서비스 검색과 부하 분산을 어느 쪽에서 주도하고 관리하느냐에 따라 클라이언트 측(스프링 클라우드 넷플릭스 유레카 사용) 또는 서버 측(쿠버네티스 사용 등)으로 나뉜다.

---

18 https://github.com/ThomasVitale/cloud-native-spring-in-action

- 쿠버네티스는 서비스 객체를 통해 서비스 검색 및 부하 분산을 자체적으로 제공한다.

- 각 서비스 이름을 DNS 이름으로 사용할 수 있다. 쿠버네티스는 그 이름으로 서비스의 IP 주소를 조회한 후, 해당 요청을 사용 가능한 인스턴스 중 하나로 전달한다.

- 두 개의 YAML 매니페스트를 정의하여 스프링 부트 애플리케이션을 쿠버네티스 클러스터에 배포할 수 있다. 하나는 배포 객체를 위한 매니페스트이고, 다른 하나는 서비스 객체를 위한 것이다.

- kubectl 클라이언트를 사용하면 `kubectl apply -f <your-file.yml>` 명령을 통해 파일에서 객체를 만들 수 있다.

- 클라우드 네이티브 애플리케이션은 일회적(빠른 시작 및 우아한 종료)이어야 하고 상태를 갖지 않아야 한다(데이터 서비스에 의존해 상태 저장).

- 우아한 종료는 스프링 부트 및 쿠버네티스에서 모두 지원되며 애플리케이션이 확장 가능하려면 반드시 필요한 요소다.

- 쿠버네티스는 레플리카셋 컨트롤러를 사용해 애플리케이션 파드를 복제하고 계속 실행한다.

- 틸트는 쿠버네티스를 사용해 로컬 개발 워크플로를 자동화하는 도구다. 로컬에서 애플리케이션에 대해 작업하는 동안 변경이 발생할 때마다 틸트는 이미지를 만들고 로컬 쿠버네티스 클러스터로 배포하면서 클러스터를 최신 상태로 유지한다.

- `tilt up` 명령을 통해 프로젝트에 대해 틸트를 시작할 수 있다.

- 옥탄트 대시보드는 쿠버네티스 워크로드를 시각적으로 보여준다.

- 옥탄트는 로컬 쿠버네티스 클러스터 뿐만 아니라 원격 클러스터에 대해서도 문제를 확인하고 해결하기 위해 사용할 수 있는 편리한 도구다.

- 큐비발은 쿠버네티스 매니페스트의 유효성 검증을 위한 편리한 도구다. 이 기능은 배포 파이프라인에 포함될 때 특히 유용하다.

클라우드 네이티브
분산 시스템

클라우드 네이티브 애플리케이션은 고도로 분산되고 확장 가능한 시스템이다. 지금까지 우리는 하나의 애플리케이션을 작업해왔다. 이제 시야를 넓혀 클라우드에서 분산 시스템을 구축하기 위한 패턴과 기술 그리고 직면할 어려움에 대해 논의해야 할 때가 왔다. 3부에서는 복원력, 확장성, 보안과 같은 클라우드 네이티브 시스템의 토대가 되는 속성을 살펴본다. 또한 리액티브 프로그래밍과 이벤트 중심 아키텍처에 대해서도 설명한다.

8장에서는 리액티브 프로그래밍과 스프링 리액티브 스택의 주요 기능, 즉 프로젝트 리액터Project Reactor, 스프링 웹플럭스Spring WebFlux, 스프링 데이터 R2DBCSpring Data R2DBC를 소개한다. 9장에서는 API 게이트웨이 패턴과 스프링 클라우드 게이트웨이Spring Cloud Gateway를 사용해 에지 서비스edge services를 구축하는 방법을 살펴본다. 리액터, 스프링 클라우드, Resilience4J를 사용해 재시도retries, 타임아웃timeouts, 폴백fallbacks, 서킷 브레이커circuit breaker, 사용률 제한기rate limiter와 같은 패턴을 사용해 복원력이 좋은 애플리케이션을 만드는 법을 배운다. 10장에서는 이벤트 기반 아키텍처를 설명하고 스프링 클라우드 함수Spring Cloud Function, 스프링 클라우드 스트림Spring Cloud Stream, 래빗MQ를 사용해 이벤트 기반 아키텍처를 구현하는 방법을 설명한다. 보안은 모든 클라우드 네이티브 애플리케이션에서 중요한 관심사이며, 11장과 12장은 모두 보안에 관한 내용을 다룬다. 스프링 보안Spring Security, OAuth2, 오픈아이디 커넥트OpenID Connect를 사용해 인증 및 권한 설정을 구현하는 방법을 배운다. 또한 API 및 데이터를 보호하는 몇 가지 기술을 살펴볼 것이다. 시스템에 단일 페이지 애플리케이션이 포함된 경우도 고려한다.

PART III

Cloud native
distributed systems

리액티브 스프링: 복원력과 확장성

폴라 북숍 사업의 주체인 폴라소피아는 이 새로운 소프트웨어가 잘 진행되고 있는 것에 아주 만족하고 있다. 그들의 업무는 북극에 대한 지식과 인식을 확산하는 것이며, 그 가운데 자신들의 도서 카탈로그를 전 세계에 제공하는 것이 이 사업에서 핵심 목표다.

이 야심찬 사업은 지금까지 구축한 카탈로그 서비스 애플리케이션을 토대로 하면 좋을 것이다. 이 애플리케이션은 도서의 검색 및 관리에 대한 요구 사항을 클라우드 네이티브 패턴과 관행을 활용해 구현했다. 데이터베이스를 지원 서비스로 사용해 상태를 저장한다. 환경 변수 또는 설정 서버를 통해 설정을 외부화한다. 환경 동일성도 갖췄는데 지속적 전달 관행에 따라 배포 파이프라인에서 테스트를 자동으로 실행해 이를 검증한다. 이식성을 최대로 높이기 위해 컨테이너로 만들고 서비스 검색, 부하 분산, 복제와 같은 쿠버네티스의 자체 기능을 사용해 쿠버네티스 클러스터에 배포할 수 있다.

이 시스템의 또 다른 필수 기능은 도서 구매 기능이다. 이 장에서는 주문 서비스 애플리케이션에 대한 작업을 시작한다. 이 새로운 구성 요소는 데이터베이스뿐만 아니라 카탈로그 서비스도 연결한다. 데이터베이스 호출이나 HTTP 요청/응답 통신을 사용한 다른 서비스와의 상호작용과 같이 I/O 작업이 많은 애플리케이션은 카탈로그 서비스에서 사용한 것과 같은 요청당 스레드 모델로는 기술적 한계에 봉착하게 된다.

요청당 스레드 모델에서는 각 요청을 처리하기 위해 하나의 스레드를 할당하는데 이때 스레드는 해당 요청만 처리한다. 요청을 처리할 때 데이터베이스 또는 서비스 호출을 해야 하는 경우 스레드는 호출을 한 후 응답을 기다리면서 유휴idle 상태가 되고 스레드는 블로킹된다. 유휴 시간 동안 해당 스레드에 할당된 리소스는 다른 용도로는 사용할 수 없기 때문에 이 리소스를 낭비하게 된다. 리액티브 프로그래밍 패러다임은 이 문제를 해결하고 I/O 연산이 많은 애플리케이션에서 확장성, 탄력성, 비용 효율성을 개선한다.

리액티브 애플리케이션은 비동기적asynchronous이고 비차단non-blocking 방식으로 작동하므로 계산 리소스를 보다 효과적으로 사용한다. 이런 방식은 사용한 만큼만 사용료를 지불하는 클라우드에서는 엄청난 장점이 된다. 스레드는 지원 서비스에 호출을 보낸 후에 유휴 상태로 빠지는 대신 곧바로 다른 작업을 실행한다. 이 경우 동시에 처리할 수 있는 요청이 스레드의 수에 비례하지 않기 때문에 애플리케이션의 확장성이 향상된다. 동일한 양의 계산 리소스를 사용할 때 리액티브 애플리케이션이 보다 더 많은 사용자에게 서비스를 제공할 수 있다.

클라우드 네이티브 애플리케이션은 고도의 분산 시스템으로 변경과 실패가 일상적으로 일어나는 동적 환경에 배포된다. 서비스가 작동하지 않으면 어떻게 될까? 대상 서비스로 가는 도중에 요청이 없어지면 어떻게 될까? 응답이 호출자에게 가는 과정에서 문제가 발생하면 어떻게 될까? 이런 상황에서 높은 가용성을 보장할 수 있을까?

클라우드로 옮겨가는 이유 중 하나는 복원력 때문이고 이 속성은 클라우드 네이티브 애플리케이션의 특징이기도 하다. 시스템은 실패가 일어나도 여전히 작동해야 할 만큼 복원력을 가지고 있어야 하고 사용자에게 일정한 서비스 수준을 보장할 수 있을 만큼 안정적이어야 한다. 프로덕션 환경에서 안정적이고 복원력 높은 시스템을 갖기 위해 가장 중요한 부분 가운데 하나가 네트워크의 서비스 간 통합이다. 그 이유로 마이클 나이가드Michael T. Nygard는 그의 책《Release의 모든 것》(한빛미디어, 2023)에서 상당 부분을 이 주제에 할애한다.

이 장에서는 리액티브 패러다임을 사용해 클라우드에서 탄력적이고 확장 가능하며 효율적인 애플리케이션을 구축하는 데 중점을 둔다. 먼저 이벤트 루프 모델과 리액티브 스트림Reactive Streams, 프로젝트 리액터Project Reactor, 스프링의 리액티브 스택의 주요 기능을 소개한다. 그런 다음 스프링 웹플럭스Spring WebFlux와 스프링 데이터 R2DBCSpring Data R2DBC를 사용해 리액티브 주문 서비스 애플리케이션을 만들어볼 것이다.

주문 서비스는 카탈로그 서비스에서 책의 주문 가능 여부 및 세부 사항을 확인할 것이기 때문에 스프링의 웹 클라이언트WebClient를 사용해 리액티브 REST 클라이언트를 구현하는 방법을 살펴본다. 견고성과 내결함성이 높은 시스템을 구축하기 위해서는 두 서비스가 통합되는 부분에서 더 많은 주의를 기울여야 한다. 리액터 프로젝트를 활용하면 재시도, 타임아웃 및 장애 복구와 같은 안정성 패턴을 채택할 수 있다. 끝으로 리액티브 애플리케이션의 작동을 확인하기 위해 스프링 부트 및 테스트컨테이너를 이용해 자동 테스트를 작성해볼 것이다.

> NOTE 이 장의 예제 소스 코드는 프로젝트의 초기 및 최종 상태를 나타내는 Chapter08/08-begin 및 Chapter08/08-end 폴더에서 찾아볼 수 있다.[1]

8.1 리액터와 스프링의 비동기 및 비차단 아키텍처

리액티브 매니페스토 Reactive Manifesto(https://www.reactivemanifesto.org)는 리액티브 시스템을 '반응성, 복원성, 탄력성이 높고, 메시지가 주도하는 시스템'으로 설명한다. 느슨하게 결합되고 확장 가능하며 탄력적이며 가성비가 좋은 애플리케이션을 구축하려는 리액티브의 사명은 클라우드 네이티브에 대해 우리가 정의한 내용과 완벽하게 일치한다. 다른 점이 있다면 메시지 전달을 기반으로 비동기 및 비차단 통신 패러다임을 통해 목표를 달성하고자 한다는 점이다.

스프링으로 리액티브 애플리케이션을 구축하기 전에 이번 절에서는 먼저 리액티브 프로그래밍의 기본적인 내용을 살펴보고 리액티브가 왜 클라우드 네이티브 애플리케이션에 중요한지, 그리고 명령형 프로그래밍과는 어떻게 다른지 설명한다. 또한 요청당 스레드 모델의 단점을 극복하기 위한 이벤트 루프 모델과 리액티브 스트림 사양의 필수 개념을 살펴보겠다. 프로젝트 리액터 및 스프링 리액티브 스택은 리액티브 스트림의 구현 사례에 속한다.

---

1 https://github.com/ThomasVitale/cloud-native-spring-in-action

8.1.1 요청당 스레드에서 이벤트 루프로

3장에서 살펴보았듯이 리액티브 방식이 아닌 전통적인 애플리케이션은 하나의 요청에 하나의 스레드를 할당한다. 응답을 받을 때까지 스레드는 다른 일을 하지 않는다. 이것을 **요청당 스레드** thread-per-request 모델이라고 한다. 요청을 처리할 때 I/O와 같이 리소스를 집중적으로 사용하는 작업의 경우 이 작업이 완료할 때까지 스레드는 차단된다. 예를 들어 데이터베이스 읽기가 필요한 경우 데이터베이스로부터 데이터를 받을 때까지 스레드는 아무 일도 하지 않고 기다린다. 대기 시간 동안 해당 요청을 처리하기 위해 스레드에 할당된 자원은 효율적으로 사용되지 못한다. 더 많은 사용자를 동시에 지원하려면 그에 따른 가용 스레드와 리소스를 충분히 가지고 있어야 한다. 결국, 이 패러다임은 애플리케이션의 확장성을 제약하고 계산 리소스를 효율적으로 사용하지 못한다. 그림 8.1은 요청당 스레드 모델이 어떻게 작동하는지 보여준다.

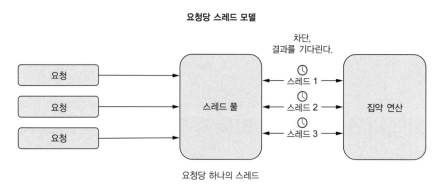

그림 8.1 **요청당 스레드 모델에서 각 요청은 전용 스레드에 의해 처리된다.**

리액티브 애플리케이션은 처음부터 확장성과 효율성을 염두에 두고 설계되었다. 리액티브 애플리케이션에서는 스레드를 특정 요청에 독점적으로 할당하지 않고 이벤트를 기반으로 비동기적으로 처리한다. 예를 들어 데이터베이스 읽기가 필요한 경우 해당 요청을 처리하는 스레드는 데이터베이스로부터 데이터를 받을 때까지 기다리지 않는다. 대신 콜백을 등록해놓고 데이터가 준비될 때마다 알림이 전송되면 그 시점에 사용 가능한 스레드 중 하나가 콜백을 실행하게 한다. 그 기간 동안 데이터베이스에 데이터를 요청했던 스레드는 다른 요청을 처리한다.

이벤트 루프event loop라고 불리는 이 패러다임은 애플리케이션의 확장성에 엄격한 제약을 가하지 않는다. 동시에 처리할 수 있는 요청의 수를 늘리기 위해서 할 수 있는 것이 스레드 수를 늘리는 것만 있는 것은 아니기 때문에 실제로 확장하기가 더 쉽다. 실제로 스프링 리액티브 애플리케이션의 기본 설정은 CPU 코어당 하나의 스레드만 사용하는 것이다. 비차단 I/O 기능과 이벤트 기반 통신 패러다임을 통해 리액티브 애플리케이션은 계산 리소스를 보다 효율적으로 활용할 수 있다. 그림 8.2는 이벤트 루프 모델이 어떻게 작동하는지 보여준다.

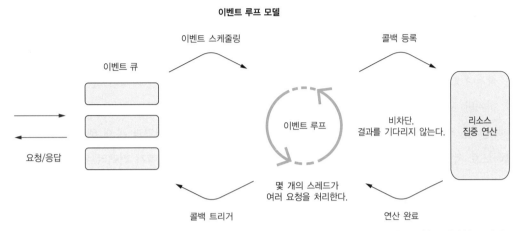

그림 8.2 **이벤트 루프 모델에서 스레드는 집중적인 작업을 기다리는 동안 차단되지 않고 다른 요청을 처리할 수 있다.**

이제 두 패러다임의 차이를 설명할 텐데 리액티브 프로그래밍의 이면에 있는 아이디어를 이해하는 데 도움이 될 것이다. 이벤트 루프의 내부 메커니즘에 대해서는 자세히 알 필요는 없는데 그렇게 낮은 층위에서 작업하거나 이벤트 루프를 구현할 필요는 없기 때문이다. 좀 더 상위 수준의 추상화를 통해 스레드 수준에서의 처리에 시간을 보내는 대신 애플리케이션의 비즈니스 로직에 집중할 수 있다.

확장성과 비용 최적화는 클라우드로 옮겨가기 위한 두 가지 중요한 이유이기 때문에 리액티브 패러다임은 클라우드 네이티브 애플리케이션에 매우 적합하다. 워크로드 증가를 지원하기 위해 애플리케이션을 확장하는 것이 까다롭지 않다. 리소스를 보다 효율적으로 사용하면 계산 리소스 사용의 비용을 절약할 수 있다. 클라우드로 이동하려는 또 다른 이유는 복원력이며 리액티브 애플리케이션은 이와 관련해서도 도움이 된다.

리액티브 애플리케이션의 필수 기능 중 하나는 **제어 흐름**control flow이라고도 하는 **비차단 배압**non-blocking backpressure이다. 즉, 데이터를 처리하는 쪽에서 수신 데이터의 양을 제어해 자신이 처리할 수 있는 것보다 더 많은 데이터를 받는 위험을 낮추는 것을 의미한다. 이렇게 하지 않으면 DoS 공격을 받거나 애플리케이션이 느려지거나 실패가 점차로 확산되고 심지어 전체 시스템이 작동을 멈출 수 있다.

차단 I/O 연산이 동시 처리 능력을 높이기 위해 더 많은 스레드를 필요로 하고 급기야는 시스템이 느려지거나 아예 응답하지 않게 될 수도 있는 문제에 대한 해결책으로 리액티브 패러다임이 제시된다. 때로는 리액티브 패러다임이 애플리케이션의 속도를 빠르게 하는 방법으로 오인되기도 한다. 하지만 리액티브는 속도가 아니라 확장성과 복원력을 높인다.

그러나 능력이 많으면 그에 따른 문제점 역시 많은 법이다. 많은 트래픽이 예상되나 컴퓨팅 리소스는 적거나 스트리밍 시나리오에서 높은 동시 처리 능력을 기대한다면 리액티브는 탁월한 선택이다. 하지만 이 패러다임의 복잡성에 대해서도 알아야 한다. 이벤트 중심 방식으로 사고 방식을 전환하는 것 외에도 리액티브 애플리케이션은 비동기 I/O로 인해 디버깅과 문제 해결이 더 어렵다. 그러므로 서둘러 애플리케이션을 리액티브로 다시 작성하기 이전에 먼저 리액티브가 정말로 필요한지 숙고하고 장단점을 모두 고려하기 바란다.

리액티브 프로그래밍은 새로운 개념이 아닌 지난 몇 년 동안 이미 사용되어 온 개념이다. 최근 자바 생태계에서 이러한 패러다임이 성공한 이유는 리액티브 스트림 사양을 구현한 프로젝트 리액터, RxJava 또는 Vert.x 등으로 인해 개발자가 메시지 기반 흐름을 설계하는 방법에 대한 기본 세부 사항을 모르더라도 높은 수준에서의 편리한 인터페이스를 통해 비동기 및 비차단 애플리케이션을 작성할 수 있었기 때문이다. 다음 절에서는 스프링이 사용하는 리액티브 프레임워크인 프로젝트 리액터를 소개한다.

8.1.2 프로젝트 리액터: 모노와 플럭스를 갖는 리액티브 스트림

리액티브 스프링은 프로젝트 리액터를 기반으로 하는데, 프로젝트 리액터는 JVM에서 비동기식 비차단 애플리케이션을 구축하기 위한 프레임워크다. 리액터는 **리액티브 스트림**Reactive Streams 사양의 여러 구현 중 하나로, 리액티브 스트림은 '비차단 배압을 사용한 비동기 스트림 처리에 대한 표준' (https://www.reactive-streams.org)을 제공한다.

개념적으로, 리액티브 스트림은 데이터 파이프라인을 만들기 위해 사용하는 **자바 Stream API**와 유사하다. 차이점이 있다면 자바 스트림은 풀pull 기반이라 명령형 방식이고 동기적으로 데이터를 처리한다. 반면 리액티브 스트림은 푸시push 기반이라 새로운 데이터가 생성되면 생성한 쪽, 즉 생산자로부터 통보를 받기 때문에 이 데이터를 사용하는 쪽인 소비자는 비동기적으로 데이터를 처리한다.

리액티브 스트림은 생산자/소비자 패러다임에 따라 작동하며 생산자는 **퍼블리셔**publisher라고도 한다. 생산자는 종국에는 어딘가에서 사용될 데이터를 생성한다. 리액터는 Mono<T> 및 Flux<T>를 제공하는데 이 두 클래스는 <T> 유형의 객체에 대한 Producer<T> 인터페이스를 구현하는 중앙 API로 비동기식, 관찰 가능한 데이터 스트림을 구성하는 데 사용할 수 있다

- Mono<T>: 비동기적인 값이 없거나 하나가 있음을 나타낸다(0..1).
- Flux<T>: 비동기적인 값이 없거나 하나 이상의 시퀀스를 나타낸다(0..N).

자바 스트림은 Optional<Customer>나 Collection<Customer> 같은 객체를 처리한다. 리액티브 스트림에는 Mono<Customer>나 Flux<Customer>가 있다. 리액티브 스트림 결과는 비어 있거나, 하나의 값 혹은 오류일 수 있고 이들 결과는 데이터로 처리된다. 생산자가 모든 데이터를 반환하면 리액티브 스트림이 성공적으로 **완료**completed되었다고 말한다.

소비자는 생산자에 구독 신청을 하고 새로운 데이터가 생성될 때마다 알림을 받기 때문에 **구독자**subscriber라고도 부른다. **구독**subscription의 일환으로 소비자는 배압을 정의하는데 생산자에게 자신이 한 번에 처리할 수 있는 데이터의 양을 알려주는 것을 의미한다. 이것은 아주 강력한 기능인데 왜냐하면 얼마나 많은 데이터를 받을지에 대한 제어를 소비자 쪽에 둠으로써 소비자가 너무 많은 데이터를 받아 처리하지 못하는 상황에 빠지는 상황을 방지할 수 있기 때문이다. 리액티브 스트림은 구독자가 있을 때만 활성화된다.

리액터의 다양한 연산자operator를 사용하면 여러 다른 소스에서 나온 데이터를 결합해 처리할 수 있는 리액티브 스트림을 만들 수 있다. 자바 스트림은 플루언트 API를 사용해 map, flatMap, filter 같은 연산자를 통해 데이터를 처리할 수 있는데 각 연산자는 이전 단계의 결과는 불가변 상태로 유지하면서 Stream 객체를 새로 만든다. 리액티브 스트림에서도 이와 유사하게 비동기적으로 받은 데이터를 처리하기 위해 플루언트 API와 연산자를 사용해 리액티브 스트림을 만들 수 있다.

자바 스트림에서 사용할 수 있는 표준 연산자 외에도 더 강력한 연산자를 사용해 배압을 적용하고 오류를 처리함으로써 애플리케이션의 복원력을 높일 수 있다. 예를 들어 retryWhen()과 timeout() 연산자를 통해 주문 서비스와 카탈로그 서비스 간의 상호작용을 더욱 견고하게 할 수 있다. 연산자는 한 퍼블리셔에 대해 작동을 수행한 뒤에 원래의 퍼블리셔를 수정하지 않고 새로운 퍼블리셔를 반환할 수 있기 때문에 기능적이고 불가변적인 데이터 스트림을 쉽게 만들 수 있다.

프로젝트 리액터는 스프링 리액티브 스택의 토대인데, Mono<T>와 Flux<T>를 사용해 비즈니스 로

직을 구현할 수 있다. 다음 절에서는 스프링으로 리액티브 애플리케이션을 구축하기 위해 사용할 수 있는 옵션을 자세히 알아보겠다.

8.1.3 스프링 리액티브 스택 이해

스프링을 사용해 애플리케이션을 만들 때 서블릿 스택과 리액티브 스택 중 하나를 선택할 수 있다. 서블릿 스택은 동기적 차단식 I/O와 요청당 스레드 모델을 사용해 요청을 처리한다. 반면에 리액티브 스택은 비동기적 비차단식 I/O와 이벤트 루프 모델을 사용해 요청을 처리한다.

서블릿 스택은 서블릿 API와 서블릿 컨테이너(톰캣과 같은)를 기반으로 한다. 반면에 리액티브 모델은 (프로젝트 리액터에 의해 구현된) 리액티브 스트림 API와 네티Netty 또는 (최소한 버전 3.1 이상의) 서블릿 컨테이너를 기반으로 한다. 두 스택 모두 (3장에서 사용한) **@RestController** 애너테이션으로 표시된 클래스를 사용하거나 라우터 함수라고도 하는 함수형 엔드포인트(이에 대해서는 9장에서 다룬다)를 사용해 RESTful 애플리케이션을 만들 수 있다. 서블릿 스택은 스프링 MVC를 사용하는 반면, 리액티브 스택은 스프링 웹플럭스Spring WebFlux를 사용한다. 그림 8.3은 두 스택을 비교해서 보여준다(좀 더 자세한 설명을 보려면 https://spring.io/reactive를 참고하기 바란다).

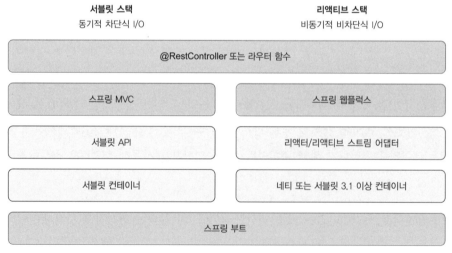

그림 8.3 서블릿 스택은 서블릿 API에 기반한 동기적 차단식 작업을 지원한다.
리액티브 스택은 프로젝트 리액터에 기반한 비동기적 비차단식 작업을 지원한다.

톰캣은 카탈로그 서비스와 같은 서블릿 기반 애플리케이션에서 기본적으로 사용하는 서버다. 네티는 리액티브 애플리케이션에서 선호되는데 최상의 성능을 제공한다.

스프링 생태계의 모든 주요 프레임워크 예를 들면 스프링 보안, 스프링 데이터 및 스프링 클라우드는 모두 리액티브 및 비리액티브 옵션을 제공한다. 전반적으로 스프링 리액티브 스택은 기저에 있는 리액티브 스트림의 세부 구현 사항을 알지 못하더라도 이미 친숙한 스프링 프로젝트를 사용해 리액티브 애플리케이션을 구축할 수 있도록 상위 계층의 인터페이스를 제공한다.

8.2 스프링 웹플럭스와 스프링 데이터 R2DBC를 갖는 리액티브 서버

지금까지 스프링 MVC 및 스프링 데이터 JDBC를 사용해 비非리액티브(또는 명령적imperative) 애플리케이션인 카탈로그 서비스에 대해 작업했다. 이번 절에서는 스프링 웹플럭스와 스프링 데이터 R2DBC를 사용해 리액티브 웹 애플리케이션(주문 서비스)을 구축하는 방법을 학습한다. 주문 서비스는 책을 구매하는 기능을 제공한다. 카탈로그 서비스와 마찬가지로 REST API를 노출하고 PostgreSQL 데이터베이스에 데이터를 저장한다. 카탈로그 서비스와 달리 리액티브 프로그래밍 패러다임을 사용해 확장성, 복원력 및 비용 효율성을 향상하고자 한다.

앞 장에서 배운 원리와 패턴이 리액티브 애플리케이션에도 적용된다는 사실을 알게 될 것이다. 주된 차이점은 명령적인 방식으로 구현했던 비즈니스 로직을 이제는 비동기적으로 처리하는 리액티브 스트림을 통해 구현한다는 점이다 .

주문 서비스는 또한 REST API를 통해 카탈로그 서비스에 연결해 도서에 대한 세부 사항을 가져오고 주문 가능 여부를 확인한다. 8.3절은 이 부분을 중점적으로 다룬다. 그림 8.4는 시스템의 새로운 구성 요소를 보여준다.

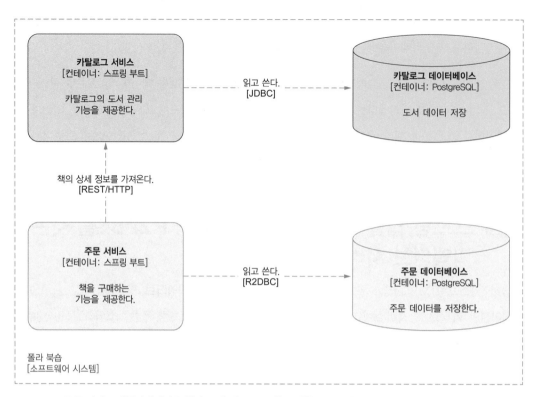

그림 8.4 주문 서비스 애플리케이션은 책의 구매 및 주문 조회를 위한 API를 제공하고 PostgreSQL 데이터베이스를 통해 데이터를 저장하며 카탈로그 서비스로부터 도서의 세부 정보를 가져온다.

3장에서 배운 것처럼 API부터 시작해보자.[2] 주문 서비스는 기존의 주문의 조회 및 새로운 주문을 위한 REST API를 노출한다. 주문은 하나의 책만 가능하고, 5부까지 주문할 수 있다. API는 표 8.1에 나와 있다.

표 8.1 주문 서비스가 노출하는 REST API 사양

엔드포인트	HTTP 메서드	요청 본문	상태	응답 본문	설명
/orders	POST	OrderRequest	200	Order	주어진 책을 수량만큼 새롭게 주문한다.
/orders	GET		200	Order[]	모든 주문을 조회한다.

이제 코드로 넘어가보자.

---

2 [옮긴이] 3.3.1절을 참고하기 바란다.

[NOTE] 앞 장에서 소개한 예제대로 따라오지 않았다면 이 책의 소스 코드 저장소[3]에서 Chapter08/08-begin을 참고해 프로젝트를 새로 만들기 바란다.

8.2.1 스프링 부트를 통한 리액티브 애플리케이션 부트스트래핑

스프링 이니셜라이저(https://start.spring.io)에서 오더 서비스 프로젝트를 초기화하고 생성된 코드를 order-service라는 이름으로 새로운 깃 저장소를 만들고 깃허브에 푸시한다. 초기화를 위해 선택할 수 있는 옵션은 그림 8.5에 나와 있다.

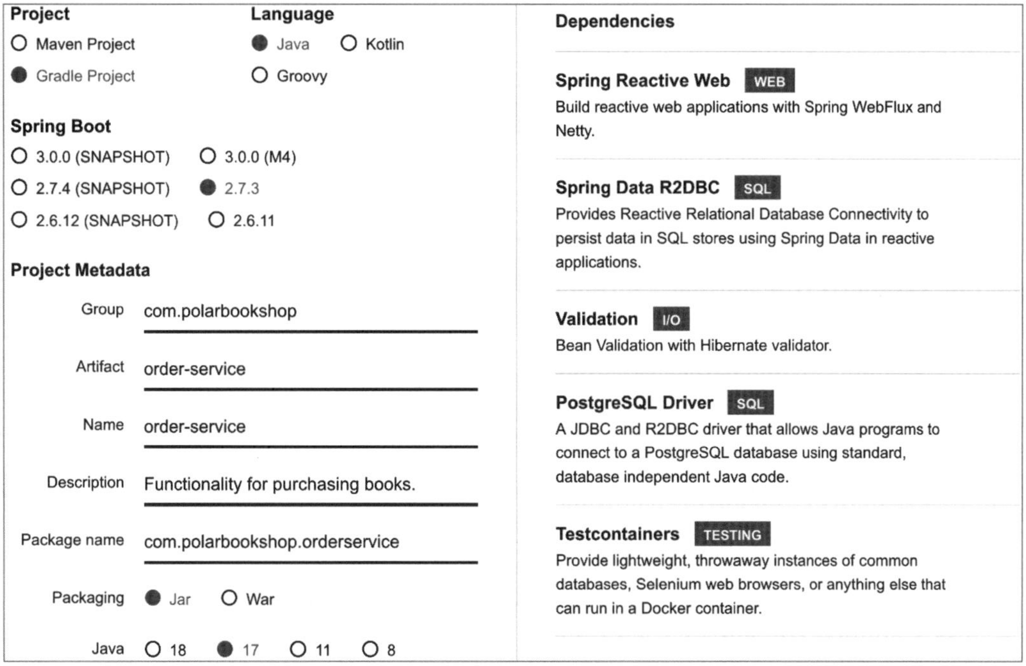

Project
- ○ Maven Project
- ● Gradle Project

Language
- ● Java ○ Kotlin
- ○ Groovy

Spring Boot
- ○ 3.0.0 (SNAPSHOT) ○ 3.0.0 (M4)
- ○ 2.7.4 (SNAPSHOT) ● 2.7.3
- ○ 2.6.12 (SNAPSHOT) ○ 2.6.11

Project Metadata
- Group com.polarbookshop
- Artifact order-service
- Name order-service
- Description Functionality for purchasing books.
- Package name com.polarbookshop.orderservice
- Packaging ● Jar ○ War
- Java ○ 18 ● 17 ○ 11 ○ 8

Dependencies

Spring Reactive Web `WEB`
Build reactive web applications with Spring WebFlux and Netty.

Spring Data R2DBC `SQL`
Provides Reactive Relational Database Connectivity to persist data in SQL stores using Spring Data in reactive applications.

Validation `I/O`
Bean Validation with Hibernate validator.

PostgreSQL Driver `SQL`
A JDBC and R2DBC driver that allows Java programs to connect to a PostgreSQL database using standard, database independent Java code.

Testcontainers `TESTING`
Provide lightweight, throwaway instances of common databases, Selenium web browsers, or anything else that can run in a Docker container.

그림 8.5 스프링 이니셜라이저에서 주문 서비스 프로젝트를 초기화할 때 선택할 옵션

[TIP] 스프링 이니셜라이저 웹사이트에서 수동으로 생성하는 것 말고도 다른 방법도 가능하다. 소스 코드 저장소에서 이 장의 시작 폴더(Chapter08/08-begin)에 있는 curl 명령을 사용하면 모든 코드를 압축해놓은 zip 파일을 다운로드할 수 있다.

자동 생성된 build.gradle 파일의 dependencies 섹션은 다음과 같다.

---

3 https://github.com/ThomasVitale/cloud-native-spring-in-action

```
dependencies {
    implementation 'org.springframework.boot:spring-boot-starter-data-r2dbc'
    implementation 'org.springframework.boot:spring-boot-starter-validation'
    implementation 'org.springframework.boot:spring-boot-starter-webflux'

    runtimeOnly 'org.postgresql:r2dbc-postgresql'

    testImplementation 'org.springframework.boot:spring-boot-starter-test'
    testImplementation 'io.projectreactor:reactor-test'
    testImplementation 'org.testcontainers:junit-jupiter'
    testImplementation 'org.testcontainers:postgresql'
    testImplementation 'org.testcontainers:r2dbc'
}
```

주된 의존성 라이브러리는 다음과 같다.

- **스프링 리액티브 웹**Spring Reactive Web(`org.springframework.boot:spring-boot-starter-webflux`): 스프링 웹플럭스를 통해 리액티브 웹 애플리케이션을 구축하기 위한 라이브러리를 제공하며 네티를 기본 임베디드 서버로 포함한다.

- **스프링 데이터 R2DBC**Reactive Relational Database Connectivity(`org.springframework.boot:spring-boot-starter-data-r2dbc`): 리액티브 애플리케이션에서 스프링 데이터를 사용해 R2DBC로 관계형 데이터베이스에 데이터를 저장하기 위해 필요한 라이브러리를 제공한다.

- **유효성 검사**Validation(`org.springframework.boot:spring-boot-starter-validation`): 자바 빈 유효성 검사 API를 사용해 객체의 유효성 검사를 할 때 필요한 라이브러리를 제공한다.

- **PostgreSQL**(`org.postgresql:r2dbc-postgresql`): 애플리케이션이 PostgreSQL 데이터베이스에 리액티브 방식으로 연결할 수 있게 해주는 R2DBC 드라이버를 제공한다.

- **스프링 부트 테스트**Spring Boot Test(`org.springframework.boot:spring-boot-starter-test`): 스프링 테스트, JUnit, 어서트J, 모키토를 포함해 애플리케이션을 테스트할 수 있는 여러 라이브러리 및 유틸리티를 제공한다. 모든 스프링 부트 프로젝트에 자동으로 포함된다.

- **리액터 테스트**Reactor Test(`io.projectreactor:reactor-test`): 프로젝트 리액터를 기반으로 작성된 리액티브 애플리케이션을 테스트하기 위한 유틸리티를 제공한다. 모든 리액티브 스프링 부트 프로젝트에 자동으로 포함된다.

- **테스트컨테이너**Testcontainer(`org.testcontainers:junit-jupiter`, `org.testcontainers:postgresql`, `org.testcontainers:r2dbc`): 경량 도커 컨테이너를 사용해 애플리케이션을 테스트하기 위해 필요한 라이브러리를 제공한다. 특히 R2DBC 드라이버를 지원하는 PostgreSQL용

테스트컨테이너를 제공한다.

스프링 부트의 리액티브 애플리케이션을 위한 기본 및 권장 임베디드 서버는 리액터 네티~Reactor Netty~인데, 프로젝트 리액터 내에서 리액티브 기능을 제공하기 위해 네티를 기반으로 구축된 서버다. 설정 파일이나 `WebServerFactoryCustomizer<NettyReactiveWebServerFactory>` 구성 요소를 통해 설정할 수 있다. 첫 번째 방법을 사용해보자.

먼저 스프링 이니셜라이저가 만든 application.properties 파일을 application.yml로 바꾸고, `spring.application.name` 속성에 애플리케이션 이름을 정의해보자. 톰캣에서와 마찬가지로 서버 포트를 `server.port` 속성을 통해 정의하고 `server.shutdown`을 통해 우아한 종료, `spring.lifecycle.timeout-per-shutdown-phase`로 우아한 종료 기간을 설정할 수 있다. 네티의 특정 속성을 통해 서버 작동을 추가로 사용자 정의할 수 있다. 예를 들어, `server.netty.connection-timeout` 및 `server.netty.idle-timeout` 속성을 통해 연결 및 유휴 시간 타임아웃을 정의할 수 있다.

예제 8.1 **네티 서버 및 우아한 종료 설정**

```yaml
server:
  port: 9002       ◀─┤ 서버가 연결을 받아들이는 포트
  shutdown: graceful  ◀─┤ 우아한 종료를 활성화
  netty:
    connection-timeout: 2s  ◀─┤ 서버와 TCP 연결을 수립하기 위해 기다리는 시간
    idle-timeout: 15s       ◀─┤ 데이터가 전송되지 않는 경우 TCP 연결을 닫기 전에 기다리는 시간

spring:
  application:
    name: order-service
  lifecycle:
    timeout-per-shutdown-phase: 15s  ◀─┤ 15초 간의 우아한 종료 기간을 정의
```

이와 같은 기초적인 설정을 했으니 이제 도메인 엔티티와 지속성을 정의해보자.

8.2.2 스프링 데이터 R2DBC를 사용한 리액티브 데이터 지속성

5장에서 스프링 부트 애플리케이션과 데이터베이스 간의 상호작용에 데이터베이스 드라이버, 엔티티, 리포지터리가 관여한다는 것을 배웠다. 스프링 데이터 JDBC에서 배운 것과 동일한 개념이 스프링 데이터 R2DBC에도 적용된다. 스프링 데이터는 일반적인 추상화와 패턴을 제공하므로 다른 모듈을 살펴보기가 쉽다.

카탈로그 서비스와 비교할 때 주문 서비스의 주된 차이점은 데이터베이스 드라이버 유형이다. 자바 애플리케이션에서는 관계형 데이터베이스와 통신하기 위한 드라이버로 보통 JDBC를 사용하지만 JDBC는 리액티브 프로그래밍을 지원하지 않는다. 관계형 데이터베이스에 대한 리액티브 방식의 액세스를 제공하려는 시도가 몇 가지 있었다. 그중에서 피버틀(현재는 VM웨어 탄주)이 시작한 R2DBC가 가장 잘 알려져 있고 폭넓게 지원되고 있다. R2DBC 드라이버는 PostgreSQL, 마리아DB, MySQL, SQL 서버 및 오라클 DB와 같은 모든 주요 데이터베이스를 지원한다. 스프링 데이터 R2DBC를 사용하는 스프링 부트와 테스트컨테이너 같은 프로젝트는 클라이언트도 제공한다.

이번 절에서는 스프링 데이터 R2DBC 및 PostgreSQL을 사용해 주문 서비스에 대한 도메인 엔티티 및 지속성 계층을 정의해본다. 이제 시작해보자.

1 주문 서비스에 대한 PostgreSQL 데이터베이스 실행

우선 데이터베이스가 필요하다. 애플리케이션이 느슨하게 결합되도록 **서비스당 데이터베이스** database-per-service 접근법을 채택한다. 카탈로그 서비스와 주문 서비스에 대한 데이터베이스를 각각 따로 가지고 있기로 결정하면 실제 스토리지에 대한 선택을 해야 하는데 두 가지가 가능하다. 두 데이터베이스 모두에 대해 동일한 데이터베이스 서버를 사용하거나 두 개의 서로 다른 데이터베이스 서버를 사용할 수 있다. 편의상 5장에서 설정한 PostgreSQL 서버를 사용해 카탈로그 서비스를 위한 `polardb_catalog` 데이터베이스와 오더 서비스를 위한 새로운 `polardb_order` 데이터베이스를 모두 같은 서버에서 관리한다.

`polar-deployment` 저장소로 이동하여 docker/postgresql 폴더를 새로 만든다. 그런 다음 이 폴더에 init.sql 파일을 새로 추가한다. 이 파일은 시작 단계에서 PostgreSQL이 실행할 초기화 스크립트다.

예제 8.2 **두 개의 데이터베이스를 갖도록 PostgreSQL 서버를 초기화**

```
CREATE DATABASE polardb_catalog;
CREATE DATABASE polardb_order;
```

그런 다음 docker-compose.yml 파일을 열고 초기화 스크립트를 로드하도록 PostgreSQL 컨테이너 정의를 수정한다. 이제 데이터베이스 생성은 스크립트를 통해 하기 때문에 `POSTGRES_DB` 환경 변수는 삭제해야 한다. 최종 결과를 확인하려면 책의 소스 코드 저장소에서 Chapter08/08-end/polar-deployment/docker를 참고하기 바란다.

예제 8.3 **SQL 스크립트를 사용한 PostgreSQL 서버 초기화**

```yaml
version: "3.8"
services:
  ...
  polar-postgres:
    image: "postgres:14.4"
    container_name: "polar-postgres"
    ports:
      - 5432:5432
    environment:                          ◀─── POSTGRES_DB 환경 변수에 대해
      - POSTGRES_USER=user                       더 이상 값이 정의되지 않는다.
      - POSTGRES_PASSWORD=password
    volumes:        ◀───                  초기화 SQL 스크립트를
                                          컨테이너에 볼륨으로 마운트한다.
      - ./postgresql/init.sql:/docker-entrypoint-initdb.d/init.sql
```

마지막으로 새로운 설정을 기반으로 한 PostgreSQL 컨테이너를 새로 시작해보자. 터미널 창을 열고 docker-compose.yml 파일을 정의한 폴더로 이동한 후에 다음과 같은 명령을 실행한다.

```
$ docker-compose up -d polar-postgres
```

이 장의 나머지 부분에서는 데이터베이스가 실행 중이라고 가정할 것이다.

2 R2DBC를 사용한 데이터베이스 연결

스프링 부트에서는 spring.r2dbc 속성을 통해 리액티브 애플리케이션이 관계형 데이터베이스를 사용할 수 있도록 설정한다. 주문 서비스 프로젝트에 대한 application.yml 파일을 열고 PostgreSQL과의 연결을 설정해보자. 연결 풀링은 기본 설정으로 활성화되어 있으며, 5장의 JDBC에 대해 설정했던 것처럼 연결 제한 시간과 연결 풀의 크기를 추가로 설정할 수 있다. 리액티브 애플리케이션이기 때문에 JDBC를 사용할 때보다 연결 풀의 크기를 작게 해도 된다. 애플리케이션이 정상적인 상황에서 실행할 때 모니터링한 후에 값을 재조정해도 된다.

예제 8.4 **R2DBC에 대한 데이터베이스 설정**

```yaml
spring:
  r2dbc:
    username: user         ◀─── 해당 데이터베이스에 접근 권한이 있는 유저
    password: password     ◀─── 유저의 패스워드
    url: r2dbc:postgresql://localhost:5432/polardb_order  ◀───
                                                        연결하려는 데이터베이스에 대한
                                                        R2DBC URL
    pool:
      max-create-connection-time: 2s   ◀───
                                       풀에서 연결 객체 하나를 얻을 때까지
                                       기다릴 수 있는 최대한의 시간
```

```
    initial-size: 5 ◀───┤ 연결 풀의 초기 크기
    max-size: 10 ◀──
                     ┤ 풀이 최대한으로
                       가질 수 있는 연결의 수
```

이제 R2DBC 드라이버로 리액티브 스프링 부트 애플리케이션을 PostgreSQL 데이터베이스에 연결하기 위한 설정을 했으니 저장할 데이터를 정의해보자.

3 지속성 엔티티 정의

주문 서비스 애플리케이션은 주문을 새로 하고 기존 주문을 조회할 수 있는 기능을 제공한다. 주문은 **도메인 엔티티**domain entity다. 비즈니스 로직을 위해 com.polarbookshop.orderservice. order.domain 패키지를 새로 추가하고 카탈로그 서비스에서 Book을 정의한 것과 마찬가지로 도메인 엔티티를 나타내는 Order 자바 레코드를 만들자.

5장과 동일하게 @Id 애너테이션으로 데이터베이스의 기본 키를 나타내는 필드를 표시하고 @Version을 통해 동시 업데이트 처리와 낙관적인 잠금에 필수적인 버전 번호를 제공한다. 또한 @CreatedDate 및 @LastModifiedDate 애너테이션을 감사 메타데이터를 위한 필드에 추가할 수 있다.

엔티티와 관계형 테이블의 매핑 전략은 자바 객체 이름을 소문자로 변환하는 것으로 기본 설정되어 있다. 우리의 예에서 스프링 데이터는 Order 레코드를 order 테이블로 매핑한다. 문제는 order가 SQL에서 예약어라는 점이다. 예약어를 테이블의 이름으로 사용하는 것은 권장하지 않는데 번거로운 처리가 많이 필요하기 때문이다. 이 문제는 테이블 이름을 orders로 하고 (org. springframework.data.relational.core.mapping 패키지의) @Table 애너테이션에서 객체 관계 매핑을 설정하면 해결할 수 있다.

예제 8.5 **Order 레코드는 도메인 및 지속성 엔티티를 정의한다.**

```
package com.polarbookshop.orderservice.order.domain;

import java.time.Instant;
import org.springframework.data.annotation.CreatedDate;
import org.springframework.data.annotation.Id;
import org.springframework.data.annotation.LastModifiedDate;
import org.springframework.data.annotation.Version;
import org.springframework.data.relational.core.mapping.Table;

@Table("orders") ◀───┤ Order 객체와 order 테이블 사이의 매핑 설정
public record Order (
```

```
  @Id
  Long id,     ◄──┤ 엔티티의 기본 키

  String bookIsbn,
  String bookName,
  Double bookPrice,
  Integer quantity,
  OrderStatus status,

  @CreatedDate
  Instant createdDate,     ◄──┤ 엔티티가 생성된 시기

  @LastModifiedDate
  Instant lastModifiedDate,     ◄──┤ 엔티티가 최종 수정된 시기

  @Version
  int version     ◄──┤ 엔티티의 버전 번호
){
  public static Order of(
    String bookIsbn, String bookName, Double bookPrice,
    Integer quantity, OrderStatus status
  ) {
    return new Order(
      null, bookIsbn, bookName, bookPrice, quantity, status, null, null, 0
    );
  }
}
```

주문은 여러 단계를 거칠 수 있다. 요청한 책이 카탈로그에 있고 주문이 가능한 상태면 주문 요청은 **접수**accepted되고 그렇지 않으면 **거부**rejected된다. 접수된 주문은 이후에 **배송**dispatched 상태로 변경될 수 있는데 이에 대해서는 10장에서 살펴본다. 이 세 가지 상태를 com.polarbookshop.orderservice.order.domain 패키지의 OrderStatus 열거형을 통해 정의할 수 있다.

예제 8.6 주문의 상태를 나타내기 위한 열거형

```
package com.polarbookshop.orderservice.order.domain;

public enum OrderStatus {
  ACCEPTED,
  REJECTED,
  DISPATCHED
}
```

R2DBC 감사 기능은 @EnableR2dbcAuditing 애너테이션으로 표시된 설정 클래스를 통해 활성화할 수 있다. com.polarbookshop.orderservice.config 패키지를 새로 만들고 여기에 DataConfig 클래스를 생성해 감사를 활성화한다.

예제 8.7 애너테이션 설정을 사용한 R2DBC 감사 활성화

```
package com.polarbookshop.orderservice.config;

import org.springframework.context.annotation.Configuration;
import org.springframework.data.r2dbc.config.EnableR2dbcAuditing;

@Configuration      ◄──── 이 클래스가 스프링 설정을 위한
@EnableR2dbcAuditing       클래스임을 나타낸다.
public class DataConfig {}  ◄──── 지속성 엔티티에 대한
                                 R2DBC 감사를 활성화한다.
```

지속성 데이터를 정의했으니 이제 어떻게 액세스할 수 있을지 논의해보자.

④ 리액티브 리포지터리 사용

스프링 데이터는 R2DBC를 포함해 프로젝트의 모든 모듈에 대해 **리포지터리 추상화**repository abstraction를 제공한다. 5장에서 했던 것과 다른 점은 리액티브 리포지터리를 사용한다는 점이다.

com.polarbookshop.orderservice.order.domain 패키지에 ReactiveCrudRepository를 확장하는 OrderRepository 인터페이스를 새로 만들어보자. ReactiveCrudRepository 인터페이스는 처리할 데이터 유형을 Order로, @Id 애너테이션 필드의 데이터 유형을 Long으로 지정한다.

예제 8.8 주문 데이터를 액세스하기 위한 리포지터리 인터페이스

```
package com.polarbookshop.orderservice.order.domain;

import org.springframework.data.repository.reactive.ReactiveCrudRepository;

public interface OrderRepository
  extends ReactiveCrudRepository<Order,Long> {}  ◄──── CRUD 연산을 제공하는 리액티브 리포지터리가
                                                      관리할 엔티티의 유형(Order)과 해당 엔티티의
                                                      기본 키 유형(Long)을 지정하고 확장한다.
```

주문 서비스 애플리케이션의 기능을 위해서는 ReactiveCrudRepository에서 제공하는 CRUD 연산만으로 충분하기 때문에 사용자 정의 메서드를 따로 추가할 필요는 없다. 하지만 데이터베이스에 orders 테이블이 아직 없기 때문에 플라이웨이를 통해 테이블을 생성해야 한다.

5 플라이웨이를 사용한 데이터베이스 스키마 관리

스프링 데이터 R2DBC는 스프링 데이터 JDBC와 마찬가지로 schema.sql 및 data.sql 파일을 통해 데이터 소스를 초기화하는 것을 지원한다. 5장에서 배운 것처럼 이 기능은 데모와 실험에는 편리하지만, 프로덕션 환경을 위해 명시적으로 스키마를 관리하는 것이 더 바람직하다.

카탈로그 서비스의 경우 플라이웨이를 사용해 데이터베이스 스키마를 만들고 변경했는데 주문 서비스에 대해서도 동일한 작업을 수행할 수 있다. 하지만 플라이웨이는 아직 R2DBC를 지원하지 않기 때문에 데이터베이스와 통신하기 위해서는 JDBC 드라이버를 사용해야 한다. 플라이웨이 마이그레이션은 애플리케이션이 시작할 때, 단일 스레드로 실행되기 때문에 마이그레이션에 대해서만 리액티브가 아닌 방식으로 데이터베이스와 통신하더라도 전체 애플리케이션의 확장성과 효율성에 영향을 미치지 않는다.

주문 서비스 프로젝트의 build.gradle 파일에서 플라이웨이, PostgreSQL JDBC 드라이버 및 Spring JDBC 의존성을 추가해보자. 의존성을 변경한 후에는 그래들 의존성을 새로고침하거나 다시 임포트한다.

예제 8.9 **주문 서비스에 플라이웨이 및 JDBC 의존성 추가**

```
dependencies {
  ...
  runtimeOnly 'org.flywaydb:flyway-core'   ◀── 마이그레이션을 통해
  runtimeOnly 'org.postgresql:postgresql'  ◀──  데이터베이스 버전 관리할 수 있는 기능 제공
▸ runtimeOnly 'org.springframework:spring-jdbc'
}                                              애플리케이션이 PostgreSQL 데이터베이스에
                                               연결할 수 있게 해주는 JDBC 드라이버
  JDBC API와 스프링의 통합을 제공한다.
  스프링 프레임워크의 일부로
  스프링 데이터 JDBC와 혼동하지 말아야 한다.
```

그런 다음 SQL 스크립트 작성을 위해 src/main/resources/db/migration 폴더에 V1__Initial_schema.sql 파일을 새로 만들고 orders 테이블을 생성한다. 파일명에서 버전 번호 뒤에 밑줄이 하나가 아닌 두 개인 점을 유의하기 바란다.

예제 8.10 **스키마 초기화를 위한 플라이웨이 마이그레이션 스크립트**

```
CREATE TABLE orders (   ◀──  orders 테이블 정의
  id                    BIGSERIAL PRIMARY KEY NOT NULL,  ◀── id 컬럼을 기본 키로 선언
  book_isbn             varchar(255) NOT NULL,
  book_name             varchar(255),
```

```
    book_price             float8,
    quantity               int NOT NULL,
    status                 varchar(255) NOT NULL,
    created_date           timestamp NOT NULL,
    last_modified_date     timestamp NOT NULL,
    version                integer NOT NULL
);
```

마지막으로 application.yml 파일을 열고 스프링 데이터 R2DBC가 관리하는 데이터베이스와 동일한 데이터베이스를 플라이웨이가 JDBC 드라이버를 통해 연결하도록 설정해보자.

예제 8.11 **JDBC를 사용한 플라이웨이 통합 설정**

```
spring:
  r2dbc:
    username: user
    password: password
    url: r2dbc:postgresql://localhost:5432/polardb_order
    pool:
      max-create-connection-time: 2s
      initial-size: 5                          R2DBC에 대해
      max-size: 10                             설정한 값과 같은 유저명 사용
  flyway:
    user: ${spring.r2dbc.username} ◄           R2DBC에 대해
                                               설정한 값과 같은 패스워드 사용
    password: ${spring.r2dbc.password} ◄
    url: jdbc:postgresql://localhost:5432/polardb_order ◄
                                R2DBC에 대해 설정한 데이터베이스와 같은
                        데이터베이스를 연결하기 위해 JDBC 드라이버 사용
```

리액티브 애플리케이션에서 도메인 객체를 정의하고 지속성 계층을 추가하는 것이 명령형 애플리케이션과 유사하다는 것을 알아차렸을 것이다. 주된 차이점은 JDBC 대신 R2DBC 드라이버를 사용하고(적어도 플라이웨이가 R2DBC를 지원할 때까지는) 플라이웨이 설정을 별도로 해야 한다는 점이다(https://github.com/flyway/flyway/issues/2502).

다음 절에서는 모노와 플럭스를 사용해 비즈니스 로직을 구현하는 방법을 살펴보겠다.

8.2.3 리액티브 스트림을 이용한 비즈니스 로직 구현

스프링 리액티브 스택을 사용하면 비동기식 비차단 애플리케이션을 쉽게 작성할 수 있다. 앞 절에서 스프링 데이터 R2DBC를 사용했지만 그 이면에 있는 리액티브 문제에 대해 신경 쓸 필요가 없

었다. 이것은 일반적으로 스프링의 다른 모든 리액티브 모듈에도 해당한다. 프레임워크가 모든 복잡하고 어려운 부분을 처리해주면 개발자는 익숙하고 단순하며 생산적인 방법을 사용해 리액티브 애플리케이션을 구축만 하면 된다.

기본 설정상 스프링 웹플럭스는 모든 것이 리액티브로 작동한다고 가정한다. 이 가정이 의미하는 바는 프레임워크를 사용해 작업할 때 Mono<T>, Flux<T>와 같은 Publisher<T>를 프레임워크와 주고 받는다는 것이다. 예를 들어 이전에 만들었던 OrderRepository는 비 리액티브에서 하듯이 Optional<Order>와 Collection<Order>를 반환하지 않고 Mono<Order>와 Flux<Order> 객체를 통해 오더에 액세스한다. 실제로 어떻게 작동하는지 확인해보자.

com.polarbookshop.orderservice.order.domain 패키지에 OrderService 클래스를 새로 만든다. 우선 리포지터리를 통해 주문 데이터를 읽어오는 논리를 구현한다. 여러 개의 주문이 반환될 수 있다면 0개 이상의 주문에 대한 비동기 시퀀스를 나타내는 Flux<Order> 객체를 사용할 수 있다.

예제 8.12 **리액티브 스트림을 사용한 주문 정보 가져오기**

```
package com.polarbookshop.orderservice.order.domain;

import reactor.core.publisher.Flux;
import org.springframework.stereotype.Service;

@Service          ◀──────  이 클래스가 스프링에 의해 관리되는 서비스임을 표시하는
public class OrderService {          스테레오타입 애너테이션
  private final OrderRepository orderRepository;

  public OrderService(OrderRepository orderRepository) {
    this.orderRepository = orderRepository;
  }

  public Flux<Order> getAllOrders() {   ◀──  플럭스는 여러 개의 주문을 위해
    return orderRepository.findAll();          사용된다(0..N).
  }
}
```

다음으로는 주문을 새로 생성하는 메서드가 필요하다. 카탈로그 서비스와 통합이 이루어질 때까지는 기본적으로 요청된 주문을 무조건 거부하도록 만들 것이다. OrderRepository는 ReactiveCrudRepository에서 제공하는 save() 메서드를 노출한다. OrderRepository는 이 save() 메서드에서 주문을 데이터베이스에 저장하는데, 그렇게 하려면 먼저 리액티브 스트림을 만들어 Mono<Order> 유형의 객체를 전달해야 한다.

주문할 책의 ISBN과 부수가 주어지면 자바 스트림에서 `Stream.of()`로 `Stream` 객체를 만드는 것과 같은 방식으로 `Mono.just()`로 `Mono` 객체를 만든다. 차이가 있다면 리액티브는 다르게 작동한다는 점이다.

모노 객체를 사용해 리액티브 스트림을 만들고 `flatMap()` 연산자를 통해 데이터를 `OrderRepository`에 전달할 수 있다. 다음과 같은 코드를 `OrderService` 클래스에 추가해 비즈니스 로직의 구현을 완료한다.

예제 8.13 **주문 요청을 거부 상태로 저장**

```
...
public Mono<Order> submitOrder(String isbn, int quantity) {          주문 객체를 가지고
  return Mono.just(buildRejectedOrder(isbn, quantity))               모노를 생성한다.
    .flatMap(orderRepository::save);
}                                                        리액티브 스트림의 앞 단계에서 비동기적으로 생성된
                                                         주문 객체를 데이터베이스에 저장한다.

public static Order buildRejectedOrder(                  주문이 거부되면 ISBN, 수량, 상태만 지정한다.
  String bookIsbn, int quantity                          스프링 데이터가 식별자, 버전, 감사 메타데이터를
) {                                                      알아서 처리해준다.
  return Order.of(bookIsbn, null, null, quantity, OrderStatus.REJECTED);
}
...
```

map 대 flatMap

리액터를 사용할 때, `map()`과 `flatMap()` 연산자 중 어떤 것을 선택해야 할지 혼동된다. 두 연산자 모두 리액티브 스트림(Mono<T>나 Flux<T>)을 반환한다. 하지만 `map()`은 두 개의 표준 자바 유형 사이를 매핑하는 반면 `flatMap()`은 자바 유형을 리액티브 스트림으로 매핑한다. 앞의 예제 8.13에서 `OrderRepository`의 `save()` 메서드는 Order 유형의 객체를 인수로 받아 Mono<Order>를 반환한다. `map()` 연산자는 대상 유형이 리액티브 스트림이라고 예상하지 않기 때문에 예제 코드에서 `flatMap()` 연산자 대신 `map()` 연산자를 사용하면, 대상 객체를 리액티브 스트림으로 한 번 더 감싸고 그 결과 Mono<Mono<Order>> 객체를 반환한다. 반면 `flatMap()` 연산자는 대상 유형이 리액티브 스트림이라고 예상하기 때문에 `OrderRepository`가 생성한 퍼블리셔를 처리하는 방법을 알고 있고 그 결과 Mono<Order> 객체를 올바르게 반환한다.

다음 절에서는 주문을 생성하고 조회하는 API를 노출함으로써 주문 서비스의 기본적인 구현을 완료한다.

스프링 웹플럭스로 REST API 노출

스프링 웹플럭스 애플리케이션에서 RESTful 엔드포인트를 정의하기 위해서는 `@RestController` 클래스를 사용하거나 함수적 빈functional bean(즉, 라우터 함수)을 사용한다. 주문 서비스 애플리케이션의 경우 첫 번째 방법을 사용한다. 3장과는 다르게, 메서드 핸들러는 리액티브 객체를 반환한다.

GET 엔드포인트의 경우, 앞에서 정의한 `Order` 도메인 엔티티를 사용해 `Flux<Order>` 객체를 반환할 수 있다. 새로 주문하려면 사용자는 원하는 책의 ISBN과 수량을 제공해야 한다. 이 두 가지 정보는 데이터 전송 객체(DTO)인 `OrderRequest` 레코드로 모델링할 수 있다. 또한 3장에서 배운 대로 요청 데이터를 검증하는 것은 좋은 관행이다.

`com.polarbookshop.orderservice.order.web`이라는 이름의 패키지를 새로 만들고 제출된 주문 정보를 담기 위한 `OrderRequest` 레코드를 정의해보자.

예제 8.14 **유효성 검증 제약 조건이 정의된 OrderRequest DTO 클래스**

```
package com.polarbookshop.orderservice.order.web;

import javax.validation.constraints.*;

public record OrderRequest (

    @NotBlank(message = "The book ISBN must be defined.")
    String isbn,        ◀ ─ ─  널 값을 가질 수 없고 최소한
                              화이트 스페이스가 아닌 문자를
                              하나 이상 가져야 한다.
    @NotNull(message = "The book quantity must be defined.")
    @Min(value = 1, message = "You must order at least 1 item.")
    @Max(value = 5, message = "You cannot order more than 5 items.")
    Integer quantity    ◀ ─ ─  널 값을 가질 수 없고
){}                           1부터 5 사이의 값을 가져야 한다.
```

동일한 패키지에서 `OrderController` 클래스를 만들어 주문 서비스 애플리케이션이 노출할 두 개의 RESTful 엔드포인트를 정의해보자. `OrderRequest` 객체에 대한 유효성 검사 제약 조건을 정의했기 때문에 이미 익숙한 `@Valid` 애너테이션을 사용하면 메서드가 호출될 때마다 유효성 검사를 수행할 수 있다.

예제 8.15 **REST 요청을 처리할 핸들러 정의**

```
package com.polarbookshop.orderservice.order.web;

import javax.validation.Valid;
import com.polarbookshop.orderservice.order.domain.Order;
import com.polarbookshop.orderservice.order.domain.OrderService;
import reactor.core.publisher.Flux;
import reactor.core.publisher.Mono;
import org.springframework.web.bind.annotation.*;

@RestController
@RequestMapping("orders")
public class OrderController {
  private final OrderService orderService;

  public OrderController(OrderService orderService) {
    this.orderService = orderService;
  }

  @GetMapping
  public Flux<Order> getAllOrders() {
    return orderService.getAllOrders();
  }

  @PostMapping
  public Mono<Order> submitOrder(
    @RequestBody @Valid OrderRequest orderRequest
  ) {
    return orderService.submitOrder(
      orderRequest.isbn(), orderRequest.quantity()
    );
  }
}
```

클래스가 스프링 컴포넌트임을 표시하는
스테레오타입 애너테이션.
REST 엔드포인트에 대한 핸들러가 정의되는
클래스임을 나타낸다.

클래스가 핸들러를 제공하는
URI의 루트 패스(/orders)를 식별한다.

Flux는 여러 개의
객체를 위해 사용된다.

OrderRequest 객체를 받아서
유효성 검증을 하고 주문을 생성한다.
생성한 주문은 모노로 반환한다.

이 REST 컨트롤러 클래스로 주문 서비스 애플리케이션의 기본적인 구현이 완료되었다. 이제 엔드
포인트가 작동하는지 확인해보자. 먼저 이전에 만든 PostgreSQL 컨테이너가 계속 실행되고 있는
지 확인한다. 그런 다음 터미널 창을 열고 주문 서비스 프로젝트의 루트 폴더로 이동해 애플리케이
션을 실행해보자.

```
$ ./gradlew bootRun
```

주문을 제출해 API를 테스트해보자. 애플리케이션은 주문을 거부된 상태로 저장한 후에 클라이언

트에 200 응답을 반환할 것이다.

```
$ http POST :9002/orders isbn=1234567890 quantity=3

HTTP/1.1 200 OK
{
  "bookIsbn": "1234567890",
  "bookName": null,
  "bookPrice": null,
  "createdDate": "2022-06-06T09:40:58.374348Z",
  "id": 1,
  "lastModifiedDate": "2022-06-06T09:40:58.374348Z",
  "quantity": 3,
  "status": "REJECTED",
  "version": 1
}
```

주문을 성공적으로 제출하려면 주문 서비스가 카탈로그 서비스를 통해 주문 가능 여부를 확인하고 주문 처리에 필요한 정보를 가져와야 한다. 다음 절에서 이 부분을 살펴보겠다. 진행하기 전에 Ctrl+C를 눌러 애플리케이션을 중지한다.

8.3 스프링 웹 클라이언트를 사용한 리액티브 클라이언트

클라우드 네이티브 시스템에서 애플리케이션은 여러 가지 다른 방식으로 상호작용한다. 이번 절에서는 주문 서비스와 카탈로그 서비스 사이에서 HTTP를 사용해 이루어지는 요청/응답 상호작용을 설명한다. 이러한 종류의 상호작용에서 요청을 하는 클라이언트는 응답을 받을 것으로 예상한다. 명령형 애플리케이션에서는 응답을 받을 때까지 스레드가 차단된다. 반면에 리액티브 애플리케이션에서는 스레드가 응답을 기다리지 않기 때문에 다른 작업을 위해 리소스를 효율적으로 사용할 수 있다.

스프링 프레임워크는 HTTP 요청을 수행하기 위한 클라이언트가 번들로 제공되는데 RestTemplate과 WebClient다. RestTemplate는 템플릿 메서드 API를 기반으로 차단 방식의 HTTP 요청/응답 상호작용을 위해 원래부터 제공된 스프링 REST 클라이언트다. 스프링 프레임워크 5.0 이후로는 유지 보수 모드에 있고 실질적으로는 중단된 상태라고 할 수 있다. 물론 지금도 여전히 사용되고 있지만, 향후 릴리스에서 새로운 기능을 갖지는 않을 것이다.

WebClient는 RestTemplate의 대안으로 최근에 나왔다. 차단 및 비차단 I/O를 제공하므로 명령형 및 리액티브 애플리케이션 양쪽에서 사용 가능하다. 함수형 플루언트 API를 통해 HTTP 상호작용의 모든 측면을 설정하고 작동할 수 있다.

이번 절에서는 WebClient를 사용해 비차단 요청/응답 상호작용을 설정하는 방법에 대해 알아본다. 또한 리액터 연산자인 timeout(), retryWhen(), onError()를 통해 시간 초과, 재시도 및 장애 복구와 같은 패턴을 활용함으로써 애플리케이션의 복원력을 향상하는 방법을 살펴보기로 한다.

8.3.1 스프링에서 서비스 간 통신

15요소 방법론에 따라 모든 지원 서비스는 자원 바인딩을 통해 애플리케이션에 연결되어야 한다. 데이터베이스의 경우 크리덴셜 및 URL을 스프링 부트의 설정 속성을 통해 지정한다. 지원 서비스가 다른 애플리케이션인 경우에도 이와 비슷하게 URL을 제공해야 한다. 외부화된 설정 원칙에 따라 URL은 하드 코딩된 값이 아니라 설정 가능해야 한다. 4장에서 이미 살펴본 대로 스프링에서는 @ConfigurationProperties 빈을 통해 설정 값을 액세스할 수 있다.

주문 서비스 프로젝트에서 com.polarbookshop.orderservice.config 패키지에 ClientProperties 레코드를 추가해보자. 여기서 사용자 정의 속성인 polar.catalog-service-uri를 통해 카탈로그 서비스를 호출하는 URI를 설정한다.

예제 8.16 **카탈로그 서비스 URI에 대한 사용자 지정 속성 정의**

```
package com.polarbookshop.orderservice.config;

import java.net.URI;
import javax.validation.constraints.NotNull;
import org.springframework.boot.context.properties.ConfigurationProperties;

@ConfigurationProperties(prefix = "polar")  ◀──── 사용자 지정 속성 이름의 프리픽스
public record ClientProperties(

    @NotNull
    URI catalogServiceUri  ◀──┤ 카탈로그 서비스의 URI를 지정하는 속성.
                              │ 널 값을 가질 수 없다.
){}
```

NOTE IDE에서 자동 완성 및 타입 유효성 검사를 받으려면 4장에서 했던 것처럼 build.gradle 파일에서 scope 속성을 annotationProcessor로 지정하고 org.springframework.boot:spring-boot-configuration-processor 의존

성을 추가해야 한다. 이 책의 소스 코드 저장소에서 Chapter08/08-end/order-service/build.gradle 파일을 통해 최종 결과를 확인할 수 있다.[4]

그런 다음 @ConfigurationPropertiesScan 애너테이션을 사용해 OrderServiceApplication 클래스에서 사용자 지정 설정 속성을 활성화한다.

예제 8.17 **사용자 지정 설정 속성 활성화**

```
package com.polarbookshop.orderservice;

import org.springframework.boot.SpringApplication;
import org.springframework.boot.autoconfigure.SpringBootApplication;
import org.springframework.boot.context.properties.ConfigurationPropertiesScan;

@SpringBootApplication
@ConfigurationPropertiesScan     ←  스프링 콘텍스트에
                                     설정 데이터 빈을 로드한다.
public class OrderServiceApplication {
  public static void main(String[] args) {
    SpringApplication.run(OrderServiceApplication.class, args);
  }
}
```

마지막으로 application.yml 파일에 새 속성 값을 추가해보자. 기본 설정 값으로 로컬 환경에서 실행 중인 카탈로그 서비스 인스턴스의 URI를 사용할 수 있다.

예제 8.18 **카탈로그 서비스의 URI 설정**

```
...
polar:
  catalog-service-uri: "http://localhost:9001"
```

NOTE 도커 컴포즈 또는 쿠버네티스로 시스템을 배포할 때는 도커나 쿠버네티스에서 제공하는 서비스 검색 기능을 활용해 환경 변수를 통해 카탈로그 서비스의 URI 속성 값을 재정의할 수 있다.

다음 절에서는 주문 서비스에서 이 속성의 설정 값을 사용해 카탈로그 서비스를 호출해볼 것이다.

---

4   https://github.com/ThomasVitale/cloud-native-spring-in-action

데이터 교환 방법에 대한 이해

사용자가 특정 도서를 주문할 때마다 주문 서비스는 카탈로그 서비스를 호출해 주문 가능한 상태인지 확인하고 제목, 저자, 가격과 같은 세부 사항을 가져와야 한다. 이 두 서비스 간의 상호작용 (HTTP 요청/응답)은 그림 8.6에 설명되어 있다.

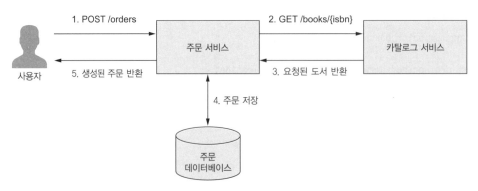

그림 8.6 **주문이 제출되면 주문 서비스는 HTTP를 통해 카탈로그 서비스를 호출해 책이 주문 가능한 상태인지 확인하고 도서 세부 정보를 가져온다.**

주문 요청은 도서의 ISBN을 통해 이루어진다. 주문 서비스는 주문을 올바르게 처리하기 위해 도서의 ISBN, 제목, 저자 및 가격을 알아야 한다. 현재 카탈로그 서비스는 책에 대한 모든 사용 가능한 정보를 반환하기 위해 `/books/{isbn}` 엔드포인트를 제공하고 있다. 실제 시나리오에서는 필요한 정보만 가지고 있는 객체(DTO)를 제공하는 다른 엔드포인트를 노출하는 것도 가능하다. 지금은 리액티브 클라이언트의 구축에 집중하고 있기 때문에 이 책에서는 기존 엔드포인트를 사용한다.

어떤 엔드포인트를 호출할지 결정했으니 이제 두 애플리케이션이 서로 주고받는 데이터를 어떻게 모델링할 수 있을까? 두 가지 방법 중 하나를 선택해야 한다.

- **공유 라이브러리 생성**: 첫 번째 방법은 두 애플리케이션에서 같이 사용되는 클래스를 공유 라이브러리를 만들고 각 프로젝트에서 의존성 라이브러리로 임포트하는 것이다. 15요소 방법론에 따라 이러한 라이브러리는 자체 코드베이스에서 관리한다. 이렇게 하면 두 애플리케이션에서 사용되는 모델이 일관성을 갖게 되고 서로 달라지지 않는다. 하지만 이 방식은 양 쪽의 구현이 공유 라이브러리를 통해 결합된다는 것을 의미한다.

- **클래스 중복**: 또 다른 방법은 한쪽 애플리케이션에서 사용하는 클래스를 다른 쪽 애플리케이션도 중복으로 가지고 있는 것이다. 이렇게 하면 두 애플리케이션이 서로 결합되지는 않지만, 한쪽 애플리케이션에서 클래스를 변경하면 다른 쪽 애플리케이션에서도 변경해야 한다. 소비자

중심 계약과 같이 호출된 API가 언제 변경되는지 자동 테스트를 통해 확인할 수 있는 기술이 몇 가지 있다. 이러한 테스트는 데이터 모델을 확인하는 것 외에도 HTTP 메서드, 응답 상태 코드, 헤더, 변수와 같이 노출된 API의 다른 측면도 확인한다. 여기서는 이 주제를 다루지 않겠지만 관심 있는 독자라면 스프링 클라우드 컨트랙트Spring Cloud Contract 프로젝트[5]를 확인하기 바란다.

둘 다 가능한 방법이다. 어떤 방식을 선택할지는 프로젝트의 요구 사항과 조직의 구조에 달려 있다. 폴라 북숍 프로젝트의 경우 두 번째 옵션을 사용한다.

com.polarbookshop.orderservice.book 패키지를 새로 만든 후에 이 패키지 아래로 DTO로 사용할 Book 레코드를 만들고 주문 처리에만 사용하는 필드를 추가해보자. 앞서 언급했듯이, 실제 시나리오라면 카탈로그 서비스에 새로운 엔드포인트를 추가하고 이 DTO를 통해 모델링된 책 객체를 반환할 것이다. 하지만 편의를 위해 기존 /books/{bookIsbn} 엔드포인트를 사용할 것이기 때문에, 이 엔드포인트를 호출해서 받은 JSON 응답을 주문 서비스의 DTO 클래스로 역직렬화할 때 DTO 클래스의 필드로 매핑되지 않는 JSON 필드는 무시하고 버린다. 주문 서비스의 Book 레코드의 필드명이 카탈로그 서비스에서 정의한 Book 객체의 해당 필드명과 반드시 같도록 해야 한다. 그렇지 않으면 데이터를 받지 못한다. 소비자 중심 계약 테스트는 이런 부분들을 자동으로 확인해줄 수 있다.

예제 8.19 **Book 레코드는 책 정보를 저장하는 DTO이다**

```
package com.polarbookshop.orderservice.book;

public record Book(
    String isbn,
    String title,
    String author,
    Double price
){}
```

오더 서비스에서 책 정보를 가지고 있을 DTO가 준비됐으니 어떻게 카탈로그 서비스로부터 조회할 수 있을지 살펴보자.

---

5   https://spring.io/projects/spring-cloud-contract

8.3.3 웹 클라이언트를 통한 REST 클라이언트 구현

스프링에서 리액티브 방식에 적합하고 좀 더 최근에 나온 REST 클라이언트는 `WebClient`다. 스프링 프레임워크에는 `WebClient` 인스턴스를 만들 수 있는 방법이 여러 가지 있다. 이 책에서는 `WebClient.Builder`를 사용한다. 다른 방법도 알고 싶다면 공식 문서를 참고하기 바란다.[6]

`com.polarbookshop.orderservice.config` 패키지에 `ClientConfig` 클래스를 새로 만들고 `ClientProperties`에서 제공하는 베이스 URL로 `WebClient` 빈을 설정해보자.

예제 8.20 **카탈로그 서비스를 호출할 WebClient 빈 설정**

```
package com.polarbookshop.orderservice.config;

import org.springframework.context.annotation.Bean;
import org.springframework.context.annotation.Configuration;
import org.springframework.web.reactive.function.client.WebClient;

@Configuration
public class ClientConfig {

  @Bean
  WebClient webClient(
    ClientProperties clientProperties,
    WebClient.Builder webClientBuilder        ◄─── WebClient 빈을 만들기 위해
  ) {                                              스프링 부트가 자동 설정한 객체
    return webClientBuilder
      .baseUrl(clientProperties.catalogServiceUri().toString())
      .build();                                   WebClient의 베이스 URL을
  }                                               사용자 정의 속성을 통해
}                                                 지정한 카탈로그 서비스 URL로 설정한다.
```

> **CAUTION** 인텔리제이 아이디어는 `WebClient.Builder`를 오토와이어링을 할 수 없다는 경고 메시지가 뜰 수 있으나 걱정하지 않아도 된다. 이는 잘못된 경고다. `@SuppressWarnings("SpringJavaInjectionPointsAutowiringInspect")` 애너테이션을 해당 필드에 추가하면 경고가 없어질 것이다.

다음으로 `com.polarbookshop.orderservice.book` 패키지에 `BookClient` 클래스를 만들어보겠다. 이 클래스에서 `WebClient` 빈의 플루언트 API를 통해 카탈로그 서비스의 `GET /books/{bookIsbn}` 엔드포인트로 HTTP 요청을 보낸다. 최종적으로 `WebClient`는 `Mono` 퍼블리셔로 포장된 `Book` 객체를 반환한다.

---

6 https://spring.io/projects/spring-framework

```java
package com.polarbookshop.orderservice.book;

import reactor.core.publisher.Mono;
import org.springframework.stereotype.Component;
import org.springframework.web.reactive.function.client.WebClient;

@Component
public class BookClient {
  private static final String BOOKS_ROOT_API = "/books/";        이전에 설정된
  private final WebClient webClient;    ◀───────────────────     WebClient 빈

  public BookClient(WebClient webClient) {
    this.webClient = webClient;
  }

  public Mono<Book> getBookByIsbn(String isbn) {
    return webClient
      .get()      ◀───── 요청은 GET 메서드를 사용한다.
      .uri(BOOKS_ROOT_API + isbn)   ◀───── 요청 URI는 /books/{isbn}이다.
      .retrieve()   ◀───── 요청을 보내고 응답을 받는다.
      .bodyToMono(Book.class);   ◀──┤ 받은 객체를 Mono<book>으로 반환한다.
  }
}
```

WebClient는 리액티브 HTTP 클라이언트인데 어떻게 데이터를 리액티브 퍼블리셔로 반환하는 지 살펴봤다. 구체적으로는 카탈로그 서비스를 호출해 특정 도서의 자세한 정보를 가져온 결과가 Mono<Book> 객체라는 점이다. OrderService의 주문 처리 논리에서 이것을 어떻게 다룰 수 있을지 살펴보자.

OrderService 클래스의 submitOrder() 메서드는 주문을 무조건 거부 상태로 만들기 때문에 이 부분을 변경해야 한다. 이제 BookClient 인스턴스를 오토와이어링하고 그 내부의 WebClient를 사용해 책 정보를 받아서 처리하고 주문을 생성하는 리액티브 스트림을 시작할 수 있다. map() 연산자를 통해 Book을 접수된 주문으로 매핑할 수 있다. 만일 BookClient가 비어 있는 결과를 반환하면 defaultIfEmpty() 연산자를 통해 거부된 Order로 만들 수 있다. 마지막으로, 스트림은 (접수되거나 거부된) 주문을 저장하기 위해 OrderRepository를 호출하고 끝난다.

```
package com.polarbookshop.orderservice.order.domain;

import com.polarbookshop.orderservice.book.Book;
import com.polarbookshop.orderservice.book.BookClient;
import reactor.core.publisher.Flux;
import reactor.core.publisher.Mono;
import org.springframework.stereotype.Service;

@Service
public class OrderService {
  private final BookClient bookClient;
  private final OrderRepository orderRepository;

  public OrderService(
    BookClient bookClient, OrderRepository orderRepository
  ) {
    this.bookClient = bookClient;
    this.orderRepository = orderRepository;
  }

  ...

  public Mono<Order> submitOrder(String isbn, int quantity) {
    return bookClient.getBookByIsbn(isbn)
      .map(book -> buildAcceptedOrder(book, quantity))
      .defaultIfEmpty(
        buildRejectedOrder(isbn, quantity)
      )
      .flatMap(orderRepository::save);
  }

  public static Order buildAcceptedOrder(Book book, int quantity) {
    return Order.of(book.isbn(), book.title() + " - " + book.author(),
      book.price(), quantity, OrderStatus.ACCEPTED);
  }

  public static Order buildRejectedOrder(String bookIsbn, int quantity) {
    return Order.of(bookIsbn, null, null, quantity, OrderStatus.REJECTED);
  }
}
```

책 주문이 가능하면 접수한다.

카탈로그 서비스를 호출해 책의 주문 가능성을 확인한다.

책이 카탈로그에 존재하지 않으면 주문을 거부한다.

주문을 (접수 혹은 거부 상태로) 저장한다.

주문이 접수되면 ISBN, 책의 이름(제목과 저자), 수량, 상태만 지정하면 스프링 데이터가 식별자, 버전, 감사 메타데이터를 추가한다.

이제 실행해보자. 먼저, 도커 컴포즈 설정을 가지고 있는 폴더(polar-deployment/docker)에서 다음과 같은 명령을 통해 PostgreSQL 컨테이너를 실행한다.

```
$ docker-compose up -d polar-postgres
```

그런 다음 카탈로그 서비스와 주문 서비스를 빌드하고 실행한다(./gradlew bootRun).

CAUTION 애플 실리콘 컴퓨터를 사용하는 경우 주문 서비스의 애플리케이션 로그에서 네티의 DNS 조회와 관련된 몇 가지 경고 메시지를 볼 수 있다. 그렇더라도 애플리케이션은 여전히 제대로 작동할 것이다. 혹시라도 문제가 발생하면 주문 서비스 프로젝트에 io.netty:netty-resolver-dns-native-macos:4.1.79.Final:osx-arch_64 의존성을 runtimeOnly 설정으로 추가하면 된다.

마지막으로 카탈로그 서비스가 시작할 때 생성한 책 중 하나를 선택해 주문해보자. 책이 있다면, 그 주문은 접수되어야 한다.

```
$ http POST :9002/orders isbn=1234567891 quantity=3

HTTP/1.1 200 OK
{
  "bookIsbn": "1234567891",
  "bookName": "Northern Lights - Lyra Silverstar",
  "bookPrice": 9.9,
  "createdDate": "2022-06-06T09:59:32.961420Z",
  "id": 2,
  "lastModifiedDate": "2022-06-06T09:59:32.961420Z",
  "quantity": 3,
  "status": "ACCEPTED",
  "version": 1
}
```

주문 서비스와 카탈로그 서비스 사이의 상호작용을 확인하고 Ctrl+C를 눌러 애플리케이션을 중지한다. 그런 다음 docker-compose down 명령으로 컨테이너를 중지한다.

이렇게 해서 주문 데이터를 생성하기 위한 논리를 모두 구현했다. 카탈로그 서비스 호출을 통해 책이 카탈로그에 존재하면 주문은 접수된다. 빈 결과가 반환되면 주문은 거부된다. 그런데 만일 카탈로그 서비스가 회신하는 데 시간이 너무 오래 걸리면 어떻게 해야 할까? 카탈로그 서비스가 하필이면 그 당시에 일시적으로 작동을 멈추고 새로운 요청을 처리하지 못하면 어떻게 해야 할까? 카탈로그 서비스가 오류를 응답으로 보내면 어떻게 해야 할까? 다음 절에서는 이런 질문과 관련한 문제를 다루면서 그 질문에 답하고자 한다.

8.4 리액티브 스프링을 통한 복원력 높은 애플리케이션

복원력은 장애가 발생하더라도 시스템을 계속 사용할 수 있게 유지하면서 서비스를 제공할 수 있는 속성이다. 실패는 언제라도 일어날 것이고 실패를 모두 막을 방법은 없기 때문에 높은 내결함성을 갖는 애플리케이션을 설계하는 것은 아주 중요하다. 사용자가 실패를 알아차리지 못한 채 계속 시스템을 사용할 수 있게 하는 것이 목표다. 최악의 경우 기능이 저하될 수는 있어도(**우아한 저하** graceful degradation) 여전히 사용할 수는 있어야 한다.

복원력(또는 내결함성)을 달성하는 데 중요한 점은 문제가 해결될 때까지 해당 구성 요소를 격리하는 것이다. 그래야만 마이클 나이가드가 **균열 전파**crack propagation라고 부르는 것을 막을 수 있다. 폴라 북숍의 경우, 카탈로그 서비스에 오류가 발생해 응답하지 않을 때 이것이 주문 서비스에 영향을 끼쳐서는 안 된다. 애플리케이션 서비스가 서로 통합되는 부분은 신중하게 처리하면서 상대방에게 영향을 미치는 실패에 탄력적으로 대처해야 한다.

복원력 높은 애플리케이션을 구축하기 위한 패턴이 몇 가지 있다. 자바 생태계에서 이러한 패턴을 구현한 라이브러리 중에 넷플릭스에서 개발한 히스트릭스Hystrix가 인기를 끌었지만 2018년 기준 유지 보수 모드로 진입했으며 더 이상 개발되지 않고 있다. Resilience4J는 히스트릭스에 없는 기능을 제공하며 많은 인기를 얻었다. 리액티브 스프링 스택의 토대인 프로젝트 리액터 역시 복원력을 위한 유용한 기능을 몇 가지 제공한다.

이번 절에서는 리액티브 스프링을 통해 타임아웃, 재시도, 폴백fallback을 설정함으로써 주문 서비스와 카탈로그 서비스가 통합되는 부분을 좀 더 견고하게 만들고자 한다. 다음 장에서는 Resilience4J와 스프링 클라우드 서킷 브레이커Spring Cloud Circuit Breaker를 사용해 복원력이 높은 애플리케이션을 구축하는 방법에 대해 더 자세히 살펴본다.

8.4.1 타임아웃

원격 서비스를 호출할 때마다 응답을 받을 수 있을지, 그리고 받는다면 언제 받을지 미리 알 수는 없다. **타임아웃**(**타임 리미터**time limiters라고도 함)은 적절한 시간 내에 응답을 받지 않더라도 애플리케이션의 응답성을 유지하기 위한 간단하면서도 효과적인 도구다.

타임아웃을 설정하는 주된 이유는 두 가지다.

- (명령형 애플리케이션의 경우) 클라이언트가 기다리는 시간을 제한하지 않으면 계산 자원이 너무 오랫동안 차단될 위험이 있다. 최악의 경우 원격 서비스의 응답을 기다리느라 모든 가용 스레드가 차단되어 새로운 요청을 처리할 스레드가 없어 애플리케이션이 완전히 응답하지 못할 수도 있다.
- 서비스 수준 협약Service Level Agreements, SLA을 충족하지 못하면 응답을 기다릴 이유가 없고, 요청을 실패 처리하는 것이 더 낫다.

타임아웃의 예는 다음과 같다.

- **연결 타임아웃**connection timeout: 원격 자원과 통신 채널을 수립하는 데 걸리는 시간에 대한 제한이다. 앞서 `server.netty.connection-timeout` 속성의 설정을 통해 네티가 TCP 연결을 설정하는 데 걸리는 시간을 제한했다.
- **연결 풀 타임아웃**connection pool timeout: 클라이언트가 연결 풀에서 연결 객체를 얻는 데 걸리는 시간에 대한 제한이다. 5장에서는 `spring.datasource.hikari.connection-timeout` 속성을 통해 히카리 연결 풀의 타임아웃을 설정했다.
- **읽기 타임아웃**read timeout: 초기 연결을 설정한 후 원격 리소스로부터 읽을 수 있는 시간의 제한이다. 다음 절에서 `BookClient` 클래스가 카탈로그 서비스를 호출할 때 읽기 제한 시간을 정의할 것이다.

`BookClient`의 타임아웃을 설정하고 이 시간이 지나면 주문 서비스 애플리케이션은 예외를 발생한다. 또한 사용자에게 예외를 발생하는 대신 장애 조치를 설정할 수도 있다. 그림 8.7은 타임아웃과 장애 조치를 설정한 경우 요청/응답 상호작용이 어떻게 작동하는지 자세히 보여준다.

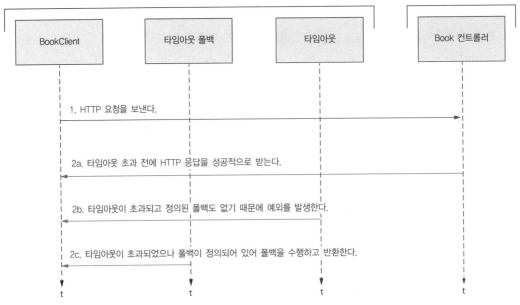

주문 서비스   카탈로그 서비스

| BookClient | 타임아웃 폴백 | 타임아웃 | Book 컨트롤러 |

1. HTTP 요청을 보낸다.

2a. 타임아웃 초과 전에 HTTP 응답을 성공적으로 받는다.

2b. 타임아웃이 초과되고 정의된 폴백도 없기 때문에 예외를 발생한다.

2c. 타임아웃이 초과되었으나 폴백이 정의되어 있어 폴백을 수행하고 반환한다.

그림 8.7 원격 서비스로부터 응답이 제한 시간 내에 수신되면 요청은 성공한다. 하지만 타임아웃이 만료될 때까지 응답이 수신되지 않는 경우 폴백이 있다면 폴백을 수행한다. 그렇지 않으면 예외가 발생한다.

① 웹 클라이언트에 대한 타임아웃 정의

프로젝트 리액터는 작동을 완료하기 위한 타임아웃을 정의하는 timeout() 연산자를 제공한다. 이 연산자를 WebClient 호출 결과와 연결해 리액티브 스트림을 계속해나갈 수 있다. BookClient 클래스의 getBookByIsbn() 메서드에 다음과 같이 3초의 타임아웃 정의를 추가해보자.

예제 8.23 HTTP 상호작용을 위한 타임아웃 정의

```
...
public Mono<Book> getBookByIsbn(String isbn) {
  return webClient
    .get()
    .uri(BOOKS_ROOT_API + isbn)
    .retrieve()
    .bodyToMono(Book.class)
    .timeout(Duration.ofSeconds(3));    ◀── GET 요청에 대해 3초의 타임아웃을 설정한다.
}
...
```

타임아웃이 초과하면 예외를 발생하는 대신 폴백을 제공해 무언가 다른 대체 작동을 수행할 수 있다. 도서의 주문 가능 여부가 확인되지 않는 경우 주문을 접수할 수 없는 점을 고려해 주문이 거부되도록 빈 결과를 반환하는 것을 생각해볼 수 있다. `Mono.empty()`를 사용해 빈 결과를 반환할 수 있다. 이를 위해 `BookClient` 클래스의 `getBookByIsbn()` 메서드를 다음과 같이 변경해보자.

예제 8.24 **HTTP 상호작용에 대한 타임아웃 및 폴백 정의**

```
...
public Mono<Book> getBookByIsbn(String isbn) {
  return webClient
    .get()
    .uri(BOOKS_ROOT_API + isbn)
    .retrieve()
    .bodyToMono(Book.class)
    .timeout(Duration.ofSeconds(3), Mono.empty())    ◀── 폴백으로 빈 모노 객체를 반환한다.
  }
...
```

NOTE 실제 프로덕션 환경에서는 `ClientProperties`에 새로운 필드를 추가하여 타임아웃 설정을 외부화할 수 있다. 이렇게 하면 애플리케이션을 다시 빌드하지 않고도 환경에 따라 값을 변경할 수 있다. 또한 타임아웃을 모니터링하고 필요하다면 값을 조정해야 한다.

② 타임아웃을 효과적으로 사용하는 방법의 이해

타임아웃을 사용하면 애플리케이션의 복원력을 높일 수 있고 신속한 실패 원칙을 따르게 된다. 하지만 타임아웃의 적절한 값을 설정하는 것은 까다로울 수 있다. 시스템 아키텍처를 전체적으로 고려해야 한다. 앞의 예에서는 3초로 설정했다. 즉, 주문 서비스는 카탈로그 서비스로부터 3초 이내에 응답을 받아야 한다. 그렇지 않으면 실패하거나 폴백을 수행한다. 카탈로그 서비스 역시 특정 책에 대한 데이터를 가져오기 위해 PostgreSQL 데이터베이스에 요청을 보내고 응답을 기다린다. 연결 타임아웃은 이 둘 사이의 상호작용을 보호한다. 소프트웨어 SLA를 충족하고 좋은 사용자 경험을 보장하려면 시스템의 모든 통합 지점에 대해 타임아웃 전략을 신중하게 설계해야 한다.

카탈로그 서비스가 여전히 실행되고 있는데도 제한 시간 내에 응답을 못받는다면 이 요청은 여전히 카탈로그 서비스에서 처리되고 있을 가능성이 높다. 타임아웃을 설정할 때 이 점을 중요하게 고려해야 한다. 읽기/쿼리 작업은 멱등적idempotent, 즉 여러 번 수행해두 값의 변경은 초래하지 않기 때문에 여러 번 수행된다고 해도 크게 문제되지 않는다. 하지만 쓰기/명령 작업의 경우, 시간이 초과하면 사용자에게 작업 결과를 올바르게 제공하는 것을 포함해 이 상황을 적절하게 처리해야한다.

카탈로그 서비스에 과부하가 걸리면 풀에서 JDBC 연결을 얻고 데이터베이스에서 데이터를 가져와 주문 서비스로 응답을 보내기까지 몇 초가 걸릴 수 있다. 이런 경우에는 폴백을 수행하거나 예외를 발생하기보다는 요청 재시도를 고려해볼 수 있다.

8.4.2 재시도

어떤 서비스에게 무언가 요청했으나 특정 시간 제한 내에 응답이 없거나 그 순간 요청을 처리하지 못하고 서버 오류라는 응답을 받으면 클라이언트가 요청을 다시 보내도록 설정할 수 있다. 서비스가 제대로 반응하지 않는다면 무언가 문제가 있을 가능성이 높고, 즉각적으로 복구되지 않을 수 있다. 이 상황에서 재시도를 계속하면 오히려 시스템을 더 불안정하게 만들 위험이 있다. 자신의 애플리케이션에 DoS 공격을 하고 싶은 사람은 없을 것이다!

더 나은 접근법은 **지수 백오프**exponential backoff 전략을 사용해 재시도 횟수가 늘어남에 따라 지연 시간도 늘리는 것이다. 재시도가 늘어날수록 점점 더 많은 시간을 기다리는 것은 지원 서비스가 회복되고 다시 응답할 수 있는 시간을 충분히 주기 위함이다.

이번 절에서는 **BookClient**에 대한 재시도를 설정한다. 그림 8.8은 재시도가 지수 백오프로 구성될 때 요청/응답 상호작용이 어떻게 작동하는지 자세히 설명한다. 예를 들면 그림에서 각 재시도마다 지연 시간이 시도 횟수에 100밀리초(초기 백오프 값)를 곱한 값으로 계산되는 시나리오를 보여준다.

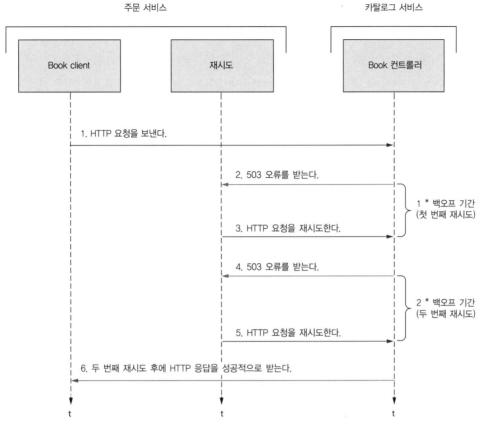

그림 8.8 **카탈로그 서비스가 성공적으로 응답하지 못하면**
주문 서비스는 지연 시간이 늘어나면서 최대 3번까지 시도한다.

1 웹 클라이언트에 대한 재시도 정의

프로젝트 리액터는 작동이 실패하면 재시도할 수 있는 retryWhen() 연산자를 제공한다. 리액티브 스트림에서 이 연산자를 적용할 때 위치가 중요하다.

- timeout() 뒤에 retryWhen() 연산자가 오면 재시도에 대해 타임아웃이 적용된다는 것을 의미한다.

- retryWhen() 뒤에 timeout() 연산자가 오면 타임아웃이 전체 작동에 적용된다는 것을 의미한다(즉, 초기 요청 및 재시도까지 모든 작동이 주어진 타임아웃 이내에 이루어져야 한다는 것을 의미한다).

우리는 BookClient에서 각 재시도에 대해 타임아웃이 적용되기를 원하기 때문에 첫 번째 옵션을 사용해야 한다. 타임아웃이 먼저 적용되고 제한 시간이 만료되면 retryWhen() 연산자가 적용되고 요청을 재시도한다.

BookClient 클래스의 getBookByIsbn() 메서드를 업데이트해 재시도 전략을 설정한다. 총 시도 횟수와 첫 번째 백오프를 위한 최소 기간을 정할 수 있다. 각 재시도에서 지연 시간은 현재 시도 횟수에 최소 백오프 기간을 곱한 값으로 계산된다. 지터 팩터jitter factor를 사용해 각 백오프의 지수에 임의성을 추가할 수 있다. 계산된 지연 시간의 최대 50%의 지터가 사용되도록 기본 설정되어 있다. 주문 서비스 인스턴스가 여러 개 실행 중인 경우 지터 팩터로 인해 모든 복제본에 동시에 요청을 재시도하는 것을 피할 수 있다.

예제 8.25 **HTTP 호출을 위한 지수 백오프 재시도 정의**

```
public Mono<Book> getBookByIsbn(String isbn) {
  return webClient
    .get()
    .uri(BOOKS_ROOT_API + isbn)
    .retrieve()
    .bodyToMono(Book.class)
    .timeout(Duration.ofSeconds(3), Mono.empty())
    .retryWhen(          ◄
      Retry.backoff(3, Duration.ofMillis(100))
    );
}
```

지수 백오프를 재시도 전략으로 사용한다.
100밀리초의 초기 백오프로 총 3회까지 시도한다.

2 재시도의 효과적 사용

재시도는 원격 서비스가 순간적으로 과부하에 걸리거나 응답이 없을 때 응답을 받을 확률을 높인다. 하지만 신중하게 사용해야 한다. 타임아웃에 대해 논의할 때 읽기와 쓰기시 타임아웃 설정을 다르게 할 필요성을 강조했다. 재시도는 이와 관련해 좀 더 중요하다.

읽기 작업과 같은 멱등적 요청은 해를 끼치지 않고 재시도할 수 있다. 심지어 어떤 종류의 쓰기 요청은 멱등적이다. 예를 들어 주어진 ISBN으로 찾은 책의 저자를 'S.L.쿠퍼'에서 '쉘든 리 쿠퍼'로 변경하는 것은 멱등적인 작업이다. 몇 번을 하더라도 최종 결과는 변하지 않을 것이다. 멱등적이 아닌 요청을 재시도해서는 안 된다. 재시도는 일관성이 깨진 상태를 초래할 위험이 있다. 책을 주문할 때, 첫 번째 주문 요청의 응답이 네트워크 상에서 소실됐다고 해서 주문 요청을 계속 재시도하면 결제가 여러 번 이루어질 수도 있다.

전체 워크플로에 사용자가 참여하고 있다면 복원력과 사용자 경험 사이에서 균형을 잘 잡아야 한다. 요청 재시도로 인해 사용자를 너무 많이 기다리게 해서는 안 된다. 재시도가 반드시 필요하다면 사용자에게 알리고 요청 상태에 대한 피드백을 제공해야 한다.

서비스가 느려지거나 과부하로 인해 일시적으로 사용할 수 없는 상황에서 재시도는 유용한 패턴이지만 서비스는 다시 복구될 가능성이 크다. 이 경우 재시도 횟수를 제한하고 지수 백오프를 사용해 이미 과부하가 걸린 서비스에 추가 부하가 발생하지 않도록 해야 한다. 반면에 서비스가 완전히 다운되거나 404 오류를 반환하는 경우와 같이 계속 되풀이되는 오류 때문에 서비스가 실패하는 것이라면 요청을 재시도해서는 안 된다. 다음 절에서는 특정 오류가 발생할 때 폴백을 정의하는 방법을 살펴본다.

8.4.3 폴백 및 오류 처리

복원력이 높은 시스템은 장애가 일어나더라도 사용자가 이를 인식하지 못하게 하면서 서비스를 계속 제공할 수 있는 시스템이다. 때로는 이렇게 하는 것이 불가능하기 때문에 적어도 서비스 수준을 우아하게 낮추기도 한다. 폴백은 시스템의 나머지 부분이 잘못 작동하거나 결함이 있는 상태가 되는 것을 방지하고 동시에 장애를 일부 영역으로 한정하는 데 도움이 될 수 있다.

앞서 타임아웃에 대해 논의할 때, 제한 시간 내에 응답을 받지 못하면 폴백 작동을 수행하도록 했다. 타임아웃과 같이 특정 사례에서만이 아니라 복원력 향상을 위한 일반적인 전략에도 폴백을 포함시켜야 한다. 오류 또는 예외가 발생한 경우 폴백 함수를 수행할 수 있지만 오류나 예외가 모두 동일하지는 않다.

어떤 오류는 비즈니스 로직의 관점에서 받아 들일 수 있고 의미를 가지고 있다. 예를 들어 주문 서비스가 특정 책에 대한 정보를 가져오기 위해 카탈로그 서비스를 호출할 때 404 응답이 반환될 수 있다. 이 응답은 카탈로그에 책이 없기 때문에 주문이 불가능하다는 점을 사용자에게 알리기 위해 처리되어야만 하는 수용 가능한 응답이다.

이전 절에서 정의한 재시도 전략은 제한이 없었다. 404와 같은 허용 가능한 응답까지 포함해 오류 응답을 받는 한 요청을 재시도한다. 하지만 404 응답을 받은 경우에는 재시도를 하지 않아야 한다. 프로젝트 리액터는 특정 오류가 발생할 때 폴백을 정의하기 위한 `onErrorResume()` 연산자를 제공한다. 이 연산자를 리액티브 스트림에서 `timeout()`과 `retryWhen()` 사이에 추가해 404 응답을 받는 경우(`WebClientResponseException.NotFound` 예외) 재시도 연산자가 수행되지 않도록 할 수 있다. 그런 다음 스트림의 마지막에 동일한 연산자를 다시 한번 사용해 다른 예외를 포착하고 빈 `Mono`를 반환하는 폴백을 수행할 수 있다.

예제 8.26 **HTTP 호출에 대한 예외 처리와 폴백 정의**

```java
public Mono<Book> getBookByIsbn(String isbn) {
  return webClient
    .get()
    .uri(BOOKS_ROOT_API + isbn)
    .retrieve()
    .bodyToMono(Book.class)
    .timeout(Duration.ofSeconds(3), Mono.empty())
    .onErrorResume(WebClientResponseException.NotFound.class,
      exception -> Mono.empty())
    .retryWhen(Retry.backoff(3, Duration.ofMillis(100)))
    .onErrorResume(Exception.class,
      exception -> Mono.empty());
}
```

404 응답을 받으면
빈 객체를 반환한다.

3회의 재시도 동안 오류가 발생하면
예외를 포착하고 빈 객체를 반환한다.

NOTE 실제 시나리오에서는 항상 빈 객체를 반환하는 대신 오류 유형에 따른 세부 정보를 반환하는 것이 바람직할 수도 있다. 이를테면 주문 객체에 reason 필드를 추가하여 주문이 거부된 이유를 설명할 수 있다. 해당 도서가 카탈로그에 없기 때문일까, 아니면 네트워크 문제 때문일까? 두 번째 경우라면, 일시적으로 주문이 가능한지 확인할 수 없기 때문에 주문을 처리할 수 없다고 사용자에게 알려주는 것이 좋을 것이다. 더 나은 방법은 주문을 보류 상태로 저장하고 주문 요청을 큐에 넣은 다음, 10장에서 살펴볼 전략 중 하나를 사용해 이후에 다시 처리하는 것이다.

핵심 목표는 실패가 발생하더라도 사용자가 이를 알아채지 못하고 서비스를 계속 사용할 수 있을 만큼 높은 복원력을 지닌 시스템을 설계하는 것이다. 이것은 최상의 경우이고, 이와 반대로 최악의 경우에라도 시스템은 여전히 작동하지만 기능이나 성능이 우아하게 저하되도록 해야 한다.

NOTE 스프링 웹플럭스와 프로젝트 리액터는 스프링 프레임워크에서 흥미로운 주제다. 리액티브 스프링이 어떻게 작동하는지 더 알고 싶다면 조시 롱Josh Long의 《Reactive Spring》[7]을 참고하길 바란다. 또한 매닝 카탈로그에서 크레이그 월즈Craig Walls의 《Spring in Action, 6th edition》의 3부[8]를 참고하기 바란다.

다음 절에서는 주문 서비스 애플리케이션의 여러 다양한 측면을 확인하기 위해 자동화된 테스트를 작성한다.

---

7 https://reactivespring.io

8 https://livebook.manning.com/book/spring-in-action-sixth-edition/chapter-11

8.5 스프링, 리액터, 테스트컨테이너를 이용한 리액티브 애플리케이션의 테스트

애플리케이션이 다른 서비스에 의존하는 경우 그 서비스의 API 사양에 대해 테스트해야 한다. 이번 절에서는 먼저 BookClient 클래스가 의도한 대로 잘 작동하는지 확인하기 위해 마치 카탈로그 서비스처럼 작동하는 모의 웹 서버를 돌려 BookClient 클래스를 테스트해본다. 그런 다음 5장에서 @DataJdbcTest를 사용했던 것과 비슷하게 @DataR2dbcTest 애너테이션과 테스트컨테이너를 이용한 슬라이스 테스트로 데이터 지속성 계층을 테스트한다. 마지막으로, @WebMvcTest와 동일한 방식으로 작동하지만 리액티브 애플리케이션에서 작동하는 @WebFluxTest 애너테이션을 사용해 웹 계층에 대한 슬라이스 테스트를 작성한다.

이미 스프링 부트 테스트 라이브러리 및 테스트컨테이너에 대한 의존성이 설정된 상태다. 모의 웹 서버를 실행하는 유틸리티가 필요하다. 주문 서비스 프로젝트의 build.gradle 파일을 열고 com.squareup.okhttp3:mockwebserver 의존성을 추가한다.

예제 8.27 주문 서비스에서 OkHttp의 MockWebServer에 대한 테스트 의존성 추가

```
dependencies {
  ...
  testImplementation 'com.squareup.okhttp3:mockwebserver'
}
```

이제 BookClient 클래스를 테스트해보자.

8.5.1 모의 웹 서버로 REST 클라이언트 테스트

OkHttp 프로젝트는 HTTP 기반 요청/응답 상호작용의 테스트에 사용할 수 있는 모의 웹 서버를 제공한다. BookClient는 Mono<Book> 객체를 반환하므로 프로젝트 리액터의 편리한 유틸리티를 사용해 리액티브 애플리케이션을 테스트할 수 있다. StepVerifier 객체를 사용하면 리액티브 스트림을 처리하고 플루언트 API를 통해 단언assertion을 단계별로 실행해 각각의 작동을 테스트할 수 있다.

먼서 BookClientTests라는 새로운 테스트 클래스를 만들고 이 클래스 내에서 모의 웹 서버를 설정한 다음 WebClient가 이 서버를 사용하도록 설정해야 한다.

```java
package com.polarbookshop.orderservice.book;

import java.io.IOException;
import okhttp3.mockwebserver.MockWebServer;
import org.junit.jupiter.api.*;
import org.springframework.web.reactive.function.client.WebClient;

class BookClientTests {
  private MockWebServer mockWebServer;
  private BookClient bookClient;

  @BeforeEach
  void setup() throws IOException {
    this.mockWebServer = new MockWebServer();       // 테스트 케이스를 실행하기 앞서
    this.mockWebServer.start();              ◀        모의 서버를 시작한다.
    var webClient = WebClient.builder()      ◀
      .baseUrl(mockWebServer.url("/").uri().toString())   // 모의 서버의 URL을 웹 클라이언트의
      .build();                                             // 베이스 URL로 사용한다.
    this.bookClient = new BookClient(webClient);
  }

  @AfterEach
  void clean() throws IOException {
    this.mockWebServer.shutdown();           ◀        // 테스트 케이스가 끝나면
  }                                                     // 모의 서버를 중지한다.
}
```

그런 다음 BookClientTests 클래스에 주문 서비스의 클라이언트 기능을 확인하기 위한 테스트 케이스를 정의할 수 있다.

```java
package com.polarbookshop.orderservice.book;

...
import okhttp3.mockwebserver.MockResponse;
import reactor.core.publisher.Mono;
import reactor.test.StepVerifier;
import org.springframework.http.HttpHeaders;
import org.springframework.http.MediaType;

class BookClientTests {
  private MockWebServer mockWebServer;
  private BookClient bookClient;
```

```
...

@Test
void whenBookExistsThenReturnBook() {
  var bookIsbn = "1234567890";

  var mockResponse = new MockResponse()        ← 모의 서버에 의해
    .addHeader(HttpHeaders.CONTENT_TYPE, MediaType.APPLICATION_JSON_VALUE)   반환되는 응답을 정의한다.
    .setBody("""
      {
        "isbn": %s,
        "title": "Title",
        "author": "Author",
        "price": 9.90,
        "publisher": "Polarsophia"
      }
      """.formatted(bookIsbn));
                                                     모의 서버가 처리하는
  mockWebServer.enqueue(mockResponse);          ← 큐에 모의 응답을 추가한다.

  Mono<Book> book = bookClient.getBookByIsbn(bookIsbn);

  StepVerifier.create(book)            ←          BookClient가 반환하는 객체로
    .expectNextMatches(                           StepVerifier 객체를 초기화한다.
      b -> b.isbn().equals(bookIsbn))  ←
    .verifyComplete();                            반환된 책의 ISBN이
  }                                               요청한 ISBN과 같은지 확인한다.
}
  리액티브 스트림이
  성공적으로 완료됐는지
  확인한다.
```

테스트를 실행하고 통과하는지 확인해보자. 터미널 창을 열고 주문 서비스 프로젝트의 루트 폴더로 이동해 다음과 같은 명령을 실행한다.

```
$ ./gradlew test --tests BookClientTests
```

NOTE 모의 객체를 사용하면 테스트 케이스가 실행되는 순서에 따라 테스트 결과가 달라질 수 있는데 이 순서는 운영 체제마다 다를 수 있다. 테스트 결과가 테스트 케이스의 특정한 순서에 따라 달라지는 것을 방지하려면 테스트 클래스에 @TestMethodOrder(MethodOrderer.Random.class) 애너테이션을 추가하면 되는데, 이렇게 하면 실행할 때마다 임의의 순서로 테스트 케이스를 실행한다.

REST 클라이언트를 테스트했으니 계속해서 주문 서비스에 대한 데이터 지속성 계층을 확인해보자.

8.5.2 @DataR2dbcTest 및 테스트컨테이너를 이용한 데이터 지속성 테스트

앞 장에서 살펴봤듯이 스프링 부트를 사용하면 특정 애플리케이션 슬라이스만을 위한 구성 요소를 로드해 통합 테스트를 실행할 수 있다. REST API의 경우 웹플럭스 슬라이스에 대한 테스트를 작성해볼 것이다. 여기서는 @DataR2dbcTest 애너테이션을 사용해 R2DBC 슬라이스에 대한 테스트 작성 방법을 살펴보겠다.

기본적인 방법론은 5장에서 카탈로그 서비스의 데이터 계층을 테스트했을 때와 동일하다. 하지만 두 가지 주된 차이점이 있는데 먼저 StepVerifier 유틸리티를 사용해 OrderRepository의 리액티브 작동을 테스트한다. 둘째, PostgreSQL 테스트컨테이너 인스턴스를 명시적으로 정의한다.

카탈로그 서비스 애플리케이션의 경우 테스트컨테이너의 자동 설정을 활용했다. 지금은 테스트 클래스 내에서 테스트컨테이너를 정의하고 @Container로 표시한다. 그런 다음 클래스에 @Testcontainers 애너테이션을 표시하면 테스트컨테이너의 자동 시작과 중지가 활성화된다. 마지막으로 스프링 부트의 @DynamicProperties 애너테이션을 사용해 테스트 데이터베이스의 크리덴셜과 URL을 애플리케이션에 전달한다. 이렇게 테스트컨테이너를 정의하고 속성을 덮어쓰는 것은 일반적인 방식으로 다른 시나리오에도 적용될 수 있다.

이제 코드를 살펴보자. OrderRepositoryR2dbcTests 클래스를 새로 만들고 애플리케이션의 데이터 지속성 계층을 확인하기 위한 자동 테스트를 구현해보자.

예제 8.30 데이터 R2DBC 슬라이스 통합 테스트

```
package com.polarbookshop.orderservice.order.domain;

import com.polarbookshop.orderservice.config.DataConfig;
import org.junit.jupiter.api.Test;
import org.testcontainers.containers.PostgreSQLContainer;
import org.testcontainers.junit.jupiter.Container;
import org.testcontainers.junit.jupiter.Testcontainers;
import org.testcontainers.utility.DockerImageName;
import reactor.test.StepVerifier;
import org.springframework.beans.factory.annotation.Autowired;
import org.springframework.boot.test.autoconfigure.data.r2dbc.DataR2dbcTest;
import org.springframework.context.annotation.Import;
```

```java
import org.springframework.test.context.DynamicPropertyRegistry;
import org.springframework.test.context.DynamicPropertySource;

@DataR2dbcTest          ◄──┤ R2DBC 컴포넌트에 집중하는 테스트 클래스임을 나타낸다.
@Import(DataConfig.class) ◄──┤ 감사를 활성화하기 위한 R2DBC 설정을 임포트한다.
@Testcontainers         ◄──┤ 테스트컨테이너의 자동 시작과 중지를 활성화한다.
class OrderRepositoryR2dbcTests {

  @Container          ◄──┤ 테스트를 위한 PostgreSQL 컨테이너를 식별한다.
  static PostgreSQLContainer<?> postgresql =
    new PostgreSQLContainer<>(DockerImageName.parse("postgres:14.4"));

  @Autowired
  private OrderRepository orderRepository;

  @DynamicPropertySource   ◄──┤ 테스트 PostgreSQL 인스턴스에 연결하도록 R2DBC와 플라이웨이 설정을 변경한다.
  static void postgresqlProperties(DynamicPropertyRegistry registry) {
    registry.add("spring.r2dbc.url", OrderRepositoryR2dbcTests::r2dbcUrl);
    registry.add("spring.r2dbc.username", postgresql::getUsername);
    registry.add("spring.r2dbc.password", postgresql::getPassword);
    registry.add("spring.flyway.url", postgresql::getJdbcUrl);
  }
                                        테스트컨테이너가 JDBC와는 다르게
                                        R2DBC에 대해서는 연결 문자열을
  private static String r2dbcUrl() {  ◄──┤ 제공하지 않기 때문에 연결 문자열을 생성한다.
    return String.format("r2dbc:postgresql://%s:%s/%s",
      postgresql.getContainerIpAddress(),
      postgresql.getMappedPort(PostgreSQLContainer.POSTGRESQL_PORT),
      postgresql.getDatabaseName());
  }

  @Test
  void createRejectedOrder() {
    var rejectedOrder = OrderService.buildRejectedOrder("1234567890", 3);
    StepVerifier
      .create(orderRepository.save(rejectedOrder))  ◄─┐  StepVerifier 객체를
                                                       │  OrderRepository가
      .expectNextMatches(                              │  반환하는 객체로 초기화한다.
        order -> order.status().equals(OrderStatus.REJECTED))
      .verifyComplete();  ◄──┤ 리액티브 스트림이 성공적으로 완료됐는지 확인한다.
  }
}
```
반환된 주문이 올바른 상태를 가지고
있는지 확인한다.

이러한 슬라이스 테스트는 테스트컨테이너에 기반하므로 도커 엔진이 로컬 환경에서 실행중이어
야 한다. 테스트를 실행해보자.

```
$ ./gradlew test --tests OrderRepositoryR2dbcTests
```

다음 절에서는 웹 슬라이스에 대한 테스트를 살펴본다.

8.5.3 @WebFluxTest를 이용한 REST 컨트롤러 테스트

웹플럭스 슬라이스는 3장에서 MVC 계층을 테스트하고 통합 테스트에 사용된 것과 비슷하게 WebTestClient 유틸리티를 사용해 테스트할 수 있다. WebTestClient는 표준 WebClient 객체의 향상된 버전이며 테스트를 간단하게 할 수 있도록 추가 기능이 포함되어 있다.

OrderControllerWebFluxTests 클래스를 새로 만들고 @WebFluxTest(OrderController.class) 애너테이션으로 표시한다. OrderController에 대한 모든 슬라이스 테스트는 이 클래스에서 작성한다. 3장에서 배운 대로 스프링 애너테이션인 @MockBean을 사용해 주문 서비스 클래스의 모의 객체를 만들면 스프링은 테스트를 위한 스프링 콘텍스트에 이 객체를 추가하기 때문에 의존성 주입이 가능해진다.

예제 8.31 **웹플럭스 슬라이스 통합 테스트**

```
package com.polarbookshop.orderservice.order.web;

import com.polarbookshop.orderservice.order.domain.Order;
import com.polarbookshop.orderservice.order.domain.OrderService;
import com.polarbookshop.orderservice.order.domain.OrderStatus;
import org.junit.jupiter.api.Test;
import reactor.core.publisher.Mono;
import org.springframework.beans.factory.annotation.Autowired;
import org.springframework.boot.test.autoconfigure.web.reactive.WebFluxTest;
import org.springframework.boot.test.mock.mockito.MockBean;
import org.springframework.test.web.reactive.server.WebTestClient;
import static org.assertj.core.api.Assertions.assertThat;
import static org.mockito.BDDMockito.given;

@WebFluxTest(OrderController.class)   ◀──  OrderController를 대상으로 한
class OrderControllerWebFluxTests {        스프링 웹플럭스 컴포넌트에 집중하는
                                           테스트 클래스임을 나타낸다.

    @Autowired                             웹 클라이언트의 변형으로
    private WebTestClient webClient;  ◀──  Restful 서비스 테스트를 쉽게 하기 위한
                                           기능을 추가로 가지고 있다.
    @MockBean  ◀──
    private OrderService orderService;     OrderService의 모의 객체를
                                           스프링 애플리케이션 콘텍스트에 추가한다.
```

```
@Test
void whenBookNotAvailableThenRejectOrder() {
  var orderRequest = new OrderRequest("1234567890", 3);
  var expectedOrder = OrderService.buildRejectedOrder(
    orderRequest.isbn(), orderRequest.quantity());
  given(orderService.submitOrder(
    orderRequest.isbn(), orderRequest.quantity())
  ).willReturn(Mono.just(expectedOrder));          ◀──────  OrderService 모의 빈이
                                                            어떻게 작동해야 하는지 지정한다.
  webClient
    .post()
    .uri("/orders/")
    .bodyValue(orderRequest)
    .exchange()                                              주문이 성공적으로
    .expectStatus().is2xxSuccessful()        ◀──────        생성될 것을 예상한다.
    .expectBody(Order.class).value(actualOrder -> {
      assertThat(actualOrder).isNotNull();
      assertThat(actualOrder.status()).isEqualTo(OrderStatus.REJECTED);
    });
  }
}
```

이제 테스트를 실행해 웹 계층에 대한 슬라이스 테스트가 통과하는지 확인해보자.

```
$ ./gradlew test --tests OrderControllerWebFluxTests
```

여기까지 했다면 잘 끝낸 것이다! 확장성, 복원력, 비용 효율성을 극대화하면서 리액티브 애플리케이션을 성공적으로 구축하고 테스트했다. 3장과 마찬가지로 책의 소스 코드에는 @SpringBoot Test 애너테이션을 사용한 완전한 통합 테스트와 @JsonTest를 사용한 JSON 계층 슬라이스 테스트 등 더 많은 테스트 예제를 찾아볼 수 있다.

폴라 실험실

앞 장에서 배운 내용을 자유롭게 적용해 주문 서비스 애플리케이션을 배포해보자.

1. 스프링 클라우드 설정 클라이언트를 주문 서비스에 추가하고 설정 데이터를 설정 서비스로부터 가져온다.
2. 클라우드 네이티브 빌드팩 통합을 실행하고 애플리케이션을 컨테이너화한 다음 배포 파이프라인의 커밋 단계를 정의한다.
3. 주문 서비스를 쿠버네티스 클러스터에 배포하기 위해 배포 및 서비스 매니페스트를 작성한다.
4. 미니큐브로 초기화된 로컬 쿠버네티스 클러스터에 주문 서비스의 배포를 자동화하도록 틸트를 설정한다.

책의 코드 저장소의 Chapter/08/08-end 폴더를 참고해 최종 결과를 확인할 수 있다.[9] `kubectl apply -f services` 명령으로 Chapter08/08-end/polar-deployment/kubernetes/platform/development 폴더에 있는 매니페스트를 통해 지원 서비스를 배포할 수 있다.

다음 장에서는 복원력에 대한 논의를 계속하고 스프링 클라우드 게이트웨이, 스프링 클라우드 서킷 브레이커, Resilience4J를 사용해 서킷 브레이커 및 속도 제한기 같은 더 많은 패턴을 소개한다.

요약

- 많은 트래픽이 예상되지만 적은 계산 자원으로 높은 동시성을 갖고자 할 때 리액티브 패러다임을 사용하면 초기 학습 곡선이 가파르긴 하지만 애플리케이션의 확장성, 복원력 및 비용 효율성을 향상시킬 수 있다.

- 요구 사항에 따라 비 리액티브 스택과 리액티브 스택 중 하나를 선택하면 된다.

- 스프링 웹플럭스는 프로젝트 리액터를 기반으로 하며 스프링의 리액티브 스택의 핵심으로 비동기 비차단 I/O를 지원한다.

- 리액티브 RESTful 서비스는 `@RestController` 클래스 또는 라우터 함수를 통해 구현할 수 있다.

- 스프링 웹플럭스 슬라이스는 `@WebFluxTest` 애너테이션을 통해 테스트할 수 있다.

- 스프링 데이터 R2DBC는 R2DBC 드라이버를 사용해 리액티브 데이터 지속성을 지원한다. 이 접근법은 데이터베이스 드라이버, 엔티티 및 리포지터리와 같은 모든 스프링 데이터 프로젝트에서 동일하다.

- 데이터베이스 스키마는 플라이웨이를 통해 관리할 수 있다.

- 리액티브 애플리케이션의 지속성 슬라이스는 `@DataR2dbcTest` 애너테이션 및 테스트컨테이너를 이용해 테스트할 수 있다.

- 복원력이 높은 시스템은 장애가 발생하더라도 사용자가 이를 인식하지 못하고 서비스를 계속 사용할 수 있다. 때로는 이렇게 하는 것이 불가능하기 때문에 최소한 서비스가 우아하게 저하되어야 한다 .

---

9   https://github.com/ThomasVitale/cloud-native-spring-in-action

- 웹 클라이언트는 프로젝트 리액터를 기반으로 하며 Mono 및 Flux 퍼블리셔를 통해 작동한다.

- 리액터 연산자를 사용해 타임아웃, 재시도, 폴백 및 오류 처리를 설정할 수 있고 이를 통해 다른 서비스나 네트워크에 장애가 있더라도 상호작용에 향상된 복원력을 갖게 할 수 있다.

CHAPTER

API 게이트웨이와
서킷 브레이커

. . . .

이 장의 주요 내용

- 스프링 클라우드 게이트웨이와 리액티브 스프링을 사용한 에지 서비스 구현
- 스프링 클라우드 서킷 브레이커 및 레질리언스J로 서킷 브레이커 설정
- 스프링 클라우드 게이트웨이와 레디스를 사용한 사용률 제한기 정의
- 스프링 세션 데이터 레디스를 사용한 분산 세션 관리
- 쿠버네티스 인그레스로 애플리케이션 트래픽 라우팅

. . . .

앞 장에서는 리액티브 패러다임을 사용해 복원력이 높고 확장 가능하며 비용 효율적인 애플리케이션의 구축을 위한 몇 가지 측면을 살펴봤다. 이번 장에서는 스프링 리액티브 스택을 토대로 폴라 북숍 시스템을 위한 API 게이트웨이를 구현한다. API 게이트웨이는 마이크로서비스와 같은 분산 아키텍처에서 클라이언트가 직접 내부 API를 연결하지 않도록 하기 위해 일반적으로 사용하는 패턴이다. 시스템에 이러한 진입점을 설정해놓으면 보안, 모니터링 및 복원력과 같이 공통으로 발생하는 이슈를 다루는 데에도 사용할 수 있다.

이 장에서는 스프링 클라우드 게이트웨이를 사용해 에지 서비스 애플리케이션을 작성하고 API 게이트웨이와 공통의 이슈를 구현하는 방법을 설명한다. 시스템의 복원력을 향상하기 위해 스프링 클라우드 서킷 브레이커Spring Cloud Circuit Breaker를 사용해 서킷 브레이커를 설정하고 스프링 데이터 레디스 리액티브Spring Data Redis Reactive를 통해 사용률 제한기rate limiter를 정의한 후에, 앞 장에서

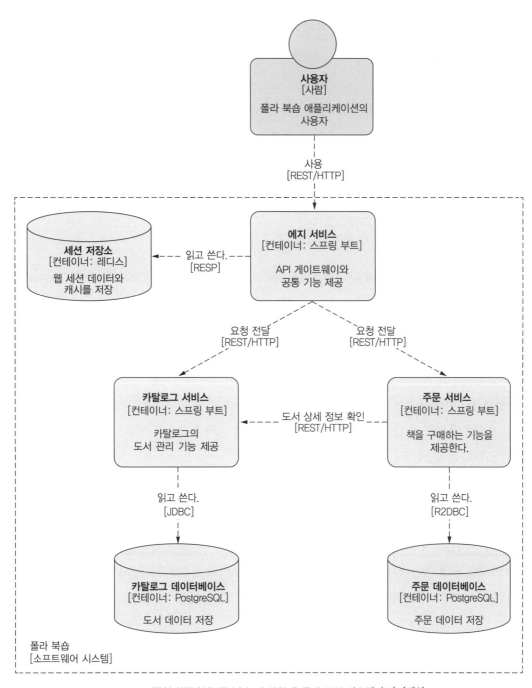

그림 9.1 에지 서비스와 레디스를 추가한 후 폴라 북숍 시스템의 아키텍처

배운 것처럼 재시도 및 타임아웃을 활용할 것이다.

그런 다음 상태가 없는 애플리케이션을 설계하는 방법에 대해 논의한다. 애플리케이션이 유용해지려면 상태를 저장해야 하는데 이를 위해 우리는 이미 관계형 데이터베이스를 사용했다. 이 장에서는 NoSQL 인메모리 데이터 저장소인 레디스에 웹 세션 상태를 저장하기 위해 스프링 세션 데이터 레디스Spring Session Data Redis를 사용하는 방법을 배울 것이다.

마지막으로 쿠버네티스 인그레스 API를 사용해 쿠버네티스 클러스터에서 실행되는 애플리케이션에 대한 외부 액세스를 관리하는 방법을 살펴본다.

그림 9.1은 이 장을 마친 후 폴라 북숍 시스템의 구성을 보여준다.

NOTE 이 장의 예제 소스 코드는 프로젝트의 초기 및 최종 상태를 포함하는 Chapter09/09-begin 및 Chapter09/09-end 폴더에 있다.[1]

9.1 에지 서버와 스프링 클라우드 게이트웨이

스프링 클라우드 게이트웨이는 스프링 웹플럭스 및 프로젝트 리액터를 기반으로 API 게이트웨이를 제공하기 위해 구축된 프로젝트로 보안, 복원력, 모니터링 같은 공통의 관심사와 기능을 한 장소에서 다룬다. 스프링 클라우드 게이트웨이는 개발자를 위해 만들어졌으며 스프링 아키텍처와 이질적인 환경에 적합하다.

API 게이트웨이는 시스템의 진입점이다. 마이크로서비스와 같은 분산 시스템에서 클라이언트를 내부 서비스 API로부터 분리하기 위한 편리한 방법인데 이렇게 클라이언트와 분리해놓으면 내부 API는 변경이 자유롭다. 클라이언트에게는 더 안정적이고 클라이언트 친화적인 공개 API를 제공하고 게이트웨이가 그 중간에서 클라이언트의 요청을 내부 API로 변환하기 때문에 시스템을 내부적으로 서비스와 API로 나누고 변경하는 것이 용이해진다.

모놀리스에서 마이크로서비스로 옮겨가는 중이라고 가정해보자. 이 경우 API 게이트웨이는 **모놀리스 교살기**monolith strangler[2]로 사용할 수 있는데 레거시 애플리케이션이 새로운 아키텍처로 마이그레이션이 끝날 때까지 클라이언트가 눈치채지 못하게 레거시 애플리케이션의 앞단에서 클라이언트

---

1   https://github.com/ThomasVitale/cloud-native-spring-in-action
2   [옮긴이] 모놀리스를 교살, 즉 목졸라 죽인다는 것인데, 모놀리스를 점차 폐기한다는 의미다.

에게 서비스를 전달해줄 수 있다. 다른 클라이언트 유형(단일 페이지 애플리케이션, 모바일 애플리케이션, 데스크톱 애플리케이션, IoT 장치)의 경우 API 게이트웨이는 필요에 따라 클라이언게에게 더 정교한 API를 제공할 수 있다(**프런트엔드를 위한 백엔드 패턴**backend-for-frontend pattern). 때로는 게이트웨이로 API 구성composition 패턴을 구현할 수 있는데, 여러 다른 서비스로부터 데이터를 가져와 조합한 결과를 클라이언트에 반환할 수 있다(예를 들어 스프링의 새 프로젝트인 그래프QL을 위한 스프링Spring for GraphQL 을 사용해서 반환).

호출은 리버스 프록시reverse proxy와 유사하게 주어진 라우팅 규칙에 따라 게이트웨이에서 해당 서비스로 전달된다. 이렇게 하면 클라이언트는 한 트랜잭션과 관련된 여러 서비스를 일일이 알고 있을 필요가 없기 때문에 클라이언트 로직이 단순해지고 호출이 줄어든다.

API 게이트웨이는 시스템의 진입 지점이기 때문에 보안, 모니터링 및 복원력과 같은 공통으로 발생하는 문제를 여기에서 구현하면 좋다. **에지 서버**edge server는 시스템의 경계에 있는 애플리케이션으로 API 게이트웨이 기능과 공통으로 필요한 기능을 구현한다. 다른 서비스를 호출할 때 오류가 확산되는 것을 막기 위해 서킷 브레이커를 설정하거나 내부 서비스에 대한 모든 호출에 대해 재시도 및 타임아웃을 설정할 수 있다. 진입하는 트래픽을 제어하고 사용자의 회원 등급(예를 들면 기본, 프리미엄, 프로)과 같은 기준에 따라 사용량을 제한하는 정책을 적용할 수도 있다. 또한 (11장과 12장에서 살펴보겠지만) 에지 서비스에서 인증 및 권한 설정을 구현하고 토큰을 다른 서비스에 전달할 수 있다 .

그러나 에지 서버가 시스템에 복잡성을 추가한다는 점을 고려해야 한다. 빌드와 배포 후에 프로덕션 환경에서 관리해야 하는 구성 요소가 하나 더 늘어난다. 또한 시스템에 네트워크 홉hop을 새롭게 추가하기 때문에 결과적으로 응답 시간을 늘린다. 물론 대부분의 경우, 이 비용 증가는 무시해도 될 만한 수준이지만 그래도 염두에 두어야 한다. 에지 서버는 시스템의 진입 지점이기 때문에 단일 실패 지점이 될 위험을 가지고 있다. 이에 대한 기본적인 완화 전략으로, 4장에서 컨피그 서버에 대해 설명한 방식과 같이 에지 서버의 복제본을 2개 이상 배포해야 한다.

스프링 클라우드 게이트웨이는 단순성과 생산성에 초점을 두고 있기 때문에 에지 서비스 구축이 아주 간난하나. 또한 리액티브 스택을 기반으로 하기 때분에 시스템의 성셰에서 사년스럽게 발생아는 높은 워크로느를 효율직으로 처리할 수 있다.

다음 절에서는 스프링 클라우드 게이트웨이를 사용해 에지 서버를 설정하는 방법에 대해 설명한다. 이를 위해 게이트웨이의 구성 요소인 경로, 술어, 필터에 대해 배운다. 그리고 앞 장에서 배운 재시도와 타임아웃 패턴을 게이트웨이와 서비스 간 상호작용에 대해 적용한다.

NOTE 앞 장의 예제를 따르지 않았다면, 책의 소스 코드 저장소[3]를 참고하여 09/09-begin을 사용해 프로젝트를 시작할 수 있다.

9.1.1 스프링 클라우드 게이트웨이를 이용한 에지 서버 부트스트래핑

폴라 북숍 시스템은 트래픽을 내부 API로 라우팅하고 몇 가지 공통 문제를 해결하기 위해 에지 서버가 필요하다. 스프링 이니셜라이저[4]에서 에지 서비스 프로젝트를 새로 만들고 생성한 프로젝트 코드를 깃의 edge-service 저장소로 저장한 다음 깃허브로 푸시한다. 프로젝트 생성을 위한 선택 사항은 그림 9.2에서 확인할 수 있다.

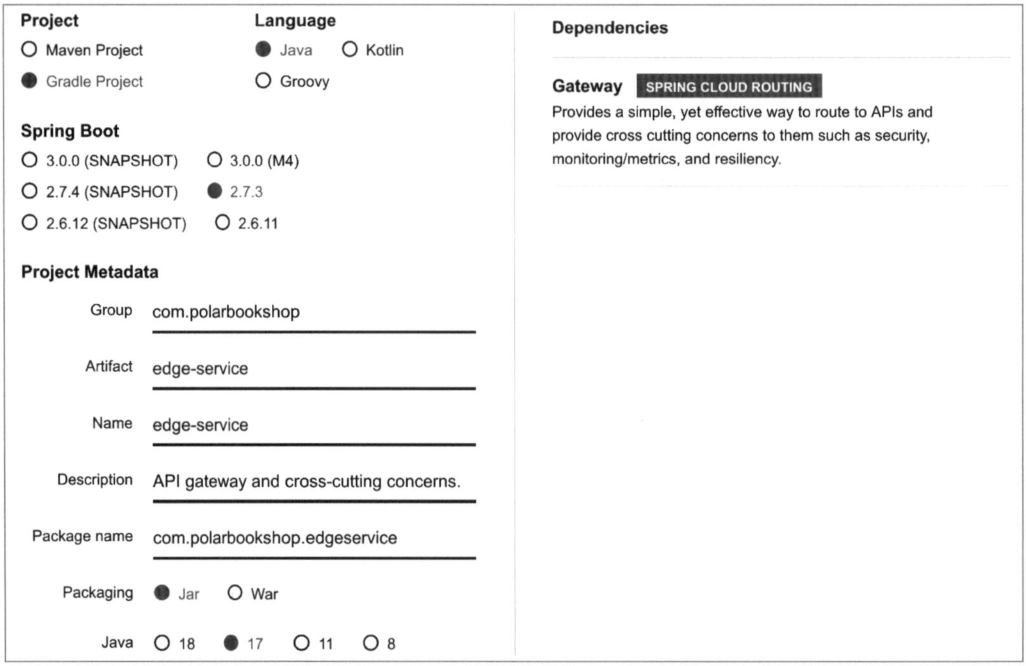

그림 9.2 에지 서비스 프로젝트 생성을 위한 선택 옵션

TIP 이 장의 시작 폴더에는 터미널에서 실행할 수 있는 curl 명령이 있다. 스프링 이니셜라이저 웹사이트에서 수작업으로 프로젝트를 생성하는 대신 이 명령을 실행하면 모든 코드가 들어 있는 zip 파일을 다운로드할 수 있다.

3　https://github.com/ThomasVitale/cloud-native-spring-in-action

4　https://start.spring.io

자동 생성된 build.gradle 파일의 **dependencies** 섹션은 다음과 같다.

```
dependencies {
    implementation 'org.springframework.cloud:spring-cloud-starter-gateway'
    testImplementation 'org.springframework.boot:spring-boot-starter-test'
}
```

주된 의존성 라이브러리는 다음과 같다.

- **스프링 클라우드 게이트웨이**Spring Cloud Gateway(**org.springframework.cloud:spring-cloud-starter-gateway**): 요청을 API로 라우팅하고 복원력, 보안, 모니터링과 같은 공통 문제에 대한 유틸리티를 제공한다. 스프링 리액티브 스택을 기반으로 만들어졌다.
- **스프링 부트 테스트**Spring Boot Test(**org.springframework.boot:spring-boot-starter-test**): 스프링 테스트, JUnit, 어서트J, 모키토를 포함해 애플리케이션을 테스트할 수 있는 여러 라이브러리 및 유틸리티를 제공한다. 모든 스프링 부트 프로젝트에 자동으로 포함된다.

본질적으로 스프링 클라우드 게이트웨이는 스프링 부트 애플리케이션이다. 따라서 자동 설정, 내장 서버, 테스트 유틸리티 및 외부화 설정 등 앞 장에서 사용한 모든 편리한 기능을 제공한다. 또한 스프링 리액티브 스택을 기반으로 하기 때문에 스프링 웹플럭스 그리고 리액터와 관련해 앞 장에서 배운 도구와 패턴을 사용할 수 있다. 먼저 내장 서버인 네티를 설정해보자.

먼저 스프링 이니셜라이저가 만든 application.properties 파일(edge-service/src/main/resources 폴더 내에 있음)의 이름을 application.yml로 변경한다. 그런 다음 파일을 열고 앞 장에서 배운 대로 네티 서버를 설정한다.

예제 9.1 **네티 서버 설정 및 우아한 종료**

```
server:
  port: 9000          ← 서버가 연결을
  netty:                수락하는 포트        서버와 TCP 연결을 수립하기까지
    connection-timeout: 2s  ←               기다리는 시간
    idle-timeout: 15s   ←                   데이터가 전송되지 않는 경우
  shutdown: graceful  ←                     TCP 연결을 끊기 전에 기다리는 시간

spring:                 우아한 종료 활성화
  application:
    name: edge-service
  lifecycle:                              우아한 종료 기간을
    timeout-per-shutdown-phase: 15s  ←    15초로 설정
```

애플리케이션 설정을 했으니 이제 스프링 클라우드 게이트웨이의 기능을 살펴보자.

9.1.2 경로와 술어의 정의

스프링 클라우드 게이트웨이는 3개의 주된 구성 요소로 이루어져 있다.

- **경로**route: 고유한 ID, 라우트를 따라갈지 여부를 결정하는 술어의 모음, 술어가 허용한 경우 요청을 전달하기 위한 URI, 요청을 다운스트림으로 전달하기 전이나 후에 적용할 필터의 모음, 이렇게 네 가지 사항으로 고유하게 결정된다.
- **술어**predicate: 경로, 호스트, 헤더, 쿼리 매개변수, 쿠키, 본문 등 HTTP 요청의 항목에 해당한다.
- **필터**filter: 요청을 다른 서비스로 전달하기 전이나 후에 HTTP 요청 또는 응답을 수정한다.

클라이언트가 스프링 클라우드 게이트웨이로 요청을 보낸다고 가정해보자. 요청이 술어를 통해 하나의 경로와 일치하면 게이트웨이의 `HandlerMapping`은 이 요청을 게이트웨이의 `WebHandler`로 보내고 웹 핸들러는 다시 일련의 필터를 통해 요청을 실행한다.

필터 체인은 두 가지가 있는데, 첫 번째 필터 체인은 요청을 다운스트림 서비스로 보내기 전에 실행할 필터를 가지고 있고 또 다른 체인은 다른 서비스로부터 받은 응답을 클라이언트에게 전달하기 전에 실행할 필터를 가지고 있다. 다음 절에서는 다양한 유형의 필터를 살펴볼 것이다. 그림 9.3은 스프링 클라우드 게이트웨이에서 라우팅이 어떻게 작동하는지 보여준다.

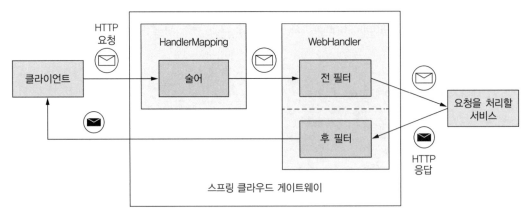

그림 9.3 요청은 일치하는 술어가 있는지 확인한 후 필터를 거쳐 요청을 처리할 서비스로 전달되며
서비스로부터 받은 응답은 클라이언트에 보내기 전에 또 다른 필터를 통과한다.

폴라 북숍 시스템에 대해 외부에서 액세스할 수 있는 API(즉, 공개 API)를 제공하는 두 개의 애플리케이션을 구축했는데 이는 카탈로그 서비스와 주문 서비스다. 에지 서비스를 통해 API 게이트웨이 뒤에 이 두 개의 서비스를 숨길 수 있다. 이를 위해 라우트 정의부터 살펴보자.

라우트는 최소한 고유한 ID, 요청을 전달할 URI, 하나 이상의 술어로 구성되어야 한다. 에지 서비스 프로젝트의 application.yml 파일을 열고 카탈로그 서비스 및 주문 서비스에 대한 두 가지 라우트를 설정해보자.

예제 9.2 **요청을 처리할 서비스의 라우트 설정**

```
spring:
  cloud:
    gateway:                    ← 라우트 정의 목록
      routes:                              ← 라우트 ID
        - id: catalog-route   ←
          uri: ${CATALOG_SERVICE_URL:http://localhost:9001}/books
          predicates:              일치하는 경로를
            - Path=/books/**  ← 술어로 사용한다.
        - id: order-route
          uri:
  ↳${ORDER_SERVICE_URL:http://localhost:9002}/orders    ← URI 값은 환경 변수로부터 오거나
          predicates:                                      해당 환경 변수가 없는 경우 기본값을 사용한다.
            - Path=/orders/**
```

카탈로그 서비스 및 주문 서비스의 라우트는 Path 술어와 일치하는지 확인한다. 경로가 /books으로 시작하는 요청은 카탈로그 서비스로 전달된다. /orders로 시작하면 주문 서비스로 요청을 보낸다. URI는 환경 변수(CATALOG_SERVICE_URL 및 ORDER_SERVICE_URL)의 값을 사용해 확인한다. 환경 변수가 정의되지 않은 경우 첫 번째 콜론 기호(:) 뒤에 오는 값을 기본 설정 값으로 사용한다. 이는 앞 장에서 사용자 정의 속성을 기반으로 URL을 정의한 것과는 다른 방법인데, 두 가지 방식을 다 살펴보려는 목적에서 그렇게 했다.

스프링 클라우드 게이트웨이 프로젝트에는 경로 설정에 사용할 수 있는 다양한 술어를 제공하고 있는데, 이를 통해 Cookie, Header, Host, Method, Path, Query, RemoteAddr 등 HTTP 요청의 여러 요소와 일치하는지 확인할 수 있다. 또한 이들을 AND 조건으로 묶어서 사용할 수도 있다. 스프링 클라우드 게이트웨이에서 사용 가능한 술어는 광범위한데 자세한 목록은 공식 문서[5]를 참고하기 바란다.

---

5   https://spring.io/projects/spring-cloud-gateway

9.1 에지 서버와 스프링 클라우드 게이트웨이

이제 의도한 대로 작동하는지 확인해보자. 도커를 사용해 서비스와 PostgreSQL을 실행하지만, 에지 서버는 로컬 JVM으로 실행한다. 지금은 에지 서버를 구축하는 중이라 그렇게 하는게 더 효율적이다.

우선 카탈로그 서비스와 주문 서비스를 모두 실행해야 한다. 각 프로젝트 루트 폴더에서 `./gradlew bootBuildImage`를 실행하여 컨테이너 이미지로 패키징한다. 그런 다음 도커 컴포즈를 통해 서비스를 시작한다. 터미널 창을 열고 docker-compose.yml 파일이 있는 폴더(polar-deployment/docker)로 이동한 후에 다음과 같은 명령을 실행한다.

```
$ docker-compose up -d catalog-service order-service
```

두 애플리케이션 모두 PostgreSQL을 사용하기 때문에 도커 컴포즈는 PostgreSQL 컨테이너도 실행한다.

서비스를 모두 시작했으면 에지 서비스를 실행해야 한다. 터미널 창에서 프로젝트 루트 폴더(edge-service)로 이동한 후에 다음과 같은 명령을 실행해본다.

```
$ ./gradlew bootRun
```

에지 서비스 애플리케이션은 9000 포트에서 요청을 수락한다. 최종 테스트의 일환으로 책과 주문에 대한 요청을 API 게이트웨이로 보내보자(즉, 카탈로그 서비스 및 주문 서비스가 듣고 있는 개별 포트가 아닌 9000 포트를 사용한다). `200 OK` 응답을 받아야 한다.

```
$ http :9000/books
$ http :9000/orders
```

카탈로그 서비스와 주문 서비스를 직접 호출한 것과 결과는 같지만, 같은 호스트 이름과 포트를 사용해 호출한다. 애플리케이션 테스트가 끝나면 Ctrl+C로 실행을 중지한다. 그런 다음 도커 컴포즈로 모든 컨테이너를 종료한다.

```
$ docker-compose down
```

내부적으로 에지 서비스는 네티의 HTTP 클라이언트를 통해 요청을 해당 서비스로 전달한다. 앞장에서 광범위하게 논의한 바와 같이, 애플리케이션이 외부 서비스를 호출할 때는 서비스 간 통신 장애에 탄력적으로 대처할 수 있도록 타임아웃을 설정하는 것이 필수적이다. 스프링 클라우드 게이트웨이는 HTTP 클라이언트의 타임아웃 설정을 위한 속성을 제공한다.

에지 서비스의 application.yml 파일을 다시 열어 연결 타임아웃(서비스와 연결이 수립되기까지의 제한 시간)과 응답 타임아웃(응답을 받을 때까지의 제한 시간)에 대한 값을 설정한다.

예제 9.3 게이트웨이 HTTP 클라이언트에 대한 타임아웃 설정

```
spring:
  cloud:
    gateway:             ┌─ HTTP 클라이언트에 대한        연결을 수립하기까지의
      httpclient: ◄──────┘  설정 속성                     타임아웃(밀리초)
        connect-timeout: 2000 ◄─
        response-timeout: 5s  ◄─                          응답을 받을 때까지의
                                                          타임아웃(기간)
```

기본 설정상 스프링 클라우드 게이트웨이에서 사용하는 네티 HTTP 클라이언트는 **탄력 연결 풀**elastic connention pool을 사용해 워크로드가 증가함에 따라 동시 연결 수를 동적으로 늘린다. 동시에 받는 요청 수에 따라 **고정 연결 풀**fixed connection pool로 전환해 연결 수에 대한 제어를 좀 더 많이 할 수도 있다. 스프링 클라우드 게이트웨이에서 네티 연결 풀에 대한 설정은 `spring.cloud.gateway.httpclient.pool` 속성 그룹을 통해서 한다.

예제 9.4 게이트웨이 HTTP 클라이언트에 대한 연결 풀 설정

```
spring:
  cloud:
    gateway:
```

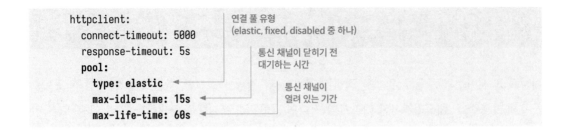

```
httpclient:
    connect-timeout: 5000
    response-timeout: 5s
    pool:
        type: elastic          ←     연결 풀 유형
        max-idle-time: 15s     ←     (elastic, fixed, disabled 중 하나)
        max-life-time: 60s     ←     통신 채널이 닫히기 전
                                     대기하는 시간

                                     통신 채널이
                                     열려 있는 기간
```

연결 풀의 작동 방식, 가능한 설정, 특정 시나리오에서 어떤 값을 사용할 수 있는지에 대한 자세한 내용은 공식 리액터 네티 문서[6]를 참고하기 바란다.

다음 절에서는 단순히 요청을 전달하는 것을 넘어 스프링 클라우드 게이트웨이 필터에 대해 흥미로운 사항을 구현해볼 것이다.

9.1.3 필터를 통한 요청 및 응답 처리

라우트와 술어만으로도 애플리케이션이 프록시 역할을 할 수 있지만 스프링 클라우드 게이트웨이를 실제로 강력하게 해주는 것은 바로 필터다. **사전 필터**pre-filter는 들어오는 요청을 다운스트림 애플리케이션으로 전달하기 전에 실행할 수 있는 필터다. 이 필터는 다음과 같은 경우에 사용된다.

- 요청의 헤더를 변경
- 사용률 제한 및 서킷 브레이크 적용
- 프락시 요청에 대한 재시도 및 타임아웃 정의
- OAuth2 및 오픈ID 커넥트를 사용한 인증 흐름 시작

또 다른 필터는 **사후 필터**post-filter인데 다운스트림 애플리케이션에서 응답을 받은 후에 클라이언트로 보내기 전에 응답에 대해 적용한다. 다음과 같은 경우에 사용한다.

- 보안 헤더 설정
- 응답 본문에서 민감한 정보를 변경

스프링 클라우드 게이트웨이는 다양한 종류의 작업을 수행할 수 있는 필터를 번들로 제공하는데 이를 통해 요청에 헤더 추가, 서킷 브레이커 설정, 웹 세션 저장, 실패시 요청 재시도, 사용률 제한 활성화 등을 할 수 있다.

---

6   https://projectreactor.io/docs

앞 장에서 애플리케이션 복원력을 향상하기 위해 재시도 패턴을 사용하는 법을 배웠다. 지금은 이 재시도 패턴을 게이트웨이에 정의한 라우트에 따라 모든 GET 요청에 기본 필터로 적용하는 법을 살펴보자.

❶ 재시도 필터 사용

src/main/resources 아래의 application.yml 파일에 기본 필터를 정의할 수 있다. 스프링 클라우드 게이트웨이가 제공하는 필터 중 하나는 **재시도 필터**Retry filter다. 설정은 8장에서 했던 것과 비슷하다.

모든 GET 요청에 대해 응답 상태 코드가 5xx 범위(SERVER_ERROR)에 있으면 최대 3회까지 재시도 하는 것을 설정해보자. 상태 코드가 4xx 범위에 있을 때는 요청을 재시도하지 않는다. 예를 들어 응답이 404라면 다시 요청을 시도하는 것은 의미가 없다. IOException 및 TimeoutException과 같이 재시도를 하는 경우를 나열할 수도 있다.

앞서 살펴본 내용에 비추어 재요청을 곧바로 반복적으로 하지 말아야 한다는 것을 지금쯤이면 알고 있을 것이다. 곧바로 재시도 요청을 보내는 대신 백오프 전략을 사용해야 한다. 기본 설정상 지연은 firstBackoff *(factor^n) 공식에 의해 계산된다. basedOnPreviousValue 매개변수를 true로 설정하면 공식은 prevBackoff * factor가 된다.

예제 9.5 **모든 라우트에 재시도 필터 적용**

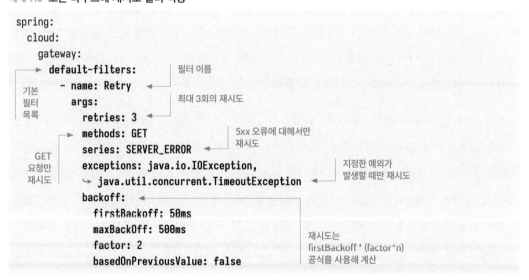

재시도 패턴은 해당 서비스가 일시적으로 사용할 수 없는 상태일 때 유용하다. 하지만 이런 상태가 몇 분 이상 지속된다면 어떻게 해야 할까? 이 시점에서 서비스가 확실히 정상으로 돌아올 때까지 요청을 중단할 수 있다. 요청을 계속해서 보내는 것은 요청을 보내는 쪽이나 받는 쪽 모두에게 도움이 되지 않는다. 이런 경우에는 대신 서킷 브레이커 패턴이 유용하며, 이것이 다음 절의 주제다.

9.2 스프링 클라우드 서킷 브레이커와 Resilience4J로 내결함성 개선하기

복원력은 클라우드 네이티브 애플리케이션의 중요한 특성이다. 높은 복원력을 달성할 수 있는 원칙 중 하나는 실패가 단계적으로 확산되고 다른 구성 요소에 영향을 미치는 것을 막는 것이다. 애플리케이션 X가 애플리케이션 Y를 사용하는 분산 시스템을 고려해보자. 애플리케이션 Y가 실패한다고 해서 애플리케이션 X도 실패해야 할까? 서킷 브레이커는 한 구성 요소의 오류가 그 구성 요소에 의존하는 다른 구성 요소로 전파되는 것을 차단해 나머지 시스템을 보호한다. 이것은 결함이 발생한 구성 요소가 정상적으로 복구될 때까지 일시적으로 통신을 중단함으로써 가능하다. 이 패턴은 전기 시스템에서 차용한 것으로 전류 과부하로 인해 시스템의 일부가 고장 났을 때 집 전체가 위험해지는 것을 막기 위해 회로가 물리적으로 열리는 것에 기인한다.

분산 시스템에서는 구성 요소 간의 통합 지점에 서킷 브레이커를 설치할 수 있다. 에지 서비스와 카탈로그 서비스에 대해 생각해보자. 일반적인 시나리오에서 회로는 **폐쇄**closed 상태의 두 서비스가 네트워크를 통해 상호작용한다. 카탈로그 서비스로부터 반환되는 서버 오류 응답에 대해 에지 서비스의 서킷 브레이커는 장애를 등록한다. 장애 발생 횟수가 특정 임곗값을 초과하면 서킷 브레이커가 실행되고 회로는 **개방**open 상태로 전환된다.

회로가 열려 있는 동안 에지 서비스와 카탈로그 서비스 간의 통신은 허용되지 않는다. 카탈로그 서비스에 전달해야 하는 요청은 즉시 실패한다. 이때는 클라이언트에게 오류를 반환하거나 폴백 논리를 실행할 수 있다. 시스템이 복구할 수 있는 충분한 시간이 지나면 서킷 브레이커는 **반개방**half-open 상태로 전환되어 카탈로그 서비스를 호출한다. 이 호출은 해당 서비스를 계속 연결해도 문제가 없을지 확인하기 위한 탐색 단계의 호출이다. 이 호출이 성공하면 서킷 브레이커가 리셋되어 **폐쇄** 상태로 전환되고 실패하면 서킷 브레이커는 다시 **개방** 상태로 되돌아간다. 그림 9.4는 서킷 브레이커의 상태가 어떻게 변하는지 보여준다.

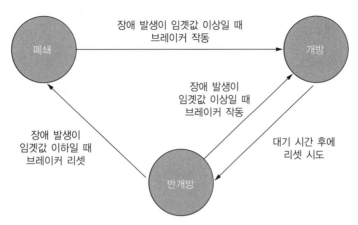

서킷 브레이커 상태 다이어그램

장애 발생이 임곗값 이상일 때
브레이커 작동

폐쇄

개방

장애 발생이
임곗값 이상일 때
브레이커 작동

장애 발생이
임곗값 이하일 때
브레이커 리셋

대기 시간 후에
리셋 시도

반개방

그림 9.4 서킷 브레이커는 서비스에 대해 허용되는 최대 고장 횟수를 초과할 때 서비스로의 통신을 차단함으로써
내결함성을 보장한다. 이 논리는 폐쇄, 개방, 반개방의 세 가지 상태를 기반으로 한다.

재시도와 달리 서킷 브레이커가 작동하면 더 이상 해당 서비스에 대한 호출이 허용되지 않는다. 재시도와 마찬가지로, 서킷 브레이커의 작동은 임곗값과 타임아웃에 따라 다르며, 호출할 폴백 메서드를 정의할 수도 있다. 높은 복원력을 통해 이루고자 하는 목표는 실패가 일어나는 상황에서도 사용자가 시스템을 계속 사용할 수 있도록 유지하는 것이다. 서킷 브레이커 작동과 같은 최악의 경우라도 우아한 성능 저하를 보장해야 한다. 이를 위해 폴백 메서드에 대해 다양한 전략을 채택할 수 있다. 예를 들면 GET 요청의 경우 기본값 혹은 캐시에 마지막으로 저장된 값을 반환할 수 있다.

스프링 클라우드 서킷 브레이커 프로젝트는 스프링 애플리케이션에서 서킷 브레이커를 정의하기 위한 추상화를 제공한다. Resilience4J[7]를 기반으로 한 리액티브 및 비 리액티브 구현 중 하나를 선택할 수 있다. 넷플릭스 히스트릭스는 마이크로서비스 아키텍처에서 인기를 끌었지만 2018년 이후로는 유지 보수 모드로 전환되었다. 그 이후로는 Resilience4J가 히스트릭스와 동일한 기능뿐만 아니라 다른 기능까지 추가로 제공하기 때문에 좀 더 선호된다.

스프링 클라우드 게이트웨이는 기본적으로 스프링 클라우드 서킷 브레이커와 통합되어 모든 서비스와의 상호작용을 보호하는 데 사용할 수 있는 CircuitBreaker 게이트웨이 필터를 제공한다. 다음 절에서는 에지 서비스로부터 카탈로그 서비스 및 주문 서비스로의 라우트를 위한 서킷 브레이

---

7   https://resilience4j.readme.io

커를 구성한다.

9.2.1 스프링 클라우드 서킷 브레이커를 통한 서킷 브레이커 소개

스프링 클라우드 게이트웨이에서 스프링 클라우드 서킷 브레이커를 사용하려면 사용하려는 특정 의존성 라이브러리를 추가해야 한다. 우리는 Resilience4J 리액티브 버전을 사용하려고 한다. 에지 서비스 프로젝트(edge-service)의 build.gradle 파일에 의존성을 새로 추가해보자. 추가한 후에는 새로고침하거나 다시 임포트한다.

예제 9.6 **스프링 클라우드 서킷 브레이커에 대한 의존성 추가**

```
dependencies {
    ...
    implementation 'org.springframework.cloud:
    ↳ spring-cloud-starter-circuitbreaker-reactor-resilience4j'
}
```

스프링 클라우드 게이트웨이의 `CircuitBreaker` 필터는 스프링 클라우드 서킷 브레이커를 사용해 라우트 설정에 추가된다. 재시도 필터와 마찬가지로 특정 라우트에 적용하거나 기본 필터로 정의할 수도 있다. 첫 번째 방법을 사용해보자. 또한 회로가 열린 상태일 때 요청을 처리하기 위한 폴백 URI를 지정하는 것도 가능하다. 다음 예제에서는 두 라우트 모두 `CircuitBreaker` 필터로 설정되지만 catalog-route만 폴백 URI 값을 가지고 있어 폴백 URI가 있는 경우와 없는 경우의 두 가지 시나리오를 모두 확인할 수 있다.

예제 9.7 **게이트웨이 라우트에 대한 서킷 브레이커 설정**

```
spring:
  cloud:
    gateway:
      routes:
        - id: catalog-route
          uri: ${CATALOG_SERVICE_URL:http://localhost:9001}/books
          predicates:
            - Path=/books/**
          filters:
            - name: CircuitBreaker          서킷 브레이커 이름
              args:
                name: catalogCircuitBreaker          회로가 개방 상태일 때
                fallbackUri: forward:/catalog-fallback          요청을 이 URI로 전달
        - id: order-route
```

필터 이름

```
        uri: ${ORDER_SERVICE_URL:http://localhost:9002}/orders
        predicates:
          - Path=/orders/**
        filters:
          - name: CircuitBreaker  ◄──────  서킷 브레이커에 대해
            args:                          정의한 폴백이 없음
              name: orderCircuitBreaker
```

다음 단계로 서킷 브레이커 설정을 해야 한다.

9.2.2 Resilience4J 서킷 브레이커 설정

CircuitBreaker 필터를 적용할 라우트를 정의했다면 서킷 브레이커 자체를 설정해야 한다. 스프링 부트에서 자주 볼 수 있듯이, 두 가지 방법이 가능하다. Resilience4J가 제공하는 속성 또는 Customizer 빈을 통해 서킷 브레이커를 설정할 수 있다. 후자의 경우, Resilience4J의 리액티브 버전을 사용하고 있기 때문에 설정 빈은 Customizer<ReactiveResilience4JCircuitBreakerFactory> 유형이어야 한다.

어느 쪽이든 application.yml 파일에서 지정한 각각의 서킷 브레이커(즉, catalogCircuitBreaker 및 orderCircuitBreaker)에 특정 설정을 정의하거나 모든 브레이커에 적용될 기본값을 선언할 수도 있다.

우리의 예제에서 서킷 브레이커는 슬라이딩 윈도 크기를 20회의 호출로 정의하려고 한다. 호출을 새로 하게 되면 가장 오래된 호출을 삭제하고 새 호출이 들어오면서 윈도는 변경된다. 윈도의 호출 50% 이상이 오류를 생성하면(failureRateThreshold) 서킷 브레이커가 작동하고 회로는 개방 상태로 들어간다. 15초(waitDurationInOpenState) 후에, 회로는 반개방 상태로 전환하고 5개의 호출을 허용한다(permittedNumberOfCallsInHalfOpenState). 그중 50% 이상이 오류를 일으키면 회로는 다시 개방된다. 그렇지 않으면 서킷 브레이커는 폐쇄 상태로 전환한다.

이제 코드를 살펴보자. 에지 서비스 프로젝트(edge-service)의 application.yml 파일 끝부분에 모든 Resilience4J 서킷 브레이커에 대한 기본 설정을 정의해보자.

```yaml
resilience4j:
  circuitbreaker:          모든 서킷 브레이커에 대한
    configs:               기본 설정
      default:      ◄──
        slidingWindowSize: 20                                회로가 폐쇄된 상태일 때 호출의 결과를 기록하는데
        permittedNumberOfCallsInHalfOpenState: 5            사용하는 슬라이딩 윈도의 크기
        failureRateThreshold: 50      ◄─────
        waitDurationInOpenState: 15000                   회로가 반개방 상태일 때
  timelimiter:                                            허용되는 호출의 수
    configs:            모든 시간 제한에 대한       실패율이 임계값 이상이면
      default:   ◄──   기본 설정                  회로는 개방 상태로 바뀐다.
        timeoutDuration: 5s   ◄─
                                              개방 상태에서 반개방 상태로 가기까지
                    타임아웃 설정(초)           기다릴 시간(밀리초)
```

스프링 클라우드 서킷 브레이커의 Resilience4J 구현을 사용할 때는 서킷 브레이커와 시간 제한을 둘 다 설정해야 한다. Resilience4J를 통해 설정한 타임아웃은 네티 HTTP 클라이언트(spring.cloud.gateway.httpclient.response-timeout)에 대해 이전 섹션에서 정의한 응답 타임아웃보다 높은 우선순위를 갖는다.

차단기가 열려 있을 때, 우리가 할 수 있는 최소한의 일은 서비스 수준을 우아하게 낮추고 사용자경험을 최대한 유지하는 것이다. 다음 절에서 이에 대해 살펴보겠다.

9.2.3 스프링 웹플럭스를 이용한 폴백 REST API 정의

CircuitBreaker 필터를 catalog-route에 추가 시 회로가 개방 상태인 경우 /catalog-fallback 엔드포인트로 요청을 전달하는 폴백 URI 속성 값을 정의했다. Retry 필터가 해당 라우트에도 적용되므로 모든 재시도가 실패하면 폴백 엔드포인트가 호출된다. 이제 이 엔드포인트를 정의할 때가 됐다.

앞 장에서 언급했듯이 스프링에서는 @RestController 클래스 또는 라우터 함수를 사용해 REST 엔드포인트를 정의할 수 있다. 지금은 함수적 방법을 사용해 폴백 엔드포인트를 선언해보자.

에지 서비스 프로젝트에 com.polarbookshop.edgeservice.web 패키지를 새로 만들고 그 아래에 WebEndpoints 클래스를 만든다. 스프링 웹플럭스에서 함수형 엔드포인트는 RouterFunction<ServerResponse> 빈에서 RouterFunctions가 제공하는 플루언트 API를 통해 라우트로 정의한다. 각 라우트에 대해 엔드포인트 URL, 메서드, 핸들러를 정의해야 한다.

```java
package com.polarbookshop.edgeservice.web;

import reactor.core.publisher.Mono;
import org.springframework.context.annotation.Bean;
import org.springframework.context.annotation.Configuration;
import org.springframework.http.HttpStatus;
import org.springframework.web.reactive.function.server.RouterFunction;
import org.springframework.web.reactive.function.server.RouterFunctions;
import org.springframework.web.reactive.function.server.ServerResponse;

@Configuration
public class WebEndpoints {            함수형 REST 엔드포인트가
                                       빈 내부에서 정의된다.

  @Bean                                                라우트를 생성하기 위한
  public RouterFunction<ServerResponse> routerFunction() {   플루언트 API를 제공한다.
    return RouterFunctions.route()                           GET 엔드포인트에 대한
      .GET("/catalog-fallback", request ->                  폴백 응답
        ServerResponse.ok().body(Mono.just(""), String.class))
      .POST("/catalog-fallback", request ->                 POST 엔드포인트에 대한
        ServerResponse.status(HttpStatus.SERVICE_UNAVAILABLE).build())  폴백 응답
      .build();           함수형 엔드포인트를
  }                       만든다.
}
```

편의를 위해, GET 요청에 대한 폴백은 빈 문자열을 반환하고 POST 요청에 대한 폴백은 HTTP 503 오류를 반환한다. 실제 시나리오에서는 클라이언트가 처리할 수 있도록 사용자 지정 예외를 발생한다든지 원래 요청에 대해 캐시에 저장된 마지막 값을 반환한다든지, 상황에 따라 다른 폴백 전략을 채택할 수 있다.

지금까지 재시도, 타임아웃, 서킷 브레이커, 장애복구(폴백) 등을 사용해봤다. 다음 절에서는 복원력과 관련한 이 모든 패턴을 어떻게 함께 사용할 수 있는지 살펴본다.

9.2.4 서킷 브레이커, 재시도 및 시간 제한의 결합

복원력에 대한 여러 개의 패턴을 결합할 때, 이들을 적용하는 순서가 중요하다. 스프링 클라우드 게이트웨이는 TimeLimiter(혹은 HTTP 클라이언트의 타임아웃)를 가장 먼저 적용하고, 그다음으로 CircuitBreaker 필터를 적용한 후에 마지막으로 Retry를 시도한다. 그림 9.5는 이러한 패턴이 어떻게 함께 작용하여 애플리케이션 복원력을 높이는지 보여준다.

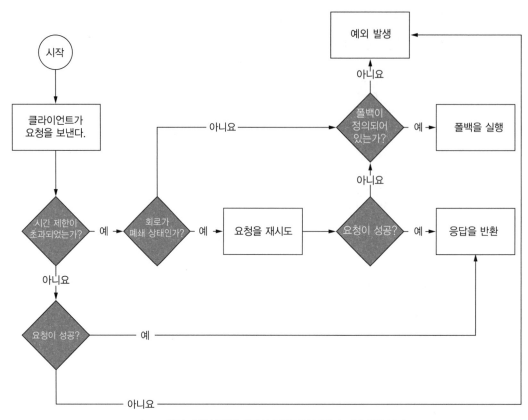

복원력 패턴 결합

그림 9.5 **여러 개의 복원력 패턴이 구현되면 특정 순서로 적용된다.**

이 패턴들을 에지 서비스에 적용한 결과를 아파치 벤치마크~Apache Benchmark[8]와 같은 도구를 사용해 확인할 수 있다. macOS 또는 리눅스를 사용하는 경우 이미 설치되어 있을 수 있다. 그렇지 않으면 공식 웹사이트의 지침을 따라 설치할 수 있다.

카탈로그 서비스와 주문 서비스가 둘 다 실행되고 있는지 확인해야 한다. 두 서비스가 실행하지 않아야만 실패 시나리오에서 서킷 브레이커를 테스트할 수 있다. 그런 다음 서킷 브레이커의 상태 전환이 어떻게 이루어지는지 알 수 있도록 Resilience4J에 대한 디버그 로깅을 활성화한다. 에지 서비스 프로젝트의 application.yml 파일을 열고 다음 설정을 추가해보자.

---

8 https://httpd.apache.org/docs/2.4/programs/ab.html

예제 9.10 Resilience4J 디버그 로깅 활성화

```
logging:
  level:
    io.github.resilience4j: DEBUG
```

이제 에지 서비스를 빌드하고 실행한다(`./gradlew bootRun`). 모든 서비스가 실행되고 있지 않기 때문에(만일 실행 중이라면 서비스를 중단하기 바란다), 에지 서비스에서 보낸 모든 요청에 오류가 발생한다. 21개의 POST 요청(`-n 21 -c 1 -m POST`)을 `/orders` 엔드포인트로 순차적으로 보내면 어떻게 되는지 살펴보자. POST 요청에는 재시도 설정이 없으며 order-route에는 폴백이 없으므로 결과는 타임아웃과 서킷 브레이커의 영향만 받는다.

```
$ ab -n 21 -c 1 -m POST http://localhost:9000/orders
```

모든 요청이 오류를 반환하는 것을 ab의 출력에서 알 수 있다.

```
Complete requests: 21
Non-2xx responses: 21
```

서킷 브레이커는 20개의 호출 윈도우에서 50% 이상 호출이 실패하면 개방 상태로 전환하도록 설정되어 있다. 애플리케이션을 방금 전에 시작했기 때문에 20차례 요청 이후에 회로는 개방 상태로 전환한다. 애플리케이션 로그를 통해 요청이 어떻게 처리됐는지 분석할 수 있다. 모든 요청이 실패하기 때문에 서킷 브레이커는 각 요청에 대해 ERROR 이벤트를 등록한다.

```
Event ERROR published: CircuitBreaker 'orderCircuitBreaker'
  recorded an error.
```

20번째 요청에서 실패 임곗값을 초과하기 때문에 FAILURE_RATE_EXCEEDED 이벤트가 기록되고 이 것은 회로를 개방 상태로 전환하는 STATE_TRANSITION 이벤트를 발생한다.

```
Event ERROR published: CircuitBreaker 'orderCircuitBreaker'
  recorded an error.
Event FAILURE_RATE_EXCEEDED published: CircuitBreaker 'orderCircuitBreaker'
  exceeded failure rate threshold.
Event STATE_TRANSITION published: CircuitBreaker 'orderCircuitBreaker'
```

```
changed state from CLOSED to OPEN
```

21번째 요청은 아예 주문 서비스에 연결하려고 시도조차 하지 않는다. 회로가 개방 상태이기 때문에 더 이상 진행할 수 없다. 요청이 실패한 이유를 알리기 위해 NOT_PERMITTED 이벤트가 등록된다.

```
Event NOT_PERMITTED published: CircuitBreaker 'orderCircuitBreaker'
 recorded a call which was not permitted.
```

NOTE 프로덕션 환경에서 서킷 브레이커의 상태를 모니터링하는 것은 아주 중요하다. 13장에서는 로그를 확인하는 대신 정보를 프로메테우스 측정치로 엑스포트해서 그라파나 대시보드를 통해 시각화할 수 있는 방법을 살펴볼 것이다. 더 시각적인 설명을 위해 <Spring I/O, 2022>[9]에서 필자의 서킷 브레이커에 대한 세션 'Spring Cloud Gateway: Resilience, Security, and Observability'를 참고하기 바란다.

이제 재시도와 폴백이 모두 구성된 GET 엔드포인트를 호출할 때 무슨 일이 일어나는지 확인해보자. 계속하기 전에 서킷 브레이커의 상태를 초기화하기 위해 에지 서비스 애플리케이션을 다시 실행하기 바란다(./gradlew bootRun). 그런 다음 다음과 같은 명령을 실행한다.

```
$ ab -n 21 -c 1 -m GET http://localhost:9000/books
```

애플리케이션 로그를 통해 서킷 브레이커가 이전처럼 정확하게 작동하는 것을 확인할 수 있다. 허용된 20개의 요청(폐쇄 회로)이 있고 그 뒤로 허용되지 않은 요청(열린 회로)이 뒤따른다. 그러나 앞의 명령의 결과는 21건의 요청이 실패 없이 완료되었음을 보여준다.

```
Complete requests: 21
Failed requests: 0
```

이번에는 모든 요청이 폴백 엔드포인트로 전달되었으므로 클라이언트에서 어떤 오류도 발생하지 않았다.

IOException 또는 TimeoutException이 발생할 때 재시도 필터가 작동하도록 설정했다. 현재 우리의 경우 서비스를 실행하고 있지 않기 때문에 ConnectException 예외가 발생하고 따라서 재시

---

9   http://mng.bz/z55A

도 없이 서킷 브레이커와 폴백의 결합된 작동을 보여준다.

지금까지 우리는 에지 서비스와 애플리케이션 간의 상호작용이 더 높은 복원력을 갖도록 하기 위한 패턴을 살펴봤다. 시스템의 진입점에 대해서는 어떻게 해야 할까? 다음 절에서는 에지 서비스 애플리케이션을 통해 시스템으로 들어오는 요청 흐름을 제어하는 사용률 제한에 대해 살펴본다. 계속하기 전에 Ctrl+C로 애플리케이션을 중지한다.

9.3 스프링 클라우드 게이트웨이와 레디스를 통한 요청 사용률 제한

사용률 제한은 애플리케이션이 전송하거나 수신하는 트래픽의 사용률을 제어하기 위해 사용하는 패턴으로, 시스템을 견고하게 만들고 복원력을 높이는 데 도움이 된다. HTTP 상호작용의 맥락에서 이 패턴을 적용하여 클라이언트 측과 서버 측 사용률 제한을 통해 나가거나 들어오는 네트워크 트래픽을 제어할 수 있다.

클라이언트 측 사용률 제한client-side rate limiter은 주어진 기간 동안 다운스트림 서비스로 전송되는 요청 수를 제한하기 위한 것이다. 클라우드 공급자와 같은 타사 조직이 해당 서비스를 관리하고 제공할 때 채택하면 유용한 패턴이다. 이를 통해 사용 계약에서 허용된 요청보다 더 많은 요청이 발생할 때 추가 비용이 들어가지 않도록 할 수 있다. 또한 사용량당 과금 서비스의 경우에도 예상치 못한 비용의 발생을 방지한다.

다운스트림 서비스가 자사의 시스템에 속해 있다면 사용률 제한을 통해 DoS를 피할 수 있다. 그러나 이 경우에는 **벌크헤드**bulkhead **패턴**(또는 **동시 요청 제한**concurrent request limiter)을 사용해 허용되는 동시 요청 수에 대한 제약 조건을 설정하고 차단된 요청은 큐에 넣는 것이 더 적합하다. 적응형 벌크헤드를 사용하면, 동시성 제한이 알고리즘에 의해 동적으로 업데이트되기 때문에 클라우드 인프라의 탄력성에 더 잘 적응할 수 있다.

서버 측 속도 제한 Server-side rate limiter은 주어진 기간에 서비스(또는 클라이언트)가 수신하는 요청 수를 제한하기 위한 것이다. 이 패턴은 전체 시스템을 과부하 또는 DoS 공격에서 보호하기 위해 API 게이트웨이에 구현할 때 유용하다. 사용자 수가 증가하면 시스템은 탄력적인 방식으로 확장되어 모든 사용자에게 수용 가능한 서비스 품질을 보장해야 한다. 사용자 트래픽의 급격한 증가가 예상될 때, 처음에는 인프라에 더 많은 리소스를 추가하거나 더 많은 애플리케이션 인스턴스를 추가해 이 문제를 해결한다. 하지만 시간이 지남에 따라 이렇게 하는 것이 문제가 될 수 있으며 서비스 중단으로 이어질 수도 있다. 이때 서버 측 속도 제한이 문제 해결에 도움이 될 수 있다.

사용자가 특정 시간 기간 내에 허용된 요청 수를 초과하면 HTTP 429 - Too Many Requests 상태로 모든 추가 요청이 거부된다. 어떻게 제한할 것인지는 주어진 전략에 따라 적용된다. 예를 들면 세션당, IP 주소당, 사용자당, 테넌트당 요청을 제한할 수 있다. 전반적인 목표는 문제가 발생할 때 모든 사용자가 시스템을 계속 사용할 수 있게 하는 것이다. 그것이 복원력의 정의다. 이 패턴은 사용자 계층에 따라 서비스를 제공하는 데에도 유용하다. 기본, 프리미엄 및 엔터프라이즈 사용자에 대해 각각 다른 사용률 제한을 정의할 수 있다.

Resilience4J는 클라이언트 측 속도 제한 및 벌크헤드 패턴을 지원하며 리액티브 및 비 리액티브 애플리케이션 모두를 지원한다. 스프링 클라우드 게이트웨이는 서버 측 속도 제한 패턴을 지원한다. 이번 절에서는 스프링 클라우드 게이트웨이와 스프링 데이터 레디스 리액티브를 사용해 에지 서비스에 서버 측 속도 제한 패턴을 사용하는 방법을 살펴본다. 레디스 컨테이너를 설치하는 것부터 시작해보자.

9.3.1 레디스 컨테이너 실행

각 사용자가 초당 최대 10개의 요청을 API에 보낼 수 있도록 제한한다고 생각해보자. 이러한 요구사항을 구현하려면 각 사용자가 매초 수행하는 요청 수를 추적하는 스토리지 메커니즘이 필요하다. 기한 내 요청 수가 설정한 제한에 도달하면 그 이후의 요청은 거부해야 한다. 1초가 지나면 각 사용자는 다음 초 이내에 10 건의 요청을 다시 수행할 수 있다. 속도 제한 알고리즘이 사용하는 데이터는 크기가 작고 일시적이기 때문에 애플리케이션 메모리에 저장할 수 있다.

그러나 이렇게 하면 애플리케이션이 상태를 갖게 되고 오류를 초래할 수 있는데, 그 이유는 각 애플리케이션 인스턴스가 부분적인 데이터에 기반해 요청을 제한하기 때문이다. 즉, 각 인스턴스가 자신이 처리한 요청만 추적하기 때문에 사용자가 시스템 전체가 아닌 인스턴스당 1초마다 10개까지의 요청을 수행할 수 있다는 것을 의미한다. 이에 대한 해결책은 전용 데이터 서비스를 사용해 사용률 제한 상태를 저장하고 애플리케이션의 모든 인스턴스가 이를 사용하는 것이다. 레디스를 사용할 때가 왔다.

레디스[10]는 일반적으로 캐시, 메시지 브로커, 데이터베이스로 사용하는 메모리 내 저장소다. 스프링 클라우드 게이트웨이의 요청 사용 제한 구현을 지원하는 데이터 서비스를 위해 에지 서비스에서 레디스를 사용한다. 스프링 데이터 리액티브 레디스Spring Data Reactive Redis 프로젝트는 스프링 부트 애플리케이션과 레디스 간의 통합을 제공한다.

먼저 레디스 컨테이너를 정의해보자. `polar-deployment` 저장소의 docker-compose.yml 파일을 연다(이 책의 예제를 따라오지 않았다면 책의 소스 코드에서 Chapter09/09-begin/polar-deployment/docker/docker-compose.yml을 사용할 수 있다). 그런 다음 레디스 공식 이미지를 사용해 새로운 서비스 정의를 추가하고 6379 포트를 통해 서비스를 제공하도록 한다.

예제 9.11 **레디스 컨테이너 정의**

```
version: "3.8"
services:
  ...
  polar-redis:              │ 레디스 7.0을 사용한다.
    image: "redis:7.0" ◄─────┘
    container_name: "polar-redis"
    ports:
      - 6379:6379 ◄───────── 6379 포트로
                             레디스를 노출한다.
```

그런 다음 터미널 창을 열고 docker-compose.yml 파일이 있는 폴더로 이동한 후 다음 명령을 실행하여 레디스 컨테이너를 시작해보자.

```
$ docker-compose up -d polar-redis
```

다음 절에서는 레디스를 에지 서비스와 통합한다.

9.3.2 스프링과 레디스의 통합

스프링 데이터 프로젝트에는 여러 가지 데이터베이스 옵션을 지원하는 모듈이 있다. 앞 장에서는 스프링데이터 JDBC와 스프링데이터 R2DBC와 함께 관계형 데이터베이스를 활용하는 작업을 했다. 지금은 인 메모리 비관계 데이터 저장소인 레디스를 지원하는 스프링 데이터 레디스를 사용하려고 하는데 명령형 및 리액티브 애플리케이션 모두 지원한다.

---

10 https://redis.com

우선, 에지 서비스 프로젝트(edge-service)의 build.gradle 파일에 스프링 데이터 리액티브 레디스에 대한 의존성을 새로 추가해보자. 변경 후에는 의존성을 새로고침하거나 다시 임포트한다.

예제 9.12 스프링 데이터 레디스 리액티브 의존성 추가

```
dependencies {
  ...
  implementation 'org.springframework.boot:spring-boot-starter-data-redis-reactive'
}
```

그다음에는 application.yml 파일에서 스프링 부트의 속성을 통해 레디스 통합을 설정한다. 레디스 연결을 위한 spring.redis.host, spring.redis.port 외에도 연결 타임아웃과 읽기 타임아웃을 위한 spring.redis.connect-timeout, spring.redis.timeout을 설정할 수 있다.

예제 9.13 레디스 설정

```
spring:
  redis:
    connect-timeout: 2s  ◄──┤ 연결이 수립되기까지 기다리는 시간의 한도
    host: localhost      ◄──┤ 레디스 호스트 기본값
    port: 6379           ◄──┤ 레디스 포트 기본값
    timeout: 1s          ◄──┤ 응답을 받기까지 기다리는 시간의 한도
```

다음 절에서는 서버 측 속도 제한을 지원하는 RequestRateLimiter 게이트웨이 필터에서 레디스를 사용하는 방법을 살펴본다.

9.3.3 요청 사용률 제한 설정

요구 사항에 따라 RequestRateLimiter 필터를 모든 라우트에 적용하는 기본 필터 혹은 특정 라우트에만 적용하는 필터로 설정할 수 있다. 지금은 기본 필터로 설정할 것이기 때문에 모든 라우트에 적용된다.

RequestRateLimiter의 레디스에 대한 구현은 **토큰 버킷 알고리즘**token bucket algorithm을 기반으로 한다. 각 사용자에 대해 버킷이 할당되고 시간이 지나면서 토큰이 버킷에 특정한 비율(**보충 속도**replenish rate)로 떨어진다. 각 버킷은 최대 용량(**버스트 용량**burst capacity)이 정해져 있으며 사용자가 요청을 할 때마다 토큰 하나가 버킷에서 삭제된다. 더 이상 토큰이 남아 있지 않으면 요청이 허용되지 않으며 사용자는 토큰이 버킷에 떨어지기를 기다려야 한다.

토큰 버킷 알고리즘에 대해 더 알고 싶다면 스트라이프_{Stripe}에서 사용률 제한을 구현하기 위해 이 알고리즘을 어떻게 사용하는지를 설명한 폴 타잔_{Paul Tarjan}의 글 'Scaling your API with Rate Limiters'를 읽어보기 바란다 (https://stripe.com/blog/rate-limiters).

우리의 예제에서는 각 요청에 대해 1 토큰(redis-rate-limiter.requestedTokens)을 사용하도록 알고리즘을 설정한다. 토큰은 보충 속도(redis-rate-limiter.replenishRate) 설정 값에 따라 버킷에 떨어진다. 초당 10개의 토큰이 버킷에 떨어지게 한다. 가끔 스파이크가 발생해 평소보다 더 많은 요청이 있을 수도 있다. 버킷 최대 용량(redis-rate-limiter.burstCapacity)은 이보다 더 큰 값, 예를 들면 20으로 설정해 임시 버스트를 허용할 수 있다. 이 설정은 스파이크 발생 시 초당 최대 20건의 요청을 허용한다. 보충 속도가 버스트 용량보다 낮기 때문에 연달아 발생하는 스파이크에 대해서는 버스트가 허용되지 않는다. 두 스파이크가 순차적으로 발생하면 첫 번째 스파이크만 성공하고 두 번째 스파이크는 HTTP 429 - Too Many Requests 응답으로 일부 요청이 처리되지 못한다. 다음 예제는 application.yml의 해당 설정을 보여준다.

예제 9.14 게이트웨이 필터로 요청 사용률 제한 설정

```
spring:
  cloud:
    gateway:
      default-filters:
        name: RequestRateLimiter
          args:
            redis-rate-limiter:
              replenishRate:  10  ◄──── 초당 버킷에 떨어지는 토큰의 수
              burstCapacity:  20  ◄──── 최대 20개 요청까지 허용
              requestedTokens: 1  ◄──── 하나의 요청 처리에 몇 개의 토큰이 사용되는지 지정
```

요청 사용률 제한 설정에서 적합한 값을 찾기 위한 일반적인 공식은 없다. 애플리케이션 요구 사항을 먼저 고려해야 하고 시행착오를 거쳐야 한다. 프로덕션 환경의 트래픽을 분석하고 설정 값을 조정한 다음 사용자 경험에 나쁜 영향을 미치지 않고 시스템을 계속 사용할 수 있는 상태가 될 때까지 계속 시도해야 한다. 심지어 그 이후에도 상황은 바뀔 수 있기 때문에 사용률 제한의 상태를 계속 모니터링해야 한다.

스프링 클라우드 게이트웨이는 레디스를 사용해 초당 발생하는 요청 수를 추적한다. 기본적으로 각 사용자에 대해 버킷을 할당한다. 그러나 아직 인증 메커니즘을 도입하지 않았기 때문에 11장과 12장에서 보안 문제를 해결할 때까지 모든 요청은 사용자와 상관없이 단일 버킷을 사용할 것이다.

레디스에 문제가 발생해 사용할 수 없다면 어떻게 될까? 스프링 클라우드 게이트웨이는 복원력을 염두에 두고 만들어졌기 때문에 이 경우 서비스 수준은 유지하지만, 레디스가 다시 가동될 때까지 사용률 제한은 일시적으로 비활성화된다.

`RequestRateLimiter` 필터는 `KeyResolver` 빈을 통해 요청에 대해 사용할 버킷을 결정한다. 스프링 보안의 현재 인증된 사용자를 버킷으로 사용하도록 기본 설정되어 있다. 에지 서비스에 보안을 추가할 때까지는 사용자 지정 `KeyResolver` 빈이 상수 값(예를 들면 anonymous)을 반환함으로써 모든 요청이 동일한 버킷을 사용한다.

에지 서비스 프로젝트에서 com.polarbookshop.edgeservice.config 패키지를 새로 만들고 그 아래 `RateLimiterConfig` 클래스를 만들어 상수 키를 반환하도록 `KeyResolver` 빈을 선언한다.

예제 9.15 **각 요청에 대해 어떤 버킷을 사용할지 결정하는 전략**

```
package com.polarbookshop.edgeservice.config;

import reactor.core.publisher.Mono;
import org.springframework.cloud.gateway.filter.ratelimit.KeyResolver;
import org.springframework.context.annotation.Bean;
import org.springframework.context.annotation.Configuration;

@Configuration
public class RateLimiterConfig {

  @Bean
  public KeyResolver keyResolver() {
    return exchange -> Mono.just("anonymous");   ◄──  요청에 대한 사용률 제한은
  }                                                   상수 키를 사용해 적용한다.
}
```

스프링 클라우드 게이트웨이는 HTTP 응답 헤더에 사용률 제한에 대한 세부 사항을 포함하도록 설정할 수 있는데 이를 통해 사용률 제한이 어떻게 작동하는지 확인할 수 있다. 에지 서비스를 다시 빌드하고 실행한(./gradlew bootRun) 후에 엔드포인트 중 하나를 호출해보자.

```
$ http :9000/books
```

카탈로그 서비스가 실행 중인지 여부에 따라 응답 본문은 다를 수 있는데 지금은 중요하지 않다. 주목해야 할 것은 HTTP 응답 헤더다. 응답 헤더는 사용률 제한 설정 값과 시간 윈도(1초) 내에 허

용된 남은 요청 수를 보여준다.

```
HTTP/1.1 200 OK
Content-Type: application/json
X-RateLimit-Burst-Capacity: 20
X-RateLimit-Remaining: 19
X-RateLimit-Replenish-Rate: 10
X-RateLimit-Requested-Tokens: 1
```

이 정보가 악용될 소지가 있기 때문에 노출하고 싶지 않을 수도 있다. 또는 헤더 이름을 변경할 필요가 있을 수도 있다. `spring.cloud.gateway.redis-rate-limiter` 속성 그룹을 사용해 이에 대한 작동을 설정할 수 있다. 애플리케이션 테스트가 끝나면 `Ctrl`+`C`로 중지한다.

NOTE 사용률 제한 패턴이 타임아웃 제한, 서킷 브레이커, 재시도 같은 다른 패턴처럼 사용되면 사용률 제한이 먼저 적용된다. 사용자의 요청이 사용률 제한을 초과하면 그 요청은 즉시 거부된다.

레디스는 빠른 데이터 액세스, 높은 가용성 및 복원력을 보장하는 효율적인 데이터 저장소다. 이번 절에서는 사용률 제한을 위한 저장소의 목적으로 사용했다. 다음 절에서는 세션 관리를 위해 레디스를 사용하는 방법을 살펴볼 것이다. 이는 레디스의 또 다른 일반적 용례다.

9.4 레디스를 통한 분산 세션 관리

앞 장에서 클라우드 네이티브 애플리케이션은 상태를 갖지 않아야 한다는 점을 여러 번 강조했다. 애플리케이션은 확장하거나 축소해야 하는데 만일 애플리케이션이 상태를 가지고 있다면, 인스턴스를 중지하거나 제거할 때마다 상태 정보는 소실될 것이다. 어떤 상태는 반드시 저장해야 한다. 그렇지 않으면 애플리케이션이 쓸모가 없을 수도 있다. 카탈로그 서비스와 주문 서비스는 자체적으로 상태를 갖지 않지만 책과 주문에 대한 데이터를 영구적으로 저장하기 위해 상태 기반 서비스(PostgreSQL 데이터베이스)에 의존한다. 애플리케이션이 종료되더라도 데이터는 여전히 살아 있고 모든 애플리케이션 인스턴스로부터 액세스할 수 있다.

에지 서비스는 지정이 필요한 비즈니스 엔티티를 처리하지는 않지만 `RequestRateLimiter` 필터와 관련된 상태를 저장하기 위해 상태를 갖는 서비스(레디스)가 필요하다. 에지 서비스가 복제되면 이용할 수 있는 요청이 얼마나 많이 남아 있는지 추적하는 것이 중요하다. 레디스를 사용하면 사용률 제한 기능이 일관성을 갖게 되고 안전해진다.

또한 11장에서는 에지 서비스에 인증과 권한 부여를 추가해 확장한다. 에지 서비스는 폴라 북숍 시스템의 진입 지점이기 때문에 사용자 인증이 필요하다. 인증된 세션에 대한 데이터는 사용률 제한 정보와 같이 애플리케이션 외부에 저장해야 한다. 그렇지 않으면 사용자의 요청이 다른 에지 서비스 인스턴스에 도달할 때마다 인증을 다시 해야 할 수도 있다.

일반적인 아이디어는 애플리케이션은 상태를 갖지 않고 대신 상태를 저장하기 위해 데이터 서비스를 사용하는 것이다. 5장에서 배운 것처럼 데이터 서비스는 높은 가용성, 복제 및 내구성을 보장해야 한다. 로컬 환경에서는 이런 측면을 무시할 수 있지만 프로덕션 환경의 PostgreSQL과 레디스는 클라우드 공급 업체가 제공하는 데이터 서비스에 의존해야 한다.

다음 절에서는 스프링 세션 데이터 레디스를 통해 분산 세션을 관리하는 방법을 살펴본다.

9.4.1 스프링 세션 데이터 레디스를 통한 세션 처리

스프링은 스프링 세션 프로젝트를 통해 세션 관리 기능을 제공한다. 기본적으로 세션 데이터는 메모리에 저장되지만 클라우드 네이티브 애플리케이션에서는 메모리를 사용해서는 안 된다. 외부 서비스에 보관해 애플리케이션이 종료된 후에도 데이터는 계속 존재해야 한다. 분산 세션 저장소를 사용하는 또 다른 근본적인 이유는 일반적으로 동일한 애플리케이션에 대해 인스턴스가 여러 개 있기 때문이다. 사용자에게 원활한 경험을 제공하기 위해 동일한 세션 데이터에 액세스해야 한다.

레디스는 세션 관리에 널리 사용되는 옵션이며 스프링 세션 데이터 레디스를 통해 지원된다. 또한 이미 레디스를 사용한 사용률 제한을 설정했기 때문에 세션에 대해서는 최소한의 설정으로 에지 서비스에 추가할 수 있다.

먼저 에지 서비스 프로젝트의 build.gradle 파일에 스프링 세션 데이터 레디스에 대한 의존성을 새로 추가해야 한다. 또한 통합 테스트에서 경량 레디스 컨테이너를 사용하기 위해 테스트컨테이너 라이브러리를 추가할 수 있다. 변경 후에는 의존성을 새로고침하거나 다시 임포트한다.

예제 9.16 **스프링 세션 및 테스트컨테이너 의존성 추가**

```
ext {
  ...
  set('testcontainersVersion', "1.17.3")
}

dependencies {
```

```
    ...
    implementation 'org.springframework.session:spring-session-data-redis'
    testImplementation 'org.testcontainers:junit-jupiter'
}

dependencyManagement {
  imports {
    ...
    mavenBom
    ↳ "org.testcontainers:testcontainers-bom:${testcontainersVersion}"
  }
}
```

다음으로, 스프링 부트가 세션 관리를 위해 레디스를 사용하도록 설정하고(spring.session. store-type) 에지 서비스로부터 오는 모든 세션 데이터 앞에 붙일 고유한 네임스페이스(spring. session.redis.namespace)를 정의한다. 또한 세션에 대한 타임아웃(spring.session.timeout)을 정의할 수 있는데, 지정하지 않는 경우 기본값은 30분이다.

application.yml 파일에서 다음과 같이 스프링 세션을 설정한다.

예제 9.17 레디스에 데이터를 저장하기 위한 스프링 세션 설정

```
spring:
  session:
    store-type: redis
    timeout: 10m
    redis:
      namespace: polar:edge
```

게이트웨이에서 웹 세션을 관리하려면 적절한 시간에 올바른 상태를 저장하기 위해 몇 가지 추가 적인 노력이 필요하다. 우리는 지금 서비스로 요청을 전달하기 전에 세션을 레디스에 저장하려고 한다. 어떻게 해야 할까? 이런 목적의 게이트웨이 필터가 있는지 궁금했다면, 그 생각이 맞다!

에지 서비스 프로젝트의 application.yml 파일에서 SaveSession을 기본 필터로 추가하여 스프링 클라우드 게이트웨이가 요청을 서비스로 전달하기 전에 항상 웹 세션을 저장하도록 할 수 있다.

예제 9.18 요청을 전달하기 전에 세션 데이터를 저장하기 위한 게이트웨이 설정

```
spring:
  cloud:
```

```
gateway:
  default-filters:
    - SaveSession  ◄─────
```

요청을 서비스로 전달하기 전에
세션 데이터를 저장한다.

스프링 세션이 스프링 보안과 결합되는 중요한 지점이다. 11장과 12장에서는 세션 관리에 대한 자세한 내용을 다룬다. 이제 레디스와의 통합을 포함해 에지 서비스에서 스프링 콘텍스트가 올바르게 로드되는지 확인하기 위해 통합 테스트를 작성해보자.

우리가 사용할 방식은 앞 장에서 PostgreSQL 테스트컨테이너를 정의하기 위해 사용한 것과 유사하다. 스프링 이니셜라이저에서 생성된 기존 EdgeServiceApplicationTests 클래스를 확장해 레디스 테스트컨테이너를 구성해보자. 현재, 예제의 경우, 레디스가 웹 세션 관련 데이터를 저장 시 스프링 콘텍스트가 올바르게 로드되는지 확인하는 것만으로 충분하다.

예제 9.19 스프링 콘텍스트 로드 테스트를 위한 레디스 컨테이너 사용

```java
package com.polarbookshop.edgeservice;

import org.junit.jupiter.api.Test;
import org.testcontainers.containers.GenericContainer;
import org.testcontainers.junit.jupiter.Container;
import org.testcontainers.junit.jupiter.Testcontainers;
import org.testcontainers.utility.DockerImageName;
import org.springframework.boot.test.context.SpringBootTest;
import org.springframework.test.context.DynamicPropertyRegistry;
import org.springframework.test.context.DynamicPropertySource;

@SpringBootTest(  ◄─────
  webEnvironment = SpringBootTest.WebEnvironment.RANDOM_PORT
)
@Testcontainers  ◄─────
class EdgeServiceApplicationTests {

  private static final int REDIS_PORT = 6379;

  @Container
  static GenericContainer<?> redis =  ◄─────
    new GenericContainer<>(DockerImageName.parse("redis:7.0"))
      .withExposedPorts(REDIS_PORT);

  @DynamicPropertySource  ◄─────
  static void redisProperties(DynamicPropertyRegistry registry) {
    registry.add("spring.redis.host",
        () -> redis.getHost());
```

완전한 스프링 웹 애플리케이션
콘텍스트와 임의의 포트에서
듣는 웹 환경을 로드한다.

테스트컨테이너의
자동 시작과 종료를 활성화

테스트를 위한
레디스 컨테이너 정의

테스트 인스턴스를 사용하도록
레디스 설정 변경

```
    registry.add("spring.redis.port",
        () -> redis.getMappedPort(REDIS_PORT));
}

@Test
void verifyThatSpringContextLoads() {  ◄────   애플리케이션 콘텍스트가 올바르게 로드되었는지,
}                                               레디스 연결이 성공적으로 됐는지를 확인하기 위한
}                                               테스트로 비어 있다.
```

마지막으로 다음과 같이 통합 테스트를 실행한다.

```
$ ./gradlew test --tests EdgeServiceApplicationTests
```

다른 테스트 클래스에서 레디스를 사용한 세션 관리를 비활성화하려면 @TestPropertySource 애너테이션에서 특정 테스트 클래스에 대해 spring.session.store 유형 속성을 none으로 설정하거나 모든 테스트 클래스에 기본 설정으로 적용하려면 속성 파일에서 설정하면 된다.

폴라 실험실

에지 서비스 애플리케이션 배포를 위해 앞 장에서 배운 내용을 자유롭게 적용해보기 바란다.

1. 컨피그 서비스로부터 설정 데이터를 가져오기 위해 스프링 클라우드 컨피그 클라이언트를 에지 서비스에 추가한다.
2. 3장과 6장에서 배운 대로 클라우드 네이티브 빌드팩 통합을 설정하고 애플리케이션을 컨테이너화한 후에 배포 파이프라인의 커밋 단계를 정의한다.
3. 쿠버네티스 클러스터에 에지 서비스를 배포하기 위해 배포 및 서비스 매니페스트를 작성한다.
4. 미니큐브로 초기화된 로컬 쿠버네티스 클러스터에 에지 서비스 배포를 자동화하기 위해 틸트를 설정한다.

최종 결과를 확인하고 싶으면 책의 소스 코드 저장소의 Chapter09/09-end 폴더를 참고하기 바란다.[11] 또한 kubectl apply -f services 명령을 통해 Chapter09/09-end/polar-deployment/kubernetes/platform/development 폴더의 매니페스트 파일로부터 지원 서비스를 배포할 수 있다.

---

11 https://github.com/ThomasVitale/cloud-native-spring-in-action

9.5 쿠버네티스 인그레스를 통한 외부 액세스 관리

스프링 클라우드 게이트웨이는 시스템의 진입 지점에서 여러 패턴 및 공통 문제를 구현할 수 있는 에지 서비스를 정의하는 데 유용하다. 앞 절에서는 API 게이트웨이를 사용해 사용률 제한 및 서킷 브레이커와 같은 복원력 패턴을 구현하고 분산 세션을 정의하는 방법을 살펴봤다. 11장과 12장에서는 에지 서비스에 인증과 권한 기능을 추가한다.

에지 서비스는 폴라 북숍 시스템의 진입 지점을 나타낸다. 하지만 에지 서비스가 쿠버네티스 클러스터에 배포되면 클러스터 내에서만 액세스할 수 있다. 7장에서는 **포트 전달**port-forward 기능을 사용해 미니큐브 클러스터에 정의된 쿠버네티스 서비스를 로컬 컴퓨터에 노출했다. 개발할 때는 유용한 방법이지만 프로덕션 환경에는 적합하지 않다.

이번 절에서는 인그레스Ingress API를 통해 쿠버네티스 클러스터 내 애플리케이션에 대한 외부 액세스를 관리하는 방법을 살펴본다.

> NOTE 이번 절은 이전의 '폴라 실험실'에서 제안된 작업을 이미 수행했고, 그 결과 에지 서비스를 쿠버네티스에 배포할 수 있는 준비가 된 전제하에 작성되었다.

9.5.1 인그레스 API와 인그레스 컨트롤러 이해

쿠버네티스 클러스터 내부의 애플리케이션을 노출하기 원하면 ClusterIP 유형의 서비스 객체를 사용할 수 있다. 이 방법은 클러스터 안에서 파드가 서로 연결할 수 있도록 지금까지 이 책에서 사용해온 방식이다. 예를 들면 이 방법을 통해 카탈로그 서비스 파드가 PostgreSQL 파드와 통신할 수 있었다.

서비스 객체는 또한 LoadBalancer 유형일 수도 있는데, 클라우드 공급 업체가 제공하는 외부 로드 밸런서를 사용해 애플리케이션을 인터넷에 노출할 수 있다. 에지 서비스를 ClusterIP가 아닌 LoadBalancer 유형으로 정의할 수도 있을 것이다. 공용 클라우드에서 시스템을 실행할 때 공급 업체는 로드 밸런서에 공용 IP 주소를 할당하고 해당 로드 밸런서로 들어오는 모든 트래픽을 에지 서비스 파드로 보낸다. 이런 방식은 서비스를 인터넷에 직접 노출하고 여러 유형의 트래픽을 처리할 수 있는 유연한 접근 방식이다.

서비스 유형을 LoadBalancer로 하면 인터넷에 노출하기로 결정한 서비스는 모두 다른 IP 주소를 가져야 한다. 서비스가 직접 노출되기 때문에 TLS 종료와 같이 네트워크에 관한 추가 설정을 할 기회가 없다. 물론 에지 서비스에서 HTTPS를 설정하고 클러스터로 향하는 모든 트래픽을 이 게이트웨이에서 라우팅하면서(폴라 북숍에 속하지 않는 플랫폼 서비스까지) 네트워크 추가 설정을 적용할 수도 있다. 스프링 생태계는 이러한 문제를 해결하기 위해 필요한 모든 것을 제공하며 많은 경우 이들을 사용할 수 있다. 그러나 쿠버네티스에서 시스템을 실행하기 때문에 인프라 관련 문제는 플랫폼 수준에서 관리하고 애플리케이션은 보다 더 간단하고 관리하기 편하게 유지하는 것이 좋다. 이를 위해 인그레스 API를 사용하면 유용하다.

인그레스Ingress는 '클러스터의 서비스에 대한 외부 액세스를 관리하는' 객체인데 보통 HTTP를 사용한 액세스를 의미한다. 인그레스를 통해 부하 분산, SSL 종료, 이름 기반 가상 호스팅을 제공할 수 있다(https://kubernetes.io/docs). 인그레스 객체는 쿠버네티스 클러스터의 진입 지점 역할을 하며 단일한 외부 IP 주소로 들어오는 트래픽을 클러스터 내부에서 실행 중인 여러 서비스로 라우팅할 수 있다. 인그레스 객체를 사용하면 부하 분산이 가능하고, 특정 URL로 향하는 외부 트래픽을 허용할 수 있으며 애플리케이션 서비스를 HTTPS를 통해 노출하기 위해 TLS 종료를 관리할 수 있다.

인그레스 객체는 스스로는 아무것도 할 수 없다. 인그레스 객체를 사용해 라우팅과 TLS 종료에 관련해서 **원하는 상태**desired state를 선언해야 한다. 이러한 규칙을 적용하고 클러스터 외부의 트래픽을 내부의 애플리케이션으로 라우팅하는 실제 구성 요소는 **인그레스 컨트롤러**ingress controller다. 인그레스 컨트롤러 구현은 많이 있기 때문에 핵심 쿠버넷 배포판에는 기본 설정된 인그레스 컨트롤러가 없고 대신 어느 것을 사용할지는 각자에게 달려 있다. 인그레스 컨트롤러는 일반적으로 NGINX, HAProxy 또는 엔보이Envoy 같은 리버스 프록시를 사용해 구축하는데, 인그레스 컨트롤러의 예로는 앰배서더 에미서리Ambassador Emissary, 컨투어Contour, 인그레스 NGINX 등이 있다.

프로덕션 환경에서는 클라우드 플랫폼이나 전용 도구를 사용해 인그레스 컨트롤러를 구성한다. 로컬 환경에서 라우팅 작업을 수행하려면 몇 가지 추가 설정이 필요하다. 폴라 북숍의 경우 프로덕션과 로컬 환경 모두 인그레스 NGINX(https://github.com/kubernetes/ingress-nginx)를 사용할 것이다.

NOTE NGINX를 기반으로 한 두 가지 인그레스 컨트롤러가 많이 사용되고 있다. 우선 쿠버네티스 프로젝트가 개발, 지원, 유지 관리하는 인그레스 NGINX 프로젝트가 있는데 오픈소스이고 이 책에서 사용한다(https://github.com/kubernetes/ingress-nginx). 또 다른 하나는 F5 NGINX 회사가 개발하고 유지 관리하는 NGINX 컨트롤러라는 제품으로 무료 및 상업 제품이 제공된다(https://www.nginx.com/products/nginx-controller).

인그레스 NGINX를 로컬 쿠버네티스 클러스터에서 어떻게 사용하는지 알아보자. 인그레스 컨트롤러는 쿠버네티스에서 실행되는 다른 여느 애플리케이션과 마찬가지지만 다른 방식으로 배포할 수 있다. 가장 간단한 옵션은 kubectl을 사용해 배포 매니페스트를 클러스터에 적용하는 것이다. 로컬 쿠버네티스 클러스터 관리는 미니큐브를 통해서 하기 때문에 내장된 애드온을 사용해 인그레스 NGINX를 기반으로 한 인그레스 기능을 활성화할 수 있다.

먼저 7장에서 구축한 **polar** 로컬 클러스터를 실행한다. 미니큐브를 설정할 때 도커에서 실행하도록 설정했기 때문에 먼저 도커 엔진이 작동하고 있는지 확인한다.

```
$ minikube start --cpus 2 --memory 4g --driver docker --profile polar
```

그런 다음 **ingress** 애드온을 활성화하면 인그레스 NGINX가 로컬 클러스터에 배포된다.

```
$ minikube addons enable ingress --profile polar
```

배포가 완료되면 인그레스 NGINX와 함께 배포된 다른 구성 요소에 대한 정보도 얻을 수 있다.

```
$ kubectl get all -n ingress-nginx
```

위의 명령은 -n ingress-nginx라는 새로운 인수를 사용하는데 ingress-nginx라는 **네임스페이스** namespace 내에 존재하는 모든 객체를 가져올 수 있다.

네임스페이스는 쿠버네티스에서 한 클러스터 안의 리소스를 여러 개의 그룹으로 분리하기 위해 사용하는 추상화다. 네임스페이스는 클러스터의 객체를 조직하고 클러스터 리소스를 나누기 위해 사용한다.[12]

우리는 네임스페이스를 통해 클러스터를 구성하고 보안상의 이유로 특정 리소스를 격리하기 위한 네트워크 정책을 정의하려고 한다. 지금까지는 default 네임스페이스를 사용했는데, 이 네임스페이스를 폴라 북숍의 모든 애플리케이션에서 계속 사용할 것이다. 하지만 인그레스 NGINX와 같은 플랫폼 서비스에 대해서는 별도의 네임스페이스를 사용할 것이고 이를 통해 자원을 격리할 수 있다.

인그레스 NGINX를 설치했으니 폴라 북숍 애플리케이션이 사용하는 지원 서비스를 배포해보자. 이 책의 소스 코드 저장소에서(Chapter09/09-end), polar-deployment/kubernetes/platform/

---

12 https://kubernetes.io/docs/reference/glossary/?fundamental=true#term-namespace

development 폴더의 내용을 자신의 polar-deployment 저장소의 동일한 경로로 복사해 앞 장에서 작업한 내용을 덮어쓰자. 이 폴더에는 PostgreSQL과 레디스를 실행하기 위한 기초적인 쿠버네티스 매니페스트가 있다.

터미널 창을 열고 polar-deployment 저장소의 kubernetes/platform/development 폴더로 이동한 다음 PostgreSQL 및 레디스를 로컬 클러스터에 배포하기 위해 다음 명령을 실행해보자.

```
$ kubectl apply -f services
```

다음 명령을 통해 결과를 확인할 수 있다.

```
$ kubectl get deployment
NAME               READY   UP-TO-DATE   AVAILABLE   AGE
polar-postgres     1/1     1            1           73s
polar-redis        1/1     1            1           73s
```

TIP 독자의 편의를 위해, 앞서 수행한 모든 명령을 단 하나의 명령으로 실행하기 위한 스크립트가 있다. 이 스크립트는 미니큐브로 로컬 쿠버네티스 클러스터를 만들고 인그레스 NGINX 애드온을 활성화하고 폴라 북숍에서 사용하는 지원 서비스를 배포한다. 조금 전 자신의 polar-deployment 저장소로 복사한 kubernetes/platform/development 폴더에서 create-cluster.sh 및 destroy-cluster.sh 파일을 찾을 수 있을 것이다. macOS 및 리눅스에서는 chmod +x create-cluster.sh 명령으로 먼저 스크립트를 실행 가능하게 만들어야 한다.

에지 서비스를 컨테이너 이미지로 패키징하고 로컬 쿠버네티스 클러스터에 아티팩트를 로드하는 것으로 이번 절을 마무리하겠다. 터미널 창을 열고 에지 서비스 루트 폴더(edge-service)로 이동한 후에 다음 명령을 실행한다.

```
$ ./gradlew bootBuildImage
$ minikube image load edge-service --profile polar
```

다음 절에서는 인그레스 객체를 정의하고 쿠버네티스 클러스터에 있는 폴라 북숍 시스템에 대한 외부 액세스를 관리하도록 설정한다.

9.5.2 인그레스 객체 사용

에지 서비스는 애플리케이션 라우팅을 처리하지만 기본 인프라나 네트워크 설정에는 관여할 필요가 없다. 인그레스 리소스를 사용하면 이 두 가지 책임을 분리할 수 있다. 개발자는 에지 서비스를

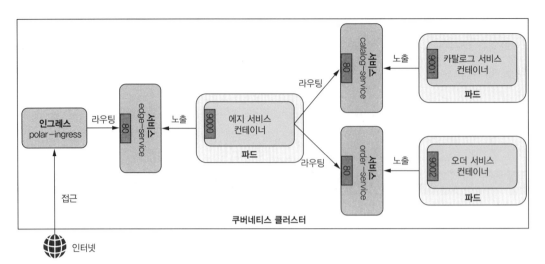

그림 9.6 클러스터에 대한 외부 액세스 관리를 위해 인그레스를 사용하는 경우 폴라 북숍 시스템의 배포 아키텍처

관리·유지하고 플랫폼 팀은(링커드Linkerd나 이스티오Istio 같은 서비스 메시를 사용해) 인그레스 컨트롤러 및 네트워크 구성을 관리한다. 그림 9.6은 인그레스를 도입한 후 폴라 북숍의 배포 아키텍처이다.

클러스터 외부에서 들어오는 모든 HTTP 트래픽을 에지 서비스로 라우팅하는 인그레스를 정의해 보자. 인그레스 라우트 정의와 설정은 HTTP 요청 시 사용하는 DNS 이름을 기반으로 하는 것이 일반적이다. 로컬에서 작업하기 때문에 DNS 이름이 없다면 클러스터 외부에서 액세스할 수 있도록 인그레스에 제공된 외부 IP 주소로 호출할 수 있다. 리눅스에서는 미니큐브 클러스터에 할당된 IP 주소를 사용할 수 있다. IP 주소를 검색하려면 다음과 같은 명령을 실행하면 된다.

```
$ minikube ip --profile polar
192.168.49.2
```

macOS나 윈도우에서는 미니큐브가 도커에서 실행할 때 인그레스 애드온이 미니큐브 클러스터의 IP 주소를 사용하는 것을 아직 지원하지 않는다. 대신, `minikube tunnel --profile polar` 명령을 사용해 클러스터를 로컬 환경에 노출한 후에 `127.0.0.1` IP 주소를 통해 클러스터를 호출해야 한다. 이것은 `kubectl port-forward` 명령과 비슷하지만 특정 서비스 대신 전체 클러스터에 적용된다는 점이 다르다.

사용할 IP 주소를 확인했으니 폴라 북숍의 인그레스 객체를 정의해보자. 에지 서비스 프로젝트에서 k8s 폴더에 ingress.yml 파일을 새로 만든다.

예제 9.20 **인그레스를 통해 클러스터 외부에 에지 서비스 노출**

```
apiVersion: networking.k8s.io/v1   ◀───┤ 인그레스 객체의 API 버전
kind: Ingress   ◀──── 생성할 객체의 유형
metadata:
                     인그레스 이름
  name: polar-ingress   ◀────┐
spec:                          이 객체를 관리할
  ingressClassName: nginx   ◀── 인그레스 컨트롤러 설정
  rules:
    - http:   ◀──────            HTTP 트래픽에 대한
        paths:                    인그레스 규칙
          - path: /   ◀───        모든 요청에 대한
            pathType: Prefix      기본 설정 규칙
            backend:
              service:
         트래픽을     name: edge-service   ◀──
         전달할       port:                     트래픽을 전달할
         서비스의                               서비스 객체의 이름
         포트 번호  ──▶   number: 80
```

이제 로컬 쿠버네티스 클러스터에 에지 서비스와 인그레스를 배포할 준비를 마쳤다. 터미널 창을 열고 에지 서비스 루트 폴더(edge-service)로 이동한 후에 다음 명령을 실행해보자.

```
$ kubectl apply -f k8s
```

다음 명령으로 인그레스 객체가 올바르게 생성되었는지 확인해본다.

```
$ kubectl get ingress

NAME            CLASS    HOSTS   PORTS   AGE
polar-ingress   nginx    *       80      21s
```

이제 에지 서비스가 인그레스를 통해 사용 가능한지 확인해보자. 리눅스를 사용하고 있다면 더 이상 준비할 것이 없다. 하지만 macOS나 윈도우를 사용한다면 새 터미널 창을 열고 다음 명령을 실행하여 로컬 호스트에 미니큐브 클러스터를 노출해야 한다. 이 명령은 터널이 액세스할 수 있을 때까지 계속 실행되므로 터미널 창을 계속 열어둬야 한다. 이 명령을 처음 실행하면 클러스터에 대한 터널링을 승인하기 위해 컴퓨터 암호를 입력하라는 요청을 받을 수도 있다.

```
$ minikube tunnel --profile polar
```

마지막으로 새로운 터미널 창을 열고 다음 명령을 실행해 애플리케이션을 테스트해보자(리눅스에서는 127.0.0.1 대신 미니큐브 IP 주소를 사용해야 한다).

```
$ http 127.0.0.1/books
```

카탈로그 서비스가 실행되고 있지 않기 때문에 에지 서비스는 이전에 설정한 폴백 작동을 실행하고 빈 본문으로 200 OK 응답을 반환한다. 이는 예상했던 결과로 인그레스 설정이 작동한다는 것을 보여준다.

확인이 끝나면 다음 명령을 사용해 로컬 쿠버네티스 클러스터를 중지하고 삭제할 수 있다.

```
$ minikube stop --profile polar
$ minikube delete --profile polar
```

TIP 편의상(앞서 책 소스 코드에서 복사한 polar-deployment 저장소의 kubernetes/platform/development 폴더에 있는) destroy-cluster.sh 스크립트를 사용할 수도 있다. macOS 및 리눅스에서는 스크립트를 실행 가능하도록 chmod +x destroy-cluster.sh 명령을 실행해야 할 수도 있다.

잘 마쳤다! 이제 인증과 권한을 에지 서비스에 추가해 향상된 서비스를 구축할 준비가 됐다. 그러나 보안을 설정하기 전에 주문을 발송하기 위한 비즈니스 로직을 완료해야 한다. 다음 장에서는 이벤트 기반 아키텍처, 스프링 클라우드 함수, 스프링 클라우드 스트림 래빗MQ를 활용해 작업한다.

요약

- API 게이트웨이는 분산 아키텍처에서 몇 가지 장점을 가지고 있는데, 외부 API와 내부 서비스를 분리하고 한 곳에서 보안, 모니터링, 복원력과 같은 공통 문제를 구현할 수 있다.

- 스프링 클라우드 게이트웨이는 스프링 리액티브 스택을 기반으로 하며 API 게이트웨이를 구현하고 스프링 보안, 스프링 클라우드 서킷 브레이커, 스프링 세션과 같은 다른 스프링 프로젝트와 통합되어 공통 문제에 대한 해법을 제공한다.

- 라우트는 스프링 클라우드 게이트웨이의 핵심이다. 하나의 라우트는 고유한 ID, 라우트를 따를지 여부를 결정하는 여러 종류의 술어, 술어가 허용하는 경우 요청을 전달할 URI, 요청을 해당 서비스로 전달하기 전후에 적용할 여러 종류의 필터로 이루어진다.

- `Retry` 필터는 특정 라우트에 대한 재시도를 설정하는 필터다.

- 스프링 데이터 레디스 리액티브와 통합된 `RequestRateLimiter` 필터는 특정 시간 범위 내에서 수락할 수 있는 요청의 수를 제한한다.

- 스프링 클라우드 서킷 브레이커 및 Resilience4J에 기반한 `CircuitBreaker` 필터는 특정 라우트에 대해 서킷 브레이커, 사용률 제한, 폴백을 정의한다.

- 클라우드 네이티브 애플리케이션은 상태를 갖지 않아야 한다. 상태를 저장하려면 데이터 서비스를 사용해야 한다. PostgreSQL은 지속성 데이터 저장을 위해 사용하고 레디스는 캐시 및 세션 데이터를 저장하기 위해 사용한다.

- 쿠버네티스 인그레스 리소스를 사용하면 쿠버네티스 클러스터 내에서 실행 중인 애플리케이션에 대한 외부 액세스를 관리할 수 있다.

- 라우팅 규칙은 인그레스 컨트롤러에 의해 적용되는데 인그레스 컨트롤러는 클러스터에서 실행되는 또 하나의 애플리케이션이다.

10
CHAPTER

이벤트 중심 애플리케이션과 함수

이 장의 주요 내용

- 이벤트 중심 아키텍처 이해
- 래빗MQ를 메시지 브로커로 사용
- 스프링 클라우드 함수를 사용한 함수 구현
- 스프링 클라우드 스트림을 사용한 이벤트 처리
- 스프링 클라우드 스트림을 사용한 이벤트 생성 및 소비

앞 장에서 우리는 동기식 통신의 일종인 요청/응답 패턴에 따라 상호작용하는 분산 애플리케이션 시스템에 대해 살펴봤다. 명령형 방식과 리액티브 방식으로 상호작용을 설계하는 방법을 논의했다. 명령형 방식에서는 처리 스레드가 차단되어 I/O 작업에서 응답을 기다려야만 한다. 리액티브의 경우에는 스레드가 기다리지 않고, 응답이 오면 그 순간에 사용 가능한 스레드에 의해 비동기적으로 처리된다.

리액티브 프로그래밍 패러다임에서 생산자를 구독하고, 들어오는 데이터를 비동기적으로 처리한다고 해도 두 애플리케이션 간의 상호작용은 동기적이다. 첫 번째 애플리케이션(클라이언트)은 두 번째 애플리케이션(서버)에 요청을 보내고 짧은 시간 내에 응답을 받을 것으로 예상한다. 클라이언트가 응답을 처리하는 방법은 그것이 명령형이든 리액티브든 간에 애플리케이션 간의 상호작용 그 자체에는 영향을 미치지 않는 세부 사항일 뿐이다. 클라이언트는 무슨 일이 있어도 응답이 올 것

으로 예상한다.

클라우드 네이티브 애플리케이션은 느슨하게 결합되어 있어야 한다. 마이크로서비스 전문가인 샘 뉴먼Sam Newman은 **구현**implementation **결합**, **배포**deployment **결합**, **시간적**temporal **결합** 등 몇 가지 다른 유형의 결합이 있음을 설명한다.[1] 우리가 지금까지 작업한 폴라 북숍 시스템을 생각해보자.

어떤 애플리케이션이라도 다른 애플리케이션의 변경 없이 구현을 변경할 수 있다. 예를 들어, 주문 서비스에 영향을 미치지 않고 리액티브 패러다임을 사용해 카탈로그 서비스를 다시 구현할 수 있다. REST API와 같은 서비스 인터페이스를 사용하면 구현 세부 사항을 숨기고 느슨한 결합이 개선된다. 모든 애플리케이션은 독립적으로 배포할 수 있지만, 결합되어 있지 않기 때문에 위험이 줄어들고 민첩성을 높일 수 있다.

하지만 지금까지 우리가 만든 애플리케이션들이 어떻게 상호작용하는지 생각해보면, 시스템에 다른 구성 요소가 필요하다는 것을 알 수 있을 것이다. 주문 서비스에서 사용자가 책을 성공적으로 주문하려면 카탈로그 서비스가 필요하다. 실패는 항상 일어난다는 것을 알기 때문에 장애가 발생한 상황에서 높은 복원력을 갖거나 적어도 우아한 기능 저하를 보장하기 위한 전략을 몇 가지 사용했다. **시간적 결합**의 결과로 발생한 상황이다. 즉 주문 서비스와 카탈로그 서비스가 동시에 사용 가능한 상태여야만 시스템 요구 사항을 충족할 수 있다는 것이다.

이벤트 중심 아키텍처는 이벤트를 **생성**producing하고 **소비**consuming함으로써 상호작용하는 분산 시스템을 일컫는다. 상호작용은 비동기적이기 때문에 시간적 결합의 문제를 해결한다. 이 장에서는 이벤트 기반 아키텍처 및 이벤트 브로커의 기본 사항을 다룬다. 그런 다음 함수형 프로그래밍 패러다임과 스프링 클라우드 함수Spring Cloud Function를 사용해 비즈니스 로직을 구현하는 방법을 배운다. 마지막으로 스프링 클라우드 스트림Spring Cloud Stream을 사용해 래빗MQ를 통해 메시지 채널로 함수를 노출하고 발행/구독(pub/sub) 모델을 통해 이벤트 중심 애플리케이션을 구축한다.

NOTE 이 장의 예제에 대한 소스 코드는 프로젝트의 초기, 중간, 최종 상태를 의미하는 Chapter10/10-begin, Chapter10/10-intermediate, Chapter10/10-end 폴더에서 찾아볼 수 있다.[2]

---

1   Sam Newman, *Monolith to Microservices* (O'Reilly, 2019).
2   https://github.com/ThomasVitale/cloud-native-spring-in-action

10.1 이벤트 중심 아키텍처

한 이벤트는 무언가 일어난 하나의 사건이다. 상태의 변화와 같이 시스템 내에서 일어난 일과 관련이 있으며 다른 많은 이벤트의 원인이 될 수 있다. 이 장에서는 애플리케이션에 중점을 두지만 이벤트는 IoT 장치, 센서 또는 네트워크에서도 흔하게 일어날 수 있다. 이벤트가 발생하면 이벤트에 대해 관련 당사자에게 통지할 수 있다. 이벤트 알림은 일반적으로 메시지를 통해 이뤄지는데 메시지는 이벤트를 데이터로 표현한 것이다.

이벤트 중심 아키텍처에는 **이벤트 생산자**event producer와 **이벤트 소비자**event consumer가 있다. 이벤트 생산자는 이벤트를 감지하고 알림을 보내는 역할을 수행한다. 이벤트 소비자는 특정 이벤트가 발생했을 때 알림을 받는 구성 요소다. 생산자와 소비자는 서로를 알지 못한 채 독립적으로 실행한다. 이벤트 생산자는 이벤트 브로커가 운영하는 채널에 메시지를 발행함으로써 이벤트가 발생했음을 알린다. 이 채널은 메시지를 수집하고 이벤트 소비자에게 라우팅하는 역할을 수행한다. 이벤트가 발생하면 브로커는 이를 이벤트 소비자에게 알리고 소비자는 그에 따라 무언가 조치를 취한다.

이벤트 처리 및 분배를 자체적으로 수행하는 브로커를 사용하면 생산자와 소비자는 둘 사이의 결합을 최소한으로 유지할 수 있다. 특히 상호작용이 비동기적이기 때문에 시간적으로 분리되어 있다. 소비자는 생산자에게 어떤 영향도 주지 않고 원하는 때에 언제든지 메시지를 가져와 처리할 수 있다.

이번 절에서는 이벤트 중심 모델의 기본적인 내용과 이것을 활용해 어떻게 클라우드에서 느슨하게 결합되고 보다 높은 복원력을 갖는 애플리케이션을 구축할 수 있을지 살펴본다.

10.1.1 이벤트 중심 모델 이해

이벤트 중심 아키텍처는 두 가지 주요 모델을 기반으로 한다.

- **발행자/구독자**publisher/subscriber **모델:** 이 모델은 구독을 기반으로 한다. 생산자는 이벤트를 소비할 모든 구독자에게 보내어질 이벤트를 발행한다. 이벤트를 일단 받고 나면 재생할 수 없기 때문에 새로 가입한 소비자는 과거의 이벤트는 받지 못한다.
- **이벤트 스트리밍**event streaming **모델:** 이 모델에서 이벤트는 로그에 기록된다. 생산자는 발생하는 순서대로 이벤트를 저장한다. 소비자는 가입하지 않더라도 이벤트 스트림의 어느 부분이라도 읽을 수 있다. 이 모델에서는 이벤트를 재생할 수 있다. 고객은 언제든지 가입할 수 있고 과거의 모든 이벤트를 받을 수 있다.

기본 시나리오에서 소비자는 이벤트가 도착하는 대로 처리한다. 패턴 일치와 같은 특정 사용 사례의 경우 시간 원도를 통해 일련의 이벤트를 처리할 수도 있다. 이벤트 스트리밍 모델에서 소비자는 추가로 이벤트 스트림을 처리할 수 있다. 이벤트 중심 아키텍처의 핵심은 이벤트를 처리하고 라우팅할 수 있는 플랫폼이다. 가령 래빗MQ는 발행자/구독자 모델에서 흔히 사용된다. 아파치 카프카 Apache Kafka는 이벤트 스트림 처리를 위한 강력한 플랫폼이다.

이벤트 스트리밍 모델은 지난 몇 년간 개발된 많은 기술 덕분에 매력 있고 인기가 있으며 실시간 데이터 파이프라인을 구축할 수 있다. 그러나 효과적으로 학습하려면 이 주제만으로 책 한 권을 따로 공부해야 할 정도로 복잡한 모델이다. 이 장에서는 발행자/구독자 모델에 대해서만 살펴본다.

이 모델을 더 자세히 분석하기 전에 폴라 북숍 시스템에 대한 몇 가지 요구 사항을 정의한 후에 이 요구 사항에 기초해 발행자/구독자 모델을 사용하는 이벤트 중심 아키텍처를 논의할 것이다.

10.1.2 발행자/구독자 모델의 사용

폴라 북숍 시스템에서는 이벤트 중심 설루션을 통해 다른 애플리케이션과의 결합을 줄이면서 서로 비동기적으로 통신할 필요가 있다. 요구 사항은 다음과 같다.

- **주문이 접수되면**
  - 주문 서비스는 주문을 생성하고 이 이벤트를 관심 있는 구독자에게 알려야 한다.
  - 배송 서비스는 주문을 발송하기 위해 몇 가지 논리를 실행해야 한다.

- **주문이 발송되면**
  - 배송 서비스는 주문 발송 이벤트에 관심 있는 구독자에게 알려야 한다.
  - 주문 서비스는 데이터베이스의 주문 상태를 업데이트해야 한다.

위의 요구 사항을 주의 깊게 살펴보면, 주문 서비스가 주문을 생성할 때 어떤 애플리케이션에 통보해야 하는지 지정하지 않는다는 것을 알 수 있다. 새롭게 등장한 배송 서비스 애플리케이션만이 이벤트에 관심을 갖는다. 그러나 향후 더 많은 애플리케이션이 주문 생성 이벤트에 가입할 수 있게 실징되있다. 이 디자인의 징짐은 기존 시스템에 진혀 영향을 미치지 않고도 소프트웨어 시스템을 개선시켜 나가고 디 많은 애플리게이션을 추가할 수 있다는 점이다. 이를테면 주문을 받을 때마다 사용자에게 이메일을 보내는 메일 서비스를 추가할 수 있는데, 주문 서비스는 이에 대해 전혀 모른다.

이러한 유형의 상호작용은 비동기적으로 이루어져야 하는데 발행자/구독자 모델로 모델링할 수 있다. 그림 10.1은 이 상호작용을 설명하고 주문을 접수, 배송 및 업데이트의 세 가지 흐름으로 설명한다. 이들은 시간적으로 분리되고 비동기적으로 실행된다. 데이터베이스에 데이터를 저장하는 작업과 이벤트를 생성하는 작업이 (같은 번호가 붙은) 동일한 단계에서 이뤄진다는 것을 알 수 있다. 이 장의 뒷부분에서 설명하겠지만, 같은 작업 단위(**트랜잭션**transaction)에 속하기 때문이다.

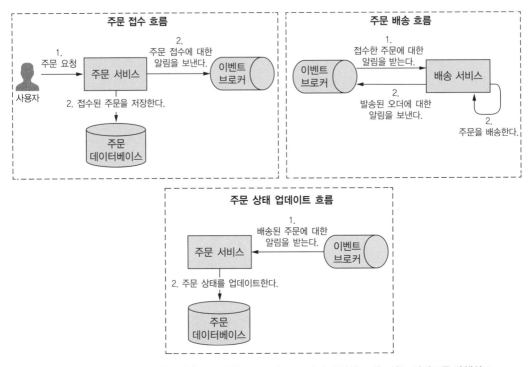

그림 10.1 주문 서비스 및 배송 서비스는 이벤트 브로커(래빗MQ)가 수집하고 배포하는 이벤트를 발행하고 소비함으로써 비동기 및 간접적으로 통신한다.

이 장의 나머지 부분에서는 폴라 북숍의 이벤트 중심 디자인을 구현하는 데 사용할 수 있는 몇 가지 기술과 패턴을 살펴본다. 메시지를 수집하고 라우팅하고 소비자에게 분배하는 이벤트 처리 플랫폼으로는 래빗MQ를 사용한다. 그림 10.2는 배송 서비스 애플리케이션과 래빗MQ를 도입한 후 폴라 북숍 시스템에서 이벤트 중심 부분을 강조해서 보여준다.

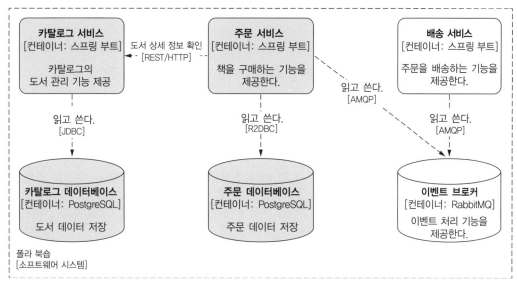

그림 10.2 폴라 북숍 시스템에서 주문 서비스와 배송 서비스는 래빗MQ를 통해
분배되는 이벤트를 기반으로 비동기적으로 통신한다.

다음 절에서는 래빗MQ의 기본 개념, 프로토콜 및 로컬 환경에서 실행하는 방법을 알아보기로 한다.

10.2 메시지 브로커와 래빗MQ

메시징 시스템에는 메시지 브로커와 프로토콜이라는 두 가지 요소가 필요하다. **고급 메시지 큐잉 프로토콜**Advanced Message Queuing Protocol, AMQP은 플랫폼 간의 호환성과 안정적인 메시지 전달을 보장한다. 최신 아키텍처에서 널리 사용되고 있으며, 복원력, 느슨한 결합 및 확장성이 필요한 클라우드에 적합하다. **래빗MQ**는 AMQP를 사용해 유연한 비동기 메시징, 분산 배분 및 모니터링을 제공하는 인기 있는 오픈소스 메시지 브로커다. 래빗MQ 최신 버전에는 이벤트 스트리밍 기능이 도입되었다.

스프링은 많이 사용되는 메시징 설루션을 광범위하게 지원한다. 스프링 프레임 워크 자체적으로 JMSJava Message Service API를 기본적으로 지원한다. 스프링 AMQP 프로젝트[3]는 AMQP에 대한 지원을 추가하고 래빗MQ와의 통합을 제공한다. 아파치 카프카는 이벤트 소싱 패턴이나 실시간 스트림 처리 구현에 사용되면서 지난 몇 년간 점점 더 많이 사용되고 있는 또 다른 기술이다. 아파치

---

3 https://spring.io/projects/spring-amqp

카프카를 위한 스프링Spring for Apache Kafka 프로젝트[4]는 카프카와의 통합을 제공한다.

이번 절에서는 폴라 북숍 시스템에서 메시징을 구현하는 데 사용할 메시지 브로커인 AMQP 프로토콜과 래빗MQ의 기본적인 내용을 다룬다. 애플리케이션 측면에서 스프링 클라우드 스트림Spring Cloud Stream은 스프링 AMQP 프로젝트를 사용해 래빗MQ를 편리하고 강력하게 통합해준다.

10.2.1 메시징 시스템의 AMQP 이해

래빗MQ와 같은 AMQP 기반 솔루션을 사용할 때 상호작용에 관여하는 행위자는 다음과 같이 분류할 수 있다.

- **생산자**producer: 메시지를 보내는 개체(발행자)
- **소비자**consumer: 메시지를 받는 개체(구독자)
- **메시지 브로커**message broker: 생산자로부터 메시지를 받아 소비자에게 라우팅하는 미들웨어

그림 10.3은 이들 사이의 상호작용을 보여준다. 프로토콜의 관점에서 볼 때, 브로커는 서버, 생산자와 소비자는 클라이언트라고 할 수 있다.

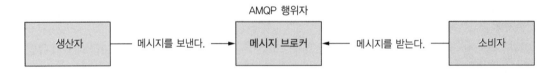

AMQP 행위자

그림 10.3 **AMQP에서 브로커는 생산자의 메시지를 받아 소비자에게 전달한다.**

[NOTE] 래빗MQ는 원래 AMQP를 지원하기 위해 개발되었지만 STOMP나 MQTT같은 다른 프로토콜도 지원하고 심지어 HTTP로 메시지를 전달하기 위한 웹소켓WebSocket도 지원한다. 또한 버전 3.9부터는 이벤트 스트리밍도 지원한다.

AMQP 메시징 모델은 그림 10.4에서 설명되는 바와 같이 **익스체인지**exchange와 **큐**queue를 기반으로 한다. 생산자는 익스체인지에 메시지를 보낸다. 래빗MQ는 주어진 라우팅 규칙에 따라 어떤 큐가 메시지 사본을 받을지 계산한다. 소비자는 큐에서 메시지를 읽는다.

---

4   https://spring.io/projects/spring-kafka

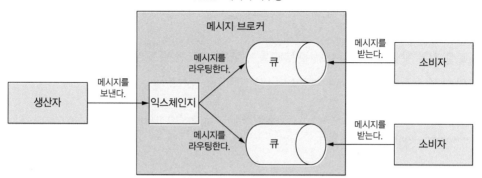

그림 10.4 **생산자는 익스체인지에 메시지를 발행하고 소비자는 큐를 구독한다.**
메시지는 라우팅 알고리즘에 따라 큐로 보낸다.

AMQP 프로토콜에서 메시지는 그림 10.5에서 보여지는 것처럼 속성과 페이로드로 이루어진다. AMQP는 몇 가지 속성을 정의하지만 메시지를 올바르게 라우팅하는 데 필요한 정보를 전달하기 위해 사용자 정의 속성을 추가할 수도 있다. 페이로드는 이진 형식이어야 하며 그 외에는 제약 조건이 없다.

그림 10.5 **AMQP 메시지는 속성과 페이로드로 구성된다.**

이제 AMQP의 기본적인 내용을 살펴봤으니, 래빗MQ를 시작하고 실행해보자.

10.2.2 발행/구독 통신을 위한 래빗MQ 사용

AMQP에 기반한 래빗MQ는 우리가 주문 서비스와 배송 서비스 사이에 이루고자 하는 발행/구독 상호작용을 구현하기 위한 간단하면서도 효과적인 설루션을 제공한다. 메시지와 관련한 기능 외에도 복원력, 고가용성 및 데이터 복제와 같이 클라우드 시스템과 데이터 서비스에 대해 앞 장에서 살펴본 속성을 가지고 있는지 확인하는 것은 꼭 필요한데, 래빗MQ는 이 기능을 모두 제공한다. 예를 들어 전달 확인, 클러스터링, 모니터링, 큐 내구성 및 복제 기능을 제공한다. 또한 여러 클라우드 업체가 관리형 래빗MQ 서비스와의 통합을 제공한다.

이제 로컬 컴퓨터에서 컨테이너로 래빗MQ를 실행해보자. 먼저 도커 엔진이 실행 중인지 확인한다. 그런 다음 polar-deployment 저장소에 있는 docker-compose.yml 파일을 연다.

NOTE 예제를 따라오지 않았다면 책의 소스 코드 저장소에서 Chapter10/10-begin/polar-deployment/docker/docker-compose.yml을 사용해도 된다.

docker-compose.yml 파일에(관리 플러그인 포함해) 래빗MQ 공식 이미지를 사용해 새로운 서비스 정의를 추가하고 5672 포트(AMQP용) 및 15672 포트(관리 콘솔용)를 통해 노출한다. 래빗MQ 관리 플러그인은 브라우저 기반 UI에서 익스체인지 및 큐를 확인하는 데 편리하다.

예제 10.1 **래빗MQ 컨테이너 정의**

```
version: "3.8"
services:
  ...
  polar-rabbitmq:
    image: rabbitmq:3.10-management     ◄──  관리 플러그인이 활성화된
                                              래빗MQ 공식 이미지
    container_name: polar-rabbitmq
    ports:
      - 5672:5672     ◄──  래빗MQ가 AMQP 요청을 듣는 포트
      - 15672:15672   ◄──  관리 GUI를 노출하는 포트
    volumes:  ◄──  볼륨으로 마운트된 설정 파일
      - ./rabbitmq/rabbitmq.conf:/etc/rabbitmq/rabbitmq.conf
```

설정은 PostgreSQL을 설정할 때와 유사하게 볼륨으로 마운트한 파일을 기반으로 한다. polar-deployment 저장소 내에 docker/rabbitmq 폴더를 만들고 rabbitmq.conf 파일을 새로 추가해 기본 계정을 설정한다.

예제 10.2 **래빗MQ 기본 계정 설정**

```
default_user = user
default_pass = password
```

다음으로 터미널 창을 열고 docker-compose.yml 파일이 있는 폴더로 이동한 후에 다음과 같은 명령을 실행해 래빗MQ를 시작한다.

```
$ docker-compose up -d polar-rabbitmq
```

마지막으로 브라우저 창을 열고 http://localhost:15672로 이동해서 래빗MQ 관리 콘솔을 액세스한다. 설정 파일에서 정의한 유저명(user)과 암호(password)를 사용해 로그인하고 둘러보길 바란다. 다음 절에서는 관리 콘솔의 익스체인지 및 큐 영역에서 주문 서비스와 배송 서비스 간의 메시지 흐름을 확인해볼 것이다.

래빗MQ 관리 콘솔을 다 둘러본 후에 다음과 같이 종료할 수 있다.

```
$ docker-compose down
```

스프링 클라우드 스트림은 래빗MQ와 같은 이벤트 브로커와 애플리케이션을 원활하게 통합하는 데 유용하다. 하지만 그 전에 메시지를 어떻게 처리할지에 대한 논리를 먼저 정의해야 한다. 다음 절에서는 스프링 클라우드 함수에 대해 알아보고 공급자, 함수, 소비자 측면에서 새로운 주문 흐름에 대한 비즈니스 로직을 구현하는 방법을 살펴본다.

10.3 스프링 클라우드 함수를 통한 함수

스프링 클라우드 함수 및 스프링 클라우드 스트림 프로젝트의 책임자인 올렉 주라코스키Oleg Zhurakousky는 종종 콘퍼런스 청중에게 다음과 같은 질문을 한다. 공급자, 함수, 소비자 세 가지를 가지고 정의할 수 없는 비즈니스 기능이 있는가? 흥미롭고 도전적인 질문이다. 생각나는 게 있는가? 대부분의 소프트웨어 요구 사항은 함수로 표현할 수 있다.

왜 처음부터 함수를 사용해야 할까? 함수는 단순하고 균일하며 이식성이 높은 프로그래밍 모델인데 본질적으로 이러한 개념에 기반한 이벤트 중심 아키텍처와 완벽하게 어울린다.

스프링 클라우드 함수는 자바 8에서 도입된 Supplier, Function, Consumer라는 표준 인터페이스를 기반으로 한 함수를 통해 비즈니스 로직을 구현할 것을 권장한다.

* **공급자**(supplier): 공급자는 출력만 있고 입력이 없는 함수다. **생산자**producer, **발행자**publisher 또는 **원천**source이라고도 한다.
* **함수**(function): 함수는 입력과 출력을 모두 가지고 있다. **프로세서**processor라고도 한다.

- **소비자(consumer)**: 소비자는 입력만 있고 출력은 없는 함수다. **구독자**subscriber 또는 **싱크**sink라고도 한다.

이번 절에서는 스프링 클라우드 함수가 어떻게 작동하는지, 그리고 함수를 통해 비즈니스 로직을 어떻게 구현할지 배워보자.

10.3.1 스프링 클라우드 함수의 함수적 패러다임 사용

앞서 나열한 배송 서비스 애플리케이션의 비즈니스 요구 사항을 고려하면서 함수를 시작해보자.[5] 주문이 접수될 때마다 배송 서비스는 주문을 포장하고 라벨을 붙이고 주문을 배송하면 이해 당사자(이 경우 주문 서비스)에게 알릴 책임이 있다. 편의를 위해 **포장**pack과 **레이블**label 작업이 모두 애플리케이션 자체에서 수행된다고 가정하고, 프레임워크에 대해 생각하기 전에 먼저 어떻게 함수를 사용해 비즈니스 로직을 구현할 수 있을지 생각해보자.

주문 발송을 위해 수행하는 두 가지 작업은 함수로 나타낼 수 있다.

- **pack 함수**: 접수한 주문의 아이디를 입력으로 받아 주문 물품을 포장하고(예제에서는 이에 대한 처리를 로그 메시지로 표시한다), 주문의 아이디를 출력으로 반환하는데, 이 주문은 레이블을 붙일 준비가 된 상태다.
- **label 함수**: 포장된 주문의 아이디를 입력으로 받아 주문에 대해 레이블 처리를 하고(예제에서는 이에 대한 처리를 로그 메시지로 표시한다), 주문 아이디를 출력함으로써 발송을 완료한다.

이 두 함수를 순서대로 합성하면 그림 10.6과 같이 배송 서비스의 비즈니스 로직을 완벽하게 구현할 수 있다.

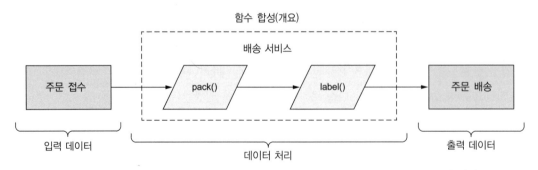

그림 10.6 **배송 서비스의 비즈니스 로직은 pack과 label이라는 두 가지 함수의 합성으로 구현된다.**

---

5 [옮긴이] 10.1.2절을 참고하기 바란다.

이들 함수를 구현하는 방법과 스프링 클라우드 함수가 어떻게 도움이 되는지 살펴보자.

1 스프링 클라우드 함수 프로젝트 초기화

스프링 이니셜라이저(https://start.spring.io)에서 배송 서비스 프로젝트를 초기화하고 생성된 소스 코드를 dispatcher-service라는 이름의 깃 저장소로 저장한다. 초기화를 위한 선택 사항은 그림 10.7에 나와 있다.

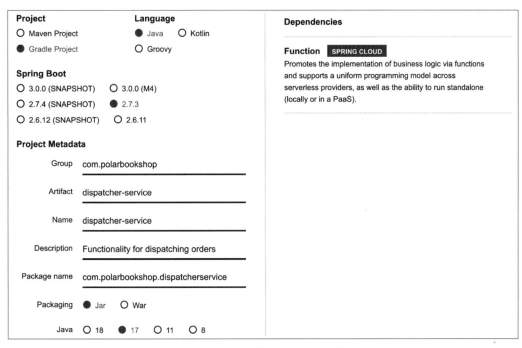

그림 10.7 **배송 서비스 프로젝트를 초기화하기 위한 선택 사항**

TIP 이 장의 예제 소스 코드 begin 폴더에 터미널 창에서 실행할 수 있는 curl 명령이 있다. 이 명령을 사용하면 스프링 이니셜라이저 웹사이트에서 수동으로 생성하는 대신 프로젝트를 시작하기 위해 필요한 모든 코드가 들어 있는 zip 파일을 다운로드할 수 있다.

생성된 build.gradle 파일 내의 의존성 섹션은 다음과 같다.

```
Dependencies {

  implementation 'org.springframework.boot:spring-boot-starter'
  implementation 'org.springframework.cloud:spring-cloud-function-context'
  testImplementation 'org.springframework.boot:spring-boot-starter-test'
}
```

주요 의존성은

- **스프링 부트**(org.springframework.boot:spring-boot-starter): 기본적인 스프링 부트 라이브러리와 자동 설정을 제공한다.
- **스프링 클라우드 함수**(org.springframework.cloud:spring-cloud-function-context): 함수를 사용한 비즈니스 로직 구현을 지원하는 스프링 클라우드 함수 라이브러리를 제공한다.
- **스프링 부트 테스트**(org.springframework.boot:spring-boot-starter-test): 스프링 테스트, JUnit, 어서트J, 모키토를 포함해 애플리케이션 테스트를 위한 여러 가지 라이브러리와 유틸리티를 제공한다. 모든 스프링 부트 프로젝트에 자동으로 포함된다.

그런 다음 자동 생성된 application.properties 파일을 application.yml로 변경하고 서버 포트 및 애플리케이션 이름을 설정한다. 현재 이 애플리케이션은 웹 서버를 포함하고 있지 않다. 그럼에도 서버 포트 번호를 설정하는 이유는 13장에서 애플리케이션에 모니터링 기능을 추가할 때 사용되기 때문이다.

예제 10.3 **서버 및 애플리케이션 이름 설정**

```
server:
  port: 9003  ◀───┤ 내장 웹 서버가 사용할 포트
spring:
  application:
    name: dispatcher-service  ◀───┤ 애플리케이션 이름
```

다음으로 함수를 사용해 어떻게 비즈니스 로직을 구현할 수 있을지 살펴보자.

② 함수를 사용한 비즈니스 로직 구현

비즈니스 로직은 자바의 Function 인터페이스를 통해 표준적인 방식으로 구현할 수 있기 때문에 스프링은 필요하지 않다.

Pack 함수를 생각해보자. 함수의 입력은 이전에 접수한 주문의 아이디다. 간단한 DTO를 통해 이 데이터를 모델링할 수 있다.

com.polarbookshop.dispatcherservice 패키지에서 주문 아이디를 전달하기 위한 OrderAccepted Message 레코드를 만들어보자.

예제 10.4 접수된 주문에 대한 이벤트를 나타내는 DTO

```
package com.polarbookshop.dispatcherservice;

public record OrderAcceptedMessage (      ◀── 주문의 아이디를 Long 타입의 필드에 가지고 있는 DTO
  Long orderId
){}
```

[NOTE] 이벤트 모델링은 스프링을 넘어서는 흥미로운 주제이며 제대로 하려면 여러 장에 걸쳐 다뤄야 한다. 이 주제에 대해 더 자세히 알고 싶다면 마틴 파울러의 'Focusing on Events',[6] 'Domain Event',[7] 'What do you mean by Event-Driven?'[8]를 읽어보길 권한다. 모두 그의 블로그 MartinFowler.com에 있다.

함수의 출력은 포장된 주문의 식별자를 나타내는 Long 객체다.

입력과 출력이 분명해졌으니 함수를 정의할 때가 됐다. DispatchingFunctions 클래스를 새로 만들고 pack() 메서드를 추가해 주문 포장을 함수로 구현해보자.

예제 10.5 포장 작동을 함수로 구현

```
package com.polarbookshop.dispatcherservice;

import java.util.function.Function;
import org.slf4j.Logger;
import org.slf4j.LoggerFactory;

public class DispatchingFunctions {
  private static final Logger log =
    LoggerFactory.getLogger(DispatchingFunctions.class);    ┐ 주문을 포장하는
                                                            │ 비즈니스 로직을 구현하는 함수
  public Function<OrderAcceptedMessage, Long> pack() {   ◀──┘
    return orderAcceptedMessage -> {              ┐ OrderAcceptedMessage 객체를
      log.info("The order with id {} is packed.", │ 입력으로 받는다.
        orderAcceptedMessage.orderId());
      return orderAcceptedMessage.orderId();    ◀── 주문의 식별자(Long 타입)를 출력으로 반환한다.
    };
  }
}
```

이 예제는 자바의 표준적인 코드만으로 되어 있다. 이 책에서는 가급적이며 실제 사례를 제시하려

---

6   https://martinfowler.com/eaaDev/EventNarrative.html

7   https://martinfowler.com/eaaDev/DomainEvent.html

8   https://martinfowler.com/articles/201701-event-driven.html

고 하는데 이 예제가 무엇을 하려는 것인지 의아해할 수도 있다. 여기서는 이벤트 중심 애플리케이션의 맥락에서 함수 프로그래밍 패러다임의 필수적인 사항만 중점적으로 살펴보고자 한다. 함수 안에 원하는 논리는 무엇이라도 추가할 수 있다. 여기서 중요한 것은 함수가 제공하는 계약, 즉입력과 출력이다. 이를 정의한 후에는 필요에 따라 함수를 자유롭게 구현할 수 있다. 이 함수를 좀더 실제적인 논리로 구현할 수도 있지만, 이 장의 목표를 고려할 때 그렇게 한다고 해서 얻을 것이별로 없다. 심지어 스프링 기반 코드일 필요도 없는데, 이 예제도 그렇다. 단순한 자바 코드다.

함수가 어떠한 다양한 방식으로 정의되더라도 표준 자바 인터페이스인 Function, Supplier, Consumer를 준수하는 한 스프링 클라우드 함수는 그 함수를 관리할 수 있다. 스프링 클라우드 함수는 함수를 빈으로 등록하면 인식할 수 있다. @Configuration으로 DispatchingFunctions 클래스를 표시하고, @Bean 애너테이션을 pack() 함수에 추가해보자.

예제 10.6 **함수를 빈으로 설정**

```
@Configuration          ◀─────────────          함수는 설정 클래스에서
public class DispatchingFunctions {              정의된다.
  private static final Logger log =
    LoggerFactory.getLogger(DispatchingFunctions.class);
                    빈으로 정의된 함수는 스프링 클라우드 함수가
                    찾아서 관리할 수 있다.
  @Bean  ◀─────
  public Function<OrderAcceptedMessage, Long> pack() {
    return orderAcceptedMessage -> {
      log.info("The order with id {} is packed.",
        orderAcceptedMessage.orderId());
      return orderAcceptedMessage.orderId();
    };
  }
}
```

나중에 살펴보겠지만 빈으로 등록된 함수는 스프링 클라우드 함수 프레임워크에 의해 추가 기능을 갖게 된다. 이렇게 하면 비즈니스 로직 그 자체는 자신을 감싸고 있는 프레임워크와 독립적이된다는 장점이 있다. 프레임워크와 관련된 이슈와 독자적으로 비즈니스 로직을 변경하고 시험할수 있다.

❸ 명령형 및 리액티브 함수의 사용

스프링 클라우드 함수는 명령형 및 리액티브 코드를 모두 지원하므로 Mono와 Flux 같은 리액티브 API를 자유롭게 사용해 함수를 구현할 수 있다. 원하는 대로 선택해 사용하면 된다. 일례로 프로

젝트 리액터를 사용해 **label** 함수를 구현해보자. 함수의 입력은 포장된 주문의 식별자로 사용하는 Long 타입의 객체다. 함수의 출력은 레이블이 붙은 주문의 아이디고, 이로써 배송 프로세스가 완료된다. OrderAcceptedMessage와 동일한 방식을 따라 간단한 DTO를 통해 이러한 데이터를 모델링할 수 있다.

com.polarbookshop.dispatcherservice 패키지에 OrderDispatchedMessage 레코드를 만들고 발송된 주문의 식별자를 레코드 안에 가지고 있으면 된다.

예제 10.7 **발송된 주문 이벤트를 나타내는 DTO**

```
package com.polarbookshop.dispatcherservice;

public record OrderDispatchedMessage (        ← 주문의 아이디를
    Long orderId                                 Long 타입의 필드에
){}                                              가지고 있는 DTO
```

입력과 출력이 분명해졌으니, 이제 함수를 정의할 때가 됐다. DispatchingFunctions 클래스를 열고 label() 메서드를 추가해 주문에 대한 레이블링을 함수로 구현해보자. 이 메서드는 리액티브로 구현하기 때문에, 입력과 출력이 모두 Flux 발행자로 둘러싸여 있다.

예제 10.8 **레이블 작동을 함수로 구현**

```
package com.polarbookshop.dispatcherservice;

import java.util.function.Function;
import org.slf4j.Logger;
import org.slf4j.LoggerFactory;
import reactor.core.publisher.Flux;
import org.springframework.context.annotation.Bean;
import org.springframework.context.annotation.Configuration;

@Configuration
public class DispatchingFunctions {
  private static final Logger log =
    LoggerFactory.getLogger(DispatchingFunctions.class);

  ...              ← 주문 레이블링 비즈니스 로직을
                     구현하는 함수
  @Bean  ←
  public Function<Flux<Long>, Flux<OrderDispatchedMessage>> label() {
    return orderFlux -> orderFlux.map(orderId -> {  ← 주문의 아이디(Long 타입)를
      log.info("The order with id {} is labeled.", orderId);  입력으로 받는다.
```

```
        return new OrderDispatchedMessage(orderId);  ◄
    });
  }
}
```

출력으로 OrderDispatchedMessage를
반환한다.

두 가지 함수를 구현했으니, 이들을 어떻게 결합하고 사용할 수 있는지 살펴보자.

10.3.2 함수의 합성 및 통합: REST, 서버리스, 데이터 스트림

배송 서비스에 대한 비즈니스 로직은 거의 구현이 끝났다. 하지만 두 가지 함수를 합성할 방법이 필요하다. 배송에 대한 요구 사항을 환기해보면, 주문의 배송은 먼저 `pack()`, 그다음은 `label()`의 순서로 실행되는 두 단계로 구성된다.

자바는 `andThen()`이나 `compose()`를 사용해 `Function` 객체를 순서대로 합성하는 기능을 제공한다. 문제는 첫 번째 함수의 출력 유형이 두 번째 함수의 입력 유형과 같을 때만 사용할 수 있다는 점이다. 스프링 클라우드 함수는 이러한 문제에 대한 해결책을 제공하며, 앞서 정의한 것과 같은 명령형 함수와 리액티브 함수 사이의 서로 다른 입출력 타입을 내부적으로 변환을 수행해 함수 합성을 원활하게 해준다.

스프링 클라우드로 함수를 합성하는 것은 application.yml (또는 application.properties) 파일에서 속성을 정의하면 간단하게 해결된다. 배송 서비스 프로젝트에서 application.yml 파일을 열고 스프링 클라우드 함수가 `pack()` 및 `label()` 함수를 관리하고 합성하도록 설정한다.

예제 10.9 **스프링 클라우드가 관리하는 함수 선언**

```
spring:
  cloud:
    function:
      definition: pack|label  ◄
```

스프링 클라우드 함수가 관리할 함수 정의

`spring.cloud.function.definition` 속성을 사용하면 스프링 클라우드 함수가 관리하고 통합할 함수를 선언하고 그 결과 특정 데이터 흐름을 생성한다. 앞 절에서는 기본적인 `pack()` 및 `label()` 함수를 구현했다. 이제는 스프링 클라우드 함수를 통해 이들 함수를 합성해서 새로운 함수를 생성할 수 있다.

AWS 람다Lambda, 애저 함수Azure Functions, 구글 클라우드 함수Google Cloud Functions, 케이네이티브

Knative와 같은 FaaS 플랫폼에 배포될 목적으로 개발된 서버리스 애플리케이션은 일반적으로 애플리케이션당 하나의 함수를 정의한다. 클라우드 함수 정의는 애플리케이션에서 선언한 함수에 일대일로 매핑하거나 **파이프**pipe(|) 연산자를 사용해 함수를 데이터 흐름 내에서 합성할 수 있다. 여러 함수를 정의해야 할 경우에는 파이프 대신 세미콜론(;) 문자를 구분 기호로 사용할 수 있다.

요약하면, 표준 자바 함수만 구현하면 스프링 클라우드 함수가 함수를 그 자체로 사용하거나, 합성해서 사용하도록 설정할 수 있다. 그렇게만 하면 프레임워크가 나머지는 다 알아서 처리하는데 합성을 가능하게 하기 위해 입력 및 출력 유형을 내부적으로 변환하는 것을 포함해서 여러 가지 작업을 수행한다. 그림 10.8은 함수 합성을 보여준다.

함수 합성(상세)

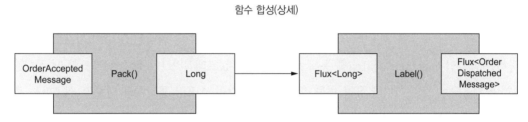

그림 10.8 입력 및 출력 유형이 서로 다른 함수를 결합하고 명령형과 리액티브 유형을 함께 사용할 수 있다. 스프링 클라우드 함수는 모든 유형 변환을 내부적으로 처리해준다.

이 시점에서 이들 함수를 어떻게 사용할 수 있을지 궁금할 것이다. 이 부분에서 스프링 클라우드 함수의 강력함이 드러난다. 함수를 정의한 다음에는 프레임워크가 사용자의 필요에 따라 다양한 방식으로 함수를 노출할 수 있다. 예를 들어 스프링 클라우드 함수는 spring.cloud.function. definition에 정의된 함수를 자동으로 REST 엔드포인트로 노출할 수 있다. 그런 다음 애플리케이션을 패키징하고 케이네이티브와 같은 FaaS 플랫폼으로 배포만 하면 최초의 서버리스 스프링 부트 애플리케이션을 구축하는 것이 끝난다. 16장에서 서버리스 애플리케이션을 만들 때 이 방식으로 할 것이다. 또는 애플리케이션을 패키징하고 AWS 람다나 애저 함수 또는 구글 클라우드 함수에 배포하기 위해 프레임워크에서 제공하는 어댑터 중 하나를 사용할 수도 있다. 아니면 스프링 클라우드 스트림과 결합하여 래빗MQ 또는 카프카와 같은 이벤트 브로커의 메시지 채널에 함수를 바인딩할 수도 있다.

스프링 클라우드 스트림을 사용해 래빗MQ와의 통합을 살펴보기 전에 각각의 함수와 함수의 합성을 따로 테스트하는 방법을 논의해야 한다. 비즈니스 로직을 함수로 구현하고 테스트가 끝나면 REST 엔드포인트에 의해서든지 아니면 이벤트 알림에 의해 시작되든지 간에 함수 자체는 동일한 방식으로 작동할 것이라고 확신할 수 있다.

10.3.3 @FunctionalSpringBootTest를 통한 통합 테스트

함수형 프로그래밍 패러다임을 사용하면 표준 자바로 비즈니스 로직을 구현하면서 프레임워크의 영향을 받지 않고 JUnit으로 단위 테스트를 작성할 수 있다. 이 단계에는 스프링 코드가 없으며 일반적인 자바 코드만 존재한다. 각 함수가 작동하는지 확인한 후 스프링 클라우드 함수가 함수를 처리하고 설정한 대로 노출될 때 애플리케이션의 전반적인 작동을 확인하기 위해 통합 테스트가 필요하다.

스프링 클라우드 함수는 통합 테스트의 콘텍스트를 설정하는 데 사용할 수 있는 @Functional SpringBootTest 애너테이션을 제공한다. 단위 테스트와 달리 함수를 직접 호출하지 않고 프레임워크로부터 해당 함수를 제공받는다. 프레임워크가 관리하는 모든 함수는 함수 레지스트리 역할을 하는 객체인 FunctionCatalog를 통해 사용할 수 있다. 프레임워크가 함수를 제공할 때 작성한 구현만 제공되는 것이 아니라 유형 변환, 함수 합성과 같이 스프링 클라우드 함수가 제공하는 추가 기능까지 갖게 된다. 이것이 어떻게 작동하는지 확인해보자.

첫째, 일부 비즈니스 로직이 리액터를 사용해 구현되었기 때문에 build.gradle 파일에 리액터 테스트Reactor Test에 대한 테스트 의존성을 추가해야 한다. 추가한 후에는 의존성을 새로고침하거나 다시 임포트한다.

예제 10.10 **배송 서비스에 리액터 테스트 의존성 추가**

```
dependencies {
  ...
  testImplementation 'io.projectreactor:reactor-test'
}
```

그런 다음 배송 서비스 프로젝트의 src/test/java 폴더에 DispatchingFunctionsIntegrationTests 클래스를 새로 만든다. 두 함수에 대한 통합 테스트를 개별적으로 작성할 수도 있지만 스프링 클라우드 함수를 통해 합성된 함수 pack() + label()의 작동을 확인하는 것이 더 흥미로울 것이다.

예제 10.11 **함수 합성에 대한 통합 테스트**

```
package com.polarbookshop.dispatcherservice;

import java.util.function.Function;
```

```
import org.junit.jupiter.api.Test;
import reactor.core.publisher.Flux;
import reactor.test.StepVerifier;
import org.springframework.beans.factory.annotation.Autowired;
import org.springframework.cloud.function.context.FunctionCatalog;
import org.springframework.cloud.function.context.test.FunctionalSpringBootTest;

@FunctionalSpringBootTest
class DispatchingFunctionsIntegrationTests {

  @Autowired
  private FunctionCatalog catalog;

  @Test
  void packAndLabelOrder() {
    Function<OrderAcceptedMessage, Flux<OrderDispatchedMessage>>
      packAndLabel = catalog.lookup(
        Function.class,
        "pack|label");          ◄───   FunctionCatalog로부터
    long orderId = 121;                합성 함수를 가져온다.

    StepVerifier.create(packAndLabel.apply(
        new OrderAcceptedMessage(orderId)   ◄───  함수에 대한 입력인 OrderAcceptedMessage를 정의한다.
      ))
      .expectNextMatches(dispatchedOrder ->   ◄───  함수의 출력이 OrderDispatchedMessage 객체인지
                                                    확인한다.
        dispatchedOrder.equals(new OrderDispatchedMessage(orderId)))
      .verifyComplete();
  }
}
```

마지막으로, 터미널 창을 열고 배송 서비스 프로젝트 루트 폴더로 이동해 테스트를 실행해보자.

```
$ ./gradlew test --tests DispatchingFunctionsIntegrationTests
```

이러한 유형의 통합 테스트는 정의된 클라우드 함수가 어떻게 노출되는지와는 관계없이 함수 자체가 올바르게 작동하는지 확인한다. 책의 소스 코드에 더 광범위한 자동 테스트를 찾아볼 수 있다(Chapter10/10-intermediate/dispatcher-service).

비즈니스 로직만 구현하고 인프라 문제는 프레임워크에 위임하기 위한 간단하지만 효과적인 방법이 함수다. 다음 절에서는 스프링 클라우드 스트림을 사용해 래빗MQ의 메시지 채널에 함수를 바인딩하는 법을 살펴보자.

10.4 스프링 클라우드 스트림을 통한 메시지 처리

스프링 클라우드 함수 프레임워크를 구동하는 원칙은 스프링 클라우드 스트림에서도 찾을 수 있다. 개발자는 비즈니스 로직만 구현하면 프레임워크가 메시지 브로커 통합 같은 인프라 문제를 처리한다.

스프링 클라우드 스트림Spring Cloud Stream은 확장 가능한 이벤트 기반 스트리밍 애플리케이션을 구축하기 위한 프레임워크다. 이 프레임워크는 스프링 통합Spring Integration, 스프링 부트, 스프링 클라우드 함수를 토대로 하고 있다. 스프링 통합은 메시지 브로커와 통신 계층을 제공한다. 스프링 부트는 미들웨어 통합을 위한 자동 설정을 제공한다. 스프링 클라우드 함수는 이벤트를 생성하고, 처리하며, 소비한다. 스프링 클라우드 스트림은 각 메시지 브로커의 자체 기능을 사용하지만 기저의 미들웨어와는 독립적으로 원활한 경험을 위한 추상화도 제공한다. 예를 들면 아파치 카프카의 원래 기능인 소비자 그룹과 파티션 같은 기능은 래빗MQ에 없지만 프레임워크가 제공하는 추상화 덕분에 이런 기능을 여전히 사용할 수 있다.

스프링 클라우드 스트림 기능 중에 가장 훌륭한 기능은 배송 서비스와 같은 프로젝트에서 의존성을 제거하고 함수를 외부 메시지 브로커에 자동으로 바인딩할 수 있는 기능이다. 이 기능이 왜 좋을까? 애플리케이션 코드의 변경 없이, application.yml 또는 application.properties의 설정만 변경하면 되기 때문이다. 이전 버전의 프레임워크에서는 비즈니스 로직을 스프링 클라우드 스트림 구성 요소와 일치시키는 전용 애너테이션을 사용해야만 했으나 이제는 그마저도 필요하지 않다.

스프링 클라우드 스트림 프레임워크는 래빗MQ, 아파치 카프카, 카프카 스트림, 아마존 카이네시스Kinesis와의 통합을 지원한다. 구글 퍼브서브PubSub, 솔레이스 퍼브서브+Solace PubSub+, 애저 이벤트 허브Event Hubs, 아파치 로켓MQ를 위해 타사에 의해 유지 관리되는 통합도 있다.

이번 절에서는 배송 서비스에서 정의한 합성 함수를 래빗MQ의 메시지 채널을 통해 노출하는 방법을 설명한다.

10.4.1 래빗MQ와의 통합 설정

스프링 클라우드 스트림은 몇 가지 필수적인 개념을 기반으로 하고 있다.

- **대상 바인더**destination binder: 래빗MQ나 카프카 같은 외부 메시지 시스템과의 통합을 제공하는 컴포넌트

- **대상 바인딩**destination binding: 외부 메시지 시스템 개체(예를 들면 큐나 토픽)와 애플리케이션의 생산자/소비자를 연결해주는 요소
- **메시지**: 대상 바인더, 더 나아가 외부 메시지 시스템과 통신하기 위해 애플리케이션의 생산자와 소비자가 사용하는 데이터 구조

이 세 가지 모두 프레임워크 자체에서 처리된다. 애플리케이션의 핵심인 비즈니스 로직은 외부 메시징 시스템을 알지 못한다. 애플리케이션은 대상 바인더를 통해 외부 메시지 브로커와 통신할 수 있고 공급업체별 문제도 다룬다. 바인딩은 프레임워크에 의해 자동으로 설정되지만, 요구 사항에 맞게 설정할 수도 있다. 배송 서비스에서 이렇게 할 예정이다. 그림 10.9는 스프링 클라우드 스트림을 사용하는 스프링 부트 애플리케이션의 모델을 보여준다.

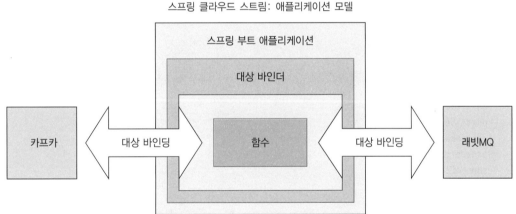

그림 10.9 **스프링 클라우드 스트림에서 대상 바인더는 외부 메시징 시스템과의 통합을 제공하고 메시지 채널을 설정한다.**

(배송 서비스에서 했듯이) 애플리케이션의 비즈니스 로직을 함수로 정의하고 스프링 클라우드 함수가 관리하도록 설정한 다음, 사용하려는 브로커에 대한 스프링 클라우드 스트림 바인더 프로젝트 의존성을 추가하고 메시지 브로커를 통해 함수를 노출할 수 있다. 여기서는 래빗MQ로 입력 및 출력 메시지 채널을 구성하는 방법을 살펴보지만, 동일한 애플리케이션 내에서 여러 개의 메시징 시스템에 바인딩할 수도 있다.

❶ 스프링과 래빗MQ의 통합

우선 배송 서비스 프로젝트(dispatcher-servic)의 build.gradle 파일을 열고 스프링 클라우드 함수 의존성을 스프링 클라우드 스트림의 래빗MQ 바인더 의존성으로 바꾼다. 스프링 클라우드 함수

는 스프링 클라우드 스트림에 이미 포함되어 있기 때문에 명시적으로 추가할 필요가 없다. 스프링 부트 스타터에 대한 의존성 역시 제거할 수 있는데, 스프링 클라우드 스트림 의존성에 포함되어 있기 때문이다. 변경 후에는, 의존성을 새로고침하거나 다시 임포트한다.

예제 10.12 **배송 서비스의 의존성 업데이트**

```
dependencies {
  implementation
  ↪ 'org.springframework.cloud:spring-cloud-stream-binder-rabbit'
  testImplementation 'org.springframework.boot:spring-boot-starter-test'
  testImplementation 'io.projectreactor:reactor-test'
}
```

다음으로 application.yml 파일을 열고 래빗MQ 통합을 위해 다음과 같은 설정을 추가해보자. 포트, 사용자 이름 및 암호는 이전에 도커 컴포즈에서 정의한 것과 동일하다(예제 10.1 및 10.2).

예제 10.13 **래빗MQ 통합 설정**

```
spring:
  rabbitmq:
    host: localhost
    port: 5672
    username: user
    password: password
    connection-timeout: 5s
```

이게 전부다. 배송 서비스를 실행하면 이 설정만으로 완벽하게 작동한다는 것을 알 수 있을 것이다. 스프링 클라우드 스트림은 래빗MQ의 익스체인지와 큐에 대한 바인딩을 자동으로 생성하고 설정한다.

지금까지 한 방식은 뭔가를 빨리 실행하기에는 좋지만, 프로덕션 환경에서는 작동을 변경하기 위해 자신만의 설정을 적용해야 할 경우가 있다. 다음 절에서는 비즈니스 로직을 구현한 코드를 변경하지 않고 이 작업을 수행하는 방법을 살펴보겠다.

10.4.2 함수의 메시지 채널 바인딩

스프링 클라우드 스트림을 시작하는 것은 간단하지만 비슷한 이름 때문에 혼동이 있을 수 있다. 바인딩이라는 용어, 그리고 그와 비슷한 다른 용어들이 메시지 브로커와 스프링 클라우드 스트림에서 많이 사용되기 때문에 오해를 불러올 수 있다. 그림 10.10은 자신의 위치에 있어야 할 개체를 보여준다.

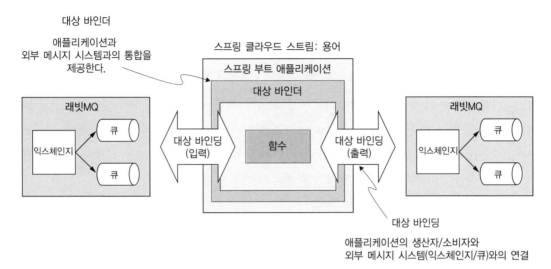

그림 10.10 **스프링 클라우드 스트림에서 바인딩은 애플리케이션과 메시지 브로커 사이에 메시지 채널을 수립한다.**

스프링 클라우드 스트림은 스프링 부트 애플리케이션에게 **대상 바인더**를 제공하는데, 대상 바인더는 외부 메시징 시스템을 통합한다. 대상 바인더는 또한 애플리케이션의 생산자/소비자와 메시징 시스템의 개체(래빗MQ의 교환 및 큐) 간의 통신 채널을 설정하는 데에도 중요한 역할을 수행한다. 이러한 통신 채널을 대상 바인딩이라고 하며 애플리케이션과 브로커를 이어준다.

대상 바인딩은 입력 채널 또는 출력 채널이 될 수 있다. 기본적으로 스프링 클라우드 스트림은 각 (입력과 출력) 바인딩을 래빗MQ의 익스체인지에 매핑한다(더 정확하게는 **토픽 익스체인지**topic exchange). 또한 각 입력 바인딩에 대해서는 큐를 관련 익스체인지와 연결한다. 소비자는 바로 이 큐에서 이벤트를 받아 처리한다. 발행/구독 모델을 기반으로 한 이벤트 중심 아키텍처를 구현하기 위해 필요한 모든 작업이 이 설정을 통해 이루어진다.

다음 절에서는 스프링 클라우드 스트림의 대상 바인딩을 자세히 살펴보고 래빗MQ 익스체인지 및 큐와의 관계에 대해 살펴본다.

1 대상 바인딩 이해

그림 10.10에서 볼 수 있듯이 대상 바인딩은 애플리케이션과 브로커를 연결해주는 추상화다. 스프링 클라우드 스트림에서 함수 프로그래밍 모델을 사용하면 입력 데이터를 받는 함수에 대해서는

입력 바인딩이, 출력 데이터를 반환하는 함수에 대해서는 출력 바인딩이 생성된다. 각 바인딩은 다음 규칙에 따라 논리적 이름을 갖는다

- 입력 바인딩: `<functionName>` + `-in-` + `<index>`
- 출력 바인딩: `<functionName>` + `-out-` + `<index>`

카프카에서처럼 파티션을 사용하지 않는 한 이름의 `<index>` 부분은 항상 0이다. `<functionName>`은 `spring.cloud.function.definition` 속성 값으로 계산된다. 단일 함수의 경우 일대일로 매핑된다. 예를 들어 배송 서비스에 `dispatch`라는 함수가 하나만 있으면 관련 바인딩의 이름은 `dispatch-in-0`과 `dispatch-out-0`이다. 앞서 우리는 합성된 함수(팩 레이블)를 사용했는데 합성 함수의 경우 바인딩 이름은 합성에 포함된 모든 함수의 이름을 결합해 만들어진다.

- 입력 바인딩: `packlabel-in-0`
- 출력 바인딩: `packlabel-out-0`

이러한 이름은 애플리케이션에서 바인딩 자체의 설정에만 관련 있다. 고유 식별자와 같아서 특정 바인딩을 참고하거나 사용자 정의 설정을 적용하기 위해 사용할 수 있다. 이 이름은 스프링 클라우드 스트림에만 존재하고 래빗MQ는 이에 대해 전혀 모른다.

2 대상 바인딩 설정

기본 설정상 스프링 클라우드 스트림은 바인딩 이름을 사용해 래빗MQ의 익스체인지와 큐의 이름을 만들지만 프로덕션 환경에서는 여러 가지 이유로 기본 설정에 따른 값이 아닌 다른 이름을 사용할 필요가 있을 수도 있다. 예를 들면 같은 이름의 익스체인지와 큐가 이미 존재할 가능성이 있다. 또한 내구성이나 라우팅 알고리즘과 같이 익스체인지와 큐에 대한 다양한 옵션을 제어해야 할 수도 있다.

배송 서비스에 대해 입력 및 출력 바인딩을 어떻게 설정할 수 있을지 살펴보자. 애플리케이션이 시작할 때 스프링 클라우드 스트림은 관련 익스체인지와 큐가 래빗MQ에 이미 존재하는지 확인한다. 존재하지 않으면 설정에 맞춰 생성한다.

래빗MQ에서 익스체인지와 큐의 이름을 지정하는 데 사용할 대상 이름을 만드는 것부터 시작해보자. 배송 서비스 프로젝트에서 application.yml 파일을 다음과 같이 업데이트한다.

예제 10.14 클라우드 스트림 바인딩 및 래빗MQ 대상 설정

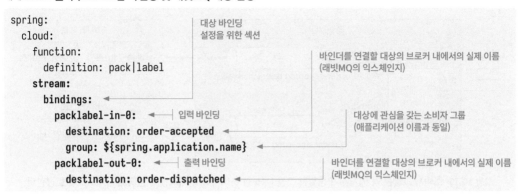

출력 바인딩(packlabel-out-0)은 래빗MQ의 order-dispatch 익스체인지에 매핑된다. 입력 바인딩(packlabel-in-0)은 래빗MQ의 order-accepted 익스체인지 및 order-accepted.dispatcher-service 큐에 매핑된다. 익스체인지와 큐가 래빗MQ에 아직 존재하지 않으면 바인더에 의해 생성된다. 큐 이름 전략(<destination>.<group>)에는 **소비자 그룹**consumer group이라는 매개변수가 포함돼 있다.

소비자 그룹에 대한 아이디어는 카프카에서 빌려왔는데 유용한 개념이다. 표준 발행/구독 모델에서 모든 소비자는 자신이 구독한 큐로 전송된 메시지의 사본을 받는데, 메시지가 여러 애플리케이션에 의해 처리되어야 할 때 편리한 기능이다. 그러나 확장성과 복원력을 위해 애플리케이션 인스턴스를 여러 개 실행하는 클라우드 네이티브에서는 오히려 문제가 될 수 있다. 배송 서비스 인스턴스가 여러 개 있을 때 같은 주문에 대해 모든 인스턴스가 주문 배송을 처리하면 안 된다. 이런 일이 발생하면 오류와 일관성 없는 상태를 초래한다.

소비자 그룹은 이 문제를 해결한다. 같은 그룹에 속한 소비자는 구독을 공유한다. 그 결과 메시지가 큐에 들어오면 그 큐를 구독하는 소비자 그룹 중 오직 하나의 소비자만 그 메시지를 처리한다. 배송 서비스와 메일 서비스, 이렇게 두 개의 애플리케이션이 복제본으로 배포돼 실행 중이고 접수된 주문에 대한 이벤트를 받는다고 가정해보자. 애플리케이션 이름을 사용해 소비자 그룹을 설정하면 그림 10.11과 같이 각 이벤트는 배송 서비스와 메일 서비스의 한 인스턴스에 의해서만 수신되고 처리된다.

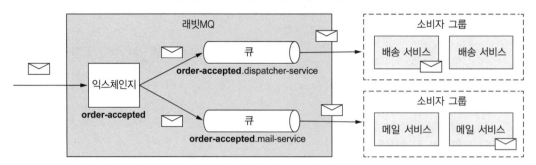

스프링 클라우드 스트림과 래빗MQ의 소비자 그룹

그림 10.11 소비자 그룹은 각 메시지가 동일한 그룹 내의 한 소비자에 의해서만 수신되고 처리되도록 보장한다.

3 래빗MQ 익스체인지 및 큐

스프링 클라우드 스트림을 사용해 래빗MQ와 통합을 설정했다면 배송 서비스를 실행할 차례다.

먼저 래빗MQ 컨테이너를 시작한다. 터미널 창을 열고 `polar-deployment` 저장소에서 docker-compose.yml 파일이 있는 폴더(polar-deployment/docker)로 이동한 후에 다음 명령을 실행한다.

```
$ docker-compose up -d polar-rabbitmq
```

그런 다음 다른 터미널 창을 열고 배송 서비스 프로젝트의 루트 폴더(dispatcher-service)로 이동한 후에 다음과 같이 애플리케이션을 실행한다.

```
$ ./gradlew bootRun
```

애플리케이션 로그를 확인해보면 어떤 일이 일어났는지 짐작할 수 있지만, 더 명확하게 알려면 포트 번호 15672를 통해 래빗MQ 관리 콘솔로 연결해 확인하면 된다.

브라우저 창에서 http://localhost:15672를 열어보자. 크리덴셜은 도커 컴포즈에서 정의한 `user/password`를 사용하면 된다. 그림 10.12는 래빗MQ에서 제공하는 기본적인 익스체인지 목록과 애플리케이션이 생성한 두 개의 익스체인지인 `order-accepted`와 `order-dispatched`를 보여준다. 스프링 클라우드 스트림은 이 익스체인지를 `packlabel-in-0`과 `packlabel-out-0` 바인딩에 각각 매핑한다. 익스체인지는 **지속성**durable을 가질 수 있는데 이 경우 관리 콘솔에서 D 아이콘으로 표시되고, 브로커를 재시작해도 익스체인지에 대한 메시지는 그대로 남아 있다.

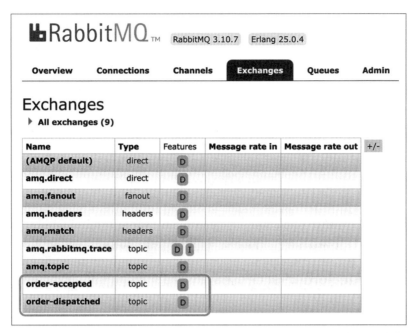

그림 10.12 **스프링 클라우드 스트림은 두 개의 대상 바인딩을 래빗MQ의 두 개의 익스체인지에 각각 매핑한다.**

다음으로 큐를 살펴보자. 이미 배송 서비스에서 `packlabel-in-0` 바인딩과 소비자 그룹을 설정했다. 애플리케이션에서 유일한 입력 채널이기 때문에 이에 대한 큐가 하나 생성되어 있어야 한다. 이것을 확인해보자. 그림 10.13에서 볼 수 있듯이, 래빗MQ 관리 콘솔의 큐 섹션에 지속성 표시 된 `order-accepted.dispatcher-service`라는 큐를 볼 수 있다.

그림 10.13 **스프링 클라우드 스트림은 소비자 그룹 설정에 따라 명명된 큐에 각 입력 바인딩을 매핑한다.**

NOTE `packlabel-out-0` 바인딩에 대한 큐는 이 큐를 구독하는 소비자가 없기 때문에 만들어지지 않았다. 나중에 주문 서비스가 이 큐를 구독하도록 설정하면 큐가 만들어지는 것을 볼 수 있을 것이다.

지금까지 작업한 통합이 잘 작동하는지 확인할 수 있는 한 가지 방법은 order-accepted 익스체인지에 수동으로 메시지를 보내보는 것이다. 모든 것이 올바르게 설정되어 있다면, 배송 서비스는 order-accepted.dispatcher-service 큐에서 메시지를 읽고 합성된 함수 pack|label를 통해 처리한 다음 최종적으로 order-dispatched 익스체인지로 전송할 것이다.

그림 10.14와 같이 익스체인지 섹션으로 이동 후 order-accepted 익스체인지를 선택하고 메시지 발행(Publish Message) 패널에서 JSON 형식으로 OrderAcceptedMessage 객체를 입력한다. 입력이 끝나면 메시지 발행(Publish message) 버튼을 클릭한다.

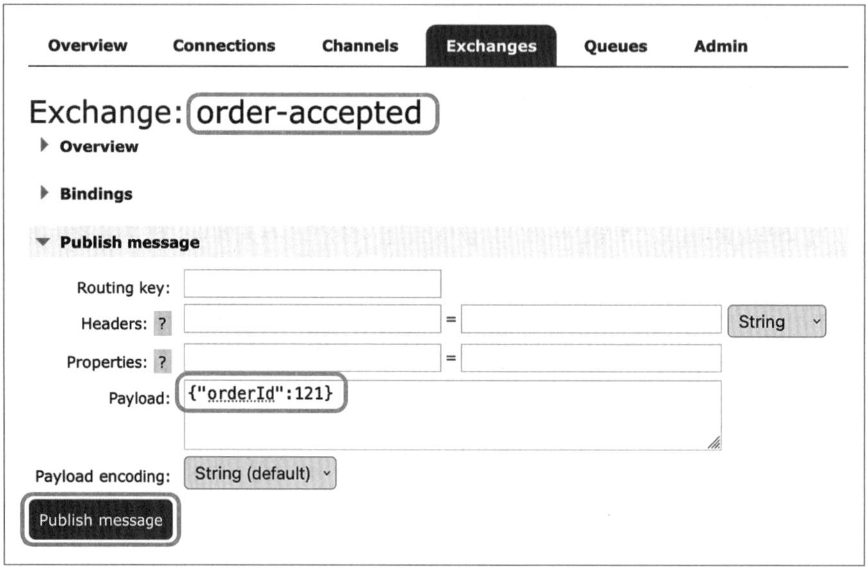

그림 10.14 order-accepted 익스체인지에 메시지를 보내면 배송 서비스의 데이터 흐름을 시작할 수 있다.

애플리케이션 로그를 확인해보면 데이터 흐름이 올바르게 발생했다는 것을 알려주는 로그를 볼 수 있다.

```
...c.p.d.DispatchingFunctions: The order with id 394 is packed.
...c.p.d.DispatchingFunctions: The order with id 394 is labeled.
```

출력 메시지는 order-dispatched 익스체인지로 전송됐지만 구독하는 소비자가 없기 때문에 어떤 큐로도 라우팅되지 않았다. 이 장의 마지막 부분에서 주문이 수락될 때마다 order-accepted 익스체인지에 메시지를 발행하고 주문이 배송될 때마다 order-dispatched 큐에서 메시지를 읽는 소비자를 주문 서비스에서 정의하면 이 흐름이 완성된다. 그러나 그 전에 먼저 스프링 클라우드 스트림 바인더와의 통합을 확인하기 위한 테스트를 추가해보자.

계속하기 전에 Ctrl+C를 눌러 애플리케이션을 중지하고 `docker-compose down` 명령으로 래빗MQ 컨테이너도 중지한다.

10.4.3 테스트 바인더를 통한 통합 테스트

여러 번 강조했듯이 스프링 클라우드 함수와 스프링 클라우드 스트림의 전체 철학은 애플리케이션의 비즈니스 로직을 인프라와 미들웨어에 중립적이 되도록 하는 것이다. `pack()`과 `label()` 함수를 정의한 후, 그래들에서 의존성을 업데이트하고 application.yml에서 설정을 수정한 것이 우리가 한 전부다.

프레임워크에 관계없이 비즈니스 로직을 검증하기 위한 단위 테스트를 작성하는 것은 좋은 생각이다. 그러나 스프링 클라우드 스트림의 맥락에서 애플리케이션의 작동을 확인하기 위해 통합 테스트를 추가하는 것 역시 그럴 만한 가치가 있다. 지금은 외부 메시징 시스템과의 통합을 테스트하려고 하기 때문에 이전에 `DispatchingFunctionsIntegrationTests` 클래스에서 작성한 통합 테스트는 비활성화되어야 한다.

스프링 클라우드 스트림은 미들웨어가 아닌 비즈니스 로직에 초점을 맞춘 통합 테스트를 지원하는 바인더를 제공한다. 배송 서비스를 예로 해서 이 바인더가 어떻게 작동하는지 살펴보자.

NOTE 스프링 클라우드 스트림이 제공하는 테스트 바인더는 사용하는 특정 기술과는 독립적으로 대상 바인더에 대한 올바른 설정 및 통합을 확인하기 위한 것이다. 특정 브로커(우리의 경우 래빗MQ)에 대한 애플리케이션을 테스트하려면 앞 장에서 배운 것처럼 테스트컨테이너를 이용할 수 있다. 그 부분은 각자가 연습할 수 있도록 남겨두겠다.

먼저 배송 서비스 프로젝트의 build.gradle 파일에 테스트 바인더 의존성을 추가해보자. 지금까지 추가해 온 의존성과는 달리 테스트 바인더는 보다 상세한 구문으로 설정해야 한다. 자세한 내용은 스프링 클라우드 스트림 문서(https://spring.io/projects/spring-cloud-stream)를 참고하면 된다. 새로 추가한 후에, 의존성을 새로고침하거나 다시 임포트한다.

예제 10.15 배송 서비스에 테스트 바인더 의존성 추가

```
dependencies {
  ...
  testImplementation("org.springframework.cloud:spring-cloud-stream") {
```

```
    artifact {
      name = "spring-cloud-stream"
      extension = "jar"
      type ="test-jar"
      classifier = "test-binder"
    }
  }
}
```

다음으로, 테스트를 위해 FunctionsStreamIntegrationTests 클래스를 새로 만든다. 테스트 설정
은 다음과 같은 세 단계로 이루어진다.

1. 테스트 바인더에 대한 설정을 제공하는 TestChannelBinderConfiguration 클래스를 임포트
   한다.

2. 입력 바인딩 packlabel-in-0을 나타내는 InputDestination 빈을 주입한다(입력 바인딩은
   packlabel-in-0밖에 없으므로 기본 설정상 이 바인딩을 나타낸다).

3. 출력 바인딩 packlabel-out-0를 나타내는 OutputDestination 빈을 주입한다(출력 바인딩은
   packlabel-out-0밖에 없으므로 기본 설정상 이 바인딩을 나타낸다).

데이터 흐름은 (org.springframework.messaging 패키지 아래의) Message 객체를 기반으로 한다.
애플리케이션을 실행할 때 스프링 클라우드 스트림은 내부적으로 타입 변환을 수행한다. 그러나
이 유형의 테스트에서는 Message 객체를 명시적으로 제공해야 한다. MessageBuilder를 사용해 입
력 메시지를 만들고 ObjectMapper 유틸리티를 사용해 이진 형식으로 변환할 수 있는데, 브로커에
서 메시지 페이로드가 이 형식으로 저장된다.

예제 10.16 목록 외부 메시징 시스템과의 통합 테스트

```
package com.polarbookshop.dispatcherservice;

import java.io.IOException;
import com.fasterxml.jackson.databind.ObjectMapper;
import org.junit.jupiter.api.Test;
import org.springframework.beans.factory.annotation.Autowired;
import org.springframework.boot.test.context.SpringBootTest;
import org.springframework.cloud.stream.binder.test.InputDestination;
import org.springframework.cloud.stream.binder.test.OutputDestination;
import org.springframework.cloud.stream.binder.test.TestChannelBinderConfiguration;
import org.springframework.context.annotation.Import;
import org.springframework.integration.support.MessageBuilder;
```

```
import org.springframework.messaging.Message;
import static org.assertj.core.api.Assertions.assertThat;

@SpringBootTest
@Import(TestChannelBinderConfiguration.class)   ◀─────── 테스트 빌더 설정
class FunctionsStreamIntegrationTests {

  @Autowired                                              입력 바인딩 packlabel-in-0을
  private InputDestination input;   ◀───────────         나타낸다.

  @Autowired                                              출력 바인딩 packlabel-out-0을
  private OutputDestination output;   ◀─────────          나타낸다.

  @Autowired                                              JSON 메시지 페이로드를
  private ObjectMapper objectMapper;   ◀─────────         자바 객체로 역직렬화하기 위해
                                                          잭슨을 사용한다.

  @Test
  void whenOrderAcceptedThenDispatched() throws IOException {
    long orderId = 121;
    Message<OrderAcceptedMessage> inputMessage = MessageBuilder
      .withPayload(new OrderAcceptedMessage(orderId)).build();
    Message<OrderDispatchedMessage> expectedOutputMessage = MessageBuilder
      .withPayload(new OrderDispatchedMessage(orderId)).build();

    this.input.send(inputMessage);   ◀───── 입력 채널로 메시지를 보낸다.
    assertThat(objectMapper.readValue(output.receive().getPayload(),
      OrderDispatchedMessage.class))
        .isEqualTo(expectedOutputMessage.getPayload());   ◀───── 출력 채널로부터 메시지를 받아서 확인한다.
  }
}
```

CAUTION 인텔리제이 아이디어는 InputDestination, OutputDestination, ObjectMapper를 자동으로 연결할 수 없다는 경고 메시지가 뜰 수도 있으나 걱정하지 않아도 된다. @SuppressWarnings("SpringJavaInjectionPointsAutowiringInspect")로 해당 필드에 애너테이션을 추가하면 경고를 제거할 수 있다.

래빗MQ 같은 메시지 브로커는 이진 데이터를 처리하므로 이를 통해 흐르는 모든 데이터는 자바의 byte[]에 매핑된다. 바이트와 DTO 간의 변환은 스프링 클라우드 스트림에서 내부적으로 알아서 처리해준다. 그러나 이 테스트 시나리오에서 메시지와 마찬가지로 출력 채널에서 수신된 메시지의 내용을 확인하려면 명시적으로 처리해야 한다.

통합 테스트를 작성한 후 터미널 창을 열고 배송 서비스 프로젝트의 루트 폴더로 이동해 테스트를 실행해보자.

```
$ ./gradlew test --tests FunctionsStreamIntegrationTests
```

다음 절에서는 메시지 시스템의 통합에서 복원력에 관한 몇 가지 사항을 살펴볼 것이다.

10.4.4 실패에 대한 메시지 복원력

동기식 요청/응답 방식은 상호작용에 영향을 미치는 문제점이 몇 가지 있는데, 이벤트 기반 아키텍처는 이에 대한 해결책을 제공한다. 예를 들어 애플리케이션 간의 시간적 결합을 제거하면 통신은 비동기적으로 이루어지기 때문에 회로 차단기와 같은 패턴이 필요 없다. 생산자가 메시지를 보내는 동안 소비자가 일시적으로 사용할 수 없는 상태에 있다고 해도 문제가 되지 않는다. 소비자가 다시 작동하기 시작하면 메시지를 받기 시작한다.

소프트웨어 공학에 만병 통치약은 없다. 모든 것은 나름의 대가를 지불해야 한다. 한편으로는 애플리케이션이 분리되어 있어 더 독립적으로 작동할 수 있지만 또 다른 한편으로는 메시지 브로커라는 새로운 구성 요소가 도입되고 이를 시스템에 배포하고 관리해야 한다.

브로커는 플랫폼에서 처리한다고 가정하더라도 애플리케이션 개발자로서 해야 할 일은 여전히 존재한다. 이벤트가 발생하고 애플리케이션이 메시지를 발행할 때 문제가 발생할 수 있다. 재시도와 시간 초과는 여전히 유용하지만 이번에는 애플리케이션과 브로커 간의 상호작용을 보다 탄력적으로 만들기 위해 이들 패턴을 사용해야 한다: 스프링 클라우드 스트림은 명령형 소비자를 위해 스프링의 재시도 라이브러리를 제공하고(8장에서 배운 것처럼), 리액티브 소비자를 위해서는 retryWhen() 리액터 연산자를 제공한다. 또한 기본적으로 지수 백오프 전략으로 재시도 패턴을 사용한다. 이에 관해서는 일반적으로 설정 속성을 통해 사용자 정의할 수 있다.

스프링 클라우드 스트림은 보다 복원력 높은 상호작용을 위해 오류 채널과 우아한 종료를 포함해 몇 가지 기본 설정 값을 정의한다. 이 외에도 데드 레터 큐dead-letter queues, 메시지 수신 확인 흐름 acknowledge flow, 실패시 메시지 재발행 등 메시지 처리에서 고려할 수 있는 다양한 측면을 설정할 수 있다.

래빗MQ 자체에도 안정성과 복원력을 향상하기 위한 기능이 몇 가지 있다. 그중에서도 각 메시지가 적어도 한 번 이상 전달되도록 보장하는 기능이 있다. 애플리케이션의 소비자가 동일한 메시지를 받을 수 있기 때문에 주의해야 하는데 비즈니스 로직에서 중복을 식별하고 처리하는 방법을 알아야 한다.

이 주제는 그것만 전문적으로 다루려고 해도 여러 장이 필요한 광범위한 주제이기 때문에 더 이상 자세히 다루지는 않는다. 대신 래빗MQ,[9] 스프링 AMQP,[10] 스프링 클라우드 스트림[11] 등과 같이 이벤트 중심 아키텍처와 관련된 다양한 프로젝트에 대한 문서를 읽어보길 권한다. 또한 샘 뉴먼의 《마이크로서비스 아키텍처 구축》과 크리스 리처드슨의 《마이크로서비스 패턴》에서 이벤트 중심 패턴에 대한 설명을 찾아볼 수 있다.

이제 이 장의 마지막 부분에서 공급자 및 소비자를 통해 폴라 북숍 시스템의 주문 처리 흐름을 완성해보자.

10.5 스프링 클라우드 스트림을 통한 메시지 생성 및 소비

앞 절에서는 스프링 클라우드 함수와 스프링 클라우드 스트림을 사용해 함수형 프로그래밍 패러다임을 살펴봤고 이것이 스프링 생태계에 어떻게 적합한지 논의했다. 이번 절에서는 생산자와 소비자를 구현해본다.

곧 알게 되겠지만, 소비자는 배송 서비스에서 작성한 함수와 크게 다르지 않다. 반면 생산자는 함수나 소비자와는 달리 자동으로 활성화되지 않기 때문에 약간 다르다. 폴라 북숍 시스템의 주문 흐름의 마지막 부분을 구현하는 과정에서 이 두 가지를 어떻게 사용하는지 살펴보겠다.

10.5.1 이벤트 소비자 구현 및 멱등성 문제

앞서 구축한 배송 서비스 애플리케이션은 주문의 배송이 이뤄지면 메시지를 생성한다. 데이터베이스에서 이 주문의 상태를 업데이트하려면 주문 서비스는 이 사실을 통보받아야 한다.

먼저 주문 서비스 프로젝트(order-service)를 열고, build.gradle 파일에서 스프링 클라우드 스트림과 테스트 바인더에 대한 의존성을 추가해보자. 추가 후에는 의존성을 새로고침하거나 다시 임포트한다.

예제 10.17 스프링 클라우드 스트림 및 테스트 바인더 의존성 추가

```
dependencies {
```

---

9   https://rabbitmq.com

10   https://spring.io/projects/spring-amqp

11   https://spring.io/projects/spring-cloud-stream

```
...
implementation 'org.springframework.cloud: spring-cloud-stream-binder-rabbit'
testImplementation("org.springframework.cloud:spring-cloud-stream") {
  artifact {
    name = "spring-cloud-stream"
    extension = "jar"
    type ="test-jar"
    classifier = "test-binder"
  }
}
}
```

다음으로, 주문 서비스가 처리할 이벤트를 모델링해야 한다. com.polarbookshop.orderservice.
order.event 패키지를 새로 만들고 OrderDispatchedMessage 클래스를 추가해 이 클래스가 발송
된 주문에 대한 식별자를 갖도록 한다.

예제 10.18 **발송 주문 이벤트를 나타내는 DTO**

```
package com.polarbookshop.orderservice.order.event;

public record OrderDispatchedMessage (
  Long orderId
){}
```

이제 함수적 접근법을 활용해 비즈니스 로직을 구현해보자. com.polarbookshop.orderservice.
order.event 패키지 아래에 OrderFunctions 클래스를 만들고 주문이 발송되면 배송 서비스 애플
리케이션이 생성한 메시지를 소비하는 함수를 구현한다. 이 함수는 메시지를 수신하고 데이터베이
스 엔티티를 업데이트할 Consumer가 된다. Consumer 객체는 입력은 있지만 출력이 없는 함수이다.
함수를 간결하고 읽기 쉽도록 하기 위해 OrderDispatchedMessage 객체의 처리를 OrderService
클래스로 옮길 것이다(구현은 잠시 후에 한다).

예제 10.19 **래빗MQ의 메시지 소비**

```
package com.polarbookshop.orderservice.order.event;

import java.util.function.Consumer;
import com.polarbookshop.orderservice.order.domain.OrderService;
import org.slf4j.Logger;
import org.slf4j.LoggerFactory;
import reactor.core.publisher.Flux;
import org.springframework.context.annotation.Bean;
```

```
import org.springframework.context.annotation.Configuration;

@Configuration
public class OrderFunctions {

  private static final Logger log =
    LoggerFactory.getLogger(OrderFunctions.class);

  @Bean
  public Consumer<Flux<OrderDispatchedMessage>> dispatchOrder(
    OrderService orderService
  ) {
    return flux ->
      orderService.consumeOrderDispatchedEvent(flux)      ◀─── 각 발송된 메시지에 대해 데이터베이스의
        .doOnNext(order -> log.info("The order with id {} is dispatched",    해당 주문을 업데이트한다.
          order.id()))  ◀─
        .subscribe();  ◀─
  }                       리액티브 스트림을 활성화하기 위해        데이터베이스에서 업데이트된
}                         구독한다. 구독자가 없으면 스트림을       각 주문에 대해 로그를 기록한다.
                          통해 데이터가 흐르지 않는다.
```

주문 서비스는 리액티브 애플리케이션이므로 dispatchOrder 함수는 메시지를 리액티브 스트림
(OrderDispatchedMessage의 Flux)으로 사용한다. 리액티브 스트림은 데이터를 수신할 구독자가
있는 경우에만 활성화되기 때문에, 마지막에 리액티브 스트림을 구독하는 것으로 끝맺는 것이 중
요하며, 그렇지 않으면 데이터가 처리되지 않는다. 이전 예에서 구독 부분은 프레임워크가 알아서
처리해줬다(예를 들어 리액티브 스트림을 사용해 REST 엔드포인트를 통해 데이터를 반환하거나 데이터를
지원 서비스로 보낼 때). 하지만 이 경우에는 subscribe()를 통해 명시적으로 활성화해야 한다.

다음으로 OrderService 클래스에서 consumeOrderDispatchedMessageEvent() 메서드를 구현해
주문이 발송되면 해당 주문에 대해 데이터베이스의 상태를 업데이트한다.

예제 10.20 **주문의 배송 상태를 업데이트하기 위한 논리 구현**

```
@Service
public class OrderService {

  ...

  public Flux<Order> consumeOrderDispatchedEvent(
    Flux<OrderDispatchedMessage> flux   ◀──┤ OrderDispatchedMessage의 리액티브 스트림을 입력으로 받는다.
  ) {
    return flux
      .flatMap(message ->
        orderRepository.findById(message.orderId()))  ◀───  스트림으로 보낸 각 객체에 대해
                                                             데이터베이스에서 해당 주문을 읽어온다.
```

```
      .map(this::buildDispatchedOrder)  ◀──┤ 주문의 상태를 '배송됨'으로 업데이트한다.
      .flatMap(orderRepository::save);  ◀──┐
  }                                         업데이트된 주문을
                                            데이터베이스에 저장한다.

  private Order buildDispatchedOrder(Order existingOrder) {
    return new Order(  ◀─────────┐
      existingOrder.id(),         주어진 주문에 대해 '배송됨' 상태를 갖는
      existingOrder.bookIsbn(),   새로운 주문 레코드를 반환한다.
      existingOrder.bookName(),
      existingOrder.bookPrice(),
      existingOrder.quantity(),
      OrderStatus.DISPATCHED,
      existingOrder.createdDate(),
      existingOrder.lastModifiedDate(),
      existingOrder.version()
    );
  }
}
```

메시지가 큐에 도착하면 소비자는 시작된다. 래빗MQ는 **적어도 하나의 전달**at-least-one delivered을 보증하기 때문에 중복으로 메시지를 받을 수 있음을 유념해야 한다. 우리가 구현한 코드는 특정 주문의 상태를 DISPATCHED로 업데이트하는데 여러 번 실행하더라도 결과는 동일하다. 연산이 멱등성을 갖기 때문에 메시지가 중복되어 도착하더라도 문제없다. 상태를 확인하고 이미 배송된 주문이라면 업데이트 작업을 생략하도록 코드를 더 최적화할 수도 있다.

마지막으로 application.yml 파일에서 dispatchOrder-in-0 바인딩(dispatchOrder 함수명에서 유추)이 래빗MQ의 order-dispatched 익스체인지에 매핑되도록 설정한다. 또한 dispatchOrder를 스프링 클라우드 함수가 관리할 함수로 정의하고 래빗MQ와 통합해야 한다.

예제 10.21 **클라우드 스트림 바인딩 및 래빗MQ 통합 설정**

```
spring:
  cloud:
    function:
      definition: dispatchOrder  ◀──┐  스프링 클라우드 함수에 의해
    stream:                          관리될 함수 정의
      bindings:
        dispatchOrder-in-0:  ◀──┤ 입력 바인딩    바인더를 연결할 대상의 브로커에서의 실제 이름
          destination: order-dispatched  ◀──┐  (래빗MQ의 익스체인지)
          group: {spring.application.name}  ◀──┐
  rabbitmq:                                      대상을 통해 메시지를 수신할 소비자 그룹
    host: localhost                              (애플리케이션 이름을 사용한다)
          래빗MQ와의
          통합 설정
```

```
      port: 5672
      username: user
      password: password
      connection-timeout: 5s
```

위의 설정과 코드를 보면 알 수 있듯이, 배송 서비스의 함수와 같은 방식으로 작동한다. 주문 서비스의 소비자는 `order-service` 소비자 그룹의 일부가 되며 스프링 클라우드 스트림은 래빗MQ의 `order-dispatched.order-service` 큐 및 메시지 채널을 정의한다.

그런 다음 전체적인 흐름을 촉발할 공급자를 정의하면 주문 흐름이 완성된다.

10.5.2 이벤트 생성자 구현과 원자성 문제

공급자는 메시지의 발원지다. 이벤트가 발생하면 메시지를 생성한다. 주문 서비스에서 주문을 접수할 때마다 공급자는 이해 당사자(이 경우 배송 서비스)에게 통보해야 한다. 함수나 소비자와는 달리 공급자는 명시적으로 활성화해야 사용할 수 있다. 공급자는 호출해야 동작한다.

스프링 클라우드 스트림에는 공급자를 정의하고 다양한 시나리오를 다룰 수 있는 방법 몇 가지가 있다. 우리의 경우 이벤트 소스는 메시지 브로커가 아니라 REST 엔드포인트다. 사용자가 책을 구매하기 위해 주문 서비스에 POST 요청을 보내면 주문 수락을 알리는 이벤트를 생성한다.

이 이벤트를 DTO로 모델링하는 것부터 시작해보자. 이것은 배송 서비스에서 사용한 `Order AcceptedMessage` 레코드와 동일하다. 주문 서비스 프로젝트(order-servic)의 `com.polarbookshop.orderservice.order.event` 패키지에 이 레코드를 추가해보자.

예제 10.22 **접수 주문 이벤트를 나타내는 DTO**

```
package com.polarbookshop.orderservice.order.event;

public record OrderAcceptedMessage (
  Long orderId
){}
```

`StreamBridge`라는 객체를 사용하면 애플리케이션의 REST 계층과 스트림을 연결할 수 있는데 이 객체를 통해 특정 대상에게 데이터를 보내는 명령을 수행할 수 있다. 이 새로운 기능을 몇 가지 단계로 이루어진 메서드로 구현할 수 있다. 먼저 `Order` 객체를 입력으로 받고 접수된 주문인지 확인하고 `OrderAcceptedMessage` 객체를 생성한 다음 `StreamBridge`를 사용해 래빗MQ 대상으로 보낸다.

OrderService 클래스를 열고 StreamBridge 객체를 오토와이어하고 publishOrderAcceptedEvent 라는 새로운 메서드를 정의해보자.

예제 10.23 **이벤트를 대상에 발행하기 위한 논리의 구현**

```
package com.polarbookshop.orderservice.order.domain;

import com.polarbookshop.orderservice.book.BookClient;
import com.polarbookshop.orderservice.order.event.OrderAcceptedMessage;
import org.slf4j.Logger;
import org.slf4j.LoggerFactory;
import org.springframework.cloud.stream.function.StreamBridge;
import org.springframework.stereotype.Service;
...

@Service
public class OrderService {
  private static final Logger log =
    LoggerFactory.getLogger(OrderService.class);

  private final BookClient bookClient;
  private final OrderRepository orderRepository;
  private final StreamBridge streamBridge;

  public OrderService(BookClient bookClient,
    StreamBridge streamBridge, OrderRepository orderRepository
  ) {
    this.bookClient = bookClient;
    this.orderRepository = orderRepository;
    this.streamBridge = streamBridge;
  }

  ...

  private void publishOrderAcceptedEvent(Order order) {
    if (!order.status().equals(OrderStatus.ACCEPTED)) {
      return;          ◀── 주문의 상태가 ACCEPTED가 아니면 아무것도 하지 않는다.
    }
    var orderAcceptedMessage =                       주문이 접수된 것을 알리는
      new OrderAcceptedMessage(order.id());  ◀──     메시지를 생성한다.
    log.info("Sending order accepted event with id: {}", order.id());
    var result = streamBridge.send("acceptOrder-out-0",
      orderAcceptedMessage);  ◀── 메시지를 acceptOrder-ou-0 바인딩에 명시적으로 보낸다.
    log.info("Result of sending data for order with id {}: {}",
      order.id(), result);
  }
}
```

데이터의 발원지가 REST 엔드포인트이기 때문에 스프링 클라우드 함수에 등록할 수 있는 공급자 빈이 없고 따라서 프레임워크가 래빗MQ에 대해 필요한 바인딩을 생성할 수 있는 수단이 없다. 그러나 예제 10.23에서 `acceptOrder-out-0` 바인딩에 데이터를 보내기 위해 `StreamBridge`를 사용한다. 이 객체는 어디로부터 온 것일까? `acceptOrder` 함수는 어디에도 없다!

애플리케이션이 시작할 때 스프링 클라우드 스트림은 `StreamBridge`가 `acceptOrder-out-0` 바인딩을 통해 메시지를 발행하려 한다는 것을 인식하고 이 객체를 자동으로 생성한다. 함수에서 생성된 바인딩과 마찬가지로 래빗MQ의 대상 이름을 설정할 수 있다. application.yml 파일을 열고 바인딩을 설정한다.

예제 10.24 클라우드 스트림 출력 바인딩 설정

```yaml
spring:
  cloud:
    function:
      definition: dispatchOrder
    stream:
      bindings:
        dispatchOrder-in-0:
          destination: order-dispatched
          group: ${spring.application.name}
        acceptOrder-out-0:           ◀── StreamBridge에 의해
          destination: order-accepted  생성되고 관리되는 출력 바인딩
```

바인더를 (래빗MQ의 익스체인지에)
연결할 대상의 브로커에서의 실제 이름

이제 남은 일은 제출된 주문이 접수될 때마다 앞서 구현한 메서드를 호출하는 것뿐이다. 이 부분은 아주 중요한 지점이고 **사가 패턴**saga pattern을 특징짓는 측면 중 하나다. 사가 패턴은 마이크로서비스 아키텍처에서 분산 트랜잭션에 대한 대안으로 인기를 얻고 있다. 시스템이 일관성을 유지하려면 데이터베이스에 주문을 저장하는 것과 메시지를 전송하는 것이 원자적으로 수행되어야 한다. 둘 다 성공하든지 둘 다 실패해야 한다. 원자성을 보장하기 위한 간단하면서도 효과적인 방법한 가지는 두 개의 작업을 한 로컬 트랜잭션 안에 묶어버리는 것이다. 이를 위해 스프링 트랜잭션 관리 기능을 사용할 수 있다.

NOTE 사가 패턴은 크리스 리처드슨의 《마이크로서비스 패턴》[12]의 4장에 자세히 설명되어 있다. 여러 애플리케이션에 걸쳐 비즈니스 트랜잭션을 설계하는 데 관심이 있다면 참고하기 바란다.

---

12 https://livebook.manning.com/book/microservices-patterns/chapter-4

OrderService 클래스의 submitOrder() 메서드에서 publishOrderAcceptedEvent 메서드를 호출하도록 수정하고 @Transacctional 애너테이션을 추가해보자.

예제 10.25 데이터베이스 및 이벤트 브로커를 사용한 사가 트랜잭션 정의

```
@Service
public class OrderService {

  ...
                        메서드를
                        로컬 트랜잭션으로 실행한다.
  @Transactional  ◄
  public Mono<Order> submitOrder(String isbn, int quantity) {
    return bookClient.getBookByIsbn(isbn)
      .map(book -> buildAcceptedOrder(book, quantity))
      .defaultIfEmpty(buildRejectedOrder(isbn, quantity))      주문을 데이터베이스에
      .flatMap(orderRepository::save)  ◄                        저장한다.
      .doOnNext(this::publishOrderAcceptedEvent);  ◄
  }                                                    주문이 접수되면
                                                       이벤트를 발행한다.

  private void publishOrderAcceptedEvent(Order order) {
    if (!order.status().equals(OrderStatus.ACCEPTED)) {
      return;
    }
    var orderAcceptedMessage = new OrderAcceptedMessage(order.id());
    log.info("Sending order accepted event with id: {}", order.id());
    var result = streamBridge.send("acceptOrder-out-0",
      orderAcceptedMessage);
    log.info("Result of sending data for order with id {}: {}",
      order.id(), result);
  }
}
```

스프링 부트는 트랜잭션 관리 기능이 미리 설정되어 있으며 (5장에서 살펴본 바와 같이) 관계형 데이터베이스와 관련된 트랜잭션 작업을 처리할 수 있다. 그러나 메시지 생산자를 위해 래빗MQ로 설정한 채널은 기본 설정상 트랜잭션이 아니다. 이벤트 발생 작업을 기존 트랜잭션에 포함하려면 application.yml 파일에서 메시지 생산자에 대한 래빗MQ의 트랜잭션 지원을 활성화해야 한다.

예제 10.26 출력 바인딩 트랜잭션 설정

```
spring:
  cloud:
  function:
    definition: dispatchOrder
  stream:
    bindings:
```

```
    dispatchOrder-in-0:
      destination: order-dispatched
      group: ${spring.application.name}
    acceptOrder-out-0:
      destination: order-accepted        스프링 클라우드 스트림 바인딩에 대한
  rabbit: ◄                              래빗MQ 설정
    bindings:
      acceptOrder-out-0:
        producer:                        acceptOrder-ou-O 바인딩에 대한
          transacted: true ◄             트랜잭션 지원 활성화
```

이제 배송 서비스에서 함수에 대해 했던 것과 같은 방식으로 공급자와 소비자를 위한 새로운 통합 테스트를 작성할 수 있다. 필요한 도구를 가지고 있으니 자동 테스트는 직접 작성해보기 바란다. 아이디어나 도움이 필요하다면 이 책의 소스 코드를 참고하기 바란다(Chapter10/10-end/order-service).

기존 OrderServiceApplicationTests 클래스에 있는 테스트 바인더에 대한 설정을 가져와야 작동할 것이다(@Import(TestChannelBinderConfiguration.class)).

이벤트 중심 모델과 함수, 메시징 시스템을 통해 멋진 여정을 거쳐왔다. 마무리하기 전에 주문 흐름을 살펴보자. 먼저 래빗MQ와 PostgreSQL을 시작하고(docker-compose up -d polar-rabbitmq polar-postgres), 배송 서비스를 시작한다(./gradlew bootRun). 그런 다음 카탈로그 서비스 및 주문 서비스를 실행한다(./gradlew bootRun 또는 이미지 생성 후 도커 컴포즈를 통해).

이 모든 서비스가 실행되면 카탈로그에 도서를 새로 추가한다.

```
$ http POST :9001/books author="Jon Snow" \
    title="All I don't know about the Arctic" isbn="1234567897" \
    price=9.90 publisher="Polarsophia"
```

그런 다음 이 책을 3권 주문한다.

```
$ http POST :9002/orders isbn=1234567897 quantity=3
```

존재하는 책을 주문하면 주문은 수락되고 주문 서비스는 OrderAcceptedEvent 메시지를 발행한다. 이 이벤트를 구독하는 배송 서비스는 주문을 처리하고 OrderDispatchedEvent 메시지를 발행한다. 주문 서비스는 이 메시지를 통보 받고 데이터베이스의 주문 상태를 업데이트한다.

이제 최종 결과를 확인해야 한다. 주문 서비스에서 해당 주문을 조회해보자.

```
$ http :9002/orders
```

상태는 DISPATCHED여야만 한다.

```
{
  "bookIsbn": "1234567897",
  "bookName": "All I don't know about the Arctic - Jon Snow",
  "bookPrice": 9.9,
  "createdDate": "2022-06-06T19:40:33.426610Z",
  "id": 1,
  "lastModifiedDate": "2022-06-06T19:40:33.866588Z",
  "quantity": 3,
  "status": "DISPATCHED",
  "version": 2
}
```

여기까지 했다면 잘 마무리한 것이다! 테스트가 끝나면 모든 애플리케이션을 중지하고(Ctrl+C) 도커 컨테이너 역시 중지하기 바란다(docker-compose down).

이것으로 폴라 북숍 시스템에 대한 주된 비즈니스 로직의 구현이 완료되었다. 다음 장에서는 스프링 보안, OAuth 2.1 및 오픈ID 커넥트를 사용해 클라우드 네이티브 애플리케이션의 보안을 살펴본다.

> **폴라 실험실**
>
> 앞 장에서 배운 내용을 배송 서비스에 자유롭게 적용해 배포해보자.
>
> 1. 스프링 클라우드 컨피그 클라이언트를 배송 서비스에 추가해 컨피그 서비스에서 설정 데이터를 가져오도록 한다.
> 2. 클라우드 네이티브 빌드팩 통합을 설정한 후 애플리케이션을 컨테이너화하고 배포 파이프라인의 커밋 단계를 정의한다.
> 3. 쿠버네티스 클러스터에 배송 서비스를 배포하기 위한 배포 및 서비스 매니페스트를 작성한다.
> 4. 미니큐브로 초기화된 로컬 쿠버네티스 클러스터에 배송 서비스를 자동으로 배포하도록 틸트를 설정한다.
>
> 그런 다음 도커 컴포즈 사양과 쿠버네티스 매니페스트를 업데이트하여 주문 서비스에 대한 래빗MQ 통합을 설정한다.

책의 코드 저장소의 Chapter10/10-end 폴더에서 최종 결과를 확인할 수 있다.[13] Chapter10/10-end/polar-deployment/kubernetes/platform/development 폴더에 있는 매니페스트에 대해 `kubectl apply -f services` 명령을 실행하면 지원 서비스를 배포할 수 있다.

요약

- 이벤트 중심 아키텍처는 이벤트를 생성하고 소비함으로써 서로 상호작용하는 분산 시스템이다.

- 이벤트는 시스템에서 무엇인가 관련된 것이 발생했다는 것을 나타낸다.

- 발행/구독 모델에서 생산자는 이벤트를 발행하며, 이벤트는 모든 구독자에게 전송되어 소비된다.

- 래빗MQ와 카프카 같은 이벤트 처리 플랫폼은 생산자로부터 이벤트를 수집하고, 이를 라우팅하여 관심 있는 소비자에게 배포하는 역할을 한다.

- AMQP 프로토콜에서 생산자는 브로커 익스체인지에 메시지를 보내고 브로커는 특정 라우팅 알고리즘에 따라 메시지를 큐로 전달한다.

- AMQP 프로토콜에서 소비자는 브로커의 큐에서 메시지를 수신한다.

- AMQP 프로토콜에서 메시지는 키-값 속성과 이진 페이로드로 구성된 데이터 구조다.

- 래빗MQ는 AMQP 프로토콜을 기반으로 하는 메시지 브로커로, 발행/구독 모델을 기반으로 이벤트 기반 아키텍처를 구현하는 데 사용할 수 있다.

- 래빗MQ는 고가용성, 복원력 및 데이터 복제 기능을 제공한다.

- 스프링 클라우드 함수를 사용하면 표준 자바 인터페이스인 Function, Supplier, Consumer를 사용해 비즈니스 로직을 구현할 수 있다.

- 스프링 클라우드 함수는 개발자가 작성한 함수에 자동 타입 변환 및 함수 합성 같은 몇 가지 흥미로운 기능을 추가로 제공한다.

- 스프링 클라우드 함수를 통해 구현된 함수는 다양한 방식으로 외부 시스템에 노출되고 통합될 수 있다.

---

13 https://github.com/ThomasVitale/cloud-native-spring-in-action

- 함수는 REST 엔드포인트로 노출하고, 패키징해서 FaaS 플랫폼에 서버리스 애플리케이션(케이네이티브, AWS 람다, 애저 함수, 구글 클라우드 함수)으로 배포하거나 메시지 채널에 바인딩할 수 있다.

- 스프링 클라우드 함수를 토대로 구축된 스프링 클라우드 스트림은 래빗MQ나 카프카 같은 외부 메시징 시스템을 통합하는 데 필요한 모든 기능을 제공한다.

- 함수를 구현한 후에는 코드를 변경할 필요가 없다. 스프링 클라우드 스트림 의존성을 추가하고 필요에 따라 설정만 하면 된다.

- 스프링 클라우드 스트림에서 대상 바인더는 외부 메시징 시스템과의 통합을 제공한다.

- 스프링 클라우드 스트림에서 대상 바인딩(입력 및 출력)은 래빗MQ 같은 메시지 브로커의 익스체인지 및 큐를 통해 애플리케이션의 생산자와 소비자를 연결한다.

- 함수와 소비자는 새 메시지가 도착하면 자동으로 활성화된다.

- 공급자는 대상 바인딩에 메시지를 명시적으로 보내는 것과 같이 명시적으로 활성화해야 한다.

보안: 인증과 SPA

이 장의 주요 내용

- 스프링 보안 기초
- 키클록을 사용한 사용자 계정 관리
- 오픈ID 커넥트, JWT, 키클록
- 스프링 보안 및 오픈ID 커넥트를 사용한 사용자 인증
- 스프링 보안 및 오픈ID 커넥트 테스트

보안은 웹 애플리케이션의 가장 중요한 측면 중 하나이며 잘못 다루면 치명적인 결과를 초래한다. 학습 목적을 위해 이 주제를 지금에서야 소개하지만 실제 상황에서는 새로운 프로젝트나 기능을 구현할 때 처음부터 보안을 고려해야 하며 뒤로 미루면 안 된다.

액세스 제어 시스템은 사용자가 식별되고 필요한 권한이 있는 경우에만 리소스에 접근을 허용한다. 이를 위해서는 식별, 인증, 권한의 세 가지 중요한 단계를 따라야 한다.

1. **식별**identification은 사용자(인간 또는 기계)가 자신의 신분을 주장할 때 발생한다. 물리적 세계에서는 자신의 이름을 말하면서 소개할 때 일어난다. 디지털 세계에서는 유저명이나 이메일 주소를 제시할 것이다.

2. **인증**authentication은 사용자가 주장하는 신분을 여러 가지 요소들, 예를 들면 여권, 운전면허증,

암호, 인증서, 토큰 같은 것을 통해 검증하는 일이다. 사용자의 신원을 확인하기 위해 여러 가지 요소를 사용하면 **다중 요소 인증**multi-factor authentication이라고 한다.

3. **권한**authorization은 항상 인증 후에 발생하며 사용자가 주어진 상황에서 무엇을 할 수 있는지 확인한다.

이번 장과 다음 장에서는 클라우드 네이티브 애플리케이션에서 액세스 제어 시스템을 구현하는 방법을 설명한다. 폴라 북숍과 같은 시스템에 인증을 추가하고 키클록과 같은 전용ID 및 액세스 관리 솔루션을 사용하는 방법을 살펴본다. 또한 스프링 보안을 활용해 애플리케이션을 보호하고 JWT, OAuth2, 오픈ID 커넥트와 같은 표준을 사용하는 방법을 설명할 것이다. 이 과정에서 앵귤러Angular 프런트엔드를 시스템에 추가하고 단일 페이지 애플리케이션SPA에 대한 보안 모범 사례를 배운다.

> NOTE 이 장의 예제 소스 코드는 프로젝트의 초기 및 최종 상태를 포함하는 Chapter11/11-bei 및 Chapter11/11-end 폴더에서 찾아볼 수 있다.[1]

11.1 스프링 보안 기초

스프링 보안(https://spring.io/projects/spring-security)은 스프링 애플리케이션 보안의 사실상 표준이고 명령형 및 리액티브 스택을 지원한다. 인증과 권한뿐만 아니라 가장 일반적으로 발생하는 공격에 대한 방어 기능까지 제공한다.

스프링 보안 프레임워크는 주된 기능을 **필터**filter를 통해 제공한다. 스프링 부트 애플리케이션에 인증을 추가하려면 어떤 사항이 필요할지 생각해보자. 사용자는 로그인 양식을 통해 사용자 이름과 암호를 제공하고 인증할 수 있어야 한다. 스프링 보안 설정을 통해 이러한 기능을 사용하게 하면 애플리케이션으로 들어오는 모든 HTTP 요청을 가로채는 필터가 프레임워크에 의해 추가된다. 사용자가 이미 인증된 상태라면 요청을 `@RestController` 클래스와 같은 지정된 웹 핸들러에서 처리하도록 전송한다. 사용자가 인증되지 않은 경우에는 사용자를 로그인 페이지로 보내 사용자 이름과 암호를 묻는다.

> NOTE 명령형 스프링 애플리케이션에서 필터는 서블릿 `Filter` 클래스로 구현된다. 리액티브 애플리케이션에서는 `WebFilter` 클래스가 사용된다.

---

1   https://github.com/ThomasVitale/cloud-native-spring-in-action

대부분의 스프링 보안 기능은 활성화되면 필터를 통해 처리된다. 잘 정리된 여러 가지 종류의 필터를 합리적인 순서로 실행하도록 프레임워크가 정해놓고 있다. 예를 들어 사용자의 권한은 인증이 되기 전에는 확인할 수 없기 때문에 인증을 처리하는 필터는 권한을 확인하는 필터보다 먼저 실행된다.

스프링 보안이 어떻게 작동하는지 더 잘 이해하기 위해 기초적인 예를 들어 시작해보자. 폴라 북숍 시스템에 인증을 추가하고 싶다면 에지 서비스가 진입점인 만큼 보안과 같은 공통 문제를 여기에서 처리하는 게 합리적이다. 사용자는 로그인 양식을 통해 사용자 이름과 암호를 제시할 수 있어야 한다.

먼저, 에지 서비스 프로젝트(edge-service)의 build.gradle 파일에 스프링 보안에 대한 의존성을 새로 추가해보자. 의존성 변경 후에는 새로고침하거나 다시 임포트한다.

예제 11.1 에지 서비스에서 스프링 보안 의존성 추가

```
dependencies {
  ...
  implementation 'org.springframework.boot:spring-boot-starter-security'
}
```

스프링 보안에서 보안 정책을 정의하고 설정하기 위한 핵심 장소는 `SecurityWebFilterChain` 빈인데 어떤 필터가 활성화 돼야 하는지 이 빈을 통해 알 수 있다. 이 빈은 `ServerHttpSecurity`에서 제공하는 DSL을 통해 생성할 수 있다.

현재 다음과 같은 요구 사항을 충족해야 한다.

- 에지 서비스가 노출한 모든 엔드포인트는 사용자 인증을 해야 한다.
- 인증은 로그인 페이지의 양식을 통해 수행되어야 한다.

보안과 관련된 모든 설정을 한군데서 관리하기 위해(com.polarbookshop.edgeservice.config 패키지에서) SecurityConfig 클래스를 새로 만들고 여기에서 `SecurityWebFilterChain` 빈을 만들자.

```
@Bean  ◀─── SecurityWebFilterChain 빈은 애플리케이션에 대한 보안 정책을 정의하고 설정하는 데 사용한다.
SecurityWebFilterChain springSecurityFilterChain(
  ServerHttpSecurity http
) {}
```

스프링에 의해 오토와이어되는 ServerHttpSecurity 객체는 스프링 보안 설정과 SecurityWeb FilterChin 빈 생성을 위한 편리한 DSL을 제공한다. authorizeExchange()를 사용하면 모든 요청에 대한 액세스 정책을 정의할 수 있다(리액티브 스프링에서는 요청을 **익스체인지**라고 부른다). 우리의 경우 모든 요청에 대해 인증하기를 원한다(authenticated()).

```
@Bean
SecurityWebFilterChain springSecurityFilterChain(ServerHttpSecurity http) {
  return http
    .authorizeExchange(exchange ->
      exchange.anyExchange().authenticated())    ◄─┤ 모든 요청에 대해 인증이 이뤄져야 한다.
    .build();
}
```

스프링 보안은 HTTP 기본basic 인증, 로그인 양식, SML 및 오픈ID 커넥트를 비롯한 여러 인증 전략을 지원한다. 우리는 여기서 ServerHttpSecurity 객체가 노출하는 formLogin() 메서드를 통해 로그인 양식 전략을 활성화하려고 한다. **스프링 보안 Customizer 인터페이스**를 통해 제공되는 기본 설정을 그대로 사용하는데, 이 기본 설정에는 프레임워크에서 제공하는 로그인 페이지와 인증이 되지 않은 경우 해당 페이지로의 자동 리다이렉션이 포함되어 있다.

```
@Bean
SecurityWebFilterChain springSecurityFilterChain(ServerHttpSecurity http) {
  return http
    .authorizeExchange(exchange ->exchange.anyExchange().authenticated())
    .formLogin(Customizer.withDefaults())    ◄─┤ 로그인 양식을 사용한 사용자 인증을 활성화한다.
    .build();
}
```

다음으로 SecurityConfig 클래스에 @EnableWebFluxSecurity 애너테이션을 추가해 스프링 보안 웹플럭스Spring Security WebFlux 지원을 활성화한다. 최종적인 보안 설정은 다음 예제에 나와 있다.

예제 11.2 로그인 양식을 통해 모든 엔드포인트에 대한 인증을 수행

```
package com.polarbookshop.edgeservice.config;

import org.springframework.context.annotation.Bean;
import org.springframework.security.config.Customizer;
import org.springframework.security.config.annotation.web.reactive.
↪EnableWebFluxSecurity;
import org.springframework.security.config.web.server.ServerHttpSecurity;
```

```
import org.springframework.security.web.server.SecurityWebFilterChain;

@EnableWebFluxSecurity
public class SecurityConfig {

  @Bean
  SecurityWebFilterChain springSecurityFilterChain(
    ServerHttpSecurity http
  ) {
    return http
      .authorizeExchange(exchange ->
        exchange.anyExchange().authenticated())       ◀── 모든 요청은 인증이
      .formLogin(Customizer.withDefaults())                필요하다.
      .build();                              ◀── 사용자 인증을 로그인 양식을 통해
  }                                               활성화한다.
}
```

이제 제대로 작동하는지 확인해보자. 먼저 에지 서비스가 필요로 하는 레디스 컨테이너를 시작해야 한다. 터미널 창을 열고 도커 컴포즈 파일(polar-deployment/docker/docker-compose.yml)이 있는 폴더로 이동해 다음 명령을 실행한다.

```
$ docker-compose up -d polar-redis
```

그런 다음 에지 서비스 애플리케이션을 실행하고(./gradlew bootRun) 브라우저 창을 열어 http://localhost:9000/books로 이동해보자. 그러면 인증을 위해 스프링 보안이 제공하는 로그인 페이지로 리다이렉션할 것이다.

잠깐! 시스템에서 사용자를 정의하지 않고 어떻게 인증할 수 있을까? 기본 설정으로 스프링 보안은 메모리 내에 user라는 사용자 이름과 무작위로 생성한 패스워드로 사용자 계정을 만든다. 이 암호는 애플리케이션 로그에서 확인할 수 있는데, 다음과 유사한 로그 항목을 찾으면 된다.

```
Using generated security password: ee60bdf6-fb82-439a-8ed0-8eb9d47bae08
```

스프링 보안이 생성해주는 이러한 사용자 계정을 통해 인증할 수 있다. 인증에 성공하면 /books 엔드포인트로 리다이렉트된다. 책을 조회하지만 카탈로그 서비스가 실행되지 않고 있기 때문에, 에지 서비스는 폴백에 따라 빈 목록을 반환한다. 따라서 아무것도 없는 빈 페이지만 나올 것이다 (9장에서 구현). 이는 예상한 결과다.

지금부터는 애플리케이션을 테스트할 때마다 브라우저 창을 시크릿 모드_{incognito}로 새로 열 것을 권장한다. 여러 가지 다른 보안 시나리오를 확인하기 때문에 시크릿 모드는 이전 세션의 브라우저 캐시 및 쿠키와 관련된 문제가 발생하지 않도록 해준다.

이 테스트의 중요한 점은 사용자가 에지 서비스에 의해 노출된 하지만 그와 동시에 보호되는 엔드포인트에 접근하려고 시도했다는 점이다. 애플리케이션은 사용자를 로그인 페이지로 리다이렉션하고 로그인 양식을 통해 사용자에게 유저명과 암호를 제공할 것을 요청한다. 그런 다음 에지 서비스는 (메모리 내에 생성한) 사용자 데이터베이스에 대해 유저명과 패스워드를 확인하고 유효하면 인증된 세션을 브라우저와 함께 시작한다. HTTP는 상태를 갖지 않는 프로토콜이기 때문에 사용자 세션은 브라우저가 제공하는 쿠키를 통해 각 HTTP 요청과 함께 계속 유지된다(**세션 쿠키**_{session cookie}). 내부적으로, 에지 서비스는 그림 11.1에 설명된 것처럼 세션 아이디와 사용자 아이디 사이의 매핑을 유지한다.

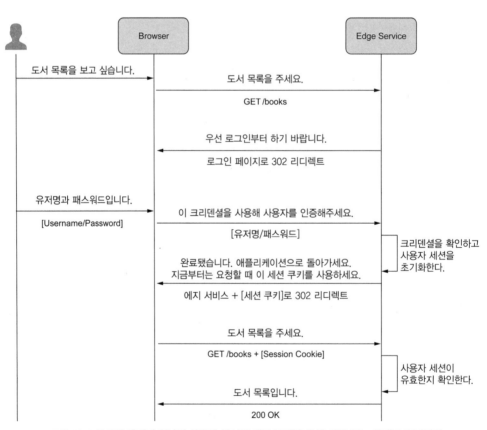

그림 11.1 로그인 단계가 끝나면 사용자 세션은 세션 쿠키를 통해 살아 있는 상태로 유지된다.

애플리케이션 테스트가 끝나면 Ctrl+C로 프로세스를 종료한 다음 도커 컴포즈 파일이 있는 폴더로 이동한 후에(polar-deployment/docker/docker-compose.yml) 다음 명령을 실행하여 레디스 컨테이너를 중지하기 바란다.

```
$ docker-compose down
```

지금까지 살펴본 방식을 클라우드 네이티브 시스템에 적용하려면 몇 가지 문제점이 있다. 이 장의 나머지 부분은 이러한 문제점을 분석하여 클라우드 네이티브 애플리케이션에서 사용할 수 있는 해결책을 강구한 뒤 지금까지 구현한 것의 토대 위에서 이 해결책을 사용할 것이다.

11.2 키클록을 통한 사용자 계정 관리

앞 절에서는 로그인 양식을 기반으로 에지 서비스에 사용자 인증을 추가했는데 애플리케이션이 시작할 때 메모리에 자동으로 생성한 사용자 계정을 통해 로그인을 시도했다. 처음에 스프링 보안을 시작하기에는 괜찮지만, 프로덕션 환경에서는 사용할 수 없다.

최소한 사용자 계정을 영구히 저장할 장소와 새로운 사용자를 등록할 수 있는 방안이 필요하다. 강력한 암호화 알고리즘을 사용해 암호를 저장하고 데이터베이스에 대한 무단 액세스를 방지하는 데 특히 중점을 두어야 한다. 이러한 기능은 그 중요성을 감안할 때 이런 기능을 전담해서 수행하는 애플리케이션에 위임하는 것이 좋다.

키클록[2]은 레드햇 커뮤니티에서 개발 및 유지 관리하는 오픈소스로 아이디 및 액세스 관리 설루션이다. 단일 로그인single sign-on, SSO, 소셜 로그인, 사용자 연합user federation, 다중 요소 인증multi-factor authentication, 중앙 집중식 사용자 관리를 포함해 여러 가지 광범위한 기능을 제공한다. 키클록은 OAuth2, 오픈ID 커넥트, SAML 2.0과 같은 표준을 따른다. 지금은 일단 키클록을 사용해 폴라 북숍의 사용자 계정을 관리하고 이후에 오픈ID 커넥 및 OAuth2 기능을 사용하는 방법을 살펴보자.

> NOTE 스프링 보안은 사용자 관리 서비스를 구현하는 데 필요한 모든 기능을 제공한다. 이 주제에 대해 더 알고 싶다면, 로렌티우 스필카Laurentiu Spilca의 《스프링 시큐리티 인 액션》(위키북스, 2022) 3장과 4장을 참고하기 바란다.

---

2   www.keycloak.org

키클록은 로컬에서 독립형 자바 애플리케이션이나 컨테이너로 실행할 수 있다. 프로덕션 환경에 대해서는, 쿠버네티스에서 키클록을 실행하기 위한 솔루션이 몇 가지 있다. 또한 키클록은 지속성을 위해 관계형 데이터베이스를 필요로 한다. 키클록은 H2 데이터베이스와 함께 제공되지만, 프로덕션 환경에서는 외부 저장소가 더 적합하다.

폴라 북숍의 경우 키클록을 도커 컨테이너로 로컬에서 실행하고 내장된 H2 데이터베이스를 사용한다. 하지만 프로덕션 환경을 위해서는 PostgreSQL을 사용할 것이다. 이것은 환경 동일성 원칙을 위배하는 것처럼 보일 수 있지만 타사 애플리케이션이므로 데이터 소스와의 상호작용을 테스트하는 것은 사용자의 책임이 아니다.

이번 절에서는 폴라 북숍을 위한 키클록 설정을 단계적으로 살펴본다. 먼저 polar-deployment 저장소를 열고, docker/docker-compose.yml 파일에 `polar-keycloak` 컨테이너를 정의해보자.

예제 11.3 **도커 컴포즈에서 키클록 컨테이너 정의**

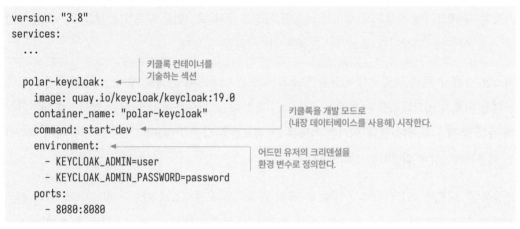

```
version: "3.8"
services:
  ...

  polar-keycloak:          ←── 키클록 컨테이너를
    image: quay.io/keycloak/keycloak:19.0    기술하는 섹션
    container_name: "polar-keycloak"
    command: start-dev    ←── 키클록을 개발 모드로
    environment:    ←──       (내장 데이터베이스를 사용해) 시작한다.
      - KEYCLOAK_ADMIN=user         ←── 어드민 유저의 크리덴셜을
      - KEYCLOAK_ADMIN_PASSWORD=password    환경 변수로 정의한다.
    ports:
      - 8080:8080
```

NOTE 키클록 컨테이너를 시작할 때 전체 설정을 로드하기 위한 JSON 파일을 나중에 제공할 것이기 때문에 컨테이너의 지속성에 대해서는 걱정하지 않아도 된다.[3]

터미널 창을 열고 docker-compose.yml 파일이 있는 폴더로 이동한 후에 다음과 같은 명령을 실행해 키클록 컨테이너를 시작한다.

```
$ docker-compose up -d polar-keycloak
```

---

3   옮긴이 11.3.3절의 예제 11.4를 참고하기 바란다.

사용자 계정 관리를 시작하기 전에 보안 영역security realm을 정의해야 하는데, 다음 하위 절에서는 이에 대해 논의한다.

11.2.1 보안 영역 정의

키클록은 애플리케이션이나 시스템에서 보안에 관한 모든 사항을 **영역**realm의 맥락에서 정의하는데, 영역은 특정 보안 정책을 적용하는 논리적 도메인이다. 기본적으로 키클록은 **master**라는 영역으로 사전 설정되어 있지만, 구축하는 애플리케이션에 대한 영역을 별도로 만드는 것이 낫다. **PolarBookshop**이라는 영역을 새로 만들어 폴라 북숍 시스템의 모든 보안 관련 사항을 관장할 수 있다.

앞서 시작한 키클록 컨테이너가 계속 실행되고 있는지 확인해본다. 그런 다음 터미널 창을 열고 키클록 컨테이너 안으로 배시bash 콘솔을 통해 접속한다.

```
$ docker exec -it polar-kaycloak bash
```

TIP 키클록을 시작하는 데 몇 초 정도 걸릴 수 있다. 컨테이너를 시작한 후 바로 접속하려고 하면 아직 연결을 받아들일 준비가 안 되어 있어 오류가 발생할 수 있다. 몇 초 기다린 후에 재시도하면 될 것이다. docker logs -f polar-keycloak 명령을 통해 키클록 로그를 확인할 수 있다. 'Running the server in development mode(개발 모드에서 서버를 실행 중)'이라는 메시지가 출력되면 키클록이 준비된 상태다.

우리는 어드민 CLI를 통해 키클록을 설정하지만 http://localhost:8080에서 GUI를 통해서도 동일한 결과를 얻을 수 있다. 먼저 키클록 어드민 CLI 스크립트가 있는 폴더로 이동하자.[4]

```
$ cd /opt/keycloak/bin
```

어드민 CLI를 사용하려면 도커 컴포즈에서 키클록 컨테이너에 대해 정의한 사용자 이름과 패스워드를 제공해야 한다. 다른 명령어를 실행하려면 먼저 인증된 세션을 시작해야 한다.

```
$ ./kcadm.sh config credentials \
    --server http://localhost:8080 \   ◀── 키클록은 컨테이너 내에서 8080포트로 실행된다.
    --realm master \   ◀── 키클록에서 설정된 기본 영역
    --user user \   ◀── 도커 컴포즈에서 정의한 유저명
```

4　[옮긴이] 이 명령은 키클록 컨테이너 내에서 실행하는 것이다.

```
 --password password ◀── 도커 컴포즈에서 정의한 패스워드
```

TIP 키클록 설정이 완료될 때까지 현재 터미널 창을 열어놓고 있어야 한다. 인증된 세션이 만료되면 이 명령을 실행해 새 세션을 시작할 수 있다.

이 시점에서 새로운 보안 영역을 만들어 폴라 북숍과 관련된 모든 정책을 저장할 수 있다.

```
$ ./kcadm.sh create realms -s realm=PolarBookshop -s enabled=true
```

11.2.2 사용자 및 역할 관리

여러 가지 다른 인증 시나리오를 테스트하기 위해 몇 가지 사용자 유형이 필요하다. 2장에서 설명했듯이 폴라 북숍은 고객과 직원이라는 두 가지 유형의 사용자가 있다.

* **고객**customer은 책을 검색하고 구입할 수 있다.
* **직원**employee은 카탈로그에 새로운 책을 추가하거나 기존 책을 수정 혹은 삭제할 수 있다.

각 유형의 사용자와 관련된 다양한 권한을 관리하기 위해 **고객**과 **직원**이라는 두 가지 역할을 생성한다. 나중에 이 역할을 기반으로 애플리케이션 엔드포인트를 보호할 수 있다. 이러한 방식을 **역할 기반 접근 제어**Role-Based Access Control, RBAC라고 부른다.

먼저, 사용 중인 키클록 어드민 CLI 콘솔에서 폴라 북숍 영역에 두 가지 역할을 만든다.

```
$ ./kcadm.sh create roles -r PolarBookshop -s name=employee
$ ./kcadm.sh create roles -r PolarBookshop -s name=customer
```

그런 다음 두 명의 사용자를 만든다. **이자벨 달**Isabelle Dahl은 서점의 직원이자 고객이다(사용자 이름: isabelle). 이 사용자의 계정은 다음과 같은 명령을 통해 만들 수 있다.

```
$ ./kcadm.sh create users -r PolarBookshop \
    -s username=isabelle \    ◀──  새 사용자의 유저명.
    -s firstName=Isabelle \        로그인할 때 사용한다.
    -s lastName=Dahl \
    -s enabled=true  ◀──  사용자는 활성화되어야 한다.

$ ./kcadm.sh add-roles -r PolarBookshop \
```

```
    --username isabelle \        ◄──    이자벨은 직원이면서
    --rolename employee \               고객이다.
    --rolename customer
```

다음으로, 서점의 고객인 비에른 빈테르베르그_{Bjorn Vinterberg}(사용자 이름: **bjorn**)도 같은 방식으로 생성한다.

```
$ ./kcadm.sh create users -r PolarBookshop \
    -s username=bjorn \       ◄──    새 사용자의 유저명.
    -s firstName=Bjorn \             로그인할 때 사용한다.
    -s lastName=Vinterberg \
    -s enabled=true        ◄──    사용자는 활성화되어야 한다.

$ ./kcadm.sh add-roles -r PolarBookshop \
    --username bjorn \
    --rolename customer     ◄──    비에른은 고객이다.
```

실제 상황에서는 패스워드는 사용자가 선택하고 2단계 인증을 선호할 것이다. 이자벨과 비에른은 테스트 사용자이므로 패스워드를(**password**) 임의로 지정해도 문제없다. 키클록 어드민 CLI에서 다음과 같이 패스워드를 지정한다.

```
$ ./kcadm.sh set-password -r PolarBookshop \
    --username isabelle --new-password password
$ ./kcadm.sh set-password -r PolarBookshop \
    --username bjorn --new-password password
```

지금까지 한 작업은 사용자 관리를 위한 것이었다. 키클록 컨테이너 내부의 배시 콘솔에서 exit 명령을 실행해 컨테이너를 빠져 나오지만 키클록은 계속 실행되도록 놔두면 된다.

다음으로 에지 서비스에서 인증전략을 어떻게 개선할 수 있을지 논의해보자.

11.3 오픈ID 커넥트, JWT 및 키클록을 통한 인증

현재, 사용자는 브라우저에서 유저명과 패스워드를 통해 로그인해야 한다. 이제 사용자 계정은 키클록이 관리하기 때문에 에지 서비스가 내부 저장소를 사용하지 않고 키클록을 통해 사용자 확인을 하도록 업데이트할 수 있다. 하지만 폴라 북숍 시스템에 모바일 애플리케이션이나 IoT 기기와

같은 다른 클라이언트를 도입하면 어떻게 될까? 이 경우 사용자는 어떻게 인증해야 할까? 서점 직원이 이미 회사의 액티브 디렉터리(AD)에 등록되어 있고 SAML을 통해 로그인해야 한다면 어떻게 해야 할까? 다양한 애플리케이션에서 단일 로그인(SSO) 경험을 제공할 수 있을까? 사용자는 깃허브나 트위터 계정(소셜 로그인)을 통해 로그인할 수 있을까?

새로운 요구 사항을 있을 때마다 에지 서비스에서 필요한 모든 인증 전략을 지원할 수도 있다. 하지만 이 방식은 확장 가능한 접근법이 아니다. 더 나은 해결책은 지원할 전략에 따라 **ID 공급자**identity provider가 사용자 인증을 전담하는 것이다. 에지 서비스는 실제 인증 단계를 수행하는 데 신경 쓰지 않고 이 전담 서비스를 사용해 사용자의 신원을 확인한다. 전담 서비스를 통해 사용자는 다양한 방법으로 인증할 수 있는데, 가령 시스템에 등록된 유저명/패스워드를 사용하거나, 소셜 로그인을 사용하거나, SAML을 통해 회사의 액티브 디렉터리에 정의된 ID를 사용하는 다양한 방법으로 인증할 수 있다.

전용 서비스를 통해 사용자 인증을 하려면 두 가지 사항을 확인해야 한다. 첫째, 에지 서비스가 사용자 인증을 ID 공급자에게 위임하고 그 결과를 받는 데 사용할 프로토콜을 수립해야 한다. 둘째, ID 공급자가 사용자의 신원을 인증한 후 이를 에지 서비스에게 안전하게 알리기 위한 데이터 형식을 정의해야 한다. 이번 절에서는 오픈ID 커넥트 및 JSON 웹 토큰을 사용해 이 두 가지 문제를 해결하고자 한다.

11.3.1 오픈ID 커넥트를 통한 사용자 인증

오픈ID 커넥트 OpenID Connect, OIDC는 애플리케이션(**클라이언트**)이 신뢰할 수 있는 당사자(**인증 서버**)에게 인증을 맡기고 그 결과를 기반으로 사용자의 신원을 확인하고 사용자 프로필 정보를 검색할 수 있는 프로토콜이다. 인증 서버는 인증 단계의 결과를 **ID 토큰**ID token을 통해 클라이언트 애플리케이션에 전달한다.

OIDC는 OAuth2 위에 구축된 ID 계층인데, OAuth2는 권한 부여 프레임워크로 인증 토큰을 통해 액세스 위임 문제를 해결하지만 인증 자체를 다루지는 않는다. 당연히 권한은 인증 이후에 발생한다. 이 책에서 OIDC를 먼저 살펴보는 이유는 이 때문이다. OAuth2는 다음 장에서 자세히 설명할 것이다. 이 순서가 인증과 권한에 대해 설명하는 일반적인 방법은 아니지만, 폴라 북숍과 같은 접근 제어 시스템을 설계할 때는 이 순서로 다루는 것이 더 합리적이다.

NOTE 이 책은 OAuth2와 OIDC의 몇 가지 중요한 사항만 다룬다. 이 주제에 대해 더 알고 싶다면 저스틴 리처Justin

Richer와 안토니오 산소Antonio Sanso의 《OAuth 2 in Action》(에이콘 출판사, 2018)과 프라바스 시리와르데나Prabath Siriwardena의 《OpenID Connect in Action》(Manning, 2022)을 참고하기 바란다.

OIDC 프로토콜이 사용자 인증을 처리할 때 사용하는 **OAuth2** 프레임워크에는 세 가지 주요 행위자가 있다.

- **인증 서버**authorization server: 사용자 인증 및 토큰 발행을 담당하는 개체. 폴라 북숍에서는 키클록이다.
- **사용자**user: **자원 소유자**resource owner라고도 하며, 클라이언트 애플리케이션에 대한 인증된 액세스 권한을 얻기 위해 인증 서버에 로그인하는 사람이다. 폴라 북숍에서는 고객이나 직원이다.
- **클라이언트**client: 사용자를 인증해야 하는 애플리케이션이다. 모바일 애플리케이션, 브라우저 기반 애플리케이션, 서버 측 애플리케이션 또는 심지어 스마트 TV 애플리케이션일 수도 있다. 폴라 서점에서는 에지 서비스다.

그림 11.2는 세 행위자가 폴라 북숍 아키텍처에서 어떻게 매핑되는지 보여준다.

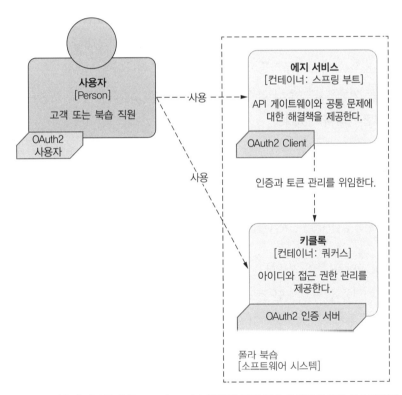

그림 11.2 **사용자 인증을 위한 OIDC/OAuth2 역할 및 폴라 북숍 아키텍처 구성 요소의 매핑**

OAuth2 프레임워크의 용어가 오픈ID 커넥트에서 같은 개념이지만 다른 이름으로 사용될 때가 있다. OAuth2 인증 서버는 **OIDC 공급자**_{OIDC provider}라고 부른다. 인증 및 토큰 발행을 위해 인증 서버에 의존하는 OAuth2 클라이언트는 **신뢰 당사자**_{relying party, RP}라고 한다. OAuth2 사용자는 **엔드 유저**_{end-user}라고 한다. 일관성을 위해 OAuth2 용어를 사용하지만, OIDC의 용어를 알고 있는 것도 유용하다.

폴라 북숍에서는 에지 서비스에서 사용자 로그인 흐름이 시작되지만 실제 인증은 OIDC 프로토콜을 통해 키클록에 위임된다(바로 사용할 수 있도록 스프링 보안이 지원한다). 키클록을 통해 여러 가지 인증 전략을 구현할 수 있는데, 전통적 방법인 로그인 양식, 깃허브나 트위터를 사용한 소셜 로그인, SAML 등이 여기에 포함된다. 또한 **2단계 인증**_{two-factor authentication}(2FA)을 지원한다. 다음 절에서는 로그인 양식을 사용한 인증을 살펴볼 것이다. 사용자가 로그인하기 위해 키클록과 직접 상호작용하기 때문에 키클록를 제외한 시스템의 어떤 구성 요소에도 사용자의 크리덴셜이 노출되지 않는다. 키클록과 같은 솔루션을 채택하면 얻을 수 있는 장점 가운데 하나가 바로 이런 점이다.

에지 서비스에 의해 노출되나 인증이 필요한 엔드포인트를 아직 인증되지 않은 사용자가 호출하면 다음과 같은 일이 발생한다.

1. 에지 서비스(클라이언트)는 인증을 위해 브라우저를 키클록(인증 서버)으로 리다이렉트한다.
2. 키클록은 사용자를 인증하고(예를 들면 로그인 양식을 통해 유저명과 패스워드를 요청) **인증 코드**_{authorization code}와 함께 브라우저를 에지 서비스로 다시 리다이렉트한다.
3. 에지 서비스는 키클록을 호출해 인증 코드와 ID 토큰을 교환하는데 ID 토큰은 인증된 사용자에 대한 정보를 포함하고 있다.
4. 에지 서비스는 인증된 사용자 세션을 브라우저와 함께 시작하는데 세션 쿠키를 기반으로 한다. 에지 서비스는 내부적으로 세션 식별자와 ID 토큰(사용자 ID) 간의 매핑을 유지 관리한다.

OIDC가 지원하는 인증 흐름은 OAuth2의 **인증 코드 흐름**_{Authorization Code Flow}을 기반으로 한다.[5] 두 번째 단계는 중복처럼 보일 수도 있는데 합법적인 클라이언트에게만 토큰을 제공하기 위해서는 이 인증 코드가 필수적이다.

그림 11.3은 OIDC 프로토콜이 지원하는 인증 흐름에서 중요한 부분을 설명한다. 스프링 보안을 사용하면 이 유형의 인증을 위해 어떤 것도 직접 구현하지 않고 바로 사용만 해도 되지만, 흐름이 어떻게 이루어지는지 전체적으로 이해하고 있으면 유익한 점이 많다.

5　[울긴이] OAuth2의 인증 흐름은 그랜트라고 부르는 토큰 유형에 따라 인증 코드, 패스워드, 새로고침 토큰, 클라이언트 크리덴셜 이렇게 4가지로 나눌 수 있다. 자세한 내용은 로렌티우 스플리카의 'Spring Security in Action'을 참고하기 바란다.

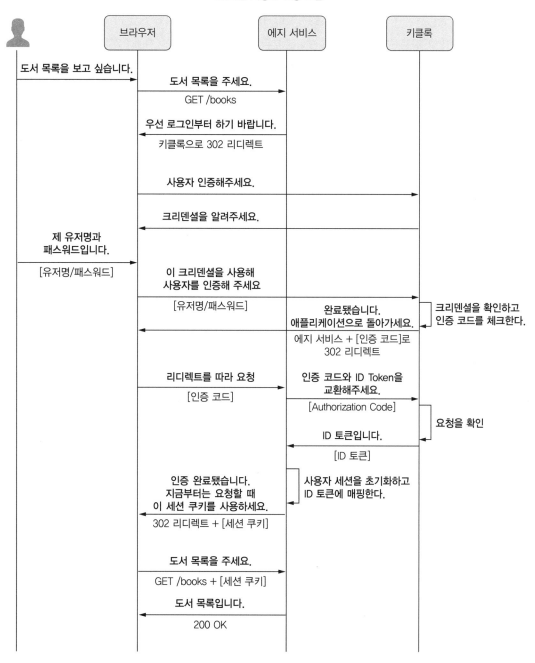

OIDC를 사용한 인증 흐름

| 브라우저 | 에지 서비스 | 키클록 |

도서 목록을 보고 싶습니다.

도서 목록을 주세요.

GET /books

우선 로그인부터 하기 바랍니다.

키클록으로 302 리디렉트

사용자 인증해주세요.

크리덴셜을 알려주세요.

제 유저명과
패스워드입니다.

[유저명/패스워드]

이 크리덴셜을 사용해
사용자를 인증해 주세요

[유저명/패스워드]

크리덴셜을 확인하고
인증 코드를 체크한다.

완료됐습니다.
애플리케이션으로 돌아가세요.

에지 서비스 + [인증 코드]로
302 리디렉트

리디렉트를 따라 요청

[인증 코드]

인증 코드와 ID Token을
교환해주세요.

[Authorization Code]

요청을 확인

ID 토큰입니다.

[ID 토큰]

사용자 세션을 초기화하고
ID 토큰에 매핑한다.

인증 완료됐습니다.
지금부터는 요청할 때
이 세션 쿠키를 사용하세요.

302 리디렉트 + [세션 쿠키]

도서 목록을 주세요.

GET /books + [세션 쿠키]

도서 목록입니다.

200 OK

그림 11.3 **OIDC 프로토콜이 지원하는 인증 흐름**

그림 11.3의 인증 흐름을 사용할 때, 에지 서비스는 특정 인증 전략에 영향을 받지 않는다. 액티브

디렉터리를 사용하거나 깃허브를 통해 소셜 로그인을 수행하도록 키클록을 설정할 수 있지만 에

지 서비스는 변경하지 않아도 된다. 인증이 올바르게 이루어졌는지 확인하고 ID 토큰을 통해 사용자에 대한 정보를 얻기 위해서는 OIDC를 지원하기만 하면 된다. 아이디 토큰은 무엇일까?. 사용자 인증 이벤트에 대한 정보를 나타내는 **JSON 웹 토큰**JSON Web Token, JWT이다. 다음 절에서 JWT를 자세히 살펴보자.

NOTE 필자가 OIDC를 언급할 때는 오픈ID 커넥트 Core 1.0 사양[6]을 의미한다. OAuth2를 언급할 때는 특별히 달리 명시하지 않는 한, 현재 표준화가 진행 중인 OAuth 2.1 사양(https://oauth.net/2.1)을 의미하는데, RFC 6749[7]의 OAuth 2.0을 대체할 예정이다.

11.3.2 JWT를 통한 사용자 정보 교환

마이크로서비스 및 클라우드 네이티브 애플리케이션을 포함한 분산 시스템에서 인증된 사용자에 대한 정보와 권한을 나타내기 위해 가장 많이 사용하는 것이 토큰이다.

JSON 웹 토큰(JWT)은 두 당사자 사이에서 전송되는 **클레임**claim을 표현하기 위한 업계 표준이다. 이 형식은 인증된 사용자 및 권한에 대한 정보를 분산 시스템의 여러 당사자 사이에서 안전하게 전송하기 위해 널리 사용된다. JWT만 따로 사용하지는 않고 데이터의 무결성을 보장하기 위해 JWT 객체를 디지털 서명한 **JSON 웹 서명**JSON Web Signature, JWS을 사용한다.

디지털 서명된 JWT(JWS)는 세 부분으로 나뉘어져 있는 문자열인데 각 부분은 베이스 64로 인코딩되어 있고 점(.) 문자로 구분한다.

```
<header>.<payload>.<signature>
```

NOTE 디버깅 목적으로 https://jwt.io에서 제공되는 도구를 사용해 토큰을 인코딩하거나 디코딩할 수 있다.

위의 구조를 통해 알 수 있듯이 디지털 서명 JWT는 세 부분으로 이루어져 있다.

- **헤더**header: 페이로드에 대해 수행한 암호화 작업에 대한 정보가 들어 있는 JSON 객체(**JOSE 헤더**라고도 한다). 이 작업은 JOSEJavascript Object Signing and Encryption 프레임워크의 표준을 따른다. 다음은 디코딩된 헤더의 예를 보여준다.

---

6   https://openid.net/specs/openid-connect-core-1_0.html
7   https://tools.ietf.org/html/rfc6749

```
{
  "alg": "HS256",   ◄──┤ 토큰을 디지털 서명하는 데 사용된 알고리즘
  "typ": "JWT"      ◄──┤ 토큰 유형
}
```

- **페이로드**payload: 클레임을 포함해 토큰이 전달하려는 JSON 객체(클레임 세트). JWT 사양에는
  표준적인 클레임 이름을 정의하지만 임의의 이름을 정의할 수도 있다. 디코딩된 페이로드의 예
  는 다음과 같다.

```
{
  "iss": "https://sso.polarbookshop.com",   ◄──┤ JWT를 발행한 개체(발급자)
  "sub": "isabelle",      ◄──┤ JWT의 주제인 개체(최종 사용자)
  "exp": 1626439022       ◄──┤ JWT 만료 일시(타임 스탬프)
}
```

- **서명**signature: JWT의 서명으로 클레임이 전송되는 중간에 변경되지 않았음을 보장한다. JWS
  구조를 사용하는 것은 토큰을 발행하는 주체(발행자)를 신뢰할 수 있고 토큰의 유효성을 확인
  하는 방법이 있다는 것을 전제로 한다.

JWT에 무결성과 기밀성을 필요할 때, JWS로 먼저 서명하고 JSON 웹 암호화(JWE)로 암호화한다.
이 책에는 JWS만 사용한다.

NOTE JWT 및 관련 사항에 대해 자세히 알고 싶다면 IETF 표준 사양을 참고하기 바란다. JSON 웹 토큰JWT은 RFC
7519[8]에 문서화되어 있다. JSON 웹 서명JWS은 RFC 7515[9]에 설명되어 있고 JSON 웹 암호화JSON Web Encryption,
JWE는 RFC 7516[10]에 나와 있다. 또한 JWT에 대한 암호화 연산에 대해 정의한 JWAJSON Web Algorithms에 대한 자세
한 내용을 RFC 7518[11]에서 찾아볼 수 있다.

폴라 북숍의 경우 에지 서비스는 인증 단계를 키클록에 위임할 수 있다. 사용자가 성공적으로 인
증되고 나면 키클록은 새로 인증된 사용자의 정보(ID 토큰)를 JWT를 통해 에지 서비스에 보낸다.
에지 서비스는 서명을 통해 JWT의 유효성을 검사하고 사용자에 대한 데이터(클레임)를 뽑아낸다.
마지막으로 세션 쿠키를 기반으로 사용자 브라우저와 인증 세션을 설정하는데 세션 쿠키는 JWT
에 매핑된다.

---

8   https://tools.ietf.org/html/rfc7519
9   https://tools.ietf.org/html/rfc7515
10 https://tools.ietf.org/html/rfc7516
11 https://tools.ietf.org/html/rfc7518

인증을 위임하고 토큰을 안전하게 검색하려면 키클록에서 에지 서비스를 OAuth2 클라이언트로 등록해야 한다. 이에 대해 살펴보자.

11.3.3 키클록에서 애플리케이션 등록

앞 절에서 배운 것처럼 OAuth2 클라이언트는 인증 서버에게 사용자 인증을 요청하고 궁극적으로 인증 서버로부터 토큰을 받을 수 있는 애플리케이션이다. 폴라 북숍 아키텍처에서 이 역할은 에지 서비스에서 담당한다. OIDC/OAuth2를 사용하려면 OAuth2 클라이언트를 미리 인증 서버에 등록해야 한다.

클라이언트는 **공개**public 또는 **기밀**confidential로 해야 한다. 클라이언트가 시크릿을 유지할 수 없다면 공개 클라이언트로 등록하면 된다. 예를 들어 모바일 애플리케이션은 공개 클라이언트로 등록한다. 반면에 기밀 클라이언트는 시크릿을 유지할 수 있는 클라이언트이며 일반적으로 에지 서비스와 같은 백엔드 애플리케이션이 이에 해당한다. 등록 과정은 어느 쪽이든 비슷하다. 가장 큰 차이점은 기밀 클라이언트는 공유 비밀shared secret을 사용하는 것과 같은 방식으로 인증 서버에 자신을 인증해야 한다는 점이다. 이것은 공개 클라이언트에 대해서는 사용할 수 없는 추가적인 사항인데, 공개 클라이언트는 공유 비밀을 안전하게 저장할 방법이 없기 때문이다.

에지 서비스는 폴라 북숍 시스템의 OAuth2 클라이언트이므로 키클록 어드민 CLI를 한 번 더 사용해 키클록에 등록하자.

> **OAUTH2의 클라이언트 딜레마**
>
> 클라이언트의 역할은 프런트엔드 또는 백엔드 애플리케이션이 맡을 수 있다. 주된 차이점은 솔루션의 보안 수준이다. 클라이언트는 인증 서버로부터 토큰을 받는 개체다. 클라이언트는 같은 사용자의 후속 요청에 사용하기 위해 이 토큰을 어딘가에 저장해야 한다. 토큰은 보안이 필요한 민감한 데이터로 백엔드 애플리케이션보다 좋은 곳은 없다. 하지만 그렇게 하는 것이 항상 가능한 것은 아니다.
>
> 필자의 경험에 근거하자면 프런트엔드가 iOS 또는 안드로이드와 같은 모바일 또는 데스크톱 애플리케이션인 경우 OAuth2 클라이언트는 공개 클라이언트로 분류된다. 이 경우 앱오쓰AppAuth(https://appauth.io)와 같은 라이브러리를 사용하면 OIDC/OAuth2에 대한 지원을 추가하고 토큰을 가능한 한 안전하게 모바일 기기에 저장할 수 있다. 프런트엔드가 (폴라 북숍과 같이) 웹 애플리케이션인 경우에는 백엔드 서비스가 클라이언트를 맡아야한다. 이 경우 기밀 클라이언트로 분류된다.
>
> 이렇게 구별하는 이유는 브라우저는 (쿠키, 지역 스토리지 및 세션 스토리지 같은 장소에) 아무리 숨기려고 노력해도 OIDC/OAuth2 토큰이 노출되고 오용될 위험이 있기 때문이다. 애플리케이션 보안 전문가인 필립 드 릭 Philippe De Ryck은 '보안의 관점에서 보자면 프런트 웹 애플리케이션에서 토큰을 안전하게 저장할 수 있는 방

이전에 시작된 키클록 컨테이너가 계속 실행되고 있는지 확인해본다. 그런 다음 터미널 창을 열고 키클록 컨테이너 내의 배시 콘솔로 들어간다.

```
$ docker exec -it polar-keycloak bash
```

다음으로 키클록 어드민 CLI 스크립트가 있는 폴더로 이동한다.

```
$ cd /opt/keycloak/bin
```

앞서 배운 것처럼 어드민 CLI는 도커 컴포즈가 키클록 컨테이너에 대해 정의한 사용자 이름과 암호로 보호되기 때문에 다른 명령을 실행하기 전에 인증된 세션을 시작해야 한다.

```
$ ./kcadm.sh config credentials --server http://localhost:8080 \
    --realm master --user user --password password
```

마지막으로 에지 서비스를 **PolarBookshop** 영역에 OAuth2 클라이언트로 등록한다.

```
$ ./kcadm.sh create clients -r PolarBookshop \
    -s clientId=edge-service \        ← OAuth2 클라이언트의 아이디
    -s enabled=true \                 ← 활성화되어야 한다.
    -s publicClient=false \           ← 에지 서비스는 공개 클라이언트가 아니라 기밀 클라이언트다.
    -s secret=polar-keycloak-secret \
    -s 'redirectUris=["http://localhost:9000",
    →"http://localhost:9000/login/oauth2/code/*"]'  ←
```

기밀 클라이언트이기 때문에 키클록과의 인증을 위한 시크릿이 필요하다.

사용자 로그인/로그아웃 후 요청을 리다이렉션할 수 있는 권한날 키클록에 부여한 애플리케이션 URL

---

12 P. De Ryck, "A Critical Analysis of Refresh Token Rotation in Single-page Applications", *Ping Identity*, March 18, 2021, http://mng.bz/QWG6.

유효한 리다이렉션 URL은 OAuth2 클라이언트 애플리케이션(에지 서비스)이 노출하는 엔드포인트로 키클록이 인증 요청을 리다이렉션할 URL이다. 키클록은 리다이렉션 요청 시 중요하고 개인적인 정보를 포함할 수 있기 때문에, 어떤 애플리케이션과 엔드포인트가 그런 정보를 받을 수 있을지 제한해야 한다. 나중에 알게 되겠지만, 인증 요청에 대한 리다이렉션 URL은 스프링 보안이 제공하는 기본 형식에 따라 `http://localhost:9000/login/oauth2/code/*`가 된다. 로그아웃 후 리다이렉션을 지원하려면 유효한 리다이렉션 URL로 `http://localhost:9000`을 추가해야 한다.

이번 절은 여기까지 다룬다. 책의 소스 코드 저장소에는 앞으로 키클록 컨테이너를 시작할 때 전체 설정을 로드하기 위한 JSON 파일이 포함되어 있다(Chapter11/11-end/polar-deployment/docker/keycloak/realm-config.json). 키클록에 익숙해졌으니 컨테이너 정의를 업데이트해 컨테이너를 시작할 때마다 항상 필요한 설정을 갖도록 할 수 있다. JSON 파일을 자신의 프로젝트에서 동일한 경로로 복사하고, docker-compose.yml 파일에서 `polar-keycloak` 서비스를 수정해보자.

예제 11.4 키클록 컨테이너에서 영역 설정 임포트

```
version: "3.8"
services:
  ...

  polar-keycloak:
    image: quay.io/keycloak/keycloak:19.0
    container_name: "polar-keycloak"
    command: start-dev --import-realm      ◄─── 애플리케이션 시작 시
    volumes: ◄─────                              제공된 설정을 임포트한다.
      - ./keycloak:/opt/keycloak/data/import
    environment:                           설정 파일을 컨테이너 안으로
      - KEYCLOAK_ADMIN=user                로드하기 위한 볼륨 설정
      - KEYCLOAK_ADMIN_PASSWORD=password
    ports:
      - 8080:8080
```

왜 키클록인가

현업에서 충분히 입증된 오픈소스 솔루션으로 인증 서버를 직접 실행할 수 있다는 점 때문에 이 책에서는 키클록을 사용한다. 한편 개발자 커뮤니티의 늘어나는 요구에 따라 새로운 스프링 인증 서버Spring Authorization Server 프로젝트[13]가 시작됐다. 버전 0.2.0 이후부터는 프로덕션 환경에서도 사용할 수 있는 OAuth2 인증 서버 솔루션이다. 이 책을 쓰는 현재 이 프로젝트는 가장 대표적인 OAuth2 기능을 제공하고 있고 현재는 OIDC

---

13 https://github.com/spring-projects/spring-authorization-server

에 속한 기능을 지원하기 위한 노력이 진행 중이다. 깃허브에서 프로젝트의 진행 상황을 확인하거나 개발에 기여할 수도 있다.

또 다른 옵션은 옥타Okta(www.okta.com)나 Auth0(https://auth0.com)와 같은 SaaS 설루션을 사용하는 것이다. 둘 다 OIDC/OAuth2의 관리형 서비스로 훌륭한 해결책이 될 수 있으므로 사용해보기를 권한다. 다른 서비스에 의존하지 않고 자신의 로컬 환경에서 안정적으로 재현할 수 있는 방법을 사용하길 원하기 때문에 이 책에서는 키클록을 사용한다. 또한 그런 외부 관리형 서비스는 시간이 지남에 따라 변할 수도 있고 그러면 이 책의 내용이 맞지 않을 수도 있기 때문에 키클록을 사용하는 것이 좋겠다고 판단했다.

진행하기 전에, 실행 중인 컨테이너를 모두 중지한다. 터미널 창을 열고 도커 컴포즈 파일(polar-deployment/docker/docker-compose.yml)이 있는 폴더로 이동한 후에 다음 명령을 실행한다.

```
$ docker-compose down
```

이제 에지 서비스에서 OIDC/OAuth2, JWT 및 키클록을 활용해 인증 전략을 구현하도록 리팩터링할 준비가 됐다. 이 인증 전략의 가장 좋은 점은 표준을 기반으로 하고 있고 스프링 보안을 포함해 모든 주요 언어 및 프레임워크(프런트엔드, 백엔드, 모바일, IoT)에서 지원된다는 점이다.

11.4 스프링 보안 및 오픈ID 커넥트로 사용자 인증

앞서 언급했듯이 스프링 보안은 몇 가지 인증 전략을 지원한다. 에지 서비스는 현재 애플리케이션 자체에서 제공하는 로그인 양식을 통해 사용자 계정 및 인증을 처리한다. 오픈ID 커넥트에 대해 배웠으니 이제 OIDC 프로토콜을 통해 사용자 인증을 키클록에 위임하도록 애플리케이션을 리팩터링할 수 있다.

예전에는 OAuth2에 대한 지원이 스프링 보안 OAuthSpring Security OAuth라는 별도의 프로젝트로 이뤄졌는데, 클라우드 네이티브 애플리케이션에서 OAuth2를 사용하려면 스프링 클라우드 보안Spring Cloud Security을 사용하면서 일부분은 이 프로젝트를 사용했을 것이다. 하지만 이 두 프로젝트는 더 이상 사용되지 않는데 스프링 보안Spring Security 프로젝트 버전 5부터 OAuth2 및 오픈ID 커넥트를 폭넓게 지원하기 때문이다. 이 장에서는 스프링 보안 5에서 새롭게 지원하기 시작한 OIDC/OAuth2를 사용해 폴라 북숍 사용자를 인증하는 데 중점을 둔다.

NOTE 지원이 중단된 스프링 보안 OAuth와 스프링 클라우드 보안을 사용해 프로젝트를 진행하고 있다면 로렌티우 스필카의 《스프링 시큐리티 인 액션》의 12~15장을 참고하기 바란다.

이번 절에서는 스프링 보안과 OAuth2/OIDC 지원을 사용해 에지 서비스에 대해 다음과 같은 내용을 살펴보고자 한다.

- 오픈ID 커넥트를 사용한 사용자 인증
- 사용자 로그아웃 설정
- 인증된 사용자에 대한 정보 추출

자, 이제 시작해보자!

11.4.1 새 의존성 추가

우선, 에지 서비스에 대한 의존성을 업데이트해야 한다. 기존 스프링 보안 스타터 의존성을 보다 더 구체적인 OAuth2 클라이언트 의존성으로 대체할 수 있는데 이 새로운 의존성은 OIDC/OAuth2 클라이언트 기능을 지원한다. 또한 스프링에서 보안 시나리오 테스트를 지원하기 위해 스프링 보안 테스트 의존성도 추가하자 .

에지 서비스 프로젝트(edge-service)의 build.gradle 파일을 열고 의존성을 추가한다. 새로 추가한 후에, 의존성을 새로고침하거나 다시 임포트한다.

예제 11.5 **스프링 보안 OAuth2 클라이언트 의존성 추가**

```
dependencies {
  ...
  implementation
  ↪ 'org.springframework.boot:spring-boot-starter-oauth2-client'
  testImplementation 'org.springframework.security:spring-security-test'
}
```

스프링의 키클록 통합

키클록을 인증 서버로 선택할 때 오픈ID 커넥트/OAuth2를 위해 스프링 보안을 사용하지 않고 키클록 스프링 어댑터Keycloak Spring Adapter를 대안으로 사용하기도 했다. 스프링 부트 및 스프링 보안과 통합하기 위해 키클록이 제공한 라이브러리였지만 키클록 17 이후로는 사용되지 않는다.

키클록 스프링 어댑터를 사용해 프로젝트를 개발하고 있다면 이에 대한 필자의 글(www.thomasvitale.com/tag/keycloak)이나 존 카넬과 일러리 후알리루포 산체스의 《스프링 마이크로서비스 코딩 공작소》 9장을 참고하면 좋다.

스프링 보안과 키클록의 통합 설정

스프링 보안과 관련한 의존성을 추가한 후 키클록과의 통합을 설정해야 한다. 앞 절에서는 키클록에서 에지 서비스를 OAuth2 클라이언트로 등록하여 클라이언트 식별자(edge-service)와 공유 시크릿(polar-keycloak-secret)을 정의했다. 이제 이 정보를 사용해 스프링 보안이 어떻게 키클록과 상호작용할 수 있을지 알려줘야 한다.

에지 서비스 프로젝트에서 application.yml 파일을 열고 다음과 같은 설정을 추가해보자.

예제 11.6 **에지 서비스를 OAuth2 클라이언트로 설정**

```
spring:
  security:
    oauth2:
      client:
        registration:
          keycloak:
            client-id: edge-service
            client-secret: polar-keycloak-secret
            scope: openid
        provider:
          keycloak:
            issuer-uri: http://localhost:8080/realms/PolarBookshop
```

스프링 보안에서 클라이언트 등록을 식별하는 이름("registrationId"라고 부른다). 어떤 문자열이라도 괜찮다.

키클록에 정의된 OAuth2 클라이언트 식별자

클라이언트가 키클록과 인증하기 위해 사용하는 공유 시크릿

클라이언트가 접근 권한을 갖기를 원하는 영역의 목록. openid 영역은 OAuth2에서 OIDC 인증을 수행한다.

몇 줄 위의 'registrationId'와 같은 이름

특정 영역에 대한 OAuth2와 OIDC 관련 모든 엔드포인트의 정보를 제공하는 키클록 URL

스프링 보안의 클라이언트 등록 설정에는 **식별자**(registrationId)가 반드시 있어야 한다. 이 경우 식별자는 **keycloak**이다. 등록 식별자는 스프링 보안이 키클록에서 인증 코드를 받기 위한 URL에 사용된다. 기본 URL 템플릿은 /login/oauth2/code/{registrationId}이다. 에지 서비스의 경우 이미 키클록에서 유효한 리다이렉션 URL로 설정했다.[14]

범위scope는 사용자 리소스에 대한 애플리케이션의 액세스를 제한하기 위해 사용하는 OAuth2의 개념이다. 일종의 역할로 생각할 수 있는데 사용자가 아닌 애플리케이션에 대한 것이다. 사용자의 신원을 확인하기 위해 OAuth2의 오픈ID 커넥트 확장을 사용하기 위해서는 범위를 openid로 설정하고 이를 인증 서버에 알려야만 사용자 인증에 대한 데이터가 포함된 ID 토큰을 받을 수 있다. 다음 장에서는 권한 부여익 맥락에서 범위에 대해 좀 더 자세히 살펴볼 것이다.

---

[14] http://localhost:9000/login/oauth2/code/keycloak

이제 키클록과의 통합을 정의했으니, 원하는 보안 정책을 적용하기 위해 스프링 보안을 설정해보자.

11.4.3 기초적인 스프링 보안 설정

스프링 보안에서 보안 정책을 정의하고 설정하는 핵심 장소는 SecurityWebFilterChain 클래스다. 에지 서비스는 현재 모든 엔드포인트에 대해 사용자 인증을 하도록 설정되어 있으며 로그인 양식을 기반으로 한 인증 전략을 사용하고 있다. 하지만 이제 **OIDC 인증**을 사용하도록 변경해보자.

ServerHttpSecurity 객체는 스프링 보안에서 OAuth2 클라이언트 설정을 위해 oauth2Login() 와 oauth2Client() 이렇게 두 가지 방법을 제공한다. oauth2Login()을 사용하면 애플리케이션이 OAuth2 클라이언트 역할을 할 수 있도록 설정할 수 있으며 오픈ID 커넥트를 통해 사용자를 인증할 수도 있다. oauth2Client()를 사용하면 애플리케이션은 사용자를 인증하지 않고 대신 인증 메커니즘 정의를 사용자에게 맡긴다. 우리는 OIDC 인증을 원하기 때문에 oauth2Login()과 기본 설정을 사용할 것이다. SecurityConfig 클래스를 다음과 같이 업데이트한다.

예제 11.7 **OIDC를 사용한 모든 엔드포인트에 대한 인증 설정**

```
@EnableWebFluxSecurity
public class SecurityConfig {

  @Bean
  SecurityWebFilterChain springSecurityFilterChain(
    ServerHttpSecurity http
  ) {
    return http
      .authorizeExchange(exchange ->
        exchange.anyExchange().authenticated())
      .oauth2Login(Customizer.withDefaults())    ◄─┐  OAuth2/오픈ID 커넥트를 사용한
      .build();                                      사용자 인증을 활성화한다.
  }
}
```

제대로 작동하는지 확인해보자. 우선, 레디스와 키클록 컨테이너를 시작해야 한다. 터미널 창을 열고 도커 컴포즈 파일(polar-deployment/docker/docker-compose.yml)이 있는 폴더로 이동해 다음 명령을 실행한다.

```
$ docker-compose up -d polar-redis polar-keycloak
```

그런 다음 에지 서비스 애플리케이션을 실행하고(`./gradlew bootRun`) 브라우저 창에서 http:// localhost:9000으로 가보자. 키클록이 제공하는 로그인 페이지로 리다이렉션되어야 하는데, 이전 단계에서 생성한 사용자 중 한 명으로 인증하면 된다(그림 11.4).

그림 11.4 에지 서비스가 OIDC 인증 흐름을 시작한 후 표시된 폴라 북숍 영역의 키클록 로그인 페이지

예를 들어 이자벨(`isabelle/password`)로 로그인하고 인증이 되면 키클록이 어떻게 에지 서비스로 리다이렉션하는지 주의 깊게 살펴보자. 에지 서비스는 루트 엔드포인트를 통해서는 어떤 콘텐츠도 노출하지 않기 때문에 'Whitelabel Error Page'라는 오류 메시지가 표시될 것이다. 하지만 걱정하지 않아도 된다. 이 부분에 대해서는 이후에 앵귤러 프런트엔드를 통합해 해결할 것이다. 이테스트의 중요한 점은 에지 서비스의 엔드포인트에 액세스하기 전에 인증을 받아야 하며 OIDC 인증 흐름이 시작된다는 점이다.

OIDC 인증 흐름을 확인했으면 Ctrl+C로 애플리케이션을 중지한다.

인증이 성공하면 스프링 보안은 인증 세션을 브라우저와 시작하고 사용자에 대한 정보를 저장한다. 다음 절에서는 이 정보를 검색하고 사용하는 방법을 살펴본다.

11.4.4 인증된 사용자 콘텍스트 검사

스프링 보안은 인증 프로세스의 일환으로 사용자에 대한 정보를 유지하기 위한 콘텍스트를 정의하고 이것을 통해 사용자 세션을 ID 토큰에 매핑한다. 이번 절에서는 이 콘텍스트에 대해 살펴본 후 어떤 클래스가 이 콘텍스트와 관련되어 있는지, 그리고 어떻게 인증된 사용자에 대한 정보를 검색하고 에지 서비스의 새로운 /user 엔드포인트를 통해 노출할 수 있을지 자세히 설명한다.

먼저 인증된 사용자의 유저명, 이름, 성, 역할 같은 정보를 위해 사용자 모델을 정의해보자. 키클록에 두 명의 사용자를 등록할 때 제공한 것과 동일한 정보이며, ID 토큰을 통해 반환되는 정보이기도 하다. com.polarbookshop.edgeservice.user 패키지를 새로 만들고 그 아래에 User 레코드를 만든다.

예제 11.8 인증된 사용자에 대한 정보를 위한 User 레코드 생성

```
package com.polarbookshop.edgeservice.user;

import java.util.List;
                                        사용자 데이터를 가지고 있을
                                        불가변 데이터 클래스
public record User(    ◄──────
  String username,
  String firstName,
  String lastName,
  List<String> roles
){}
```

채택된 인증 전략(사용자 이름/암호, 오픈ID 커넥트/OAuth2, SAML2)이 무엇이든 스프링 보안은 인증된 사용자(**프린시플**principal)에 대한 정보를 Authentication[15]을 구현하는 객체의 한 필드에 갖는다. OIDC의 경우 프린시플 객체는 OidcUser 인터페이스 유형이며 스프링 보안은 여기에 ID 토큰을 저장한다. 그리고 Authentication은 SecurityContext 객체의 한 필드에 저장된다.

현재 로그인한 사용자의 인증 객체에 액세스하는 한 가지 방법은 ReactiveSecurityContextHolder(명령형 애플리케이션에서는 SecurityContextHolder)로부터 검색해서 가져온 SecurityContext에서 해당 객체를 추출하는 것이다. 그림 11.5는 이 모든 객체가 어떻게 서로 관련되어 있는지를 보여준다.

---

15 옮긴이 Authentication은 인터페이스로 getPrincipal() 메서드를 선언하고 있다. Authentication 인터페이스를 구현하는 클래스인 OAuth2AuthenticationToken은 OAuth2User 인터페이스 유형의 principal 필드를 가지고 있고 OidcUser 인터페이스는 OAuth2User의 자식 인터페이스이다.

스프링 보안에서 OIDC 인증을 위한 시큐리티 콘텍스트 구조

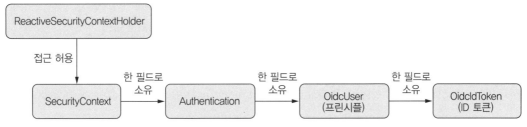

그림 11.5 현재 인증된 사용자에 대한 정보를 저장하는 데 사용되는 클래스

그림 11.5와 같은 구조는 다음과 같은 과정을 통해 구현할 수 있다.

1. com.polarbookshop.edgeservice.user 패키지에서 @RestController 애너테이션이 붙은 User
   Controller 클래스를 새로 만든다.
2. 새로운 /user 엔드포인트에 대한 GET 요청을 처리하는 메서드를 정의한다.
3. OidcUser로부터 필요한 정보를 검색해서 현재 인증된 사용자에 대한 User 객체를 반환한다.
   이때 올바른 데이터를 얻으려면 그림 11.5와 같은 계층 구조를 통해 호출해야 한다.

UserController 클래스의 해당 메서드는 다음과 같다.

```
@GetMapping("user")
public Mono<User> getUser() {
return ReactiveSecurityContextHolder.getContext()    ← ReactiveSecurityContextHolder로부터
  .map(SecurityContext::getAuthentication)              현재 인증된 사용자에 대한
                                                         SecurityContext를 가져온다.
  .map(authentication ->                       ← SecurityContext로부터
    (OidcUser) authentication.getPrincipal())    Authentication을 받는다.
  .map(oidcUser ->    ←                       Authentication에서 프린시플을 가져온다.
    new User(                                   OIDC의 경우 프린시플은 OidcUser 유형이다.
      oidcUser.getPreferredUsername(),
      oidcUser.getGivenName(),
      oidcUser.getFamilyName(),
      List.of("employee", "customer")   ← OidcUser의 ID 토큰에서 추출한 데이터를 사용해
    )                                     User 객체를 생성한다.[16]
  );
}
```

---

16 (옮긴이) 이 예제에서 oidcUser(인터페이스) 객체에 대해 호출하는 메서드들은 추상화된 메서드이기 때문에 내부적으로 ID 토큰의 클레임
에서 해당 정보를 가져오는 부분은 감춰져 있다.

다음 장에서는 권한 부여 전략에 중점을 두고 ID 토큰에 사용자 지정 클레임인 **roles**를 포함하도록 키클록을 설정하고 UserController 클래스에서는 이 값을 사용해 User 객체를 생성할 것이다. 하지만 그 전에는 앞의 예제와 같이 사용자의 역할은 하드코드된 값을 사용한다.

ReactiveSecurityContextHolder를 직접 사용하는 방법 외에도 스프링 웹 MVC와 웹플럭스에서는 @CurrentSecurityContext 및 @AuthenticationPrincipal 애너테이션을 통해 Security Context와 프린시플(이 경우 OidcUser)을 주입할 수도 있다.

OidcUser 객체를 인수로 직접 주입해 getUser() 메서드 구현을 간단하게 만들어보자. UserController 클래스의 최종 코드는 다음 예제와 같다.

예제 11.9 현재 인증된 사용자에 대한 정보 반환

```
package com.polarbookshop.edgeservice.user;

import java.util.List;
import reactor.core.publisher.Mono;
import org.springframework.security.core.annotation.
↪AuthenticationPrincipal;
import org.springframework.security.oauth2.core.oidc.user.OidcUser;
import org.springframework.web.bind.annotation.GetMapping;
import org.springframework.web.bind.annotation.RestController;

@RestController
public class UserController {

  @GetMapping("user")
  public Mono<User> getUser(
    @AuthenticationPrincipal OidcUser oidcUser          ◀── 현재 인증된 사용자에 대한 정보를 가지고 있는
                                                            OidcUser 객체를 주입
  ) {
    var user = new User(   ◀─────────────
      oidcUser.getPreferredUsername(),        OidcUser에 있는 관련 클레임에서
      oidcUser.getGivenName(),                사용자 객체 생성
      oidcUser.getFamilyName(),
      List.of("employee", "customer")
    );
    return Mono.just(user);   ◀──  에지 서비스는 리액티브 애플리케이션이기 때문에
  }                               사용자 객체를 리액티브 발행자로 감싼다.
}
```

앞 절에서 실행했던 키클록과 레디스가 계속 실행 중인지 확인하고 에지 서비스 애플리케이션도 실행한 후에(`./gradlew bootRun`) 시크릿 모드로 브라우저 창을 열고 http://localhost:9000/user로 이동한다. 그러면 스프링 보안은 키클록으로 사용자를 리다이렉션하고, 키클록은 사용자에게 유저명과 암호로 로그인하라는 메시지를 보여준다. 이미 생성한 사용자 계정으로 로그인하면 되는데 예를 들면 비에른(bjorn/password)으로 인증할 수 있다. 인증에 성공하면 /user 엔드포인트로 리다이렉션된다. 결과는 다음과 같다.

```
{
  "username": "bjorn",
  "firstName": "Bjorn",
  "lastName": "Vinterberg",
  "roles": [
    "employee",
    "customer"
  ]
}
```

NOTE 역할 목록은 하드코드로 지정된 값이다. 다음 장에서는 키클록에서 각 사용자에게 할당된 실제 역할을 반환하도록 변경한다.

새로운 엔드포인트를 테스트한 후 Ctrl+C로 애플리케이션을 중지하고 docker-compose down 명령을 통해 컨테이너를 중지한다.

/user 엔드포인트에 액세스할 때 키클록으로 리다이렉션되면 무슨 일이 일어날지 생각해보자. 사용자의 유저명과 패스워드를 성공적으로 확인하면 키클록은 에지 서비스를 다시 호출하고 새로 인증된 사용자의 ID 토큰을 보낸다. 에지 서비스는 토큰을 저장하고 세션 쿠키와 함께 필요한 엔드포인트로 브라우저를 리다이렉션한다. 이 시점부터 브라우저와 에지 서비스 간의 모든 통신에서는 해당 세션 쿠키를 통해 사용자의 인증 콘텍스트를 식별한다. 토큰은 브라우저에 노출되지 않는다.

ID 토큰은 OidcUser에 담겨져 있는데 OidcUser는 Authentication 객체의 일부이고 궁극적으로는 SecurityContext에 포함되어 있다. 9장에서 에지 서비스는 스프링 세션 프로젝트를 사용해 세션 데이터를 외부 데이터 서비스(레디스)에 지정했는데, 이로 인해 애플리케이션은 상태를 갖지 않았고 따라서 확장할 수 있었다. SecurityContext 객체는 세션 데이터에 포함되고 결국 자동으로 레디스에 저장되기 때문에 에지 서비스는 여전히 아무 문제없이 확장할 수 있다.

현재 인증된 사용자(**프린시플**)를 가져오는 또 다른 방법은 특정 HTTP 요청과 관련된 콘텍스트(리액티브 용어로 **익스체인지**)를 사용하는 것이다. 이 방법을 사용하면 사용률 제한에 대한 설정을 수정할 수 있다. 9장에서는 스프링 클라우드 게이트웨이와 레디스를 활용해 사용률 제한을 구현했는데, 이에 따라 현재 사용률 제한은 초 당 수신된 총 요청 수를 기준으로 계산된다. 하지만 사용률 제한을 각 사용자마다 다르게 적용하도록 변경하려고 한다.

`RateLimiterConfig` 클래스를 열고 현재 인증된 프린시플의 사용자 이름을 요청에서 추출하도록 설정한다. 인증된 사용자가 없는 경우에는(즉, 요청이 인증되지 않은 **익명**anonymous인 경우), 기본 키를 사용해 사용률 제한을 보편적으로 적용한다.

예제 11.10 **각 사용자에 대한 사용률 제한 설정**

```
@Configuration
public class RateLimiterConfig {                    현재 인증된 사용자(프린시플)
                                                    를 현재 요청(익스체인지)에서
                                                         가져온다.
  @Bean
  KeyResolver keyResolver() {                                      프린시플로부터
    return exchange -> exchange.getPrincipal()  ◄─────            유저명을 추출한다.
      .map(Principal::getName)  ◄─────
      .defaultIfEmpty("anonymous");  ◄─────     요청이 인증되지 않았다면 사용률 제한을 적용하기 위한
  }                                             기본 키 값으로 'anonymous'를 사용한다.
}
```

이처럼 오픈ID 커넥트를 사용해 폴라 북숍 사용자를 인증하기 위한 기초적인 설정을 완료했다. 다음 하위 절에서는 스프링 보안에서 로그아웃이 어떻게 작동하는지 살펴보고 이를 OAuth2/OIDC 시나리오에 맞게 변경하는 방법을 논의한다.

11.4.5 스프링 보안 및 키클록에서 사용자 로그아웃 설정

지금까지는 분산 시스템에서 사용자를 인증하는 문제와 이에 대한 해결책을 살펴봤다. 이와 별도로 사용자들이 로그아웃을 하면 어떤 일이 일어나는지에 대해서도 생각해봐야 한다.

사용자가 로그아웃하면 스프링 보안은 사용자와 관련된 모든 세션 데이터를 삭제한다. 오픈ID 커넥트/OAuth2를 사용하면 해당 사용자를 위해 스프링 보안이 저장한 토큰 역시 삭제된다. 그러나 키클록에는 여전히 이 사용자에 대한 세션을 가지고 있다. 키클록 및 에지 서비스가 인증 프로세스에 관여하고 있는 것과 같은 방식으로 사용자를 완전히 로그아웃하려면 로그아웃 요청 역시 이두 구성 요소에 전달되어야 한다.

기본적으로 스프링 보안을 사용하는 애플리케이션에서 로그아웃이 수행되더라도 키클록에는 어떤 영향도 미치지 않는다. 다행히도 스프링 보안은 '오픈ID 커넥트 RP-주도 로그아웃' 사양을 구현하는데, 이 사양은 신뢰 당사자인 OAuth2 클라이언트에서 인증 서버로 로그아웃 요청을 전파하는 방법을 정의한다. 에지 서비스에서 이와 관련해 설정하는 방법을 곧 살펴볼 것이다.

NOTE 오픈ID 커넥트 사양에는 세션 관리 및 로그아웃을 위한 몇 가지 다른 시나리오가 포함되어 있다. 이에 대해 더 알고 싶다면 OIDC 세션 관리,[17] OIDC 프론트채널 로그아웃,[18] OIDC 백채널 로그아웃,[19] OIDC RP-주도 로그아웃[20]에 대한 공식 문서를 참고하기 바란다.

스프링 보안은 기본 설정상 프레임워크가 구현하고 노출하는 `/logout` 엔드포인트에 POST 요청을 보내 로그아웃을 할 수 있도록 지원한다. 우리가 원하는 것은 RP 주도 로그아웃 시나리오를 활성화해 사용자가 애플리케이션에서 로그아웃할 때 인증 서버에서도 로그아웃되는 것이다. 스프링 보안은 이 시나리오를 완벽하게 지원하며 로그아웃 요청을 키클록으로 전파하는 방법을 설정하기 위해 사용할 수 있는 `OidcClientInitiatedServerLogoutSuccessHandler` 객체를 제공한다.

RP 주도 로그아웃 기능이 활성화되어 있다고 가정해보자. 이 경우 사용자 로그아웃을 스프링 보안이 처리한 후에 에지 서비스는 브라우저를 통해(리다이렉션 사용) 키클록에 로그아웃 요청을 보낸다. 이 요청을 받고 인증 서버는 로그아웃 작업을 수행한 다음 사용자를 다시 애플리케이션으로 리다이렉션할 수 있다.

`OidcClientInitiatedServerLogoutSuccessHandler` 클래스의 `setPostLogoutRedirectUri()` 메서드를 사용하면 로그아웃 후 사용자를 어디로 리다이렉션해야 하는지 설정할 수 있다. 직접 URL을 지정해도 되지만 클라우드 환경에서는 호스트 이름, 서비스 이름, 프로토콜(http 대 https)과 같은 변수로 인해 잘 작동하지 않을 수도 있다. 스프링 보안 팀은 이 문제를 알고 있었기 때문에 런타임에 동적으로 URL을 결정할 수 있도록 플레이스홀더에 대한 지원을 추가했다. 따라서 URL 값을 하드코딩하는 대신 `{baseUrl}` 플레이스홀더를 사용할 수 있다. 에지 서비스를 로컬로 실행하면 이 플레이스홀더는 `http://localhost:9000`로 바뀐다. 클라우드에서 TLS 종료와 함께 프록시 뒤에서 에지 서비스를 실행하고 DNS 이름 `polarbookshop.com`으로 액세스한다면 자동으로 `https://polarbookshop.com`으로 대체된다.

---

17 https://openid.net/specs/openid-connect-session-1_0.html
18 https://openid.net/specs/openid-connect-frontchannel-1_0.html
19 https://openid.net/specs/openid-connect-backchannel-1_0.html
20 https://openid.net/specs/openid-connect-rpinitiated-1_0.html

그러나 키클록에서 클라이언트를 설정할 때는 정확한 URL이 필요하다. 로컬 환경의 키클록 컨테이너 내부에서 에지 서비스를 등록할 때 유효한 리다이렉션 URL 목록에 `http://localhost:9000`을 설정한[21] 이유는 이 때문이다. 프로덕션 환경에서는 실제 URL과 일치하는 올바른 리다이렉션 URL 목록을 갖도록 변경해야 한다.

그림 11.6은 방금 설명한 로그아웃 시나리오를 보여준다.

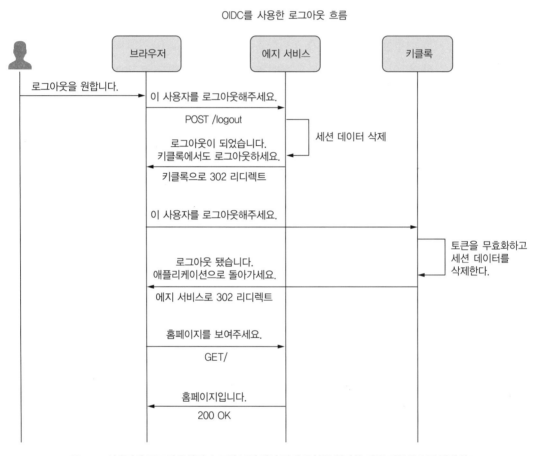

그림 11.6 사용자가 로그아웃하면 스프링 보안에서 먼저 요청을 처리한 다음 키클록으로 전달하고 사용자는 최종적으로 애플리케이션으로 다시 리다이렉션된다.

애플리케이션의 로그아웃 기능은 스프링 보안이 이미 기본적으로 제공하기 때문에 다음과 같이 에지 서비스에 대한 RP-주도 로그아웃만 활성화하고 설정하면 된다.

---

21 옮긴이 452쪽의 11.3.3절을 보라.

1. SecurityConfig 클래스에서 oidcLogoutSuccessHandler() 메서드를 정의한다.

2. setPostLogoutRedirectUri() 메서드를 통해 로그아웃 후 리다이렉트할 URL을 설정한다.

3. SecurityWebFilterChain 빈에 정의한 logout() 설정에서 oidcLogoutSuccessHandler() 메서드를 호출한다.

이렇게 설정하면 SecurityConfig 클래스의 결과는 다음과 같다.

예제 11.11 **RP 주도 로그아웃 및 로그아웃 시 리다이렉션 설정**

```
package com.polarbookshop.edgeservice.config;

import org.springframework.context.annotation.Bean;
import org.springframework.security.config.Customizer;
import org.springframework.security.config.annotation.web.reactive.
↳ EnableWebFluxSecurity;
import org.springframework.security.config.web.server.ServerHttpSecurity;
import org.springframework.security.oauth2.client.oidc.web.server.logout.
↳ OidcClientInitiatedServerLogoutSuccessHandler;
import org.springframework.security.oauth2.client.registration.
↳ ReactiveClientRegistrationRepository;
import org.springframework.security.web.server.SecurityWebFilterChain;
import org.springframework.security.web.server.authentication.logout.
↳ ServerLogoutSuccessHandler;

@EnableWebFluxSecurity
public class SecurityConfig {

  @Bean
  SecurityWebFilterChain springSecurityFilterChain(
    ServerHttpSecurity http,
    ReactiveClientRegistrationRepository clientRegistrationRepository
  ) {
    return http
      .authorizeExchange(exchange ->
        exchange.anyExchange().authenticated())
      .oauth2Login(Customizer.withDefaults())
      .logout(logout -> logout.logoutSuccessHandler(
        oidcLogoutSuccessHandler(clientRegistrationRepository)))
      .build();
  }

  private ServerLogoutSuccessHandler oidcLogoutSuccessHandler(
    ReactiveClientRegistrationRepository clientRegistrationRepository
  ) {
    var oidcLogoutSuccessHandler =
```

로그아웃이 성공적으로 완료되는 경우에 대한 사용자 지정 핸들러를 정의

```
        new OidcClientInitiatedServerLogoutSuccessHandler(
            clientRegistrationRepository);
    oidcLogoutSuccessHandler
        .setPostLogoutRedirectUri("{baseUrl}");  ◄───
    return oidcLogoutSuccessHandler;
    }
}
```

> OIDC 공급자인 키클록에서 로그아웃 후
> 사용자를 스프링에서 동적으로 지정하는
> 애플리케이션의 베이스 URL로 리다이렉션한다
> (로컬에서는 http://localhost:9000이다).

NOTE ReactiveClientRegistrationRepository 빈은 키클록에 등록된 클라이언트에 대한 정보를 저장하기 위해 스프링 부트에 의해 자동으로 설정되며 스프링 보안에서 인증과 권한을 위해 사용한다. 이 예제에서는 클라이언트만 있는데 앞서 application.yml 파일에서 설정한 클라이언트다.

아직 로그아웃 기능을 테스트할 필요는 없는데 폴라 북숍 시스템에 앵귤러 프런트엔드를 도입하면 이유가 분명해질 것이다.

오픈ID 커넥트/OAuth2에 기반한 사용자 인증 기능이 로그아웃 및 확장성 문제까지 고려해 완성되었다. 에지 서비스에서 타임리프Thymeleaf와 같은 템플릿 엔진을 사용해 프런트엔드를 만들었다면 지금까지 수행한 작업으로 충분할 것이다. 하지만 앵귤러와 같은 SPA를 보안 백엔드 애플리케이션과 통합할 때는 고려해야 할 측면이 몇 가지 더 있다. 다음 절에서 살펴본다.

11.5 스프링 보안과 SPA 통합

마이크로서비스 아키텍처와 기타 분산 시스템에서 웹 프런트엔드는 앵귤러, 리액트React, 뷰Vue 같은 프레임워크를 사용해 **단일 페이지 애플리케이션**single page application, SPA으로 구축된다. SPA를 어떻게 구축할지 분석하는 것은 이 책의 범위에 포함되지 않지만, 그러한 프런트엔드 클라이언트를 지원하기 위해서는 어떤 것이 필요한지 살펴보는 것도 중요하다.

지금까지는 폴라 북숍 시스템을 구성하는 서비스와 상호작용하기 위해 터미널 창을 사용해왔다. 이번 절에서는 시스템의 프런트엔드가 될 앵귤러 애플리케이션을 추가한다. NGINX 컨테이너에서 제공되며 에지 서비스에서 제공하는 게이트웨이를 통해 액세스할 수 있다. SPA를 지원하려면 **교차 출처 리소스 공유**Cross-Origin Resource Sharing, CORS와 **사이트 간 요청 위조**Cross-Site Request Forgery, CSRF 문제를 다루기 위해 스프링 보안에서 몇 가지 설정을 추가해야 한다. 이번 절에서는 이와 관련한 작업을 살펴본다.

11.5.1 앵귤러 애플리케이션 실행

폴라 북숍 시스템은 앵귤러 애플리케이션을 프런트엔드로 사용한다. 이 책은 프런트엔드 기술과 패턴에 대한 책이 아니기 때문에 프런트엔드 프레임워크를 사용하기만 한다. 이를 폴라 북숍 시스템에 어떻게 포함시킬지 결정해야 한다.

한 가지 방법은 에지 서비스가 SPA 정적 리소스를 제공하는 것이다. 프런트엔드를 지원하는 스프링 부트 애플리케이션은 일반적으로 src/main/resource 폴더에 소스 코드를 보관한다. 타임리프와 같은 템플릿 엔진을 사용할 때는 이렇게 하는 것이 편리하지만 필자의 경우 앵귤러와 같은 SPA의 경우에는 코드를 별도의 모듈에 보관하는 것을 선호한다. SPA에는 자체 개발, 빌드 및 릴리스 도구가 있으므로 전용 폴더를 사용하면 유지 보수를 더 간결하고 쉽게 할 수 있다. 그런 다음 SPA의 정적 리소스를 빌드 시간에 처리하고 최종 릴리스에 포함하도록 스프링 부트를 설정할 수 있다.

또 다른 방법은 전용 서비스가 앵귤러의 정적 리소스를 처리하도록 하는 것인데 폴라 북숍에 사용할 전략이다. 필자는 이미 NGINX 컨테이너에 앵귤러 애플리케이션을 패키징해놓았다. NGINX (https://nginx.org)는 HTTP 서버 기능을 제공하며 앵귤러 애플리케이션을 구성하는 HTML, CSS 및 JavaScript 파일과 같은 정적 리소스를 제공하는 데 매우 편리하다.

도커에서 폴라 북숍 프런트엔드(`polar-ui`)를 실행해보자. 우선 `polar-deployment` 저장소로 이동한 후에 도커 컴포즈 파일(docker/docker-compose.yml)을 연다. 그런 다음 포트 9004를 통해 `polar-ui`를 실행하기 위한 설정을 추가해보자.

예제 11.12 앵귤러 애플리케이션을 컨테이너로 실행

```
version: "3.8"
services:
  ...

  polar-ui:
    image: "ghcr.io/polarbookshop/polar-ui:v1"   ◀──   앵귤러 애플리케이션을 패키징하기 위해
    container_name: "polar-ui"                          필자가 빌드한 컨테이너 이미지
    ports:
      - 9004:9004   ◀──┤ NGINX가 포트 9004를 통해 SPA를 제공
    environment:
      - PORT=9004   ◀──┤ NGINX의 서버 포트를 설정
```

폴라 북숍 시스템의 다른 애플리케이션과 마찬가지로 외부에서 앵귤러 애플리케이션을 직접 액세스하는 것을 원하지 않는다. 대신 에지 서비스가 제공하는 게이트웨이를 통해 접근하기를 원한다. 스프링 클라우드 게이트웨이에 대한 새로운 경로를 추가함으로써 정적 자원에 대한 요청을 폴라 UI 애플리케이션으로 전달할 수 있다.

에지 서비스 프로젝트(edge-service)의 application.yml 파일을 열고 다음과 같이 새 경로를 설정한다.

예제 11.13 SPA 정적 리소스에 대한 새 게이트웨이 경로 설정

```
spring:
  gateway:
    routes:                          라우트 ID
      - id: spa-route  ◄─────────┘
        uri: ${SPA_URL:http://localhost:9004}  ◄──  URI 값은 환경 변수로부터 오거나
        predicates:  ◄──────                        해당 환경 변수가 없으면
          - Path=/,/*.css,/*.js,/favicon.ico        지정된 기본값을 갖는다.
                                                     술어는 루트 엔드포인트 그리고 SPA의
                                                     정적 리소스와 일치하는 경로들의 목록이다.
```

폴라 UI 애플리케이션에 대한 URI는 환경 변수(SPA_URL)의 값을 사용하며 이 환경 변수가 정의되지 않은 경우 첫 번째 콜론(:) 기호 뒤에 쓰여진 기본값을 사용한다.

NOTE 컨테이너로 에지 서비스를 실행할 때 SPA_URL 환경 변수를 설정해야 한다. 도커에서 컨테이너 이름과 포트를 사용할 수 있고 그 결과 http://polar-ui:9004가 된다.

이제 테스트를 해보자. 먼저 레디스와 키클록, 폴라 UI 컨테이너를 실행한다. 터미널 창을 열고 도커 컴포즈 파일(polar-deployment/docker/docker-compose.yml)이 있는 폴더로 이동하고 다음 명령을 실행해보자.

```
$ docker-compose up -d polar-ui polar-redis polar-keycloak
```

그런 다음 에지 서비스 프로젝트를 다시 빌드하고 애플리케이션을 실행한다(./gradlew bootRun). 마지막으로 비밀 모드로 브라우저에서 http://localhost:9000를 열자.

스프링 보안은 모든 엔드포인트와 리소스를 보호하도록 설정되어 있기 때문에 키클록 로그인 페이지로 자동으로 리다이렉션된다. 이자벨이나 비에른으로 인증하면 에지 서비스 루트 엔드포인트로 다시 리다이렉션되는데 여기에서 앵귤러 프런트엔드가 제공된다.

지금은 할 수 있는 것이 별로 없다. 인증되지 않은 요청을 받으면 스프링 보안에 의해 인증 흐름이 시작되지만 CORS 문제로 인해 AJAX 요청은 작동하지 않는다. 또한 스프링 보안에 의해 활성화된 CSRF 보호로 인해 POST 요청(로그아웃 요청 포함)이 실패한다. 다음 절에서는 스프링 보안 설정을 변경해 이러한 문제를 해결하는 방법을 살펴본다.

계속하기 전에 Ctrl+C로 애플리케이션을 중지하자(하지만 컨테이너는 계속 실행하도록 두기 바란다).

11.5.2 인증 흐름 제어

앞 절에서 에지 서비스의 홈페이지에 액세스하면 사용자 이름과 암호를 입력하도록 키클록으로 자동으로 리다이렉션되는 것을 살펴봤다. 프런트엔드가 (타임리프Thymeleaf와 같은) 서버 렌더링된 페이지로 이루어져 있으면 잘 작동하고 추가 설정도 필요 없기 때문에 편리하다. 아직 인증되지 않았거나 세션이 만료되면 스프링 보안은 자동으로 인증 흐름을 시작하고 브라우저를 키클록으로 리다이렉션한다.

하지만 단일 페이지 애플리케이션은 이와는 약간 다르게 작동한다. 브라우저가 수행하는 표준 HTTP GET 요청을 통해 루트 엔드포인트에 액세스할 때 앵귤러 애플리케이션이 백엔드에 의해 반환된다. 첫 번째 단계가 끝난 후 SPA는 AJAX 요청을 통해 백엔드와 상호작용한다. SPA가 인증되지 않은 AJAX 요청을 인증이 필요한 엔드포인트로 보낼 때 스프링 보안이 HTTP 302 코드로 응답하고 그 결과 키클록으로 리다이렉션하도록 해서는 안 된다. 대신 HTTP `401 Unauthorized`와 같은 오류 상태의 응답을 반환해야 한다.

SPA에서 리다이렉션을 사용하지 않는 주된 이유는 교차 출처 리소스 공유CORS 문제 때문이다. 예를 들어 SPA가 https://client.polarbookshop.com에서 제공되고 AJAX를 통해 https://server.polarbookshop.com으로 백엔드를 호출한다고 가정해보자. 두 개의 URL이 동일한 출처(같은 프로토콜, 도메인, 포트)를 가지고 있지 않기 때문에 이 둘 사이의 통신은 차단된다. 이것은 모든 웹 브라우저가 시행하는 표준적인 동일 출처 정책이다.

CORS는 서버가 SPA와 같은 브라우저 기반 클라이언트에 대해 그 둘의 출처가 다르더라도 AJAX를 통해 HTTP 호출을 허용하는 메커니즘이다. 폴라 북숍은 에지 서비스(같은 출처)에 구현된 게이트웨이를 통해 앵귤러 프런트엔드를 제공한다. 따라서 이 두 구성 요소 사이에는 CORS 문제가 없다. 그러나 스프링 보안이 인증되지 않은 AJAX 호출에 대해 (출처가 다른) 키클록으로 리다이렉션하도록 응답하는 것으로 설정되어 있는 경우 AJAX 요청에서 다른 출처로 리다이렉션할 수 없으므로 해당 요청은 차단된다.

NOTE 스프링 보안의 CORS에 대한 자세한 내용은 로렌티우 스필카의《스프링 시큐리티 인 액션》10장에 자세히 설명되어 있다. CORS에 대한 포괄적인 설명은 몬수르 호사인Monsur Hossain의《CORS in Action》(Manning, 2014)을 참고하기 바란다.

스프링 보안 설정을 변경해 인증되지 않은 요청에 대해 HTTP 401로 응답하면 오류를 처리하고 백엔드를 호출해 인증 흐름을 시작하는 것은 SPA에 달려 있다. 리다이렉션은 AJAX 요청에 대해서만 문제가 된다. 여기서 중요한 점은 백엔드를 호출해 사용자 인증을 시작하는 것은 앵귤러가 보내는 AJAX 요청이 아니라 다음과 같이 브라우저에서 전송하는 표준 HTTP 호출이라는 점이다.

```
login(): void {
  window.open('/oauth2/authorization/keycloak', '_self');
}
```

이 로그인 요청은 앵귤러에서 HttpClient를 통해 보낸 AJAX 요청이 아니라는 점을 강조하고 싶다. 대신 브라우저에 로그인 URL을 호출하도록 지시한다. 스프링 보안은 OAuth2/OIDC를 기반으로 인증 흐름을 시작하는 데 사용할 수 있는 /auth2/authorization/{registrationId} 엔드포인트를 제공한다. 에지 서비스의 클라이언트 등록 식별자는 keycloak이므로 로그인 엔드포인트는 /oauth2/authorization/keycloak이다.

이를 가능하게 하려면 인증이 필요한 리소스에 대해 인증되지 않은 요청이 오면 스프링 보안이 HTTP 401 상태 코드로 응답하도록 AuthenticationEntryPoint를 사용자 정의해야 한다. 스프링 보안은 이미 이 시나리오와 완벽하게 일치하는 HttpStatusServerEntryPoint 클래스를 제공한다. 왜냐하면 사용자 인증이 필요한 경우 반환할 HTTP 상태를 지정할 수 있기 때문이다.

예제 11.14 **사용자 인증이 안 된 경우 401 반환**

```
@EnableWebFluxSecurity
public class SecurityConfig {
  ...

  @Bean
  SecurityWebFilterChain springSecurityFilterChain(
    ServerHttpSecurity http,
    ReactiveClientRegistrationRepository clientRegistrationRepository
  ) {
    return http
```

```
          .authorizeExchange(exchange -> exchange.anyExchange().authenticated())
          .exceptionHandling(exceptionHandling ->
            exceptionHandling.authenticationEntryPoint(          ◄──── 사용자가 인증되지 않았기
              new HttpStatusServerEntryPoint(HttpStatus.UNAUTHORIZED)))   때문에 예외를 발생할 때
          .oauth2Login(Customizer.withDefaults())                         HTTP 401로 응답한다.
          .logout(logout -> logout.logoutSuccessHandler(
            oidcLogoutSuccessHandler(clientRegistrationRepository)))
          .build();
    }
}
```

이 시점에서 앵귤러 애플리케이션은 명시적으로 HTTP 401 응답을 가로채고 인증 흐름을 시작할 수 있다. 그러나 이제는 SPA가 인증 흐름을 시작하는 역할을 하기 때문에 정적 리소스에 대해서는 인증되지 않은 액세스를 허용해야 한다. 또한 카탈로그에서 책을 검색하는 것 역시 인증 없이도 가능하도록 원하기 때문에 /books/** 엔드포인트에 대해서도 GET 요청을 허용해야 한다. 따라서 SecurityConfig 클래스의 SecurityWebFilterChain 빈을 다음과 같이 변경할 수 있다.

예제 11.15 **SPA 및 서적에 대해 인증되지 않은 GET 요청 허용**

```
@EnableWebFluxSecurity
public class SecurityConfig {

  ...

  @Bean
  SecurityWebFilterChain springSecurityFilterChain(
    ServerHttpSecurity http,
    ReactiveClientRegistrationRepository clientRegistrationRepository
  ) {
    return http
      .authorizeExchange(exchange -> exchange
        .pathMatchers("/", "/*.css", "/*.js", "/favicon.ico")       SPA의 정적 리소스에 대한
          .permitAll()  ◄────                                       인증되지 않은 액세스 허용
        .pathMatchers(HttpMethod.GET, "/books/**")
          .permitAll()  ◄────
        .anyExchange().authenticated()          카탈로그의 도서에 대한
      )                                         인증되지 않은 액세스 허용
      .exceptionHandling(exceptionHandling -> exceptionHandling
        .authenticationEntryPoint(
          new HttpStatusServerEntryPoint(HttpStatus.UNAUTHORIZED)))
      .oauth2Login(Customizer.withDefaults())
      .logout(logout -> logout.logoutSuccessHandler(
        oidcLogoutSuccessHandler(clientRegistrationRepository)))
      .build();
    }
}
```
그 외 다른 요청은 사용자 인증이 필요하다.

이제 에지 서비스가 어떻게 작동하는지 테스트해보자. 폴라 UI, 레디스, 키클록 컨테이너가 계속 실행되고 있는지 확인한다. 다음으로 에지 서비스 애플리케이션을 빌드하고 실행한 다음 (`./gradlew bootRun`) 비밀 모드로 브라우저 창에서 http://localhost:9000으로 이동한다. 가장 먼저 알아야 할 것은 로그인 페이지로 리다이렉션되지 않고 즉시 앵귤러 프런트엔드 애플리케이션이 제공된다는 것이다. 오른쪽 상단 메뉴에서 로그인 버튼을 클릭하여 인증 흐름을 시작할 수 있다.

로그인한 후 오른쪽 상단 메뉴에는 현재 사용자가 성공적으로 인증된 경우에만 표시되는 로그아웃 버튼을 볼 수 있을 것이다. 로그아웃하려면 버튼을 클릭한다. 로그아웃 흐름을 시작해야 하지만 CSRF 문제로 인해 작동하지 않는다. 다음 절에서는 이 문제에 대한 해결책을 살펴본다. 일단은 Ctrl+C로 애플리케이션을 중지한다.

11.5.3 사이트 간 요청 위조 방지

프런트엔드와 백엔드 사이의 상호작용은 세션 쿠키를 기반으로 한다. OIDC/OAuth2를 통해 사용자를 성공적으로 인증하면 스프링은 인증된 콘텍스트에 해당하는 세션 식별자를 생성하고 이것을 쿠키를 통해 브라우저에 보낸다. 백엔드에 대한 후속 요청에는 세션 쿠키가 포함되어야 하며, 스프링 보안은 이 세션 쿠키를 사용해 특정 사용자와 관련된 토큰을 검색하고 요청을 확인할 수 있다.

그러나 세션 쿠키는 사이트 간 요청 위조(CSRF) 공격에 취약하기 때문에 이것을 통해 요청을 검증하기에는 충분하지 않다. CSRF는 POST, PUT, DELETE와 같은 무언가 변경modifying하는 HTTP 요청에 영향을 미친다. 공격자는 사용자가 의도하지 않은 요청을 수행하도록 유도할 수 있다. 위조된 요청을 통해 은행 계좌에서 돈을 송금한다든지 중요한 데이터가 손상된다든지 하는 일이 발생할 수 있다.

> **CAUTION** 많은 온라인 자습서 및 가이드는 스프링 보안을 설정할 때 첫 번째 하는 일로 CSRF 보호를 비활성화한다. 이유나 초래할 결과를 알지 못한 채 비활성화 하는 것은 위험하다. 꼭 비활성화할 이유가 없다면 보호 기능을 계속 사용하는 것이 좋다(그렇게 하는 것이 좋은 한 가지 이유를 12장에서 알 수 있다). 일반적인 지침은, 에지 서비스와 같이 브라우저로부터 요청을 받는 애플리케이션은 CSRF 공격에서 보호되어야 한다는 것이다.

다행히도 스프링 보안은 이 공격에 대한 보호 방안을 소위 CSRF 토큰에 기반해 제공한다. 세션이 시작될 때 프레임워크는 CSRF 토큰을 생성하고 이것을 클라이언트에 제공하면서 이후의 모든 상태 변경 요청에 이 토큰을 보낼 것을 요구한다.

앞 절에서 로그아웃을 시도했으나 이 요청은 실패했다. 로그아웃 요청은 /logout 엔드포인트에 대한 POST 요청을 통해 이루어지기 때문에 애플리케이션은 이 요청에 대해 스프링 보안이 생성한 CSRF 토큰이 있을 것으로 기대한다. 생성된 CSRF 토큰은 기본 설정상 HTTP 헤더를 통해 브라우저에 전송된다. 그러나 앵귤러 애플리케이션은 이 작업을 수행할 수 없으며 토큰 값을 쿠키를 통해 받을 것으로 기대한다.[22] 스프링 보안은 이 특정 요구 사항을 지원하지만 기본적으로 활성화되어 있지 않다.

스프링 보안이 ServerHttpSecurity와 CookieServerCsrfTokenRepository 클래스의 csrf() DSL을 통해 쿠키로 CSRF 토큰을 제공하도록 설정할 수 있다. 긴급한 적용을 위해서는 그것만으로 충분할 것이다. 그러나 에지 서비스와 같은 리액티브 애플리케이션의 경우 CsrfToken 값이 실제로 확실하게 제공되도록 하려면 추가적인 단계가 필요하다.

8장에서 리액티브 스트림을 활성화하기 위해서는 활성화 스트림을 구독해야 한다는 것을 배웠다. 현재 CookieServerCsrfTokenRepository는 CsrfToken 구독을 보장하지 않으므로 WebFilter 빈에서 이에 대한 해결 방안을 명시적으로 제공해야 한다. 이 문제는 스프링 보안의 향후 버전에서 해결해야 한다(깃허브의 이슈 5766을 참고하기 바란다(https://mng.bz/XW89). 이제 SecurityConfig 클래스를 다음과 같이 변경해보자.

예제 11.16 SPA에 대한 쿠키 기반 전략을 지원하기 위해 CSRF 설정

```
@EnableWebFluxSecurity
public class SecurityConfig {
    ...

    @Bean
    SecurityWebFilterChain springSecurityFilterChain(
        ServerHttpSecurity http,
        ReactiveClientRegistrationRepository clientRegistrationRepository
    ) {
        return http
            ...
            .csrf(csrf -> csrf.csrfTokenRepository(     ◄── 앵귤러 프런트엔드와
                                                            CSRF 토큰을 교환하기 위해
                                                            쿠키 기반 방식을 사용
```

---

22 [옮긴이] 앵귤러는 CSRF 공격으로부터 보호하기 위해 내부적으로 cookie-to-header 토큰 방식을 사용하는데 이 방법은 HTTP 응답 헤더를 통해 CSRF 토큰을 받지 않고 쿠키를 통해 받은 후 이것을 HTTP 요청 헤더에 넣어서 보낸다.

```
        CookieServerCsrfTokenRepository.withHttpOnlyFalse())))
      .build();
}

@Bean
WebFilter csrfWebFilter() {                          ◄─┐  CsrfToken 리액티브 스트림을 구독하고
  return (exchange, chain) -> {                          │  이 토큰의 값을 올바르게 추출하기 위한
    exchange.getResponse().beforeCommit(() -> Mono.defer(() -> {   목적만을 갖는 필터
      Mono<CsrfToken> csrfToken =
        exchange.getAttribute(CsrfToken.class.getName());
      return csrfToken != null ? csrfToken.then() : Mono.empty();
    }));
    return chain.filter(exchange);
  };
}
}
```

로그아웃 흐름이 작동하는지 확인해보자. 폴라 UI, 레디스, 키클록 컨테이너가 여전히 실행하고 있는지 확인한다. 그런 다음 애플리케이션을 빌드하고 실행한(./gradlew bootRun) 다음 비밀 모드로 브라우저 창에서 http://localhost:9000으로 이동한다. 오른쪽 상단 메뉴에서 로그인 버튼을 클릭하여 인증 흐름을 시작한 다음 로그아웃 버튼을 클릭한다. 로그아웃 요청을 보낼 때 앵귤러는 쿠키의 CSRF 토큰 값을 HTTP 헤더에 추가한다. 스프링 보안은 로그아웃 요청을 수락하고, 웹 세션을 종료한 후에 요청을 키클록으로 전파한 다음 최종적으로 인증되지 않은 홈페이지로 리다이렉션한다.

이 변경으로 인해 CSRF 오류를 응답으로 받지 않고 모든 POST, PUT, DELETE 요청을 수행할 수 있다. 앵귤러 애플리케이션을 자유롭게 살펴보기 바란다. 카탈로그 서비스 및 주문 서비스를 시작하면 카탈로그에 새 책을 추가하거나 수정 또는 주문을 할 수 있다.

이자벨과 비에른은 현재 어떤 작동이라도 수행할 수 있는데 비에른 같은 고객이 도서 카탈로그를 관리하는 것은 우리가 원하는 바가 아니다. 다음 장에서는 권한 부여를 설명하고 각 엔드포인트를 서로 다른 액세스 정책으로 보호하는 방법을 설명한다. 그러나 권한 부여를 처리하기 전에 먼저 이 장에서 구현한 새로운 기능을 확인하기 위한 자동 테스트를 작성해야 한다. 다음 절에서 이에 대해 다룬다.

계속하기 전에 Ctrl+C로 애플리케이션을 중지하고 polar-deployment/docker 폴더에서 docker-compose down 명령을 통해 모든 컨테이너를 중지한다.

11.6 스프링 보안 및 오픈ID 커넥트 테스트

일반적으로 개발자는 자동 테스트 작성의 중요성을 명확히 알고 있다. 그럼에도 불구하고 보안에 관한 한 테스트가 어렵고, 보안의 복잡성 때문에 자동화된 테스트로 코드를 검증하지 못하는 일이 종종 발생한다. 다행히도 스프링 보안은 간단한 방법으로 슬라이스 및 통합 테스트에서 보안을 테스트하는 데 도움이 될 만한 몇 가지 유틸리티를 제공한다.

이번 절에서는 OIDC 인증 및 CSRF 보호를 테스트하기 위해 `WebTestClient`를 스프링 보안에 대해 사용하는 방법을 살펴본다.

11.6.1 OIDC 인증 테스트

8장에서 `@SpringWebFlux` 애너테이션과 `WebTestClient`를 사용해 스프링 웹플럭스가 노출하는 REST 컨트롤러를 테스트했다. 이번 장에서는 새로운 컨트롤러(`UserController`)를 추가했으므로 다양한 보안 설정으로 자동 테스트를 작성해보자.

먼저 에지 서비스 프로젝트를 열고 `UserControllerTests` 클래스를 src/test/java에 새로 만들고 `@WebFluxTest(UserController.class)` 애너테이션으로 표시한 후에 `WebTestClient` 빈을 오토와 이어한다. 여기까지는 8장에서 한 것과 유사한데 이는 웹 레이어에 대한 슬라이스 테스트다. 그러나 다음 예제에 표시된 것처럼 보안 시나리오를 다루기 위해서는 몇 가지 설정이 추가로 필요하다.

예제 11.17 **UserController의 보안 정책을 테스트할 클래스 정의**

```
@WebFluxTest(UserController.class)
@Import(SecurityConfig.class)        ◄─── 애플리케이션의 보안 설정을
class UserControllerTests {               임포트한다.
    @Autowired
    WebTestClient webClient;         클라이언트 등록에 대한 정보를 가져올 때
                                     키클록과의 상호작용을 실제로 하지 않기 위한 모의 빈
    @MockBean  ◄────
    ReactiveClientRegistrationRepository clientRegistrationRepository;
}
```

요청이 인증되지 않은 경우 HTTP 401 응답을 반환하도록 에지 서비스를 설정했기 때문에 먼저 인증하지 않고 /user 엔드포인트를 호출할 때 그 응답을 받는지 확인해야 한다.

```
@Test
void whenNotAuthenticatedThen401() {
  webClient
    .get()
    .uri("/user")
    .exchange()
    .expectStatus().isUnauthorized();
}
```

사용자가 인증되는 시나리오를 테스트하기 위해 SecurityMockServerConfigurers가 제공하는
설정 객체인 mockOidcLogin()을 사용해 OIDC 로그인을 모의로 실행하고 ID 토큰을 만든 후에
WebTestClient에서 요청 콘텍스트를 이에 맞춰 변경할 수 있다.

/user 엔드포인트는 OidcUser 객체를 통해 ID 토큰의 클레임을 읽기 때문에 유저명, 이름, 성으로
ID 토큰을 생성해야 한다(역할은 현재 컨트롤러에 하드 코딩되어 있음). 다음 코드는 이 작업을 수행하
는 방법을 보여준다.

```
@Test
void whenAuthenticatedThenReturnUser() {                          예상되는 인증 사용자
  var expectedUser = new User("jon.snow", "Jon", "Snow",
    List.of("employee", "customer"));  ◄

  webClient
    .mutateWith(configureMockOidcLogin(expectedUser))  ◄         OIDC에 기반해 인증 콘텍스트를 정의하고
    .get()                                                       예상되는 사용자를 사용
    .uri("/user")
    .exchange()                                       현재 인증된 사용자와
    .expectStatus().is2xxSuccessful()                 동일한 정보를 갖는
    .expectBody(User.class)  ◄                        User 객체를 예상
    .value(user -> assertThat(user).isEqualTo(expectedUser));
}

private SecurityMockServerConfigurers.OidcLoginMutator
↪ configureMockOidcLogin(User expectedUser) {
  return SecurityMockServerConfigurers.mockOidcLogin().idToken(
    builder -> {                                           모의 ID 토큰을 생성
      builder.claim(StandardClaimNames.PREFERRED_USERNAME,
        expectedUser.username());
      builder.claim(StandardClaimNames.GIVEN_NAME,
        expectedUser.firstName());
      builder.claim(StandardClaimNames.FAMILY_NAME,
        expectedUser.lastName());
    });
}
```

마지막으로 테스트를 실행해보자.

```
$ ./gradlew test --tests UserControllerTests
```

스프링 보안이 제공하는 테스트 유틸리티는 다양한 시나리오를 다루며 WebTestClient와 잘 통합되어 있다. 다음 절에서는 유사한 방법으로 CSRF 보호를 테스트하는 방법을 살펴본다.

11.6.2 CSRF 테스트

스프링 보안에서 CSRF 보호는 기본적으로 가변 HTTP 요청(POST, PUT, DELETE)에 적용된다. 앞에서 보았듯이 에지 서비스는 /logout 엔드포인트로 POST 요청을 받으면 로그아웃 흐름을 시작하는데 이러한 요청은 유효한 CSRF 토큰을 필요로 한다. 또한 OIDC에서 RP 주도 로그아웃 기능을 설정했으므로 /logout에 대한 POST 요청은 실제로 HTTP 302 응답으로 이어지고 브라우저를 키클록으로 리다이렉션해 사용자를 키클록에서도 로그아웃시킨다.

새로운 SecurityConfigTests 클래스를 만들고 앞 절에서 배운 것과 동일한 방법으로 다음 예제와 같이 보안 지원이 포함된 스프링 웹플럭스 테스트를 준비한다.

예제 11.18 **인증 흐름 테스트를 위한 클래스 정의**

```
@WebFluxTest
@Import(SecurityConfig.class)          ◀── 애플리케이션 보안 설정을
class SecurityConfigTests {                임포트한다.

  @Autowired
  WebTestClient webClient;          클라이언트 등록에 대한 정보를 가져올 때
                                    키클록과 실제로 상호작용하는 것을 생략하기 위한 모의 빈
  @MockBean           ◀──
  ReactiveClientRegistrationRepository clientRegistrationRepository;
}
```

그런 다음 애플리케이션이 올바른 OIDC 로그인 및 CSRF 콘텍스트로 /logout에 HTTP POST 요청을 보내면 HTTP 302 응답을 받는지 확인하기 위한 테스트 케이스를 추가한다.

```
@Test
void whenLogoutAuthenticatedAndWithCsrfTokenThen302() {
  when(clientRegistrationRepository.findByRegistrationId("test"))
    .thenReturn(Mono.just(testClientRegistration()));
```

```
webClient
  .mutateWith(
    SecurityMockServerConfigurers.mockOidcLogin())    ◀── 사용자 인증을 위한
  .mutateWith(SecurityMockServerConfigurers.csrf())         모의 IT 토큰 사용
  .post()                                           ◀── 요청에 CSRF 토큰을 추가
  .uri("/logout")
  .exchange()
  .expectStatus().isFound();                        ◀── 로그아웃을 키클록으로 전파하기 위한
}                                                        302 리다이렉션이 응답이어야 한다.

private ClientRegistration testClientRegistration() {
  return ClientRegistration.withRegistrationId("test")    ◀── 키클록에 연결할 URL을
    .authorizationGrantType(AuthorizationGrantType.AUTHORIZATION_CODE)  얻기 위해 스프링
    .clientId("test")                                      보안이 사용하는
    .authorizationUri("https://sso.polarbookshop.com/auth")  ClientRegistration
    .tokenUri("https://sso.polarbookshop.com/token")       모의 객체
    .redirectUri("https://polarbookshop.com")
    .build();
}
```

마지막으로 테스트를 실행해보자.

```
$ ./gradlew test --tests SecurityConfigTests
```

항상 그렇듯이, 이 책의 소스 코드 저장소에서 더 많은 테스트 사례를 찾아볼 수 있다. 보안에 관해서는 단위 및 통합 테스트가 애플리케이션의 정확성을 확인하기 위해 중요하지만 이것만으로는 충분치 않다. 이러한 테스트는 보안에 대한 기본 설정으로 수행되기 때문에 프로덕션 환경은 다를 수도 있다. 따라서 (3장에서 설명했듯이) 프로덕션 환경과 유사한 환경에서 배포되는 애플리케이션을 테스트하기 위해 배포 파이프라인의 수락 단계에서 보안 중심의 자동 테스트가 필요하다.

> **폴라 실험실**
>
> 사용자가 직접 액세스해야 하는 애플리케이션은 현재까지는 에지 서비스가 유일하다. 그 외 다른 스프링 부트 애플리케이션은 배포된 환경 내에서 서로 상호작용한다.
>
> 동일한 도커 네트워크나 쿠버네티스 클러스터 내에서 서비스 간 상호작용은 컨테이너 이름 또는 서비스 이름을 통해 설정할 수 있다. 예를 들면 에지 서비스는 폴라 UI에 요청을 전달할 때 도커에서는 http://polar-ui:9004 URL을 통해 하고(<container-name>:<container-port>) 쿠버네티스에서는 http://polar-ui URL을 통해 한다(서비스명).

키클록은 다른데, 서비스 간 상호작용뿐만 아니라(현재는 에지 서비스와의 상호작용만 있지만) 웹 브라우저를 사용한 최종 사용자와의 상호작용에도 관여하기 때문이다. 프로덕션 환경에서 키클록은 애플리케이션과 사용자 모두에게 알려진 공개 URL을 통해 액세스하기 때문에 문제가 없다. 하지만 로컬 환경은 어떨까?

로컬에서는 공개 URL을 처리하지 않기 때문에 상황을 다르게 설정해야 한다. 도커에서는 설치할 때 자동으로 설정된 http://host.docker.internal이라는 특수한 URL을 사용해 문제를 해결할 수 있다. 이 URL은 자신의 localhost IP 주소로 바뀌며 도커 네트워크 내부나 외부에서 모두 사용할 수 있다.

쿠버네티스에서는 클러스터 내의 파드가 로컬 호스트에 액세스할 수 있게 해주는 URL이 없다. 즉, 에지 서비스는 서비스 이름(http://polar-keycloak)을 통해 키클록과 상호작용한다. 스프링 보안이 인증을 위해 사용자를 키클록으로 리다이렉션할 때 클러스터 외부에서는 http://polar-keycloak URL을 인식할 수 없으므로 브라우저가 오류를 반환한다. 이를 위해 로컬 DNS 설정을 변경해 polar-keycloak 호스트 이름을 클러스터 IP 주소로 매핑할 수 있다. 그런 다음 요청이 polar-keycloak 호스트 이름으로 리다이렉션될 때 전용 인그레스가 이 요청을 키클록으로 보낼 수 있다.

리눅스나 macOS에서는 /etc/hosts 파일에서 polar-keycloak 호스트 이름을 미니큐브 로컬 IP 주소로 매핑하면 된다. (9장에서 설명한 바와 같이) 리눅스에서 미니큐브의 IP 주소는 minikube ip --profile polar 명령을 실행한 결과로 얻는 주소다. macOS에서는 127.0.0.1일 것이다. 터미널 창을 열고 다음 명령을 실행한다 (<ip-address> 자리에 운영체제에 따라 다른 클러스터 IP 주소를 사용해야 한다).

```
$ echo "<ip-address> polar-keycloak" | sudo tee -a /etc/hosts
```

윈도우에서는 hosts 파일에서 polar-keycloak 호스트 이름을 127.0.0.1로 매핑해야 한다. 관리자 권한으로 파워셸 창을 열고 다음 명령을 실행하면 된다.

```
$ Add-Content C:\Windows\System32\drivers\etc\hosts "127.0.0.1
    polar-keycloak"
```

키클록과 폴라 UI를 포함한 폴라 북숍의 모든 지원 서비스를 배포하기 위한 스크립트가 업데이트되어 있다. 이 책의 소스 코드 저장소[23]의 Chapter11/11-end/polar-deployment/kubernetes/platform/development 폴더에서 이 스크립트를 가져와 자신의 polar-deployment 저장소에 동일한 경로로 복사한다. 여기에는 polar-keycloak 호스트 이름에 대한 요청을 수락하는 키클록 전용 인그레스 설정 또한 포함되어 있다.

이 시점에서 ./create-cluster.sh 스크립트(polar-deployment/kubernetes/platform/development)를 실행하여 미니큐브 클러스터를 시작하고 폴라 북숍의 모든 지원 서비스를 배포할 수 있다. 리눅스를 사용한다면 키클록에 직접 접근할 수 있다. macOS 또는 윈도우를 사용한다면 minikube tunnel --profile polar 명령을 먼저 실행하는 것을 잊지 말자. 이제 브라우저 창을 열고 polar-keycloak/(마지막의 슬래시 포함) URL로 키클록에 접근할 수 있다.

---

23 https://github.com/ThomasVitale/cloud-native-spring-in-action

마지막으로, 폴라 UI 및 키클록 URL을 설정하기 위해 에지 서비스에 대한 배포 스크립트를 변경한 후 쿠버네티스에서 전체 시스템을 실행해보자. 책의 코드 저장소 Chapter11/11-end 폴더에서 최종 결과를 확인할 수 있다.[24]

다음 장에서는 보안에 대한 주제를 확장한다. 에지 서비스에서 다른 서비스 애플리케이션으로 인증 콘텍스트를 전파하는 방법과 권한을 구성하는 방법을 다룬다.

요약

- 접근 제어 시스템은 신원 확인(누구인가?), 인증(본인이 주장하는 바를 증명할 수 있는가?), 권한(무엇을 할 수 있나?)이 필요하다.

- 클라우드 네이티브 애플리케이션에서 인증 및 인증을 구현하기 위한 일반적인 전략은 JWT를 데이터 형식으로, OAuth2를 인증 프레임워크로, 오픈ID 커넥트를 인증 프로토콜로 사용하는 것이다.

- OIDC 인증을 사용할 때 클라이언트 애플리케이션은 인증 절차를 시작하고 실제 인증은 인증 서버에 위임한다. 인증이 이루어지고 나면 인증 서버는 클라이언트에게 ID 토큰을 발급한다.

- ID 토큰에는 사용자 인증에 대한 정보가 들어 있다.

- 키클록은 OAuth2 및 오픈ID 커넥트를 지원하는 아이디 및 액세스 관리 설루션인데 인증 서버로 사용할 수 있다.

- 스프링 보안은 OAuth2 및 오픈ID 커넥트를 기본적으로 지원하는데 이들을 사용해 스프링 부트 애플리케이션을 OAuth2 클라이언트로 전환할 수 있다.

- 스프링 보안에서는 `SecurityWebFilterChain` 빈에서 인증 및 권한을 모두 설정할 수 있다. `oauth2Login()` DSL을 사용하면 OIDC 인증 흐름을 활성화할 수 있다.

- 스프링 보안은 사용자를 로그아웃하기 위한 `/logout` 엔드포인트를 기본 설정으로 제공한다.

- OIDC/OAuth2에서 로그아웃 요청은 (키클록과 같은) 인증 서버에 전파되어 사용자를 인증 서버에서도 로그아웃해야 한다. `OidcClientInitiatedServerLogoutSuccessHandler` 클래스를 통해

---

24 https://github.com/ThomasVitale/cloud-native-spring-in-action

스프링 보안이 지원하는 RP 주도 Logout 흐름을 통해 그렇게 할 수 있다.

- 안전한 스프링 부트 애플리케이션이 SPA의 백엔드인 경우 쿠키를 통해 CSRF 보호를 설정하고 요청이 인증되지 않은 경우 HTTP 401 응답을 반환하는 인증 진입점을 구현해야 한다. 이것은 HTTP 302 응답을 통해 자동으로 인증 서버로 리다이렉션되는 기본 설정과는 다르다.

- 스프링 보안 테스트 의존성은 보안 테스트를 위한 몇 가지 편리한 유틸리티를 제공한다.

- `WebTestClient` 빈은 OIDC 로그인 및 CSRF 보호를 위한 특정 설정을 통해 요청 콘텍스트를 변경할 수 있다.

12
CHAPTER

보안: 권한과 감사

이 장의 주요 내용

- 스프링 클라우드 게이트웨이와 OAuth2를 사용한 권한 부여와 역할
- 스프링 보안, OAuth2를 사용한 API 보호(명령형)
- 스프링 보안 및 OAuth2를 사용한 API 보호(리액티브)
- 스프링 보안 및 스프링 데이터를 사용한 데이터 보호 및 감사

앞 장에서는 클라우드 네이티브 애플리케이션을 위한 접근 제어 시스템을 소개했다. 스프링 보안 및 오픈 ID 커넥트를 사용해 에지 서비스에 인증을 추가하고 사용자 세션 수명주기를 관리하며 CORS 및 CSRF 문제를 해결하는 방법을 살펴봤다.

인증을 키클록에 위임함으로써 에지 서비스는 특정 인증 전략의 영향을 받지 않는다. 키클록이 제공하는 로그인 양식 기능을 사용했지만 깃허브를 사용한 소셜 로그인을 활성화하거나 기존 액티브 디렉터리를 사용해 인증할 수도 있다. 에지 서비스는 인증이 올바르게 이루어졌는지 확인하고 ID 토큰을 통해 사용자에 대한 정보를 얻기 위해 OIDC만 지원하면 된다.

하지만 아직 해결하지 못한 문제들이 몇 가지 있다. 폴라 북숍은 분산 시스템이며 사용자가 키클록으로 성공적으로 인증하면 에지 서비스는 사용자를 위해 카탈로그 서비스 및 주문 서비스와 상호작용해야 한다. 이때 어떻게 인증 콘텍스트를 시스템의 다른 애플리케이션에 안전하게 전달할

수 있을까? 이 장에서는 OAuth2와 액세스 토큰을 사용해 이 문제를 해결하는 방법을 살펴본다.

인증을 처리하면 권한을 처리해야 한다. 현재 폴라 북숍의 고객과 직원은 (하드코드로 지정된 권한 때문에) 시스템의 모든 작업을 수행할 수 있다. 이 장에서는 OAuth2, 스프링 보안 및 스프링 데이터를 통해 처리할 권한 부여 시나리오를 몇 가지 살펴볼 것이다.

역할 기반 접근 제어_{RBAC} 전략을 활용해 사용자가 서점의 고객인지 직원인지에 따라 스프링 부트에서 노출하는 REST 엔드포인트를 보호한다.

- 어떤 사용자가 어떤 변경을 했는지 추적하기 위해 데이터 감사를 설정한다.
- 소유자만 자신의 데이터에 액세스할 수 있도록 보호 규칙을 시행한다.

마지막으로, 스프링 부트, 스프링 보안 및 테스트컨테이너를 이용해 이러한 변경 사항을 테스트하는 방법을 살펴본다.

[NOTE] 이 장의 예제에 대한 소스 코드는 프로젝트의 초기 및 최종 상태를 포함하는 Chapter12/12-begin 및 Chapter12/12-end 폴더에서 찾아볼 수 있다.[1]

12.1 스프링 클라우드 게이트웨이와 OAuth2를 통한 권한과 역할

앞 장에서는 폴라 북숍에 사용자 인증 기능을 추가했다. 에지 서비스는 시스템의 액세스 포인트이므로 보안과 같은 공통 문제를 해결하기에 적합하다. 이 때문에 에지 서비스가 사용자 인증에 대한 책임을 수행하도록 했다. 에지 서비스는 인증 흐름을 시작하지만 실제 인증은 오픈ID 커넥트 프로토콜을 통해 키클록에 위임한다.

사용자가 키클록으로 성공적으로 인증하면 에지 서비스는 키클록에서 인증 이벤트에 대한 정보가 포함된 ID 토큰을 받고 사용자 브라우저와 인증 세션을 시작한다. 동시에 키클록은 OAuth2에 따라 에지 서비스가 사용자를 대신해 다른 애플리케이션에 액세스하도록 권한을 부여하는 **액세스 토큰**_{access token} 도 반행한다

---

1   https://github.com/ThomasVitale/cloud-native-spring-in-action

OAuth2는 어느 한 애플리케이션(**클라이언트**)이 사용자를 대신해 다른 애플리케이션(**리소스 서버**)이 보호하고 제공하는 사용자의 리소스에 제한된 액세스를 할 수 있게 해주는 권한 부여 프레임워크다. 사용자가 에지 서비스로 인증하고 자신의 책 주문 내역을 요청하면 OAuth2에 의해 에지 서비스는 해당 사용자를 대신해 주문 서비스로부터 주문 데이터를 가져올 수 있다. 이러한 과정은 신뢰할 수 있는 대상(**인증 서버**)에 의존하는데, 인증 서버는 에지 서비스에게 액세스 토큰을 발행하고 에지 서비스가 주문 서비스를 통해 사용자의 주문 정보에 액세스할 수 있게 해준다.

앞 장에서 채택한 OIDC 인증 흐름에 관여하는 역할은 어떤 것들이 있는지 확인해보자. 예상할 수 있듯이 OIDC는 OAuth2를 토대로 구축된 아이디 계층이기 때문에 기본적인 개념은 같다.

- **인증 서버**: 사용자 인증 및 액세스 토큰의 발행, 갱신, 취소를 담당하는 개체. 폴라 북숍에서는 키클록이다.
- **사용자**: 자원 소유자라고도 부르는데, 클라이언트 애플리케이션에 대한 인증된 액세스를 얻기 위해 인증 서버에 로그인하는 사람이다. 또한 리소스 서버가 보호하고 제공하는 리소스에 클라이언트가 액세스할 수 있도록 권한을 부여하는 사람 또는 서비스이기도 하다. 폴라 북숍에서는 고객이나 직원이 사용자에 해당한다.
- **클라이언트**: 사용자에게 인증을 요청하고 사용자를 대신해 보호된 리소스에 액세스할 수 있는 권한을 요청하는 애플리케이션이다. 모바일 애플리케이션, 브라우저 기반 애플리케이션, 서버 측 애플리케이션 또는 스마트 TV 애플리케이션일 수 있다. 폴라 북숍에서는 에지 서비스가 여기에 해당한다.
- **리소스 서버**: 클라이언트가 사용자를 대신해 액세스하려는 리소스를 가지고 있는 애플리케이션이다. 폴라 북숍에서는 카탈로그 서비스와 주문 서비스가 리소스 서버에 해당한다. 배송 서비스는 다른 애플리케이션과 분리되어 있으며 사용자를 대신해 액세스할 수 없다. 결과적으로, 배송 서비스는 OAuth2 설정에 포함되지 않는다.

그림 12.1은 이 네 개의 행위자가 폴라 북숍 아키텍처에 어떻게 매핑되는지 보여준다.

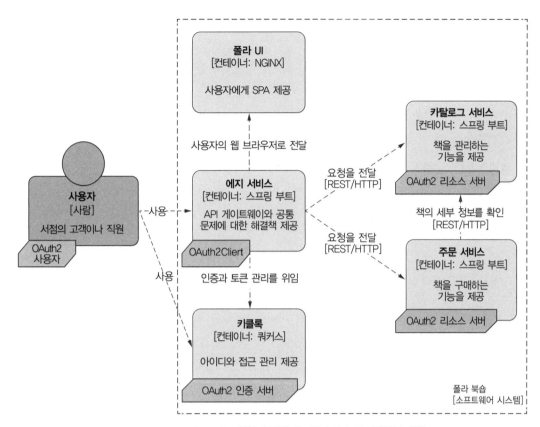

그림 12.1 OIDC/OAuth2 역할에 해당되는 폴라 북숍 아키텍처의 개체

에지 서비스는 OIDC 인증 단계에서 키클록이 제공한 액세스 토큰을 사용해 다른 서비스 애플리케이션에 사용자를 대신해 액세스할 수 있다. 이번 절에서는 액세스 토큰을 사용해 요청을 카탈로그 서비스나 주문 서비스로 전달할 수 있도록 에지 서비스에서 스프링 클라우드 게이트웨이를 설정하는 방법을 살펴볼 것이다.

앞 장에서는 두 명의 사용자를 정의했다. 이자벨은 직원과 고객 역할을 모두 가지고 있고 비에른은 고객 역할을 갖는다. 이번 절에서는 해당 정보를 어떻게 ID 토큰과 액세스 토큰에 포함할지, 그리고 스프링 보안이 어떻게 이 정보를 읽고 역할 기반 접근 제어RBAC 메커니즘을 작동하는지 살펴본다.

NOTE 폴라 북숍에서 OAuth2 클라이언트(에지 서비스)와 OAuth2 리소스 서버(카탈로그 서비스 및 주문 서비스)는 동일한 시스템에 속하지만 OAuth2 클라이언트가 타사 애플리케이션인 경우라도 동일한 프레임워크를 사용할 수 있다. 사실 이런 점이 OAuth2의 원래 목적이었고 인기를 얻게 된 이유이기도 하다. OAuth2를 사용하면 깃허브나 트위터 같은 서비스에 제한된 계정 액세스 권한을 부여받을 수 있다. 예를 들면 사용자는 트위터 크리덴셜을 노출하지 않고도 자신이 사용하는 스케줄링 애플리케이션으로 자신을 대신해 트윗을 게시하도록 허용할 수 있다.

사용자가 키클록으로 성공적으로 인증하면 에지 서비스(OAuth2 클라이언트)는 ID 토큰과 액세스 토큰을 받는다.

- **ID 토큰**: ID 토큰은 인증이 성공적으로 이루어졌음을 나타내며 인증된 사용자에 대한 정보를 가지고 있다.

- **액세스 토큰**: 액세스 토큰은 OAuth2 리소스 서버가 제공하는 보호된 데이터를 OAuth2 클라이언트가 사용자를 대신해 액세스할 수 있는 권한을 의미한다.

에지 서비스에서 스프링 보안은 ID 토큰으로 부터 인증된 사용자에 대한 정보를 추출하고 현재 사용자 세션에 대한 콘텍스트를 설정한 후 `OidcUser` 객체를 통해 사용자에 대한 데이터를 제공한다. 이것은 앞 장에서 살펴본 내용이다.

액세스 토큰을 통해 에지 서비스는 카탈로그 서비스 및 주문 서비스(즉 OAuth2 리소스 서버)에 대한 권한을 사용자를 대신해 받는다. 두 애플리케이션 모두 사용자 인증이 필요하도록 변경하면 에지 서비스는 그 두 서비스에 대한 모든 요청의 `Authorization` HTTP 헤더에 액세스 토큰을 가지고 있어야 한다. ID 토큰과 달리 에지 서비스는 액세스 토큰의 대상이 아니기 때문에 액세스 토큰을 읽지 않는다. 키클록에서 받은 액세스 토큰을 저장한 다음 인증이 필요한 다른 서비스의 엔드포인트 요청에 그대로 포함시킨다.

이 패턴을 **토큰 릴레이**token relay라고 하며 스프링 클라우드 게이트웨이에서 내장 필터로 지원하므로 직접 구현할 필요가 없다. 필터가 활성화되면 다른 서비스로 전송되는 모든 요청에 액세스 토큰이 자동으로 포함된다. 그림 12.2는 토큰 릴레이 패턴이 어떻게 작동하는지 보여준다.

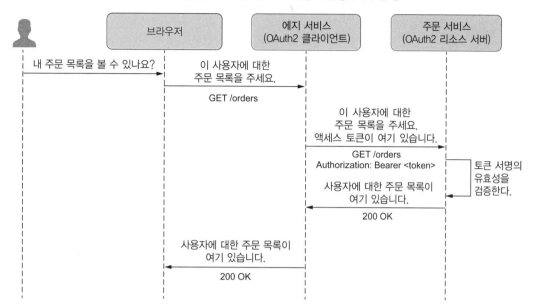

토큰 릴레이: 사용자를 대신해 OAuth2 리소스 서버에 접근
(선결 조건: 사용자는 이미 인증이 된 상태여야 한다)

그림 12.2 **사용자가 인증된 후 에지 서비스는 액세스 토큰을 주문 서비스로 릴레이하면서
사용자를 대신해 보호된 엔드포인트를 호출한다.**

에지 서비스에서 액세스 토큰 릴레이를 설정하는 방법을 살펴보자.

NOTE 액세스 토큰은 키클록에서 설정한 유효 기간을 가지고 있으며 토큰이 유출되어 악용될 수 있는 시간을 줄이려면 유효 기간은 가능한 한 짧아야 한다. 5분이면 허용할 만한 기간이다. 토큰이 만료되면 OAuth2 클라이언트는 **갱신토큰**refresh token(이 토큰 역시 유효 기간이 있음)이라는 세 번째 유형의 토큰을 사용해 인증 서버에 새로운 토큰을 요청할 수 있다. 갱신 메커니즘은 스프링 보안에서 내부적으로 처리되기 때문에 더 이상 설명하지 않겠다.

1 스프링 클라우드 게이트웨이에서 토큰 릴레이 패턴 채택

스프링 클라우드 게이트웨이는 토큰 릴레이 패턴을 필터로 구현한다. 에지 서비스 프로젝트(edge-service)에서 application.yml 파일을 열고 `TokenRelay`를 기본 필터로 추가하기 바란다. 이렇게 하는 이유는 이 필터를 모든 경로에 적용하기를 원하기 때문이다.

예제 12.1 **스프링 클라우드 게이트웨이에서 토큰 릴레이 패턴 활성화**

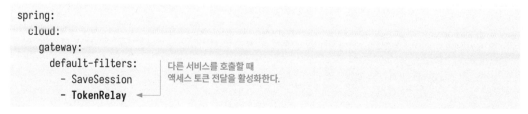

```
spring:
  cloud:
    gateway:
      default-filters:
        - SaveSession
        - TokenRelay
```
다른 서비스를 호출할 때
액세스 토큰 전달을 활성화한다.

필터가 활성화되면 스프링 클라우드 게이트웨이는 카탈로그 서비스 및 주문 서비스에 대한 모든 요청에 대해 Authorization 헤더에 올바른 액세스 토큰을 담아 전달한다. 예를 들면 다음과 같다.

```
GET /orders
Authorization: Bearer <access_token>
```

NOTE JWT인 ID 토큰과 달리 OAuth2 프레임워크는 액세스 토큰에 대한 어떠한 데이터 형식도 규정하지 않는다. 문자열 기반의 어떤 값이라도 가능하다. 그럼에도 불구하고 가장 많이 사용하는 형식이 JWT이므로 이 장에서도 액세스 토큰의 소비자(카탈로그 서비스 및 주문 서비스) 쪽에서 JWT 형식으로 처리할 것이다.

기본 설정상 스프링 보안은 인증된 사용자의 액세스 토큰을 메모리에 저장한다. 하지만 이렇게 하면 에지 서비스가 여러 인스턴스로 실행되는 경우(고가용성을 보장하기 위해 클라우드 프로덕션 환경에서는 항상 이렇게 한다) 애플리케이션이 메모리에 상태를 갖기 때문에 문제가 발생한다. 클라우드 네이티브 애플리케이션은 상태를 갖지 말아야 한다. 이 문제를 해결해보자.

❷ 레디스에 액세스 토큰 저장

스프링 보안은 액세스 토큰을 OAuth2AuthorizedClient 객체에 저장하는데, 이 객체는 다시 Server OAuth2AuthorizedClientRepository 빈을 통해 액세스할 수 있다. 이 리포지터리는 기본 설정상 메모리에 지속성을 구현한다. 에지 서비스가 상태를 갖는 애플리케이션이 되는 이유가 이 때문이다. 어떻게 하면 상태를 갖지 않고 확장성을 유지할 수 있을까?

간단한 방법은 OAuth2AuthorizedClient 객체를 메모리가 아닌 웹 세션에 저장해 ID 토큰과 마찬가지로 스프링 세션에 의해 자동으로 레디스에 저장되게 하는 것이다. 다행히도 스프링 보안은 ServerOAuth2AuthorizedClientRepository 인터페이스의 구현 클래스 중에 웹 세션에 데이터를 저장하는 WebSessionServerOAuth2AuthorizedClientRepository를 제공한다. 그림 12.3은 언급된 모든 객체가 어떻게 서로 관련되어 있는지를 보여준다.

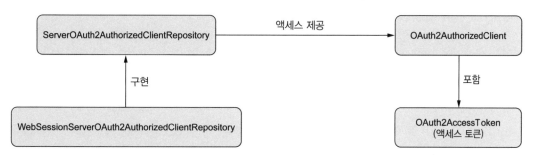

스프링 보안이 웹 세션에 액세스 토큰을 저장하는 방식

그림 12.3 스프링 보안에서 현재 인증된 사용자에 대한 액세스 토큰 저장과 관련된 주요 클래스

에지 서비스 프로젝트에서 SecurityConfig 클래스를 열고 ServerOAuth2AuthorizedClientRepos
itory 유형의 빈을 정의해보자. 이 빈은 웹 세션에 액세스 토큰을 저장하는 구현 클래스 객체다.

예제 12.2 웹 세션에 `OAuth2AuthorizedClient` 객체의 저장

```
@EnableWebFluxSecurity
public class SecurityConfig {

  @Bean ◄──────── 웹 세션에 액세스 토큰을 저장하기 위한
  ServerOAuth2AuthorizedClientRepository authorizedClientRepository() {    리포지터리를 정의한다.
    return new WebSessionServerOAuth2AuthorizedClientRepository();
  }

  ...
}
```

CAUTION JWT로 정의된 액세스 토큰을 처리할 때는 주의가 필요하다. 이 토큰은 **베어러 토큰**bearer token인데, 어떤 애
플리케이션이라도 이 토큰을 HTTP 요청에 사용할 수 있고 따라서 OAuth2 리소스 서버에 액세스할 수 있음을 의미한
다. SPA가 아닌 백엔드에서 OIDC/OAuth2 흐름을 처리하면 토큰이 브라우저에 노출되지 않기 때문에 보안의 관점에
서 더 낫다. 그러나 관리해야 할 다른 위험이 있을 수 있으므로 시스템의 **신뢰 경계**trust boundary를 신중하게 고려해야
한다.

다음 절에서는 사용자 역할에 대한 정보를 전달하기 위해 ID 토큰과 액세스 토큰을 확장하는 방
법을 살펴본다.

12.1.2 토큰 사용자 지정 및 사용자 역할 전파

ID 토큰과 액세스 토큰 모두 사용자에 대한 여러 가지 정보를 가질 수 있으며 JWT에서 클레임 형
식으로 지정된다. 클레임은 간단하게 말하면 JSON 형식의 키-값 쌍이다. 오픈ID 커넥트는 사용자

에 대한 정보를 전달하기 위한 몇 가지 표준적인 클레임을 정의하는데 given_name, family_name, preferred_username, email 등이다.

이러한 클레임에 대한 액세스는 **범위**scope를 통해 제어되는데, 범위는 OAuth2 클라이언트가 액세스할 수 있는 데이터를 제한하기 위해 OAuth2가 사용하는 메커니즘이다. 범위를 '사용자가 아닌 애플리케이션에 할당된 역할'로 생각할 수 있다. 앞 장에서 스프링 보안을 사용해 에지 서비스를 OAuth2 클라이언트로 만들고 범위를 openid로 설정했다. 이 범위는 인증된 사용자의 신원에 대한 접근 권한을 에지 서비스에게 부여한다(사용자의 신원은 sub 클레임을 통해 제공됨).

아마도 깃허브나 구글을 사용해 타사 웹사이트에 로그인한 적이 있을 것이다(OAuth2 기반의 소셜 로그인). 인증이 끝나면 깃허브나 구글 계정의 어떤 정보를 해당 웹사이트가 접근할 수 있는지 물어보던 것을 기억할 것이다. 이러한 동의 기능은 범위를 기반으로 하며, 할당된 범위에 따라 제3자(OAuth2 클라이언트)에게 특정 권한을 부여한다.

에지 서비스에게 어떤 범위를 부여해야 하는지 미리 결정할 수 있다. 이번 절에서는 인증된 사용자에게 할당된 역할의 목록으로 roles 클레임을 설정하는 방법을 살펴본다. 그런 다음 roles라는 범위를 사용해 해당 클레임에 대한 액세스 권한을 에지 서비스에 부여하고 키클록에게 ID 토큰과 액세스 토큰에 인증된 사용자에게 할당된 역할을 포함하도록 지시한다.

계속 진행하기 전에 먼저 키클록 컨테이너를 실행해야 한다. 터미널 창을 열고 도커 컴포즈 파일이 있는 폴더로 이동한 후에 다음 명령을 실행해보자.

```
$ docker-compose up -d polar-keycloak
```

이 책을 처음부터 따라오지 않았다면, 책의 소스 코드 저장소에서 Chapter12/12-begin/polar-deployment/docker/docker-compose.yml을 참고하기 바란다.

> NOTE (앞 장에서 했던 것처럼) 키클록 컨테이너를 시작할 때 지속성 문제를 신경 쓰지 않고 전체 설정을 로드할 수 있는 JSON 파일을 제공할 것이다. 이 방법을 사용하더라도 이번 절을 지나치지 말고 읽기를 바란다. 이번 절은 스프링 보안에 대해 다룰 때 알아야 하는 내용을 다루기 때문이다.

❶ 키클록에서 사용자 역할에 대한 액세스 설정

키클록은 roles 클레임에 포함된 사용자의 역할에 대해 애플리케이션이 액세스할 수 있도록 roles라는 범위가 사전 설정되어 있다. 그러나 기본 설정상 역할 목록에 대한 표현은 객체로 정의해야 하기 때문에 사용이 불편하다. 이것을 변경해보자.

키클록이 실행되면 브라우저 창을 열고 http://localhost:8080으로 이동한 다음 도커 컴포즈 파일에 정의한 것과 동일한 크리덴셜(user/password)을 사용해 관리 콘솔에 로그인하고 PolarBookshop 영역을 선택한다. 그런 다음 왼쪽 메뉴에서 Client Scopes(클라이언트 범위)를 선택한다. 새로 열린 창에서 키클록이 미리 설정해놓은 모든 범위를 볼 수 있으며 새로운 범위를 만들 수 있는 옵션도 있다(그림 12.4). 여기서 기존 roles 범위를 목적에 맞게 변경하는 것이 목표이므로 범위를 클릭하고 설정해보자.

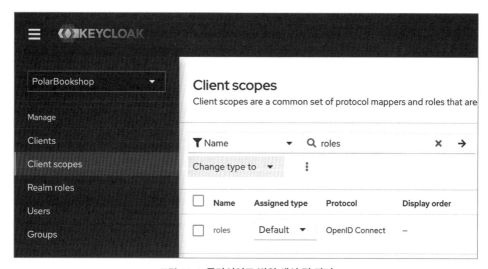

그림 12.4 클라이언트 범위 생성 및 관리

roles 범위 페이지에서 Mappers(매퍼) 탭을 연다. 여기에서 해당 범위를 통해 액세스를 제공할 클레임의 집합을 정의할 수 있다(즉, **매핑**mapping). 기본적으로 키클록은 클레임을 roles 범위에 매핑하기 위해 이미 정의해놓은 매퍼가 여러 개 있다. 우리는 **영역 역할**realm role 매퍼를 수정해야 하는데 이 매퍼가 사용자의 영역 역할(employee와 customer 포함)을 JWT의 클레임에 매핑하기 때문이다. 이 매퍼를 선택한다.

영역 역할 매퍼의 설정 페이지는 사용자 지정을 위한 몇 가지 옵션을 제공한다. 우리는 두 가지를 변경하고자 한다.

- 토큰 클레임 이름은 realm_access.role이 아니라 roles여야 한다(따라서 객체는 중첩되지 않는다).

- `roles` 클레임은 ID 토큰과 액세스 토큰에 모두 포함되어야 하므로 'Add to ID token(ID 토큰에 추가)'와 'Add to access token(액세스 토큰에 추가)' 두 옵션 모두 활성화되어야 한다. 에지 서비스는 ID Token에서 클레임을 읽어야 하고 카탈로그 서비스와 주문 서비스는 액세스 토큰에서 클레임을 읽기 때문에 둘 다 필요하다. 에지 서비스는 다른 서비스 애플리케이션으로 전달되는 액세스 토큰의 대상이 아니다.

그림 12.5는 최종 설정을 보여준다. 완료되면 저장 버튼을 클릭한다.

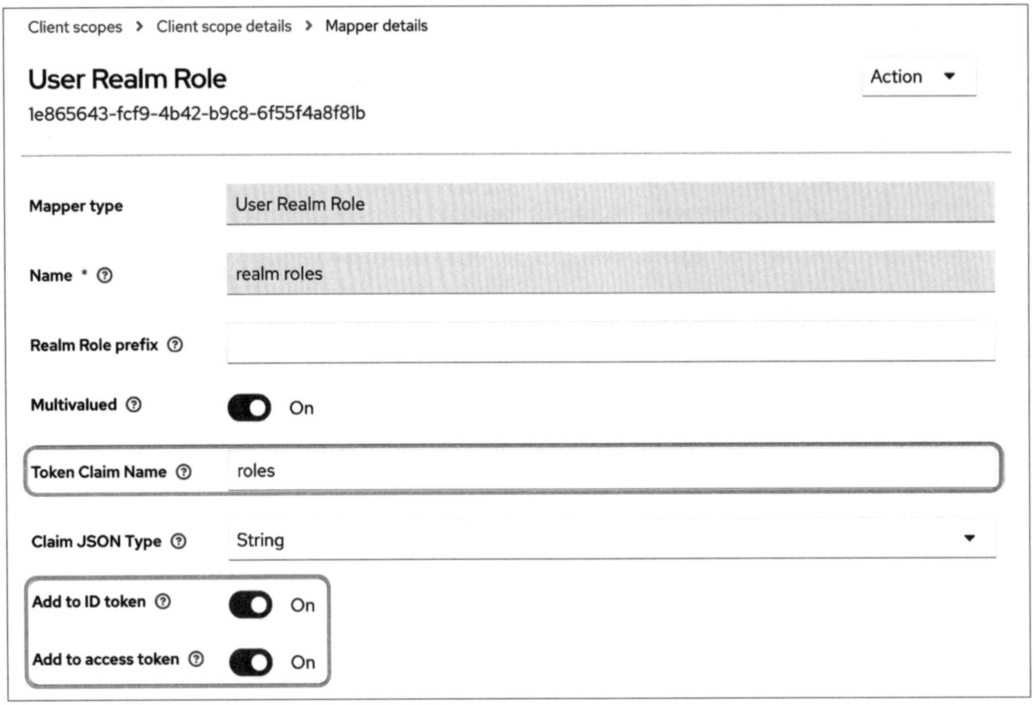

Client scopes > Client scope details > Mapper details

User Realm Role
1e865643-fcf9-4b42-b9c8-6f55f4a8f81b

Action ▼

Mapper type	User Realm Role
Name * ⑦	realm roles
Realm Role prefix ⑦	
Multivalued ⑦	🔘 On
Token Claim Name ⑦	roles
Claim JSON Type ⑦	String ▼
Add to ID token ⑦	🔘 On
Add to access token ⑦	🔘 On

그림 12.5 **사용자 영역 역할을 JWT 클레임인 roles을 통해 제공하기 위한 매퍼 구성**

NOTE 책의 소스 코드 저장소에는 향후 키클록 컨테이너를 시작할 때 전체 구성을 로드하는 데 사용할 수 있는 JSON 파일이 포함되어 있으며, 여기에는 역할에 대한 최신 변경 사항이 포함되어 있다(Chapter12/12-end/polar-deployment/docker/keycloak/full-realm-config.json). 이 새로운 JSON 파일을 사용하려면 도커 컴포즈에서 polar-keycloak 컨테이너 정의를 업데이트하는 것이 좋다.

다음 절로 넘어가기 전에 실행 중인 컨테이너를 중지한다(docker-compose down).

② 스프링 보안에서 사용자 역할에 대한 액세스 설정

이제 키클록은 ID 토큰과 액세스 토큰의 `roles` 클레임을 통해 인증된 사용자의 역할을 제공하도록 설정됐다. 그러나 `roles` 클레임은 OAuth2 클라이언트(에지 서비스)가 `roles` 범위를 요청할 때만 반환된다.

에지 서비스 프로젝트에서 application.yml 파일을 열고 클라이언트 등록 설정에서 roles 범위를 포함하도록 업데이트해보자.

예제 12.3 에지 서비스에 `roles` 범위 할당

```
spring:
  security:
    oauth2:
      client:
        registration:
          keycloak:
            client-id: edge-service
            client-secret: polar-keycloak-secret
            scope: openid,roles   ◀        범위의 목록에 'roles'를 추가함으로써
        provider:                           에지 서비스는 사용자의 역할에 대한
          keycloak:                         정보를 제공받는다.
            issuer-uri: http://localhost:8080/realms/PolarBookshop
```

다음은 ID 토큰에서 현재 인증된 사용자의 역할을 추출하는 방법을 살펴보자.

③ ID 토큰에서 사용자 역할 추출

앞 장에서는 에지 서비스 프로젝트의 `UserController` 클래스에서 사용자 역할 목록을 하드 코딩했는데, ID 토큰이 가지고 있지 않았기 때문이었다. 이제는 ID 토큰이 역할 정보를 가지고 있으므로 `OidcUser` 클래스에서 현재 인증된 사용자의 역할을 가져오도록 리팩터링해보자. `OidcUser` 클래스는 새로운 `roles` 클레임을 포함해 ID 토큰의 모든 클레임에 액세스할 수 있다

예제 12.4 `OidcUser`를 통해 ID 토큰에서 사용자 역할 목록 추출

```
@RestController
public class UserController {

  @GetMapping("user")
  public Mono<User> getUser(@AuthenticationPrincipal OidcUser oidcUser) {
    var user = new User(
      oidcUser.getPreferredUsername(),
```

```
    oidcUser.getGivenName(),
    oidcUser.getFamilyName(),
    oidcUser.getClaimAsStringList("roles")   ◀── 'roles' 클레임을 추출해
  );                                               문자열의 리스트로 가져온다.
  return Mono.just(user);
  }
}
```

마지막으로, UserControllerTests에서 모의 ID 토큰이 roles 클레임을 포함하도록 테스트 설정
을 업데이트한다.

예제 12.5 **모의 ID 토큰에 roles 목록 추가**

```
@WebFluxTest(UserController.class)
@Import(SecurityConfig.class)
class UserControllerTests {

  ...

  private SecurityMockServerConfigurers.OidcLoginMutator
    configureMockOidcLogin(User expectedUser)
  {
    return mockOidcLogin().idToken(builder -> {
      builder.claim(StandardClaimNames.PREFERRED_USERNAME,
        expectedUser.username());
      builder.claim(StandardClaimNames.GIVEN_NAME,
        expectedUser.firstName());
      builder.claim(StandardClaimNames.FAMILY_NAME,
        expectedUser.lastName());
      builder.claim("roles", expectedUser.roles());   ◀── 모의 ID 토큰에
    });                                                     'roles' 클레임을 추가한다.
  }
}
```

다음 명령을 실행하여 변경사항이 올바른지 확인해본다.

```
$ ./gradlew test --tests UserControllerTests
```

NOTE 키클록에서 설정한 roles 클레임은 우리가 정의한 역할(employee와 customer)과 함께 키클록 자체에서 할당
하고 관리하는 추가적인 역할도 갖는다.

지금까지 토큰에 사용자 역할을 포함하도록 키클록을 설정하고 에지 서비스를 업데이트하여 액세

스 토큰을 다른 서비스 애플리케이션으로 릴레이했다. 이제 스프링 보안 및 OAuth2를 사용해 카탈로그 서비스 및 주문 서비스에 대한 보안을 적용할 준비가 됐다.

12.2 스프링 보안 및 OAuth2를 통한 API 보호(명령형)

사용자가 폴라 북숍 애플리케이션에 액세스하면 에지 서비스는 키클록을 통해 OpenID Connect 인증 흐름을 시작하고 궁극적으로 해당 사용자를 대신해 다른 서비스에 액세스할 수 있는 액세스 토큰을 받는다.

이번 절과 다음 절에서는 어떻게 액세스 토큰을 사용해 카탈로그 서비스 및 주문 서비스를 보호할 수 있는지 살펴본다. 카탈로그 서비스와 주문 서비스는 권한 부여 프레임워크인 OAuth2에서 리소스 서버 역할을 수행한다. 즉 사용자의 데이터를 가지고 있는 애플리케이션이고, 이 데이터는 제3자(여기서는 에지 서비스)를 통해 접근된다.

OAuth2 리소스 서버는 사용자 인증을 처리하지 않는다. 각 HTTP 요청은 Authorization 헤더에 액세스 토큰을 가지고 있다. 이 액세스 토큰의 서명을 확인하고 토큰의 내용에 따라 요청을 승인한다. 에지 서비스에서 요청을 다른 서비스로 전달할 때 액세스 토큰을 보내도록 이미 설정을 했다. 이제 이 액세스 토큰을 받아서 어떻게 처리하는지 살펴보자. 이번 절에서는 리액티브가 아닌 명령형 스프링 스택으로 구축한 카탈로그 서비스를 어떻게 보호할 수 있을지 살펴보고 다음 절에서는 리액티브 스프링 스택으로 구축한 주문 서비스에 대해 살펴본다.

12.2.1 스프링 부트 OAuth2 리소스 서버 보호

OAuth2를 활용해 스프링 부트 애플리케이션을 보호하기 위한 첫 번째 단계는 스프링 보안 및 OAuth2 리소스 서버 지원을 포함하는 스프링 부트 스타터 의존성을 추가하는 것이다.

카탈로그 서비스 프로젝트(catalog-service)에서 build.gradle 파일을 열고 의존성을 새로 추가해보자. 추가한 후 의존성을 새로고침하거나 다시 임포트한다.

예제 12.6 스프링 보안 OAuth2 리소스 서버 의존성 추가

```
dependencies {
  ...
  implementation 'org.springframework.boot:spring-boot-starter-oauth2-resource-server'
}
```

다음으로 스프링 보안과 키클록의 통합 설정을 해보자.

1️⃣ 스프링 보안과 키클록의 통합 설정

스프링 보안은 엔드포인트를 보호하기 위해 JWT와 불투명opaque[2] 토큰이라는 두 가지 유형의 액세스 토큰을 사용한다. 우리는 ID 토큰에 대해 했던 것과 비슷하게 JWT 형식의 액세스 토큰을 사용할 것이다. 키클록은 액세스 토큰을 통해 에지 서비스가 사용자를 대신해 다른 서비스에 액세스할 수 있게 해준다. 액세스 토큰이 JWT인 경우 인증된 사용자에 대한 정보는 클레임으로 가지고 있고 카탈로그 서비스 및 주문 서비스에 쉽게 전달해줄 수 있다. 반면에, 불투명 토큰을 사용하면 토큰과 관련된 정보를 위해 매번 키클록에 연결해야 한다.

OAuth2 리소스 서버에서 키클록을 통합하기 위한 스프링 보안 설정은 OAuth2 클라이언트보다 간단하다. JWT를 사용하면 애플리케이션은 토큰의 서명을 확인하는 데 필요한 공개 키를 가져오기 위해 키클록에 연결한다. 에지 서비스에서 수행한 것과 유사하게 `issuer-uri` 속성을 지정하면 공개 키를 가져올 수 있는 키클록 엔드포인트를 애플리케이션이 자동으로 검색할 수 있다.

애플리케이션은 애플리케이션의 시작 시간에 공개 키를 가져오는 것이 아니라 첫 번째 HTTP 요청을 받고 나서야 가져오도록 기본 설정되어 있는데 이렇게 하는 이유는 성능과 커플링 때문이다. 애플리케이션이 시작할 때 키클록이 실행 중일 필요는 없다. OAuth2 인증 서버는 **JSON 웹 키**JSON Web Key, JWK 형식으로 공개 키를 제공한다. 공개 키를 모아놓은 것을 **JWK 세트**JWK set라고 부르며 키클록이 공개 키를 노출하는 엔드포인트를 **JWK 세트 URI**JWK set URI라고 한다. 스프링 보안은 키클록이 새로운 키를 생성할 때마다 공개 키를 자동으로 번갈아가면서 사용한다.

수신한 요청의 `Authorization` 헤더에 액세스 토큰이 포함돼 있으면 스프링 보안은 키클록이 제공하는 공개 키를 사용해 토큰의 서명을 자동으로 확인하고 `JwtDecoder` 객체를 사용해 클레임을 찾아낸다. 이 객체는 내부적으로 오토와이어링된다.

카탈로그 서비스 프로젝트(catalog-service)의 application.yml 파일을 열고 다음과 같은 설정을 추가해보자.

---

2 옮긴이 불투명(opaque) 토큰이란 인증 서버가 임의로 형식을 정의한 토큰을 의미한다.

예제 12.7 **카탈로그 서비스를 OAuth2 리소스 서버로 설정**

```
spring:
  security:
    oauth2:
      resourceserver:
        jwt: ◄────────── OAuth2는 액세스 토큰에 대한 데이터 형식을 강제로
                         규정하지 않기 때문에 어떤 형식을 사용할지
                         명시적으로 지정해야 한다. 이 경우 JWT를 사용한다.
          issuer-uri: ◄──────────── 특정 영역에 대한 모든 관련 OAuth2 엔드포인트에 대한
 ↳http://localhost:8080/realms/PolarBookshop ◄──  정보를 제공하는 키클록 URL
```

NOTE 액세스 토큰의 서명에 사용하는 암호화 알고리즘에 대한 설명은 이 책의 범위 밖이다. 암호화에 대해 더 자세히 알고 싶다면 데이비드 웡David Wong의 《리얼월드 암호학》(제이펍, 2023)을 참고하기 바란다.

카탈로그 서비스와 키클록 간의 통합이 이제 다 이루어졌다. 다음으로 애플리케이션 엔드포인트를 보호하기 위한 몇 가지 기본 보안 정책을 정의해야 한다.

❷ JWT 인증에 대한 보안 정책 정의

카탈로그 서비스 애플리케이션의 경우 다음과 같은 보안 정책을 시행하려고 한다.

- 책을 가져오기 위한 GET 요청은 인증 없이 허용되어야 한다.
- 그 외의 모든 요청은 인증이 필요하다.
- 애플리케이션은 OAuth2 리소스 서버로 설정되어야 하며 JWT 인증을 사용해야 한다.
- JWT 인증을 처리하기 위한 흐름은 상태를 갖지 않아야 한다.

위의 네 가지 정책 중 마지막 정책은 좀 더 자세한 설명이 필요하다. 에지 서비스는 사용자 인증 흐름을 시작하고 웹 세션을 활용해 ID 토큰 및 액세스 토큰과 같은 데이터를 저장한다. 그렇게 하지 않으면 각 HTTP 요청이 끝날 때 이 데이터는 소실되고 사용자는 매번 요청할 때마다 인증 단계를 거쳐야 한다. 애플리케이션의 확장성을 위해 스프링 세션을 사용해 레디스가 웹 세션 데이터를 저장하고 애플리케이션이 상태를 갖지 않도록 했다.

에지 서비스와 달리 카탈로그 서비스는 요청을 인증하기 위해 액세스 토큰만 있으면 된다. 보호되는 엔드포인트에 대한 HTTP 요청은 토큰을 항상 가지고 있기 때문에 카탈로그 서비스는 각 요청 사이에 데이터를 저장할 필요가 없다. 우리는 이 전략을 **무상태 인증**stateless authentication 또는 **토큰 기반 인증**token-based authentication이라고 부른다. JWT를 액세스 토큰으로 사용하기 때문에 **JWT 인증**JWT authentication이라고도 할 수 있다.

이제 코드를 살펴보자. 카탈로그 서비스 프로젝트의 com.polarbookshop.catalogservice.config 패키지에 SecurityConfig 클래스를 새로 만든다. 에지 서비스와 마찬가지로 HttpSecurity가 제공하는 DSL을 사용해 필요한 보안 정책을 설정하는 SecurityFilterChain을 생성할 수 있다.

예제 12.8 보안 정책 및 JWT 인증 설정

```
@EnableWebSecurity ◄─────────────      스프링 보안에 대해
public class SecurityConfig {            스프링 MVC 지원을 활성화한다.

  @Bean
  SecurityFilterChain filterChain(HttpSecurity http) throws Exception {
    return http
      .authorizeHttpRequests(authorize -> authorize
        .mvcMatchers(HttpMethod.GET, "/", "/books/**")
          .permitAll() ◄─────────────          인증하지 않고도
        .anyRequest().authenticated() ◄──       인사말과 책의 정보를 제공하도록
      )                                          허용한다.
                               그 외 다른 요청은
                               인증이 필요하다.
      .oauth2ResourceServer(
      OAuth2ResourceServerConfigurer::jwt ◄──    JWT에 기반한 기본 설정을 사용해
      )                                          OAuth2 리소스 서버 지원을
                                                 활성화한다(JWT 인증).
      .sessionManagement(sessionManagement -> ◄──
        sessionManagement                        각 요청은 액세스 토큰을
          .sessionCreationPolicy(SessionCreationPolicy.STATELESS))  가지고 있어야 하는데,
      .csrf(AbstractHttpConfigurer::disable) ◄──  그래야만 사용자는
      .build();                                   요청 간 사용자 세션을
    }                       인증 전략이 상태를 갖지 않고  계속 유지할 수 있다.
}                           브라우저 기반 클라이언트가   상태를 갖지 않기를 원한다.
                            관여되지 않기 때문에
                            CSRF 보호는
                            비활성화해도 된다.
```

보안 설정이 작동하는지 확인해보자. 먼저 폴라 UI, 키클록, 레디스, PostgreSQL 컨테이너를 시작해야 한다. 터미널 창을 열고 도커 컴포즈가 있는 폴더(polar-deployment/docker)로 이동해 다음 명령을 실행한다.

```
$ docker-compose up -d polar-ui polar-keycloak polar-redis polar-postgres
```

그런 다음 에지 서비스와 카탈로그 서비스를 실행하기 바란다(각 프로젝트에서 ./gradlew bootRun). 마지막으로 브라우저에서 http://localhost:9000으로 이동한다.

인증이 되지 않은 경우, 카탈로그에서 책 목록을 볼 수 있지만 추가, 변경, 삭제는 할 수 없어야 한다. 그런 다음 이자벨(isabelle/password)로 로그인한다. 이자벨은 서점 직원이므로 카탈로그에 있는 책을 수정할 수 있어야 한다. 그리고 다시 비에른(bjorn/password)으로 로그인한다. 비에른

사용자는 고객이기 때문에 카탈로그에 있는 어떤 것도 변경할 수 없어야 한다.

내부적으로 앵귤러 애플리케이션은 에지 서비스의 /user 엔드포인트에서 사용자 역할을 가져와서 이를 사용해 일부 기능을 차단한다. 사용자 경험을 향상시키지만 안전하지는 않다. 카탈로그 서비스에 노출된 실제 엔드포인트는 사용자의 역할을 고려하지 않고 있다. 역할에 기반해 권한 부여를 시행해야 하는데 이것이 다음 절의 주제다.

12.2.2 스프링 보안 및 JWT를 통한 역할 기반 접근 제어

권한 부여에 대해 언급할 때 지금까지는 사용자를 대신하여 OAuth2 클라이언트(에지 서비스)에게 OAuth2 리소스 서버(카탈로그 서비스와 같은)에 대한 액세스 권한을 부여하는 것을 의미했다. 이제 애플리케이션 권한에서 사용자 권한으로 옮겨가보자. 인증된 사용자에게 시스템의 어떤 작업을 허용하는가?

스프링 보안은 사용자에게 부여된 권한을 모델링하기 위해 인증된 사용자에게 `GrantedAuthority` 객체 목록을 연결한다. 부여된 권한은 세분화된 승인, 역할 심지어 범위를 나타내기 위해 사용할 수 있고 인증 전략에 따라 출처가 다를 수 있다. 권한 정부는 인증된 사용자를 나타내는 `Authentication` 객체를 통해 얻을 수 있는데 이 객체는 `SecurityContext`에 저장된다.

카탈로그 서비스는 OAuth2 리소스 서버로 설정되고 JWT 인증을 사용하기 때문에 스프링 보안은 액세스 토큰의 scopes 클레임에서 범위 목록을 추출해 이것을 해당 사용자에게 부여된 권한으로 사용한다. 이런 방식으로 생성된 `GrantedAuthority` 객체는 SCOPE_라는 접두사와 범위 값으로 명명된다.

권한을 모델링하기 위해 범위를 사용하는 경우에는 이런 기본 설정 작동이 괜찮지만 각 사용자가 어떤 권한을 가지고 있는지 알기 위해 사용자 역할에 의존하는 우리의 경우에는 적합하지 않다. 우리는 액세스 토큰의 roles 클레임을 통해 제공된 사용자 역할을 활용하는 역할 기반 접근 제어 RBAC 전략을 설정하려고 한다(그림 12.6 참고). 이번 절에서는 사용자 지정 액세스 토큰 변환기를 정의하고 이것을 사용해 roles 클레임에서 ROLE_로 시작하는 이름을 갖는 `GrantedAuthority` 객체를 만드는 방법을 살펴본다. 그런 다음 이러한 권한을 사용해 카탈로그 서비스의 엔드포인트에 대한 권한 규칙을 정의한다.

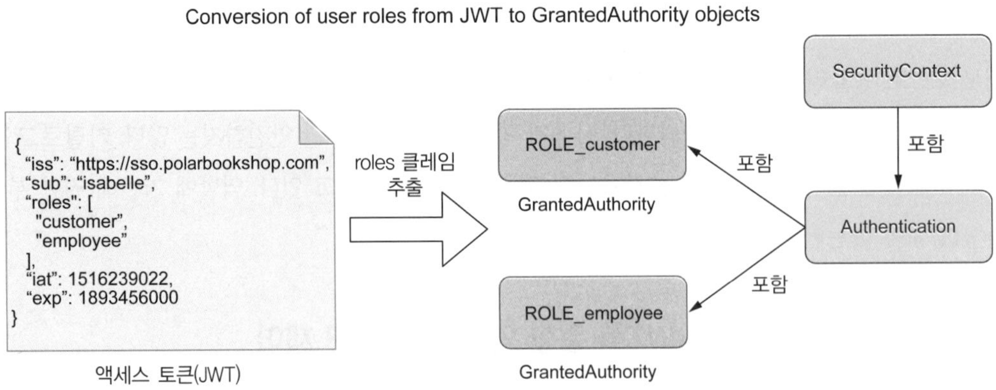

Conversion of user roles from JWT to GrantedAuthority objects

그림 12.6 액세스 토큰(JWT)에 나열된 사용자 역할이 RBAC의 스프링 보안에서 사용하는
GrantedAuthority 객체로 변환되는 과정

> **NOTE** SCOPE_ 또는 ROLE_ 접두사를 사용하는 이유가 궁금할 것이다. 주어진 권한은 다른 항목(역할, 범위, 승인)을 나타내는 데 사용될 수 있기 때문에 스프링 보안은 접두사를 통해 이들을 그룹화한다. 폴라 북숍에서는 이러한 기본적인 명명 규칙을 사용하지만, 다른 접두사를 사용하거나 접두사를 아예 사용하지 않을 수도 있다. 자세한 내용은 스프링 보안 문서(https://spring.io/projects/spring-security)를 참고하면 된다.

1 액세스 토큰에서 사용자 역할 추출

스프링 보안은 JWT에서 정보를 추출할 때 사용자 지정 전략을 정의하는 경우에 사용할 수 있도록 JwtAuthenticationConverter 클래스를 제공한다. 우리의 경우 JWT를 액세스 토큰으로 사용하고 있고 roles 클레임에서 GrantedAuthority 객체를 생성하도록 설정하려고 한다. 카탈로그 서비스 프로젝트(catalog-service)에서 SecurityConfig 클래스를 열고 JwtAuthenticationConverter 빈을 새로 정의해보자.

예제 12.9 **JWT 역할과 부여된 권한의 매핑**

```
@EnableWebSecurity
public class SecurityConfig {
  ...

  @Bean
  public JwtAuthenticationConverter jwtAuthenticationConverter() {
    var jwtGrantedAuthoritiesConverter =
      new JwtGrantedAuthoritiesConverter();      ◀── 클레임을 GrantedAuthority 객체로
                                                     매핑하기 위한 변환기
    jwtGrantedAuthoritiesConverter
      .setAuthorityPrefix("ROLE_");              ◀── 각각의 사용자 역할에
                                                     'ROLE_' 접두어를 붙인다.
    jwtGrantedAuthoritiesConverter
      .setAuthoritiesClaimName("roles");         ◀── roles 클레임에서
                                                     역할을 추출한다.
```

```
    var jwtAuthenticationConverter =
      new JwtAuthenticationConverter(); ◄─────      JWT를 변환할 방법을 정의한다.
    jwtAuthenticationConverter                       부여된 권한을 만드는 방법만
      .setJwtGrantedAuthoritiesConverter(jwtGrantedAuthoritiesConverter);  사용자 지정한다.
    return jwtAuthenticationConverter;
  }
}
```

스프링 보안이 이 빈을 사용해 인증된 사용자와 GrantedAuthority 객체 목록을 연결하면 우리는 이 목록을 사용해 권한 부여 정책을 정의할 수 있다.

2️⃣ 사용자 역할에 따른 권한 부여 정책 정의

카탈로그 서비스의 엔드포인트는 다음과 같은 정책을 따라 보호되어야 한다.

- /, /books, /books/{isbn} 엔드포인트로 전송되는 모든 GET 요청은 인증이 없어도 허용되어야 한다.

- 그 외 모든 요청은 인증이 필요하고 인증된 사용자는 employee 역할을 가지고 있어야 한다.

스프링 보안은 권한 정책을 정의하기 위해 표현식 기반 DSL을 제공한다. 가장 일반적인 형태는 hasAuthority("ROLE_employee")이며 어떤 유형의 권한이라도 확인할 수 있다. 우리의 경우 역할을 사용하기 때문에 이를 가장 잘 표현하는 hasRole("employee")를 사용하고 이때 접두사는 붙이지 않아도 된다(내부적으로 스프링 보안이 ROLE_접두사를 붙여서 처리한다).

예제 12.10 **employee 역할 사용자에게만 쓰기 액세스를 허용하기 위한 RBAC 적용**

```
@EnableWebSecurity
public class SecurityConfig {

  @Bean
  SecurityFilterChain filterChain(HttpSecurity http) throws Exception {
    return http
      .authorizeHttpRequests(authorize -> authorize       사용자가 인증 없이도 인사말과 책 정보를
       .mvcMatchers(HttpMethod.GET, "/", "/books/**")      가져올 수 있도록 허용한다.
         .permitAll() ◄
         .anyRequest().hasRole("employee") ◄───  그 외 다른 모든 요청은 인증이 필요할 뿐만 아니라 employee
      )                                           역할로 가지고 있어야 한다(ROLE_employee 권한과 동일).
      .oauth2ResourceServer(OAuth2ResourceServerConfigurer::jwt)
      .sessionManagement(sessionManagement -> sessionManagement
      .sessionCreationPolicy(SessionCreationPolicy.STATELESS))
      .csrf(AbstractHttpConfigurer::disable)
```

```
        .build();
    }
    ...
}
```

이제 카탈로그 서비스를 다시 빌드하고 실행해 이전과 동일한 흐름을 처리할 수 있다(./gradlew bootRun). 이제 카탈로그 서비스는 employee 역할을 부여받은 서점 직원만 책을 추가, 변경 및 삭제할 수 있다.

확인 후에는 실행 중인 애플리케이션(Ctrl+C)과 컨테이너(docker-compose down)를 중지한다.

NOTE 스프링 보안의 권한 부여 아키텍처 및 액세스 제어에 사용할 수 있는 다양한 전략에 대해 자세히 알아보려면 로렌티우 스필카의 《스프링 시큐리티 인 액션》 7~8장을 참고하기 바란다.

다음으로 OAuth2 리소스 서버로 설정된 명령형 스프링 부트 애플리케이션에서 보안을 테스트하기 위한 기법 몇 가지를 살펴보자.

12.2.3 스프링 보안 및 테스트컨테이너를 이용한 OAuth2 테스트

보안에 관한 한 일반적으로 자동 테스트를 작성하는 것은 까다롭다. 다행히 스프링 보안은 슬라이스 테스트에서 보안 설정을 확인할 수 있는 편리한 유틸리티를 제공한다.

이번 절에서는 모의 액세스 토큰을 사용해 웹 슬라이스에 대한 슬라이스 테스트를 작성하는 방법과 테스트컨테이너를 통해 실제 키클록 컨테이너를 사용하는 통합 테스트를 살펴본다.

시작하기 전에 스프링 보안 테스트 및 테스트컨테이너 키클록에 대한 의존성을 새로 추가해야 한다. 카탈로그 서비스 프로젝트(catalog-service)의 build.gradle 파일을 열고 다음과 같이 업데이트하기 바란다. 새로 추가한 후에는, 의존성을 새로고침하거나 다시 임포트한다.

예제 12.11 **스프링 보안 및 키클록 테스트를 위한 의존성 추가**

```
ext {
    ...
    set('testKeycloakVersion', "2.3.0")   ◀──── 키클록 테스트컨테이너의 버전
}

dependencies {
    ...
    testImplementation 'org.springframework.security:spring-security-test'
```

```
    testImplementation 'org.testcontainers:junit-jupiter'
    testImplementation "com.github.dasniko: testcontainers-keycloak:${testKeycloakVersion}"
}
```
테스트컨테이너에 기반한
키클록 테스트 유틸리티 제공

❶ 보호된 REST 컨트롤러 테스트를 위한 @WebMvcTest 및 스프링 보안

먼저, 사용자 인증 및 권한 부여에 따라 새롭게 발생하는 상황을 다루기 위해 BookController
MvcTests 클래스를 변경해보자. 예를 들면 다음과 같은 상황에서 DELETE 작업에 대한 테스트 케
이스를 작성할 수 있다.

- 인증된 사용자이고 employee 역할을 갖는다.

- 인증된 사용자이지만 employee 역할을 갖지 않는다.

- 사용자는 인증되지 않았다.

삭제 작업은 서점 직원에게만 허용되므로 위의 세 가지 상황 중 첫 번째 요청에 대해서만 성공 응
답을 받아야 한다.

OAuth2 액세스 토큰 유효성 검사의 일환으로 스프링 보안은 키클록이 제공하는 공개 키를 사용
해 JWT 서명을 확인한다. 스프링 보안은 내부적으로 JwtDecoder 빈을 설정하고 해당 키를 사용
해 JWT를 해독하고 확인한다. 웹 슬라이스 테스트의 맥락에서 모의 JwtDecoder 빈을 제공해 스
프링 보안과 키클록의 상호작용을 생략할 수 있다(나중에 완전한 통합 테스트를 작성할 때는 이 부분
을 생략하지 않고 확인한다).

예제 12.12 슬라이스 테스트를 사용한 웹 계층 보안 정책 확인

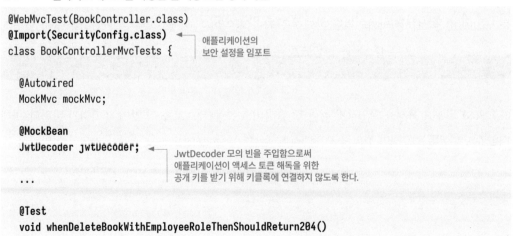

```
@WebMvcTest(BookController.class)
@Import(SecurityConfig.class)          ◀──  애플리케이션의
class BookControllerMvcTests {               보안 설정을 임포트

    @Autowired
    MockMvc mockMvc;

    @MockBean
    JwtDecoder jwtDecoder;             ◀──  JwtDecoder 모의 빈을 주입함으로써
                                            애플리케이션이 액세스 토큰 해독을 위한
    ...                                     공개 키를 받기 위해 키클록에 연결하지 않도록 한다.

    @Test
    void whenDeleteBookWithEmployeeRoleThenShouldReturn204()
```

```
    throws Exception
  {
    var isbn = "7373731394";
    mockMvc
      .perform(MockMvcRequestBuilders.delete("/books/" + isbn)
        .with(SecurityMockMvcRequestPostProcessors.jwt()
          .authorities(new SimpleGrantedAuthority("ROLE_employee"))))
      .andExpect(MockMvcResultMatchers.status().isNoContent());
  }

  @Test
  void whenDeleteBookWithCustomerRoleThenShouldReturn403()
    throws Exception
  {
    var isbn = "7373731394";
    mockMvc
      .perform(MockMvcRequestBuilders.delete("/books/" + isbn)
        .with(SecurityMockMvcRequestPostProcessors.jwt()
          .authorities(new SimpleGrantedAuthority("ROLE_customer"))))
      .andExpect(MockMvcResultMatchers.status().isForbidden());
  }

  @Test
  void whenDeleteBookNotAuthenticatedThenShouldReturn401()
    throws Exception
  {
    var isbn = "7373731394";
    mockMvc
      .perform(MockMvcRequestBuilders.delete("/books/" + isbn))
      .andExpect(MockMvcResultMatchers.status().isUnauthorized());
  }
}
```

> employee 역할을 갖는 사용자에 대한 JWT 형식의 모의 액세스 토큰을 HTTP 요청에 추가한다.

> customer 역할을 갖는 사용자에 대한 JWT 형식의 모의 액세스 토큰을 HTTP 요청에 추가한다.

터미널 창을 열고 카탈로그 서비스 루트 폴더로 이동한 다음 새로 추가한 테스트를 실행해보자.

```
$ ./gradlew test --tests BookControllerMvcTests
```

GET, POST 및 PUT 요청을 확인하기 위한 웹 슬라이스 자동 테스트를 더 많이 추가하기 바란다. 이에 대한 아이디어를 얻으려면 책의 소스 코드(Chapter12/12-end/catalog-service)를 참고하기 바란다.

❷ @SpringBootTest, 스프링 보안 및 테스트컨테이너를 이용한 통합 테스트

앞 장에서 작성한 통합 테스트는 두 가지 이유로 더 이상 작동하지 않는다. 첫째, 모든 POST, PUT 및 DELETE 요청은 유효한 OAuth2 액세스 토큰을 제공하지 않기 때문에 실패한다. 액세스 토큰을 제공하더라도 스프링 보안이 액세스 토큰의 유효성 검사에 사용할 공개 키를 제공해줄 키클록이 없다.

카탈로그 서비스 루트 폴더에서 다음 명령을 실행해 테스트가 실패하는 것을 확인할 수 있다.

```
$ ./gradlew test --tests CatalogServiceApplicationTests
```

PostgreSQL 데이터베이스와 같은 데이터 서비스에 대한 통합 테스트를 작성할 때 이미 테스트컨테이너를 이용해 테스트를 보다 안정적으로 만들고 환경 동일성을 보장하는 방법을 살펴봤다. 이번 절에서는 키클록에 대해 같은 방식으로 테스트컨테이너를 이용하려고 한다.

먼저 테스트컨테이너로 키클록 컨테이너를 설정한다. CatalogServiceApplicationTests 클래스를 열고 다음 예제와 같이 설정을 추가하기 바란다.

예제 12.13 **키클록 테스트컨테이너 설정**

```
@SpringBootTest(webEnvironment = SpringBootTest.WebEnvironment.RANDOM_PORT)
@ActiveProfiles("integration")
@Testcontainers ◀─────────────────────    테스트컨테이너의 자동 시작/중지를
class CatalogServiceApplicationTests {       활성화한다.

  @Autowired
  private WebTestClient webTestClient;
                                           테스트를 위한
  @Container ◀──────────────────          키클록 컨테이너 정의
  private static final KeycloakContainer keycloakContainer =
    new KeycloakContainer("quay.io/keycloak/keycloak:19.0")
      .withRealmImportFile("test-realm-config.json");
                                           키클록 발행자 URI가 테스트 키클록
  @DynamicPropertySource ◀──────────      인스턴스를 가리키도록 변경
  static void dynamicProperties(DynamicPropertyRegistry registry) {
    registry.add("spring.security.oauth2.resourceserver.jwt.issuer-uri",
      () -> keycloakContainer.getAuthServerUrl() + "realms/PolarBookshop");
  }

  ...
}
```

키클록 테스트컨테이너는 이 책의 코드 저장소의 설정 파일(Chapter12/12-end/catalog-service/src/ test/resources/test-realm-config.json)을 통해 초기화된다. 이 파일을 자신의 카탈로그 서비스 프로 젝트(catalog-service)의 src/test/resources 폴더로 복사한다.

프로덕션 환경에서 카탈로그 서비스는 에지 서비스를 통해 호출하는데 이때 에지 서비스는 사용 자를 인증하고 액세스 토큰을 카탈로그 서비스로 전달한다. 이제 카탈로그 서비스를 개별적으로 테스트하고 여러 가지 다양한 권한 시나리오를 확인해보자. 따라서 테스트 대상인 카탈로그 서비 스의 엔드포인트를 호출하는 데 사용할 수 있도록 액세스 토큰을 먼저 생성해야 한다.

JSON 파일의 키클록 설정에는 에지 서비스가 구현한 브라우저 기반 흐름을 거치지 않고도 사용 자 이름과 암호를 통해 사용자를 인증할 수 있는 테스트 클라이언트(polar-test)에 대한 정의가 포함되어 있다. OAuth2에서는 이러한 흐름을 **패스워드 그랜트**Password Grant라고 하며 프로덕션 환 경에서는 사용이 권장되지 않는다. 다음 절에서 테스트 목적으로만 사용할 것이다.

키클록을 이자벨 및 비에른으로 인증한 후 카탈로그 서비스의 보호된 엔드포인트를 호출하는 데 필요한 액세스 토큰을 키클록에서 얻을 수 있도록 CatalogServiceApplicationTests를 설정한다. 이자벨은 고객이자 직원이고 비에른은 고객일 뿐 직원이 아니다.

예제 12.14 **테스트 액세스 토큰을 얻기 위한 설정**

```
@SpringBootTest(webEnvironment = SpringBootTest.WebEnvironment.RANDOM_PORT)
@ActiveProfiles("integration")
@Testcontainers
class CatalogServiceApplicationTests {
  private static KeycloakToken bjornTokens;
  private static KeycloakToken isabelleTokens;
  ...

  @BeforeAll
  static void generateAccessTokens() {                          키클록을 호출하기 위한
    WebClient webClient = WebClient.builder()    ◄─────┤        WebClient
      .baseUrl(keycloakContainer.getAuthServerUrl()
        + "realms/PolarBookshop/protocol/openid-connect/token")
      .defaultHeader(HttpHeaders.CONTENT_TYPE,
        MediaType.APPLICATION_FORM_URLENCODED_VALUE)
      .build();
                                                    이자벨로 인증하고
    isabelleTokens = authenticateWith(    ◄─────┤   액세스 토큰을 얻는다.
      "isabelle", "password", webClient);
```

```
    bjornTokens = authenticateWith(          ◄──   비에른으로 인증하고
      "bjorn", "password", webClient);              액세스 토큰을 얻는다.
  }

  private static KeycloakToken authenticateWith(
    String username, String password, WebClient webClient
  ) {
    return webClient
      .post()
      .body(        ◄──                              키클록과 직접 인증하기 위해
        BodyInserters.fromFormData("grant_type", "password")    패스워드 부여 흐름을 사용한다.
        .with("client_id", "polar-test")
        .with("username", username)
        .with("password", password)
      )
      .retrieve()
      .bodyToMono(KeycloakToken.class)
      .block();   ◄──   결과가 나올 때까지 기다린다.
  }                      리액티브 방식이 아닌 명령형 방식으로
                         WebClient를 사용하는 방법이다.
  private record KeycloakToken(String accessToken) {
    @JsonCreator   ◄──                              잭슨이 이 생성자를 통해
    private KeycloakToken(                           JSON을 KeycloakToken 객체로
      @JsonProperty("access_token") final String accessToken   역직렬화하도록 지시한다.
    ) {
      this.accessToken = accessToken;
    }
  }
}
```

마지막으로, 여러 가지 인증 및 권한 부여 시나리오를 다루기 위해 CatalogServiceApplication Tests의 테스트 케이스를 업데이트할 수 있다. 예를 들면 다음과 같은 상황에서 POST 메서드에 대한 테스트 케이스를 만들 수 있다.

- 사용자가 인증되었고 employee 역할을 가지고 있다(기존 테스트 케이스 확장).
- 사용자가 인증되었으나 employee 역할을 갖지 않는다(새로운 테스트 케이스).
- 사용자는 인증되지 않았다(새로운 테스트 케이스).

NOTE OAuth2 리소스 서버의 맥락에서 인증은 토큰 인증을 의미한다. 이 경우 각 HTTP 요청의 Authorization 헤더에 액세스 토큰을 제공하는 것으로 인증이 이루어진다.

도서의 생성 작업은 서점 직원에게만 허용되므로 앞선 세 가지 상황에서 첫 번째 요청만 성공해야 한다.

예제 12.15 통합 테스트에서 보안 시나리오 확인

```
@Test
void whenPostRequestThenBookCreated() {
  var expectedBook = Book.of("1231231231", "Title", "Author",
    9.90, "Polarsophia");

  webTestClient.post().uri("/books")           인증된 employee 역할을 갖는 사용자(이자벨)로서
    .headers(headers ->                         카탈로그에 책을 추가하는 요청을 보낸다.
      headers.setBearerAuth(isabelleTokens.accessToken()))
    .bodyValue(expectedBook)
    .exchange()                                책이 성공적으로
    .expectStatus().isCreated()                만들어졌다. (201)
    .expectBody(Book.class).value(actualBook -> {
    assertThat(actualBook).isNotNull();
    assertThat(actualBook.isbn()).isEqualTo(expectedBook.isbn());
    });
}


@Test
void whenPostRequestUnauthorizedThen403() {
  var expectedBook = Book.of("1231231231", "Title", "Author",
    9.90, "Polarsophia");

  webTestClient.post().uri("/books")           인증된 customer 역할을 갖는 사용자(비에른)로서
    .headers(headers ->                         카탈로그에 책을 추가하는 요청을 보낸다.
      headers.setBearerAuth(bjornTokens.accessToken()))
    .bodyValue(expectedBook)
    .exchange()
    .expectStatus().isForbidden();
}                                              사용자는 올바른 권한, 즉 'employee' 역할을
                                               가지고 있지 않기 때문에 책은 만들어지지 않았다. (403)

@Test
void whenPostRequestUnauthenticatedThen401() {
  var expectedBook = Book.of("1231231231", "Title", "Author",
    9.90, "Polarsophia");

  webTestClient.post().uri("/books")           인증되지 않은 사용자로서
    .bodyValue(expectedBook)                    카탈로그에 책을 추가하는 요청을 보낸다.
    .exchange()
    .expectStatus().isUnauthorized();
}                                              사용자는 인증되지 않았기 때문에
                                               책은 만들어지지 않았다. (401)
```

터미널 창을 열고 카탈로그 서비스 루트 폴더로 이동한 다음 새로 추가된 테스트를 실행해보자.

```
$ ./gradlew test --tests CatalogServiceApplicationTests
```

여전히 실패하는 테스트가 있을 것이다. 예제 12.15와 같이 모든 POST, PUT 또는 DELETE 요청에 올바른 액세스 토큰(이자벨 또는 비에른)을 포함시켜 업데이트해야 한다. 완료되면 테스트를 다시 실행하고 모든 테스트 케이스가 성공하는지 확인한다. 테스트 작성에 대한 아이디어를 얻으려면 이 책의 소스 코드(Chapter12/12-end/catalog-service)를 참고하기 바란다.

12.3 스프링 보안과 OAuth2를 이용한 API 보호(반응형)

주문 서비스와 같은 리액티브 스프링 부트 애플리케이션을 보호하는 것은 카탈로그 서비스와 유사하다. 스프링 보안은 두 스택에 걸쳐 직관적이고 일관된 추상화를 제공하기 때문에 한 스택의 내용을 잘 알고 있으면 다른 스택에 대해서도 쉽게 적용할 수 있다.

이번 절에서는 주문 서비스를 OAuth2 리소스 서버로 구성하고 JWT 인증을 활성화한 후 웹 엔드포인트에 대한 보안 정책을 정의하는 방법을 살펴본다.

12.3.1 스프링 부트 OAuth2 리소스 서버 보호

스프링 보안 및 리소스 서버에 대한 OAuth2 지원을 위한 스프링 부트 스타터 의존성은 명령형이나 리액티브나 동일하다. 주문 서비스 프로젝트(order-service)에서 build.gradle 파일을 열고 새로운 의존성을 추가해보자. 추가한 후에는, 의존성을 새로고침하거나 다시 임포트한다.

예제 12.16 **스프링 보안 OAuth2 리소스 서버에 의존성 추가**

```
dependencies {
    ...
    implementation 'org.springframework.boot:
    ↪ spring-boot-starter-oauth2-resource-server'
}
```

다음으로 스프링 보안과 키클록 간의 통합을 설정한다.

① 스프링 보안과 키클록의 통합 설정

스프링 보안과 키클록의 통합을 위한 전략은 카탈로그 서비스에서 한 것과 유사하다. 주문 서비스 프로젝트(order-service)에서 application.yml 파일을 열고 다음과 같은 설정으로 업데이트해보자.

예제 12.17 **주문 서비스를 OAuth2 리소스 서버로 설정**

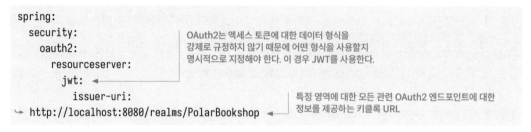

```
spring:
  security:
    oauth2:
      resourceserver:
        jwt:
          issuer-uri:
            http://localhost:8080/realms/PolarBookshop
```

OAuth2는 액세스 토큰에 대한 데이터 형식을 강제로 규정하지 않기 때문에 어떤 형식을 사용할지 명시적으로 지정해야 한다. 이 경우 JWT를 사용한다.

특정 영역에 대한 모든 관련 OAuth2 엔드포인트에 대한 정보를 제공하는 키클록 URL

주문 서비스와 키클록 간의 통합 설정을 했으니 다음으로는 애플리케이션 엔드포인트를 보호하는 데 필요한 보안 정책을 정의해야 한다.

② JWT 인증을 위한 보안 정책 정의

주문 서비스 애플리케이션의 경우 다음과 같은 보안 정책을 적용하고자 한다.

- 모든 요청은 인증이 필요하다.
- 애플리케이션은 OAuth2 리소스 서버로 설정되어야 하며 JWT 인증을 사용한다.
- JWT 인증을 처리하기 위한 흐름은 상태를 갖지 않아야 한다.

여기에서 카탈로그 서비스와 두 가지 다른 점이 있다.

- 리액티브 구문은 명령형 구문과 약간 다르며 특히 JWT 인증(무상태)을 시행하는 부분에서 차이가 있다.
- 액세스 토큰에서 사용자의 역할을 추출하지 않는데 사용자 역할에 따른 특별한 요구 사항이 없기 때문이다.

주문 서비스 프로젝트에서 com.polarbookshop.orderservice.config 패키지를 새로 만들고 그 아래에 SecurityConfig 클래스를 만든다. 그런 다음 ServerHttpSecurity에서 제공하는 DSL을 사용해 필요한 보안 정책을 설정하는 SecurityWebFilterChain을 생성한다.

예제 12.18 **주문 서비스에 대한 보안 정책 및 JWT 인증 설정**

```
@EnableWebFluxSecurity
```

스프링 보안에 대한 스프링 웹플럭스 활성화

```java
public class SecurityConfig {
  @Bean
  SecurityWebFilterChain filterChain(ServerHttpSecurity http) {
    return http
      .authorizeExchange(exchange -> exchange          모든 요청은
        .anyExchange().authenticated()  ◄────────────  인증이 필요하다.
      )
      .oauth2ResourceServer(  ◄──────  JWT에 기반한 기본 설정을 사용해
        ServerHttpSecurity.OAuth2ResourceServerSpec::jwt)    OAuth2 리소스 서버
      .requestCache(requestCacheSpec ->                지원을 활성화한다(JWT 인증).
        requestCacheSpec.requestCache(NoOpServerRequestCache.getInstance()))
      .csrf(ServerHttpSecurity.CsrfSpec::disable)  ◄───
      .build();
  }
}
```

> 각 요청은 액세스 토큰을 가지고 있어야 하기 때문에 요청 간 세션 캐시를 유지할 필요가 없다. 상태를 갖지 않아야 한다.

> 인증 전략이 상태를 갖지 않고 브라우저 기반 클라이언트가 관여하지 않기 때문에 CSRF 보호는 비활성화해도 된다.

이 설정이 작동하는지 확인해보자. 우선, 지원 서비스(Polar UI, 키클록, Redis, RabbitMQ, Postgre SQL)를 실행해야 한다. 터미널 창을 열고 도커 컴포즈 설정이 있는 폴더(polar-deployment/docker)로 이동한 후에 다음 명령을 실행한다.

```
$ docker-compose up -d polar-ui polar-keycloak polar-redis \
    polar-rabbitmq polar-postgres
```

그런 다음 JVM에서 에지 서비스, 카탈로그 서비스, 주문 서비스를 실행한다(각 프로젝트에서 ./gradlew bootRun). 마지막으로 브라우저 창에서 http://localhost:9000으로 이동한다.

주문 서비스는 사용자의 역할에 따라 특별한 요구 사항이 없으므로 이자벨(isabelle/password)이나 비에른(bjorn/password) 중 어느 누구로 로그인해도 상관없다. 카탈로그에서 책을 골라 주문을 제출하기 바란다. 인증이 이미 된 상태이기 때문에 주문을 제출할 수 있다. 완료된 다음 주문 페이지로 가보면 지금까지 주문 서비스로 제출된 모든 주문을 볼 수 있을 것이다.

제출된 모든 주문을 보여주는 것에 의아해할 수도 있다. 현재로서는 각 사용자는 다른 모든 사용자가 제출한 주문을 볼 수 있다. 하지만 걱정하지 않아도 된다. 이 장의 뒷부분에서, 그 부분을 수징힐 것이다.

하지만 그 전에 새로운 주문 서비스 보안 정책을 어떻게 테스트할 수 있을지 논의해야 한다. 실행 중인 애플리케이션(Ctrl+C)과 컨테이너(docker-compose down)를 중지한다. 다음 하위 절에서는

리액티브 애플리케이션에서 보안을 테스트하는 방법을 살펴본다.

12.3.2 스프링 보안 및 테스트컨테이너로 OAuth2 테스트

보안이 적용된 리액티브 스프링 부트 애플리케이션을 테스트하는 것은 명령형 애플리케이션을 테스트할 때와 비슷하다. 시작하기 전에 스프링 보안 테스트 및 테스트컨테이너 키클록에 대한 의존성을 새로 추가해야 한다. 테스트컨테이너에 대한 JUnit 5에 대한 의존성은 이미 추가된 상태다. build.gradle 파일을 열고 다음과 같이 업데이트해보자. 변경 후에는 그래들 의존성을 새로고침하거나 다시 임포트한다.

예제 12.19 **스프링 보안 및 키클록 테스트 의존성 추가**

```
ext {
  ...
  set('testKeycloakVersion', "2.3.0")   ◀──────  키클록 테스트컨테이너의 버전
}

dependencies {
  ...
  testImplementation 'org.springframework.security:spring-security-test'
  testImplementation 'org.testcontainers:junit-jupiter'
  testImplementation "com.github.dasniko:
  ↪ testcontainers-keycloak:${testKeycloakVersion}"   ◀──  테스트컨테이너를 기반으로
}                                                         키클록 테스트 유틸리티 제공
```

@SpringBootTest 및 키클록 테스트컨테이너를 이용하면 완전한 통합 테스트를 구현할 수 있다. 테스트 설정은 카탈로그 서비스와 동일하기 때문에 여기서는 다루지 않지만 책의 소스 코드 저장소(Chapter12/12-end/order-service/src/test)에서 찾아볼 수 있다. 여기에 있는 코드를 따라 통합 테스트를 업데이트하기 바란다. 그렇지 않으면 애플리케이션 빌드는 실패할 것이다.

이번 절에서는 카탈로그 서비스에서와 마찬가지로 엔드포인트를 보호하는 리액티브 애플리케이션의 웹 슬라이스를 테스트한다.

1 보호된 REST 컨트롤러 테스트를 위한 @WebFluxTest 및 스프링 보안

우리는 이미 OrderControllerWebFluxTests에서 @WebFluxTest를 사용해 웹 슬라이스에 대한 자동 테스트를 작성했다. 이제 보안과 관련해 이 테스트 클래스를 어떻게 업데이트할 수 있을지 살펴보자.

스프링 보안이 OAuth2 액세스 토큰 유효성을 검사할 때 키클록이 제공하는 공개 키를 사용해 JWT 서명을 확인하는 단계가 있다. 이때 내부적으로는 ReactiveJwtDecoder 빈에서 해당 키를 사용해 JWT를 해독하고 확인한다. 웹 슬라이스 테스트의 맥락에서 스프링 보안이 키클록에 실제로 연결하는 것을 생략하기 위해 모의 ReactiveJwtDecoder 객체를 제공할 수 있다(완전한 통합 테스트에서는 키클록에 연결하는 부분까지 확인한다).

예제 12.20 **슬라이스 테스트를 통해 웹 계층의 보안 정책 확인**

```
@WebFluxTest(OrderController.class)
@Import(SecurityConfig.class) ◄─────────     애플리케이션의
class OrderControllerWebFluxTests {           보안 설정 임포트

  @Autowired
  WebTestClient webClient;

  @MockBean
  OrderService orderService;
                                        모의 ReactiveJwtDecoder 객체를 사용하면
  @MockBean                             애플리케이션은 액세스 토큰 해독을 위한
  ReactiveJwtDecoder reactiveJwtDecoder; ◄   공개 키를 굳이 키클록에서 가져오지 않아도 된다.

  @Test
  void whenBookNotAvailableThenRejectOrder() {
    var orderRequest = new OrderRequest("1234567890", 3);
    var expectedOrder = OrderService.buildRejectedOrder(
     orderRequest.isbn(), orderRequest.quantity());
    given(orderService.submitOrder(
     orderRequest.isbn(), orderRequest.quantity()))
        .willReturn(Mono.just(expectedOrder));

    webClient                                  'customer' 역할을 갖는 사용자에 대한
      .mutateWith(SecurityMockServerConfigurers JWT 형식의 모의 액세스 토큰을
      .mockJwt() ◄─────────                     HTTP 요청에 추가한다.
      .authorities(new SimpleGrantedAuthority("ROLE_customer")))
    .post()
    .uri("/orders/")
    .bodyValue(orderRequest)
    .exchange()
    .expectStatus().is2xxSuccessful()
    .expectBody(Order.class).value(actualOrder -> {
      assertThat(actualOrder).isNotNull();
      assertThat(actualOrder.status()).isEqualTo(OrderStatus.REJECTED);
    });
  }
}
```

터미널 창을 열고 주문 서비스 루트 폴더로 이동한 다음 새로 추가된 테스트를 실행해보자.

```
$ ./gradlew test --tests OrderControllerWebFluxTests
```

항상 그렇듯이, 이 책의 소스 코드 저장소(Chapter12/12-end/order-service)에서 더 많은 테스트 케이스를 찾아볼 수 있다.

12.4 스프링 보안 및 스프링 데이터로 데이터 보호 및 감사

지금까지 우리는 스프링 부트 애플리케이션의 API를 보호하고 인증 및 권한 부여와 같은 문제를 처리하는 방법을 살펴보았다. 데이터는 어떤가? 일단 스프링 보안을 API에 적용한 상태라면 비즈니스와 데이터 계층도 안전하게 보호할 수 있다.

비즈니스 로직과 관련하여 `@PreAuthorize`와 같은 애너테이션을 사용하면 비즈니스 메서드에서 직접 사용자 인증 또는 권한을 확인할 수 있는 메서드 보안 기능을 활성화할 수 있다. 폴라 북숍 시스템은 비즈니스 계층까지 보안 정책이 필요할 정도로 복잡하지는 않기 때문에 이에 대해 설명하지는 않겠다.

NOTE 메서드 수준에서 인증 및 권한을 사용하는 방법에 대해 좀 더 알아보려면 로렌티우 스필카의 《스프링 시큐리티 인 액션》의 8장에 자세히 설명되어 있으니 참고하기 바란다.

반면에 데이터 계층은 다음과 같은 두 가지 주요 관심사를 해결하기 위해 몇 가지 추가 작업이 필요하다.

- 어떤 사용자가 어떤 데이터를 생성했는지, 그리고 누가 마지막으로 변경했는지 어떻게 알 수 있을까?
- 사용자가 자신의 주문 데이터에만 접근할 수 있도록 하려면 어떻게 해야 할까?

이번 절에서는 이 두 가지 문제를 모두 다룬다. 먼저 카탈로그 서비스 및 주문 서비스에서 사용자가 데이터에 대해 수행한 작업에 대한 감사를 활성화하는 방법을 설명한다. 그런 다음 주문 서비스에서 데이터를 비공개로 유지하기 위해 필요한 변경 사항을 살펴보겠다.

데이터 계층이 **스프링 데이터 JDBC**로 구현되어 있는 카탈로그 서비스부터 살펴보자. 5장에서는 JDBC 데이터 감사를 활성화하는 법을 배웠고, 각 데이터 엔티티에 대한 생성 날짜와 마지막 수정 날짜를 모두 저장하도록 설정했다. 여기에 더해 엔티티를 생성한 사람과 마지막으로 수정한 사람의 사용자 이름까지 저장하도록 감사 범위를 확장할 수 있다.

먼저 스프링 데이터에 현재 인증된 사용자에 대한 정보를 어디서 가져오는지 알려줘야 한다. 앞 장에서는 스프링 보안이 인증된 사용자에 대한 정보를 Authentication 객체에 저장하고, 이 객체는 SecurityContextHolder의 SecurityContext에 저장된다는 것을 배웠다. 이 객체의 계층 구조를 사용해 스프링 데이터를 위해 프린시플을 추출하는 방법을 지정할 수 있다.

① JDBC 데이터 엔티티를 만들거나 업데이트한 사용자를 캡처할 감사자auditor 정의

카탈로그 서비스 프로젝트(catalog-service)에서 DataConfig 클래스를 열자. 데이터 감사를 활성화 하기 위해 이 클래스에 @EnableJdbcAuditing 애너테이션을 추가했었다. 이제는 프린시플, 즉 현재 인증된 사용자를 반환하는 AuditorAware 빈을 정의해보자.

예제 12.21 **스프링 데이터 JDBC에서 사용자 감사 설정**

```
@Configuration
@EnableJdbcAuditing    ◀─┤ 스프링 데이터 JDBC에서 엔티티 감사를 활성화
public class DataConfig {

  @Bean                          감사 목적으로
  AuditorAware<String> auditorAware() {    현재 인증된 사용자를 반환
    return () -> Optional
      .ofNullable(SecurityContextHolder.getContext())  ◀── 현재 인증된 사용자 정보를 위해
      .map(SecurityContext::getAuthentication)  ◀──        SecurityContextHolder로부터
      .filter(Authentication::isAuthenticated)  ◀──        SecurityContext 객체를 추출한다.
      .map(Authentication::getName);  ◀──                  현재 인증된 사용자 정보를 위해
  }                                                        SecurityContext로부터
}                                                          Authentication 객체를 추출한다.
```

Authentication 객체로부터 현재 인증된 사용자의 유저명을 추출한다.

사용자가 인증되지 않았으나 데이터를 변경하려는 경우를 처리하기 위한 것이다. 모든 엔드포인트는 인증이 필요하기 때문에 이런 경우는 발생하지 않지만 설명의 완전성을 기하고자 이 부분을 포함시켰다.

② JDBC 데이터 엔티티를 생성하거나 변경한 사용자에 대한 감사 메타데이터 추가

AuditorAware 빈이 정의되고 감사가 활성화되면 스프링 데이터는 이 빈을 사용해 프린시플을 추출한다. 우리의 경우, 그것은 현재 인증된 사용자의 사용자 이름이며 문자열로 표시되어 있다. 그

런 다음 Book 레코드에 두 개의 새로운 필드를 추가하고 @CreatedBy와 @LastModifiedBy 애너테이션으로 표시한다. 엔티티가 생성되거나 변경될 때마다 스프링 데이터는 자동으로 해당 필드를 인증된 사용자의 유저명으로 채운다.

예제 12.22 **JDBC 엔티티에서 사용자 감사 메타데이터를 위한 필드**

```
public record Book (
  ...
  @CreatedBy ◄─── 엔티티를 생성한 사용자
  String createdBy,

  @LastModifiedBy      엔티티를 마지막으로 변경한 사용자
  String lastModifiedBy, ◄───
){
  public static Book of(String isbn, String title, String author,
    Double price, String publisher
  ) {
    return new Book(null, isbn, title, author, price, publisher,
      null, null, null, null, 0);
  }
}
```

새로운 필드를 추가한 후 Book 레코드의 모든 필드를 인수로 갖는 생성자를 사용하는 클래스를 변경해야 하는데, 이는 생성자에 createBy 및 lastModifiedBy에 대한 값을 전달해야 하기 때문이다.

BookService 클래스는 책을 변경하기 위한 논리를 구현하고 있다. 데이터 계층을 호출할 때 감사 메타데이터가 올바르게 전달되도록 하기 위해 이 클래스의 editBookDetails() 메서드를 변경해보자.

예제 12.23 **책 업데이트 시 기존 감사 메타데이터 전달**

```
@Service
public class BookService {
  ...

  public Book editBookDetails(String isbn, Book book) {
    return bookRepository.findByIsbn(isbn)
      .map(existingBook -> {
        var bookToUpdate = new Book(
          existingBook.id(),
          existingBook.isbn(),
          book.title(),
```

```
            book.author(),
            book.price(),
            book.publisher(),
            existingBook.createdDate(),
            existingBook.lastModifiedDate(),      엔티티를 생성한 사용자
            existingBook.createdBy(),       ◄
            existingBook.lastModifiedBy(),  ◄
            existingBook.version());              엔티티를 마지막으로 수정한 사용자
            return bookRepository.save(bookToUpdate);
        })
        .orElseGet(() -> addBookToCatalog(book));
    }
}
```

동일하게 테스트 코드를 변경하는 것은 독자에게 맡기겠다. 또한 `BookJsonTests`의 테스트를 확장하여 새로운 필드의 직렬화 및 병렬화를 확인할 수 있다. 책의 코드 저장소의 Chapter12/12-end/catalog-service를 참고하기 바란다. `Book()` 생성자를 사용하는 테스트 코드를 반드시 변경하기 바란다. 그렇지 않으면 애플리케이션 빌드가 실패할 것이다.

❸ 스키마에 새 감사 메타데이터를 추가하기 위한 플라이웨이 마이그레이션 작성

엔티티 모델을 변경했기 때문에 데이터베이스 스키마 역시 변경해야 한다. 카탈로그 서비스가 이미 프로덕션 환경에서 실행 중이기 때문에 다음 릴리스에서 플라이웨이 마이그레이션을 통해 스키마를 변경한다고 가정해보자. 5장에서 데이터베이스에 버전 관리 기능을 추가하기 위해 플라이웨이를 소개했다. 스키마에 대한 각 변경 사항은 마이그레이션을 통해 등록함으로써 견고한 스키마 진화와 재현성을 보장해야 한다.

데이터베이스 스키마에 대한 모든 변경 사항은 롤링 업그레이드, 블루/그린 배포, (15장에서 다룰) 카나리 릴리스와 같은 클라우드 네이티브 애플리케이션의 일반적인 배포 전략을 지원하기 위해 이전 버전 코드 및 데이터와 호환되어야 한다(역호환backward compatible). 우리의 경우 `Book` 테이블에 컬럼을 새로 추가해야 한다. 기존 레코드에서 이 컬럼들이 반드시 값을 가져야 하는 것이 아니라면, 새 컬럼을 추가하는 변경 사항은 역호환될 것이다. 디비에서 스키마가 변경된 후라도 이미 실행 중인 이전 버전의 카탈로그 서비스는 새 컬럼을 무시하면서 오류없이 계속 작동한다.

기탈로그 서비스 프로젝트의 src/main/resources/db/migration 폴더에서 새로운 `V3__Add_user_audit.sql` 마이그레이션 스크립트를 만들어 `Book` 테이블에 두 개의 새로운 컬럼을 추가해보자. 버전 번호 뒤에 반드시 두 개의 밑줄이 있어야 한다.

예제 12.24 **Book 테이블에 새로운 감사 메타데이터 추가**

```
ALTER TABLE book
  ADD COLUMN created_by varchar(255);      ◀── 레코드를 생성한 사용자의 유저명을 위한 컬럼을 추가한다.
ALTER TABLE book                                  레코드를 마지막으로 변경한 사용자의 유저명을 위한
  ADD COLUMN last_modified_by varchar(255); ◀──   컬럼을 추가한다.
```

애플리케이션이 시작할 때 플라이웨이는 모든 마이그레이션 스크립트를 자동으로 확인하고 아직 적용되지 않은 스크립트가 있다면 스크립트를 실행한다.

변경시 역호환성을 보장하려다 보니 새로운 컬럼이 값을 언제나 가지고 있어야 함에도 불구하고 값을 갖지 않아도 무방한 필드로 만들어야 하는 문제점이 있을 수 있다. 값을 갖지 않는 경우 검증에 실패할 수도 있다. 이것은 애플리케이션을 추후에 릴리스하면서 해결할 수 있는 일반적인 문제다.

첫 번째 릴리스에서는 새로운 컬럼을 선택 사항으로 추가하고 기존 모든 데이터에 대해 새 컬럼의 값을 채우기 위해 데이터 마이그레이션을 구현한다. 카탈로그 서비스의 경우, unknown 혹은 anonymous 같은 값을 사용해 생성하거나 변경한 사용자를 알 수 없는 경우를 나타낼 수 있다.

두 번째 릴리스에서는 첫 번째 릴리스에서 새로 만든 컬럼이 반드시 값을 갖도록 변경하는 새로운 마이그레이션을 만든다. 이미 기존 데이터에서 해당 컬럼에 모든 값을 가지고 있기 때문에 이렇게 변경하더라도 안전하다.

이 부분은 독자들에게 맡기겠다. 데이터 마이그레이션을 구현하는 데 관심이 있다면 플라이웨이의 공식 문서(https://flywaydb.org)를 확인한다.

다음 절에서는 스프링 데이터 JDBC에서 사용자 관련 감사를 테스트하는 방법을 살펴보자.

12.4.2 스프링 데이터와 @WithMockUser를 통한 데이터 감사 테스트

데이터 계층에서 보안을 테스트할 때 어떤 인증 전략이 채택되었는지에 대해서는 관심이 없다. 우리가 필요한 건 요청이 인증이 된 상태에서 처리되었는지의 여부다.

스프링 보안 테스트 프로젝트는 @WithMockUser 애너테이션을 제공하는데, 인증된 콘텍스트에서 테스트 케이스를 실행하기 위해 편리하게 사용할 수 있다. 또한 모의 사용자에 대한 정보를 추가할 수도 있다. 감사를 테스트하기 때문에, 적어도 프린시플로 사용할 수 있는 사용자 이름을 정의

해야 한다.

사용자에 대한 데이터 감사를 다루는 새로운 테스트 케이스를 BookRepositoryJdbcTests 클래스에 추가해보자.

예제 12.25 **사용자가 인증되거나 혹은 인증되지 않았을 때 데이터 감사 테스트**

```java
@DataJdbcTest
@Import(DataConfig.class)
@AutoConfigureTestDatabase(replace = AutoConfigureTestDatabase.Replace.NONE)
@ActiveProfiles("integration")
class BookRepositoryJdbcTests {

    ...

    @Test  ◀                                              이 테스트 케이스는
    void whenCreateBookNotAuthenticatedThenNoAuditMetadata() {    인증되지 않은
        var bookToCreate = Book.of("1232343456", "Title",        콘텍스트에서 실행된다.
            "Author", 12.90, "Polarsophia");
        var createdBook = bookRepository.save(bookToCreate);

        assertThat(createdBook.createdBy()).isNull();  ◀        인증된 사용자가 없을 때는
        assertThat(createdBook.lastModifiedBy()).isNull();      감사 데이터가 없다.
    }

    @Test  ◀                                              이 테스트 케이스는
    @WithMockUser("john")                                   사용자 'john'의
    void whenCreateBookAuthenticatedThenAuditMetadata() {   인증 콘텍스트에서 실행된다.
        var bookToCreate = Book.of("1232343457", "Title",
            "Author", 12.90, "Polarsophia");
        var createdBook = bookRepository.save(bookToCreate);

        assertThat(createdBook.createdBy())
            .isEqualTo("john");  ◀                         인증된 사용자가 있을 때
        assertThat(createdBook.lastModifiedBy())            감사 데이터
            .isEqualTo("john");
    }
}
```

터미널 창을 열고 카탈로그 서비스 루트 폴더로 이동한 다음 새로 추가된 테스트를 실행해보자.

```
$ ./gradlew test --tests BookRepositoryJdbcTests
```

테스트가 실패한다면 Book() 생성자를 사용하는 테스트 케이스를 변경하지 않았기 때문일 수 있다. 도메인 모델에 새 필드를 추가했기 때문에 테스트 케이스도 이에 따라 업데이트해야 한다.

12.4.3 스프링 보안 및 스프링 데이터 R2DBC로 사용자 데이터 보호

이번 절에서는 카탈로그 서비스에서 수행한 작업과 마찬가지로 주문 서비스에서 사용자에 대한 데이터 감사를 추가하는 방법을 살펴본다. 스프링데이터와 스프링 보안이 제공하는 추상화 덕분에 스프링 데이터 R2DBC와 리액티브 스프링에서도 구현이 크게 다르지 않다.

데이터 감사 외에도 주문 서비스에는 중요한 요구 사항이 한 가지 더 있다. 사용자는 자신의 주문 정보만 접근할 수 있어야 한다. 어떤 주문 데이터도 다른 사용자에게 보여서는 안 된다. 이번 절에서는 이렇게 하기 위해 필요한 변경 사항을 살펴본다.

1 R2DBC 데이터 엔티티를 작성하거나 변경한 사용자 정보를 위한 감사자 정의

이 경우에도 스프링 데이터에 현재 인증된 사용자에 대한 정보를 어디서 가져올 수 있는지는 알려줘야 한다. 리액티브 애플리케이션이기 때문에 프린시플 정보는 ReactiveSecurityContextHolder의 SecurityContext 객체로부터 얻을 수 있다..

주문 서비스 프로젝트(order-service)에서 DataConfig 클래스에 현재 인증된 사용자의 유저명을 반환하는 ReactiveAuditorAware 빈을 추가해보자.

예제 12.26 스프링 데이터 R2DBC에서 사용자 감사 설정

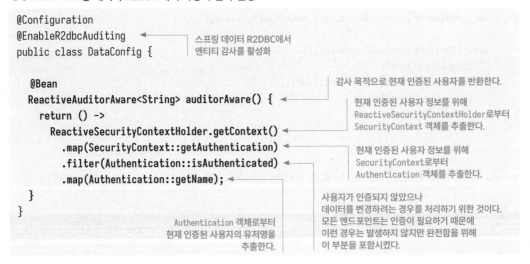

```
@Configuration
@EnableR2dbcAuditing                     ◀──── 스프링 데이터 R2DBC에서
public class DataConfig {                        엔티티 감사를 활성화

  @Bean                                                    감사 목적으로 현재 인증된 사용자를 반환한다.
  ReactiveAuditorAware<String> auditorAware() { ◀────     현재 인증된 사용자 정보를 위해
    return () ->                                           ReactiveSecurityContextHolder로부터
      ReactiveSecurityContextHolder.getContext() ◀────    SecurityContext 객체를 추출한다.
        .map(SecurityContext::getAuthentication) ◀────    현재 인증된 사용자 정보를 위해
        .filter(Authentication::isAuthenticated) ◀────    SecurityContext로부터
        .map(Authentication::getName);  ◀────            Authentication 객체를 추출한다.
  }
}
                    Authentication 객체로부터         사용자가 인증되지 않았으나
                    현재 인증된 사용자의 유저명을        데이터를 변경하려는 경우를 처리하기 위한 것이다.
                               추출한다.              모든 엔드포인트는 인증이 필요하기 때문에
                                                     이런 경우는 발생하지 않지만 완전함을 위해
                                                     이 부분을 포함시켰다.
```

❷ R2DBC 데이터 엔티티 생성 혹은 변경한 사용자에 대한 감사 메타데이터 추가

ReactiveAuditorAware 빈이 정의되고 감사가 활성화되면 스프링 데이터는 이 빈을 통해 현재 인증된 사용자의 유저명을 추출하는데 이때 유저명은 String 값이다. 이 경우에도 Order 레코드에 두 개의 새로운 필드를 추가하고 각각 @CreatedBy와 @LastModifiedBy 애너테이션을 달 수 있다. 엔티티가 생성되거나 변경될 때마다 스프링 데이터는 이 필드의 값을 자동으로 채운다.

예제 12.27 R2DBC 엔티티에서 사용자 감사 메타데이터 위한 필드

```
@Table("orders")
public record Order (
  ...

  @CreatedBy    ◄────┤ 엔티티를 생성한 사용자
  String createdBy,

  @LastModifiedBy    ◄────┤ 엔티티를 마지막으로 수정한 사용자
  String lastModifiedBy,

){
  public static Order of(String bookIsbn, String bookName,
    Double bookPrice, Integer quantity, OrderStatus status
  ) {
    return new Order(null, bookIsbn, bookName, bookPrice, quantity, status,
      null, null, null, null, 0);
  }
}
```

새로운 필드를 추가한 후 Order 레코드의 모든 인수를 필요로 하는 생성자를 사용하는 클래스가 있다면 이들 역시 업데이트해야 한다. 이 생성자는 createBy 및 lastModifiedBy에 대한 값이 필요하다.

OrderService 클래스는 주문이 배송되면 주문의 상태를 변경하기 위한 논리를 구현하고 있다. 데이터 계층을 호출할 때 감사 메타데이터가 올바르게 전달되도록 buildDispatchedOrder() 메서드를 변경해야 한다.

예제 12.20 주문 데이디 변경 시 기존 감사 메타데이터 포함

```
@Service
public class OrderService {
  ...
```

```
  private Order buildDispatchedOrder(Order existingOrder) {
    return new Order(
      existingOrder.id(),
      existingOrder.bookIsbn(),
      existingOrder.bookName(),
      existingOrder.bookPrice(),
      existingOrder.quantity(),
      OrderStatus.DISPATCHED,
      existingOrder.createdDate(),
      existingOrder.lastModifiedDate(),
      existingOrder.createdBy(),        ◀── 엔티티를 생성한 사용자
      existingOrder.lastModifiedBy(),   ◀── 엔티티를 마지막으로 변경한 사용자
      existingOrder.version()
    );
  }
}
```

동일하게 테스트 코드 역시 변경해야 하는데 이 부분은 독자들에게 맡기겠다. 또한 `OrderJsonTests` 역시 수정한 후에 새로운 필드의 직렬화를 확인할 수 있다. 이 책의 코드 저장소에서 Chapter12/12-end/order-service를 참고하기 바란다. `order()` 생성자를 사용하는 테스트 코드 를 반드시 변경한다. 그렇지 않으면 애플리케이션 빌드가 실패할 것이다.

❸ 스키마에 새로운 감사 메타데이터를 추가하기 위한 플라이웨이 마이그레이션 작성

카탈로그 서비스에서 했던 것과 마찬가지로, 누가 엔티티를 만들었는지, 누가 마지막으로 수정했 는지를 보여주기 위한 두 개의 새로운 필드를 추가하기 위한 데이터베이스 스키마 변경 마이그레 이션을 작성해야 한다.

주문 서비스 프로젝트의 src/main/resources/db/migration 폴더에 V2__Add_user_audit.sql 마 이그레이션 스크립트를 새로 만들고 주문 테이블에 두 컬럼을 추가해보자. 파일 이름에서 버전 번 호 뒤에 두 개의 밑줄이 있음을 주의하기 바란다.

예제 12.29 **Orders 테이블에 새로운 감사 메타데이터 추가**

```
ALTER TABLE orders
  ADD COLUMN created_by varchar(255);        ◀── 레코드를 생성한 사용자의 유저명을 위한 컬럼을 추가한다.
ALTER TABLE orders                                      레코드를 마지막으로 변경한 사용자의 유저명을 위한
  ADD COLUMN last_modified_by varchar(255);  ◀──         컬럼을 추가한다.
```

4 사용자 데이터 프라이버시 보장

우리가 아직 다루지 못한 마지막 요구 사항이 있다. 주문 데이터는 주문을 작성한 사용자에게만 제공되어야 한다. 어떤 사용자도 다른 사람의 주문 데이터를 볼 수 없어야 한다.

스프링에는 이 요구 사항을 구현하기 위한 해결책이 몇 가지 있는데 다음과 같은 단계를 통해 이 문제를 해결할 수 있다.

1. 주문 데이터를 가져올 때 주문한 사용자의 주문만 필터링하도록 `OrderRepository`에 사용자 지정 쿼리를 추가한다.
2. `findAll()` 대신 이 새로운 쿼리를 사용하도록 `OrderService`를 변경한다.
3. 보안 컨텍스트에서 현재 인증된 사용자의 이름을 추출하고 주문을 요청할 때 주문 서비스에 전달하도록 `OrderController`를 업데이트한다.

> **CAUTION** 사용자가 `/orders` 엔드포인트를 호출하는 경우, 자신이 주문한 것만 액세스되도록 하려고 한다. 이 방식은 차후에 개발자가 `OrderRepository`에 다른 메서드를 추가해 개인 정보를 유출하는 것을 막지는 못한다. 이 방식을 개선하는 방법이 궁금하다면 로렌티우 스필카의 《스프링 시큐리티 인 액션》 17장을 참고하기 바란다.

`OrderRepository`부터 시작해보자. 5장에서 배운 방식을 사용해 지정된 사용자가 생성한 모든 주문을 가져오는 메서드를 정의할 수 있다. 그러면 스프링 데이터는 런타임에 이 메서드에 대한 구현을 생성해준다.

예제 12.30 **사용자가 생성한 주문을 반환하는 메서드 정의**

```
public interface OrderRepository
  extends ReactiveCrudRepository<Order,Long>
{
  Flux<Order> findAllByCreatedBy(String userId);    ◄── 주어진 사용자에 의해 생성된 주문만
}                                                        가져오기 위한 쿼리 메서드
```

다음으로, 주문 서비스의 `getAllOrders()` 메서드 역시 사용자 이름을 입력으로 받아 `OrderRepository`의 새로운 쿼리 메서드를 사용하도록 변경해야 한다.

예제 12.31 **지정된 사용자가 생성한 주문만 반환**

```
@Service
public class OrderService {
  private final OrderRepository orderRepository;
```

```
public Flux<Order> getAllOrders(String userId) {     ◄──┐  모든 주문을 가져오는 요청에 대해
  return orderRepository.findAllByCreatedBy(userId);      │  주어진 사용자가 생성한 주문만 가져온다.
}

  ...
}
```

마지막으로 OrderController에서 getAllOrders() 메서드를 업데이트해야 한다. 앞 장에서 배운 대로 @AuthenticationPrincipal 애너테이션을 통해 현재 인증된 사용자를 나타내는 객체를 자동으로 연결할 수 있다. 에지 서비스는 오픈ID 커넥트를 기반으로 인증하기 때문에 인증된 사용자를 나타내는 객체는 OidcUser 유형이었다. 주문 서비스는 JWT 인증으로 설정되어 있기 때문에 프린시플은 Jwt 유형이다. JWT 액세스 토큰에서 유저명(subject)을 가지고 있는 **sub** 클레임을 읽을 수 있다.

예제 12.32 **유저명을 받아 해당 사용자가 생성한 주문만 반환**

```
@RestController
@RequestMapping("orders")
public class OrderController {
  private final OrderService orderService;

  @GetMapping
  public Flux<Order> getAllOrders(
    @AuthenticationPrincipal Jwt jwt     ◄──┐  현재 인증된 사용자를 나타내는
  ) {                                        │  JWT를 오토 와이어링한다.
    return orderService.getAllOrders(jwt.getSubject());     ◄──┐  JWT의 서브젝트를 추출하고
  }                                                             │  이것을 사용자의
                                                                │  고유 식별자로 사용한다.
  ...
}
```

주문 서비스에 대한 것은 여기까지다. 다음 절에서는 데이터 감사 및 보호 요구 사항을 확인하기 위한 테스트 코드를 작성해보겠다.

12.4.4 **@WithMockUser 및 스프링 데이터 R2DBC를 통한 데이터 감사 및 보호 테스트**

이전 섹션에서는 사용자에 대한 데이터 감사를 설정하고 현재 인증된 사용자에 대한 주문만 액세스할 수 있도록 하는 정책을 시행했다. 이번 절에서는 슬라이스 테스트를 통해 데이터 감사

를 확인하는 방법에 대해 설명한다. 데이터 보호에 대한 요구 사항을 확인하려면 이 책의 저장소에 있는 OrderServiceApplicationTests 클래스에서 구현한 통합 테스트를 참고하길 바란다 (Chapter12/12-end/order-service/src/test/java).

데이터 감사는 리포지터리 수준에서 적용된다. OrderRepositoryR2dbcTests 클래스에 사용자가 인증된 경우와 그렇지 않은 경우를 확인하는 테스트 케이스를 추가할 수 있다.

카탈로그 서비스와 비슷하게, 스프링 보안의 @WithMockUser 애너테이션을 통해 모의 사용자를 만들고 이 사용자로 인증된 콘텍스트에서 테스트를 실행할 수 있다.

예제 12.33 **사용자가 인증된 경우 및 인증되지 않은 경우에 대한 데이터 감사 테스트**

```
@DataR2dbcTest
@Import(DataConfig.class)
@Testcontainer
class OrderRepositoryR2dbcTests {

  ...

  @Test
  void whenCreateOrderNotAuthenticatedThenNoAuditMetadata() {
    var rejectedOrder = OrderService.buildRejectedOrder( "1234567890", 3);
    StepVerifier.create(orderRepository.save(rejectedOrder))
      .expectNextMatches(order -> Objects.isNull(order.createdBy()) &&
        Objects.isNull(order.lastModifiedBy())) ◀──── 사용자가 인증되지 않은 경우
                                                       감사 데이터는 저장되지 않는다.
      .verifyComplete();
  }

  @Test
  @WithMockUser("marlena")
  void whenCreateOrderAuthenticatedThenAuditMetadata() {
    var rejectedOrder = OrderService.buildRejectedOrder( "1234567890", 3);
    StepVerifier.create(orderRepository.save(rejectedOrder))
      .expectNextMatches(order -> order.createdBy().equals("marlena") &&
        order.lastModifiedBy().equals("marlena")) ◀──── 사용자가 인증된 경우 엔티티를 생성하거나
                                                          수정한 사용자에 대한 정보가
      .verifyComplete();                                 데이터에 올바르게 포함되어 있어야 한다.
  }
}
```

터미널 창을 열고 카탈로그 서비스 루트 폴더로 이동한 다음 새로 추가된 테스트들 실행해보자.

```
$ ./gradlew test --tests OrderRepositoryR2dbcTests
```

테스트가 실패한다면 Order() 생성자를 사용하는 테스트 케이스를 업데이트하지 않았기 때문일 수 있다. 도메인 모델에 새 필드를 추가했기 때문에 테스트 케이스도 이에 맞춰 업데이트해야 한다.

이것으로 명령형 및 리액티브 클라우드 네이티브 애플리케이션에서 스프링 부트, 스프링 보안, 스프링 데이터 및 키클록를 사용해 어떻게 인증, 권한, 감사를 구현할 수 있는지에 대한 논의를 마무리한다.

폴라 실험실

앞 장에서 배운 내용을 자유롭게 적용해 카탈로그 서비스와 주문 서비스를 배포하도록 변경해보자.

1. 키클록 URL을 설정하도록 두 애플리케이션에 대한 도커 컴포즈 정의를 업데이트한다. 컨테이너 이름 (polar-keycloak:8080)을 사용할 수 있는데 기본적으로 제공되는 도커 DNS를 통해 조회할 수 있다.
2. 키클록 URL을 설정하기 위해 두 애플리케이션에 대한 쿠버네티스 매니페스트를 업데이트한다. 모든 상호 작용이 클러스터 내에서 발생하므로 키클록 서비스 이름(polar-keycloak)을 URL로 사용할 수 있다.

책의 코드 저장소 Chapter12/12-end 폴더에서 최종 결과를 확인할 수 있다.[3] 12/12-end/polar-deployment/kubernetes/platform/development 폴더에 있는 매니페스트에 대해 kubectl apply-f를 사용해 지원 서비스를 배포하거나 ./create-cluster.sh로 전체 클러스터를 시작할 수 있다.

요약

- OIDC/OAuth2 설정에서 클라이언트(에지 서비스)는 액세스 토큰을 통해 사용자를 대신해 리소스 서버(카탈로그 서비스 및 주문 서비스)에 액세스할 수 있다.

- 스프링 클라우드 게이트웨이는 다른 서비스로 전달되는 요청에 자동으로 액세스 토큰을 추가하는 TokenRelay 필터를 제공한다.

- JWT 형식에 따라 ID 토큰 및 액세스 토큰은 인증된 사용자에 대한 정보를 클레임에 담아 전달한다. 예를 들어 roles 클레임을 추가하고 사용자 역할에 따른 권한 부여 정책을 수행하도록 스프링 보안을 설정할 수 있다.

- 스프링 부트 애플리케이션은 스프링 보안을 통해 OAuth2 리소스 서버로 설정할 수 있다.

- OAuth2 리소스 서버의 사용자 인증 전략은 각 요청의 Authorization 헤더를 통해 제공되는 유

---

3   https://github.com/ThomasVitale/cloud-native-spring-in-action

효한 액세스 토큰을 기반으로 한다. 이것을 JWT 인증이라고 부른다.

- OAuth2 리소스 서버에서 보안 정책은 여전히 `SecurityFilterChain`(명령형) 또는 `SecurityWebFilterChain`(리액티브) 빈을 통해 시행된다.

- 스프링 보안은 권한, 역할, 범위를 `GrantedAuthority` 객체로 표현한다.

- 사용자 정의 `JwtAuthenticationConverter` 빈을 통해 JWT에서 사용자의 권한을 추출하는 방법을 정의할 수 있는데 예를 들면 `roles` 클레임을 사용하는 경우다.

- 부여된 권한은 사용자 역할에 따라 RBAC 전략을 채택하고 엔드포인트를 보호하는 데 사용할 수 있다.

- 스프링 데이터 라이브러리는 엔티티를 생성하고 마지막으로 업데이트한 사용자를 추적하는 감사 기능을 지원한다. `AuditorAware`(또는 `ReactiveAuditorAware`) 빈을 설정하면 현재 인증된 사용자의 유저명을 알 수 있고 스프링 데이터 JDBC 및 스프링 데이터 R2DBC에서 이 기능을 사용할 수 있다.

- 데이터 감사가 활성화되면 `@CreatedBy` 및 `@LastModifiedBy` 애너테이션을 사용해 생성 또는 업데이트 작업이 발생할 때 올바른 값을 자동으로 주입할 수 있다.

- 보안을 테스트하는 것은 어렵지만 스프링 보안은 HTTP 요청이 JWT 액세스 토큰을 갖도록 변경하거나(`.with(jwt())` 또는 `.mutateWith(mockJwt())` 특정 사용자가 로그인한 보안 콘텍스트를 가지고 테스트할 수 있는(`@WithMockUser`) 편리한 유틸리티를 제공한다.

- 테스트컨테이너는 실제 키클록 컨테이너를 사용해 스프링 보안과의 상호작용을 가능하게 하므로 완전한 통합 테스트를 작성하는 데 유용하다.

IV

프로덕션에서의
클라우드 네이티브

지금까지 멋진 여정을 거쳐왔다. 각 장별로 클라우드 네이티브 애플리케이션을 구축하기 위한 패턴, 원칙 및 모범 사례를 살펴봤고 스프링 부트와 쿠버네티스를 사용해 북숍 시스템을 구축했다. 이제 프로덕션 환경을 준비할 차례다. 4부에서는 클라우드 네이티브 애플리케이션을 프로덕션에 사용할 수 있도록 준비하기 위한 마지막 몇 단계인 통합 가시성, 설정 관리, 시크릿 관리, 배포 전략과 같은 문제를 살펴본다. 또한 서버리스 및 네이티브 이미지에 대해서도 살펴본다.

13장은 스프링 부트 액추에이터, 오픈 텔레메트리, 그라파나 통합 가시성 스택을 사용해 클라우드 네이티브 애플리케이션을 관찰 가능하도록 만들 수 있는 방법을 설명한다. 또한 스프링 부트 애플리케이션 설정을 통해 로그, 상태, 메트릭, 추적 등의 텔레메트리 데이터를 생성하는 방법을 알아본다. 14장은 컨피그맵, 시크릿, 커스터마이즈와 같이 쿠버네티스 자체에서 제공되는 옵션을 사용해 수행할 수 있는 고급 설정 및 비밀 관리 전략을 다룬다. 15장은 클라우드 네이티브 여정의 마지막 단계로 스프링 부트를 프로덕션을 위해 설정하는 방법을 살펴본다. 그런 다음 깃옵스 전략을 따라 애플리케이션에 대한 지속적 배포를 설정하고 퍼블릭 클라우드의 쿠버네티스 클러스터에 배포한다. 마지막으로 16장에서는 스프링 네이티브 및 스프링 클라우드 함수를 통해 서버리스 아키텍처와 함수를 다룬다. 또한 쿠버네티스에 기반해 더 나은 개발자 경험을 제공해주는 케이네이티브의 강력한 기능에 대해서도 살펴본다.

PART IV

Cloud native

production

13

관측 가능성 및 모니터링

이 장의 주요 내용

- 스프링 부트, 로키 및 플루언트 비트를 사용한 로깅
- 스프링 부트 액추에이터와 쿠버네티스를 사용한 상태 프로브 사용
- 스프링 부트 액추에이터, 프로메테우스 및 그라파나로 메트릭 생성
- 오픈텔레메트리와 템포를 사용한 분산 추적 설정
- 스프링 부트 액추에이터를 사용한 애플리케이션 관리

앞 장에서는 안전하고 확장 가능하며 복원력이 뛰어난 애플리케이션을 구축하는 데 사용할 수 있는 패턴과 기술에 대해 배웠다. 하지만 폴라 북숍 시스템에 대한 관측 가능성이 여전히 부족하며, 특히 문제가 발생하는 경우에는 더욱 그렇다. 프로덕션 환경으로 전환하기 전에 애플리케이션을 관찰할 수 있는지, 그리고 배포 플랫폼은 시스템을 모니터링하고 분석하기 위해 필요한 모든 도구를 제공하는지를 확인해야 한다.

우리가 흔히 **모니터링**monitoring이라고 할 때 애플리케이션이 사용할 수 있는 원격 측정을 확인하고 실패 상태에 대한 경고를 정의하는 것을 말한다. 또한 **관측 기능성**observability은 단순한 모니터링을 넘어 시스템에 대해 던질 수 있는 질문을 미리 정해놓지 않은 상태에서 어떠한 질문이라도 할 수 있는 상태에 도달하는 것을 목표로 한다. 제품 팀은 애플리케이션이 관련 정보를 노출하도록 해야 하며, 플랫폼 팀은 이 정보를 사용하고 애플리케이션의 운영에 대해 질문할 수 있는 인프라를 제공

해야 한다.

1장의 내용을 기억하겠지만, 관측 가능성은 클라우드 네이티브 애플리케이션의 속성 중 하나다. 관측 가능성은 애플리케이션의 출력에서 애플리케이션의 내부 상태를 얼마나 잘 추론할 수 있는지를 측정하는 척도다. 2장에서 관찰 가능한 애플리케이션을 구축하는 데 도움이 되는 두 가지 요소를 포함해 15요소 방법론에 대해 배웠다. 14번째 요소는 애플리케이션을 마치 우주 탐사선처럼 취급하고 로그, 메트릭, 추적 등 애플리케이션을 원격으로 모니터링하고 제어하기 위해 어떤 측정 데이터가 필요한지 추론할 것을 제안한다. 6번째 요소에서는 로그를 파일로 다루기보다는 이벤트 스트림으로 취급할 것을 권장한다.

이 장에서는 로그, 상태 프로브, 메트릭과 같이 스프링 부트 애플리케이션의 내부 상태를 유추할 수 있는 정보와 스키마 마이그레이션이나 빌드와 같이 중요한 정보를 노출하는 방법을 배운다. 또한 그라파나 오픈소스 가시성 스택을 사용해 수정 사항이 어떻게 애플리케이션에 적용될지 검증하는 방법도 살펴본다. 하지만 플랫폼 팀에서 배포하고 운영하는 영역이기 때문에 너무 자세한 내용은 다루지 않을 것이다.

NOTE 이 장에 나오는 예제의 소스 코드는 Chapter13/13-begin 및 Chapter13/13-end 폴더에 있는데 각각 프로젝트의 초기 상태와 최종 상태를 나타낸다.[1]

13.1 스프링 부트, 로키 및 플루언트 비트를 사용한 로깅

로그(또는 **이벤트 로그**)는 소프트웨어 애플리케이션에서 시간이 지남에 따라 발생한 일들에 대한 불연속적인 기록이다. 로그는 '이벤트가 언제 발생했는가?'라는 질문에 대답하기 위해 필요한 타임스탬프 그리고 이벤트와 그 콘텍스트에 대한 세부 정보로 이루어져 있고 '그 시간에 무슨 일이 일어났는가?', '어떤 스레드가 이벤트를 처리하고 있었는가?', '어떤 사용자/테넌트가 그 콘텍스트에 참여하고 있었는가?'와 같은 질문에 답할 수 있게 해준다.

문제 해결 및 디버깅 작업을 하는 동안 로그는 단일 애플리케이션 인스턴스에서 특정 시점에 발생한 일을 재구성하는 데 사용할 수 있다. 일반적으로 이벤트의 유형이나 심각한 정도에 따라 **추적**trace, **디버그**debug, **정보**info, **경고**warn, **오류**error 등으로 분류된다. 프로덕션 환경에서는 가장 심각한

---

1 https://github.com/ThomasVitale/cloud-native-spring-in-action

이벤트만 기록하지만 디버깅이 필요할 때는 로그 수준을 일시적으로 변경할 수 있는 유연한 메커니즘이다.

로그 레코드의 형식은 다양한데, 단순한 일반 텍스트부터 보다 체계적인 키-값 쌍의 모음 그리고 JSON 형식으로 된 완전한 구조의 레코드까지 가능하다.

전통적으로 로그는 호스트 컴퓨터에 파일로 저장하기 때문에 애플리케이션에서 파일 이름 규칙, 파일 순환, 파일 크기와 같은 설정을 해야 했다. 클라우드에서는 로그를 표준 출력으로 스트림되는 이벤트로 처리할 것을 권장하는 15요소 방법론을 따른다. 클라우드 네이티브 애플리케이션은 로그를 스트리밍하며 로그가 어떻게 처리되는지 어디에 저장되는지는 신경 쓰지 않는다.

이번 절에서는 스프링 부트 애플리케이션에서 로그를 추가하고 설정하는 방법을 살펴본다. 그런 다음 클라우드 네이티브 인프라에서 로그를 수집하고 집계하는 방법을 설명한다. 마지막으로, 로그 수집을 위해 **플루언트 비트**Fluent Bit를, 로그 집계를 위해 **로키**Loki를 실행하고, 그라파나를 사용해 스프링 부트 애플리케이션에서 생성된 로그에 대한 질의를 수행한다.

13.1.1 스프링 부트를 사용한 로깅

스프링 부트는 로그백Logback, 로그4J2Log4J2, 커먼스Commons 로깅, 자바 유틸 로깅 등 일반적인 로깅 프레임워크를 기본적으로 지원하도록 자동 설정되어 있다. 로그백(https://logback.qos.ch)이 기본 설정되어 있지만, **SLF4J**Simple Logging Facade for Java에서 제공하는 추상화 덕분에 다른 라이브러리로 쉽게 변경할 수 있다.

SLF4J(www.slf4j.org)의 인터페이스를 사용하면 자바 코드를 변경하지 않고도 로깅 라이브러리를 자유롭게 변경할 수 있다. 또한 클라우드 네이티브 애플리케이션은 로그를 이벤트로 처리하고 표준 출력으로 스트림해야 하는데 이 일은 스프링 부트가 기본적으로 수행해준다. 편리하지 않은가?

■ 스프링 부트 로깅 설정

이벤트 로그는 추적, 디버그, 정보, 경고, 오류 수준으로 분류하는데 이 분류에서 수준이 올라갈수록 세부 정보는 점점 줄어들고 중요도는 점점 높아진다. 스프링 부트는 **정보** 이상의 수준, 즉 정보, 경고, 오류 수준을 로그로 기록하도록 기본 설정되어 있다.

로거logger는 로그 이벤트를 생성하는 클래스다. 설정 속성을 통해 로거의 수준을 정할 수 있는데, 전체 설정을 적용하거나 특정 패키지 또는 클래스를 대상으로 정할 수도 있다. 예를 들어 9장에서는 (에지 서비스 프로젝트의 application.yml 파일에서) **디버그** 수준의 로거를 설정해 Resilience4J로 구현한 회로 차단기로부터 자세한 정보를 얻었다.

```
logging:
  level:
    io.github.resilience4j: debug
```
Resilience4J 라이브러리에 대해
디버그 수준의 로거를 설정

여러 개의 로거를 동시에 설정해야 할 수도 있다. 이 경우 여러 개의 로거를 하나의 **로그 그룹** log group으로 묶고 이 그룹에 대해 설정을 적용할 수 있다. 스프링 부트는 `web`과 `sql`이라는 두 가지 사전 정의된 로그 그룹이 있지만, 사용자가 직접 정의할 수도 있다. 예를 들어 에지 서비스 애플리케이션에 정의된 회로 차단기의 작동을 더 세밀하게 분석하기 위해 로그 그룹을 정의하고 Resilience4J와 스프링 클라우드 서킷 브레이커에 대해 로그 수준을 설정할 수 있다.

에지 서비스 프로젝트(에지 서비스)에서 다음과 같이 새로운 로그 그룹을 설정해보자.

예제 13.1 **회로 차단기 로그를 제어하기 위한 그룹 설정**

```
logging:
  group:
    circuitbreaker: io.github.resilience4j,
 ↪org.springframework.cloud.circuitbrea
    level:
      circuitbreaker: info
```
같은 설정을 적용하기 위해
여러 개의 로거를 하나의 그룹으로 묶는다.

Resilience4J와 스프링 클라우드 서킷 브레이커에 대해
info 수준을 설정하는데 서킷 브레이커를 디버깅해야 할 경우
로그 수준을 쉽게 변경할 수 있다.

기본 설정상 각 이벤트 로그는 발생 날짜 및 시간, 로그 수준, 프로세스 식별자(PID), 이벤트가 발생한 스레드 이름, 로거 이름, 로그 메시지 등 필수적인 정보를 제공한다. ANSI를 지원하는 터미널에서 애플리케이션 로그를 확인하면 가독성을 높이기 위해 로그 메시지를 색상으로 구별해서 보여준다(그림 13.1). 로그 메시지 형식은 `logging.pattern` 설정 속성 그룹을 통해 변경할 수 있다.

스프링 부트에서 기본 설정된 로그 형식

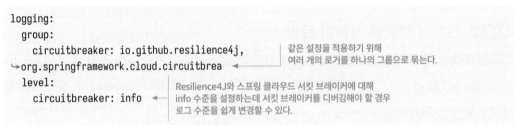

```
2022-07-31 21:07:03.394 INFO 3142 --- [main] c.p.c.CatalogServiceApplication : Starting CatalogServiceApplication
```

타임스탬프 | 프로세스 ID | 로거 이름
로그 수준 | 스레드 이름 | 로그 메시지

그림 13.1 **이벤트 로그는 타임스탬프, 콘텍스트 정보 및 발생한 내용에 대한 메시지를 포함하고 있다.**

스프링 부트는 로그를 파일에 기록하기 위한 옵션을 광범위하게 제공한다. 이 옵션은 클라우드 네이티브 애플리케이션에는 유용하지 않으므로 이 책에서는 다루지 않는다. 이 주제에 관심이 있다면 공식 문서(http://spring.io/projects/spring-boot)에서 로그 파일에 대한 자세한 내용을 찾아볼 수 있다.

② 스프링 부트 애플리케이션에 로그 추가

프로젝트에 사용된 프레임워크와 라이브러리에 대한 로거를 설정하는 것 외에도 코드 내에서도 해당되는 곳에서 이벤트 로그를 정의해야 한다. 얼마나 많은 로그를 기록해야 충분할까? 상황에 따라 다르다.

필자가 생각하기에는 일반적으로 적은 로그보다는 조금 지나치더라도 많은 로그가 더 낫다. 로깅을 추가하는 변경 사항만을 위한 배포는 많이 봤지만 그 반대의 경우는 거의 본 적이 없다.

SLF4J 파사드[2] 덕분에 어떤 로깅 라이브러리를 사용하더라도 자바에서 새 이벤트 로그를 정의하는 구문은 동일하다. 즉 `LoggerFactory`에서 생성된 `Logger` 인스턴스를 사용한다. 이에 대해 살펴보기 위해 카탈로그 서비스의 웹 컨트롤러에 새 로그 메시지를 추가해보자.

카탈로그 서비스 프로젝트(catalog-service)의 `BookController` 클래스에서 SLF4J의 `Logger` 인스턴스를 정의하고 이 클래스의 REST API가 호출될 때마다 로그 메시지를 출력하도록 수정해보자.[3]

예제 13.2 **SLF4J를 사용한 로그 이벤트 정의**

```
package com.polarbookshop.catalogservice.web;

import org.slf4j.Logger;
import org.slf4j.LoggerFactory;
...

@RestController
@RequestMapping("books")
public class BookController {
  private static final Logger log =              클래스에 대한
    LoggerFactory.getLogger(BookController.class); ◀──── 로거 정의
  private final BookService bookService;

  @GetMapping
```

---

2   옮긴이 파사드는 인터페이스라고 생각하면 된다. SLF4J는 사양이기 때문에 인터페이스를 정의하고 있고 로그백이나 로그4J2 같은 구현체는 SLF4J 사양의 인터페이스를 구현한다.

3   옮긴이 롬복(Lombok)의 @Slf4j 애너테이션을 사용하면 로거 정의하는 코드를 생략할 수 있다. 이 외에도 반복 사용 구문(boiler-plate)을 생략할 수 있도록 해주는 유용한 애너테이션을 많이 제공한다.

```
public Iterable<Book> get() {                    주어진 메시지를
  log.info( ◄──────────────                      'info' 수준으로 기록
    "Fetching the list of books in the catalog"
  );
  return bookService.viewBookList();
}

  ...
}
```

NOTE 폴라 북숍 시스템의 모든 애플리케이션에 대해 새로운 로거를 정의하고 이벤트를 기록한다. 이 책의 소스 코드 저장소를 참고하기 바란다(Chapter13/13-end).

매핑된 진단 콘텍스트(MDC)

로그 메시지에 현재 인증된 사용자의 식별자, 현재 콘텍스트의 테넌트, 요청 URI와 같은 공통적인 정보를 추가해야 할 수도 있다. 앞선 예제에서 했던 것처럼 해당 정보를 로그 메시지에 직접 추가해도 되는데 그 경우 작동은 하겠지만 데이터가 구조화되어 있지 않다. 필자는 개인적으로 구조화된 데이터로 작업하는 것을 선호한다.

SLF4J와 로그백, 로그4J2와 같은 일반적인 로깅 라이브러리는 MDC(매핑된 진단 콘텍스트)라는 도구를 통해 요청 콘텍스트(인증, 테넌트, 스레드)에 따라 구조화된 정보를 추가할 수 있도록 지원한다. MDC에 대해 더 자세히 알고 싶다면 사용 중인 특정 로깅 라이브러리의 공식 문서를 확인한다.

이제 애플리케이션이 메시지를 이벤트 스트림으로 기록하므로 이 로그를 수집하고 저장한 후에 질의할 별도의 장소가 필요하다. 다음 절에서 이에 대한 해결책을 살펴본다.

13.1.2 로키, 플루언트 비트, 그라파나로 로그 관리하기

마이크로서비스와 같은 분산 시스템이나 클라우드와 같은 복잡한 환경으로 옮겨가면 로그 관리가 어려워지고 기존 애플리케이션과는 다른 해결책이 필요하다. 문제가 발생하면 그 부분에 대한 데이터를 어디서 찾을 수 있을까? 기존 애플리케이션은 호스트 머신에 저장된 로그 파일에 의존한다. 클라우드 네이티브 애플리케이션은 동적인 환경에 배포되고 복제되며 배포에서 삭제까지 수명 주기도 제각각이다. 따라서 같은 환경에서 실행 중인 모든 애플리케이션에서 로그를 수집하여 집계, 저장, 검색이 가능한 중앙 구성 요소로 전송해야 한다.

클라우드에서 로그를 관리하기 위한 옵션은 다양하다. 클라우드 제공업체는 자신들만의 로그 관리 설루션을 제공하는데 애저 모니터 로그Azur Monitor Logs, 구글 클라우드 로깅Google Cloud Logging

등이 있다. 또한 허니콤Honeycomb, 휴미오Humio, 뉴 렐릭New Relic, 데이터독Datadog, 일래스틱Elastic 등 다양한 엔터프라이즈 설루션도 시중에 나와 있다.

폴라 북숍에서는 그라파나 가시성 스택(https://grafana.com)을 기반으로 하는 설루션을 사용할 것이다. 이 설루션은 오픈소스 기술로 구성되어 있으며, 어떤 환경에서도 자신이 직접 실행할 수 있다. 또한 그라파나 랩에서 제공하는 관리형 서비스(그라파나 클라우드Grafana Cloud)도 나와 있다.

그라파나 스택의 구성 요소 중에서 로그 저장 및 검색을 위해서는 로키, 로그 수집 및 집계를 위해서는 플루언트 비트, 로그 데이터 시각화 및 쿼리를 위해서는 그라파나를 사용하려고 한다.

NOTE 로그 관리에 어떤 기술을 사용할지는 플랫폼 선택 사항이며 애플리케이션에 전혀 영향을 미치지 않아야 한다. 예를 들어 폴라 북숍 애플리케이션을 변경하지 않고도 그라파나 스택을 휴미오로 대체할 수 있어야 한다.

실행 중인 모든 애플리케이션의 표준 출력에서 로그 메시지를 가져오려면 **로그 수집기**log collector 가 필요하다. 그라파나 스택을 사용하면 로그 수집기를 여러 옵션 중에서 자유롭게 선택할 수 있다. 폴라 북숍 시스템에서는 오픈소스 및 CNCF 졸업[4] 프로젝트인 플루언트 비트를 사용하는데 플루언트 비트는 '여러 소스에서 로그와 메트릭을 수집하고 필터를 통해 보강한 다음 정의된 대상에 배분한다'(https://fluentbit.io). 플루언트 비트는 '통합 로깅 계층을 위한 오픈소스 데이터 수집기'인 플루언트디Fluentd의 하위 프로젝트다(www.fluentd.org).

플루언트 비트는 실행 중인 모든 컨테이너로부터 로그를 수집해 로키로 전달하고, 로키는 이를 저장하고 검색할 수 있게 해준다. 로키는 '모든 애플리케이션과 인프라로부터 로그를 저장하고 쿼리를 실행할 수 있도록 설계된 로그 집계 시스템'이다(https://grafana.com/oss/loki).

마지막으로 그라파나는 로키를 데이터 소스로 사용해 로그 시각화 기능을 제공한다. 그라파나를 사용하면 저장된 위치에 관계없이 원격 측정 데이터를 '질의, 시각화, 경고 및 이해할 수 있다.'[5] 그림 13.2는 이러한 로깅 아키텍처를 보여준다.

---

4 옮긴이 CNCF는 프로젝트를 인큐베이팅하고 기술이 성숙해져 프로덕션에서 사용할 준비가 되면 졸업한 프로젝트로 분류한다.

5 https://grafana.com/oss/grafana

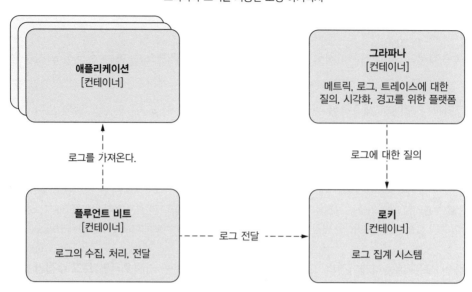

그림 13.2 그라파나 스택 기반 클라우드 네이티브 애플리케이션의 로깅 아키텍처

먼저 그라파나, 로키, 플루언트 비트를 컨테이너로 실행해보자. 폴라 배포 프로젝트(polar-deployment)의 도커 컴포즈 설정(docker/docker-compose.yml)에서 이 서비스를 포함하도록 업데이트해야 한다. 이 책의 소스 코드 저장소에 포함된 파일을 통해 설정할 수 있다(Chapter13/13-end/polar-deployment/docker/observability). observability 폴더를 자신의 로컬 프로젝트에서 동일한 경로의 폴더로 복사한다.

예제 13.3 **그라파나, 로키, 플루언트 비트를 위한 컨테이너 정의**

```
version: "3.8"
services:
  ...

  grafana:
    image: grafana/grafana:9.1.2
    container_name: grafana
    depends_on:
      - loki
    ports:
      - "3000:3000"
    environment:   ◀──┤ 그라파나를 액세스하기 위한 유저명과 패스워드
      - GF_SECURITY_ADMIN_USER=user
      - GF_SECURITY_ADMIN_PASSWORD=password
    volumes:   ◀──┤ 데이터 소스와 대시보드를 위한 설정을 로드하는 데 사용하는 볼륨
```

```
      - ./observability/grafana/datasource.yml:/etc/grafana/provisioning/
↪datasources/datasource.yml
      - ./observability/grafana/dashboards:/etc/grafana/provisioning/
↪dashboards
      - ./observability/grafana/grafana.ini:/etc/grafana/grafana.ini

  loki:
    image: grafana/loki:2.6.1
    container_name: loki
    depends_on:
      - fluent-bit
    ports:
      - "3100:3100"

  fluent-bit:
    image: grafana/fluent-bit-plugin-loki:2.6.1-amd64    로그 메시지를 전달할
    container_name: fluent-bit                            로키 URL 정의
    ports:
      - "24224:24224"
    environment:                                          로그를 수집하고 전달하기 위한
      - LOKI_URL=http://loki:3100/loki/api/v1/push  ◀    설정을 로드하는 데 사용하는 볼륨
    volumes: ◀
      - ./observability/fluent-bit/fluent-bit.conf:/fluent-bit/etc/fluent-bit.conf
```

다음 명령으로 세 개의 컨테이너를 모두 시작해보자.

```
$ docker-compose up -d grafana
```

도커 컴포즈에서 설정한 컨테이너 간 의존 관계로 인해, 그라파나를 시작하면 로키와 플루언트 비트도 실행된다.

플루언트 비트는 다양한 소스로부터 로그를 수집하도록 설정할 수 있다. 폴라 북숍의 경우, 실행 중인 컨테이너에서 자동으로 로그를 수집하기 위해 도커가 제공하는 플루언트디 드라이버를 사용할 것이다. 도커 플랫폼 자체는 각 컨테이너의 로그 이벤트를 수신하고 지정된 서비스로 전달한다. 도커는 컨테이너에서 직접 로깅 드라이버를 설정할 수 있다. 예를 들어, 카탈로그 서비스가 플루언트디 로깅 드라이버를 사용하도록 도커 컴포즈에서 설정을 업데이트하면 로그를 플루언트 비트 컨테이너로 전송한다.

예제 13.4 플루언트디 드라이버를 사용해 컨테이너 로그를 플루언트 비트로 전달

그런 다음 카탈로그 서비스를 컨테이너 이미지로 패키징하고(`./gradlew bootBuildImage`) 다음과 같이 애플리케이션 컨테이너를 실행한다.

```
$ docker-compose up -d catalog-service
```

도커 컴포즈에 정의된 컨테이너 간 의존 관계로 인해 키클록과 PostgreSQL도 자동으로 시작된다.

이제 로깅 설정을 테스트할 준비가 됐다. 먼저 카탈로그 서비스에 몇 가지 요청을 전송해 로그 메시지를 생성한다.

```
$ http :9001/books
```

그런 다음 브라우저 창을 열고 그라파나로 이동한 다음(http://localhost:3000) 도커 컴포즈에서 설정한 크리덴셜(user/password)을 사용해 로그인한다. 그런 다음 왼쪽 메뉴에서 Explorer 페이지를 선택하고 데이터 소스로 로키를 선택한 다음 time(시간) 드롭다운 메뉴에서 Last 1 Hour(지난 1시간)을 선택하고 다음과 같은 쿼리 실행을 통해 카탈로그 서비스 컨테이너에서 생성된 모든 로그를 검색해보자.

```
{container_name="/catalog-service"}
```

결과는 그림 13.3에서 볼 수 있는 것과 비슷한데, 애플리케이션 시작 로그와 `BookController` 클래스에 추가한 사용자 정의 로그 메시지가 표시된다.

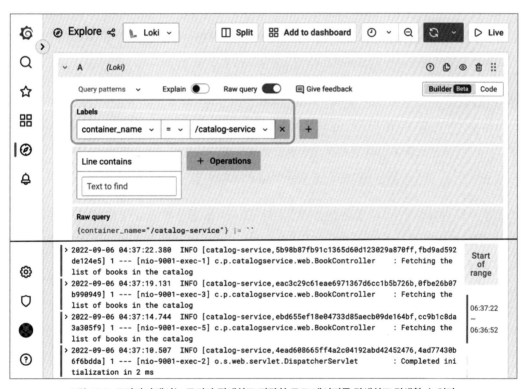

그림 13.3 그라파나에서는 로키가 집계하고 저장한 로그 메시지를 탐색하고 검색할 수 있다.

로깅 설정 테스트가 끝나면 `docker-compose down` 명령으로 모든 컨테이너를 중지하기 바란다.

NOTE 동일한 접근 방식에 따라, 폴라 북숍 시스템의 다른 모든 스프링 부트 애플리케이션도 플루언트 로깅 드라이버를 사용하고 플루언트 비트를 통해 로그를 수집하도록 도커 컴포즈 설정을 업데이트하기 바란다. 이 책의 소스 코드 저장소(Chapter13/13-end/polar-deployment/docker)를 참고해도 된다.

로그는 애플리케이션이 어떻게 작동하고 있는지에 대한 정보를 어느 정도 제공하긴 하지만 내부 상태를 유추하기에는 충분치 않다. 다음 절에서는 애플리케이션이 더 많은 상태 데이터를 제공하도록 만드는 방법을 살펴본다.

13.2 스프링 부트 액추에이터와 쿠버네티스를 사용한 상태 프로브

애플리케이션이 배포된 후에 다음과 같은 사항을 어떻게 알 수 있을까? 애플리케이션은 정상적으로 문제없이 잘 실행되고 있는가? 새로운 요청을 처리할 여력이 있는가? 문제가 있는 상태에 빠져 있지는 않은가? 클라우드 네이티브 애플리케이션은 자신의 상태에 대한 정보를 제공하고 문제가 생겼을 때 모니터링 도구와 배포 플랫폼이 이를 감지해 그에 따른 조치를 취할 수 있어야 한다. 애플리케이션과 애플리케이션이 사용하는 모든 구성 요소 또는 서비스의 상태를 확인하려면 상태 정보만 전담해서 제공하는 엔드포인트가 필요하다.

배포 플랫폼은 애플리케이션의 상태 엔드포인트를 주기적으로 호출하고 애플리케이션 인스턴스에 문제가 발생하면 모니터링 도구는 경고 또는 알림 메시지를 보낼 수 있어야 한다. 쿠버네티스의 경우, 상태 엔드포인트를 확인해 문제가 발생한 인스턴스를 자동으로 교체하거나 새 요청을 다시 처리할 준비가 될 때까지 해당 인스턴스에 대한 트래픽 전송을 일시적으로 중단한다.

스프링 부트 애플리케이션의 경우 액추에이터 라이브러리를 활용해 애플리케이션 및 데이터베이스, 이벤트 브로커, 설정 서버와 같이 애플리케이션이 사용하는 구성 요소에 대한 세부 정보를 포함한 상태 정보를 /actuator/health HTTP 엔드포인트를 통해 제공한다.

스프링 부트 액추에이터는 스프링 부트 애플리케이션의 모니터링과 관리를 위한 엔드포인트를 많이 제공하는 유용한 라이브러리다. 이러한 엔드포인트는 HTTP 또는 JMX를 통해 노출할 수 있지만, 어느 경우건 무단으로 액세스하지 않도록 엔드포인트를 보호해야 한다. 이 책에서는 HTTP 엔드포인트를 사용하는 것으로 범위를 제한할 것이기 때문에 액세스 정책을 정의하려면 지금까지 작업한 다른 엔드포인트와 동일하게 스프링 보안을 사용하면 된다.

이번 절에서는 액추에이터를 사용해 스프링 부트 애플리케이션의 상태 엔드포인트를 설정하는 방법을 다룬다. 그런 다음 쿠버네티스가 자가 복구 기능을 사용할 수 있도록 활성liveness 및 준비 상태 프로브readiness probes를 정의하는 방법을 살펴본다.

13.2.1 액추에이터를 통한 스프링 부트 애플리케이션 상태 프로브 정의

먼저, 카탈로그 서비스 프로젝트(catalog-service)에서 build.gradle 파일을 열고 스프링 부트 액추에이터에 대한 의존성이 포함되어 있는지 확인한다(4장에서 런타임에 설정을 갱신하기 위해 사용했다).

예제 13.5 **카탈로그 서비스에서 스프링 부트 액추에이터에 대한 의존성 추가**

```
dependencies {
  ...
  implementation 'org.springframework.boot:spring-boot-starter-actuator'
}
```

스프링 부트 액추에이터 엔드포인트를 보호하기 위해 할 수 있는 솔루션이 몇 가지 있다. 예를 들어, 액추에이터 엔드포인트에 대해서만 HTTP 기본 인증을 사용하도록 설정하고 다른 모든 엔드포인트는 오픈ID 커넥트 및 OAuth2를 계속 사용할 수 있다. 간단하게 하기 위해, 폴라 북숍 시스템의 쿠버네티스 클러스터 내에서는 액추에이터 엔드포인트를 인증하지 않은 상태로 유지하고 (15장에서 살펴보겠지만) 외부에서의 액세스는 차단하고자 한다.

CAUTION 실제 프로덕션 환경에서는 클러스터 내부라도 액추에이터 엔드포인트에 대한 액세스를 보호하는 것이 바람직하다.

카탈로그 서비스 프로젝트의 SecurityConfig 클래스에서 스프링 부트 액추에이터 엔드포인트에 대해서는 인증되지 않은 액세스라도 허용하도록 스프링 보안 설정을 변경해보자.

예제 13.6 **액추에이터 엔드포인트에 대한 인증되지 않은 액세스 허용**

```
@EnableWebSecurity
public class SecurityConfig {

  @Bean
  SecurityFilterChain filterChain(HttpSecurity http) throws Exception {
    return http
      .authorizeHttpRequests(authorize -> authorize          ┌─ 스프링 부트 액추에이터 엔드포인트에
        .mvcMatchers("/actuator/**").permitAll()      ◀──────┘  인증되지 않은 액세스를 허용한다.
        .mvcMatchers(HttpMethod.GET, "/", "/books/**").permitAll()
        .anyRequest().hasRole("employee")
      )
      .oauth2ResourceServer(OAuth2ResourceServerConfigurer::jwt)
      .sessionManagement(sessionManagement -> sessionManagement
        .sessionCreationPolicy(SessionCreationPolicy.STATELESS))
      .csrf(AbstractHttpConfigurer::disable)
      .build();
  }
}
```

마지막으로, 카탈로그 서비스 프로젝트(catalog-service)의 application.yml 파일을 열고 상태 엔드 포인트에 HTTP를 노출하도록 액추에이터를 설정한다. 4장의 예제를 따라 했다면 refresh 엔드포 인트에 대한 기존 설정이 이미 있을 수 있다. 그 경우에는 health 엔드포인트로 변경한다.

예제 13.7 health 액추에이터 엔드포인트 노출

```
management:
  endpoints:
    web:
      exposure:
        include: health  ◀──  HTTP를 통해
                              /actuator/health 엔드포인트 노출
```

결과를 확인해보자. 먼저 카탈로그 서비스에서 사용하는 지원 서비스인 설정 서비스, 키클록, PostgreSQL을 컨테이너로 실행해야 한다. 설정 서비스를 컨테이너 이미지로 패키징하기 바란다 (./gradlew bootBuildImage). 그런 다음 터미널 창을 열고 도커 컴포즈 파일이 있는 폴더(polar-deployment/docker)로 이동해 다음 명령을 실행한다.

```
$ docker-compose up -d config-service polar-postgres polar-keycloak
```

모든 컨테이너가 잘 실행되고 있는지 확인한 후, JVM에서 카탈로그 서비스를 실행하고(./gradlew bootRun) 터미널 창을 열어 다음과 같이 상태 엔드포인트에 HTTP GET 요청을 전송한다.

```
$ http :9001/actuator/health
```

이 엔드포인트는 카탈로그 서비스 애플리케이션의 전반적인 상태를 UP, OUT_OF_SERVICE, DOWN, UNKNOWN 중 하나로 반환한다. 상태가 UP인 경우 엔드포인트는 200 OK 응답을 반환한다. 그렇지 않은 경우에는 503 Service Unavailable 응답을 반환한다.

```
{
  "status": "UP"
}
```

기본적으로 스프링 부트 액추에이터는 전체 상태만 반환한다. 그러나 애플리케이션 속성을 통해 애플리케이션에서 사용하는 여러 구성 요소에 대한 보다 구체적인 정보를 제공하도록 설정할 수 있다. 상태 세부 정보 및 구성 요소를 항상(always) 표시하거나 요청이 승인된 경우에만(when_ authorized) 표시하도록 설정할 수 있는데 우리는 애플리케이션 수준에서 액추에이터 엔드포인트를 보호하려는 것이 아니기 때문에 추가 세부 정보를 항상 반환하도록 설정한다.

예제 13.8 **health 엔드포인트가 더 많은 정보를 노출하도록 설정**

```yaml
management:
  endpoints:
    web:
      exposure:
        include: health          애플리케이션의
  endpoint:                      상세한 상태 정보를 항상 보여준다.
    health:
      show-details: always  ◄──  애플리케이션이 사용하는 구성 요소에 대한
      show-components: always ◄── 정보를 항상 보여준다.
```

카탈로그 서비스를 다시 한번 실행하고(./gradlew bootRun) http://localhost:9001/actuator/health로 HTTP GET 요청을 보내보자. 이번에는 애플리케이션의 상태에 대한 더 자세한 정보를 담은 JSON 객체가 반환된다. 다음은 응답의 예를 일부만 보여준다.

```json
{                              애플리케이션이 사용하는 구성 요소에 대한
  "components": {  ◄──         자세한 상태 정보
    "clientConfigServer": {
      "details": {
        "propertySources": [
          "configserver:https://github.com/PolarBookshop/
↪config-repo/catalog-service.yml",
          "configClient"
        ]
      },
      "status": "UP"
    },
    "db": {
      "details": {
        "database": "PostgreSQL",
        "validationQuery": "isValid()"
      },
      "status": "UP"
    },
    ...
  },
  "status": "UP"  ◄──  애플리케이션의
}                        전반적인 상태
```

스프링 부트 액추에이터에서 제공하는 일반 상태 엔드포인트는 애플리케이션 및 지원 서비스와의 통합에 관한 세부 정보를 제공하기 때문에 모니터링과 경고나 알림을 설정하는 데 유용하다. 다음 하위 절에서는 쿠버네티스와 같은 배포 플랫폼에서 컨테이너를 관리하기 위해 사용할 수 있는 보다 구체적인 정보를 노출하는 방법을 살펴본다.

계속 진행하기 전에 애플리케이션 프로세스를 중지하되(Ctrl+C) 현재 실행 중인 컨테이너는 잠시 후에 다시 필요하므로 계속 실행되도록 둔다.

13.2.2 스프링 부트 및 쿠버네티스에서 상태 프로브 설정

스프링 부트 액추에이터는 애플리케이션의 상태에 대한 자세한 정보를 표시하는 것 외에도 그림 13.4가 보여주는 것처럼 애플리케이션이 쿠버네티스 환경에서 실행되는 시기를 자동으로 감지하고 활성(/actuator/health/liveness) 및 준비(/actuator/health/readiness) 상태를 반환하도록 **상태 프로브**health probe를 활성화한다.

- **활성 상태**liveness state: 애플리케이션이 활성 상태에 있지 않다면 문제가 있는 내부 상태로 진입했고 복구할 수 없다는 것을 의미한다. 쿠버네티스는 이 문제를 해결하기 위해 재시작을 시도하도록 기본 설정되어 있다.
- **준비 상태**readiness state: 애플리케이션이 준비되지 않았다는 것은 여전히 구성 요소를 초기화하는 중이거나(시작 단계) 과부하로 인해 새 요청을 처리할 수 없음을 의미한다. 쿠버네티스는 새 요청을 수락할 준비가 될 때까지 해당 인스턴스로의 요청 전달을 중단한다.

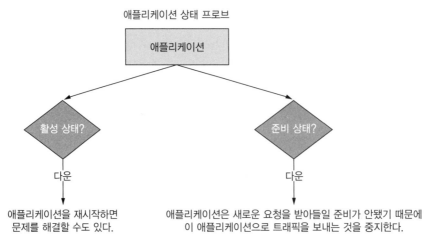

그림 13.4 **쿠버네티스는 활성 및 준비 프로브를 통해 장애 발생시 자가 복구 기능을 수행한다.**

❶ 활성 및 준비 상태 프로브 맞춤 설정

모든 환경에 대해 상태 프로브를 사용하려면 전용 속성을 통해 스프링 부트 액추에이터를 설정하면 된다. 카탈로그 서비스 프로젝트(catalog-service)를 열고 다음과 같이 application.yml 파일을 업데이트해보자.

예제 13.9 **모든 환경에서 활성 및 준비 상태 프로브 활성화**

```yaml
management:
  endpoints:
    web:
      exposure:
        include: health
  endpoint:
    health:
      show-details: always
      show-components: always
      probes:
        enabled: true    ◄───┤ 상태 프로브 지원을 활성화한다.
```

결과를 확인해보자. 앞 절에서 시작했던 카탈로그 서비스의 지원 서비스가 도커에서 실행되고 있어야 한다. 그렇지 않다면 해당 컨테이너를 모두 시작하기 바란다(docker-compose up -d config-service polar-postgres polar-keycloak). 그런 다음 JVM에서 카탈로그 서비스를 실행하고(./gradlew bootRun) 활성 상태 프로브에 대한 엔드포인트를 호출해보자.

```
$ http :9001/actuator/health/liveness
{
  "status": "UP"
}
```

스프링 부트 애플리케이션의 활성 상태는 애플리케이션이 내부적으로 올바른 상태에 있는지 아니면 제대로 작동하지 않는 상태인지를 나타낸다. 스프링 애플리케이션 컨텍스트가 성공적으로 시작되었다면 내부 상태는 유효하다. 내부 상태는 외부 구성 요소에 의존하지 않는다. 그렇지 않으면 쿠버네티스가 중단된 인스턴스를 다시 시작하려고 시도할 때 연쇄적인 실패가 발생할 것이다.

마지막으로 준비 상태 프로브 엔드포인트의 결과를 확인해보자.

```
$ http :9001/actuator/health/readiness
{
```

```
    "status": "UP"
}
```

스프링 부트 애플리케이션의 준비 상태는 트래픽을 수락하고 새 요청을 처리할 준비가 되었는지 여부를 나타낸다. 시작 단계 또는 정상 종료 중에는 애플리케이션이 준비되지 않은 상태이므로 모든 요청을 거부한다. 또한 어느 시점에서 과부하가 걸리면 일시적으로 준비되지 않은 상태가 될 수도 있다. 어떤 애플리케이션 인스턴스가 준비되지 않은 상태에 있다면 쿠버네티스는 그 인스턴스로 트래픽을 전송하지 않는다.

상태 엔드포인트 테스트가 끝나면 애플리케이션(Ctrl+C)과 컨테이너(docker-compose down)를 중지한다.

NOTE 폴라 북숍 시스템을 구성하는 다른 모든 애플리케이션에도 스프링 부트 액추에이터를 추가하기 바란다. 주문 서비스와 에지 서비스는 카탈로그 서비스와 마찬가지로 SecurityConfig 클래스에서 액추에이터 엔드포인트에 대한 인증되지 않은 액세스를 허용하도록 설정하는 것을 잊지 말아야 한다. 액추에이터는 HTTP를 통해 엔드포인트를 제공하도록 설정된 웹 서버가 필요하므로 배송 서비스에 대해 스프링 웹플럭스에 대한 의존성(org.springframework.boot:spring-boot-starter-webflux)을 추가해야 한다. 그런 다음 이번 절에서 배운 대로 모든 애플리케이션에 대한 상태 엔드포인트를 설정한다. 이 책의 소스 코드 저장소를 참고하기 바란다(Chapter13/13-end).

기본적으로 스프링 부트의 준비 상태 프로브는 외부 구성 요소에 의존하지 않지만 외부 시스템을 준비 상태 프로브에 포함할지 여부를 결정할 수 있다.

예를 들어 카탈로그 서비스는 주문 서비스가 사용하는 외부 시스템이다. 이 시스템을 준비 상태 프로브에 포함해야 할까? 주문 서비스는 카탈로그 서비스를 사용할 수 없는 상황을 위해 복원력 패턴을 채택하기 때문에 카탈로그 서비스를 준비 상태 프로브에 포함하지 않아도 된다. 카탈로그 서비스를 사용할 수 없더라도 주문 서비스는 기능이 저하된 상태이지만 서비스 자체는 계속 작동하기 때문이다.

다른 예를 생각해보자. 에지 서비스는 웹 세션 데이터를 저장하고 검색하기 위해 레디스에 의존한다. 그렇다면 레디스를 준비 상태 프로브에 포함해야 할까? 에지 서비스는 레디스 없이는 새 요청을 처리할 수 없으므로, 준비 상태 프로브에 레디스를 포함하는 것이 바람직하다. 스프링 부트 액추에이터는 애플리케이션의 내부 상태와 레디스와의 통합을 모두 고려해 애플리케이션이 새 요청을 수락할 준비가 되었는지 결정해야 한다.

에지 서비스 프로젝트(edge-service)에서 application.yml 파일을 열고, 준비 상태 프로브에서 사용할 지표를 애플리케이션의 표준적인 준비 상태와 레디스 상태로 정의해보자. 앞서 설명한 대로 이미 스프링 부트 액추에이터를 에지 서비스에 추가하고 상태 엔드포인트를 설정했다고 가정한다.

예제 13.10 **준비 상태 계산에 레디스 포함**

```yaml
management:
  endpoints:
    web:
      exposure:
        include: health
  endpoint:
    health:
      show-details: always
      show-components: always
  probes:
    enabled: true
  group:
    readiness:
      include: readinessState,redis  ◄──── 준비 상태 프로브는 애플리케이션의 준비 상태와
                                            레디스의 상태를 모두 확인한다.
```

❷ 쿠버네티스에서 활성 및 준비 상태 프로브 설정

쿠버네티스는 컨테이너 오케스트레이터로서의 작업을 수행하기 위해 상태 프로브(활성 상태 및 준비 상태)에 의존한다. 예를 들어, 애플리케이션의 원하는 상태에서 복제본이 3개일 경우, 쿠버네티스는 항상 3개의 애플리케이션 인스턴스가 실행되도록 한다. 여기서 하나라도 활성 상태 프로브가 200 응답을 반환하지 않는 경우, 쿠버네티스는 해당 인스턴스를 다시 시작한다. 애플리케이션 인스턴스를 시작하거나 업그레이드할 때 다운타임 없이 프로세스가 진행되는 것이 바람직하다. 따라서 쿠버네티스는 새로운 요청을 수락할 준비가 될 때까지(즉 쿠버네티스가 준비 상태 프로브에서 200 응답을 받을 때) 로드 밸런서에서 인스턴스를 활성화하지 않는다.

활성 및 준비 상태 정보는 애플리케이션에 따라 다르므로 쿠버네티스는 애플리케이션 자체에서 해당 정보를 검색하는 방법을 선언하게 한다. 스프링 부트 애플리케이션은 액추에이터를 사용해 활성 및 준비 상태 프로브를 HTTP 엔드포인트로서 제공한다. 상태 프로브를 위해 쿠버네티스가 이러한 엔드포인트를 사용하도록 설정하는 방법을 살펴보자.

카탈로그 서비스 프로젝트(catalog-service)에서 배포 매니페스트(k8s/deployment.yml)를 열고, 다음과 같이 활성 및 준비 프로브에 대한 설정을 추가해보자.

예제 13.11 **카탈로그 서비스에 대한 활성 및 준비 상태 프로브 설정**

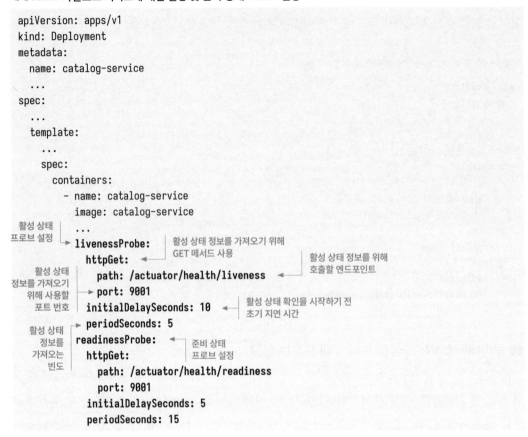

```
apiVersion: apps/v1
kind: Deployment
metadata:
  name: catalog-service
  ...
spec:
  ...
  template:
    ...
    spec:
      containers:
        - name: catalog-service
          image: catalog-service
          ...
          livenessProbe:
            httpGet:
              path: /actuator/health/liveness
            port: 9001
            initialDelaySeconds: 10
          periodSeconds: 5
          readinessProbe:
            httpGet:
              path: /actuator/health/readiness
              port: 9001
            initialDelaySeconds: 5
            periodSeconds: 15
```

활성 상태
프로브 설정

활성 상태 정보를 가져오기 위해
GET 메서드 사용

활성 상태 정보를 위해
호출할 엔드포인트

활성 상태
정보를 가져오기
위해 사용할
포트 번호

활성 상태 확인을 시작하기 전
초기 지연 시간

활성 상태
정보를
가져오는
빈도

준비 상태
프로브 설정

두 프로브 모두 쿠버네티스가 초기 지연 후 시작하도록 설정할 수 있으며(initialDelaySeconds), 프로브를 호출할 빈도(periodSeconds)도 정의할 수 있다. 초기 지연은 애플리케이션을 시작하는 데 몇 초 정도의 시간이 걸린다는 점, 그리고 이 시간은 사용 가능한 계산 리소스에 따라 달라진 다는 점을 고려해야 한다. 폴링 기간이 길면 애플리케이션 인스턴스가 결함 상태로 빠진 후에 쿠버네티스가 자체 복구 조치를 취하기까지의 시간이 오래 걸리기 때문에 이 값은 너무 길지 않도록 설정해야 한다.

CAUTION 리소스가 제한된 환경에서 이 예제를 실행하는 경우 애플리케이션이 시작되고 요청을 수락할 준비를 할 수 있도록 초기 지연 및 폴링 빈도를 조정해야 할 수 있다. 애플 실리콘 컴퓨터에서 이 예제를 실행할 때도 ARM64 지원이 패키토 빌드팩에 포함될 때까지는(업데이트는 여기[6]에서 확인할 수 있다) 마찬가지다. AMD64 컨테이너 이미지는 애플 실리콘 컴퓨터(ARM64)에서 로제타(Rosetta)를 기반으로 한 호환 계층에서 실행되는데 이로 인해 애플리케이션 시작 시간이 영향을 받기 때문이다.

---

6 https://github.com/paketo-buildpacks/stacks/issues/51

계속해서 폴라 북숍 시스템을 구성하는 모든 애플리케이션에 대해 배포 매니페스트에서 활성 및 준비 상태 프로브를 설정한다. 이 책의 소스 코드 저장소(Chapter13/13-end)를 참고하면 된다.

이벤트 로그와 더불어 상태 정보는 애플리케이션의 내부 상태에 대해 유추할 수 있는 정보를 더 제공하지만, 완전한 가시성을 확보하기에는 여전히 충분하지 않다. 다음 절에서는 메트릭의 개념과 스프링 부트에서 메트릭을 설정하는 방법을 소개한다.

13.3 스프링 부트 액추에이터, 프로메테우스, 그라파나를 통한 메트릭 및 모니터링

프로덕션 환경에서 실행 중인 애플리케이션에 대한 적절한 모니터링, 관리, 문제 해결을 위해서는 '애플리케이션이 얼마나 많은 CPU와 RAM을 사용하고 있는가?', '시간이 지남에 따라 얼마나 많은 스레드가 사용되는가?', '요청 실패율은 얼마인가?' 같은 질문에 답할 수 있어야 한다. 이벤트 로그와 상태 프로브는 이러한 질문에 대한 답을 얻기에는 도움이 되지 않는다. 더 많은 데이터가 필요하다.

메트릭metric은 애플리케이션에 대한 수치 데이터로, 일정한 시간 간격으로 측정하고 집계한다. 메트릭을 사용하면 이벤트 발생(예: 수신 중인 HTTP 요청)을 추적하거나, 항목 수(예: 할당된 JVM 스레드 수)를 계산하거나, 작업을 수행하는 데 걸리는 시간(예: 데이터베이스 쿼리 지연 시간)을 측정하거나, 리소스의 현재 값(예: 현재 CPU 및 RAM 소비량)을 얻는 등의 일을 할 수 있다. 이 모든 것은 애플리케이션이 특정 방식으로 작동하는 이유를 이해하는 데 유용한 정보다. 메트릭을 모니터링하고 이에 대한 경고 또는 알림을 설정할 수 있다.

스프링 부트 액추에이터는 **마이크로미터**Micrometer 라이브러리(https://micrometer.io)를 그대로 사용해 애플리케이션 메트릭을 수집한다. 마이크로미터에는 JVM 기반 애플리케이션의 공통 구성 요소에서 중요한 메트릭을 수집하기 위한 계측 코드가 포함되어 있다. 이 라이브러리는 공급업체 독립적인 파사드를 제공하므로 마이크로미터에서 수집한 메트릭을 프로메테우스/오픈 메트릭, 휴미오, 데이터독, VM웨어 탄주 가시성VMWare Tanzu Observability 같은 다양한 형식으로 내보낼 수 있다. SLF4J가 로깅 라이브러리를 위한 벤더 독립적인 파사드를 제공하는 것처럼, 마이크로미터는 메트릭 엑스포트에 대해서 동일한 기능을 제공한다.

스프링 부트에 의해 기본 설정된 마이크로미터 계측 라이브러리 외에도 추가 계측을 가져와서

Resilience4J와 같은 특정 라이브러리로부터 메트릭을 수집하거나 심지어 특정 벤더에 의존하지 않고 자체적으로 정의할 수도 있다.

메트릭을 내보내는 가장 일반적인 형식은 프로메테우스에서 사용하는 '오픈소스 시스템 모니터링 및 알림 툴킷'(https://prometheus.io)이다. 로키가 이벤트 로그를 집계하고 저장하는 것처럼, 프로메테우스도 메트릭에 대해 동일한 작업을 수행한다.

이번 절에서는 스프링 부트에서 메트릭을 설정하는 방법을 살펴본다. 그런 다음 프로메테우스를 사용해 메트릭을 집계하고 그라파나를 통해 대시보드에서 메트릭을 시각화한다.

13.3.1 스프링 부트 액추에이터 및 마이크로미터로 메트릭 설정

스프링 부트 액추에이터는 자바 애플리케이션에 대한 메트릭을 수집하도록 마이크로미터를 자동 설정한다. 이러한 메트릭을 노출하는 한 가지 방법은 액추에이터가 구현한 /actuator/metrics HTTP 엔드포인트를 활성화하는 것이다. 그 방법을 살펴보자.

카탈로그 서비스 프로젝트(catalog-service)에서 application.yml 파일을 업데이트하여 HTTP를 사용한 메트릭 엔드포인트를 노출한다.

예제 13.12 메트릭 액추에이터 엔드포인트 노출

```
management:
  endpoints:
    web:
      exposure:
        include: health, metrics    ◀── 상태와 메트릭 엔드포인트를 모두 노출
```

다음 명령을 사용해 카탈로그 서비스에 필요한 지원 서비스가 실행 중인지 확인한다.

```
$ docker-compose up -d polar-keycloak polar-postgres
```

그런 다음 애플리케이션을 실행하고(./gradlew bootRun) /actuator/metrics 엔드포인트를 호출해보자.

```
$ http :9001/actuator/metrics
```

이 호출 결과 메트릭 이름의 목록을 응답으로 받는데 메트릭의 이름을 엔드포인트 뒤에 덧붙여 추가로 탐색할 수 있다(예: /actuator/metrics/jvm.memory.used).

마이크로미터는 이러한 메트릭을 생성하기 위한 계측 기능을 제공하지만, 다른 형식으로 내보내고 싶을 수도 있다. 메트릭을 수집하고 저장하는 데 사용할 모니터링 설루션을 결정한 후에는 해당 도구에 대한 의존성을 추가해야 한다. 그라파나 통합 가시성 스택은 이러한 도구로 프로메테우스를 사용한다.

카탈로그 서비스 프로젝트(catalog-service)에서 프로메테우스와의 통합을 제공하는 마이크로미터 라이브러리에 대한 의존성을 추가해 build.gradle 파일을 업데이트해보자. 새로 추가한 후에는 그래들 의존성을 새로고침하거나 다시 임포트한다.

예제 13.13 마이크로미터 프로메테우스에 대한 의존성 추가

```
dependencies {
  ...
  runtimeOnly 'io.micrometer:micrometer-registry-prometheus'
}
```

그런 다음 HTTP를 통해 프로메테우스 액추에이터 엔드포인트를 노출하도록 application.yml 파일을 변경해보자. 좀 더 일반적인 `metrics` 엔드포인트는 더 이상 사용하지 않기 때문에 삭제해도 된다.

예제 13.14 프로메테우스 액추에이터 엔드포인트 노출

```
management:
  endpoints:
    web:
      exposure:
        include: health, prometheus    ◀──┤ 상태 및 프로메테우스 엔드포인트 노출
```

프로메테우스에서 사용하는 기본 전략은 풀 기반이다. 즉, 프로메테우스 인스턴스는 전용 엔드포인트(스프링 부트에서는 /actuator/prometheus)를 통해 애플리케이션에서 일정한 시간 간격으로 메트릭을 가져온다(풀pull). 애플리케이션을 다시 실행하고(./gradlew bootRun) 프로메테우스 엔드포인트를 호출하여 결과를 확인해보자.

```
$ http :9001/actuator/prometheus
```

결과는 메트릭 엔드포인트에서 가져온 것과 동일한 메트릭 컬렉션이지만 이번에는 프로메테우스가 이해하는 형식이다. 다음은 전체 응답 중에서 현재 스레드 수와 관련된 메트릭만 추출한 것이다.

```
# HELP jvm_threads_states_threads The current number of threads
# TYPE jvm_threads_states_threads gauge
jvm_threads_states_threads{state="terminated",} 0.0
jvm_threads_states_threads{state="blocked",} 0.0
jvm_threads_states_threads{state="waiting",} 13.0
jvm_threads_states_threads{state="timed-waiting",} 7.0
jvm_threads_states_threads{state="new",} 0.0
jvm_threads_states_threads{state="runnable",} 11.0
```

이 형식은 일반 텍스트를 기반으로 하며 **프로메테우스 엑스포지션 형식**Prometheus exposition format이라고 한다. 메트릭의 생성과 엑스포트를 위해 프로메테우스가 널리 채택됨에 따라, 이 형식은 CNCF 인큐베이팅 프로젝트인 오픈메트릭OpenMetrics(https://openmetrics.io)에서 좀 더 다듬어지고 표준화되었다. 스프링 부트는 HTTP 요청의 `Accept` 헤더에 어떤 값이 있는가에 따라 기본 작동인 원래의 프로메테우스 형식과 오픈메트릭을 모두 지원한다. 오픈메트릭 형식에 따라 메트릭을 가져오려면 `Accept` 헤더를 통해 명시적으로 요청해야 한다.

```
$ http :9001/actuator/prometheus \
    'Accept:application/openmetrics-text; version=1.0.0; charset=utf-8'
```

프로메테우스 메트릭 분석을 마쳤으면 애플리케이션(Ctrl+C)과 모든 컨테이너(docker-compose down)를 중지한다.

NOTE 임시 애플리케이션이나 데이터를 가져올 만큼 충분히 실행되지 않은 배포 작업에서 메트릭을 수집해야 하는 경우가 있을 수 있다. 이 경우 애플리케이션 자체가 메트릭을 프로메테우스 서버로 전송하도록 스프링 부트가 푸시 기반 전략을 채택할 수 있다. 공식 문서에 이러한 작동을 설정하는 방법이 나와 있다(http://spring.io/projects/spring-boot).

스프링 부트 액추에이터는 마이크로미터 계측에 의존하며 애플리케이션에서 사용할 수 있는 다양한 기술에 대한 메트릭을 생성하도록 자동 설정되어 있다. 예를 들면 JVM, 로거, 스프링 MVC, 스프링 웹플럭스, 레스트템플릿RestTemplate, 웹 클라이언트WebClient, 데이터 소스, 하이버네이트Hibernate, 스프링 데이터, 래빗MQ 등에 대해 자동설정 되어 있다.

에지 서비스의 경우처럼 스프링 클라우드 게이트웨이가 클래스 경로에 있는 경우, 게이트웨이 경로에 관한 추가 메트릭을 내보낸다. Resilience4J와 같은 일부 라이브러리는 추가 메트릭을 등록하기 위한 특정 의존성을 통해 전용 마이크로미터 계측 데이터를 제공한다.

에지 서비스 프로젝트(edge-service)에서 build.gradle 파일을 열고 다음과 같이 의존성을 추가해 Resilience4J용 마이크로미터 계측을 포함한다. 새로 추가한 후에는 그래들 의존성을 새로고침하거나 다시 임포트한다.

예제 13.15 **마이크로미터 Resilience4J에 대한 의존성 추가**

```
dependencies {
  ...
  runtimeOnly 'io.github.resilience4j:resilience4j-micrometer'
}
```

메트릭을 노출하도록 스프링 부트를 설정했으니, 이제는 메트릭을 가져오도록 프로메테우스를 설정하는 것과 메트릭을 시각화하기 위해 그라파나를 설정하는 방법을 살펴보자.

13.3.2 프로메테우스와 그라파나를 통한 메트릭 모니터링

로키와 마찬가지로 프로메테우스도 메트릭을 수집하고 저장한다. 심지어 메트릭을 시각화하고 알람을 정의할 수 있는 GUI도 제공하지만, 시각화를 위해서는 좀 더 포괄적인 도구인 그라파나를 사용할 것이다.

메트릭은 시계열 데이터로 저장되며, 등록 당시의 타임스탬프와 레이블을 선택적으로 포함할 수 있다. 프로메테우스에서 레이블은 기록 중인 메트릭에 더 많은 정보를 추가하기 위한 키-값 쌍이다. 예를 들어, 애플리케이션에서 사용하는 스레드 수를 보여주는 메트릭에 스레드 상태(예: 차단, 대기, 유휴 상태)를 지정하는 레이블을 추가해 메트릭을 개선할 수 있다. 레이블은 메트릭을 집계하고 질의하는 데 도움이 된다.

마이크로미터는 **태그** 개념을 제공하는데 이것은 프로메테우스의 **레이블**과 동일하다. 스프링 부트에서는 설정 속성을 활용해 애플리케이션이 생성하는 모든 메트릭에 대한 공통 레이블을 정의할 수 있다. 예를 들어, 각 메트릭에 해당 메트릭을 생성하는 애플리케이션의 이름으로 태그를 달기 위해 application이라는 레이블을 추가하면 유용하다.

카탈로그 서비스 프로젝트(catalog-service)의 application.yml 파일을 열어 애플리케이션의 이름으로 마이크로미터 태그를 정의해 모든 메트릭에 적용되는 레이블을 생성한다. 애플리케이션 이름은

spring.application.name 속성에 이미 정의되어 있으므로 동일한 값을 두 번 지정하는 대신 이 속성을 재사용하면 된다.

예제 13.16 애플리케이션 이름으로 모든 메트릭에 태그 지정

```
management:
  endpoints:
    web:
      exposure:
        include: health, prometheus
  endpoint:
    health:
      show-details: always
      show-components: always
      probes:
        enabled: true
  metrics:
    tags:
      application: ${spring.application.name}  ◀── 애플리케이션 이름으로
                                                   마이크로미터 공통 태그를 추가한다.
                                                   이로 인해 모든 메트릭에 적용되는
                                                   프로메테우스 레이블이 만들어진다.
```

이 변경으로 인해 모든 메트릭은 애플리케이션 이름을 갖는 application 레이블을 갖게 되고, 이 레이블은 그라파나에서 시각화를 위해 메트릭을 질의하고 대시보드를 작성할 때 매우 유용하게 사용할 수 있다.

```
jvm_threads_states_threads{application="catalog-service", state="waiting",} 13.0
```

로그에 대해 살펴볼 때 이미 그라파나를 접해봤다. 로키를 그라파나의 데이터 소스로 사용해 로그를 탐색한 것처럼 프로메테우스를 데이터 소스로 사용해 메트릭을 질의할 수 있다. 또한, 프로메테우스에 저장된 메트릭을 사용해 대시보드를 정의하고, 데이터를 그래픽으로 시각화하고, 특정 메트릭의 값이 어떤 중요한 값을 반환할 때 경고 또는 알림을 설정할 수 있다. 예를 들어, 분당 HTTP 요청 실패율이 특정 임곗값을 초과하면 경고나 알림을 통해 조치를 취하도록 할 수 있다. 그림 13.5는 모니터링 아키텍처를 보여준다.

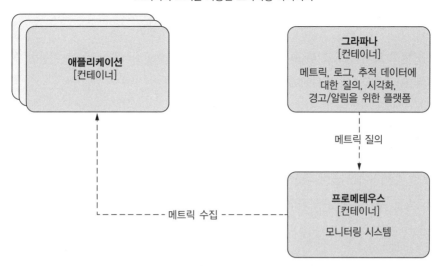

그라파나 스택을 사용한 모니터링 아키텍처

그림 13.5 **그라파나 스택 기반 클라우드 네이티브 애플리케이션에 대한 모니터링 아키텍처**

폴라 배포 프로젝트(polar-deployment)에서 프로메테우스를 포함하도록 도커 컴포즈 설정을 업데이트해보자(docker/docker-compose.yml). 앞서 Chapter13-end/polar-deployment/docker/observability에서 가져온 설정 파일에는 그라파나가 프로메테우스를 데이터 소스로 사용하도록 이미 설정되어 있다.

예제 13.17 **메트릭 수집을 위한 프로메테우스 컨테이너 정의**

```
version: "3.8"
services:
  ...

  grafana:
    image: grafana/grafana:9.1.2
    container_name: grafana
    depends_on:
      - loki
      - prometheus    ◀── 프로메테우스는 반드시
    ...                    그라파나보다
                           앞서 실행되어야 한다.

  prometheus:
    image: prom/prometheus:v2.38.0
    container_name: prometheus
    ports:                        볼륨은 프로메테우스가 데이터를 가져오기 위한 설정을
      - "9090:9090"               로드하는 데 사용한다.
    volumes:    ◀──
      - ./observability/prometheus/prometheus.yml:/etc/prometheus/prometheus.yml
```

로키와 달리, 애플리케이션에서 메트릭을 수집하기 위한 전용 구성 요소가 따로 필요하지 않고 프로메테우스 서버 컨테이너가 메트릭을 수집하고 저장할 수 있다.

터미널 창을 열고 도커 컴포즈 파일이 저장된 폴더(polar-deployment/docker)로 이동한 후 다음 명령으로 전체 모니터링 스택을 실행해보자.

```
$ docker-compose up -d grafana
```

프로메테우스 컨테이너는 폴라 북숍의 모든 스프링 부트 애플리케이션이 컨테이너로 실행될 때 2초마다 메트릭을 가져오도록 설정되어 있다. 카탈로그 서비스를 컨테이너 이미지로 패키징하고(./gradlew bootBuildImage) 도커 컴포즈에서 실행해보자.

```
$ docker-compose up -d catalog-service
```

카탈로그 서비스에 몇 가지 요청을 보낸 다음(http:9001/books) 브라우저 창에서 http://localhost:3000을 열고(user/password) 그라파나로 이동한다. Explorer 섹션에서 로그를 탐색한 것처럼 메트릭에 대해 질의할 수 있다. 데이터 소스로 프로메테우스를 선택하고 시간 드롭다운 메뉴에서 Last 5 Minutes(지난 5분)을 선택한 후 애플리케이션에서 사용하는 JVM 메모리와 관련된 메트릭을 다음과 같이 질의한다(그림 13.6).

```
jvm_memory_used_bytes{application="catalog-service"}
```

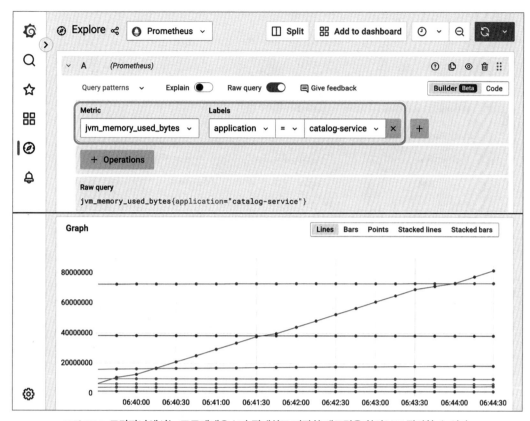

그림 13.6 그라파나에서는 프로메테우스가 집계하고 저장한 메트릭을 찾아보고 질의할 수 있다.

메트릭 데이터는 애플리케이션의 다양한 양상을 모니터링하기 위한 대시보드를 만드는 데 사용할 수 있다. 좌측 메뉴에서 Dashboards(대시보드) > Manage(관리)를 선택하고, 필자가 그라파나에서 애플리케이션 폴더에 그룹으로 묶은 대시보드를 살펴보기 바란다.

예를 들어, JVM 대시보드를 열어보자(그림 13.7). 이 대시보드는 CPU 사용량, 힙 메모리, 비힙 메모리, 가비지 컬렉션, 스레드 등 스프링 부트 애플리케이션을 실행하는 JVM과 관련된 다양한 메트릭을 시각화해서 보여준다.

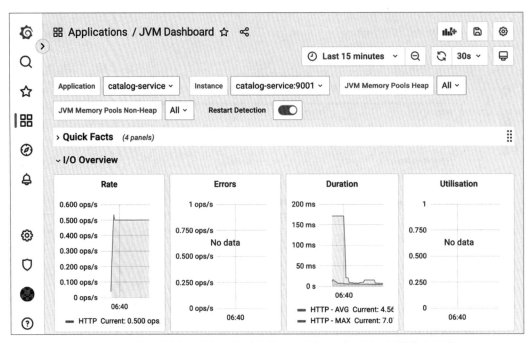

그림 13.7 그라파나에서는 대시보드를 사용해 프로메테우스 메트릭을 시각화할 수 있다.

대시보드 페이지에서 폴라 북숍 애플리케이션에 대해 더 많은 가시성을 확보하기 위해 구성해놓은 다른 대시보드도 살펴보기 바란다. 각 대시보드는 목표 및 사용 방법에 대한 추가 정보를 가지고 있다.

그라파나에서 애플리케이션 메트릭 확인을 마쳤으면 모든 컨테이너를 중지한다(docker-compose down).

13.3.3 쿠버네티스에서 프로메테우스 메트릭 설정

쿠버네티스에서 애플리케이션을 실행할 때, 프로메테우스 서버에게 어떤 컨테이너에서 데이터를 가져와야 하는지, 그리고 어떤 HTTP 엔드포인트와 포트 번호로 호출해야 하는지를 알려주기 위한 목적의 전용 주석을 사용할 수 있다.

이 책의 뒷부분에서 프로덕션 쿠버네티스 클러스터에 전체 그라파나 통합 가시성 스택을 배포할 때 이 설정을 테스트할 기회가 있을 것이다. 지금은 폴라 북숍의 모든 스프링 부트 애플리케이션에 대한 배포 매니페스트를 준비한다. 예를 들어, 다음 예제는 카탈로그 서비스 매니페스트(catalog-service/k8s/deployment.yml)가 어떻게 변경되어야 하는지 보여준다.

예제 13.18 **카탈로그 서비스에서 프로메테우스 메트릭을 가져오기 위한 주석**

```
apiVersion: apps/v1
kind: Deployment
metadata:
  name: catalog-service
  labels:
    app: catalog-service
spec:
  replicas: 1
  selector:
    matchLabels:
      app: catalog-service
  template:
    metadata:
      labels:
        app: catalog-service
      annotations:
        prometheus.io/scrape: "true"
        prometheus.io/path: /actuator/prometheus
        prometheus.io/port: "9001"
  ...
```

프로메테우스에게 이 파드에 있는
컨테이너로부터 데이터를
가져와야 한다는 것을 알린다.

프로메테우스 메트릭을 제공하는
HTTP 엔드포인트를 지정

메트릭 엔드포인트의
포트 번호 지정

쿠버네티스 매니페스트의 주석은 String 유형이어야 하므로 숫자나 부울 유형일 경우 잘못 인식하지 않도록 따옴표 안에 값을 지정해야 한다.

이제 폴라 북숍 시스템의 나머지 모든 애플리케이션에 대해서도 쿠버네티스 매니페스트 설정을 포함해 메트릭과 프로메테우스를 설정한다. 이 책의 소스 코드 저장소를 참고하기 바란다 (Chapter13/13-end).

다음 절에서는 애플리케이션을 모니터링하고 관찰 가능하게 만드는 데 필요한 또 다른 유형의 원격 측정인 추적에 대해 다룬다.

13.4 오픈텔레메트리 및 템포를 사용한 분산 추적

이벤트 로그, 상태 프로브, 메트릭은 애플리케이션의 내부 상태를 추론할 수 있는 다양하고 유용한 데이터를 제공한다. 그러나 이들 중 어느 것도 클라우드 네이티브 애플리케이션이 분산 시스템이라는 점을 고려하지는 않는다. 사용자 요청은 여러 애플리케이션에 걸쳐 처리될 기능성이 많지만, 지금까지 살펴본 내용에는 애플리케이션 경계를 넘어 데이터를 연관시킬 수 있는 방법이 없었다.

이 문제를 해결하는 간단한 방법은 시스템의 에지에서 각 요청에 대한 식별자(**상관관계 ID**correlation ID)를 생성해 이것을 이벤트 로그에 사용한 다음 관련된 다른 서비스에도 전달하는 것이다. 이 상관관계 ID를 사용하면 여러 애플리케이션에 걸쳐 특정 트랜잭션과 관련된 모든 로그 메시지를 가져올 수 있다.

이 아이디어를 더 발전시키면 분산 추적이 되는데 이는 분산 시스템이 처리하는 요청을 추적하는 기술로 이를 통해 오류가 발생하는 위치를 파악하고 성능 문제를 해결할 수 있다. **분산 추적**에는 세 가지 주요 개념이 있다.

- **추적**trace은 요청 또는 트랜잭션과 관련된 활동을 나타내며, **추적 ID**trace ID로 고유하게 식별된다. 추적은 하나 이상의 서비스에 걸쳐 있는 여러 개의 스팬으로 구성된다.
- 요청 처리의 각 단계를 **스팬**span이라고 하며, 시작 및 종료 타임스탬프로 특징지어지고 추적 ID 와 스팬 ID 쌍으로 고유하게 식별된다.
- **태그**는 메타데이터로 요청 URI, 현재 로그인한 사용자의 사용자 이름 또는 테넌트 식별자 등 스팬 콘텍스트에 대한 정보를 추가로 제공한다.

예를 들어보자. 폴라 북숍에서는 게이트웨이(에지 서비스)를 통해 책을 가져오는데, 이때 요청은 카탈로그 서비스로 전달된다. 이러한 요청 처리와 관련된 추적에는 이 두 애플리케이션에 걸쳐 다음과 같이 최소 세 개의 스팬이 포함된다.

- 첫 번째 스팬은 에지 서비스가 초기 HTTP 요청을 수락하기 위해 수행하는 단계다.
- 두 번째 스팬은 요청을 카탈로그 서비스로 전달하기 위해 에지 서비스가 수행하는 단계다.
- 세 번째 스팬은 전달받은 요청을 처리하기 위해 카탈로그 서비스가 수행하는 단계다.

분산 추적 시스템과 관련해 여러 가지 선택 사항이 있다. 먼저, 추적을 생성하고 전파하는 데 사용할 형식과 프로토콜을 선택해야 한다. 이를 위해 우리는 분산 추적의 사실상 표준으로 빠르게 자리 잡아 가고 있는 **오픈텔레메트리**OpenTelemetry(**OTel**이라고도 한다)를 사용하는데, 오픈텔레메트리는 원격 추적 데이터 수집의 통합을 목표로 하는 CNCF 인큐베이팅 프로젝트다(https://opentelemetry.io).

다음으로 오픈텔레메트리 자바 계측으로 오픈텔레메트리를 직접 사용할 것인지, 아니면 벤더 중립적인 방식으로 코드를 계측하고 다양한 분산 추적 시스템(예: 스프링 클라우드 슬루스Spring Cloud Sleuth)과 통합하는 파사드를 사용할지 선택해야 한다. 여기서는 첫 번째 옵션을 사용한다.

애플리케이션이 분산 추적을 위해 계측되고 나면 추적을 수집하고 저장할 도구가 필요하다. 그라파나 가시성 스택에서 사용하는 분산 추적 백엔드는 **템포**Tempo로, 템포는 '최소한의 운영 비용과 그 어느 때보다 적은 복잡성으로 추적을 가능한 한 최대 한도로 확장할 수 있는' 프로젝트다 (https://grafana.com/oss/tempo). 프로메테우스와는 달리 템포는 애플리케이션 자체가 데이터를 분산 추적 백엔드에 푸시하는 푸시 기반 전략을 따른다.

이번 절에서는 템포로 그라파나 가시성 설정을 완료하고 이를 사용해 추적을 수집하고 저장하는 방법을 살펴본다. 그런 다음 스프링 부트 애플리케이션에서 오픈텔레메트리 자바 계측을 사용해 추적을 생성하고 템포로 전송하는 방법을 살펴본다. 마지막으로 그라파나에서 추적에 대해 질의하는 방법을 배운다.

오픈텔레메트리, 스프링 클라우드 슬루스, 마이크로미터 추적

분산 추적을 구현하고 트레이스 및 스팬의 생성과 전달에 대한 몇 가지 표준이 등장했다. 오픈집킨OpenZipkin은 보다 성숙한 프로젝트다.[7] 오픈트레이싱OpenTracing과 오픈센서스OpenCensus는 분산 추적을 지원하기 위해 애플리케이션 코드를 계측하는 방법의 표준화에 대한 좀 더 최근의 프로젝트다. 두 프로젝트는 더 이상 사용하지 않는데 '원격 분석 데이터(메트릭, 로그, 추적)를 계측, 생성, 수집, 내보내기' 위한 궁극적인 프레임워크인 오픈텔레메트리로 합쳐졌기 때문이다. 템포는 이들을 모두 지원한다.

스프링 클라우드 슬루스[8]는 스프링 부트 애플리케이션에서 분산 추적을 위한 자동 설정을 제공하는 프로젝트다. 이 프로젝트는 스프링 애플리케이션에서 일반적으로 사용되는 라이브러리의 계측을 처리하고 특정 분산 추적 라이브러리 위에 추상화 계층을 제공한다. 분산 추적 라이브러리는 기본 설정으로 오픈집킨을 사용한다.

이 책에서는 두 가지 주요 이유 때문에 오픈텔레메트리 자바 계측을 직접 사용하는 방법을 살펴보고자 한다. 첫째, 이 글을 쓰는 현재, 스프링 클라우드 슬루스에서 오픈텔레메트리 지원은 아직 실험 단계이며 프로덕션에 사용할 준비가 되지 않았다.[9]

둘째, 스프링 클라우드 슬루스는 스프링 프레임워크 6, 스프링 부트 3부터는 더 이상 개발되지 않을 것이기 때문이다. 스프링 프로젝트는 슬루스 핵심 프레임워크를 마이크로미터에 기부했으며, 마이크로미터가 이미 메트릭에 대해 수행하는 것과 유사하게 추적을 위한 벤더 중립적인 파사드를 제공하는 것을 목표로 하는 새로운 마이크로미터 트레이싱 하위 프로젝트를 만들었다. 마이크로미터 트레이싱은 오픈집킨과 오픈텔레메트리를 지원할 예정이다. 마이크로미터 트레이싱을 기반으로 코드 계측이 스프링 가시성 이니셔티브의 일부로서 모든 스프링 라이브러리의 핵심 요소가 될 것이다.

---

7 https://zipkin.io
8 https://spring.io/projects/spring-cloud-sleuth
9 https://github.com/spring-projects-experimental/spring-cloud-sleuth-otel

13.4.1 템포와 그라파나를 통한 트레이스 관리

분산 트레이스 백엔드는 트레이스를 집계, 저장하고 검색 가능하게 하는 일을 담당한다. 템포는 그라파나 통합 가시성 스택의 솔루션이다. 그림 13.8은 트레이스 아키텍처를 보여준다.

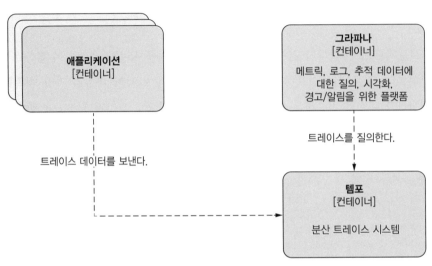

그림 13.8 그라파나 스택에 기반한 클라우드 네이티브 애플리케이션의 분산 트레이스 아키텍처

NOTE 대부분의 공급업체는 오픈텔레메트리를 지원하므로 애플리케이션을 변경하지 않고도 분산 추적 백엔드를 쉽게 교체할 수 있다. 예를 들어, 템포 대신 허니콤Honeycomb, 라이트스텝Lightstep, VM웨어 탄주 옵저버빌리티VMware Tanzu Observability와 같은 다른 플랫폼으로 트레이스 데이터를 전송할 수 있다.

먼저, 폴라 북숍이 템포를 포함하도록 도커 컴포즈 파일을 업데이트해보자(polar-deployment/docker/docker-compose.yml). 앞서 Chapter13-end/polar-deployment/docker/observability에서 자신의 프로젝트로 가져온 설정 파일에는 그라파나가 템포를 데이터 소스로 사용하도록 이미 설정되어 있다.

예제 13.19 **트레이스 수집 및 저장을 위한 템포 컨테이너 정의**

```
version: "3.8"
services:
  ...

  grafana:
    image: grafana/grafana:9.1.2
    container_name: grafana
    depends_on:
      - loki
```

```
    - prometheus
    - tempo  ◄──── 템포는 반드시 그라파나 전에
  ...                시작되어야 한다.

  tempo:
    image: grafana/tempo:1.5.0
    container_name: tempo
    command: -config.file /etc/tempo-config.yml  ◄──── 시작 단계에서
    ports:                                              사용자 지정 설정을 로드한다.
      - "4317:4317"  ◄──── gRPC를 통해 오픈텔레메트리 프로토콜을 사용해
  ► volumes:                트레이스를 수신할 포트
      - ./observability/tempo/tempo.yml:/etc/tempo-config.yml

  볼륨은 템포를 위한
  설정을 로드하기 위해 사용된다.
```

이제 전체 그라파나 가시성 스택을 도커에서 실행해보자. 터미널 창을 열고 도커 컴포즈 파일이 있는 폴더로 이동하여 다음 명령을 실행한다.

```
$ docker-compose up -d grafana
```

이제 템포가 포트 4317에서 gRPC를 통해 오픈텔레메트리의 트레이스 데이터를 받을 준비가 됐다. 다음 하위 절에서는 스프링 부트 애플리케이션이 트레이스 데이터를 생성하고 이를 템포로 전송하는 방법을 살펴본다.

13.4.2 오픈텔레메트리를 사용해 스프링 부트에서 추적 구성하기

오픈텔레메트리 프로젝트에는 스프링, 톰캣, 네티, 리액터, JDBC, 최대 절전 모드 및 로그백을 비롯한 가장 일반적인 자바 라이브러리에 대한 트레이스 및 스팬을 생성하는 계측이 포함되어 있다. 오픈텔레메트리 자바 에이전트는 프로젝트에서 제공하는 JAR 아티팩트로, 모든 자바 애플리케이션에 연결할 수 있다. 이 에이전트는 필요한 바이트 코드를 동적으로 삽입해 모든 라이브러리에서 트레이스와 스팬을 포착하고, 자바 소스 코드를 변경할 필요 없이 다양한 형식으로 내보낸다.

자바 에이전트는 외부에서 런타임에 애플리케이션으로 제공되는 경우가 많다. 하지만 필자는 이렇게 하기보다는 더 나은 의존성 관리를 위해 그래들(또는 메이븐)을 사용해 에이전트 JAR 파일을 최종 애플리케이션 아티팩트에 포함하는 것을 선호한다. 이에 대해 살펴보자.

카탈로그 서비스 프로젝트(catalog-service)의 build.gradle 파일을 열고 오픈텔레메트리 자바 에이전트에 대한 의존성을 추가한다. 새로 추가한 후에는 그래들 의존성을 새로고침하거나 다시 임포트한다.

예제 13.20 **카탈로그 서비스에서 오픈텔레메트리 자바 에이전트에 대한 의존성 추가**

```
ext {
  ...
  set('otelVersion', "1.17.0")  ←──── 오픈텔레메트리 버전
}

dependencies {
  ...
  runtimeOnly "io.opentelemetry.javaagent:
  ↪ opentelemetry-javaagent:${otelVersion}"  ←──── 바이트코드를 통해 동적으로 자바 코드를
                                                    계측하는 오픈텔레메트리 에이전트
}
```

자바 코드를 계측하여 트레이스 데이터를 캡처하는 것 외에도 오픈텔레메트리 자바 에이전트는 SLF4J(및 그 구현)도 통합한다. 오픈텔레메트리 자바 에이전트는 콘텍스트 정보로서 트레이스 및 스팬 식별자를 제공하고 SLF4J는 MDC 추상화를 통해 이를 로그 메시지에 삽입할 수 있다. 따라서 로그 메시지에서 트레이스를 탐색한다든지 또는 그 반대로 트레이스로 시작해서 로그 메시지를 탐색하는 것이 매우 간단해지며, 원격 분석을 개별적으로 질의하는 것보다 애플리케이션에 대한 가시성을 더 잘 확보할 수 있다.

스프링 부트에서 사용하는 기본 로그 형식을 확장하여 다음과 같은 콘텍스트 정보를 추가해보자.

- 애플리케이션 이름(모든 애플리케이션에서 설정한 `spring.application.name` 속성 값)
- 추적 ID(활성화되면 오픈텔레메트리 에이전트가 `trace_id` 필드에 채우는 값)
- 스팬 ID(활성화되면 오픈텔레메트리 에이전트가 `span_id` 필드에 채우는 값)

카탈로그 서비스 프로젝트의 application.yml 파일을 열고 로그백 구문에 따라 (%5p로 표시된) 로그 수준 옆에 세 가지 정보를 새로 추가한다. 이 형식은 스프링 클라우드 슬루스에서 사용하는 형식과 동일하다.

예제 13.21 **로그에서 수준 필드 옆에 콘텍스트 정보 추가**

```
logging:
  pattern:
    level: "%5p [${spring.application.name},%X{trace_id},%X{span_id}]"  ←──── 로그 수준(%5p) 뒤에
                                                                              애플리케이션 이름,
                                                                              추적 ID, 스팬 ID를 추가
```

그런 다음 터미널 창을 열고 카탈로그 서비스 루트 폴더로 이동한 다음 ./gradlew bootBuild
Image 명령으로 애플리케이션을 컨테이너 이미지로 패키징한다.

마지막 단계로 오픈텔레메트리 자바 에이전트를 설정하고 활성화한다. 간단하게 하기 위해 컨테이
너에서 애플리케이션을 실행할 때만 오픈텔레메트리를 활성화하고 환경 변수를 사용해 설정한다.

트레이스를 성공적으로 활성화하려면 세 가지 설정이 필요하다.

- **JVM에게 오픈텔레메트리 자바 에이전트를 로드하도록 지시한다.** 이 작업은 OpenJDK에서 지원하
  는 JAVA_TOOL_OPTIONS 표준 환경 변수를 통해 JVM에 추가 설정함으로써 수행할 수 있다.
- **애플리케이션 이름을 사용해 트레이스에 태그를 지정하고 분류한다.** 여기서는 오픈텔레메트리 자바
  에이전트에서 지원하는 OTEL_SERVICE_NAME 환경 변수를 사용한다.
- **분산 트레이스 백엔드의 URL을 정의한다.** 이 경우 포트 4317을 듣는 템포이고, 오픈텔레메트리
  자바 에이전트에서 지원하는 OTEL_EXPORTER_OTLP_ENDPOINT 환경 변수를 통해 설정할 수 있
  다. 트레이스는 기본 설정상 gRPC를 통해 전송된다.

폴라 배포 프로젝트(polar-deployment)의 도커 컴포즈 파일(docker/docker-compose.yml)을 열고
트레이스를 지원하기 위해 카탈로그 서비스에 필요한 설정을 추가해보자.

예제 13.22 **카탈로그 서비스 컨테이너에 대한 오픈텔레메트리 정의**

```yaml
version: "3.8"
services:
  ...

  catalog-service:
    depends_on:
      - fluent-bit
      - polar-keycloak        템포는 반드시 카탈로그 서비스 전에
      - polar-postgres        시작되어야 한다.
      - tempo  ◄
    image: "catalog-service"
    container_name: "catalog-service"
    ports:
      - 9001:9001                     JVM에게 클라우드 네이티브
      - 8001:8001                     빌드팩이 애플리케이션 의존성을
    environment:                      설치한 경로에서 오픈텔레메트리
      - JAVA_TOOL_OPTIONS=-javaagent:/workspace/BOOT-INF/lib/   자바 에이전트를 실행하라고 지시한다.
      ↳ opentelemetry-javaagent-1.17.0.jar  ◄
```

애플리케이션의 이름으로 카탈로그 서비스가 생성한 트레이스에 추가할 태그에 사용

```
   - OTEL_SERVICE_NAME=catalog-service
   - OTEL_EXPORTER_OTLP_ENDPOINT=http://tempo:4317
   - OTEL_METRICS_EXPORTER=none
   ...
```

오픈텔레메트리 프로토콜(OTLP)을 지원하는 분산 트레이스 백엔드의 URL

마지막으로 같은 폴더에서 카탈로그 서비스를 컨테이너로 실행한다.

```
$ docker-compose up -d catalog-service
```

애플리케이션을 실행한 후 몇 가지 요청을 전송하면 이 요청에 대한 로그 및 트레이스가 생성될 것이다.

```
$ http :9001/books
```

그런 다음 컨테이너에서 로그를 확인한다(docker logs catalog-service). 이제 각 로그 메시지에 애플리케이션 이름, 그리고 해당되는 경우 추적 ID와 스팬 ID가 포함되어 있는 것을 볼 수 있을 것이다.

```
[catalog-service,d9e61c8cf853fe7fdf953422c5ff567a,eef9e08caea9e32a]
```

분산 추적은 여러 서비스를 통해 요청을 추적하는 데 도움이 되므로 제대로 작동하는지 테스트하려면 다른 애플리케이션이 필요하다. 계속해서 에지 서비스도 오픈텔레메트리를 지원하도록 동일하게 변경해보자. 그런 다음 도커 컴포즈 파일에서 컨테이너로 애플리케이션을 실행한다.

```
$ docker-compose up -d edge-service
```

HTTP 요청을 여러 번 전송해 이 요청에 대한 로그와 추적을 생성한다. 이번에는 요청을 게이트웨이에 보내야 한다.

```
$ http :9000/books
```

카탈로그 서비스에서 로깅한 추적 ID를 사용해, 에지 서비스에서 시작된 /books 엔드포인트에 대

한 HTTP 요청을 처리하는 과정에서 **서로 연관되어 있는**correlate 모든 단계를 검색할 수 있다. 로그에서 트레이스로 (혹은 그 반대로) 이동할 수 있는 기능은 분산 시스템 전체에서 요청 처리와 관련된 모든 단계의 가시성을 높이는 데 매우 유용하다. 이와 관련해 그라파나 스택이 어떻게 작동하는지 살펴보자.

브라우저 창을 열고 그라파나로 이동한(http://localhost:3000) 다음, 도커 컴포즈에 설정된 크리덴셜(user/password)로 로그인한다. Explorer(탐색) 페이지에서 앞서 했던 것처럼 카탈로그 서비스에 대한 로그를 확인한다({container_name="/catalog-service"}). 그런 다음 가장 최근 로그 메시지를 클릭해서 자세한 내용을 확인해본다. 해당 로그 메시지와 연결된 추적 식별자 옆에 템포 버튼이 표시된다. 이 버튼을 클릭하면 그라파나가 템포의 데이터를 사용해 관련된 트레이스로 리다이렉션하며, 모두 같은 창에서 볼 수 있다(그림 13.9).

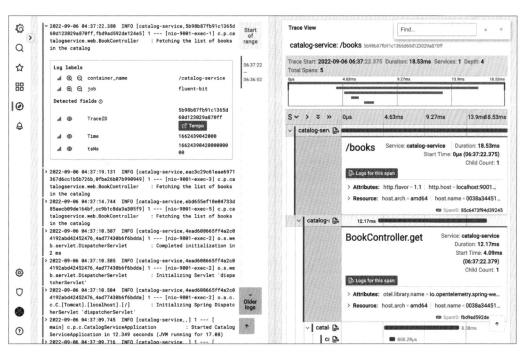

그림 13.9 그라파나에서는 로그에 포함된 추적 ID를 사용해 로그(로키)에서 트레이스(Tempo)로 이동할 수 있다.

로그의 트레이스 검사를 마쳤으면 모든 컨테이너를 중지한다(docker-compose down). 계속 진행하기 전에 폴라 북숍 시스템의 나머지 모든 애플리케이션에 대해서도 오픈텔레메트리를 설정하기 바란다. 이 책의 소스 코드 저장소(Chapter13/13-end)를 참고해도 된다.

지금까지 로그, 메트릭, 트레이스라는 세 가지 주요 유형의 원격 측정 데이터를 살펴봤다. 또한 상태 엔드포인트가 애플리케이션 상태에 관한 추가적인 정보를 제공하도록 설정했다. 다음 절에서는 애플리케이션에서 더 많은 정보를 검색하고 애플리케이션의 작동에 대해 더 나은 가시성을 확보하는 방법을 다룬다.

13.5 스프링 부트 액추에이터를 통한 애플리케이션 관리 및 모니터링

앞 절에서는 더 나은 가시성을 확보하기 위해 모든 클라우드 네이티브 애플리케이션이 제공해야 하는 기본적인 원격 분석 데이터에 대해 살펴봤다. 이 마지막 절에서는 애플리케이션의 작동에 대해 더 잘 추론할 수 있도록 애플리케이션에서 검색할 수 있는 몇 가지 특정 정보를 살펴보고자 한다.

스프링 부트 액추에이터는 애플리케이션을 프로덕션에 바로 사용할 수 있도록 하는 많은 기능을 제공한다. 이미 상태 및 메트릭 엔드포인트에 대해 배웠지만 이 밖에도 다른 기능이 많다. 표 13.1은 액추에이터가 제공하는 것 중에 가장 유용한 관리 및 모니터링 엔드포인트를 보여준다. 이번 절에서는 그중 일부를 사용하는 방법을 살펴본다.

표 13.1 **스프링 부트 액추에이터가 제공하는 유용한 관리 및 모니터링 엔드포인트**

엔드포인트	설명
/beans	애플리케이션이 관리하는 스프링 빈의 목록을 보여준다.
/configgroups	@ConfigurationProperties 애너테이션이 붙은 빈의 목록을 보여준다.
/env	스프링 Environment를 통해 액세스 가능한 속성의 목록을 보여준다.
/flyway	플라이웨이가 수행한 마이그레이션과 상태를 목록으로 보여준다.
/health	애플리케이션의 상태에 대한 정보를 보여준다.
/heapdump	힙 덤프 파일을 반환한다.
/info	임의의 애플리케이션 정보를 보여준다.
/loggers	애플리케이션의 모든 로거 설정을 보여주고 수정도 가능하다.
/metrics	애플리케이션의 메트릭을 반환한다.
/mappings	웹 컨트롤러에 정의된 모든 경로를 목록으로 보여준다.
/prometheus	프로메테우스나 오픈메트릭 형식으로 애플리케이션의 메트릭을 반환한다.
/sessions	스프링 세션이 관리하는 모든 활성 세션을 목록으로 보여주고 지울 수도 있다.
/threaddump	스레드 덤프를 JSON 형식으로 반환한다.

13.5.1 스프링 부트에서 플라이웨이 마이그레이션 모니터링

5장과 8장에서는 플라이웨이 마이그레이션을 사용해 데이터베이스 스키마를 버전 관리하고 명령형 및 리액티브 스택 모두에서 이를 스프링 부트와 통합하는 방법을 살펴봤다. 플라이웨이는 애플리케이션에서 실행된 모든 마이그레이션의 이력을 데이터베이스의 전용 테이블에 보관한다. 이러한 정보를 추출하고 모니터링하면 편리하고 마이그레이션이 실패할 경우 알림을 받을 수도 있다.

스프링 부트 액추에이터는 상태, 날짜, 유형 및 버전을 포함하여 플라이웨이에서 실행되는 모든 마이그레이션에 대한 정보를 표시하는 전용 엔드포인트(/actuator/flyway)를 제공한다. 앞 절에서 배운 것처럼, `management.endpoints.web.exposure.include` 속성을 통해 액추에이터에서 새 HTTP 엔드포인트를 구현하도록 설정할 수 있다. 이를 실제로 해보자.

NOTE 플라이웨이 대신 리퀴베이스Liquibase를 사용하는 경우, 스프링 부트 액추에이터는 /actuator/liquibase 엔드포인트를 제공한다.

카탈로그 서비스 프로젝트(catalog-service)의 application.yml 파일을 열고 스프링 부트 액추에이터에서 HTTP를 통해 플라이웨이 엔드포인트를 노출하도록 설정한다.

예제 13.23 **플라이웨이 액추에이터 엔드포인트 노출**

```
management:
  endpoints:
    web:
      exposure:
        include: flyway, health, prometheus   ◀─── 액추에이터가 HTTP에서 노출하는
                                                    엔드포인트의 목록에 플라이웨이를 추가한다.
```

그런 다음 카탈로그 서비스에 필요한 지원 서비스를 컨테이너로 실행한다. 도커 컴포즈 파일에서 다음 명령을 실행해보자.

```
$ docker-compose up -d polar-keycloak polar-postgres
```

다음으로 카탈로그 서비스(`./gradlew bootRun`)를 실행하고 플라이웨이 엔드포인트를 호출해보자.

그 결과 플라이웨이에서 실행한 모든 마이그레이션 목록과 세부 정보가 포함된 JSON 파일을 응납으로 받는다. 다음 JSON은 전체 응답의 일부다.

```
{
  "contexts": {
    "catalog-service": {
      "flywayBeans": {
        "flyway": {
          "migrations": [
            {
              "checksum": -567578088,
              "description": "Initial schema",
              "executionTime": 66,
              "installedBy": "user",
              "installedOn": "2022-03-19T17:06:54Z",
              "installedRank": 1,
              "script": "V1__Initial_schema.sql",
              "state": "SUCCESS",
              "type": "SQL",
              "version": "1"
            },
            ...
          ]
        }
      }
    }
  }
}
```

마이그레이션 스크립트의 체크섬으로 파일의 변경 여부를 확인하기 위이다.

마이그레이션의 설명

마이그레이션이 수행된 때

마이그레이션 스크립트 파일의 이름

마이그레이션 실행 결과

마이그레이션의 유형 (SQL 또는 자바)

마이그레이션 버전 (스크립트 파일명에 정의되어 있는 대로)

13.5.2 애플리케이션 정보 노출

스프링 부트 액추에이터의 모든 엔드포인트 중에서 /actuator/info는 데이터를 반환하지 않기 때문에 가장 특이한 엔드포인트이다. 대신 어떤 데이터를 유용하다고 생각하는지 정의하는 것은 사용자가 할 일이다.

이 엔드포인트에 대한 데이터를 제공하는 한 가지 방법은 설정 속성을 사용하는 것이다. 예를 들어 카탈로그 서비스 프로젝트(catalog-service)의 application.yml 파일을 열고 카탈로그 서비스가 속해 있는 전체 시스템의 이름을 속성 값으로 추가한다. 또한 다른 엔드포인트에서 수행한 것과 유사하게 info 엔드포인트가 HTTP를 통해 노출되도록 설정하고, info로 시작하는 모든 속성을 읽어들이는 env 컨트리뷰터를 활성화해야 한다.

예제 13.24 info 액추에이터 엔드포인트 노출 및 설정

```
info:
  system: Polar Bookshop      ◄─── 'info.'로 시작하는 속성은
management:                          info 엔드포인트로 반환된다.
  endpoints:
    web:
      exposure:
        include: flyway, health, info, prometheus   ◄─── HTTP에서 노출되는 액추에이터 엔드포인트의
  info:                                                     목록에 info를 추가한다.
    env:
      enabled: true     ◄─── 'info.'로 시작하는 환경 변수 정보를
                             info 엔드포인트를 통해 노출한다.
```

또한 info 엔드포인트에 애플리케이션 빌드 또는 마지막 깃 커밋과 관련해 그래들 또는 메이븐에서 자동으로 생성된 정보를 포함할 수도 있다. 애플리케이션의 빌드 설정에 대한 세부 정보를 추가하는 방법을 살펴보자. 카탈로그 서비스 프로젝트의 build.gradle 파일에서 springBoot 작업을 설정하면 빌드 정보가 생성되고 이것을 BuildProperties 객체로 읽어들여 info 엔드포인트의 응답에 포함한다.

예제 13.25 빌드 정보를 위한 스프링 부트 설정

```
springBoot {
  buildInfo()   ◄─── 빌드 정보를 META-INF/build-info.properties
}                    파일에 저장한다.
                     이 파일을 BuildProperties 객체로 읽어들인다.
```

이제 테스트해보자. 카탈로그 서비스를 다시 실행한다(./gradlew bootRun). 그런 다음 info 엔드포인트를 호출한다.

```
$ http :9001/actuator/info
```

호출 결과 빌드 정보와 명시적으로 정의한 사용자 지정 info.system 속성을 갖는 JSON 객체를 응답으로 받는다.

```
{
  "build": {
    "artifact": "catalog-service",
    "group": "com.polarbookshop",
    "name": "catalog-service",
```

```
      "time": "2021-08-06T12:56:25.035Z",
      "version": "0.0.1-SNAPSHOT"
    },
    "system": "Polar Bookshop"
}
```

운영체제 및 사용 중인 자바 버전에 대한 정보 역시 추가로 노출할 수 있다. 둘 다 설정 속성을 통해 활성화한다. 카탈로그 서비스 프로젝트의 application.yml 파일을 다음과 같이 변경해보자.

예제 13.26 info 액추에이터 엔드포인트에 자바와 OS 세부 정보 추가

```
management:
  ...
  info:
    env:
      enabled: true
    java:
      enabled: true      ◀────  info 엔드포인트에 자바 정보 포함을 활성화
    os:
      enabled: true      ◀────  info 엔드포인트에 OS 정보 포함을 활성화
```

테스트해보자. 카탈로그 서비스를 다시 실행한다(./gradlew bootRun). 그런 다음 info 엔드포인트를 호출한다.

```
$ http :9001/actuator/info
```

이 호출의 응답은 사용 중인 자바 버전 및 운영체제에 대한 정보를 추가로 포함하는데, 이 정보는 애플리케이션을 실행하는 시스템에 따라 달라질 수 있다.

```
{
  ...
  "java": {
    "version": "17.0.3",
    "vendor": {
      "name": "Eclipse Adoptium",
      "version": "Temurin-17.0.3+7"
    },
    "runtime": {
      "name": "OpenJDK Runtime Environment",
      "version": "17.0.3+7"
    },
```

```
  "jvm": {
    "name": "OpenJDK 64-Bit Server VM",
    "vendor": "Eclipse Adoptium",
    "version": "17.0.3+7"
  }
},
"os": {
  "name": "Mac OS X",
  "version": "12.3.1",
  "arch": "aarch64"
}
}
```

13.5.3 힙 덤프 생성 및 분석

자바 애플리케이션에서 디버깅하기 가장 번거로운 오류가 무엇인지 묻는다면 아마도 메모리 누수가 가장 먼저 떠오를 것이다. 모니터링 도구는 메모리 누수 패턴이 감지되면 사용자에게 경고를 보내야 하며, 일반적으로 JVM 힙 사용량 메트릭이 시간이 지나도 계속 증가한다면 메모리 누수가 발생하고 있다고 유추할 수 있다. 메모리 누수를 미리 포착하지 못하면 애플리케이션은 무시무시한 OutOfMemoryError 예외를 발생하고 애플리케이션은 멈출 것이다.

애플리케이션에서 메모리 누수가 의심되면 어떤 객체가 메모리에 계속 남아 있으면서 가비지 컬렉션을 통해 회수되지 못하고 있는지 찾아야 한다. 문제가 있는 객체를 찾는 방법에는 여러 가지가 있다. 예를 들어, 자바 플라이트 레코더Java Flight Recorder를 활성화하거나 실행 중인 애플리케이션에 제이프로파일러jProfiler와 같은 프로파일러를 연결할 수도 있다. 또는 JVM 힙 메모리에 있는 모든 자바 객체의 스냅숏(**힙 덤프**heap dump)을 생성한 후 전문 도구를 사용해 메모리 누수의 근본 원인을 찾을 수도 있다.

스프링 부트 액추에이터는 힙 덤프를 생성하기 위해 호출할 수 있는 편리한 엔드포인트(/actuator/heapdump)를 제공한다. 실제로 확인해보기 위해 카탈로그 서비스 프로젝트(catalog-service)의 application.yml 파일을 열고 힙덤프 엔드포인트를 노출하도록 액추에이터를 설정한다.

예제 13.27 힙덤프 액추에이터 엔드포인트 노출

```
management:
  endpoints:
    web:
      exposure:
        include: flyway, health, heapdump, info, prometheus  ◀── HTTP로 노출될 액추에이터 엔드포인트
                                                                 목록에 heapdump를 추가
```

다음으로 카탈로그 서비스를 빌드한 후 실행하고(`./gradlew bootRun`), heapdump 엔드포인트를 호출해보자.

```
$ http --download :9001/actuator/heapdump
```

이 명령은 heapdump.bin 파일을 현재 디렉터리에 저장한다. 그런 다음 비주얼VM_VisualVM_(https://visualvm.github.io) 또는 JDK 미션 컨트롤_JDK Mission Control_(https://adoptopenjdk.net/jmc.html) 같은 힙 분석 전용 도구에서 이 파일을 열 수 있다. 그림 13.10은 비주얼VM을 사용한 힙 메모리 분석의 예를 보여준다.

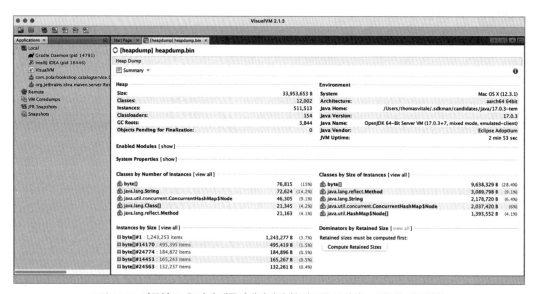

그림 13.10 비주얼VM은 자바 애플리케이션의 힙 덤프를 분석하는 도구를 제공한다.

마지막으로 애플리케이션 프로세스와(Ctrl+C) 모든 컨테이너를 중지한다(`docker-compose down`).

스프링 부트 액추에이터 공식 문서를 확인하고, 지원되는 모든 엔드포인트를 사용해보면서, 폴라 북숍 시스템에 속한 애플리케이션의 가시성을 향상시켜보자. 아이디어를 얻고 싶다면 책의 소스 코드 저장소를 참고해 각 애플리케이션에서 어떤 엔드포인트를 활성화하는지 확인하기 바란다(Chapter13/13-end). 액추에이터의 엔드포인트는 프로덕션 환경의 실제 애플리케이션에서 유용하고 편리하게 사용할 수 있는 강력한 도구다.

요약

- 관측 가능성 혹은 가시성은 애플리케이션의 출력을 통해 내부 상태를 얼마나 잘 유추할 수 있는지를 측정하는 클라우드 네이티브 애플리케이션의 속성이다.

- 모니터링은 알려진 결함 상태를 제어하는 것이다. 가시성은 이를 넘어 알려지지 않은 상태에 대해 질문할 수 있게 해준다.

- 로그(또는 이벤트 로그)는 소프트웨어 애플리케이션에서 시간이 지남에 따라 발생한 일들에 대한 불연속적인 기록이다.

- 스프링 부트는 SLF4J를 통해 로깅을 지원하는데 SLF4J는 몇 가지의 가장 일반적인 로깅 라이브러리에 대한 파사드를 제공한다.

- 로그는 15요소 방법론에서 권장하는 표준 출력을 통해 인쇄되도록 기본 설정되어 있다.

- 플루언트 비트는 그라파나 가시성 스택을 사용해 애플리케이션이 생성한 로그를 수집하고 로키로 전달하면 로키는 전달 받은 로그를 저장하고 검색이 가능하도록 해준다. 그런 다음 그라파나를 사용해 로그를 탐색할 수 있다.

- 애플리케이션은 상태를 확인하기 위해 상태 엔드포인트를 노출해야 한다.

- 스프링 부트 액추에이터는 애플리케이션의 상태와 애플리케이션이 사용하고 있는 모든 구성 요소 또는 서비스를 보여주는 전체 상태 엔드포인트를 노출한다. 또한, 쿠버네티스에서 활성 및 준비 상태 프로브로 사용할 수 있는 특수한 엔드포인트도 제공한다.

- 활성 상태 프로브가 다운으로 표시되면 애플리케이션이 복구할 수 없는 결함 상태에 진입했음을 의미하므로, 쿠버네티스는 애플리케이션을 다시 시작하려고 시도한다.

- 준비 상태 프로브가 다운으로 표시되면 애플리케이션이 요청을 처리할 준비가 되지 않은 것이므로, 쿠버네티스는 해당 인스턴스로 향하는 모든 트래픽을 중지한다.

- 메트릭은 애플리케이션에 대한 수치 데이터로, 일정한 시간 간격으로 측정된다.

- 스프링 부트 액추에이터는 마이크로미터 파사드를 활용해 자바 코드를 계측하고, 메트릭을 생성하고, 전용 엔드포인트를 통해 이를 노출한다.

- 프로메테우스 클라이언트가 클래스 경로에 있을 때, 스프링 부트는 프로메테우스 또는 오픈메트

릭 형식의 메트릭을 노출할 수 있다.

- 프로메테우스는 그라파나 가시성 스택을 사용해 모든 애플리케이션의 메트릭을 집계하고 저장한다. 그런 다음 그라파나를 사용해 메트릭을 질의하고, 대시보드를 디자인하거나 알림을 설정할 수 있다.

- 분산 추적은 요청이 분산 시스템의 여러 구성 요소들을 거쳐 처리될 때 이 흐름을 추적하는 기술로, 분산 시스템에서 오류가 발생하는 위치를 파악하고 성능 문제를 해결할 수 있다.

- 추적은 추적 ID로 특정되며 트랜잭션의 단계를 나타내는 여러 스팬으로 구성된다.

- 오픈텔레메트리 프로젝트는 가장 일반적인 자바 라이브러리에 대한 트레이스와 스팬을 생성하는 API와 계측을 포함하고 있다.

- 오픈텔레메트리 자바 에이전트는 프로젝트에서 제공하는 JAR 아티팩트로, 모든 자바 애플리케이션에 첨부할 수 있다. 이 에이전트는 필요한 바이트 코드를 동적으로 삽입해 모든 라이브러리에서 트레이스와 스팬을 잡아내고 자바 소스 코드를 명시적으로 변경하지 않고도 다양한 형식으로 내보낼 수 있다.

- 템포는 그라파나 가시성 스택을 사용해 모든 애플리케이션의 메트릭을 집계하고 저장한다. 그런 다음 그라파나를 사용해 추적을 질의하고 로그와 상호 연관시킬 수 있다.

- 스프링 부트 액추에이터는 관리 및 모니터링 엔드포인트를 제공함으로써 애플리케이션을 프로덕션에 바로 사용하기 위해 필요한 모든 요구 사항을 충족한다.

설정과 시크릿 관리

애플리케이션을 프로덕션에 배포하려면 실행할 수 있는 아티팩트와 설정, 이렇게 두 가지가 필요하다. 실행 아티팩트는 JAR 파일 또는 컨테이너 이미지일 수 있다. 느슨하게 결합되고, 복원력이 있으며, 확장 가능하고, 안전하며, 관찰 가능한 애플리케이션을 구축하기 위한 원칙, 패턴, 도구에 대해 이전에 살펴봤다. 또한 애플리케이션을 실행 가능한 JAR 아티팩트나 컨테이너 이미지로 패키징하는 방법과 배포 파이프라인의 커밋 단계를 구현하여 궁극적으로 릴리스 후보를 생성하는 방법도 살펴봤다.

프로덕션 배포를 준비할 때 고려해야 할 또 다른 측면은 설정이다. 4장에서는 클라우드 네이티브 애플리케이션을 위한 외부화 설정의 중요성을 소개하고 스프링 부트 애플리케이션을 설정하기 위한 기술을 살펴봤다. 이번 장에서는 클라우드 네이티브 시스템 선제들 구버네티스 프로딕션 환경에 배포할 준비를 위해 그 논의를 이어간다.

먼저 쿠버네티스에서 스프링 부트 애플리케이션을 설정하기 위한 몇 가지 옵션을 설명하고 프로덕션에서 스프링 클라우드 컨피그를 사용할 때 빠져 있는 부분을 설명하겠다. 그런 다음 쿠버네티스에서 설정을 처리하는 기본 메커니즘인 컨피그맵과 시크릿을 사용하는 방법을 배운다. 논의의 일환으로, 스프링 클라우드 쿠버네티스와 그 주요 사용 사례에 대해서도 알아볼 것이다. 마지막으로, 프로덕션 환경에서 쿠버네티스의 워크로드에 대한 설정 및 시크릿 관리를 자세히 살펴보고, 커스터마이즈Kustomize를 사용해 이를 구현하는 방법을 배우게 된다.

> **NOTE** 이 장의 예제에 대한 소스 코드는 프로젝트의 초기 상태와 최종 상태를 포함하는 Chapter14/14-begin 및 Chapter14/14-end 폴더에서 찾아볼 수 있다.[1]

14.1 쿠버네티스에서 애플리케이션 설정하기

15요소 방법론에 따르면, 배포 환경 사이에 달라지는 그 어떠한 것이라도 설정에 해당한다. 우리는 4장에서 설정 작업을 시작했고 그 이후로 다양한 설정 전략을 사용했다.

- **애플리케이션과 함께 패키징되는 속성 파일**: 애플리케이션이 지원하는 설정 데이터의 사양specification과 같은 역할을 할 수 있으며, 주로 개발 환경에서 사용할만한 합리적인 기본값을 정의하는 데 유용하다.

- **환경 변수**: 이 방식은 모든 운영체제에서 지원하기 때문에 이식성이 좋다. 활성 프로파일, 호스트 이름, 서비스 이름, 포트 번호 등 애플리케이션이 배포되는 인프라 또는 플랫폼에 따라 달라지는 설정 데이터를 정의하는 데 유용하다. 우리의 경우 도커와 쿠버네티스에서 이를 사용했다.

- **설정 서비스**: 설정 데이터 지속성, 감사 및 책임성accountability을 제공한다. 기능 플래그, 스레드 풀, 연결 풀, 시간 초과 및 타사 서비스의 URL과 같이 특정 애플리케이션에 관련한 설정 데이터를 정의할 때 유용하다. 우리는 스프링 클라우드 컨피그를 통해 이 전략을 사용했다.

이 세 가지 전략 모두 범용적이기 때문에 클라우드 환경과 서비스 모델(CaaS, PaaS, FaaS)에 맞게 애플리케이션을 설정하는 데 사용할 수 있다. 이에 더해 쿠버네티스는 기본적으로 제공하는 설정 전략이 추가로 있는데 컨피그맵과 시크릿이다.

이 두 가지는 애플리케이션이 배포된 인프라와 플랫폼에 따라 달라지는 설정 데이터를 정의하기

---

1   https://github.com/ThomasVitale/cloud-native-spring-in-action

위한 매우 편리한 방법으로, 이를 통해 서비스 이름(쿠버네티스 Service 오브젝트로 정의), 플랫폼에서 실행 중인 다른 서비스에 액세스하기 위한 크리덴셜 및 인증서, 자동 종료, 로깅, 모니터링과 관련한 설정을 정의할 수 있다. 컨피그맵과 시크릿을 사용하면 설정 서비스의 기능을 보완하거나 완전히 대체할 수 있다. 어떤 것을 선택할지는 상황에 따라 다르다. 어쨌든 스프링 부트는 이러한 모든 옵션을 기본적으로 지원한다.

폴라 북숍 시스템에서는 컨피그 서비스 대신 컨피그맵과 시크릿을 사용해 쿠버네티스 환경에서 애플리케이션을 설정할 것이다. 그렇더라도 폴라 북숍의 쿠버네티스 배포에 컨피그 서비스를 포함하는 것은 간단하고 명확한데 지금까지 컨피그 서비스에 대해 이미 수행한 작업이 있기 때문이다. 이번 절에서는 컨피그 서비스에 대한 예제를 확장해 최종적으로 프로덕션 환경에 컨피그 서비스를 배포하는 경우 프로덕션 환경을 위한 몇 가지 고려 사항을 살펴보고자 한다.

14.1.1 스프링 시큐리티를 통한 설정 서버 보안

앞 장에서는 폴라 북숍의 스프링 부트 애플리케이션에 대해 높은 수준의 보안을 보장하는 데 꽤 많은 시간을 할애했다. 그러나 컨피그 서비스는 그 논의에서 빠져 있었고 현재 보호되지 않은 상태다. 설정 데이터만을 위한 서버지만 본질적으로는 여전히 스프링 부트 애플리케이션이다. 따라서 스프링 보안에서 제공하는 전략 중 하나를 사용해 보호할 수 있다.

시스템 내의 다른 스프링 부트 애플리케이션은 HTTP를 통해 컨피그 서비스에 액세스한다. 프로덕션 환경에 사용하기 위해서는 인증되고 권한이 부여된 당사자만 설정 데이터에 접근할 수 있도록 해야 한다. 한 가지 옵션은 OAuth2 클라이언트 크리덴셜 흐름을 사용해 액세스 토큰을 기반으로 설정 서비스와 애플리케이션 간의 상호작용을 보호하는 것이다. 이는 서비스 간 상호작용을 보호하는 데 특화된 OAuth2 흐름이다.

애플리케이션이 HTTPS를 통해 통신한다고 가정하면, **HTTP 기본**HTTP Basic 인증을 사용할 수도 있다. 이 방법은 스프링 클라우드 컨피그 클라이언트가 노출하는 속성인 `spring.cloud.config.username` 및 `spring.cloud.config.password`를 통해 사용자 이름과 비밀번호로 애플리케이션을 설정할 수 있다. 자세한 내용은 스프링 보안[2] 및 스프링 클라우드 컨피그[3]의 공식 설명서를 참고하기 바란다.

---

2 https://spring.io/projects/spring-security
3 https://spring.io/projects/spring-cloud-config

스프링 클라우드 버스를 통한 런타임 설정 새로고침

스프링 부트 애플리케이션을 쿠버네티스와 같은 클라우드 환경에 배포했다고 가정해보자. 시작 단계에서 각 애플리케이션은 외부 설정 서버에서 설정을 로드했지만, 어느 시점에서 설정 데이터를 변경하기로 결정했다. 애플리케이션이 설정 변경 사항을 인식하고 다시 로드하려면 어떻게 해야 할까?

4장에서는 스프링 부트 액추에이터가 제공하는 /actuator/refresh 엔드포인트에 POST 요청을 보내 설정 새로고침 작업을 트리거할 수 있다는 것을 배웠다. 해당 엔드포인트에 대한 요청은 애플리케이션 콘텍스트 내에서 RefreshScopeRefreshedEvent 이벤트를 생성한다. @ConfigurationProperties 또는 @RefreshScope로 표시된 모든 빈은 해당 이벤트를 수신하고 이벤트가 발생하면 다시 로드된다.

이전에 카탈로그 서비스에 대한 설정 갱신 메커니즘은 잘 작동했는데, 하나의 애플리케이션이었고 복제되지도 않았기 때문에 가능했다. 프로덕션 환경에서는 어떨까? 클라우드 네이티브 애플리케이션의 배포와 규모를 고려할 때 컨피그 서버가 각 애플리케이션의 모든 인스턴스에 HTTP 요청을 보내는 것은 문제가 될 수 있다. 자동화는 모든 클라우드 네이티브 전략에서 중요한 부분이므로 모든 인스턴스에 일일이 HTTP 요청을 보내는 대신 한 번에 RefreshScopeRefreshedEvent 이벤트를 트리거할 수 있는 방법이 필요하다. 몇 가지 방법이 가능한데 **스프링 클라우드 버스**Spring Cloud Bus를 사용하는 것도 그중 하나다.

스프링 클라우드 버스[4]는 이 버스에 연결된 모든 애플리케이션 인스턴스로 이벤트를 브로드캐스팅하기 위한 통신 채널을 설정한다. 스프링 클라우드 버스는 10장에서 살펴본 스프링 클라우드 스트림 프로젝트를 사용해 AMQP 브로커(예: 래빗MQ)와 카프카를 위한 구현을 제공한다.

설정 변경은 설정 저장소에 커밋을 푸시하면 발생한다. 새 커밋이 저장소에 푸시될 때 설정 서비스가 설정을 새로 고치도록 자동화를 설정하면 수동으로 개입하지 않아도 되기 때문에 편리하다. 스프링 클라우드 컨피그는 이를 가능하게 하는 모니터 라이브러리를 제공한다. 이 라이브러리를 통해 컨피그 서비스는 설정 변경 이벤트를 발생할 수 있는 /monitor 엔드포인트를 노출하고 컨피그 서비스는 버스를 통해 모든 수신 애플리케이션으로 이벤트를 전송한다. 또한 어떤 파일이 변경되었는지를 설명하는 인수를 허용하며 깃허브GitHub, 깃랩GitLab, 비트버킷BitBucket과 같은 대표적인

---

4 https://spring.io/projects/spring-cloud-bus

코드 저장소 제공업체로부터 푸시 알림을 받을 수 있는 기능도 제공한다. 이러한 저장소에서 웹훅 설정을 통해 설정 데이터 저장소로 변경 사항을 푸시할 때마다 자동으로 컨피그 서비스에 POST 요청을 보내도록 할 수 있다.

요약하면, 스프링 클라우드 버스는 연결된 모든 애플리케이션에 설정 변경 이벤트를 브로드캐스트하는 문제를 해결한다. 스프링 클라우드 컨피그 모니터Spring Cloud Config Monitor를 사용하면 새로고침을 더욱 자동화할 수 있는데 컨피그 서버가 관리하는 저장소에 변경 사항이 푸시되면 브로드캐스트되도록 할 수 있다. 그림 14.1은 이에 대해 설명한다.

스프링 클라우드 버스와 스프링 클라우드 컨피그 모니터를 사용해 실행 시간에 설정 갱신하기

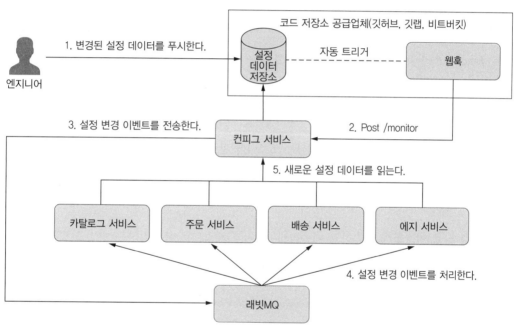

그림 14.1 컨피그 서비스가 설정 저장소 변경에 대한 푸시 알림을 수신한 후 스프링 클라우드 버스를 통해 설정 변경 사항을 브로드캐스팅한다.

NOTE 콘술(스프링 클라우드 콘술과 함께 사용), 애저 키 볼트Azure Key Vault(스프링 클라우드 애저), AWS 파라미터 스토어 Parameter Store 또는 AWS 시크릿 매니저Secrets Manager(스프링 클라우드 AWS), 구글 클라우드 시크릿 매니저(스프링 클라우드 GCP) 같은 다른 옵션을 사용하는 경우에도 설정 변경 사항을 브로드캐스트하기 위해 스프링 클라우드 버스를 사용할 수 있다. 하지만 스프링 클라우드 컨피그와 달리 푸시 알림 기능을 지원하지 않기 때문에 설정 변경을 수동으로 트리거하거나 모니터링 기능을 직접 구현해야 한다.

14.1.3 스프링 클라우드 컨피그를 통한 시크릿 관리

시크릿 관리는 모든 소프트웨어 시스템에서 중요한 작업이며, 실수가 있으면 위험을 초래할 수 있다. 지금까지는 속성 파일이나 환경 변수에 패스워드를 가지고 있었지만 두 경우 모두 암호화되지 않았다. 패스워드를 암호화하지 않았기 때문에 버전 관리가 안전하지 않다. 우리는 모든 코드를 버전 관리하에 두고 깃 저장소를 신뢰할 수 있는 단일 소스로 사용하는데, 이것은 15장에서 다룰 깃옵스GitOps 전략의 기본 원칙 중 하나이다.

스프링 클라우드 컨피그 프로젝트는 시크릿 관리를 포함해 클라우드 네이티브 애플리케이션의 설정을 처리하는 기능이 잘 갖춰져 있다. 시크릿 관리의 주된 목표는 속성 파일에 시크릿을 포함하고 버전 관리하에 두는 것인데 그렇게 하려면 시크릿을 암호화해야만 한다.

스프링 클라우드 컨피그 서버는 암호화 및 암호 해독을 지원하며 이에 대한 두 개의 전용 엔드포인트 /encrypt 및 /decrypt를 노출한다. 암호화는 대칭 키 또는 비대칭 키 쌍을 기반으로 할 수 있다.

대칭 키를 사용하는 경우, 스프링 클라우드 컨피그 서버는 로컬에서 시크릿을 복호화하고 이 값을 클라이언트 애플리케이션으로 전송한다. 프로덕션 환경에서는 애플리케이션 간의 모든 통신이 HTTPS를 통해 이루어지므로 설정 속성이 암호화되지 않더라도 설정 서비스에서 전송된 응답은 암호화되므로 이 방식은 실제 사용하기에 충분히 안전하다.

또한 속성 값을 암호화해 전송하고 애플리케이션이 자체적으로 복호화하는 방법도 있지만, 이 경우 모든 애플리케이션에 대해 대칭 키를 설정해야 한다. 또한 복호화 작업은 실행 비용이 적지 않다는 점도 고려해야 한다.

스프링 클라우드 컨피그는 비대칭 키를 사용한 암호화 및 복호화도 지원한다. 이 방식은 대칭형 키를 사용하는 방식보다 더 강력한 보안을 제공하지만 키 관리 작업 때문에 복잡성과 유지 관리 비용이 증가한다. 이 경우 전용 비밀 관리 설루션을 사용하는 것도 고려해볼 만하다. 예를 들어, 클라우드 제공업체에서 제공하는 설루션 중 하나를 사용하고 스프링 클라우드에서 구현한 스프링 부트 통합을 사용할 수 있다. 예를 들면 애저 키 볼트(스프링 클라우드 Azure), AWS 파라미터 스토어 또는 AWS 시크릿 매니저(스프링 클라우드 AWS), 구글 클라우드 시크릿 매니저Secret Manager(스프링 클라우드 GCP) 등이 있다.

오픈소스 솔루션을 선호한다면, 하시코프 볼트HashiCorp Vault(www.vaultproject.io)가 적합할 수 있다.[5] 이 도구는 모든 크리덴셜, 토큰, 인증서를 CLI나 편리한 GUI를 통해 관리할 수 있다. 스프링 볼트 프로젝트를 사용하면 스프링 부트 애플리케이션과 직접 통합하거나 스프링 클라우드 컨피그 서버의 또 다른 백엔드로 추가할 수 있다.

스프링의 시크릿 관리에 대한 자세한 내용은 스프링 볼트[6] 및 스프링 클라우드 컨피그[7]의 공식 문서를 참고하기 바란다.

14.1.4 스프링 클라우드 컨피그 비활성화

다음 절에서는 쿠버네티스가 기본적으로 제공하는 컨피그맵과 시크릿을 통해 스프링 부트 애플리케이션을 설정하는 방법을 살펴고, 프로덕션에서 이 방식을 사용할 것이다.

컨피그 서비스를 이 책의 나머지 부분에서 더 이상 다루지 않더라도 지금까지 컨피그 서비스로 수행한 모든 작업은 그대로 유지한다. 하지만 작업을 쉽게 하려면 스프링 클라우드 컨피그 클라이언트 통합을 기본 설정으로 비활성화하는 것이 좋다.

카탈로그 서비스 프로젝트(catalog-service)의 application.yml 파일을 열고 컨피그 서비스로부터 설정 데이터 가져오는 것을 중지하고 스프링 클라우드 설정 클라이언트 통합을 비활성화하도록 변경해보자. 그 외 다른 모든 설정은 동일하게 유지한다. 스프링 클라우드 컨피그를 다시 사용하려는 경우 언제든지 쉽게 활성화할 수 있다(예를 들면 도커에서 애플리케이션을 실행할 때).

예제 14.1 **카탈로그 서비스에서 스프링 클라우드 컨피그 비활성화**

```
spring:
  config:
    import: ""          ◀──┤ 컨피그 서비스로부터
                            설정 데이터를 임포트하는 것을 중지
  cloud:
    config:
      enabled: false    ◀──┤ 스프링 클라우드 컨피그 클라이언트
                            통합을 비활성화
      uri: http://localhost:8888
      request-connect-timeout: 5000
      request-read-timeout: 5000
      fail-fast: false
      retry:
```

5 　옮긴이 하시코프 볼트의 라이선스 정책이 최근 MPL 2.0에서 BSL로 변경됐다. 자세한 내용은 https://hashicorp.com/license-faq에서 찾아볼 수 있다.

6 https://spring.io/projects/spring-vault

7 https://spring.io/projects/spring-cloud-config

```
max-attempts: 6
initial-interval: 1000
max-interval: 2000
multiplier: 1.1
```

다음 절에서는 컨피그 서비스 대신 컨피그맵과 시크릿을 사용해 스프링 부트 애플리케이션을 설정한다.

14.2 쿠버네티스에서 컨피그맵과 시크릿 사용

15요소 방법론은 코드, 설정 및 크리덴셜을 항상 분리하여 보관할 것을 권장한다. 쿠버네티스는이 원칙을 완전히 수용하여 설정과 크리덴셜을 독립적으로 처리하는 두 개의 API를 정의하는데컨피그맵과 시크릿이다. 이번 절에서는 쿠버네티스가 기본적으로 제공하는 이 새로운 설정 전략에대해 살펴본다.

스프링 부트는 컨피그맵과 시크릿을 기본적으로 지원하고 방식도 유연하다. 컨피그맵 그리고 환경변수와의 관계를 통해 작업하는 방식은 쿠버네티스에서 설정을 위해 여전히 유효한 옵션이다. 시크릿이 그 자체로는 비밀이 아니라는 점, 그리고 실제로 비밀 데이터로 만들려면 어떻게 해야 하는지에 대해 배우게 될 것이다. 마지막으로 설정 변경의 처리와 이 변경 사항을 애플리케이션에 전달하는 방법에 대해 살펴본다.

계속 진행하기 전에, 로컬 쿠버네티스 클러스터를 시작해보겠다. 폴라 배포 프로젝트(polar-deployment)의 kubernetes/platform/development 폴더로 이동한 후에 다음 명령을 통해 미니큐브 클러스터를 시작하고 폴라 북숍에서 사용하는 지원 서비스를 배포한다.

```
$ ./create-cluster.sh
```

NOTE 앞 장에서 구현한 예제를 따라오지 않았다면, 책의 소스 코드 저장소[8]를 참고하여 Chapter14/14-begin에 있는 프로젝트를 사용해도 된다.

이 명령은 실행을 완료하는 데 몇 분 정도 걸린다. 완료되면 다음 명령을 통해 모든 지원 서비스가실행되고 사용 가능한 상태에 있는지 확인할 수 있다.

---

8 https://github.com/ThomasVitale/cloud-native-spring-in-action

```
$ kubectl get deploy

NAME            READY   UP-TO-DATE   AVAILABLE   AGE
polar-keycloak  1/1     1            1           3m94s
polar-postgres  1/1     1            1           3m94s
polar-rabbitmq  1/1     1            1           3m94s
polar-redis     1/1     1            1           3m94s
polar-ui        1/1     1            1           3m94s
```

먼저 컨피그맵을 살펴보자.

14.2.1 컨피그맵을 통한 스프링 부트 설정

7장에서는 환경 변수를 사용해 하드코딩된 설정을 쿠버네티스에서 실행 중인 컨테이너에 전달했지만, 이 방식은 유지 관리하기가 어렵고 설정 데이터를 구조적으로 만들 수도 없다. 컨피그맵을 사용하면 구조화되고 유지 보수가 가능한 방식으로 설정 데이터를 저장할 수 있다. 컨피그맵은 나머지 쿠버네티스 배포 매니페스트와 함께 버전 제어가 가능하며 데이터 지속성, 감사, 책임성 등 전용 설정 저장소의 훌륭한 장점도 가질 수 있다.

컨피그맵ConfigMap은 '기밀이 아닌 데이터를 키-값 쌍으로 저장하기 위해 사용하는 API 오브젝트'이다. 파드는 환경 변수, 커맨드라인 인수, 볼륨의 설정 파일을 컨피그맵으로 사용할 수 있다.[9]

파일에(예를 들면 .properties 또는 .yml) 키-값 쌍의 문자열로 컨피그맵을 생성할 수 있는데 심지어는 바이너리 객체로도 가능하다. 스프링 부트 애플리케이션으로 작업할 때 컨피그맵을 만드는 가장 간단한 방법은 속성 파일을 사용해 생성하는 것이다.

예를 통해 살펴보자. 앞 장에서는 환경 변수를 사용해 카탈로그 서비스를 설정했다. 유지 보수성을 높이고 설정 데이터를 구조화하기 위해 설정 값 중 일부를 컨피그맵에 저장해보자.

카탈로그 서비스 프로젝트(catalog-service)의 k8s 폴더에 configmap.yml 파일을 새로 만들자. 이 파일을 사용해 애플리케이션과 함께 패키징된 application.yml 파일을 통해 설정된 기본 설정 값을 다음과 같은 설정으로 변경하려고 한다.

- 사용자 지정 인사말을 설정한다.

---

9 https://kubernetes.io/docs/concepts/configuration/configmap

- PostgreSQL 데이터 소스의 URL을 설정한다.

- 키클록에 대한 URL을 설정한다.

예제 14.2 카탈로그 서비스 설정을 위한 컨피그맵 정의

```yaml
apiVersion: v1      ◀──┤ 컨피그맵 객체의 API 버전
kind: ConfigMap     ◀──┤ 생성할 객체의 유형
metadata:
  name: catalog-config      ◀──┤ 컨피그맵의 이름
  labels:   ◀──┤ 컨피그맵의 레이블
    app: catalog-service
data:   ◀──┤ 설정 데이터 영역
  application.yml: |   ◀──┤ 키-값 쌍으로 키는 YAML 설정 파일의 이름, 값은 이 파일의 내용이다.
    polar:
      greeting: Welcome to the book catalog from Kubernetes!
    spring:
      datasource:
        url: jdbc:postgresql://polar-postgres/polardb_catalog
    security:
      oauth2:
        resourceserver:
          jwt:
            issuer-uri: http://polar-keycloak/realms/PolarBookshop
```

지금까지 작업한 다른 쿠버네티스 객체와 마찬가지로, 컨피그맵에 대한 매니페스트는 쿠버네티스 CLI를 사용해 클러스터에 적용할 수 있다. 터미널 창을 열고, 카탈로그 서비스 프로젝트(catalog-service)로 이동한 다음, 다음 명령을 실행해보자.

```
$ kubectl apply -f k8s/configmap.yml
```

다음 명령으로 컨피그맵이 올바르게 생성되었는지 확인할 수 있다.

```
$ kubectl get cm -l app=catalog-service

NAME             DATA    AGE
catalog-config   1       7s
```

컨피그맵에 저장된 값은 실행 중인 컨테이너를 설정할 때 몇 가지 다른 방식으로 사용할 수 있다.

- 컨피그맵을 설정 데이터 소스로 사용해 컨테이너에 커맨드라인 인수를 통해 전달한다.

- 컨피그맵을 설정 데이터 소스로 사용해 컨테이너의 환경 변수를 지정한다.
- 컨피그맵을 컨테이너에 볼륨으로 마운트한다.

4장에서 학습한 이후로 그렇게 해왔듯이, 스프링 부트는 커맨드라인 인수와 환경 변수를 포함해 다양한 방법으로 외부화된 설정을 지원한다. 설정 데이터를 커맨드라인 인수나 환경 변수를 통해 컨테이너에 전달하는 방식은 설사 설정 데이터가 컨피그맵에 저장되어 있더라도 단점을 가지고 있다. 예를 들어, 컨피그맵에 프로퍼티를 추가할 때마다 배포 매니페스트를 업데이트해야 한다. 컨피그맵이 변경되더라도 파드는 이에 대한 정보를 받지 못하기 때문에 변경된 설정을 읽으려면 파드를 다시 생성해야 한다. 이 문제는 컨피그맵을 볼륨으로 마운트하면 해결된다.

컨피그맵을 컨테이너에 볼륨으로 마운트하면 두 가지 결과가 가능하다(그림 14.2).

- 컨피그맵이 **내장 속성 파일**embedded property file을 포함하고 있는 경우 컨피그맵을 볼륨으로 마운트하면 마운트된 경로에 속성 파일이 생성된다. 스프링 부트는 애플리케이션 실행 파일과 동일한 루트 또는 하위 디렉터리에 있는 `/config` 폴더에 있는 속성 파일을 자동으로 찾아서 포함하기 때문에 이 폴더는 컨피그맵을 마운트하기에 완벽한 경로다. `spring.config.additional-location=<path>` 설정 속성을 통해 속성 파일을 검색할 위치를 추가로 지정할 수도 있다.
- 컨피그맵에 **키-값 쌍**key/value pair이 포함된 경우, 볼륨으로 마운트하면 마운트된 경로에 **설정 트리**config tree가 생성된다. 각 키-값 쌍에 대해 키와 같은 이름의 값을 포함하는 파일이 생성된다. 스프링 부트는 설정 트리로부터 설정 속성을 읽는 기능을 지원한다. `spring.config.import=configtree:<path>` 속성을 통해 설정 트리를 로드할 위치를 지정할 수 있다.

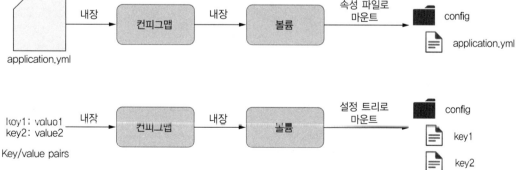

컨피그맵을 스프링 부트 애플리케이션에 볼륨으로 마운트

그림 14.2 볼륨으로 마운트된 컨피그맵은 스프링 부트에서 속성 파일 또는 설정 트리로 사용할 수 있다.

스프링 부트 애플리케이션을 설정할 때 첫 번째 옵션이 가장 편리한데 애플리케이션 내부의 기본 설정에 사용하는 속성 파일과 동일한 형식을 사용하기 때문이다. 앞서 생성한 컨피그맵을 카탈로그 서비스 컨테이너에 마운트하는 방법을 살펴보자.

카탈로그 서비스 프로젝트(catalog-service)의 k8s 폴더에 있는 deployment.yml 파일을 열고 다음과 같이 세 가지 변경 사항을 적용한다.

* 컨피그맵에서 선언한 값에 대한 환경 변수를 제거한다.
* `catalog-config` 컨피그맵에서 생성된 볼륨을 선언한다.
* `catalog-service` 컨테이너에 대한 볼륨 마운트를 지정하여 /workspace/config에서 컨피그 맵을 application.yml 파일로 로드한다. workspace 폴더는 클라우드 네이티브 빌드팩이 애플리케이션 실행 파일을 호스팅하기 위해 생성하고 사용하기 때문에 스프링 부트는 동일한 경로에서 /config 폴더를 자동으로 찾고 그 안에 포함된 모든 속성 파일을 로드한다. 위치를 추가로 설정할 필요는 없다.

예제 14.3 컨피그맵을 애플리케이션 컨테이너에 볼륨으로 마운트하기

```
apiVersion: apps/v1
kind: Deployment
metadata:
  name: catalog-service
  labels:
    app: catalog-service
spec:
  ...
  template:
    ...
    spec:
      containers:
        - name: catalog-service
          image: catalog-service
          imagePullPolicy: IfNotPresent
          ...                            ◁── JVM 스레드와 스프링 프로파일은
          env: ◀                             여전히 환경 변수로 설정된다.
            - name: BPL_JVM_THREAD_COUNT
              value: "50"
            - name: SPRING_PROFILES_ACTIVE
              value: testdata
          ...                            ◁── 컨피그맵을 컨테이너에서
          volumeMounts: ◀                    볼륨으로 마운트한다.
            - name: catalog-config-volume
```

```
        mountPath: /workspace/config    ◄─────────────────          스프링 부트는 자동으로 이 폴더에서
      volumes:  ◄─────┤ 파드를 위해 볼륨을 정의한다.                      속성 파일을 찾고 로드한다.
      - name: catalog-config-volume   ◄───┤ 볼륨 이름
        configMap:  ◄─────────
          name: catalog-config          │ 볼륨을 생성할 컨피그맵
```

앞서 컨피그맵을 클러스터에 적용했다. 카탈로그 서비스가 컨피그맵에서 설정 데이터를 올바르게
읽고 있는지 확인하기 위해 배포 및 서비스 매니페스트에 대해서도 동일한 작업을 수행해보자.

먼저 애플리케이션을 컨테이너 이미지로 패키징하고 클러스터에 올려야 한다. 터미널 창을 열고 카
탈로그 서비스 프로젝트의 루트 폴더(catalog-service)로 이동한 후 다음 명령을 실행한다.

```
$ ./gradlew bootBuildImage
$ minikube image load catalog-service --profile polar
```

이제 배포 및 서비스 매니페스트를 적용하여 로컬 클러스터에 애플리케이션을 배포할 준비가 됐다.

```
$ kubectl apply -f k8s/deployment.yml -f k8s/service.yml
```

다음 명령으로 카탈로그 서비스가 사용 가능한 상태이고 요청을 수락할 준비가 되었는지 확인해
보자.

```
$ kubectl get deploy -l app=catalog-service

NAME              READY   UP-TO-DATE   AVAILABLE   AGE
catalog-service   1/1     1            1           21s
```

내부적으로 쿠버네티스는 앞 장에서 설정한 활성 및 준비 상태 프로브를 통해 애플리케이션의 상
태를 추론한다.

이제 다음과 같은 명령을 통해 로컬 머신에서 쿠버네티스 클러스터로 트래픽을 전달한다.

```
$ kubectl port-forward service/catalog-service 9001:80
Forwarding from 127.0.0.1:9001 -> 9001
Forwarding from [::1]:9001 -> 9001
```

NOTE kubectl port-forward 명령으로 시작된 프로세스는 [Ctrl]+[C]로 명시적으로 중지할 때까지 계속 실행된다.

이제 9001 포트의 로컬 머신에서 카탈로그 서비스를 호출할 수 있으며 요청이 쿠버네티스 클러스터 내부의 서비스 객체로 전달된다. 새 터미널 창을 열고 애플리케이션에 의해 노출된 루트 엔드포인트를 호출해 `polar.greeting` 값이 기본값이 아니라 컨피그맵에 지정된 값이 사용되는지 확인한다.

```
$ http :9001/
Welcome to the book catalog from Kubernetes!
```

또한 컨피그맵에 지정된 PostgreSQL URL이 올바르게 사용되는지 확인하기 위해 카탈로그에서 도서를 검색해보자.

```
$ http :9001/books
```

애플리케이션 테스트가 끝나면 포트 포워드 프로세스를 중지([Ctrl]+[C])하고 지금까지 생성한 쿠버네티스 객체를 삭제한다. 터미널 창을 열고 카탈로그 서비스 프로젝트(catalog-service)에서 다음 명령을 실행하지만, 클러스터는 다시 사용할 것이기 때문에 계속 실행하도록 그대로 둔다.

```
$ kubectl delete -f k8s
```

컨피그맵은 쿠버네티스에서 실행 중인 애플리케이션에 설정 데이터를 제공하는 데 편리하다. 하지만 민감한 데이터를 전달해야 한다면 어떨까? 다음 절에서는 쿠버네티스에서 시크릿을 사용하는 방법을 살펴본다.

14.2.2 시크릿으로 민감한 정보를 저장하거나 저장하지 않기

애플리케이션 설정에서 가장 중요한 부분은 비밀번호, 인증서, 토큰, 키와 같은 시크릿 정보를 관리하는 것이다. 쿠버네티스는 시크릿 객체를 통해 이러한 데이터를 보관하고 컨테이너에 전달한다.

시크릿은 비밀번호, OAuth 토큰, ssh 키와 같은 민감한 정보를 저장하고 관리하는 데 사용하는 API 객체다. 파드는 환경 변수 또는 볼륨의 설정 파일을 통해 시크릿을 사용할 수 있다.[10]

---

10 https://kubernetes.io/docs/concepts/configuration/secret

이 객체를 **시크릿**Secret으로 만드는 것은 이 객체를 관리하기 위한 프로세스지 객체 그 자체가 아니다. 시크릿은 그 자체로 컨피그맵과 같다. 유일한 차이점은 시크릿 데이터는 일반적으로 바이너리 파일을 지원하기 위한 기술인 Base64로 인코딩한다는 점이다. Base64로 인코딩된 모든 개체는 매우 간단한 방법으로 디코딩할 수 있다. Base64가 암호화의 한 종류라고 착각하기 쉽다. 시크릿에 대해 단 한 가지만 기억해야 한다면 그것은 **시크릿 자체는 시크릿이 아니라는 점**이다.

로컬 쿠버네티스 클러스터에서 폴라 북숍의 실행을 위해 지금까지 사용한 설정은 개발에 사용한 것과 동일한 기본 크리덴셜이었기 때문에 아직은 시크릿이 필요하지 않다. 하지만 다음 장에서 프로덕션 환경에서 애플리케이션을 배포할 때는 시크릿을 사용할 것이다. 지금은 시크릿을 만드는 방법을 살펴본다. 그런 다음 시크릿을 적절하게 보호할 수 있는 몇 가지 방법을 알아본다.

시크릿을 생성하는 한 가지 방법은 명령형 접근 방식으로 쿠버네티스 CLI를 사용하는 것이다. 터미널 창을 열고 가상의 크리덴셜(user/password)에 대해 `test-credentials`라는 시크릿 객체를 생성해보자.

```
$ kubectl create secret generic \        ◀──── Base64 인코딩된 값으로 일반적인 시크릿을 생성
    test-credentials \        ◀──── 시크릿의 이름
    --from-literal=test.username=user \        ◀──── 테스트 유저명을 위한 시크릿 값을 추가
    --from-literal=test.password=password        ◀──── 테스트 비밀번호를 위한 시크릿 값을 추가
```

다음 명령으로 시크릿이 성공적으로 생성됐는지 확인할 수 있다.

```
$ kubectl get secret test-credentials

NAME                TYPE      DATA    AGE
test-credentials    Opaque    2       73s
```

또한 다음 명령을 사용하면 익숙한 YAML 형식으로 시크릿의 내부 표현을 검색할 수도 있다.

```
$ kubectl get secret test-credentials -o yaml

apiVersion: v1        ◀──── 시크릿 객체의 API 버전
kind: Secret        ◀──── 생성된 객체의 유형
metadata:
  name: test-credentials        ◀──── 시크릿의 이름
type: Opaque
```

```
data:    ◄───┤ Base64 인코딩된 시크릿 데이터 영역
  test.username: dXNlcg==
  test.password: cGFzc3dvcmQ=
```

가독성을 높이기 위해 앞의 YAML을 재배열하고 논의와 관련이 없는 필드는 생략했다.

다시 한번 반복하지만 시크릿 데이터 자체는 시크릿이 아니다! 간단한 명령 하나로 `test-credential` 시크릿에 저장된 값을 디코딩할 수 있다.

```
$ echo 'cGFzc3dvcmQ=' | base64 --decode
password
```

컨피그맵과 마찬가지로, 시크릿은 환경 변수나 볼륨 마운트를 통해 컨테이너에 전달할 수 있다. 두 번째 경우에는 속성 파일 또는 설정 트리로 마운트할 수 있다. 예를 들어, `test-credential` 시크릿은 파일이 아닌 키-값 쌍이기 때문에 설정 트리로 마운트할 수 있다.

시크릿은 암호화되지 않기 때문에 버전 관리 시스템으로 관리하면 안 된다. 시크릿이 적절하게 보호되도록 하는 것은 플랫폼 엔지니어의 몫이다. 예를 들어, 내부 **etcd** 스토리지에 시크릿을 암호화한 후에 저장하도록 쿠버네티스를 설정할 수 있다. 이는 저장된 데이터에 대한 보안을 보장하는 데는 도움이 되지만 버전 제어 시스템에서 관리해야 하는 문제를 해결하지는 못한다.

비트나미Bitnami는 시크릿을 암호화해 버전 관리하에 두는 것을 목표로 **봉인 시크릿**sealed secret[11]이라는 프로젝트를 도입했다. 먼저 일반 시크릿에서 했던 것과 비슷하게 리터럴 값에서 시작해 암호화된 `SealedSecret` 객체를 생성한다. 그런 다음 이를 저장소에 올리고 안전하게 버전 관리하에 둔다. `SealedSecret` 매니페스트가 쿠버네티스 클러스터에 적용되면, 봉인 시크릿 컨트롤러는 암호화된 값을 풀어 파드 내에서 사용할 수 있는 표준 시크릿 오브젝트로 생성한다.

시크릿이 하시코프 볼트나 애저 키 볼트와 같은 전용 백엔드에 저장되어 있다면 어떻게 해야 할까? 이 경우 **외부 시크릿**external secret[12]과 같은 프로젝트를 사용할 수 있다. 이름에서 짐작할 수 있듯이 이 프로젝트를 사용하면 외부 소스에서 시크릿을 생성할 수 있다. `ExternalSecret` 객체는 저장소에 저장하고 버전 관리하에 두면 안전할 것이다. `ExternalSecret` 매니페스트가 쿠버네티스

---

11 https://github.com/bitnami-labs/sealed-secrets
12 https://github.com/external-secrets/kubernetes-external-secrets

클러스터에 적용되면, 외부 시크릿 컨트롤러는 설정된 외부 소스에서 값을 가져와서 파드 내에서 사용할 수 있는 표준 시크릿 오브젝트를 생성한다.

> **NOTE** 쿠버네티스 시크릿을 보호하는 방법에 대해 더 자세히 알고 싶다면 빌리 유엔Billy Yuen, 알렉산더 마티유센세프Alexander Matyushentsev, 토드 에켄스탐Todd Ekenstam, 제시 수엔Jesse Suen이 쓴 《GitOps and Kubernetes》(Manning, 2021)의 7장과 알렉스 소토 부에노Alex Soto Bueno와 앤드루 블록Andrew Block이 쓴 《Kubernetes Secrets Management》(Manning, 2022)를 참고하기 바란다. 이것은 일반적으로 개발자가 아닌 플랫폼 팀이 해야 할 작업이기에 여기서는 자세히 다루지 않는다.

컴피그맵과 시크릿을 사용하면 설정 데이터를 어떻게 업데이트하고 애플리케이션이 변경된 값을 어떻게 사용할지에 대한 정책을 결정해야 한다. 이것이 다음 절의 주제다.

14.2.3 스프링 클라우드 쿠버네티스를 통한 런타임 설정 갱신

외부 설정 서비스를 사용하는 경우 설정이 변경될 때 애플리케이션을 다시 로드하는 메커니즘이 필요할 수 있다. 예를 들어 스프링 클라우드 컨피그를 사용하는 경우 스프링 클라우드 버스를 사용해 이러한 메커니즘을 구현할 수 있다.

쿠버네티스는 다른 접근 방식이 필요하다. 컨피그맵이나 시크릿이 볼륨으로 마운트되어 있으면 이들이 변경될 때마다 쿠버네티스가 처리해 새로운 버전을 컨테이너에 제공한다. 환경 변수를 사용한 경우는 변경된 값으로 대체되지 않는다. 따라서 일반적으로는 볼륨 설루션을 선호한다.

업데이트된 컨피그맵 또는 시크릿은 볼륨으로 마운트될 때 파드에 제공되지만, 설정을 새로 고치는 것은 특정 애플리케이션에 달려 있다. 기본적으로 스프링 부트 애플리케이션은 시작 시에만 설정 데이터를 읽는다. 설정이 컨피그맵과 시크릿을 통해 제공되는 경우 설정을 새로 고칠 수 있는 방법이 주로 세 가지가 있다.

- **롤링 재시작**rolling restart: 컨피그맵 또는 시크릿을 변경한 후 영향을 받는 모든 파드를 롤링 재시작하여 애플리케이션이 설정 데이터를 다시 로드하게 한다. 이 옵션을 사용하면 쿠버네티스 파드는 불가변 상태를 유지한다.
- **스프링 클라우드 쿠버네티스 컨피규레이션 와처**Spring Cloud Kubernetes Configuration Watcher: 스프링 클라우드 쿠버네티스는 스프링 부트 애플리케이션에 볼륨으로 마운트된 컨피그맵과 시크릿을 모니터링하는 설정 감시자라는 쿠버네티스 컨트롤러를 제공한다. 스프링 부트 액추에이터의 /actuator/refresh 엔드포인트 또는 스프링 클라우드 버스를 활용해, 컨피그맵 또는 시크릿

중 하나가 업데이트되면, 설정 감시자는 이 변경된 설정에 영향 받는 애플리케이션에 대해 설정을 갱신한다.

- **스프링 클라우드 쿠버네티스 컨피그 서버**Spring Cloud Kubernetes Config Server: 스프링 클라우드 쿠버네티스는 스프링 클라우드 컨피그의 설정 데이터 소스로 컨피그맵과 시크릿을 사용할 수 있는 설정 서버를 제공한다. 이러한 서버를 사용하면 깃 저장소와 쿠버네티스 객체 모두에서 설정을 로드할 수 있으며, 두 경우 모두 동일한 설정 새로고침 메커니즘을 사용할 수 있다.

폴라 북숍의 경우, 첫 번째 옵션을 사용하고 컨피그맵 또는 시크릿에 새로운 변경 사항이 적용될 때마다 애플리케이션의 재시작을 위해 커스터마이즈를 사용한다. 이 방법에 대해서는 이 장의 다음 절에서 자세히 설명하고 여기서는 스프링 클라우드 쿠버네티스와 그 하위 프로젝트가 제공하는 기능에 초점을 맞춰 살펴보겠다.

스프링 클라우드 쿠버네티스(https://spring.io/projects/spring-cloud-kubernetes)는 스프링 부트와 쿠버네티스 API의 통합을 제공하는 흥미로운 프로젝트이다. 원래의 목표는 스프링 클라우드 기반 마이크로서비스 아키텍처를 쿠버네티스로 전환하는 것을 좀 더 쉽게 하기 위한 것이었다. 서비스 검색 및 로드 밸런싱에 사용되는 표준 스프링 클라우드 인터페이스의 구현을 제공해 쿠버네티스와 통합할 수 있고, 컨피그맵 및 시크릿에서 설정을 로드하는 기능도 지원한다.

처음부터 백지 상태에서 시작하는 프로젝트라면 스프링 클라우드 쿠버네티스가 필요하지 않다. 7장에서 살펴봤듯이 쿠버네티스는 기본적으로 서비스 검색과 로드 밸런싱을 제공한다. 또한, 스프링 부트는 기본적으로 컨피그맵과 시크릿을 사용한 설정을 지원하므로 이 경우에도 스프링 클라우드 쿠버네티스가 필요하지 않다.

기존의 프로젝트를 쿠버네티스로 마이그레이션하는 경우, 서비스 검색을 위해 스프링 클라우드 넷플릭스 유레카와 같은 라이브러리를 사용하고 있고, 로드 밸런싱을 위해 스프링 클라우드 넷플릭스 리본 또는 스프링 클라우드 로드 밸런서를 사용하고 있다면, 보다 원활한 전환을 위해 스프링 클라우드 쿠버네티스를 사용해도 된다. 그러나 프로젝트에 스프링 클라우드 쿠버네티스를 추가하기보다는 쿠버네티스의 기본 서비스 검색 및 로드 밸런싱 기능을 활용할 수 있도록 코드를 리팩터링할 것을 권한다.

필자가 표준 애플리케이션에서 스프링 클라우드 쿠버네티스를 사용하지 말라고 권하는 주된 이유는 파드, 서비스, 컨피그맵, 시크릿을 관리하기 위해 쿠버네티스 API 서버에 대한 액세스가 필요하기 때문이다. 쿠버네티스 내부 객체에 대한 액세스 권한 부여와 관련한 보안 문제 외에도 애플리케이션이 쿠버네티스와 불필요하게 엮이고 솔루션의 유지 보수성에도 영향을 미칠 수 있다.

그렇다면 스프링 클라우드 쿠버네티스는 언제 사용하는 것이 합리적일까? 한 가지 예로, 스프링 클라우드 게이트웨이에서 서비스 검색과 로드 밸런싱 제어를 향상하기 위해 스프링 클라우드 쿠버네티스를 사용할 수 있는데 서비스 메타데이터에 기반한 새 경로를 자동으로 등록하거나 로드 밸런싱 전략을 선택하는 등의 장점을 누릴 수 있다. 이 경우 스프링 클라우드 쿠버네티스 디스커버리 서버 구성 요소를 사용하면 디스커버리 서버에 대한 쿠버네티스 API 액세스의 필요성을 제한할 수 있다.

또한 스프링 클라우드 쿠버네티스는 클러스터 내의 관리 작업을 위한 쿠버네티스 컨트롤러 애플리케이션을 구현할 때 사용하면 아주 좋다. 예를 들어, 컨피그맵이나 시크릿이 변경되는 시기를 모니터링하고 이를 통해 애플리케이션에서 설정 갱신을 수행하는 컨트롤러를 구현할 수 있다. 실제로 스프링 팀은 스프링 클라우드 쿠버네티스를 사용해 정확히 이 작업을 수행하는 컨트롤러, 즉 설정 감시자를 구축했다.

NOTE 스프링 클라우드 쿠버네티스 설정 감시자는 도커 허브에서 컨테이너 이미지로 사용할 수 있다. 작동 방식과 배포 방법에 대해 자세히 알고 싶다면 공식 문서[13]를 참고하기 바란다.

설정 감시자 외에도, 스프링 클라우드 쿠버네티스는 일반적인 분산 시스템의 문제를 해결하기 위한 여러 가지 편리한 상용 애플리케이션을 제공한다. 그중 하나는 스프링 클라우드 컨피그 위에 구축되어 컨피그맵과 시크릿에서 설정 데이터 읽기를 지원하도록 기능을 확장한 설정 서버. 이 서버를 스프링 클라우드 쿠버네티스 컨피그 서버라고 부른다.

이 애플리케이션을 직접 사용하거나(컨테이너 이미지는 도커 허브에 올려져 있음) 공식 문서[14]에 제공된 지침에 따라 쿠버네티스에 배포할 수 있다.

다른 방법으로는 깃허브에 있는 소스 코드를 기초로 쿠버네티스에서 실행할 수 있는 설정 서버를 스스로 구축할 수도 있다. 예를 들어, 이 장의 앞부분에서 설명한 것처럼 HTTP 기본 인증을 통해 설정 서버를 보호하고자 할 수 있다. 이 경우에는 스프링 클라우드 컨피그에 대해 작업한 경험을 활용해 스프링 클라우드 쿠버네티스 컨피그 서버를 토대로 폴라 북숍 컨피그 서비스를 향상할 수 있다.

---

13 https://spring.io/projects/spring-cloud-kubernetes
14 https://spring.io/projects/spring-cloud-kubernetes

다음 절에서는 쿠버네티스에서 배포 설정을 관리하기 위한 커스터마이즈에 대해 살펴본다.

14.3 커스터마이즈를 통한 설정 관리

쿠버네티스는 클라우드 네이티브 애플리케이션을 실행하는 데 유용한 많은 기능을 제공한다. 하지만 여러 개의 YAML 매니페스트를 작성할 때, 중복될 때가 많고 실제 상황에서 관리하기도 쉽지 않다. 애플리케이션 배포에 필요한 여러 매니페스트를 모아놓고 나면 또 다른 문제에 직면하게 된다. 환경에 따라 컨피그맵의 값을 어떻게 변경할 수 있을까? 컨테이너 이미지 버전은 어떻게 변경할 수 있을까? 시크릿과 볼륨은 어떻게 해야 하나? 상태 프로브의 설정을 업데이트할 수 있는가?

지난 몇 년 동안 쿠버네티스에서 워크로드를 설정하고 배포하는 방법을 개선하기 위해 많은 도구가 도입되었다. 폴라 북숍 시스템의 경우, 여러 개의 쿠버네티스 매니페스트를 단일 엔티티로 처리하고 애플리케이션이 배포되는 환경에 따라 설정의 일부를 사용자 정의할 수 있는 도구가 필요하다.

커스터마이즈Kustomize(https://kustomize.io)는 레이어링 접근 방식을 통해 다양한 환경에 배포 설정을 하는 데 도움이 되는 선언적 도구다. 이 도구는 표준 쿠버네티스 매니페스트를 생성하며, 쿠버네티스 CLI(kubectl)를 통해 기본적으로 사용할 수 있기 때문에 다른 것을 설치할 필요가 없다.

> NOTE 쿠버네티스에서 배포 설정을 관리하는 데 널리 사용되는 다른 방법으로는 카블Carvel 제품군(https://carvel.dev/ytt)의 ytt와 헬름Helm(https://helm.sh)이 있다.

이번 절에서는 커스터마이즈에서 제공하는 주요 기능을 살펴본다. 먼저 관련 쿠버네티스 매니페스트를 설정하고 이를 단일 단위로 처리하는 방법을 알아보겠다. 그런 다음 커스터마이즈가 속성 파일에서 컨피그맵을 생성하는 방법을 배운다. 마지막으로, 스테이징 환경에서 워크로드를 배포하기 전에 기본 매니페스트에 적용할 일련의 사용자 정의에 대해 논의한다. 다음 장에서는 프로덕션 환경에까지 확장하는 문제를 다룰 것이다.

계속 진행하기 전에 로컬 미니큐브 클러스터가 계속 실행 중이고 폴라 북숍 지원 서비스가 올바르게 배포되었는지 확인한다. 실행 중이 아니라면 polar-deployment/kubernetes/platform/development로부터 `./create-cluster.sh`를 실행한다.

> NOTE 플랫폼 서비스는 클러스터 내에서만 노출된다. 로컬 머신에서 이들 중 하나에 액세스하려면 7장에서 배운 포트 포워딩 기능을 사용하면 된다. 옥탄트에서 제공하는 GUI를 활용하거나 CLI를 사용할 수 있다(kubectl port-

forward service/polar-postgres 5432:5432).

이제 모든 지원 서비스를 사용할 수 있게 되었으니, 커스터마이즈를 사용해 스프링 부트 애플리케이션을 관리하고 설정하는 방법을 살펴보자.

14.3.1 커스터마이즈를 통한 스프링 부트 애플리케이션 관리 및 설정

지금까지는 여러 개의 쿠버네티스 매니페스트를 적용해 애플리케이션을 쿠버네티스에 배포해왔다. 예를 들어, 카탈로그 서비스를 배포하려면 컨피그맵, 배포 및 서비스 매니페스트를 클러스터에 적용해야 한다. 커스터마이즈 사용 시 첫 번째 단계는 관련 매니페스트를 하나의 단위로 처리할 수 있도록 하나로 묶는 일이다. 커스터마이즈는 Kustomization 리소스를 통해 이를 수행한다. 결국, 우리는 커스터마이즈가 우리를 대신해 쿠버네티스 매니페스트를 관리, 처리 및 생성하기를 원하는 것이다.

커스터마이즈가 어떻게 작동하는지 살펴보자. 카탈로그 서비스 프로젝트(catalog-service)의 k8s 폴더 안에 kustomization.yml 파일을 생성한다. 이 파일은 커스터마이즈의 시작점이 된다.

먼저 커스터마이즈에게 향후 사용자 지정의 기초로 사용할 쿠버네티스 매니페스트가 어떤 것인지 알려줘야 한다. 지금은 기존의 배포 및 서비스 매니페스트를 사용한다.

예제 14.4 **커스터마이즈를 위한 기본 쿠버네티스 매니페스트 정의**

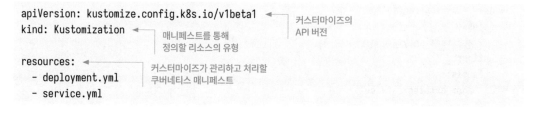

컨피그맵을 포함하지 않은 이유가 궁금할 것이다. 이 장의 앞부분에서 생성한 configmap.yml 파일을 포함해도 되지만 커스터마이즈가 더 나은 방법을 제공한다. 컨피그맵을 직접 참고하는 대신 프로퍼티 파일을 제공하고 커스터마이즈가 이를 사용해 컨피그맵을 생성하도록 할 수 있다. 어떻게 하는지 살펴보자.

먼저 이전에 생성한 컨피그맵 파일(configmap.yml)의 내용을 k8s 폴더 내의 새로운 application. yml 파일로 이동해야 한다.

예제 14.5 **컨피그맵을 통해 제공되는 설정 속성**

```
polar:
  greeting: Welcome to the book catalog from Kubernetes!
spring:
  datasource:
    url: jdbc:postgresql://polar-postgres/polardb_catalog
  security:
    oauth2:
      resourceserver:
        jwt:
          issuer-uri: http://polar-keycloak/realms/PolarBookshop
```

그런 다음 configmap.yml 파일은 더 이상 필요 없으므로 삭제한다. 마지막으로 방금 생성한 application.yml 파일에서 시작해 catalog-config 컨피그맵을 생성하도록 kustomization.yml 파일을 업데이트해보자.

예제 14.6 **커스터마이즈가 속성 파일로부터 컨피그맵을 생성하도록 설정**

```
apiVersion: kustomize.config.k8s.io/v1beta1
kind: Kustomization

resources:
  - deployment.yml
  - service.yml

configMapGenerator:
  - name: catalog-config
    files:
      - application.yml
    options:
      labels:
        app: catalog-service
```

NOTE 이와 비슷한 방식으로 커스터마이즈는 리터럴 값이나 파일로 시작하는 시크릿을 생성할 수도 있다.

여기서 잠시 멈춰 지금까지 수행한 작업이 올바르게 작동하는지 확인해보자. 로컬 클러스터에 이미 이전의 카탈로그 서비스 컨테이너 이미지가 있어야 한다. 그렇지 않은 경우, 컨테이너 이미지를 빌드하고(./gradlew bootBuildImage) 미니큐브에 로드하기 바란다(minikube image load catalog-service --profile polar).

그런 다음, 터미널 창을 열고 카탈로그 서비스 프로젝트(catalog-service)로 이동한 다음 익숙한 쿠버네티스 CLI를 사용해 애플리케이션을 배포한다. 표준 쿠버네티스 매니페스트를 적용할 때는 -f 플래그를 사용하지만 Kustomization을 적용할 때는 -k 플래그를 사용한다.

```
$ kubectl apply -k k8s
```

최종 결과는 앞서 쿠버네티스 매니페스트를 직접 적용했을 때와 동일하지만, 이번에는 커스터마이즈가 Kustomization 리소스를 통해 모든 것을 처리한다.

검증을 완료하려면 포트 포워딩을 사용해 카탈로그 서비스 애플리케이션을 로컬 머신에 노출한다 (kubectl port-forward service/catalog-service 9001:80). 그런 다음 터미널 창을 새로 열고 루트 엔드포인트가 커스터마이즈가 생성한 컨피그맵을 통해 설정된 메시지를 반환하는지 확인한다.

```
$ http :9001/
Welcome to the book catalog from Kubernetes!
```

커스터마이즈에서 생성된 컨피그맵과 시크릿은 배포될 때 고유한 접미사(해시hash)로 이름이 지정된다. 다음 명령을 사용하면 catalog-config 컨피그맵에 할당된 실제 이름을 확인할 수 있다.

```
$ kubectl get cm -l app=catalog-service

NAME                       DATA    AGE
catalog-config-btcmff5d78  1       7m58s
```

설정이 변경될 때마다 커스터마이즈는 다른 해시를 사용해 매니페스트를 새로 생성하고, 업데이트된 컨피그맵 또는 시크릿이 볼륨으로 마운트되는 컨테이너에 대해 **롤링 재시작**을 수행한다. 이는 추가 설정 요소를 구현하거나 설정하지 않고도 설정 갱신을 자동으로 할 수 있는 매우 편리한 방법이다.

이 부분을 실제로 확인해보자. 먼저, 커스터마이즈가 컨피그맵을 생성하는 데 사용하는 application.yml 파일에서 polar.greeting 속성 값을 변경해보자.

예제 14.7 컨피그맵 생성기에 설정 입력 업데이트

```
polar:
  greeting: Welcome to the book catalog from a development
    ↳ Kubernetes environment!
...
```

그런 다음 Kustomization을 다시 적용한다(kubectl apply -k k8s). 커스터마이즈는 다른 접미사 해시로 컨피그맵을 새로 생성하고 카탈로그 서비스의 모든 인스턴스에 대해 롤링 재시작을 수행한다. 우리의 경우 인스턴스는 하나만 실행된다. 프로덕션 환경에서는 더 많은 인스턴스가 있을 것이다. 인스턴스가 한 번에 하나씩 다시 시작된다는 사실은 클라우드에서 목표로 하는 다운타임 없이 업데이트가 이루어진다는 것을 의미한다. 이제 카탈로그 서비스 루트 엔드포인트가 새 메시지를 반환할 것이다.

```
$ http :9001/
Welcome to the book catalog from a development Kubernetes environment!
```

이 결과를 커스터마이즈를 사용하지 않고 컨피그맵을 업데이트할 때 발생하는 결과와 비교해볼 수 있다. 쿠버네티스는 카탈로그 서비스 컨테이너에 마운트된 볼륨을 업데이트하지만 애플리케이션은 다시 시작되지 않고 여전히 이전 값을 반환한다.

[NOTE] 요구 사항에 따라 롤링 재시작을 피하고 런타임에 애플리케이션이 설정을 다시 로드하도록 해야 할 수도 있다. 이 경우, disableNameSuffixHash: true 생성기 옵션을 사용해 해시 접미사 전략을 비활성화하고, 컨피그맵이나 시크릿이 변경될 때마다 애플리케이션에게 알리는 스프링 클라우드 쿠버네티스 설정 감시자 같은 것을 사용할 수 있다.

커스터마이즈 설정 실험이 끝나면 포트 포워딩 프로세스를 중지하고(Ctrl+C) 카탈로그 서비스 역시 중지한다(kubectl delete -k k8s).

일반 쿠버네티스 매니페스트를 직접 처리하는 대신 커스터마이즈를 사용하기 때문에 업데이트할 것이 여전히 몇 가지 더 있다. 7장에서는 로컬에서 쿠버네티스로 작업할 때 더 나은 개발 워크플로를 달성하기 위해 틸트를 사용했다. 틸트는 커스터마이즈를 지원하므로 일반 쿠버네티스 매니페스트가 아닌 Kustomization 리소스를 통해 애플리케이션을 배포하도록 설정할 수 있다. 카탈로그 서비스 프로젝트에서 다음과 같이 틸트파일을 업데이트해보자.

예제 14.8 커스터마이즈로 카탈로그 서비스를 배포하기 위한 틸트 설정

```
custom_build(
    ref = 'catalog-service',
    command = './gradlew bootBuildImage --imageName $EXPECTED_REF',
    deps = ['build.gradle', 'src']
)

k8s_yaml(kustomize('k8s'))  ◄─── k8s 폴더에 있는 Kustomization 리소스로
                                  애플리케이션 실행

k8s_resource('catalog-service', port_forwards=['9001'])
```

마지막으로, 카탈로그 서비스의 커밋 단계 워크플로에서 매니페스트 유효성 검사 단계를 업데이트 해야 한다. 그렇지 않으면 다음에 변경 사항을 깃허브에 푸시할 때 실패한다. 카탈로그 서비스 프로젝트에서 commit-stage.yml 파일(.github/workflows)을 열고 다음과 같이 업데이트한다.

예제 14.9 큐비발을 사용해 커스터마이즈에서 생성된 매니페스트 유효성 검사

```
name: Commit Stage
on: push
...
jobs:
  build:
    name: Build and Test
    ...
    steps:
      ...
      - name: Validate Kubernetes manifests
        uses: stefanprodan/kube-tools@v1
        with:
          kubectl: 1.24.3
          kubeval: 0.16.1
          command: |
            kustomize build k8s | kubeval --strict -  ◄─── 커스터마이즈로 매니페스트를 생성하고
                                                             큐비발로 유효성 검사를 수행한다.
```

지금까지 커스터마이즈를 통해 얻은 가장 중요한 이점은 컨피그맵 또는 시크릿이 업데이트될 때 애플리케이션이 자동으로 롤링 재시작을 한다는 점이다. 다음 절에서는 커스터마이즈에 대해 좀 더 자세히 알아보고 배포 환경에 따라 다양한 쿠버네티스 설정을 관리할 수 있는 강력한 기능을 살펴본다.

14.3.2 커스터마이즈를 통한 여러 환경에 대한 쿠버네티스 설정 관리

개발 과정에서 우리는 15요소 방법론을 따르고 서로 다른 환경에 배포할 때 변경될 수 있는 애플리케이션에 대한 설정을 외부화했다. 속성 파일, 환경 변수, 설정 서비스 및 컨피그맵을 사용하는 방법을 살펴봤다. 또한 스프링 프로파일을 사용해 배포 환경에 따라 애플리케이션 설정을 사용자 정의하는 방법도 배웠다. 이제 한 단계 더 나아가 애플리케이션을 배포하는 위치에 따라 전체 배포 설정을 사용자 정의하는 전략을 정의해야 한다.

앞 절에서는 Kustomization 리소스를 통해 쿠버네티스 매니페스트를 하나로 묶어 설정하고 처리하는 방법을 배웠다. 이러한 기본 매니페스트 위에 각 환경에 대해 변경 사항이나 추가 설정을 적용하기 위한 **패치**patch를 지정할 수 있다. 이번 절에서 살펴볼 모든 사용자 정의 단계는 애플리케이션 소스 코드는 변경하지 않고 이전에 생성된 동일한 릴리스 아티팩트에 대해 적용된다. 이는 매우 강력한 개념이며 클라우드 네이티브 애플리케이션의 주요 기능 중 하나이다.

설정 사용자 지정에 대한 커스터마이즈 접근 방식은 **베이스**base와 **오버레이**overlay라는 개념을 기반으로 한다. 카탈로그 서비스 프로젝트에서 생성한 k8s 폴더는 **베이스**로 간주할 수 있다. 즉 이 디렉터리 안에는 쿠버네티스 매니페스트와 사용자 지정 설정을 결합하는 kustomization.yml 파일이 있다. **오버레이**는 kustomization.yml 파일이 있는 또 다른 디렉터리다. 오버레이가 특별한 이유는 하나 혹은 그 이상의 베이스와 관련해 사용자 맞춤형 설정을 정의하고 이를 결합한다는 점이다. 동일한 베이스를 시작으로 각 배포 환경(예: 개발, 테스트, 스테이징 및 프로덕션)에 대한 오버레이를 지정할 수 있다.

그림 14.3에 표시된 것처럼 각 사용자 지정에는 kustomization.yml 파일이 포함된다. 베이스 역할을 하는 폴더는 배포, 서비스, 컨피그맵과 같은 여러 쿠버네티스 리소스를 함께 구성한다. 또한 오버레이를 인식하지 않으므로 오버레이와 완전히 독립적이다. 오버레이는 하나 이상의 베이스를 기반으로 하고 패치를 통해 추가 설정을 제공한다.

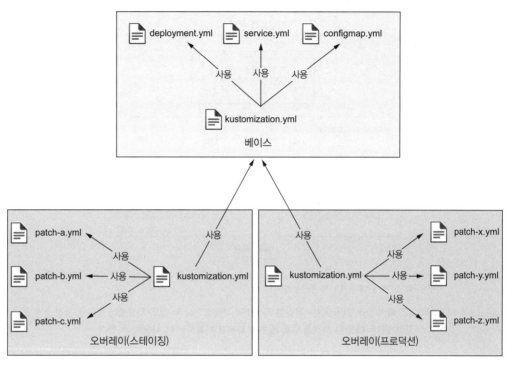

커스터마이즈를 사용해 여러 환경에 대한 사용자 지정 설정

그림 14.3 **커스터마이즈 베이스는 배포 환경에 따라 추가 사용자 지정(오버레이)을 위한 기반으로 사용할 수 있다.**

베이스와 오버레이는 동일한 저장소에 정의해도 되고 서로 다른 저장소에 정의해도 된다. 폴라 북숍 시스템의 경우 각 애플리케이션 프로젝트의 k8s 폴더를 베이스로 사용하고 polar-deployment 저장소에 오버레이를 정의한다. 3장에서 애플리케이션 코드베이스에 대해 한 것과 유사하게, 배포 설정을 애플리케이션과 동일한 저장소에 유지할지 혹은 다른 저장소를 사용할지 결정할 수 있다. 이 책에서 필자는 몇 가지 이유로 별도의 저장소를 사용한다.

- 시스템의 모든 구성 요소의 배포를 한 곳에서 제어할 수 있다.
- 프로덕션에 배포하기 전에 버전 제어, 감사, 규정 준수를 중점적으로 확인할 수 있다.
- 배포와 배포 작업을 분리하는 깃옵스 접근 방식에 적합하다.

예를 들어, 그림 14.4는 카탈로그 서비스의 경우 베이스와 오버레이를 두 개의 별도 저장소에 둘 때 커스터마이즈 매니페스트가 어떤 구조를 갖는지 보여준다.

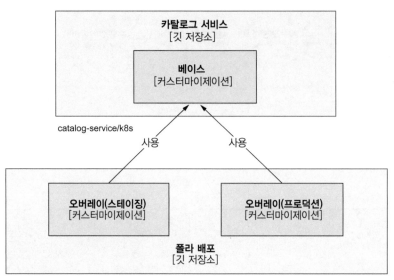

커스터마이즈를 사용해 여러 환경에서 카탈로그 서비스 사용자 지정 설정

그림 14.4 커스터마이즈 베이스와 오버레이는 동일한 저장소에 저장하거나 두 개의 저장소에 별도로 저장할 수 있다. 오버레이는 다양한 환경에 맞춰 배포를 사용자 지정하는 데 사용할 수 있다.

또 다른 결정은 기본 쿠버네티스 매니페스트를 애플리케이션 소스 코드와 함께 유지할지 아니면 배포 저장소에 둘지의 여부다. 기본 설정 프로퍼티에서 했던 것과 유사하게 폴라 북숍 예제에서는 첫 번째 접근 방식을 사용하기로 결정했다. 이 방법의 장점 중 하나는 개발 중에 직접 또는 틸트를 사용해 로컬 쿠버네티스 클러스터에서 각 애플리케이션을 간단하게 실행할 수 있다는 점이다. 요구 사항에 따라 둘 중 어느 한 가지를 사용하면 된다. 두 가지 방법 모두 유효하며 실제 시나리오에서 사용된다.

패치 VS. 템플릿

커스터마이즈의 사용자 지정 설정 접근 방식은 패치 적용을 기반으로 한다. 이는 헬름의 작동 방식과는 정반대다(https://helm.sh). 헬름은 매니페스트에서 변경하려는 모든 부분을 템플릿으로 만들어야 한다(그 결과 유효하지 않은 YAML이 발생한다). 그런 다음 각 환경에서 해당 템플릿에 대해 다른 값을 제공할 수 있다. 필드가 템플릿화되지 않은 경우 해당 값을 사용자 지정할 수 없다. 이러한 이유로 서로의 단점을 극복하기 위해 헬름과 커스터마이즈를 순차적으로 사용하는 경우가 드물지 않다. 두 접근 방식 모두 장단점이 있다.

이 책에서는 커스터마이즈를 사용하기로 결정했는데, 그 이유는 기본적으로 쿠버네티스 CLI에서 사용할 수 있고, 유효한 YAML 파일에서 작동하고, 순전히 선언적이기 때문이다. 헬름은 더 강력하며, 쿠버네티스가 기본적으로 지원하지 않는 복잡한 애플리케이션 롤아웃과 업그레이드를 처리할 수 있다. 반면에 학습 곡선이 가파르고 템플릿 솔루션에 단점이 몇 가지 있으며 선언적이지 않다.

또 다른 옵션으로는 카블 제품군(https://carvel.dev/ytt)의 ytt가 있다. 패치와 템플릿을 모두 지원하고 유효한 YAML 파일에서 작동하며 템플릿 전략이 더 견고하여 우수한 경험을 제공한다. 커스터마이즈보다 ytt에 익숙해지려면 조금 더 많은 노력이 필요하지만 그만한 가치가 있다. YAML을 최우선적으로 지원하기 때문에, ytt를 사용해 쿠버네티스 외부에서도 모든 YAML 파일을 설정하고 사용자 지정할 수 있다. 깃허브 액션 워크플로나 앤서블 플레이북 또는 젠킨스 파이프라인을 사용한다면 이 모든 경우에 ytt를 사용할 수 있다.

카탈로그 서비스에 대해 커스터마이즈의 오버레이를 어떻게 적용할 수 있을지 고려해보자. 이미 커스터마이즈로 설정된 기본 배포 설정이 있다. 이 설정은 프로젝트 저장소 내 전용 폴더(catalog-service/k8s)에 있다. 이제 스테이징을 위해 배포를 사용자 지정하는 오버레이를 정의해보자.

14.3.3 스테이징을 위한 설정 오버레이 정의

앞 절에서는 커스터마이즈를 사용해 로컬 개발 환경에서 카탈로그 서비스의 설정을 관리했다. 이러한 매니페스트는 각 환경에 대해 오버레이를 적용할 사용자 지정의 토대가 된다. 베이스는 catalog-service 저장소에 두고 오버레이는 polar-deployment 저장소에 정의할 것이므로 모든 카탈로그 서비스 매니페스트는 메인 브랜치에서 사용할 수 있어야 한다. 지금까지 카탈로그 서비스 프로젝트에 적용된 모든 변경 사항을 아직 원격 저장소로 푸시하지 않았다면 깃허브로 푸시하기 바란다.

> NOTE 2장에서 설명했듯이 폴라 북숍 시스템의 각 프로젝트마다 깃허브에 개별적으로 저장소를 만들었을 것이다. 이 장에서는 polar-deployment와 catalog-service 저장소만 다루지만, 에지 서비스, 주문 서비스, 배송 서비스 저장소도 역시 깃허브에 원격으로 만들어져 있어야 한다.

예상대로 모든 설정 오버레이를 polar-deployment 저장소에 저장할 것이다. 이번 절과 다음 절에서는 스테이징 환경에 대한 오버레이를 정의하고 다음 장에서는 프로덕션에 대해 살펴본다.

polar-deployment 저장소에 kubernetes/applications 폴더를 새로 생성한다. 이 폴더에 폴라 북숍 시스템의 모든 애플리케이션에 대한 사용자 지정 설정을 저장할 것이다. 새로 생성된 경로에 catalog-service라는 폴더를 만들고 여기에 다른 환경에 맞춰 카탈로그 서비스 배포를 사용자 지정하기 위한 오버레이를 저장하다. 특히 스테이징 단계로 배포를 준비해야 하므로 카탈로그 서비스에 대한 staging이라는 폴더를 catalog-service 안에 만든다.

모든 사용자 지정(베이스 또는 오버레이)에는 kustomization.yml 파일이 필요하다. 카탈로그 서비스의 스테이징 오버레이를 위한 파일을 생성해보자(polar-deployment/kubernetes/applications/

catalog-service/staging). 가장 먼저 설정해야 할 것은 기본 매니페스트에 대한 참조다.

지금까지 잘 따라왔다면, 카탈로그 서비스 소스 코드가 깃허브의 카탈로그 서비스 저장소와 원격으로 연결되어 있어야 한다. 원격 베이스에 대한 참조는 kustomization.yml 파일이 포함된 폴더를 가리켜야 하는데 우리의 경우 k8s 폴더다. 또한 배포하려는 버전에 대한 특정 태그 또는 다이제스트를 참고해야 한다. 다음 장에서 릴리스 전략과 버전 관리에 대해 설명할 예정이므로 여기서는 간단히 메인 브랜치를 가리키도록 하겠다. 최종 URL은 github.com/<your_github_username>/catalog-service/k8s?ref=main과 같은 형식이어야 한다. 예를 들어, 필자의 경우 github.com/polarbookshop/catalog-service/k8s?ref=main이다.

예제 14.10 **원격 베이스를 토대로 스테이징을 위한 오버레이 정의**

```
apiVersion: kustomize.config.k8s.io/v1beta1
kind: Kustomization

resources:  ◄─────────────   사용자 정의 설정을 위해 깃허브의
                             카탈로그 서비스 저장소의 매니페스트를 베이스로 사용한다.
- github.com/<your_github_username>/catalog-service/k8s?ref=main
```

NOTE 폴라 북숍의 모든 깃허브 저장소는 공개 상태로 누구나 액세스할 수 있다고 가정한다. 공개 상태가 아니라면 깃허브의 특정 저장소의 설정 페이지에서 하단으로 스크롤하여 공개 여부 변경 버튼을 클릭하여 저장소를 공개로 설정한다.

이제 쿠버네티스 CLI를 사용해 스테이징 오버레이에서 카탈로그 서비스를 배포할 수 있지만, 결과는 베이스를 직접 사용하는 것과 다르지 않다. 스테이징 배포를 위해 사용자 정의 변경을 몇 가지 해보자.

14.3.4 환경 변수 사용자 지정 변경

가장 먼저 적용할 수 있는 사용자 정의 변경은 카탈로그 서비스에 대한 스프링의 staging 프로파일을 활성화하기 위한 환경 변수다. 대부분의 사용자 정의 변경은 병합 전략에 따라 패치를 통해 적용할 수 있다. 깃이 서로 다른 브랜치의 변경 사항을 병합하는 것과 마찬가지로, 커스터마이즈는 서로 다른 Kustomization 파일(하나 이상의 베이스와 하나의 오버레이)의 변경 사항을 적용해 최종적으로 쿠버네티스 매니페스트를 생성한다.

커스터마이즈 패치를 정의할 때는 변경 사항은 작게하고 그나마도 최대한 좁은 범위에 집중되도록 하는 것이 바람직하다. 환경 변수를 사용자 지정 변경하려면 카탈로그 서비스에 대한 스테이징 오

버레이(kubernetes/applications/catalog-service/staging) 내에 patch-env.yml 파일을 생성한다. 이 때 커스터마이즈가 패치를 적용할 위치와 변경 사항을 병합하는 방법을 파악할 수 있도록 콘텍스트 정보를 지정해주어야 한다. 컨테이너를 커스터마이징하기 위한 패치인 경우, 커스터마이즈는 쿠버네티스 리소스(즉, Deployment)의 종류와 이름, 컨테이너의 이름을 지정해야 한다. 이런 방식의 사용자 정의 변경 방법을 **전략적 병합 패치**strategic merge patch라고 한다.

예제 14.11 **환경 변수 사용자 지정 변경을 위한 패치**

```
apiVersion: apps/v1
kind: Deployment
metadata:
  name: catalog-service
spec:
  template:
    spec:
      containers:
        - name: catalog-service
          env:
            - name: SPRING_PROFILES_ACTIVE  ◀─── 어떤 스프링 프로파일이
              value: staging                      활성화되어야 하는지 지정한다.
```

다음으로 커스터마이즈에 패치를 적용하도록 지시해야 한다. 카탈로그 서비스의 스테이징 오버레이에 대한 kustomization.yml 파일에서 다음과 같이 patch-env.yml 파일을 목록 형태로 지정해야 한다.

예제 14.12 **환경 변수에 대한 패치 적용**

```
apiVersion: kustomize.config.k8s.io/v1beta1
kind: Kustomization

resources:
  - github.com/<your_github_username>/catalog-service/k8s?ref=main
                                          전략적 병합 전략에 따라 베이스 매니페스트에 적용할
patchesStrategicMerge:  ◀───              패치의 목록을 지정하기 위한 영역
  - patch-env.yml  ◀─── 카탈로그 서비스 컨테이너에 전달되는 환경 변수를
                        사용자 지정 변경하기 위한 패치
```

이와 동일한 접근 방식을 사용해 복제본 수, 활성 상태 프로브, 준비 상태 프로브, 유예 종료 시간, 환경 변수, 볼륨 등과 같이 배포와 관련한 여러 가지 항목을 사용자 정의할 수 있다. 다음 절에서는 컨피그맵을 사용자 정의하는 방법을 살펴본다.

카탈로그 서비스의 베이스 Kustomization은 커스터마이즈에게 application.yml 파일을 시작으로 `catalog-config` 컨피그맵을 생성하도록 지시한다. 해당 컨피그맵의 값을 사용자 정의 변경하려면 전체 컨피그맵을 바꾸거나 스테이징에서 달라지는 값만 덮어쓰는 두 가지 방식이 주로 사용된다. 두 번째 경우는 일반적으로 고급 커스터마이즈 패치 전략을 사용해 컨피그맵의 특정 값을 덮어쓸 수 있다.

스프링 부트로 작업할 때는 스프링 프로파일의 강력한 기능을 활용할 수 있다. 기존 컨피그맵의 값을 업데이트하는 대신, `staging` 프로파일이 활성화되어 있을 때 application.yml보다 우선순위를 갖는 application-staging.yml 파일을 추가하면 된다. 최종 결과는 두 파일을 모두 포함하는 컨피그맵이다.

먼저 카탈로그 서비스에 대한 스테이징 오버레이 내에 application-staging.yml 파일을 만든다. 이 속성 파일을 사용해 `polar.greeting` 속성을 다른 값으로 정의한다. 앞서 설명한 것과 동일한 미니큐브 클러스터를 스테이징 환경으로 사용할 것이므로, 지원 서비스 URL과 크리덴셜은 개발 환경과 동일하다. 실제 시나리오에서는 이 단계에 사용자 지정 변경이 더 많이 필요할 것이다.

예제 14.13 **카탈로그 서비스에 대한 스테이징 설정**

```
polar:
  greeting: Welcome to the book catalog from a staging
↳Kubernetes environment!
```

다음으로 커스터마이즈가 제공하는 컨피그맵 생성기를 사용해 동일한 `catalog-config` 컨피그맵 내에서 application-staging.yml 파일(스테이징 오버레이에 정의됨)과 application.yml 파일(베이스 Kustomization에 정의됨)을 결합할 수 있다. 계속해서 다음과 같이 스테이징 오버레이에 대한 kustomization.yml 파일을 업데이트해보자.

예제 14.14 **동일한 컨피그맵 내에서 속성 파일 병합**

```
apiVersion: kustomize.config.k8s.io/v1beta1
kind: Kustomization

resources:
  - github.com/<your_github_username>/catalog-service/k8s?ref=main
```

```
patchesStrategicMerge:
  - patch-env.yml

configMapGenerator:          베이스 커스터마이제이션에 정의된 컨피그맵을
  - behavior: merge          이 컨피그맵과 병합
      files:                 컨피그맵에 추가할
        - application-staging.yml    속성 파일
      name: catalog-config   베이스 커스터마이제이션과
                             동일한 컨피그맵 이름
```

다음 절에서는 배포할 이미지 이름과 버전을 설정하는 방법을 살펴본다.

14.3.6 이미지 이름 및 버전의 사용자 지정 변경

카탈로그 서비스 저장소에 정의된 기본 배포 매니페스트(catalog-service/k8s/deployment.yml)는 로컬 컨테이너 이미지를 사용하도록 설정되어 있고 버전 번호를 지정하지 않는다(즉, latest 태그가 사용됨). 이는 개발 단계에서는 편리하지만 다른 배포 환경에서는 문제가 된다.

지금까지 설명한 내용을 잘 따라왔다면 카탈로그 서비스 소스 코드가 깃허브의 catalog-service 저장소와 연결되어 있고, (커밋 단계 워크플로에 따라) 깃허브 컨테이너 레지스트리에 ghcr.io/<your_github_username>/catalog-service:latest 컨테이너 이미지가 업로드되어 있어야 한다. 다음 장에서는 릴리스 전략과 버전 관리에 대해 다룬다. 그때까지는 계속 latest 태그를 사용하겠다. 하지만 이미지 이름과 관련해서는 이제 로컬 이미지를 사용하는 대신 레지스트리에서 컨테이너 이미지를 가져와야 할 때가 됐다.

NOTE 깃허브 컨테이너 레지스트리에 올려진 이미지는 관련 깃허브 코드 저장소와 동일한 가시성을 갖는다. 폴라 북숍에서 빌드한 모든 이미지는 깃허브 컨테이너 레지스트리를 통해 공개적으로 액세스할 수 있다고 가정한다. 그렇지 않다면 깃허브의 해당 저장소로 가 설정 페이지 하단으로 스크롤한 다음 Change Visibility(가시성 변경) 버튼을 클릭하여 저장소를 공개로 설정한다.

환경 변수에 대해 수행한 작업과 유사하게 패치를 통해 카탈로그 서비스 배포 리소스에서 사용할 이미지를 변경할 수 있다. 그러나 애플리케이션의 버전이 변경될 때마다 이미지 역시 변경해야 하므로 커스터마이즈는 각 컨테이너에 사용할 이미지 이름과 버전을 선언하기 위한 더 편리한 방법을 제공한다. 이를 위해 kustomization.yml 파일을 직접 업데이트하거나 커스터마이즈 CLI(쿠버네티스 CLI의 일부로 설치됨)를 사용할 수도 있다. 여기서는 후자를 시도해보겠다.

터미널 창을 열고 카탈로그 서비스의 스테이징 오버레이(kubernetes/applications/catalog-service/staging)로 이동한 후 다음 명령을 통해 `catalog-service` 컨테이너에 사용할 이미지와 버전을 정의해보자. `<your_github_username>`을 소문자로 된 자신의 깃허브 사용자 이름으로 바꾸는 것을 잊지 말기 바란다.

```
$ kustomize edit set image \
    catalog-service=ghcr.io/<your_github_username>/catalog-service:latest
```

이 명령은 다음 예제에서 볼 수 있듯이 자동으로 kustomization.yml 파일을 새 설정으로 업데이트한다.

예제 14.15 **컨테이너의 이미지 이름 및 버전 설정**

```
apiVersion: kustomize.config.k8s.io/v1beta1
kind: Kustomization

resources:
  - github.com/<your_github_username>/catalog-service/k8s?ref=main

patchesStrategicMerge:
  - patch-env.yml

configMapGenerator:
  - behavior: merge
    files:
      - application-staging.yml
    name: catalog-config

images:
  - name: catalog-service          배포 매니페스트에 정의된
                                   컨테이너의 이름             컨테이너의 새로운 이미지 이름
    newName: ghcr.io/<your_github_username>/catalog-service   (소문자로 된 자신의
                                                              깃허브 유저명을 사용해야 함)
    newTag: latest          컨테이너의 새로운 태그
```

다음 하위 절에서는 배포할 복제본 수를 설정하는 방법을 살펴본다.

14.3.7 복제본 수 사용자 지정 변경

클라우드 네이티브 애플리케이션은 가용성이 높아야 하지만 카탈로그 서비스의 가용성은 높지 않다. 지금까지는 카탈로그 서비스 애플리케이션을 단일 인스턴스로 배포했다. 높은 워크로드로 인해 인스턴스가 중지하거나 일시적으로 사용할 수 없게 되면 어떻게 될까? 이 애플리케이션은 더 이상 사용할 수 없기 때문에 복원력이 좋지 않다. 무엇보다도 스테이징 환경은 성능 및 가용성 테스트를 하기 좋은 장소다. 이를 위해서는 최소한 두 개의 인스턴스를 실행해야 한다. 커스터마이즈는 특정 파드의 레플리카 수를 업데이트하는 편리한 방법을 제공한다.

카탈로그 서비스의 스테이징 오버레이(kubernetes/application/catalog-service/staging)에서 kustomization.yml 파일을 열고 애플리케이션에 대해 두 개의 복제본을 설정한다.

예제 14.16 카탈로그 서비스 컨테이너 복제본 설정

```
apiVersion: kustomize.config.k8s.io/v1beta1
kind: Kustomization

resources:
  - github.com/<your_github_username>/catalog-service/k8s?ref=main

patchesStrategicMerge:
  - patch-env.yml

configMapGenerator:
  - behavior: merge
    files:
      - application-staging.yml
    name: catalog-config

images:
  - name: catalog-service
    newName: ghcr.io/<your_github_username>/catalog-service
    newTag: latest

replicas:                              복제본 수를
  - name: catalog-service    ◀────     지정할 배포의 이름
    count: 2    ◀────  복제본 수
```

이제 카탈로그 서비스를 배포하고 스테이징 오버레이에서 제공하는 설정을 테스트해보자. 간단하게 하기 위해 지금까지 사용했던 것과 동일한 미니큐브 로컬 클러스터를 스테이징 환경으로 사용한다. 이전부터 사용하던 미니큐브 클러스터를 계속 실행 중이라면 그대로 사용해도 된다. 그렇지 않다면, polar-deployment/kubernetes/platform/development에서 `./create-cluster.sh`를 실행한다. 이 스크립트는 쿠버네티스 클러스터를 시작하고 폴라 북숍에 필요한 지원 서비스를 배포한다.

그런 다음 터미널 창을 열고 카탈로그 서비스의 스테이징 오버레이 폴더(applications/catalog-service/staging)로 이동한 후 다음 명령을 실행해 커스터마이즈를 통해 애플리케이션을 배포한다.

```
$ kubectl apply -k .
```

쿠버네티스 CLI(kubectl get pod -l app=catalog-service) 또는 옥탄트 GUI(자세한 내용은 7장 참고)를 통해 실행 결과를 모니터링할 수 있다. 애플리케이션이 시작되면, CLI를 사용해 애플리케이션 로그를 확인할 수 있다.

```
$ kubectl logs deployment/catalog-service
```

스프링 부트의 초기 로그 이벤트 중 하나는 staging 프로파일이 활성화되었음을 알려주는데, 이는 패치를 통해 스테이징 오버레이에서 설정한 것과 일치한다.

애플리케이션은 클러스터 외부에 노출되지 않지만 포트 포워딩 기능을 사용해 로컬의 9001 포트를 클러스터의 80 포트에서 실행 중인 서비스로 트래픽을 전달할 수 있다.

```
$ kubectl port-forward service/catalog-service 9001:80
```

그런 다음 터미널 창을 새로 열고 애플리케이션의 루트 엔드포인트를 호출해보자.

```
$ http :9001
Welcome to the book catalog from a staging Kubernetes environment!
```

결과는 polar.greeting 속성에 대해 application-staging.yml 파일에서 사용자 지정 변경한 메시지가 표시된다. 예상한 결과다.

NOTE 한 가지 주목할 것은 :9001/books로 GET 요청을 보내면 빈 목록이 반환된다는 점이다. 스테이징에서는 애플리케이션을 시작할 때 책 데이터를 생성하는 testdata 프로파일은 활성화하지 않았다. 이 프로파일은 개발 또는 테스트 환경에서만 사용하기 때문이다.

스테이징 오버레이에 마지막으로 적용한 사용자 지정 변경 사항은 배포할 복제본의 수였다. 다음 명령으로 확인해보자.

```
$ kubectl get pod -l app=catalog-service

NAME                                READY   STATUS    RESTARTS   AGE
catalog-service-6c5fc7b955-9kvgf    1/1     Running   0          3m94s
catalog-service-6c5fc7b955-n7rgl    1/1     Running   0          3m94s
```

쿠버네티스는 각 애플리케이션의 가용성을 보장하도록 설계되었다. 사용 가능한 리소스가 충분하면 각각의 복제본을 서로 다른 노드에 배포한다. 한 노드의 인스턴스가 중지되더라도 다른 노드를 통해 애플리케이션은 계속 사용할 수 있다. 이와 동시에 쿠버네티스는 두 번째 인스턴스를 다른 곳에 배포함으로써 항상 두 개의 복제본이 실행되도록 한다. 각 파드가 어떤 노드에 할당되었는지 확인하려면 `kubectl get pod -o wide`를 사용하면 된다. 우리의 경우, 미니큐브 클러스터에는 노드가 하나뿐이므로 두 인스턴스 모두 같은 노드에 배포된다.

원한다면 application-staging.yml 파일을 업데이트하고, 클러스터에 커스터마이징을 다시 적용한 후에(`kubectl apply -k .`), 다운타임 없이 카탈로그 서비스 파드를 차례로 재시작(**롤링 재시작**)하면서 컨피그맵을 새로 로드하는지 확인할 수 있다. 차례로 발생하는 이벤트를 시각화하려면, 커스터마이징을 적용하기 전에 옥탄트를 사용하거나 별도의 터미널 창에서 `kubectl get pods -l app=catalog-service --watch` 명령을 실행하면 된다.

애플리케이션 테스트가 끝나면 Ctrl+C로 포트 포워딩 프로세스를 종료하고 polar-deployment/kubernetes/platform/development에서 `./destroy-cluster.sh`로 클러스터를 삭제해도 된다.

커스터마이즈를 사용해 스프링 부트 애플리케이션을 설정하고 배포하기 위한 기본적인 사항을 배웠으니 이제 프로덕션에 적용할 차례다. 이에 대해서는 다음 장에서 살펴본다.

폴라 실험실

이 장에서 배운 내용을 폴라 북숍 시스템의 모든 애플리케이션에 자유롭게 적용해보기 바란다. 다음 장에서는 프로덕션에 모든 애플리케이션을 배포할 것이기 때문에 각 애플리케이션은 지금까지 살펴본 내용으로 업데이트되어 있어야 한다.

1. 스프링 클라우드 컨피그 클라이언트를 비활성화한다.
2. 기본 사용자 정의 매니페스트를 정의하고 틸트와 커밋 단계 워크플로를 업데이트한다.
3. 커스터마이즈를 사용해 컨피그맵을 생성한다.
4. 스테이징 오버레이를 설정한다.

최종 결과물은 이 책의 코드 저장소 Chapter14/14-end 폴더에서 확인할 수 있다.[15]

---

15 https://github.com/ThomasVitale/cloud-native-spring-in-action

요약

- 스프링 클라우드 컨피그 서버로 구축한 설정 서버는 스프링 보안에서 제공하는 모든 기능으로 보호할 수 있다. 예를 들어, 서버가 노출하는 설정 엔드포인트에 클라이언트가 액세스하려면 HTTP 기본 인증을 하도록 요구할 수 있다.

- 스프링 부트 애플리케이션의 설정 데이터는 스프링 부트 액추에이터의 `/actuator/refresh` 엔드포인트를 호출해 다시 로드할 수 있다.

- 설정 새로고침 작업을 시스템의 다른 애플리케이션에도 전파하기 위해 스프링 클라우드 버스를 사용할 수 있다.

- 스프링 클라우드 컨피그 서버는 모니터Monitor 모듈을 제공하는데 이 모듈은 새로운 변경 사항이 설정 저장소에 푸시될 때마다 코드 저장소 제공업체의 웹훅을 통해 호출할 수 있는 `/monitor` 엔드포인트를 제공한다. 그 결과, 설정 변경의 영향을 받는 모든 애플리케이션이 스프링 클라우드 버스에 의해 트리거되어 설정을 다시 로드한다. 전체 프로세스는 자동으로 이루어진다.

- 시크릿 관리는 모든 소프트웨어 시스템에서 중요한 작업이며, 실수가 발생하면 위험하다.

- 스프링 클라우드 컨피그는 대칭 키 또는 비대칭 키를 사용해 설정 저장소에서 안전하게 시크릿을 처리하기 위한 암호화 및 복호화 기능을 제공한다.

- 또한 애저, AWS, 구글 클라우드와 같은 클라우드 제공업체에서 제공하는 시크릿 관리 설루션을 사용할 수 있으며, 스프링 클라우드 애저, 스프링 클라우드 AWS, 스프링 클라우드 GCP에서 제공하는 스프링 부트와의 통합을 활용할 수도 있다.

- 하시코프 볼트는 또 다른 옵션으로 스프링 볼트 프로젝트를 통해 모든 스프링 부트 애플리케이션을 직접 설정하거나 스프링 클라우드 컨피그 서버의 백엔드로 만들 수 있다.

- 스프링 부트 애플리케이션을 쿠버네티스 클러스터에 배포하는 경우, 컨피그맵(노출되어도 되는 설정 데이터의 경우)과 시크릿(노출되면 안되는 설정 데이터의 경우)을 통해 설정할 수 있다.

- 컨피그맵과 시크릿을 환경 변수 값의 소스로 사용하거나 컨테이너에 볼륨으로 마운트할 수 있다. 볼륨 방식이 선호되며 스프링 부트가 기본적으로 지원한다.

- 시크릿 데이터 자체는 시크릿이 아니다. 시크릿에 포함된 데이터는 기본적으로 암호화되지 않으므로 버전 관리하에 두거나 저장소에 두지 말아야 한다.

- 플랫폼 팀은 봉인 시크릿 프로젝트와 같은 것을 사용해 시크릿을 암호화하고 버전 제어하에 둘 수 있도록 하는 등 시크릿을 보호할 책임이 있다.

- 애플리케이션을 배포하기 위해 여러 개의 쿠버네티스 매니페스트를 관리하는 것은 복잡한 일이다. 커스터마이즈는 쿠버네티스에서 애플리케이션을 관리, 배포, 설정 및 업그레이드할 수 있는 편리한 방법을 제공한다.

- 무엇보다도, 커스터마이즈는 컨피그맵과 시크릿을 만드는 생성기와 업데이트될 때마다 롤링 재시작을 수행하는 방법을 제공한다.

- 커스터마이즈는 베이스와 오버레이의 개념을 기반으로 설정에 대한 사용자 지정 변경을 수행한다.

- 오버레이는 기본 매니페스트 위에 구축되며 모든 사용자 지정 변경은 패치를 통해 적용된다. 환경 변수, 컨피그맵, 컨테이너 이미지, 복제본의 수에 대한 사용자 지정 변경을 위해 패치를 정의하는 방법을 살펴봤다.

CHAPTER

지속적 전달과 깃옵스

이 장의 주요 내용

- 지속적 배포 및 릴리스 관리 이해
- 커스터마이즈를 통한 프로덕션 스프링 부트 설정
- 깃옵스 및 쿠버네티스를 사용한 프로덕션 배포

지금까지 여러 장에 걸쳐 클라우드 네이티브 애플리케이션을 사용하기 위한 패턴, 원칙 및 모범 사례를 살펴보고 스프링 부트와 쿠버네티스를 통해 북숍 시스템을 구축했다. 이제 폴라 북숍을 프로덕션에 배포할 차례다.

폴라 북숍 시스템 소스 코드는 깃허브의 깃 저장소로 올려져 있을 것이다. 앞선 내용을 따라오지 않았다면 이 책의 소스 코드의 Chapter15/15-begin 폴더를 참고하여 해당 저장소를 생성하기 바란다.

이 장에서는 애플리케이션을 프로덕션에 배포할 때 고려해야 할 사항을 마지막으로 살펴본다. 먼저 릴리스 후보에 대한 버전 관리 전략과 배포 파이프라인의 승인 단계를 설계하는 방법에 대해 논의한다. 그런 다음 프로덕션을 위해 스프링 부트 애플리케이션을 설정하고 퍼블릭 클라우드의 쿠버네티스 클러스터에 배포하는 방법을 살펴본다. 그리고나서, 배포 파이프라인의 마지막 단계인 프로덕션 단계를 구현하는 방법을 배운다. 마지막으로 아르고 CD_{Argo CD}를 사용해 깃옵스 원칙에 따라 지속적 배포를 구현한다.

> **NOTE** 이 장의 예제에 대한 소스 코드는 프로젝트의 초기 상태와 최종 상태를 포함하는 Chapter15/15-begin 및 Chapter15/15-end 폴더에 있다.[1]

15.1 배포 파이프라인: 수락 단계

지속적 전달은 속도, 복원력, 확장성, 비용 최적화와 같은 클라우드 네이티브 목표를 달성하기 위한 우리의 여정을 지원하는 기본 관행 중 하나이다. 지속적 전달은 고품질 소프트웨어를 빠르고 안정적이며 안전하게 제공하기 위한 총체적인 접근 방식이다. 지속적 전달의 기본 개념은 애플리케이션이 항상 릴리즈 가능한 상태에 있다는 점이다. 지속적 전달의 기본 패턴은 코드 커밋부터 시작해 릴리즈 가능한 소프트웨어를 생성하는 배포 파이프라인이다. 배포 파이프라인은 가능한 한 자동화되어야 하며 프로덕션으로 가는 유일한 과정이어야 한다.

3장에서는 배포 파이프라인을 커밋, 수락, 프로덕션이라는 세 가지 주요 단계로 구성할 수 있다고 설명했다. 이 책에서는 커밋 단계를 깃허브 액션의 워크플로로 자동화했다. 개발자가 새로운 코드를 메인 브랜치에 커밋하면 빌드, 단위 테스트, 통합 테스트, 정적 코드 분석 및 패키징을 거치게 된다. 이 단계가 끝나면 실행 가능한 애플리케이션 아티팩트가 아티팩트 저장소에 업로드된다. 이 것이 **릴리즈 후보**다.

이번 절에서는 지속적 전달을 위해 릴리즈 후보의 버전을 지정하는 방법을 다룬다. 그런 다음 수락 단계에 대해 살펴보는데, 이 단계의 목적과 결과에 대해 자세히 알아본다. 마지막으로 수락 단계에 대한 최소한의 워크플로를 깃허브 액션으로 구현하는 방법을 배운다. 이 단계가 끝나면 릴리스 후보를 프로덕션에 배포할 준비를 마친 셈이다.

15.1.1 지속적 배포를 위한 릴리스 후보 버전 지정

배포 파이프라인에서 커밋 단계의 결과물은 릴리스 후보다. 릴리스 후보는 배포 가능한 애플리케이션 아티팩트인데 우리의 경우는 컨테이너 이미지다. 파이프라인의 모든 후속 단계에서는 다양한 테스트를 통해 해당 컨테이너 이미지의 품질을 평가한다. 릴리스 후보에서 문제가 발견되지 않으면 최종적으로 프로덕션에 배포되어 사용자에게 릴리스된다.

---

1 https://github.com/ThomasVitale/cloud-native-spring-in-action

릴리스 후보는 아티팩트 저장소에 저장된다. JAR인 경우 메이븐 저장소에 저장되고 우리의 경우는 컨테이너 이미지이기 때문에 컨테이너 저장소에 저장한다. 컨테이너 저장소로는 구체적으로 깃허브 컨테이너 레지스트리를 사용할 것이다.

각 릴리스 후보는 고유하게 식별되어야 한다. 지금까지는 모든 컨테이너 이미지 버전에 대해 암묵적으로 latest 태그를 사용했다. 또한 그레들이 스프링 부트 프로젝트에 대해 기본적으로 설정하는 버전인 0.0.1-SNAPSHOT은 무시했다. 릴리스 후보의 버전은 어떻게 관리해야 할까?

널리 사용되는 전략은 **시맨틱 버전 관리**semantic versioning(https://semver.org)다. 이는 <major>.<minor>.<patch> 형식의 식별자로 이루어져 있다. 선택적으로 끝에 하이픈을 추가하고 그 뒤에 문자열을 추가하여 사전 릴리스pre-release임을 표시할 수도 있다. 기본적으로 스프링 이니셜라이저(https://start.spring.io)에서 생성된 스프링 부트 프로젝트는 스냅숏 릴리스를 식별하기 위한 버전인 0.0.1-SNAPSHOT으로 초기화된다. 이 전략의 변형된 형태가 **캘린더 버전 관리**calendar versioning(https://calver.org)인데, 시맨틱 버전 관리의 개념에 날짜 및 시간을 추가한다.

이 두 가지 전략은 모두 새 릴리스에 포함된 내용에 대한 정보를 암시적으로 제공하기 때문에 오픈소스 프로젝트와 고객에게 제품으로 출시되는 소프트웨어에 광범위하게 사용된다. 예를 들어, 새로운 주major 버전에는 이전 주 버전과 호환되지 않는 새로운 기능 및 API 변경 사항이 포함될 것이라고 예상한다. 반면에 패치patch는 적용 범위가 제한적이며 이전 버전과의 호환성을 보장한다.

NOTE 시맨틱 버전 관리가 적합한 소프트웨어 프로젝트에서 작업하고 있다면 릴리스 자동화 도구인 제이릴리서 JReleaser를 확인해보기 바란다. '이 도구는 사용자 지정 가능한 옵션을 제공하면서 여러 패키지 관리자에게 릴리스 생성 및 아티팩트 등록을 간소화하는 것을 목표로 한다'(https://jreleaser.org).

시맨틱 버전 관리를 사용하려면 릴리스 아티팩트의 내용에 따라 버전 번호를 할당하는 수동 단계가 필요하다. 중요한 변경 사항이 포함되어 있는가? 버그 수정만 포함되어 있는가? 버전 번호만 있으면 새 릴리스 아티팩트에 무엇이 포함되어 있는지 명확하지 않기 때문에 깃 태그를 사용하고 깃 커밋 식별자와 버전 번호 간의 매핑을 정의해야 한다.

스냅숏 아티팩트의 경우 상황이 훨씬 더 복잡하다. 스프링 부트 프로젝트를 예로 들어보겠다. 기본적으로 버전 0.0.1-SNAPSHOT으로 시작한다. 0.0.1 릴리스를 만들 준비가 될 때까지 메인 브랜치에 새로운 변경 사항을 푸시할 때마다 커밋 단계가 트리거되고 0.0.1-SNAPSHOT이라는 버전 번호로 새 릴리스 후보가 생성된다. 모든 릴리스 후보는 버전 0.0.1이 릴리스될 때까지 동일한 버전 번호를 갖게 된다. 이 방식은 변경 사항의 추적성을 보장하지 않는다. 릴리스 후보 `0.0.1-SNAPSHOT`에는 어떤 커밋이 포함되는가? 아무도 알 수 없다. 또한 `latest`를 사용하는 것과 동일한 불안정성을 갖는다. 아티팩트를 검색할 때마다 이전과 다를 수 있다.

지속적 배포의 경우, 시맨틱 버전 관리와 같은 접근 방식은 릴리스 후보를 고유하게 식별하기에는 이상적이지 않다. 지속적 통합의 원칙을 따르면 매일 수많은 릴리스 후보를 빌드하게 된다. 그리고 모든 릴리스 후보가 잠재적으로 프로덕션으로 승격될 수 있다. 새로운 코드 커밋마다 그 내용(주, 부, 패치)에 따라 시맨틱 버전을 업데이트해야 할까? 코드 커밋에서 프로덕션까지의 경로는 가능한 한 자동화되어 수동 개입을 없애야 한다. 지속적 배포를 사용하면 프로덕션으로 승격하는 과정도 자동으로 이루어진다. 어떻게 해야 할까?

한 가지 해결책은 깃 커밋 해시를 버전 릴리스 후보에 사용하는 것인데, 이렇게 하면 자동화되고 추적 가능하며 신뢰할 수 있고 깃 태그가 필요하지 않다. 커밋 해시를 그대로 사용하거나(예: `486105e261cb346b87920aaa4ea6dce6eebd6223`), 보다 인간 친화적인 숫자를 생성하기 위한 베이스로 사용할 수 있다. 예를 들어 어떤 릴리스 후보가 최신 릴리스인지 알 수 있도록 타임스탬프 또는 증가하는 시퀀스 번호를 접두사로 붙일 수도 있다(예: `20220731210356-486105e261cb346b87920aaa4ea6dce6eebd6223`).

그래도 시맨틱 버전 관리 및 이와 유사한 전략은 지속적 전달에서 그 쓰임새가 여전히 있다. 데이비드 팔리의 저서《Continuous Delivery Pipelines》에서 제안한 것처럼 고유 식별자에 더해 **표시 이름**display name으로 사용할 수 있다. 이는 사용자에게 릴리스 후보에 대한 정보를 제공하는 동시에 지속적 전달의 이점을 누릴 수 있는 방법이 될 수 있다.

폴라 북숍에서는 간단한 방식을 채택하고자 깃 커밋 해시를 직접 사용해 릴리스 후보를 식별할 것이다. 따라서 그래들 프로젝트에 설정된 버전 번호는 무시한다(이 버전 번호는 표시 버전 이름으로 사용할 수 있다). 예를 들어, 카탈로그 서비스의 릴리스 후보는 `ghcr.io/<your_github_username>/catalog-service:<commit-hash>`가 될 것이다.

이제 전략을 세웠으니 카탈로그 서비스에 어떻게 구현할 수 있는지 살펴보자. 카탈로그 서비스 프로젝트(catalog-service)로 이동하여 .github/workflows 폴더에 있는 commit-stage.yml 파일을 연다. 앞서 릴리스 후보의 고유 식별자를 저장하기 위해 `VERSION` 환경 변수를 정의했다. 현재는 정적으로 `latest`로 설정되어 있다. 이 변수를 `${{ github.sha }}`로 바꾸면 깃허브 액션에 의해 현재 깃 커밋 해시로 동적으로 바뀐다. 편의를 위해 최신 릴리스 후보에 latest 태그도 추가하면 로컬 개발 시나리오에 유용하다.

예제 15.1 **릴리스 후보 버전을 위한 깃 커밋 해시 사용**

```
name: Commit Stage
on: push

env:
  REGISTRY: ghcr.io
  IMAGE_NAME: polarbookshop/catalog-service
  VERSION: ${{ github.sha }}      ◄─────┐

build:                                   │
  name: Build and Test                   │
  ...                                    │
                                         │  깃 커밋 해시와 동일한 버전으로
                                         │  릴리스 후보를 등록한다.
package:                                 │
  name: Package and Publish              │
  ...                                    │
  steps:                                 │
    ...                                  │
    - name: Publish container image ◄────┘
      run: docker push \
          ${{ env.REGISTRY }}/${{ env.IMAGE_NAME }}:${{ env.VERSION }}
    - name: Publish container image (latest) ◄──┐
      run: |                                     │  최신 릴리스 후보에 'latest' 태그를 추가
        docker tag \
          ${{ env.REGISTRY }}/${{ env.IMAGE_NAME }}:${{ env.VERSION }} \
          ${{ env.REGISTRY }}/${{ env.IMAGE_NAME }}:latest
        docker push ${{ env.REGISTRY }}/${{ env.IMAGE_NAME }}:latest
```

워크플로를 업데이트한 후 변경 사항을 커밋하고 깃허브에 푸시한다. 그러면 커밋 단계 워크플로가 실행된다(그림 15.1). 그 결과 현재 깃 커밋 해시와 **latest** 태그를 추가로 사용한 버전이 지정된 컨테이너 이미지가 깃허브 컨테이너 레지스트리에 등록된다.

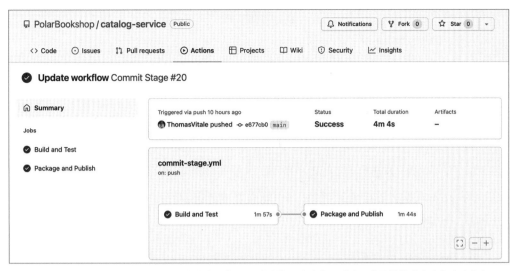

그림 15.1 커밋 단계는 코드 커밋부터 릴리스 후보를 생성하고 아티팩트 저장소에 등록하기까지의 과정이다.

파이프라인이 성공적으로 실행되면 깃허브의 `catalog-service` 저장소 메인 페이지에서 새로 등록된 컨테이너 이미지를 볼 수 있다. 사이드바에서 'catalog-service' 항목이 있는 Packages 섹션을 찾을 수 있다. 이 항목을 클릭하면 카탈로그 서비스용 컨테이너 저장소로 이동한다(그림 15.2). 깃허브 컨테이너 레지스트리를 사용하면 컨테이너 이미지가 소스 코드 옆에 보이기 때문에 매우 편리하다.

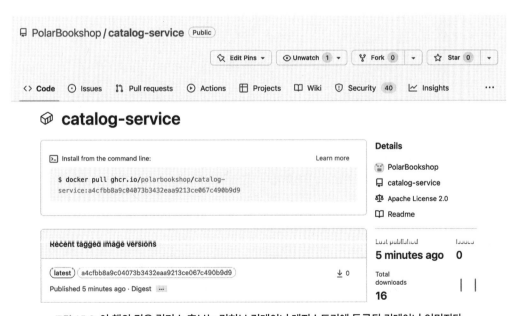

그림 15.2 이 책의 경우 릴리스 후보는 깃허브 컨테이너 레지스트리에 등록된 컨테이너 이미지다.

이제 컨테이너 이미지(릴리스 후보)는 고유하게 식별되고 수락 단계를 거칠 준비가 되었다. 다음 절은 수락 단계에 대해 살펴본다.

15.1.2 배포 파이프라인 수락 단계의 이해

배포 파이프라인의 수락 단계는 커밋 단계가 끝나고 그 결과 새 릴리스 후보가 아티팩트 저장소에 등록되면 시작된다. 이 단계에서는 릴리스 가능성에 대한 신뢰도를 높이기 위해 애플리케이션을 프로덕션과 유사한 환경에 배포하고 추가 테스트를 수행한다. 수락 단계에서 실행되는 테스트는 일반적으로 느리지만 전체 배포 파이프라인의 실행 시간을 1시간 미만으로 유지하기 위해 노력해야 한다.

3장에서는 **애자일 테스트 사분면**Agile Testing Quadrants을 통해 소프트웨어 테스트 분류에 대해 배웠다(그림 15.3). 이 사분면은 소프트웨어 테스트가 기술 또는 비즈니스 대상인지, 개발 팀을 지원하는지 아니면 프로젝트 검증에 사용되는지에 따라 소프트웨어 테스트를 분류한다.

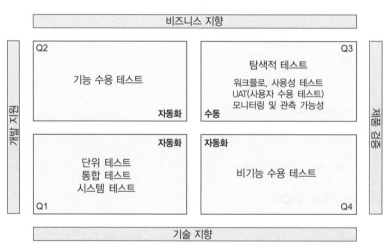

그림 15.3 **애자일 테스트 사분면은 소프트웨어 테스트 전략을 수립하는 데 도움이 되는 분류법이다.**

커밋 단계에서는 주로 단위 테스트와 통합 테스트를 포함한 첫 번째 사분면에 중점을 둔다. 이러한 테스트는 팀이 소프트웨어를 올바르게 빌드할 수 있도록 지원하는 기술 중심의 테스트다. 반면에 수락 단계는 두 번째와 네 번째 사분면에 중점을 두면서 수동으로 수행하는 회귀 테스트에 대한 필요성이 없게끔 만들고자 한다. 이 단계에는 기능적 및 비기능적 수락 테스트가 포함된다.

기능적 수락 테스트functional acceptance test는 **올바른 소프트웨어**right software를 구축하기 위해 개발팀을 지원하는 비즈니스용 테스트다. 사용자 관점에서 수행되며 일반적으로 상위 수준의 도메인별 언어(DSL)를 사용해 **실행 가능한 사양**executable specifications을 통해 구현한 다음 하위 수준의 프로그래밍 언어로 변환된다. 예를 들어, 큐컴버Cucumber(https://cucumber.io)를 사용해 '도서 카탈로그 찾아보기' 또는 '도서 주문하기'와 같은 시나리오를 사람이 읽기 쉬운 일반 텍스트로 작성할 수 있다. 그런 다음 이러한 시나리오를 자바와 같은 프로그래밍 언어로 실행하고 검증할 수 있다.

수락 단계에서는 비기능 수락 테스트를 통해 릴리스 후보의 품질 속성을 검증할 수도 있다. 예를 들어 게이틀링Gatling(https://gatling.io)과 같은 도구를 사용해 성능 및 부하 테스트, 보안 및 규정 준수 테스트, 복원력 테스트를 실행할 수 있다. 마지막 경우에는 넷플릭스에서 널리 사용되는 카오스 엔지니어링을 도입할 수 있는데, 카오스 엔지니어링은 시스템의 특정 부분이 작동하지 않게 하고 나머지 부분이 어떻게 반응하는지, 시스템이 장애에 얼마나 복원력이 있는지 검증하는 방법이다. 자바 애플리케이션의 경우 스프링 부트를 위한 카오스 멍키Chaos Monkey[2]를 사용할 수 있다.

> `NOTE` 세 번째 사분면은 어떤가? 지속적 전달 원칙에 따라 배포 파이프라인에 수동 테스트는 포함되지 않도록 노력해야 한다. 하지만 일반적으로 수동 테스트도 필요하다. 웹 및 모바일 애플리케이션과 같이 최종 사용자를 대상으로 하는 소프트웨어 제품의 경우 특히 중요하다. 따라서 **탐색 테스트**exploratory testing 및 **사용성 테스트**usability testing의 형태로 수동 테스트를 부수적으로 실행함으로써 테스터에게는 더 많은 자유를 보장하면서 지속적 통합과 배포 파이프라인에 필요한 속도와 타이밍에 대한 제약은 줄인다.

수락 단계의 기본적인 특징은 최상의 안정성을 확신하기 위해 모든 테스트가 프로덕션과 유사한 환경에서 실행된다는 점이다. 배포는 프로덕션과 동일한 절차 및 스크립트를 따르며 시스템 테스트(첫 번째 사분면)를 통해 테스트할 수 있다.

릴리스 후보가 수락 단계의 모든 테스트를 통과하면 **릴리스 가능한**releasable 상태가 되고 프로덕션에 배포할 수 있음을 의미한다. 그림 15.4는 배포 파이프라인에서 커밋 및 수락 단계의 입력과 출력을 보여준다.

---

2 https://codecentric.github.io/chaos-monkey-spring-boot

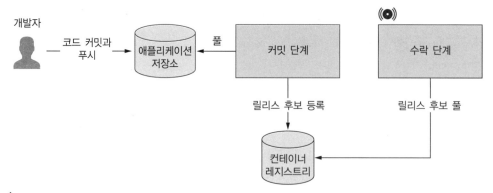

배포 파이프라인: 코드 커밋부터 수락까지

이벤트에 의해 시작(예: 새로운 릴리스 후보가 생성)

그림 15.4 **커밋 단계는 코드 커밋에서 릴리스 후보로 이동한 다음 수락 단계를 거친다.**
모든 테스트를 통과하면 프로덕션에 사용할 준비가 된 것이다.

15.1.3 깃허브 액션으로 수락 단계 구현

다음 절에서는 깃허브 액션을 사용해 수락 단계에 대한 워크플로의 전체 골격을 세우는 방법을 살펴본다. 이 책 전체에 걸쳐 커밋 단계에서 실행하는 단위 테스트와 통합 테스트에 중점을 두었다. 하지만 수락 단계에서는 기능적 및 비기능적 수락 테스트를 작성해야 한다. 이 책에서는 이 테스트에 관해서는 다루지 않지만 카탈로그 서비스를 예로 해서 워크플로를 설계하는 몇 가지 원칙만 살펴보고자 한다.

카탈로그 서비스 프로젝트(catalog-service)를 열고 .github/workflows 폴더에 acceptance-stage. yml 파일을 새로 만들자. 새 릴리스 후보가 아티팩트 저장소에 등록될 때마다 수락 단계가 시작된다. 수락 단계를 시작하기 위한 한 가지 방법은 커밋 단계 워크플로가 실행을 완료할 때마다 깃허브가 생성하는 이벤트를 수신하는 것이다.

예제 15.2 **커밋 단계가 완료된 후 수락 단계 시작**

```
name: Acceptance Stage   ◀── 워크플로의 이름
on:
  workflow_run:   ◀──
    workflows: ['Commit Stage']        이 워크플로는 커밋 단계 워크플로가
    types: [completed]                 완료되면 시작된다.
    branches: main   ◀──
                        이 워크플로는
                        메인 브랜치에 대해 실행된다.
```

하지만 이것만으로는 충분하지 않다. 지속적 통합 원칙에 따라 개발자는 하루에도 여러 번 커밋하기 때문에 커밋 단계를 반복적으로 수행한다. 커밋 단계는 수락 단계보다 훨씬 빠르기 때문에 수락 단계에서 병목 현상이 발생할 위험이 있다. 수락 단계 실행이 한 번 완료된 후 다음 실행을 위해 큐에서 대기 중인 릴리스 후보를 모두 검증할 필요가 없다. 최신 릴리스 후보만 실행하면 되기 때문에 다른 릴리스 후보는 수락 테스트를 수행하지 않고 버려도 된다. 깃허브 액션은 동시성 제어를 통해 이 시나리오를 처리하는 메커니즘을 제공한다.

예제 15.3 **워크플로 실행을 위한 동시성 설정**

```
name: Acceptance Stage
on:
  workflow_run:
    workflows: ['Commit Stage']
    types: [completed]
    branches: main
concurrency: acceptance        ◀── 한 번에 하나의 워크플로만 실행시킨다.[3]
```

다음으로 프로덕션과 유사한 환경에서 기능 및 비기능 수락 테스트를 병렬로 수행할 작업을 정의할 수 있다. 이 책에서 수락 테스트는 구현하지 않기 때문에 단순히 메시지를 인쇄하는 것으로 대체한다.

예제 15.4 **기능 및 비기능 수락 테스트 실행**

```
name: Acceptance Stage
on:
  workflow_run:
    workflows: ['Commit Stage']
    types: [completed]
    branches: main
concurrency: acceptance


jobs:
  functional:        ◀──
    name: Functional Acceptance Tests
    if: ${{ github.event.workflow_run.conclusion == 'success' }}    이 작업은 커밋 단계가
    runs-on: ubuntu-22.04                                           성공적으로 완료된 경우에만
    steps:                                                          실행된다.
      - run: echo "Running functional acceptance tests"
```

---

3 〔옮긴이〕 속성 이름 때문에 조금 혼동스러울 수 있다. 이 속성에 대한 자세한 설명은 https://docs.github.com/en/actions/using-workflows/workflow-syntax-for-github-actions#concurrency를 참고하기 바란다.

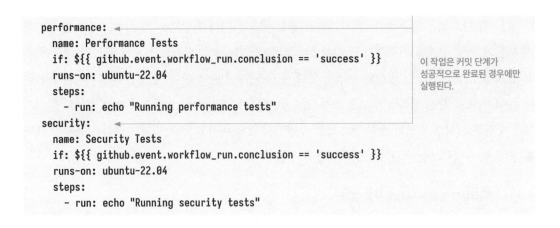

```
performance:
  name: Performance Tests
  if: ${{ github.event.workflow_run.conclusion == 'success' }}
  runs-on: ubuntu-22.04
  steps:
    - run: echo "Running performance tests"
security:
  name: Security Tests
  if: ${{ github.event.workflow_run.conclusion == 'success' }}
  runs-on: ubuntu-22.04
  steps:
    - run: echo "Running security tests"
```

이 작업은 커밋 단계가 성공적으로 완료된 경우에만 실행된다.

NOTE 수락 테스트는 프로덕션 환경과 매우 유사한 스테이징 환경에서 실행할 수 있다. 앞 장에서 설정한 스테이징 오버레이를 사용해 애플리케이션을 배포할 수 있다.

이 시점에서 변경 사항을 깃허브 catalog-service 저장소로 푸시하면 깃허브가 커밋 단계 워크플로(코드 커밋에 의해 시작됨)를 먼저 실행하고 이 워크플로가 성공적으로 완료되면 어떻게 수락 단계 워크플로를 실행하는지 확인한다. 그림 15.5는 수락 단계 워크플로의 실행 결과를 보여준다.

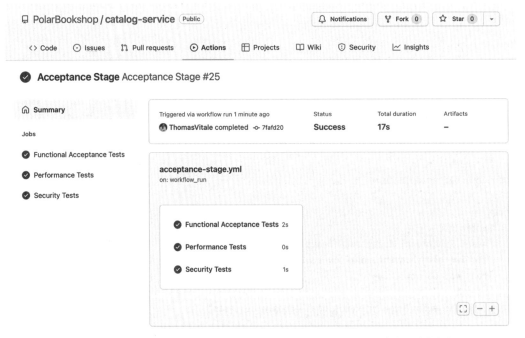

그림 15.5 커밋 단계는 코드 커밋을 받아 릴리스 후보를 만들어내고 수락 단계로 넘어간다. 모든 테스트를 통과하면 프로덕션에 사용할 준비가 된 것이다.

프로덕션에 배포하려면 릴리스 후보에 대한 설정이 있어야 한다. 릴리스 후보가 프로덕션에 배포할 준비가 됐으므로 이제 설정을 사용자 정의할 차례다.

15.2 프로덕션을 위한 스프링 부트 설정

클라우드 네이티브 애플리케이션을 프로덕션 환경의 쿠버네티스 클러스터에 배포하는 데 점점 더 가까워지고 있다. 지금까지는 미니큐브를 사용해 로컬 클러스터에서 작업했다. 이제 프로덕션 환경을 위해 완전한 쿠버네티스 클러스터가 필요하다. 이번 절을 계속 읽기 전에 부록 B(B.1~B.6절)의 지침에 따라 디지털오션 공용 클라우드에서 쿠버네티스 클러스터를 초기화한다. 다른 클라우드 공급자를 사용하는 경우 몇 가지 팁도 찾을 수 있다.

클라우드에서 쿠버네티스 클러스터를 시작하고 실행해야 이번 절을 계속 읽을 수 있는데, 여기서는 스프링 부트 애플리케이션을 프로덕션 환경에 배포하기 전에 추가적으로 해야 하는 설정에 대해 살펴본다.

앞 장에서는 커스터마이즈와 오버레이 기법에 대해 배웠는데, 커스터마이즈는 공통 베이스를 기반으로 다양한 배포 환경에 대한 사용자 지정 변경을 관리하기 위한 도구다. 또한 스테이징 환경에 대한 카탈로그 서비스 배포를 사용자 지정으로 변경해봤다. 이번 절에서는 프로덕션 환경에 대해 이와 비슷한 작업을 해본다. 14장에서 살펴본 내용을 확장하여 컨피그맵과 시크릿에 대한 볼륨 마운트를 사용자 지정하는 방법을 살펴보려고 한다. 또한 쿠버네티스에서 실행되는 컨테이너의 CPU와 메모리를 설정하는 방법을 알아보고, 패키토 빌드팩이 각 컨테이너 내에서 자바 가상 머신

---

4 https://github.com/ThomasVitale/cloud-native-spring-in-action

(JVM)의 리소스를 어떻게 관리하는지 자세히 살펴본다.

15.2.1 프로덕션을 위한 설정 오버레이 정의

먼저 프로덕션 환경에 맞게 카탈로그 서비스 배포를 사용자 지정 변경하려면 오버레이를 새로 정의해야 한다. 앞 장에서 기억하겠지만, 카탈로그 서비스의 Kustomization 베이스는 catalog-service 저장소에 저장하고 오버레이는 polar-deployment 저장소에 보관한다.

polar-deployment 저장소의 kubernetes/applications/catalog-service 내에 'production'이라는 이름으로 폴더를 새로 생성한다. 프로덕션 환경과 관련된 모든 사용자 지정 변경 사항은 이 폴더에 저장할 것이다. 어떤 베이스나 오버레이라도 kustomization.yml 파일이 필요하므로 프로덕션 오버레이를 위한 파일을 만들자. 다음 예제에서 <your_github_username>은 소문자로 된 자신의 깃허브 사용자 이름으로 바꾸어야 한다는 점을 기억하기 바란다. 또한 <release_sha>는 카탈로그 서비스의 최신 릴리스 후보의 고유 식별자로 변경해야 한다. 해당 버전은 카탈로그 서비스 깃허브 저장소 메인 페이지의 Packages(패키지) 섹션에서 검색할 수 있다.

예제 15.5 **원격 베이스를 기반으로 프로덕션을 위한 오버레이 정의**

```
apiVersion: kustomize.config.k8s.io/v1beta1
kind: Kustomization                  가장 최근의 릴리스 후보를 식별하기 위한
resources:  ◀                        깃 커밋 해시(sha)
  - github.com/<your_github_username>/catalog-service/k8s?ref=<release_sha>
```

NOTE 폴라 북숍을 위해 생성한 모든 깃허브 저장소는 공개 상태로 누구나 액세스할 수 있다고 가정한다. 그렇지 않다면 깃허브의 특정 저장소 페이지로 이동한 후에 해당 저장소의 설정 섹션 하단에서 공개 여부 변경 버튼을 클릭해 패키지를 공개로 설정한다.

1 환경 변수 사용자 지정

첫 번째로 적용할 사용자 지정은 카탈로그 서비스에 대한 prod 스프링 프로파일을 활성화하기 위한 환경 변수다. 앞 장에서와 같은 방식을 따라, 카탈로그 서비스에 대한 프로덕션 오버레이(kubernetes/applications/catalog-service/production) 내에 patch-env.yml 파일을 생성한다.

예제 15.6 **컨테이너에서 환경 변수를 사용자 지정하기 위한 패치**

```
apiVersion: apps/v1
kind: Deployment
metadata:
```

```
      name: catalog-service
spec:
  template:
    spec:
      containers:
        - name: catalog-service
          env:
            - name: SPRING_PROFILES_ACTIVE  ◄─── 어떤 스프링 프로파일이
              value: prod                        활성화되어야 하는지 정의
```

다음으로 커스터마이즈에게 패치를 적용하도록 지시해야 한다. 카탈로그 서비스의 프로덕션 오버레이를 위한 kustomization.yml 파일에 다음과 같이 patch-env.yml 파일을 지정한다.

예제 15.7 커스터마이즈가 환경 변수에 대한 패치를 적용하기 위한 설정

```
apiVersion: kustomize.config.k8s.io/v1beta1
kind: Kustomization

resources:
  - github.com/<your_github_username>/catalog-service/k8s?ref=<release_sha>
                                            전략적 병합 전략에 따라
                                            적용할 패치의 목록을 지정하기 위한 섹션
patchesStrategicMerge:  ◄───
  - patch-env.yml  ◄─── 카탈로그 서비스 컨테이너에 전달할 환경 변수를
                        사용자 지정 변경하기 위한 패치
```

2 시크릿 및 볼륨 사용자 지정

앞 장에서는 컨피그맵과 시크릿을 정의하는 방법을 배웠고, 스프링 부트 컨테이너에 볼륨으로 마운트하는 방법을 살펴봤다. 베이스 **Kustomization**에서는 개발 시와 동일한 기본값을 사용하기 때문에 시크릿이 설정되지 않았다. 프로덕션 환경에서는 카탈로그 서비스가 PostgreSQL 데이터베이스와 키클록에 액세스할 수 있는 다른 URL과 크리덴셜을 전달해야 한다.

앞서 디지털오션에서 프로덕션 환경을 설정할 때 PostgreSQL 데이터베이스에 액세스하기 위한 크리덴셜이 포함된 시크릿(polar-postgres-catalog-credentials)과 키클록 시크릿(keycloak-issuer-resourceserver-secret)도 생성했다.[5] 14장에서 컨피그맵에 대해 했던 것과 유사하게 이들에 대해서도 카탈로그 서비스 컨테이너에 볼륨으로 마운트할 수 있다. 전용 패치를 통해 이 작업을 수행해보자.

---

5   옮긴이 부록 B를 참고하기 바란다.

카탈로그 서비스의 프로덕션 오버레이(쿠버네티스/applications/catalog-service/production) 내에 patch-volume.yml 파일을 생성하고 예제 15.8과 같이 패치를 설정한다. 커스터마이즈가 베이스 배포 매니페스트에 이 패치를 적용하면 베이스에 정의된 컨피그맵 볼륨을 패치에 정의된 시크릿 볼륨과 병합한다.

예제 15.8 **카탈로그 서비스 컨테이너에 시크릿을 볼륨으로 마운트**

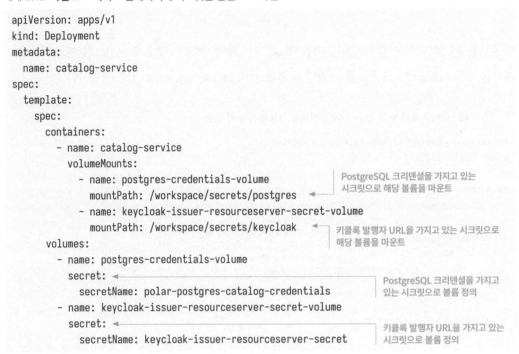

```
apiVersion: apps/v1
kind: Deployment
metadata:
  name: catalog-service
spec:
  template:
    spec:
      containers:
        - name: catalog-service
          volumeMounts:
            - name: postgres-credentials-volume
              mountPath: /workspace/secrets/postgres      ◀── PostgreSQL 크리덴셜을 가지고 있는
                                                               시크릿으로 해당 볼륨을 마운트
            - name: keycloak-issuer-resourceserver-secret-volume
              mountPath: /workspace/secrets/keycloak       ◀── 키클록 발행자 URL을 가지고 있는 시크릿으로
                                                               해당 볼륨을 마운트
      volumes:
        - name: postgres-credentials-volume
          secret:      ◀──────────────────────── PostgreSQL 크리덴셜을 가지고
            secretName: polar-postgres-catalog-credentials   있는 시크릿으로 볼륨 정의
        - name: keycloak-issuer-resourceserver-secret-volume
          secret:      ◀──────────────────────── 키클록 발행자 URL을 가지고 있는
            secretName: keycloak-issuer-resourceserver-secret   시크릿으로 볼륨 정의
```

그런 다음 앞 절에서 배운 것처럼 프로덕션 오버레이를 위해 kustomization.yml 파일에서 패치를 참고해야 한다.

예제 15.9 **커스터마이즈가 시크릿 마운트를 위한 패치를 적용시키는 설정**

```
apiVersion: kustomize.config.k8s.io/v1beta1
kind: Kustomization

resources:
- github.com/<your_github_username>/catalog-service/k8s?ref=<release_sha>

patchesStrategicMerge:
- patch-env.yml
- patch-volumes.yml      ◀── 시크릿을 볼륨으로
                             마운트하기 위한 패치 정의
```

현재, 시크릿을 컨테이너에 제공하도록 설정했지만 스프링 부트는 아직 이를 인식하지 못한다. 따라서 스프링 부트가 해당 시크릿을 설정 트리로 로드하도록 지시하는 방법을 살펴보자 .

③ 컨피그맵 사용자 지정

카탈로그 서비스에 대한 베이스 Kustomization은 커스터마이즈로 하여금 application.yml 파일부터 시작해 `catalog-config` 컨피그맵을 생성하게 한다. 앞 장에서 배웠듯이, 동일한 컨피그맵에 application-prod.yml을 추가하도록 커스터마이즈에 요청할 수 있는데 이때 application-prod.yml은 application.yml보다 우선한다. 이렇게 하면 프로덕션을 위한 애플리케이션 설정을 사용자 지정할 수 있다.

먼저, 카탈로그 서비스에 대한 프로덕션 오버레이(kubernetes/applications/catalog-service/production) 내에 application-prod.yml 파일을 생성한다. 이 속성 파일에서 사용자 정의 인사말을 설정한다. 또한 `spring.config.import` 속성을 통해 스프링 부트가 시크릿을 설정 트리로 로드하도록 지시한다. 설정 트리에 대한 자세한 내용은 14장을 참고하기 바란다.

예제 15.10 **카탈로그 서비스의 프로덕션 설정**

```
polar:
  greeting: Welcome to our book catalog from a production
↳Kubernetes environment!
spring:
  config:
    import: configtree:/workspace/secrets/*/    ◀──
```

시크릿 볼륨이 마운트된 경로로부터 설정을 임포트한다.
마지막 슬래시가 반드시 있어야 한다.
그렇지 않으면 임포트는 실패한다.

다음으로, 커스터마이즈에서 제공하는 컨피그맵 생성기를 사용해 application-prod.yml 파일과 application.yml 파일을 같은 `catalog-config` 컨피그맵 내에서 결합할 수 있다. application-prod.yml은 프로덕션 오버레이에 정의되어 있고 application.yml은 베이스 Kustomization에 정의되어 있다. 프로덕션 오버레이에 대한 kustomization.yml 파일을 다음과 같이 업데이트해보자.

예제 15.11 **동일한 컨피그맵 내에서 속성 파일 병합**

```
apiVersion: kustomize.config.k8s.io/v1beta1
kind: Kustomization

resources:
  - github.com/<your_github_username>/catalog-service/k8s?ref=<release_sha>

patchesStrategicMerge:
```

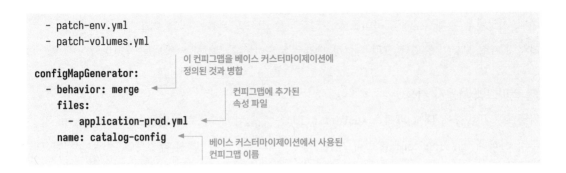

```
    - patch-env.yml
    - patch-volumes.yml

configMapGenerator:          이 컨피그맵을 베이스 커스터마이제이션에
  - behavior: merge          정의된 것과 병합
    files:                      컨피그맵에 추가된
      - application-prod.yml    속성 파일
    name: catalog-config
                             베이스 커스터마이제이션에서 사용된
                             컨피그맵 이름
```

④ 이미지 이름 및 버전 사용자 지정

다음 단계는 앞 장과 동일한 방법으로 이미지 이름과 버전을 업데이트하는 것이다. 이번에는 컨테이너 이미지(릴리스 후보)에 적절한 버전 번호를 사용할 수 있다.

먼저 컴퓨터에 `kustomize` CLI가 설치되어 있는지 확인한다. https://kustomize.io에서 설치 도움말을 참고할 수 있다. macOS나 리눅스를 사용하는 경우 `brew install kustomize` 명령으로 `kustomize`를 설치하면 된다.

그런 다음 터미널 창을 열고 카탈로그 서비스의 프로덕션 오버레이(kubernetes/applications/catalog-service/production)로 이동한 후 다음 명령을 실행해 카탈로그 서비스 컨테이너에 사용할 이미지와 버전을 정의한다. 여기서 `<your_github_username>`을 소문자로 된 자신의 깃허브 사용자 이름으로 바꿔야 한다. 또한 `<sha>`를 카탈로그 서비스의 최신 릴리스 후보에 대한 고유 식별자로 대치해야 한다. 해당 버전은 catalog-service 깃허브 저장소 메인 페이지의 패키지 섹션에서 검색할 수 있다.

```
$ kustomize edit set image \
    catalog-service=ghcr.io/<your_github_username>/catalog-service:<sha>
```

이 명령은 다음 예제에서 볼 수 있듯이 새로운 설정으로 kustomization.yml 파일을 자동으로 업데이트한다.

예제 15.12 **컨테이너의 이미지 이름 및 버전 설정**

```
apiVersion: kustomize.config.k8s.io/v1beta1
kind: Kustomization

resources:
```

```
    - github.com/<your_github_username>/catalog-service/k8s?ref=<release_sha>

  patchesStrategicMerge:
    - patch-env.yml
    - patch-volumes.yml

  configMapGenerator:
    - behavior: merge
      files:
        - application-prod.yml
      name: catalog-config

  images:
    - name: catalog-service
      newName:
        ↳ ghcr.io/<your_github_username>/catalog-service
      newTag: <release_sha>
```

배포 매니페스트에 정의된
컨테이너 이름

컨테이너에 대한 새 이미지 이름
(소문자로 된 자신의 깃허브 사용자 이름 사용)

컨테이너에 대한 새로운 태그
(릴리스 후보의 고유 식별자를 사용)

NOTE 깃허브 컨테이너 레지스트리에 등록된 이미지는 연결된 깃허브 코드 저장소와 동일한 가시성을 갖는다. 폴라 북숍에서 빌드한 모든 이미지는 깃허브 컨테이너 레지스트리를 통해 공개적으로 액세스할 수 있다고 가정한다. 그렇지 않다면 깃허브의 특정 저장소 페이지로 이동하여 해당 저장소의 패키지 섹션에 액세스한 후에 사이드바 메뉴에서 패키지 설정을 선택하고 설정 페이지 하단으로 스크롤한 다음 Change Visibility(가시성 변경) 버튼을 클릭하여 패키지를 공개로 설정한다.

현재 릴리스 후보의 고유 식별자는 원격 베이스의 URL과 이미지 태그 이렇게 두 곳에서 사용한다. 따라서 새 릴리스 후보가 프로덕션으로 승격될 때마다 이 두 가지를 모두 업데이트하는 것을 잊지 말아야 한다. 더 좋은 방법은 업데이트를 자동화하는 것이다. 이에 대해서는 나중에 배포 파이프라인의 프로덕션 단계를 구현할 때 설명한다.

5 복제본 수 사용자 지정

클라우드 네이티브 애플리케이션은 고가용성을 가져야 하지만 기본 설정상 카탈로그 서비스는 한 개의 인스턴스로만 배포된다. 스테이징 환경에서 수행한 것과 유사하게 애플리케이션의 복제본 수를 사용자 지정해보자.

카탈로그 서비스의 프로덕션 오버레이(kubernetes/applications/catalog-service/production)에서 kustomization.yml 파일을 열고 카탈로그 서비스 컨테이너에 대해 두 개의 복제본을 정의해보자.

예제 15.13 컨테이너의 복제본 수 설정

```yaml
apiVersion: kustomize.config.k8s.io/v1beta1
kind: Kustomization

resources:
  - github.com/<your_github_username>/catalog-service/k8s?ref=<release_sha>

patchesStrategicMerge:
  - patch-env.yml
  - patch-volumes.yml

configMapGenerator:
  - behavior: merge
    files:
      - application-prod.yml
    name: catalog-config

images:
  - name: catalog-service
    newName: ghcr.io/<your_github_username>/catalog-service
    newTag: <release_sha>

replicas:
  - name: catalog-service         ◀──┐ 복제본 수를 정의하는
    count: 2    ◀──┤ 복제본 수        배포의 이름
```

NOTE 실제 시나리오에서는 고정된 수를 제공하기보다는 현재 워크로드에 따라 쿠버네티스가 애플리케이션을 동적으로 확장 및 축소하는 것이 바람직하다. 동적 확장은 모든 클라우드 플랫폼의 핵심 기능으로 쿠버네티스에서는 수평 파드 오토스케일러horizontal pod autoscaler라는 전용 구성 요소가 구현하는데 컨테이너당 CPU 소비량과 같이 잘 정의된 메트릭을 기반으로 한다. 자세한 내용은 쿠버네티스 문서(https://kubernetes.io/docs)를 참고하기 바란다.

다음 하위 절에서는 쿠버네티스에서 실행하는 스프링 부트 컨테이너의 CPU와 메모리 설정에 대해 논의한다.

15.2.2 스프링 부트 컨테이너 CPU 및 메모리 설정

컨테이너화된 애플리케이션을 다룰 때는 **리소스 제한**resource limit을 명시적으로 지정하는 것이 바람직하다. 1장에서 컨테이너는 네임스페이스 및 c그룹cgroup과 같은 리눅스 기능을 활용해 프로세스 간 리소스를 분할하고 제한하는 격리된 콘텍스트라는 점을 배웠다. 하지만 리소스 제한을 지정하지 않았다고 가정해보자. 이 경우 각 컨테이너는 호스트 머신에서 사용 가능한 CPU와 메모리 전체에 액세스할 수 있으며, 일부 컨테이너가 필요 이상으로 많은 리소스를 차지하면 리소스 부족으

로 인해 다른 컨테이너는 작동을 멈출 위험이 있다.

스프링 부트와 같은 JVM 기반 애플리케이션의 경우, CPU 및 메모리를 제한하는 것이 아주 중요한데, 왜냐하면 이 설정이 JVM 스레드 풀, 힙 메모리 및 비힙 메모리와 같은 항목의 크기를 적절히 조정하는 데 사용되기 때문이다. 이러한 값을 설정하는 것은 자바 개발자에게 항상 어려운 과제였으며, 애플리케이션 성능에 직접적인 영향을 미치기 때문에 매우 중요하다. 다행히도 스프링 부트에 포함된 클라우드 네이티브 빌드팩의 패키토 구현을 사용하면 이 문제를 걱정할 필요가 없다. 6장에서 카탈로그 서비스 애플리케이션을 패키토로 패키징할 때 **자바 메모리 계산기**Java memory calculator 구성 요소가 자동으로 포함되었었다. 이 애플리케이션을 컨테이너로 실행하면 해당 구성 요소가 컨테이너에 할당된 리소스 제한에 따라 JVM 메모리를 설정한다. 제한을 지정하지 않으면 결과를 예측할 수 없게 되는데 이런 상황은 바람직하지 않다.

경제적 측면도 고려해야 한다. 퍼블릭 클라우드에서 애플리케이션을 실행하는 경우 일반적으로 사용하는 리소스 수에 따라 요금이 부과된다. 따라서 각 컨테이너가 사용할 수 있는 CPU와 메모리의 양을 제한해놓으면 나중에 청구서 액수 때문에 깜짝 놀라는 경우를 피할 수 있다.

쿠버네티스와 같은 오케스트레이터의 경우에는 리소스와 관련해 고려해야 할 또 다른 중요한 문제가 있다. 쿠버네티스는 가용한 클러스터 노드라면 어디에라도 파드를 배포하도록 스케줄링한다. 하지만 컨테이너를 올바르게 실행하기에 리소스가 부족한 노드로 할당되면 어떻게 될까? 따라서 이 문제에 대한 해결책은 컨테이너가 작동하는 데 필요한 최소한의 CPU와 메모리(**리소스 요청** resource request)를 선언하는 것이다. 쿠버네티스는 해당 정보를 활용해 컨테이너 실행에 필요한 최소한의 리소스를 가용 상태로 확보하고 있는 노드에만 파드를 배포한다.

리소스 요청과 제한은 컨테이너별로 정의하는데 배포 매니페스트에서 요청과 제한을 모두 지정할 수 있다. 카탈로그 서비스에 대한 기본 매니페스트에는 제한을 지정하지 않았는데, 그 이유는 로컬 환경에서 운영해왔기 때문에 리소스 요구 사항에 너무 많은 제약을 가하지 않으려고 했기 때문이다. 그러나 프로덕션 환경에 대해서는 리소스 설정을 반드시 포함해야 한다. 카탈로그 서비스의 프로덕션 배포를 위해 리소스를 어떻게 설정할 수 있는지 살펴보자.

1 컨테이너의 리소스 요청 및 제한

CPU 및 메모리 설정을 카탈로그 서비스에 적용하기 위해 패치를 사용하는 것은 이미 익숙한 일이다. 카탈로그 서비스의 프로덕션 오버레이(쿠버네티스/applications/catalog-service/production) 내에 patch-resources.yml 파일을 생성하고 컨테이너 리소스에 대한 요청과 제한을 모두 정의해보자. 프로덕션 환경임에도 불구하고, 클러스터의 리소스 사용량을 최적화하고 추가 비용이 발생하지 않도록 낮은 값을 사용할 것이다. 실제 상황에서는 어떻게 설정하는 것이 각자 자신의 사용 사례에 적합할지 좀 더 신중하게 분석해야 한다.

예제 15.14 컨테이너에 대한 리소스 요청 및 제한 설정

```
apiVersion: apps/v1
kind: Deployment
metadata:
  name: catalog-service
spec:
  template:
    spec:
      containers:
        - name: catalog-service
          resources:
            requests:    ◀──┤ 컨테이너가 실행되기 위해 필요한 최소한의 리소스
              memory: 756Mi    ◀──┤ 컨테이너는 최소한 756MiB를 확보해야 한다.
              cpu: 0.1    ◀──┤ 컨테이너는 최소 0.1CPU에 해당하는 CPU 사이클을 확보해야 한다.
            limits:    ◀──┤ 컨테이너가 사용할 수 있는 최대한의 리소스
              memory: 756Mi    ◀──┤ 컨테이너는 최대 756MiB 크기의 메모리를 사용할 수 있다.
              cpu: 2    ◀──┤ 컨테이너는 최대한 2 CPU에 해당하는 CPU 사이클을 사용할 수 있다.
```

그런 다음 카탈로그 서비스에 대한 프로덕션 오버레이에서 kustomization.yml 파일을 열고 패치를 적용하도록 커스터마이즈를 설정한다.

예제 15.15 리소스 요청 및 제한을 정의한 패치 적용

```
apiVersion: kustomize.config.k8s.io/v1beta1
kind: Kustomization
resources:
  - github.com/<your_github_username>/catalog-service/k8s?ref=<release_sha>

patchesStrategicMerge:
  - patch-env.yml
  - patch-resources.yml    ◀──┤ 리소스 요청과
  - patch-volumes.yml          제한을 설정

configMapGenerator:
  - behavior: merge
    files:
      - application-prod.yml
    name: catalog-config
```

```
images:
  - name: catalog-service
    newName: ghcr.io/<your_github_username>/catalog-service
    newTag: <release_sha>

replicas:
  - name: catalog-service
    count: 2
```

예제 15.14에서 메모리 요청과 제한은 동일한 값을 설정했지만 CPU에 대해서는 그렇게 하지 않았다. 그 이유에 대해 자세히 논의해보자.

② 스프링 부트 애플리케이션을 위한 CPU 및 메모리 최적화

컨테이너가 사용할 수 있는 CPU의 양은 스프링 부트와 같은 JVM 기반 애플리케이션의 시작 시간에 직접적으로 영향을 미친다. 실제로 JVM은 여러 초기화 작업을 동시에 실행하고 시작 시간을 단축하기 위해 사용 가능한 최대한의 CPU를 활용한다. 시작 단계가 끝나면 애플리케이션은 훨씬 더 낮은 CPU 리소스를 사용한다.

CPU 요청(resources.requests.cpu)에 대해 애플리케이션이 정상 조건에서 사용할 양으로 지정함으로써 애플리케이션이 올바르게 작동하는 데 필요한 리소스를 항상 확보하도록 하는 것이 일반적인 전략이다. 이렇게 하면 시스템에 따라 CPU 제한(resources.limits.cpu)은 이보다 더 높은 값으로 지정하거나 아니면 아예 생략함으로써 시작 시 성능을 최적화하고 그 결과 애플리케이션이 해당 시점에 노드에서 사용 가능한 만큼의 CPU를 최대 한도로 사용할 수 있도록 할 수 있다.

CPU는 압축 가능한 리소스compressible resource인데 이것이 의미하는 바는 컨테이너가 사용 가능한 만큼 사용할 수 있다는 것이다. 한도에 도달하면(resources.limits.cpu로 인해 또는 노드에서 더 이상 사용할 수 있는 CPU가 없기 때문에) 운영체제는 컨테이너 프로세스의 리소스를 제한하기 시작하고 애플리케이션은 성능이 저하된 채 실행된다. 압축이 가능하기 때문에 CPU 제한을 지정하지 않는 것이 때로는 성능 향상을 위해 유효한 옵션이 될 수 있다. 하지만 구체적인 시나리오를 고려하고 그러한 결정의 결과를 평가하는 것이 바람직하다.

CPU와 달리 메모리는 **압축할 수 없는 리소스**non-compressible resource다. 컨테이너가 한계에 도달하면 (resources.limits.memory로 인해 또는 노드에 더 이상 사용할 수 있는 메모리가 없기 때문에), JVM 기반 애플리케이션은 OutOfMemoryError를 발생하고 운영체제는 OOMKilled(OutOfMemory killed) 상태로 컨테이너 프로세스를 종료한다. 즉 메모리가 부족하다고 해서 제한적으로 애플리케이션을 계속 실행하는 것이 아니다. 따라서 올바른 메모리 값을 설정하는 것이 특히 중요하다. 어떤 설정 값이 적절한지 유추할 수 있는 지름길은 없으며, 정상적인 조건에서 실행 중인 애플리케이션을 모니터링해야 한다. 이는 CPU와 메모리 둘 다 마찬가지다.

애플리케이션에 필요한 메모리의 양에 대한 적절한 값을 찾으면 이 값을 요청(`resources.requests.memory`)과 제한(`resources.limits.memory`)에 같이 사용하는 것이 좋다. 그 이유는 JVM의 작동 방식, 특히 JVM 힙 메모리의 작동 방식과 깊은 관련이 있다. 힙 메모리는 컨테이너에서 사용 가능한 메모리에 따라 동적으로 할당하기 때문에 컨테이너 메모리를 동적으로 늘리거나 줄이면 애플리케이션의 성능에 영향을 미친다. 요청과 제한에 동일한 값을 사용하면 항상 고정된 양의 메모리를 보장할 수 있으므로 JVM 성능이 향상된다. 또한, 패키토 빌드팩의 자바 메모리 계산기를 통해 가장 효율적인 방식으로 JVM 메모리를 설정할 수 있다.

자바 메모리 계산기에 대해 몇 번 언급한 적이 있는데 이 주제에 대해 자세히 살펴보자.

❸ JVM을 위한 리소스 설정

스프링 부트 그래들 (또는 메이븐) 플러그인에서 사용하는 패키토 빌드팩은 자바 애플리케이션을 위한 컨테이너 이미지를 빌드할 때 자바 메모리 계산기 구성 요소를 제공한다. 이 구성 요소의 알고리즘은 수년에 걸쳐 발전되고 개선되어 왔는데 피버틀Pivotal(현재는 VM웨어 탄주)이 클라우드에서 컨테이너화된 자바 워크로드에 대해 쌓아온 경험 덕분이다.

기본 설정은 프로덕션 시나리오에서 대부분의 애플리케이션에서 일단 처음에 사용하기에는 적합하다. 그러나 로컬 개발이나 데모에서는 이 기본 설정 때문에 불필요하게 많은 리소스를 사용할 수 있다. JVM이 더 적은 리소스를 사용하도록 하는 한 가지 방법은 명령형 애플리케이션에서 JVM 스레드 수의 기본 설정 값인 250을 더 작은 값으로 낮추는 것이다. 이런 연유로 우리는 지금까지 폴라 북숍의 두 가지 서블릿 기반 애플리케이션, 즉 카탈로그 서비스와 컨피그 서비스에서 기본 설정 값보다 적은 스레드 수를 설정하기 위해 `BPL_JVM_THREAD_COUNT`라는 환경 변수를 사용했다. 리액티브 애플리케이션은 명령형 애플리케이션보다 리소스 효율이 훨씬 높기 때문에 이미 더 적은 수의 스레드로 설정되어 있다. 따라서 에지 서비스, 주문 서비스, 배송 서비스에 대한 스레드 수를 사용자 지정하지 않았다.

NOTE 패키토 팀은 로컬 또는 저사양 애플리케이션에서 작업할 때 유용한 저사양 프로파일 모드low-profile mode를 제공하기 위해 자바 메모리 계산기를 확장하는 작업을 진행 중이다. 향후에는 개별 파라미터를 조정할 필요 없이 플래 그를 통해 메모리 설정 모드를 제어할 수 있게 될 것이다. 이 기능에 대한 자세한 내용은 패키토 빌드팩의 깃허브 프로젝 트(http://mng.bz/5Q87)에서 확인할 수 있다.

JVM에는 힙과 비힙이라는 두 가지 주요 메모리 영역이 있다. 자바 메모리 계산기는 특정 공식에 따라 다양한 비힙 메모리 영역의 값을 주로 계산한다. 메모리의 나머지 리소스는 힙에 할당된다. 기본 설정이 충분하지 않은 경우 원하는 대로 사용자 지정할 수 있다. 예를 들어, 필자의 경우 레 디스로 세션 관리를 처리하는 명령형 애플리케이션에서 메모리 문제를 몇 번 경험했다. 기본 설정 값보다 더 많은 직접 메모리가 필요했다. 이 경우, JAVA_TOOL_OPTIONS 환경 변수를 통해 표준 JVM 설정인 -XX:MaxDirectMemorySize=50M을 사용해 직접 메모리의 최대 크기를 10MB에서 50MB로 늘렸다. 특정 메모리 영역의 크기를 사용자 지정하면 나머지 영역은 계산기가 조정해준다.

NOTE JVM의 메모리 처리는 이 주제만으로도 한 권의 책으로 다룰 수 있을 정도로 흥미로운 주제이다. 따라서 이 책 에서는 메모리 설정에 대한 자세한 내용은 다루지 않는다.

프로덕션용 배포를 설정하고 있으므로 카탈로그 서비스의 스레드의 수를 100과 같이 좀 더 적합 한 숫자로 업데이트해보자. 실제 시나리오에서는 기본값인 250을 기준으로 시작하는 것이 좋다. 폴라 북숍의 경우 실제 프로덕션 배포에서 사용해야 하는 값과 퍼블릭 클라우드 플랫폼에서 사용 하고 또 그에 따라 값을 지불하는 리소스를 최소화하기 위한 값 사이에서 균형을 맞춰야 한다.

앞서 정의한 패치에서 카탈로그 서비스의 스레드 수를 업데이트하여 환경 변수를 사용자 지정할 수 있다. 카탈로그 서비스의 프로덕션 오버레이(쿠버네티스/applications/catalog-service/production) 에서 patch-env.yml 파일을 열고 다음과 같이 JVM 스레드 수를 업데이트해보자.

예제 15.16 **자바 메모리 계산기에서 사용하는 JVM 스레드 수**

```
apiVersion: apps/v1
kind: Deployment
metadata:
  name: catalog-service
spec:
  template:
    spec:
      containers:
        - name: catalog-service
          env:                              메모리 계산에서 고려해야 할
            - name: BPL_JVM_THREAD_COUNT ◀  스레드의 수
```

```
        value: "100"
      - name: SPRING_PROFILES_ACTIVE
        value: prod
```

이것이 애플리케이션을 프로덕션 환경에 배포하기 전에 필요한 마지막 설정 변경이었다. 이제 프로덕션 환경에 배포한다.

15.2.3 프로덕션 환경에 스프링 부트 배포

우리의 최종 목표는 코드 커밋부터 프로덕션까지 전체 프로세스를 자동화하는 것이다. 배포 파이프라인의 프로덕션 단계를 살펴보기 전에, 카탈로그 서비스를 프로덕션에 수동으로 배포함으로써 지금까지 설정한 사용자 정의 변경이 올바르게 작동하는지를 확인해보자.

앞 장에서 배운 것처럼, 쿠버네티스 CLI를 사용해 Kustomization 오버레이로부터 애플리케이션을 쿠버네티스에 배포할 수 있다. 터미널 창을 열고, 카탈로그 서비스의 프로덕션 오버레이 폴더(polar-deployment/kubernetes/applications/catalog-service/production)로 이동한 후에, 다음 명령으로 커스터마이즈를 통해 애플리케이션을 배포한다.

```
$ kubectl apply -k .
```

다음과 같은 명령을 실행하면 배포 진행 상황을 확인할 수 있고 두 애플리케이션 인스턴스가 언제 요청을 받아들일 준비가 되는지 알 수 있다.

```
$ kubectl get pods -l app=catalog-service --watch
```

배포에 대한 추가 정보가 필요하면, 쿠버네티스 CLI를 계속 사용하거나 옥탄트를 사용해 편리한 GUI를 통해 쿠버네티스 워크로드를 시각화할 수도 있다. 7장에서 설명한 것처럼 octant 명령으로 옥탄트를 시작한다. 또한 애플리케이션 로그는 카탈로그 서비스가 올바르게 실행되고 있는지 확인하는 데 유용하다.

```
$ kubectl logs deployment/catalog-service
```

애플리케이션은 아직 클러스터 외부에 노출되어 있지 않지만(이를 위해서는 에지 서비스가 필요함),

포트 포워딩 기능을 사용해 로컬 환경의 9001 포트를 클러스터의 80 포트에서 실행되는 서비스로 트래픽을 전달할 수 있다.

```
$ kubectl port-forward service/catalog-service 9001:80
```

[NOTE] kubectl port-forward 명령으로 시작된 프로세스는 [Ctrl]+[C]를 눌러 명시적으로 중지할 때까지 계속 실행된다.

이제 로컬 9001 포트로 카탈로그 서비스를 호출할 수 있으며, 요청은 쿠버네티스 클러스터 내의 서비스 객체로 전달된다. 터미널 창을 새로 열고 애플리케이션에 의해 노출된 루트 엔드포인트를 호출하면 기본값 대신 prod 스프링 프로파일에 대해 컨피그맵이 지정한 polar.greeting 값이 반환되는지 확인한다.

```
$ http :9001/
Welcome to our book catalog from a production Kubernetes environment!
```

축하한다! 공식적으로 프로덕션 환경에 배포를 했다! 완료되면 [Ctrl]+[C]를 눌러 포트 포워딩을 종료할 수 있다. 마지막으로 카탈로그 서비스에 대한 프로덕션 오버레이 폴더에서 다음 명령을 실행해 배포를 삭제한다.

```
$ kubectl delete -k .
```

쿠버네티스는 다양한 유형의 배포 전략을 구현하기 위한 인프라를 제공한다. 애플리케이션 매니페스트를 새 릴리스 버전으로 업데이트하고 클러스터에 적용하면 쿠버네티스는 **롤링 업데이트**rolling update를 수행한다. 이 전략을 사용하면 파드 인스턴스를 새 인스턴스로 점진적으로 업데이트하기 때문에 사용자에게는 다운타임이 없다. 앞선 장에서 이 업데이트가 어떻게 실제로 작동하는지 확인했다.

쿠버네티스는 롤링 업데이트 전략을 기본 설정으로 사용하지만, 표준 쿠버네티스 리소스를 기반으로 한 다른 방법도 있고 케이네이티브Knative와 같은 도구를 사용할 수도 있다. 예를 들어, **블루/그린 배포**blue/green deployments를 사용할 수 있는데 이 배포에서는 소프트웨어의 새 버전을 두 번째 프로덕션 환경에 배포한다. 이렇게 하면 모든 것이 올바르게 실행되는지 최종적으로 한 번 더 테스트할 수 있다. 환경이 준비되면 트래픽을 첫 번째(블루) 프로덕션 환경에서 두 번째(그린) 프로덕션 환경으로 전환한다.[6]

또 다른 배포 기법은 **카나리 릴리스**canary release[7]다. 블루/그린 배포와 비슷하지만 블루 환경에서 그린 환경으로 트래픽 전환이 시간이 지남에 따라 점진적으로 이루어진다. 목표는 먼저 소수의 사용자에게 변경 사항을 배포하고 몇 가지 검증을 수행한 후에 모든 사용자가 새 버전을 사용할 때까지 점점 더 많은 사용자가 새 릴리스를 사용하고 기능을 검증하게 한다. 블루/그린 배포와 카나리아 릴리스 모두 변경 사항을 롤백할 수 있는 간단한 방법을 제공한다.

NOTE 쿠버네티스의 배포 및 릴리스 전략에 대해 더 자세히 알고 싶다면 매닝에서 발행한 마우리시오 살라티노 Mauricio Salatino의 《Continuous Delivery for Kubernetes》[8] 5장(https://livebook.manning.com/book/continuous-delivery-for-kubernetes/chapter-5)을 읽어볼 것을 권한다.

현재는 변경 사항을 커밋할 때마다 커밋 및 수락 단계가 실행되고 이 단계를 성공적으로 통과하면 새 릴리스 후보가 최종적으로 등록되고 승인된다. 그런 다음 프로덕션에서 애플리케이션을 수동으로 업데이트하기 위해 새 릴리스 후보의 버전 번호를 쿠버네티스 매니페스트에 지정해야 한다. 다음 절에서는 배포 파이프라인의 마지막 부분인 프로덕션 단계를 통해 이 프로세스를 자동화하는 방법을 살펴본다.

15.3 배포 파이프라인: 프로덕션 단계

3장에서 배포 파이프라인을 구현하기 시작했고, 그 이후로 많은 것들을 추가해왔다. 코드 커밋부터 프로덕션에 사용할 릴리스 후보를 준비하기까지 모든 단계를 자동화했다. 지금까지 수동으로 수행한 두 가지 작업, 즉 새 애플리케이션 버전으로 프로덕션 스크립트를 업데이트하고 이를 쿠버네티스에 배포하는 작업에 대한 자동화가 아직 남아 있다.

이번 절에서는 배포 파이프라인의 마지막 부분인 프로덕션 단계에 대해 살펴보고, 이를 깃허브 액션에서 워크플로로 구현하는 방법을 살펴본다.

---

6 파울러의 'BlueGreenDeployment(MartinFowler.com, March 1, 2010, http://mng.bz/Wx0l)'를 참고하기 바란다.
7 사토의 'CanaryRelease(MartinFowler.com, June 25, 2014, http://mng.bz/8Mz5)'를 참고하기 바란다.
8 옮긴이 현재 이 책의 제목이 《Platform Engineering on Kubernetes》로 변경된 상태다.

15.3.1 배포 파이프라인의 프로덕션 단계 이해

릴리스 후보가 커밋 및 수락 단계를 거치고 나면 프로덕션에 배포할 수 있다고 확신할 수 있다. 프로덕션 단계는 **지속적 배포**continuous deployment를 원하는지 여부에 따라 수동 또는 자동으로 시작되도록 할 수 있다.

지속적 전달continuous delivery은 '언제든지 프로덕션에 릴리스할 수 있도록 소프트웨어를 구축하는 소프트웨어 개발의 한 방편'[9]이다. 소프트웨어를 프로덕션에 릴리스할 수 있지만 반드시 그럴 필요는 없다는 것을 이해하는 것이 핵심이다. 최신 릴리스 후보를 프로덕션에 자동으로 배포한다면 이는 **지속적 배포**다. 이 점이 바로 지속적 전달과 지속적 배포를 혼동하는 일반적인 이유다.

프로덕션 단계는 다시 다음과 같은 두 가지의 주된 세부 단계로 이루어진다.

1. 배포 스크립트(이 경우, 쿠버네티스 매니페스트)를 새 릴리스 버전으로 업데이트한다.
2. 애플리케이션을 프로덕션 환경에 배포한다.

NOTE 위의 두 가지 세부 단계 후에 선택적으로 수행할 수 있는 세 번째 단계가 있는데, 배포가 성공했는지 확인하기 위해 최종 자동화 테스트를 실행하는 것이다. 스테이징 환경에서 배포를 확인하기 위해 수락 단계에 포함했던 것과 동일한 시스템 테스트를 다시 사용해도 된다.

다음 하위 절에서는 깃허브 액션을 사용해 프로덕션 단계의 첫 번째 세부 단계를 구현하는 방법을 살펴보고, 두 번째 세부 단계의 구현 전략에 대해 논의한다. 코드 커밋에서 프로덕션에 이르는 전체 과정을 자동화하고 지속적 배포의 달성을 목표로 한다.

15.3.2 깃허브 액션을 통한 프로덕션 단계 구현

배포 파이프라인의 프로덕션 단계를 구현할 때 몇 가지 요인에 따라 이전 단계와는 많은 차이가 있을 수 있다. 먼저 프로덕션 단계의 첫 번째 세부 단계를 중점적으로 살펴보자.

수락 단계가 끝나면 프로덕션에 배포할 준비가 된 릴리스 후보를 갖는다. 그리고 나면 프로덕션 오버레이의 쿠버네티스 매니페스트를 새 릴리스 버전으로 업데이트해야 한다. 애플리케이션 소스 코드와 배포 스크립트를 모두 동일한 저장소에 보관하는 경우라면, 커밋 단계와 수락 단계 사이의 흐름을 설정한 방식과 비슷하게 수락 단계가 성공적으로 완료될 때마다 깃허브로부터 특정 이벤

---

9 마틴 파울러의 'Continuous Delivery'(MartinFowler.com, May 30, 2013, http://mng.bz/7yXV)를 참고하기 바란다.

트를 포착할 수 있다.

하지만 우리는 배포 스크립트를 별도의 저장소에 보관하고 있으므로 애플리케이션 저장소에서 수락 단계 워크플로가 완료되면 배포 저장소의 프로덕션 단계 워크플로에 알려줘야 한다. 깃허브 액션은 사용자 지정 이벤트를 통해 이 알림 프로세스를 구현할 수 있다. 이 부분에 대해 살펴보자.

카탈로그 서비스 프로젝트(catalog-service)의 .github/workflows 폴더에 있는 acceptance-stage. yml 파일을 연다. 모든 수락 테스트가 성공적으로 끝나면 실행할 마지막 단계를 정의해야 하는데 이 마지막 단계에서는 수락 테스트가 성공적으로 끝난 사실을 polar-deployment 저장소로 알리고 카탈로그 서비스 프로덕션 매니페스트를 새 릴리스 버전으로 업데이트하도록 요청한다. 이로 인해 프로덕션 단계가 시작된다.

예제 15.17 배포 저장소의 프로덕션 단계 트리거

```
name: Acceptance Stage
on:
  workflow_run:
    workflows: ['Commit Stage']
    types: [completed]
    branches: main
concurrency: acceptance
env:                          관련 데이터를
                              환경 변수로 정의
  OWNER: <your_github_username>
  REGISTRY: ghcr.io
  APP_REPO: catalog-service
  DEPLOY_REPO: polar-deployment
  VERSION: ${{ github.sha }}

jobs:
  functional:
    ...
  performance:
    ...
  security:
    ...
  deliver:
    name: Deliver release candidate to production      모든 기능적, 비기능적 수락 테스트가
    needs: [ functional, performance, security ]  ◄    성공적으로 완료된 후에만 실행
    runs-on: ubuntu-22.04
    steps:
```

```
  - name: Deliver application to production          다른 저장소에서 워크플로를 시작하도록
    uses: peter-evans/repository-dispatch@v2    ◀──    이벤트를 보내는 액션
    with:
      token: ${{ secrets.DISPATCH_TOKEN }}  ◀──    다른 저장소로 이벤트를 보낼 수 있도록
      repository:                                   액션 권한을 위한 토큰
      ↳ ${{ env.OWNER }}/${{ env.DEPLOY_REPO }}  ◀──    알릴 저장소
      event-type: app_delivery
      client-payload: '{                              이벤트 식별을 위한 이름
        "app_image":                                 (원하는 대로 명명하면 된다)
          "${{ env.REGISTRY }}/${{ env.OWNER }}/${{ env.APP_REPO }}",   다른 저장소로 보낼 메시지 페이로드. 다른 저장소에서 수행할 작업
        "app_name": "${{ env.APP_REPO }}",              에 필요한 정보라면 어느 것이라도 포함할 수 있다.
        "app_version": "${{ env.VERSION }}"
      }'
```

이 새로운 단계를 추가했기 때문에 이제 수락 테스트가 성공적으로 끝나면 그 사실을 polar-deployment 저장소에 알림으로써 카탈로그 서비스에 대한 업데이트가 시작되도록 해야 한다.

두 저장소가 같은 사용자 또는 조직에 속해 있더라도 깃허브 액션은 기본적으로 다른 저장소에 있는 워크플로의 시작을 허용하지 않는다. 따라서 repository-dispatch 액션에 해당 권한을 부여하는 액세스 토큰을 제공해야 한다. 토큰은 6장에서 사용한 깃허브 도구인 **개인 액세스 토큰**PAT을 사용하면 된다.

깃허브 계정에서 Settings(설정) > Developer Settings(개발자 설정) > Personal Access Token(개인 액세스 토큰)으로 이동한 다음 Generate New token(새 토큰 생성)을 선택한다. 의미 있는 이름을 입력하고 workflow 범위를 지정함으로써 다른 저장소의 워크플로를 시작할 수 있는 권한을 토큰에 부여한다(그림 15.6). 마지막으로 토큰을 생성하고 값을 복사한다. 깃허브는 토큰 값을 한 번만 표시한다. 곧 필요할 것이므로 반드시 저장해놓아야 한다.

New personal access token

Personal access tokens function like ordinary OAuth access tokens. They can be used instead of a password for Git over HTTPS, or can be used to authenticate to the API over Basic Authentication.

Note

workflow-dispatch

What's this token for?

Expiration *

30 days ⬍

Select scopes

Scopes define the access for personal tokens. Read more about OAuth scopes.

☑ **repo**		Full control of private repositories
	☑ repo:status	Access commit status
	☑ repo_deployment	Access deployment status
	☑ public_repo	Access public repositories
	☑ repo:invite	Access repository invitations
	☑ security_events	Read and write security events
☑ **workflow**		Update GitHub Action workflows

그림 15.6 **다른 저장소에서 워크플로를 시작할 수 있는 권한을 위한 개인 액세스 토큰(PAT)**

다음으로 깃허브의 카탈로그 서비스 저장소로 이동하여 Settings(설정) 탭으로 이동한 다음 Secrets(비밀) > Actions(액션)을 선택한다. 이 페이지에서 New Repository Secret(새 저장소 시크릿)을 선택하고 이름을 DISPATCH_TOKEN(예제 15.17에서 사용한 것과 동일한 이름)으로 지정하고 앞서 생성한 PAT 값을 입력한다. 깃허브에서 제공하는 시크릿 기능을 사용하면 수락 단계 워크플로에 PAT를 안전하게 제공할 수 있다.

CAUTION 3장에서 설명한 대로 깃허브 마켓플레이스에 등록된 액션을 사용할 때는 타사 애플리케이션처럼 취급하고 그에 따른 보안 위험을 관리해야 한다. 수락 단계에서 저장소와 워크플로를 조작할 수 있는 권한이 있는 액세스 토큰을 타사 액션에 제공하는 것이기 때문에 이 일은 신중히 해야 한다. 이 책에서는 액션 작성자를 신뢰하고 액션에 토큰을 제공한다.

변경 사항을 catalog-service 저장소로 아직 커밋하지 말자. 커밋은 나중에 할 것이다. 이 시점에서 프로덕션 단계에 대한 트리거를 구현했지만 배포 파이프라인의 최종 단계인 프로덕션 단계는 아직 설정하지 않았다. 폴라 배포 저장소에서 이 작업을 수행해보자.

폴라 배포 프로젝트(polar-deployment)에서 .github/workflows 폴더를 새로 만들고 여기에 production-stage.yml 파일을 만들자. 여기서 설정한 프로덕션 단계는 애플리케이션 저장소의 수락 단계가 `app_delivery` 이벤트를 보낼 때마다 시작된다. 이벤트에는 최신 릴리스 후보에 대한 애플리케이션 이름, 이미지, 버전과 같은 콘텍스트 정보가 포함된다. 애플리케이션별 정보가 매개변수화되어 있으므로 카탈로그 서비스뿐만 아니라 폴라 북숍 시스템의 모든 애플리케이션에 대해 이 워크플로를 사용할 수 있다.

프로덕션 단계의 첫 번째 작업은 프로덕션 쿠버네티스 매니페스트를 새 릴리스 버전으로 업데이트하는 일이다. 이 작업은 다음과 같이 세 단계로 구성된다.

1. polar-deployment 소스 코드를 체크아웃한다.

2. 프로덕션 Kustomization을 해당 애플리케이션의 새 버전으로 업데이트한다.

3. 변경 사항을 polar-deployment 저장소로 커밋한다.

이 세 단계를 다음과 같이 구현할 수 있다.

예제 15.18 새 애플리케이션 배포 시 이미지 버전 업데이트

```
name: Production Stage

on:
  repository_dispatch:      ◀── 다른 저장소로부터 app_delivery
    types: [app_delivery]          이벤트를 새로 받을 때에만
                                   이 워크플로를 실행한다.

jobs:
  update:
    name: Update application version
    runs-on: ubuntu-22.04
    permissions:                     이벤트의 페이로드 데이터를
      contents: write                편의상 환경 변수로 저장한다.
    env:  ◀──
      APP_IMAGE: ${{ github.event.client_payload.app_image }}
      APP_NAME: ${{ github.event.client_payload.app_name }}
      APP_VERSION: ${{ github.event.client_payload.app_version }}
    steps:
      - name: Checkout source code
        uses: actions/checkout@v3  ◀── 저장소를 체크아웃한다.
      - name: Update image version
        run: |
          cd \   ◀── 주어진 애플리케이션에 대한 프로덕션 오버레이로 이동한다.

                                                    커스터마이즈를 통해 주어진
            kubernetes/applications/${{ env.APP_NAME }}/production    애플리케이션에 대한 이미지
          kustomize edit set image \  ◀──          이름과 버전을 업데이트한다.
            ${{ env.APP_NAME }}=${{ env.APP_IMAGE }}:${{ env.APP_VERSION }}
          sed -i 's/ref=[\w+]/${{ env.APP_VERSION }}/' \
```

```
            kustomization.yml ◄─────────   애플리케이션 저장소에 저장된 베이스 매니페스트를 액세스하기
        - name: Commit updated manifests    위해 커스터마이즈가 사용하는 태그를 업데이트한다.
        uses: stefanzweifel/git-auto-commit-action@v4 ◄── 이전 단계에서의 변경 사항을 커밋하고
        with: ◄─── 커밋에 대한 세부 사항                      저장소로 푸시하기 위해 사용하는 액션
          commit_message: "Update ${{ env.APP_NAME }}
↳to version ${{ env.APP_VERSION }}"
          branch: main
```

지금은 여기까지 필요하다. 이제 변경 사항을 커밋하고 깃허브의 원격 polar-deployment로 푸시한다. 그런 다음 카탈로그 서비스 프로젝트로 돌아가 앞서 작업한 수락 단계에 대한 변경 사항을 커밋하고 깃허브의 원격 catalog-service 저장소로 푸시한다.

catalog-service 저장소에 새로운 커밋이 발생하면 배포 파이프라인이 시작될 것이다. 먼저 커밋 단계에서는 컨테이너 이미지(릴리스 후보)를 생성하고 이 이미지를 깃허브 컨테이너 레지스트리에 등록한다. 그리고 나면 수락 단계에서는 애플리케이션에 대해 추가 테스트를 실행하고 마지막으로 polar-deployment 저장소에 사용자 지정 app_delivery 이벤트를 통해 수락 단계가 완료되었음을 알린다. 이 이벤트로 인해 프로덕션 단계가 시작되는데, 카탈로그 서비스에 대한 프로덕션 쿠버네티스 매니페스트를 업데이트하고 변경 사항을 polar-deployment 저장소에 커밋한다. 그림 15.7은 배포 파이프라인의 세 단계에 대한 입출력을 보여준다.

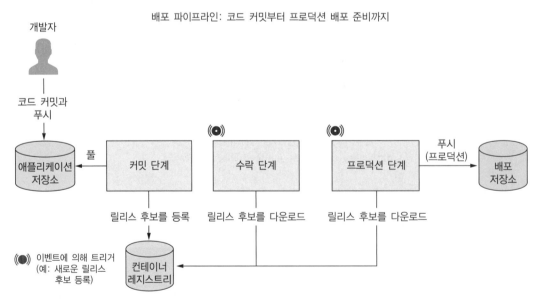

그림 15.7 커밋 단계는 코드 커밋으로 시작하고 릴리스 후보를 만든다. 그리고 나면 수락 단계를 거치는데 모든 테스트를 통과하면 프로덕션 단계에서 배포 매니페스트를 업데이트한다.

깃허브 프로젝트로 가서 세 단계의 실행을 확인한다. 최종적으로, polar-deployment 저장소에서 새 커밋을 찾을 수 있는데, 이 커밋은 깃허브 액션이 수행한 것으로 최신 릴리스 버전을 사용하도록 카탈로그 서비스 프로덕션 오버레이에 대한 변경 사항에 관한 것이다.

여기까지 잘 마쳤다면 작업을 완벽하게 한 것이다! 남아 있던 두 가지 수동 단계 중 첫 번째 단계가 자동화되었는데, 배포 스크립트가 최신 릴리스 버전으로 자동으로 업데이트된다. 하지만 여전히 쿠버네티스 CLI를 사용해 클러스터에 수동으로 쿠버네티스 매니페스트를 적용해야 한다. 프로덕션 단계의 두 번째 세부 단계에서는 프로덕션에 배포할 준비가 될 때마다 애플리케이션 배포를 자동화하는 작업을 처리한다. 이제 이 부분에 대해 살펴보자.

폴라 실험실

이번 절에서 배운 내용을 에지 서비스, 배송 서비스, 주문 서비스에 적용해보자.

1. 각 애플리케이션에 대해 workflow 범위로 설정된 PAT를 생성한다. 같은 토큰을 여러 가지 다른 용도로 사용하지 않는 것이 보안의 모범 사례를 따르는 것이다.
2. 각 애플리케이션에 대해 깃허브 저장소 페이지에서 PAT를 시크릿으로 저장한다.
3. 최신 릴리스 후보에 대한 정보를 프로덕션 단계에 보내기 위한 마지막 세부 단계를 수락 단계 워크플로에 추가한다.
4. 변경 사항을 깃허브에 푸시하면 워크플로가 성공적으로 수행되고 polar-deployment 저장소의 프로덕션 단계의 워크플로가 제대로 시작되는지 확인한다.

에지 서비스는 인터넷을 통해 누구나 접근할 수 있는 유일한 애플리케이션이기 때문에, 클러스터 외부에서 액추에이터 엔드포인트에 대한 요청을 차단해야 하는데 이를 위한 인그레스를 설정하려면 추가 패치가 필요하다. 추가 패치는 Chapter15/15-end/polar-deployment 내의 application/edge-service/production 폴더에서 제공된다.

간단하게 하고자, 클러스터 내에서는 인증 없이도 액추에이터 엔드포인트를 사용할 수 있도록 허용한다. 카탈로그 서비스와 같은 내부 애플리케이션은 스프링 클라우드 게이트웨이를 통해 액추에이터 엔드포인트에 액세스할 수 없으므로 영향을 받지 않는다. 반면, 에지 서비스 엔드포인트는 현재 인터넷을 통해 누구나 액세스할 수 있다.

이런 설정은 프로덕션 환경에서는 안전하지 않다. 이 문제를 해결하는 간단한 방법은 클러스터 외부에서 /actuator/** 엔드포인트에 대한 모든 요청을 차단하도록 인그레스를 설정하는 것이다. 상태 프로브가 작동할 수 있도록 클러스터 내부에서는 계속 사용할 수 있다. NGINX 기반 인그레스 컨트롤러를 사용하고 있으므로 해당 설정 문법을 사용해 액추에이터 엔드포인트에 대한 **거부 규칙**deny rule을 작성할 수 있다.

책의 소스 코드 저장소[10]의 Chapter15/15-end 폴더에서 최종 코드를 확인할 수 있다.

---

10 https://github.com/ThomasVitale/cloud-native-spring-in-action

15.4 깃옵스를 사용한 지속적 배포

지속적 배포를 구현하려면 전통적으로 배포 파이프라인의 프로덕션 단계에 세부 단계를 추가하면 된다. 이 추가 단계에서는 대상 플랫폼(예: 가상 머신 또는 쿠버네티스 클러스터)에 대해 인증을 수행하고 새 버전의 애플리케이션을 배포한다. 최근에는 이와는 다른 접근 방식이 점점 더 인기를 끌고 있는데 바로 **깃옵스**GitOps다. 이 용어는 위브웍스Weaveworks의 CEO이자 설립자인 알렉시스 리처드슨Alexis Richardson이 고안해냈다.

깃옵스는 소프트웨어 시스템을 운영 및 관리하기 위한 일련의 관행으로, 이를 통해 민첩성과 안정성이 보장되고 지속적 전달과 배포가 가능해진다. 기존 접근 방식과 비교하자면, 깃옵스에서는 전달과 배포를 분리하는 것을 선호한다. 파이프라인이 플랫폼으로 배포를 **푸시**push하는 대신 플랫폼이 스스로 소스 저장소에서 원하는 상태를 **풀**pull을 통해 가져와 배포를 수행한다. 첫 번째 경우는 배포 단계가 배포 파이프라인의 프로덕션 단계의 워크플로에서 구현된다. 두 번째 경우는 이론적으로는 여전히 배포가 프로덕션 단계의 일부로 간주되지만 구현 방식은 다르다.

깃옵스는 특정 기술을 강제하지는 않지만 깃과 쿠버네티스를 통해 구현하면 최상의 결과를 얻을 수 있다. 따라서 이 책에서는 깃과 쿠버네티스를 사용해 구현할 것이다.

CNCF의 깃옵스 워킹 그룹은 다음과 같은 네 가지 원칙(https://opengitops.dev)을 통해 깃옵스를 정의한다.

1. **선언적**declarative: 깃옵스로 관리되는 시스템은 원하는 상태를 선언적으로 표현해야 한다.
   - 쿠버네티스를 사용하면 YAML 파일(매니페스트)을 통해 원하는 상태를 표현할 수 있다.
   - 쿠버네티스 매니페스트는 원하는 것을 어떻게 달성하는지가 아니라 원하는 것이 무엇인지 선언한다. 원하는 상태를 달성하기 위한 구체적인 방법은 플랫폼이 결정한다.
2. **버전 관리 및 불가변성**versioned and immutable: 원하는 상태는 불가변성과 버전 관리가 적용되고 버전 기록을 온전하게 유지하는 방식으로 저장된다.
   - 원하는 상태를 버전 관리하고 전체 변경 내역을 유지하기 위해 깃을 사용하면 좋다. 무엇보다도 이전 상태로 롤백하기가 쉽다.
   - 깃에 저장된 상태는 불가변적이고 진실의 유일한 원천single source of truth이다.
3. **자동으로 풀을 통해 가져오기**pulled automatically: 소프트웨어 에이전트가 소스에서 원하는 상태 선언을 자동으로 가져온다.

- 소프트웨어 에이전트(**깃옵스 에이전트**GitOps agent)의 예로는 플럭스Flux(https://fluxcd.io), **아르고 CD**Argo CD(https://argoproj.github.io/cd), 카프 컨트롤러kapp-controller(https://carvel.dev/kapp-controller)가 있다.

- 깃허브 액션과 같은 CI/CD 도구에 클러스터에 대한 전체 액세스 권한을 부여하거나 수동으로 명령을 실행하기보다는 깃옵스 에이전트에게 깃과 같은 소스 저장소에 대한 액세스 권한을 부여하고 자동으로 변경 사항을 가져오도록 한다.

4. **지속적인 조정**continuously reconciled: 소프트웨어 에이전트는 실제 시스템 상태를 지속적으로 관찰하고 원하는 상태를 적용하려고 노력한다.

- 쿠버네티스는 시스템을 계속 관찰하고 클러스터의 실제 상태가 원하는 상태와 일치하는지 확인하는 컨트롤러로 구성된다.

- 이에 더해 깃옵스는 클러스터가 원하는 상태에 올바르게 놓여 있는지 확인한다. 깃 소스에서 변경 사항이 발생하면 에이전트는 한 단계 더 나아가 클러스터가 원하는 상태를 갖도록 한다.

그림 15.8은 깃옵스 원칙을 적용한 결과를 보여준다.

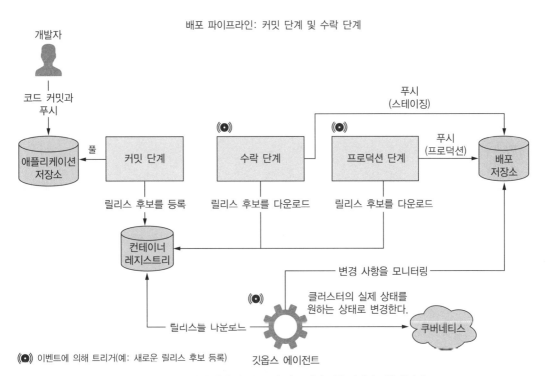

그림 15.8 **프로덕션 단계 워크플로가 배포 저장소를 업데이트할 때마다 깃옵스 컨트롤러는 현재의 상태를 원하는 상태로 변경한다.**

네 가지 원칙을 살펴보면 처음 두 가지 원칙은 이미 적용했음을 알 수 있다. 우리는 쿠버네티스 매니페스트와 커스터마이즈를 사용해 애플리케이션의 원하는 상태를 선언적으로 표현했다. 그리고 원하는 상태를 깃허브의 깃 저장소(`polar-deployment`)에 저장하기 때문에 버전 관리와 불가변성이 담보된다. 하지만 깃 소스에서 원하는 상태 선언을 자동으로 가져와 쿠버네티스 클러스터가 원하는 상태를 갖도록 계속 변경하는 지속적 배포를 위한 소프트웨어 에이전트는 아직 없다.

이를 위해 먼저 깃옵스 소프트웨어 에이전트인 아르고 CD(https://argo-cd.readthedocs.io)를 설치한다. 그런 다음 배포 파이프라인의 마지막 단계를 완료하고 `polar-deployment` 저장소를 모니터링하도록 설정한다. 애플리케이션 매니페스트에 변경 사항이 있을 때마다 아르고 CD는 변경 사항을 프로덕션 쿠버네티스 클러스터에 적용할 것이다.

15.4.1 아르고 CD로 깃옵스 구현

아르고 CD CLI를 설치하는 것부터 시작해보자. 설치 지침은 프로젝트 웹사이트(https://argo-cd.readthedocs.io)를 참고하기 바란다. macOS 또는 리눅스를 사용하는 경우, 다음과 같이 홈브루를 통해 설치할 수 있다.

```
$ brew install argocd
```

CLI를 통해 모니터링할 깃 저장소를 지정하고, 클러스터에 변경 사항을 적용하여 자동으로 지속적 배포를 수행하도록 설정하려고 한다. 하지만 먼저 프로덕션 쿠버네티스 클러스터에 아르고 CD를 배포해야 한다.

NOTE 쿠버네티스 CLI는 여전히 디지털오션의 프로덕션 클러스터로 액세스한다고 가정한다. 현재 어떤 클러스터에 액세스하고 있는지 확인하려면 `kubectl config current-context` 명령을 실행하면 된다. 콘텍스트를 변경해야 한다면, `kubectl config use-context <context-name>`을 실행하면 된다. 사용 가능한 모든 콘텍스트의 목록은 `kubectl config get-contexts` 명령으로 얻을 수 있다.

터미널 창을 열고, 폴라 배포 프로젝트(polar-deployment)의 kubernetes/platform/production/argocd 폴더로 이동한다. 프로덕션 클러스터를 설정할 때 이 폴더를 자신의 저장소로 이미 복사했을 것이다. 그렇게 하지 않았다면, 이 책의 소스 코드 저장소(Chapter15/15-end/polar-deployment/platform/production/argocd)에서 지금 복사하기 바란다.

이제 다음과 같이 스크립트를 실행해 프로덕션 클러스터에 아르고 CD를 설치해보자. 실행하기 전에 스크립트 파일의 내용을 살펴보기 바란다.

```
$ ./deploy.sh
```

TIP 먼저 chmod +x deploy.sh 명령으로 스크립트를 실행 가능하게 만들어야 할 수도 있다.

아르고 CD는 여러 구성 요소로 이루어져 있는데, 아르고 CD가 제어하는 모든 배포를 시각화하고 관리할 수 있는 편리한 웹 인터페이스가 포함되어 있다. 하지만 지금은 CLI를 사용하겠다. 설치하는 동안 아르고 CD는 관리자 계정의 비밀번호를 자동 생성한다(관리자의 유저명은 admin). 다음 명령을 실행하여 비밀번호 값을 확인해보자(몇 초 정도 소요될 것이다).

```
$ kubectl -n argocd get secret argocd-initial-admin-secret \
    -o jsonpath="{.data.password}" | base64 -d; echo
```

다음으로 아르고 CD 서버에 할당된 외부 IP 주소를 확인해보자.

```
$ kubectl -n argocd get service argocd-server

NAME            TYPE            CLUSTER-IP      EXTERNAL-IP
argocd-server   LoadBalancer    10.245.16.74    <external-ip>
```

플랫폼에서 아르고 CD용 로드 밸런서를 준비하는 데 몇 분 정도 걸릴 수 있다. 준비되는 동안 EXTERNAL-IP 컬럼은 <pending>으로 표시된다. IP 주소가 표시될 때까지 이 명령을 다시 실행한다. IP 주소는 나중에 필요하니 적어놓아야 한다.

이제 아르고 CD 서버가 공용 로드 밸런서를 통해 노출되므로 외부 IP 주소를 사용해 해당 서비스에 액세스할 수 있다. 이 예제는 CLI를 사용하지만, 브라우저 창에서 <argocd-external-ip>(Argo CD 서버에 할당된 IP 주소)를 열어도 동일한 결과를 얻을 수 있다. 어느 쪽이든 자동 생성된 관리자 계정으로 로그인해야 한다. 사용자 이름은 admin이고 비밀번호는 앞서 확인한 비밀번호를 사용한다. HTTPS를 사용하지 않으므로 경고가 표시될 수 있다는 점을 유의하기 바란다.

```
$ argocd login <argocd-external-ip>
```

이제 깃옵스를 사용한 지속적 배포가 어떻게 이루어지는지 살펴볼 때가 됐다. 이 장의 앞 부분을 모두 학습했다고 가정한다. 지금까지 깃허브의 카탈로그 서비스 저장소(catalog-service)의 커밋 단계를 통해 컨테이너 이미지를 빌드했고, 수락 단계에서 깃허브의 폴라 배포 저장소(polar-deployment)를 트리거했으며, 프로덕션 단계에서는 카탈로그 서비스에 대한 프로덕션 오버레이를 최신 릴리즈 버전(polar-deployment/kubernetes/applications/catalog-service/production)으로 업데이트했을 것이다. 이제 카탈로그 서비스에 대한 프로덕션 오버레이를 모니터링하고 저장소에서 변경 사항이 감지될 때마다 프로덕션 클러스터를 이에 맞춰 변경하도록 아르고 CD를 설정한다. 즉, 배포 파이프라인에서 사용할 수 있는 새 버전의 카탈로그 서비스를 아르고 CD가 지속적으로 배포한다.

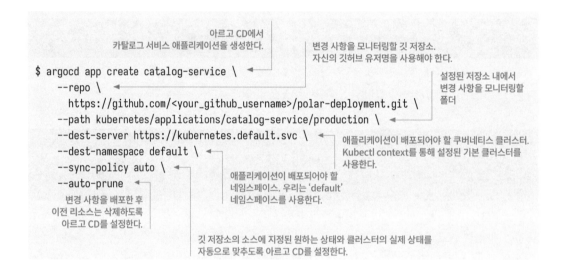

다음 명령으로 카탈로그 서비스의 지속적 배포에 대한 상태를 확인할 수 있다(명확성을 위해 출력 결과를 편집했다).

```
$ argocd app get catalog-service

GROUP   KIND        NAMESPACE   NAME                        STATUS   HEALTH
        ConfigMap   default     catalog-config-6d5dkt7577   Synced
        Service     default     catalog-service             Synced   Healthy
apps    Deployment  default     catalog-service             Synced   Healthy
```

아르고 CD가 자동으로 카탈로그 서비스에 대한 프로덕션 오버레이(polar-deployment/kubernetes/

applications/catalog-service/production)를 클러스터에 적용했음을 알 수 있다.

이전 명령의 실행 결과 나열된 모든 리소스의 상태가 Synced이면 애플리케이션이 올바르게 실행되고 있는 것이다. 애플리케이션은 아직 클러스터 외부에 노출되어 있지 않지만 포트 포워딩 기능을 사용해 로컬 환경의 9001 포트를 통해 클러스터의 80 포트에서 실행 중인 서비스로 트래픽을 포워딩할 수 있다.

```
$ kubectl port-forward service/catalog-service 9001:80
```

이제 애플리케이션이 노출하는 루트 포인트를 호출해보자. 카탈로그 서비스 프로덕션 오버레이에서 polar.greeting 속성에 대해 설정한 값을 받아야 한다.

```
$ http :9001/
Welcome to our book catalog from a production Kubernetes environment!
```

완벽하다! 단지 하나의 단계로 첫 번째 배포뿐만 아니라 향후 업데이트도 자동화했다. 아르고 CD는 카탈로그 서비스의 프로덕션 오버레이의 변경 사항을 감지하고 새 매니페스트를 클러스터에 즉시 적용한다. 배포할 새 릴리스 버전이 있을 수도 있지만 프로덕션 오버레이의 변경 사항일 수도 있다. 예를 들어, polar.greeting 속성이 다른 값으로 변경된 경우인데 이것을 실제로 변경해보자.

폴라 디플로이먼트 프로젝트(polar-deployment)를 열고, 카탈로그 서비스에 대한 프로덕션 오버레이(kubernetes/applications/catalog-service/production)로 이동한 다음, application-prod.yml 파일에서 polar.greeting 속성 값을 변경해보자.

예제 15.19 앱의 프로덕션 설정 변경

```
polar:
  greeting: Welcome to our production book catalog
  ↳ synchronized with Argo CD!
spring:
  config:
    import: configtree:/workspace/secrets/*/
```

그런 다음 변경 사항을 커밋하고 깃허브의 원격 polar-deployment 저장소로 푸시한다. 기본적으로 아르고 CD는 3분마다 깃 저장소에서 변경 사항을 확인한다. 변경 사항을 발견하면

Kustomization을 다시 적용하고 이로 인해 커스터마이즈가 컨피그맵을 새로 생성하면 설정 갱신을 위한 파드의 롤링 재시작이 수행된다. 클러스터의 배포가 깃 저장소의 원하는 상태와 동기화되면(argocd app get catalog-service로 확인할 수 있음), 카탈로그 서비스의 루트 엔드포인트를 다시 호출해보자. 방금 업데이트한 값을 응답으로 받을 것이다. 네트워크 오류를 응답으로 받는다면 포트 포워딩 프로세스가 중단된 것일 수 있다. 이 문제를 해결하려면 kubectl port-forward service/catalog-service 9001:80을 다시 실행해야 한다.

```
$ http :9001/
Welcome to our production book catalog synchronized with Argo CD!
```

성공이다! 마침내 지속적 배포를 이뤄냈다! 잠시 휴식을 취하고 원하는 음료를 마시면서 자축하기 바란다. 그렇게 할 자격이 충분하다!

폴라 실험실

이제 이 섹션에서 배운 내용을 에지 서비스, 배송 서비스, 주문 서비스에 적용한다.

1. 카탈로그 서비스에서 했던 것처럼 아르고 CD CLI를 사용해 나머지 애플리케이션을 각각 등록한다. 앞서 설명한 대로 먼저 아르고 CD에 인증하는 것을 잊지 말자.
2. 각 애플리케이션에 대해 아르고 CD가 polar-deployment 저장소의 원하는 상태를 클러스터의 실제 상태와 동기화했는지 확인한다.

아르고 CD에 문제가 있는 경우, argocd app get catalog-service 명령으로 동기화 상태를 확인하거나 <argocd-external-ip>에서 제공되는 웹 인터페이스를 직접 사용할 수 있다. 쿠버네티스 리소스 문제 해결을 위해, 옥탄트를 활용하거나 7장의 마지막 섹션에서 설명한 기술 중 하나를 사용할 수도 있다.

15.4.2 종합하기

폴라 실험실의 내용을 모두 따라하고 완료했다면, 이제 퍼블릭 클라우드의 프로덕션 쿠버네티스 클러스터에서 전체 폴라 북숍 시스템을 실행하게 된 것이다. 정말 대단한 성과다! 이제 시스템을 사용해보고 마지막으로 몇 가지 사항을 개선해보겠다. 그림 15.9는 앞서 확인한 <argocd-external-ip> 주소를 통해 액세스할 수 있는 아르고 CD GUI에서 애플리케이션의 상태를 보여준다.

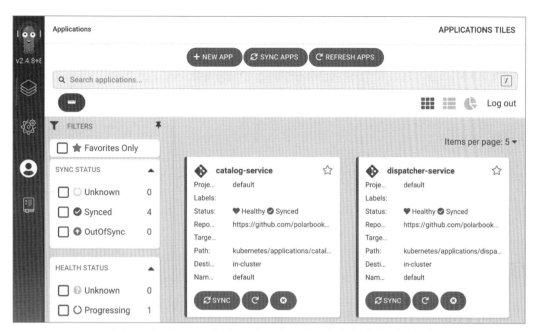

그림 15.9 아르고 CD GUI는 깃옵스 플로를 통해 관리되는 모든 애플리케이션의 전체적인 상태를 보여준다.

지금까지는 클러스터 외부에 노출되지 않는 내부 애플리케이션인 카탈로그 서비스에 대해 작업했는데 테스트는 포트 포워딩 기능을 통해 했다. 이제 전체 시스템이 배포되었으므로 애초 의도한 대로 에지 서비스를 통해 애플리케이션에 액세스할 수 있다. 쿠버네티스는 인그레스 리소스를 배포할 때마다 외부 IP 주소로 로드 밸런서를 자동으로 설정한다. 이제 에지 서비스 앞에 위치한 인그레스의 외부 IP 주소를 확인해보자.

```
$ kubectl get ingress

NAME           CLASS   HOSTS   ADDRESS        PORTS   AGE
polar-ingress  nginx   *       <ip-address>   80      31m
```

인그레스의 외부 IP 주소를 사용하면 인터넷에서 폴라 북숍을 사용할 수 있다. 브라우저 창을 열고 <ip-address>로 이동한다.

이자벨(Isabelle)로 로그인해서 자유롭게 책을 추가하고 카탈로그를 둘러보기 바란다. 그런 다음 로그아웃했다가 이번에는 비에른(Bjorn)으로 다시 로그인해보자. 책을 만들거나 편집할 수는 없어도 주문은 가능한지 확인한다.

두 계정을 사용해 애플리케이션 테스트를 마쳤으면 로그아웃하고 액추에이터 엔드포인트, 예를 들면 `<ip-address>/actuator/health`에 액세스가 되는지 확인해보자. 액추에이터 엔드포인트는 외부에서의 액세스를 허용하지 않기 때문에 인그레스 컨트롤러를 구동하는 기술인 NGINX는 403 응답 코드를 반환할 것이다.

> **NOTE** 그라파나 통합 가시성 스택을 제공하려면 이 책의 소스 코드 저장소에 있는 지침을 참고하기 바란다.

수고 많았다! 프로덕션 클러스터 사용을 마쳤으면 부록 B의 마지막 섹션에 설명되어 있는 대로 디지털오션의 모든 클라우드 리소스를 삭제한다. 생각지도 못한 비용이 발생하면 안 되니 말이다.

요약

- 지속적 전달의 기본 개념은 애플리케이션이 항상 릴리즈 가능한 상태여야 한다는 것이다.

- 배포 파이프라인이 실행을 완료하면 애플리케이션을 프로덕션에 배포하기 위해 사용할 수 있는 아티팩트(컨테이너 이미지)를 얻게 된다.

- 지속적 전달의 경우, 각 릴리즈 후보를 고유하게 식별할 수 있어야 한다.

- 깃 커밋 해시를 사용하면 고유성, 추적성 및 자동화를 보장할 수 있다. 시맨틱 버전은 사용자와 고객에게 보여줄 **표시 이름**으로 사용할 수 있다.

- 커밋 단계가 끝나면 릴리즈 후보가 아티팩트 저장소에 등록된다. 다음으로 수락 단계에서는 프로덕션과 유사한 환경에 애플리케이션을 배포하고 기능 및 비기능 테스트를 실행한다. 모든 테스트가 성공하면 릴리즈 후보가 프로덕션에 사용할 준비를 마친 셈이다.

- 설정의 사용자 지정 변경에 대한 커스터마이즈의 접근 방식은 베이스와 오버레이의 개념을 기반으로 한다. 오버레이는 기본 매니페스트 위에 구축되고 패치를 통해 사용자 지정된다.

- 환경 변수, 볼륨으로 마운트된 시크릿, CPU 및 메모리 리소스, 컨피그맵, 인그레스를 사용자 지정 변경하기 위한 패치를 정의하는 방법을 살펴보았다.

- 배포 파이프라인의 마지막 부분은 프로덕션 단계로, 배포 매니페스트가 최신 릴리즈 버전으로 업데이트되고 최종적으로 이 최신 릴리즈 버전이 배포된다.

- 배포는 푸시 기반 또는 풀 기반이 될 수 있다.

- 깃옵스는 소프트웨어 시스템을 운영 및 관리하기 위한 일련의 관행이다.

- 깃옵스는 네 가지 원칙을 기반으로 하는데 이에 따르면 시스템 배포는 선언적이어야 하고, 버전으로 관리되고 불가변이어야 하며, 변경 사항을 자동으로 끌어와야 하고, 지속적으로 조정되어야 한다.

- 아르고 CD는 클러스터에서 실행되는 소프트웨어 에이전트로, 소스 저장소에서 원하는 상태를 자동으로 가져와서 두 상태가 서로 다를 때마다 클러스터에 적용한다. 지속적 배포를 구현하기 위해 우리가 사용한 방법이다.

16
CHAPTER

서버리스, 그랄VM 및 케이네이티브

이 장의 주요 내용

- 스프링 네이티브 및 그랄VM을 사용한 네이티브 이미지 생성
- 스프링 클라우드 함수를 사용한 서버리스 애플리케이션 빌드
- 케이네이티브와 쿠버네티스를 사용한 서버리스 애플리케이션 배포

개발에서 프로덕션에 이르는 긴 여정이 앞 장에서 마무리됐다. 스프링을 사용해 클라우드 네이티브 애플리케이션을 빌드하고 퍼블릭 클라우드의 쿠버네티스 클러스터에 배포했다. 이 마지막 장에서는 클라우드 네이티브 애플리케이션을 더 잘 활용하기 위한 도구를 살펴보고자 한다.

클라우드 인프라의 중요한 이점 중 하나는 필요에 따라 리소스를 늘리거나 줄일 수 있고 사용한 만큼만 비용을 지불한다는 점이다. 자바 애플리케이션은 전통적으로 리소스 집약적이어서 고Go와 같은 다른 언어보다 CPU와 메모리 소비가 더 많았지만 더 이상 꼭 그렇지만은 않다. 그랄VM과 스프링 네이티브를 사용하면 스프링 부트 애플리케이션을 네이티브 실행 파일로 컴파일할 수 있으며, 이는 JVM보다 성능과 효율성에서 더 낫다. 이 장의 첫 번째 부분에서는 이 새로운 기술을 활용하는 방법을 살펴본다.

두 번째 부분은 서버리스 아키텍처를 자세히 다룬다. CaaS나 PaaS와 비교해 서버리스 아키텍처는 대부분의 운영 작업을 플랫폼으로 옮기고 개발자는 애플리케이션에 집중할 수 있다. 어떤 애플리

케이션은 본질적으로 이벤트 기반이며 요청을 처리하느라 항상 바쁘게 실행되고 있어야 할 필요가 없다. 또는 요청이 갑자기 급증하여 더 많은 컴퓨팅 리소스가 필요할 수도 있다. 서버리스 플랫폼은 완전 관리형 자동 확장 기능을 제공하며 처리할 것이 없는 경우 애플리케이션 인스턴스를 하나도 실행하지 않을 수도 있기 때문에 비용을 지불할 필요가 없다. 서버리스 모델에 대해 자세히 알아보고 스프링 네이티브와 스프링 클라우드 함수를 사용해 서버리스 애플리케이션을 빌드해볼 것이다. 마지막으로 쿠버네티스 기반 서버리스 플랫폼인 케이네이티브를 사용해 애플리케이션을 배포하는 방법을 살펴본다.

> [NOTE] 이 장의 예제에 대한 소스 코드는 프로젝트의 초기 상태와 최종 상태를 포함하는 Chapter16/16-begin 및 Chapter16/16-end 폴더에서 찾아볼 수 있다.[1]

16.1 스프링 네이티브 및 그랄VM을 사용한 네이티브 이미지

자바 애플리케이션이 널리 보급된 이유 중 하나는 개발자가 운영체제에 관계없이 '한 번 작성하면 어디서나 실행'할 수 있는 공통 플랫폼(자바 런타임 환경 또는 JRE)이 있기 때문이다. 이는 애플리케이션의 컴파일 방식에서 비롯된다. 자바 컴파일러는 애플리케이션 코드를 머신 코드(운영체제에서 이해하는 코드)로 직접 컴파일하는 대신 전용 컴포넌트(자바 가상 머신, JVM)가 실행하는 바이트코드를 생성한다. 실행 중에 JRE는 바이트코드를 동적으로 머신 코드로 변환하기 때문에 어떤 머신이나 OS라도 JVM을 사용하는 한 동일한 애플리케이션 실행 파일을 실행할 수 있다. 이를 **저스트인 타임**Just-in-time, JIT 컴파일이라고 한다.

JVM에서 실행되는 애플리케이션은 시작 및 메모리 비용이 발생한다. 기존 애플리케이션의 경우 시작 단계가 상당히 길어 몇 분씩 걸리기도 했다. 표준 클라우드 네이티브 애플리케이션은 시작 단계가 몇 분이 아니라 몇 초로 훨씬 빠르다. 대부분의 시나리오에서는 이 정도면 충분하지만, 거의 즉각적으로 시작해야 하는 서버리스 워크로드에서는 몇 초라도 심각한 문제가 될 수 있다.

또한 표준 자바 애플리케이션은 고Go 같은 다른 언어보다 메모리 비용이 더 크다. 클라우드 서비스는 일반적으로 사용한 만큼만 지불하는pay-per-use 모델을 기반으로 하므로 CPU와 메모리 사용 공간을 줄인다는 것은 곧 비용 절감을 의미한다. 이번 절에서는 그랄VM과 스프링 네이티브를 사용해 이 문제를 해결하는 방법을 논의한다.

---

1 https://github.com/ThomasVitale/cloud-native-spring-in-action

지금까지는 OpenJDK가 제공하는 JVM과 도구를 사용해왔는데, 이클립스 어답티움(이전의 AdoptOpenJDK), 벨소프트 리베리카Liberica JDK, 마이크로소프트 오픈JDK 등 다양한 배포판으로 제공된다. 그랄VM은 OpenJDK를 기반으로 하는 오라클의 최신 배포판으로, '자바 및 기타 JVM 언어로 작성된 애플리케이션의 실행을 가속화하도록 설계'되었다(www.graalvm.org).

자바 애플리케이션의 런타임 환경으로 표준 OpenJDK 배포판 대신 그랄VM을 사용하면 최적화된 새로운 JIT 컴파일 기술(그랄VM 컴파일러) 덕분에 성능과 효율성을 높일 수 있다. 또한 그랄VM은 자바스크립트, 파이썬, R과 같이 다른 언어로 작성된 코드를 실행할 수 있는데 심지어 자바 코드 안에 파이썬 스크립트 같은 다른 언어로 된 코드가 공존하는 다중 언어 애플리케이션도 가능하다.

그랄VM은 두 가지 기본 작동 모드를 제공한다. **JVM 런타임**JVM Runtime 모드를 사용하면 다른 OpenJDK 배포와 마찬가지로 자바 애플리케이션을 실행할 수 있으며, 그랄VM 컴파일러 덕분에 성능과 효율성을 개선할 수 있다. 서버리스 환경에서 그랄VM을 혁신적이고 인기 있게 만드는 것은 **네이티브 이미지**Native Image 모드이다. 자바 코드를 바이트코드로 컴파일하면 JVM이 이를 해석해 머신 코드로 변환하는 대신, 이 모드에서는 네이티브 이미지 빌더라는 새로운 기술을 통해 자바 애플리케이션을 머신 코드로 직접 컴파일해 실행에 필요한 머신 코드를 모두 가지고 있는 **네이티브 실행 파일**native executable 또는 **네이티브 이미지**를 생성한다.

네이티브 이미지로 컴파일된 자바 애플리케이션은 JVM과 비교해 시작 시간이 빠르고 메모리 소비가 최적화되며 최고 성능을 즉각적으로 보여준다. 그랄VM은 애플리케이션의 컴파일 방식을 변경하여 빌드한다. **네이티브 이미지** 모드는 런타임에 머신 코드를 최적화하고 생성하는 적시(JIT) 컴파일러 대신 **사전**Ahead-Of-Time, AOT 컴파일을 기반으로 한다. `main()` 메서드부터 시작해 애플리케이션 실행시 접근할 수 있는 모든 클래스와 메서드를 빌드 시점에 정적으로 분석하고 컴파일해 의존성 및 라이브러리까지 포함한 독립형 바이너리 실행 파일을 생성한다. 이러한 실행 파일은 JVM에서 실행되지 않고 C 또는 C++ 애플리케이션처럼 머신에서 직접 실행된다.

네이티브 이미지를 사용하면 런타임에 JVM에서 수행하는 대부분의 작업이 빌드 시점에 수행된다. 따라서 네이티브 실행 파일로 애플리케이션을 빌드하는 데 시간이 더 오래 걸리고 JVM의 경우보다 더 많은 컴퓨팅 리소스가 필요하다. 그랄VM AOT 컴파일러는 자바의 일부 기능을 기본적으로 지원하지 않는다. 예를 들어 리플렉션, 동적 프록시, 직렬화, 동적 클래스 로딩은 AOT 컴파일러가 정적으로 분석하는 방법을 이해할 수 있도록 추가 설정을 해야 한다.

기존 자바 애플리케이션을 네이티브 이미지로 실행하려면 어떻게 해야 할까? 프레임워크와 라이브러리를 지원하려면 얼마나 많은 설정이 필요할까? AOT 컴파일러에 필요한 설정을 어떻게 제공할수 있을까? 이런 질문에 대한 답으로 스프링 네이티브가 등장한다.

16.1.2 스프링 네이티브를 통한 그랄VM의 스프링 부트 지원

스프링 네이티브는 그랄VM으로 **스프링 부트** 애플리케이션 컴파일을 지원하기 위해 시작된 새로운 프로젝트다. 스프링 네이티브의 주된 목표는 코드 변경 없이 그랄VM을 사용해 모든 스프링 애플리케이션을 네이티브 실행 파일로 컴파일하는 것이다. 이 목표를 달성하기 위해 스프링 네이티브는 (전용 그래들/메이븐 플러그인에서 호출하는) AOT 인프라를 제공하는데, 이를 통해 AOT 컴파일 스프링 클래스를 위해 그랄VM의 모든 필요한 설정을 제공한다. 이 프로젝트는 스프링 포트폴리오에 가장 최근에 추가된 프로젝트 중 하나이며 현재 베타 버전이다. 이 글을 쓰는 시점에 대부분의 스프링 라이브러리는 물론 하이버네이트Hibernate, 롬복Lombok, gRPC 같은 일반적인 라이브러리도 지원한다.

스프링 네이티브는 아직 지원하지 않는 스프링 라이브러리 또는 자신의 코드에 대해 그랄VM 컴파일러를 설정하는 데 유용한 도구를 제공한다. 예를 들어 코드에서 리플렉션 또는 동적 프록시를 사용한다면, 그랄VM은 이를 AOT 컴파일하기 위한 전용 설정을 필요로 한다. 스프링 네이티브는 @NativeHints 및 @TypedHint와 같은 편리한 애너테이션을 통해 IDE 자동 완성 기능 및 유형 검사를 활용해 자바 코드에서 직접 그랄VM 컴파일러에 지시할 수 있다.

NOTE 스프링 네이티브는 베타 단계를 벗어나 2022년 12월에 출시될 것으로 예상되는 스프링 Framework 6 및 스프링 부트 3부터 스프링의 핵심 라이브러리 중 하나가 될 것이다.[2]

다음 하위 절부터는 웹 애플리케이션인 인용구 서비스를 빌드하면서 어떤 특정한 책의 인용구를 제공하는 API를 노출하는 서비스인 스프링 네이티브의 기능을 살펴보고자 한다.

1 스프링 네이티브 및 스프링 리액티브 웹으로 새 프로젝트 부트스트래핑

스프링 이니셜라이저(https://start.spring.io)에서 인용구 서비스 프로젝트를 초기화하고 여기서 생성된 코드를 quote service 깃 저장소로 저장한 후 깃허브에 푸시한다. 초기화를 위한 선택 사항은 그

---

2 (옮긴이) 스프링 네이티브 프로젝트는 스프링 부트에 흡수되면서 스프링 부트 3부터 그랄VM 네이티브 이미지를 자체적으로 지원한다. 스프링 부트 3이 자체적으로 지원한다고 해도 그래들이나 메이븐 플러그인을 위해서는 GraavVM Native Support 의존성이 필요하다.

림 16.1에 나와 있다.[3]

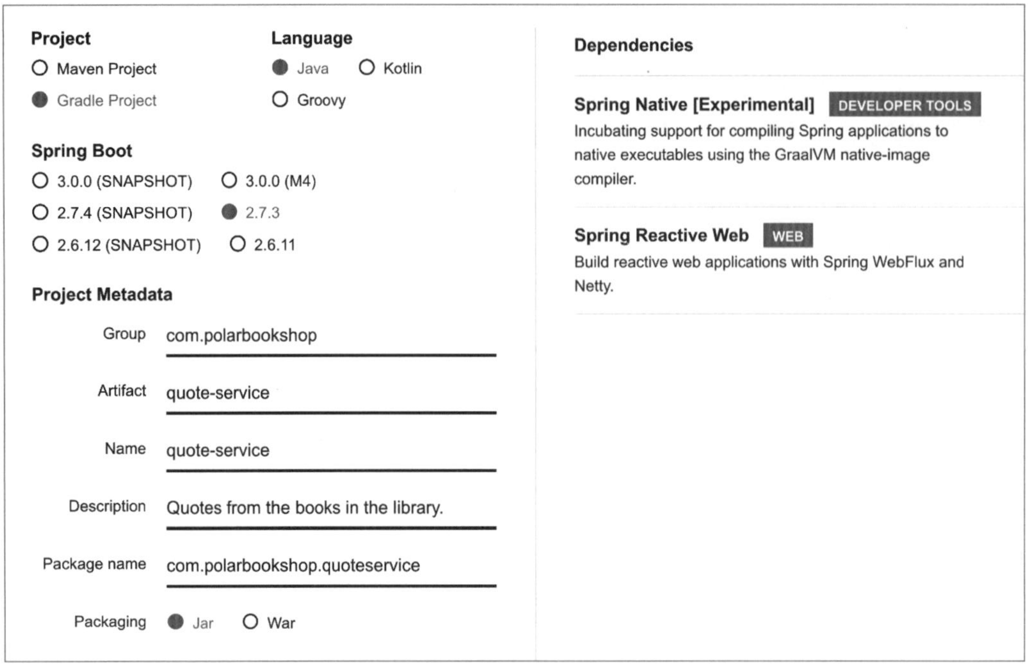

Project
- ○ Maven Project
- ● Gradle Project

Language
- ● Java   ○ Kotlin
- ○ Groovy

Spring Boot
- ○ 3.0.0 (SNAPSHOT)   ○ 3.0.0 (M4)
- ○ 2.7.4 (SNAPSHOT)   ● 2.7.3
- ○ 2.6.12 (SNAPSHOT)   ○ 2.6.11

Project Metadata

Group	com.polarbookshop
Artifact	quote-service
Name	quote-service
Description	Quotes from the books in the library.
Package name	com.polarbookshop.quoteservice
Packaging	● Jar ○ War

Dependencies

Spring Native [Experimental]   DEVELOPER TOOLS
Incubating support for compiling Spring applications to
native executables using the GraalVM native-image
compiler.

Spring Reactive Web   WEB
Build reactive web applications with Spring WebFlux and
Netty.

그림 16.1 **인용구 서비스 프로젝트를 초기화하기 위한 선택 사항**

이 프로젝트는 다음과 같은 주요 의존성을 포함한다.

- **스프링 리액티브 웹**Spring Reactive Web은 스프링 웹플럭스로 리액티브 웹 애플리케이션을 빌드하는 데 필요한 라이브러리를 제공하며, 기본 임베디드 서버로 네티가 포함되어 있다.
- **스프링 네이티브**Spring Native는 그랄VM 네이티브 이미지 컴파일러를 사용해 스프링 애플리케이션을 네이티브 실행 파일로 컴파일하는 것을 지원한다.

build.gradle 파일의 **dependencies** 섹션은 다음과 같다.

```
dependencies {
  implementation 'org.springframework.boot:spring-boot-starter-webflux'
  testImplementation 'org.springframework.boot:spring-boot-starter-test'
  testImplementation 'io.projectreactor:reactor-test'
}
```

---

3   옮긴이 앞의 주석과 같은 맥락으로 현재 스프링 이니셜라이저 사이트에서 스프링 네이티브 의존성은 제공되지 않기 때문에 이 예제를 실행하려면 그래들이나 메이븐에 스프링 네이티브 의존성을 직접 추가해야 한다.

의존성 설정에서 스프링 네이티브 의존성이 보이지 않기 때문에 어디에 있는지 궁금할 수 있다. 스프링 네이티브는 어디에 있을까? build.gradle 파일의 플러그인 섹션에서 답을 찾을 수 있다.

```
plugins {
    id 'org.springframework.boot' version '2.7.3'
    id 'io.spring.dependency-management' version '1.0.13.RELEASE'
    id 'java'
    id 'org.springframework.experimental.aot' version '0.12.1'   ←   스프링 네이티브가
}                                                                     제공하는
                                                                      스프링 AOT 플러그인
```

프로젝트에 스프링 네이티브를 추가하면 스프링 AOT 플러그인이 제공되며, 이 플러그인은 그래들 (또는 메이븐)에서 네이티브 실행 파일을 빌드하기 위해 편리하게 사용할 수 있고 그랄VM이 스프링 클래스를 컴파일하는 데 필요한 설정도 제공한다.

스프링 이니셜라이저에서 새 프로젝트를 생성한 경우 스프링 네이티브 사용 방법에 대한 추가 정보를 HELP.md 파일에서 확인할 수 있다. 지원되지 않는 의존성을 선택하면 이에 대한 경고 메시지가 표시된다. 예를 들어, 이 글을 작성하는 시점에 스프링 클라우드 스트림은 완전히 지원되지 않는다. 스프링 네이티브 및 스프링 클라우드 스트림으로 프로젝트를 초기화하면 HELP.md 파일에 다음과 같은 메시지가 표시된다.

> The following dependency is not known to work with Spring Native: 'Cloud Stream'.
> As a result, your application may not work as expected.[4]

NOTE 어떤 스프링 라이브러리가 지원되는지는 스프링 네이티브 공식 문서[5]에서 확인할 수 있다.

다음으로 인용구 서비스에 대한 비즈니스 로직을 구현해보자.

2 비즈니스 로직 구현

인용구 서비스는 REST API를 통해 무작위로 책의 인용구를 반환한다. 먼저 com.polarbookshop. quoteservice.domain 패키지를 새로 만들고 도메인 엔티티를 모델링할 Quote 레코드를 정의한다.

4 　(옮긴이) 'Cloud Stream'과 같은 의존성은 스프링 네이티브와 함께 사용할 수 없습니다.
　　따라서 애플리케이션은 예상한 대로 작동하지 않을 수 있습니다.

5 　https://docs.spring.io/spring-native/docs/current/reference/htmlsingle

예제 16.1 **도서 인용구를 나타내는 도메인 엔티티 정의**

```
public record Quote (
  String content,
  String author,
  Genre genre
){}
```

인용구는 인용구를 발췌한 책의 장르에 따라 분류된다. 장르에 따른 분류를 모델링하기 위해 Genre 열거형을 추가해보자.

예제 16.2 **도서의 장르를 나타내는 열거형 정의**

```
public enum Genre {
  ADVENTURE,
  FANTASY,
  SCIENCE_FICTION
}
```

마지막으로 QuoteService 클래스를 새로 만들고 여기에 책에서 인용구를 검색하는 비즈니스 로직을 구현한다. 인용구는 목록으로 정의하고 메모리에 저장한다.

예제 16.3 **도서 인용구를 질의하는 비즈니스 로직**

```
@Service
public class QuoteService {
  private static final Random random = new Random();        ◄── 메모리 안에
  private static final List<Quote> quotes = List.of(            인용구의 목록을 저장한다.
    new Quote("Content A", "Abigail", Genre.ADVENTURE),
    new Quote("Content B", "Beatrix", Genre.ADVENTURE),
    new Quote("Content C", "Casper", Genre.FANTASY),
    new Quote("Content D", "Dobby", Genre.FANTASY),
    new Quote("Content E", "Eileen", Genre.SCIENCE_FICTION),
    new Quote("Content F", "Flora", Genre.SCIENCE_FICTION)
  );

  public Flux<Quote> getAllQuotes() {        ◄── 모든 인용구를
    return Flux.fromIterable(quotes);            리액티브 데이터 스트림으로 반환한다.
  }

  public Mono<Quote> getRandomQuote() {
    return Mono.just(quotes.get(random.nextInt(quotes.size() - 1)));
  }

  public Mono<Quote> getRandomQuoteByGenre(Genre genre) {
```

```
        var quotesForGenre = quotes.stream()
          .filter(q -> q.genre().equals(genre))
          .toList();
        return Mono.just(quotesForGenre.get(
          random.nextInt(quotesForGenre.size() - 1)));
      }
    }
```

NOTE 이 예제의 목적은 그랄VM과 스프링 네이티브를 사용한 네이티브 이미지 컴파일이므로 코드는 간단하게 만들고 지속성 계층은 생략한다. 좀 더 자유롭게 확장해보기 바란다. 예를 들어, 스프링 네이티브에서 지원하는 스프링 데이터 R2DBC와 스프링 보안을 추가할 수 있다.

비즈니스 로직은 여기까지만 구현한다. 다음은 이 기능을 HTTP API를 통해 노출해보자.

3 웹 컨트롤러 구현하기

com.polarbookshop.quoteservice.web 패키지를 새로 생성하고 QuoteController 클래스를 추가하여 다음과 같은 세 개의 엔드포인트를 노출한다.

- 모든 인용구 반환

- 무작위로 선택된 인용구 반환

- 주어진 장르 내에서 무작위로 선택된 인용구 반환

예제 16.4 **HTTP 엔드포인트에 대한 핸들러 정의**

```
@RestController
public class QuoteController {
  private final QuoteService quoteService;

  public QuoteController(QuoteService quoteService) {
    this.quoteService = quoteService;
  }

  @GetMapping("/quotes")
  public Flux<Quote> getAllQuotes() {
    return quoteService.getAllQuotes();
  }

  @GetMapping("/quotes/random")
  public Mono<Quote> getRandomQuote() {
    return quoteService.getRandomQuote();
  }
```

```
@GetMapping("/quotes/random/{genre}")
public Mono<Quote> getRandomQuote(@PathVariable Genre genre) {
  return quoteService.getRandomQuoteByGenre(genre);
}
}
```

그런 다음 내장된 네티 서버가 포트 9101을 듣도록 설정하고 애플리케이션 이름을 정의한다. application.yml 파일을 열고 다음과 같은 설정을 추가해보자.

예제 16.5 **네티 서버 포트 및 애플리케이션 이름 설정**

```
server:
  port: 9101

spring:
  application:
    name: quote-service
```

마지막으로 8장에서 배운 기술을 사용해 통합 테스트를 작성해보자.

④ 통합 테스트 작성

스프링 이니셜라이저에서 프로젝트를 생성했을 때, QuoteServiceApplicationTests 클래스가 자동으로 만들어졌다. 이 클래스에 통합 테스트를 추가해 인용구 서비스에서 제공하는 REST API를 확인해보자.

예제 16.6 **인용구 서비스에 대한 통합 테스트**

```
@SpringBootTest(webEnvironment = SpringBootTest.WebEnvironment.RANDOM_PORT)
class QuoteServiceApplicationTests {

  @Autowired
  WebTestClient webTestClient;

  @Test
  void whenAllQuotesThenReturn() {
    webTestClient.get().uri("/quotes")
      .exchange()
      .expectStatus().is2xxSuccessful()
      .expectBodyList(Quote.class);
  }

  @Test
```

```
  void whenRandomQuoteThenReturn() {
    webTestClient.get().uri("/quotes/random")
      .exchange()
      .expectStatus().is2xxSuccessful()
      .expectBody(Quote.class);
  }

  @Test
  void whenRandomQuoteByGenreThenReturn() {
    webTestClient.get().uri("/quotes/random/FANTASY")
      .exchange()
      .expectStatus().is2xxSuccessful()
      .expectBody(Quote.class)
      .value(quote -> assertThat(quote.genre()).isEqualTo(Genre.FANTASY));
  }
}
```

구현은 이것으로 마친다. 다음으로 자동 테스트를 실행하고 JVM에서 애플리케이션을 실행해보자.

5 JVM에서 실행 및 테스트

지금까지 인용구 서비스는 일반적인 스프링 부트 애플리케이션으로 앞 장에서 빌드한 다른 애플리케이션과 다르지 않다. 예를 들어 그래들로 자동 테스트를 실행하고 올바르게 작동하는지 확인할 수 있다. 터미널 창을 열고 프로젝트의 루트 폴더로 이동한 후 다음 명령을 실행해보자.

```
$ ./gradlew test
```

이 애플리케이션은 JVM에서 실행하거나 JAR 아티팩트로 패키징할 수도 있다. 같은 터미널 창에서 다음 명령으로 애플리케이션을 실행해보자.

```
$ ./gradlew bootRun
```

인용구 서비스에서 노출된 엔드포인트를 호출해 애플리케이션이 올바르게 작동하는지 자유롭게 확인한다.

```
$ http :9101/quotes
$ http :9101/quotes/random
$ http :9101/quotes/random/FANTASY
```

애플리케이션 테스트가 끝나면 ⌈Ctrl⌉+⌈C⌉로 프로세스를 중지한다.

이 애플리케이션을 어떻게 네이티브 실행 파일로 컴파일해 즉각적인 시작, 즉각적인 최고 성능, 사용 메모리의 감소라는 이점을 누릴 수 있을까? 이에 대해 논의해보자.

16.1.3 스프링 부트 애플리케이션의 네이티브 이미지 컴파일

스프링 부트 애플리케이션을 네이티브 실행 파일로 컴파일하는 방법에는 두 가지가 있다. 첫 번째 방법은 그랄VM을 사용해 해당 OS에 대한 실행 파일을 생성하는 것인데 이 파일은 머신에서 직접 실행할 수 있다. 두 번째 방법은 클라우드 네이티브 빌드팩을 사용해 네이티브 실행 파일을 컨테이너화한 후에 도커와 같은 컨테이너 런타임에서 실행한다. 여기서는 두 가지 방법을 모두 살펴보겠다.

1 그랄VM을 사용한 네이티브 실행 파일 컴파일

이 방법을 사용하려면 컴퓨터에서 그랄VM 런타임을 사용할 수 있어야 한다. 웹사이트(www.graalvm.org)에서 직접 설치하거나 sdkman 같은 도구를 사용해도 된다. 부록 A의 섹션 A.1에서 sdkman 설치 방법을 참고하기 바란다.

이 장의 예시에서는 이 글을 쓰는 시점에서 사용 가능한 최신 버전인 그랄VM 22.1 배포판(OpenJDK 17 기반)을 사용한다. sdkman을 사용해 다음과 같이 그랄VM을 설치할 수 있다.

```
$ sdk install java 22.2.r17-grl
```

설치 절차가 끝나면 해당 배포판을 기본 배포판으로 설정할지 여부를 묻는 메시지가 표시된다. 이 질문에 no로 답할 것을 권한다. 왜냐하면 표준 OpenJDK 대신 그랄VM을 사용해야 할 때는 이를 명시적으로 하는 것이 좋기 때문이다.

그런 다음 터미널 창을 열고 인용구 서비스 프로젝트(quote-service)로 이동한 다음 그랄VM을 사용하도록 셸을 설정하고 native-image 그랄VM 구성 요소를 설치해보자.

```
$ sdk use java 22.2.r17-grl  ◀── 현재 셸이 특정 자바 런타임을
                                 사용하도록 설정
$ gu install native-image  ◀── 그랄VM의 gu 유틸리티를 사용해
                              native-image 컴포넌트 설치
```

스프링 이니셜라이저에서 인용구 서비스 프로젝트를 생성할 때 그랄VM 그래들/메이븐 공식 플러그인이 자동으로 포함되었다. 이 플러그인은 그랄VM 네이티브 이미지 모드를 사용해 애플리케이션을 컴파일하는 기능이 있다.

> NOTE 이후에 나오는 그래들 작업을 수행하려면 그랄VM이 자바 런타임으로 설정되어 있어야 한다. sdkman을 사용하는 경우, 그랄VM을 사용하려는 터미널 창에서 sdk use java 22.2.r17-gr1을 실행하면 그랄VM을 자바 런타임으로 설정할 수 있다.

그랄VM 앱의 컴파일 단계는 컴퓨터에서 사용 가능한 컴퓨팅 리소스에 따라 더 오래 걸릴 수도 있는데 몇 분 정도 소요될 수도 있는 점을 고려하기 바란다. 이는 네이티브 이미지 작업의 단점 중 하나다. 또한 스프링 네이티브는 아직 정식 버전이 아니기 때문에 디버그 로그와 경고 메시지를 볼 수도 있는데 프로세스가 성공적으로 완료되면 괜찮다.

자바 런타임을 그랄VM으로 전환한 바로 그 터미널 창에서 다음 명령을 실행해 애플리케이션을 네이티브 이미지로 컴파일해보자.

```
$ ./gradlew nativeCompile
```

이 명령을 실행하면 독립적인 실행 바이너리가 생성된다. 네이티브 실행 파일이기 때문에 macOS, 리눅스, 윈도우에 따라 달라진다. 이 파일은 JVM 없이도 머신에서 네이티브로 실행할 수 있다. 그래들의 경우 네이티브 실행 파일은 build/native/nativeCompile 폴더에 생성된다. 이 파일을 실행해보자.

```
$ build/native/nativeCompile/quote-service
```

가장 먼저 눈에 띄는 것은 시작 시간으로 스프링 네이티브를 사용하면 일반적으로 100 밀리초 미만이다. 몇 초가 걸리는 JVM과 비교하면 눈에 띄는 차이다. 가장 좋은 점은 이 속도 개선을 위해 코드를 따로 작성할 필요가 없다는 점이다! 애플리케이션이 올바르게 실행되고 있는지 확인하기 위해 요청을 보내보자.

```
$ http :9101/quotes/random
```

애플리케이션 테스트가 끝나면 Ctrl+C로 프로세스를 중지한다.

네이티브 실행 파일은 프로덕션에서 실제 사용되기 때문에 자동 테스트를 통해 이 실행 파일의 신뢰성을 확인할 수 있다. 하지만 컴파일 단계는 여전히 JVM에서 실행할 때보다 오래 걸린다.

```
$ ./gradlew nativeTest
```

마지막으로 그래들/메이븐에서 직접 스프링 부트 애플리케이션을 네이티브 이미지로 실행할 수도 있다.

```
$ ./gradlew nativeRun
```

다음 섹션으로 이동하기 전에 Ctrl + C 로 애플리케이션 프로세스를 중지한다. 다음 섹션에서는 스프링 부트 애플리케이션을 네이티브 실행 파일로 컴파일하는 또 다른 방법을 살펴볼텐데, 컴퓨터에 그랄VM을 설치할 필요가 없으며, 클라우드 네이티브 빌드팩을 사용해 컨테이너화된 네이티브 실행 파일을 생성한다.

2 빌드팩을 사용한 네이티브 이미지 컨테이너화

스프링 부트 애플리케이션을 네이티브 실행 파일로 컴파일하기 위한 두 번째 방법은 클라우드 네이티브 빌드팩을 사용하는 것이다. 6장에서 스프링 부트 애플리케이션을 컨테이너 이미지로 패키징한 방법과 유사하게, 빌드팩을 사용해 그랄VM에서 컴파일한 애플리케이션 네이티브 실행 파일을 컨테이너 이미지로 빌드할 수 있다. 이 방법은 컴퓨터에 그랄VM을 설치할 필요가 없다는 이점도 있다.

스프링 이니셜라이저로 인용구 서비스 프로젝트를 초기 생성할 때 스프링 AOT 플러그인뿐만 아니라 스프링 부트에서 사용할 수 있는 빌드팩 통합을 위한 설정도 추가로 제공했다. build.gradle 파일을 다시 확인해보면 bootBuildImage 작업이 BP_NATIVE_IMAGE 환경 변수를 통해 컨테이너화된 네이티브 이미지를 생성하도록 설정되어 있는 것을 확인할 수 있다. 폴라 북숍의 다른 애플리케이션에서 한 것처럼 이미지 이름과 컨테이너 레지스트리 인증을 설정한다.

예제 16.7 **인용구 서비스 컨테이너화를 위한 설정**

```
tasks.named('bootBuildImage') {
    builder = 'paketobuildpacks/builder:tiny'   ◄─── 컨테이너 이미지의 크기를 최소로 하기 위해
                                                      패키토 빌드팩의 'tiny' 버전을 사용한다.
    environment = ['BP_NATIVE_IMAGE': 'true']   ◄─── 그랄VM 지원을 활성화하고
    imageName = "${project.name}"                    컨테이너화된 네이티브 이미지를 생성
}
```

```
docker {
 publishRegistry {
   username = project.findProperty("registryUsername")
   password = project.findProperty("registryToken")
   url = project.findProperty("registryUrl")
  }
 }
}
```

NOTE 컴퓨터에서 네이티브 이미지를 컴파일할 때 알아차렸겠지만, 시간뿐만 아니라 컴퓨팅 리소스도 평소보다 더 많이 사용한다. 빌드팩을 사용할 때는 컴퓨터에 최소 16GB의 램이 있어야 한다. 도커 데스크톱을 사용하는 경우 최소 8GB의 램으로 도커 가상 머신을 설정한다. 윈도우에서는 Hyper-V가 아닌 WSL2에서 도커 데스크톱을 사용하는 것이 좋다. 설정에 대한 자세한 권장 사항은 스프링 네이티브 문서(https://docs.spring.io/spring-native/docs/current/reference/htmlsingle)를 참고하기 바란다.

빌드팩을 통해 컨테이너화된 네이티브 이미지를 생성하는 명령은 JVM 이미지를 위해 사용하는 명령과 동일하다. 터미널 창을 열고 인용구 서비스 프로젝트(quote-service)로 이동한 후 다음 명령을 실행한다.

```
$ ./gradlew bootBuildImage
```

완료되면 생성된 컨테이너 이미지를 실행해보자.

```
$ docker run --rm -p 9101:9101 quote-service
```

시작 시간은 역시 100 밀리초 미만이어야 한다. 요청을 보내 애플리케이션이 올바르게 작동하는지 테스트해보기 바란다.

```
$ http :9101/quotes/random
```

애플리케이션 테스트가 끝나면 Ctrl+C를 사용해 컨테이너 프로세스를 중지한다.

16.2 스프링 클라우드 함수를 사용한 서버리스 애플리케이션

1장에서 소개한 것처럼 서버리스는 가상 머신과 컨테이너를 기반으로 만들어진 추가적인 추상화 계층으로 책임의 많은 부분을 제품 팀에서 플랫폼으로 옮긴다. 서버리스 컴퓨팅 모델에 따라 개발자는 애플리케이션의 비즈니스 로직을 구현하는 데 집중한다. 쿠버네티스와 같은 오케스트레이터를 사용하려면 인프라 생성, 용량 계획, 확장 같은 측면이 여전히 필요하다. 반면 서버리스 플랫폼은 가상 머신, 컨테이너, 동적 확장 등 애플리케이션을 실행하는 데 필요한 기본 인프라를 준비해 제공한다.

서버리스 애플리케이션은 일반적으로 HTTP 요청(**요청 기반**request-driven)이나 메시지(**이벤트 기반**event-driven)와 같이 처리할 상황이 발생할 때만 실행된다. 이런 상황은 외부에서 발생하거나 다른 함수로부터 생성될 수도 있다. 예를 들어 메시지가 큐에 추가될 때마다 함수가 시작되고 메시지를 처리한 다음 실행을 종료할 수 있다. 처리할 것이 없으면 플랫폼은 함수와 관련된 모든 리소스를 종료하므로 사용자는 실제 사용량에 대한 비용만 지불한다.

CaaS나 PaaS와 같은 다른 클라우드 네이티브 방식에서는 서버가 24시간 쉬지 않고 실행된다. 기존 시스템과 비교하면 동적 확장성이라는 이점이 있어 언제든지 사용하는 리소스의 수를 줄일 수 있다. 하지만 항상 무언가는 가동하고 실행되기 때문에 이에 대한 비용이 발생한다. 반면 서버리스 모델에서는 리소스가 필요할 때만 생성된다. 처리할 것이 없으면 모든 리소스는 종료된다. 이를 **제로 스케일링**scaling to zero이라고 하며, 서버리스 플랫폼의 주요 기능 중 하나다.

애플리케이션을 0으로 확장한 상태라면 처리해야 할 요청이 발생한 경우 새 애플리케이션 인스턴스를 시작해야 하고, 요청 처리를 위해 이 인스턴스는 최대한 빨리 준비되어야 한다. 표준 JVM 애플리케이션은 시작 시간을 몇 초 미만으로 단축하기 어렵기 때문에 서버리스 애플리케이션에 적합하지 않다. 바로 이런 이유로 그랄VM 네이티브 이미지가 인기를 얻게 되었다. 즉각적인 시작 시간과 메모리 소비 감소로 그랄VM 네이티브 이미지는 서버리스 모델과 완벽하게 어울린다. **즉각적인 시작 시간**instant startup time은 확장을 위해 반드시 필요하다. **메모리 소비 감소**reduced memory consumption는 일반적으로 서버리스 및 클라우드 네이티브의 목표 중 하나인 비용 절감에 도움이 된다.

비용 최적화 외에도 서버리스 기술로 인해 책임의 일부분이 애플리케이션에서 플랫폼으로 추가로 옮아간다. 개발자는 비즈니스 로직에만 집중할 수 있기 때문에 이것은 이점이 될 수 있다. 하지만 어느 정도의 제어권을 갖고 싶은지, 공급업체에 의존하는 문제를 어떻게 다룰 것인지도 고려해야 한다. 각 서버리스 플랫폼에는 고유한 기능과 API가 있다. 특정 플랫폼에서만 작동하는 함수를 작성하기 시작하면 컨테이너와는 다르게 플랫폼을 옮기는 것이 쉽지 않을 수 있다. 책임과 신경써야 하는 범위가 줄어드는 대신 제어와 이식성을 포기하는 것 사이에서 타협점을 찾아야 한다. **케이네 이티브**Knative가 빠르게 인기를 얻게 된 이유도 바로 이 때문이다. 케이네이티브는 쿠버네티스를 기반으로 만들어졌기 때문에 서버리스 워크로드를 플랫폼과 벤더 간에 쉽게 이동할 수 있다.

다음 하위 절에서는 서버리스 애플리케이션을 개발하고 배포하는 과정을 살펴본다. 서버리스 애플리케이션은 이벤트 중심이기 때문에 스프링 네이티브를 사용해 그랄VM 네이티브 이미지로 컴파일하고 비즈니스 로직은 스프링 클라우드 함수를 통해 구현하면 바람직하다.

16.2.1 스프링 클라우드 함수를 통한 서버리스 애플리케이션 구축

10장에서 이미 스프링 클라우드 함수를 사용해봤다. 그 때 살펴봤듯이, 스프링 클라우드 함수는 자바 8에서 도입한 표준 인터페이스인 Supplier, Function, Consumer에 기반해 함수를 사용한 비즈니스 로직의 구현을 증진하는 것을 목표로 하는 프로젝트다.

스프링 클라우드 함수는 매우 유연하다. 래빗MQ나 카프카와 같은 외부 메시징 시스템과 어떻게 통합되는지 이미 살펴봤는데 스프링 클라우드 함수의 이런 특징은 메시지에 의해 트리거되는 서버리스 애플리케이션을 구축하는 데 편리한 기능이다. 이번 절에서는 스프링 클라우드 함수의 기능을 한 가지 더 살펴보려고 한다. 이 기능을 사용하면 함수를 HTTP 요청과 클라우드이벤트CloudEvents에 의해 트리거되는 엔드포인트로 노출할 수 있다. 클라우드이벤트는 스프링 클라우드 함수와 클라우드 아키텍처에서 이벤트의 형식과 배포를 표준화하기 위한 사양이다.

앞서 구축한 인용구 서비스 애플리케이션과 동일한 요구 사항을 사용하겠지만 이번에는 비즈니스 로직을 함수로 구현하고 스프링 클라우드 함수를 통해 HTTP 엔드포인트로 노출하는 작업까지 해보겠다.

1 스프링 네이티브 및 스프링 클라우드 함수로 새 프로젝트 부트스트래핑

스프링 이니셜라이저(https://start.sprlng.lo)에서 인용구 함수 프로젝트를 초기화하고, 생성된 소스 코드를 quote-function이라는 이름의 깃 저장소로 저장한 후 깃허브에 푸시한다. 초기화를 위한 선택 사항은 그림 16.2에 나와 있다.

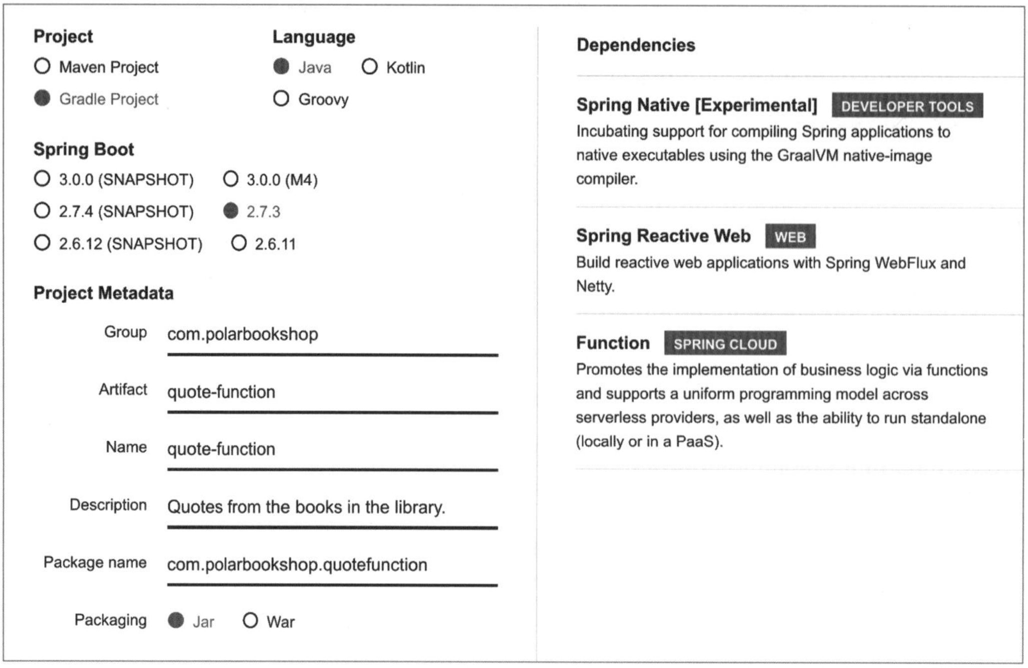

그림 16.2 인용구 함수 프로젝트를 초기화하기 위한 매개변수

이 프로젝트는 다음과 같은 의존성을 갖는다.

- **스프링 리액티브 웹**은 스프링 웹플럭스로 리액티브 웹 애플리케이션을 구축하는 데 필요한 라이브러리를 제공하며, 네티를 기본 내장 서버로 갖는다.
- **스프링 클라우드 함수**는 함수를 통해 비즈니스 로직 구현을 지원하고, 이를 여러 통신 채널을 통해 내보내며, 서버리스 플랫폼과 통합하는 데 필요한 라이브러리를 제공한다.
- **스프링 네이티브**는 그랄VM 네이티브 이미지 컴파일러를 사용해 스프링 애플리케이션을 네이티브 실행 파일로 컴파일하는 것을 지원한다.

build.gradle 파일의 의존성 섹션은 다음과 같다.

```
dependencies {
  implementation 'org.springframework.boot:spring-boot-starter-webflux'
  implementation
↪'org.springframework.cloud:spring-cloud-starter-function-web'
  testImplementation 'org.springframework.boot:spring-boot-starter-test'
  testImplementation 'io.projectreactor:reactor-test'
}
```

그런 다음 인용구 서비스와 마찬가지로 build.gradle에서 클라우드 네이티브 빌드팩 설정을 업데이트해보자.

예제 16.8 **인용구 함수 컨테이너화를 위한 설정**

```
tasks.named('bootBuildImage') {
  builder = 'paketobuildpacks/builder:tiny'  ◄──   컨테이너 이미지의 크기를 최소로 하기 위해
  environment = ['BP_NATIVE_IMAGE': 'true']  ◄──   패키토 빌드팩의 'tiny' 버전을 사용한다.
  imageName = "${project.name}"                    그랄VM 지원을 활성화하고
                                                   컨테이너화된 네이티브 이미지를 생성
  docker {
   publishRegistry {
     username = project.findProperty("registryUsername")
     password = project.findProperty("registryToken")
     url = project.findProperty("registryUrl")
   }
  }
}
```

다음으로 인용구 함수 프로젝트에 com.polarbookshop.quotefunction.domain 패키지를 새로 만들고 여기에 인용구 서비스 프로젝트의 com.polarbookshop.quoteservice.domain 패키지 아래에 있는 모든 클래스를 복사한다. 이제 비즈니스 로직을 함수로 구현해보자

2 함수를 사용한 비즈니스 로직 구현

10장에서 배운 것처럼 스프링 클라우드 함수는 표준 자바 함수를 빈으로 등록할 때 이 함수는 추가적인 기능을 갖게 된다. 인용구 함수 프로젝트를 위해 com.polarbookshop.quotefunction.functions 패키지를 새로 만들고 여기에 QuoteFunctions 클래스를 추가해보자.

이 애플리케이션은 인용구 서비스 프로젝트와 유사한 기능을 제공한다.

- 모든 인용구를 반환하는 것은 입력이 필요하지 않기 때문에 Supplier로 표현할 수 있다.
- 임의의 인용구를 반환하는 것도 입력이 필요하지 않으므로 Supplier로 표현할 수 있다.

특정 장르에 대한 임의의 인용구를 반환하는 것은 입력과 출력이 모두 있으므로 Function으로 표현할 수 있다.

인용구를 표준 출력에 기록하는 것은 입력은 있지만 출력이 없으므로 Consumer로 표현할 수 있다.

예제 16.9 함수를 사용한 비즈니스 로직의 구현

```java
                         함수는 스프링 설정 클래스 내에서
                         빈으로 선언된다.
@Configuration  ◄───┘
public class QuoteFunctions {
  private static final Logger log =
    LoggerFactory.getLogger(QuoteFunctions.class); ◄───  함수 안에서 사용될 로거
                  무작위로 선정한 인용구를 제공하는
                  공급자 함수
  @Bean  ───┘
  Supplier<Flux<Quote>> allQuotes(QuoteService quoteService) {
    return () -> {
      log.info("Getting all quotes");
      return Flux.fromIterable(quoteService.getAllQuotes())
        .delaySequence(Duration.ofSeconds(1)); ◄───
    };
                                      인용구는 1초의 간격을 두고
  }                                   스트림으로 전송된다.
              모든 인용구를 제공하는
              공급자 함수
  @Bean  ───┘
  Supplier<Quote> randomQuote(QuoteService quoteService) {
    return () -> {
      log.info("Getting random quote");
      return quoteService.getRandomQuote();
    };
  }
              장르에 따라
              인용구를 제공하는 함수
  @Bean  ───┘
  Function<Mono<Genre>, Mono<Quote>> genreQuote(QuoteService quoteService) {
    return mono -> mono.flatMap(genre -> {
      log.info("Getting quote for type {}", genre);
      return quoteService.getRandomQuoteByGenre(genre);
    });
  }
              인용구를 입력으로 받아
              로그로 남기는 함수
  @Bean  ───┘
  Consumer<Quote> logQuote() {
    return quote -> log.info("Quote: '{}' by {}",
      quote.content(), quote.author());
  }
}
```

스프링 클라우드 함수는 클래스 경로에서 스프링 웹 의존성을 발견하면 등록된 모든 함수를 HTTP 엔드포인트로 자동 노출한다. 각 엔드포인트의 이름은 함수의 이름과 동일하다. 일반적으로 공급자는 GET 요청을 통해 호출하고, 함수와 소비자는 POST 요청으로 호출한다.

인용구 함수 프로젝트는 스프링 리액티브 웹 의존성을 가지고 있기 때문에, 기본 설정상 네티가 HTTP 요청을 처리한다. 포트 9102를 듣도록 하고 애플리케이션 이름을 설정해보자. application. yml 파일을 열고 다음과 같은 설정을 추가한다.

예제 16.10 네티 서버 포트 및 애플리케이션 이름 설정

```
server:
  port: 9102

spring:
  application:
    name: quote-function
```

그런 다음 인용구 함수 애플리케이션을 실행하고(`./gradlew bootRun`) 터미널 창을 연다. 우선 GET 요청을 보내 두 가지 공급자 함수를 테스트해보자.

```
$ http :9102/allQuotes
$ http :9102/randomQuote
```

장르별로 무작위로 인용구를 받기 위해 POST 요청과 본문에 장르를 문자열을 제공해보자.

```
$ echo 'FANTASY' | http :9102/genreQuote
```

빈으로 등록된 함수가 하나만 있는 경우에는, 스프링 클라우드 함수는 해당 함수를 루트 엔드포인트로 노출한다. 함수가 여러 개인 경우에는, `spring.cloud.function.definition` 설정 속성을 통해 루트 엔드포인트로 사용할 함수를 지정할 수 있다.

예를 들어, `allQuotes` 함수를 루트 엔드포인트로 노출할 수 있다. 인용구 함수 프로젝트에서 application.yml 파일을 열고 다음과 같이 변경해보자.

예제 16.11 스프링 클라우드 함수가 관리하는 메인 함수 정의

```
server:
  port: 9102

spring:
  application:
    name: quote-function
```

```
cloud:
  function:
    definition: allQuotes
```

애플리케이션을 다시 실행하고 루트 엔드포인트로 GET 요청을 보내보자. allQuotes 함수는 Quote 의 Flux를 반환하는 공급자 함수이기 때문에, 프로젝트 리액터의 스트리밍 기능을 활용해 애플리 케이션에게 인용구가 준비되면 반환하도록 요청할 수 있다. 이 작업은 Accept:text/event-stream 헤더를 사용하면 자동으로 수행된다(예: curl -H 'Accept:text/event-stream' localhost:9102). httpie 유틸리티를 사용할 때 데이터 스트리밍을 활성화하려면 --stream 인수를 사용하면 된다.

```
$ http :9102 Accept:text/event-stream --stream
```

10장에서 했던 것과 유사하게 여러 함수를 결합해 하나의 파이프라인을 구축할 수 있다. 함수가 HTTP 엔드포인트로 노출되는 경우 쉼표(,) 문자를 통해 함수를 즉석에서 조합할 수 있다. 예를 들 어 다음과 같이 genreQuote 함수와 logQuote 함수를 결합할 수 있다.

```
$ echo 'FANTASY' | http :9102/genreQuote,logQuote
```

logQuote는 소비자 함수이기 때문에 본문이 없는 HTTP 202 상태 코드를 응답으로 받는다. 애플 리케이션 로그를 확인하면 장르별 무작위로 선택된 인용문이 출력된 것을 볼 수 있을 것이다.

스프링 클라우드 함수는 여러 통신 채널과 통합된다. 지금까지 스프링 클라우드 스트림을 활용해 익스체인지와 큐를 통해 함수를 노출하는 방법과 HTTP 엔드포인트로 노출하는 방법을 살펴봤다. 또한 스프링 클라우드 함수는 바이너리 리액티브 프로토콜인 R소켓RSocket과 클라우드 아키텍처 에서 이벤트의 형식과 분배에 대한 표준화 사양인 클라우드이벤트(https://cloudevents.io)를 지원한다.

클라우드이벤트CloudEvents는 HTTP, AMQP(래빗MQ)와 같은 메시징 채널 그리고 R소켓에서 사용할 수 있다. 이벤트를 설명하는 표준 방식을 보장하므로 애플리케이션, 메시징 시스템, 빌드 도구, 플 랫폼 등 다양한 기술에서 사용할 수 있다.

인용구 함수 프로젝트는 함수를 HTTP 엔드포인트로 노출하도록 설정했기 때문에 코드를 변경하 지 않고도 클라우드이벤트를 사용하도록 설정할 수 있다. 애플리케이션이 실행 중인지 확인한 다

음 클라우드이벤트 사양의 헤더를 추가해 HTTP 요청을 전송한다.[6]

```
$ echo 'FANTASY' | http :9102/genreQuote \
    ce-specversion:1.0 \   ◄──── 클라우드이벤트 사양 버전
    ce-type:quote \   ◄──── (해당 도메인별) 이벤트 유형
    ce-id:394   ◄──── 이벤트 아이디
```

애플리케이션 테스트가 끝나면 Ctrl+C로 프로세스를 중지한다.

NOTE HTTP, 클라우드이벤트 및 R소켓이 어떻게 지원되는지 자세히 알고 싶다면 스프링 클라우드 함수 공식 문서 (https://spring.io/projects/spring-cloud-function)를 참고하기 바란다.

16.2.2 배포 파이프라인: 빌드 및 등록

이 책 전체에서 설명한 지속적 전달 원칙과 기술에 따라 인용구 서비스 및 인용구 함수에 대한 배포 파이프라인을 구현할 수 있다. 해당 프로젝트의 릴리스 후보는 컨테이너 이미지이므로 대부분의 작업은 표준 JVM 애플리케이션과 동일하다.

로컬에서 작업할 때는 빌드 시간이 짧고 리소스 소모가 적기 때문에 그랄VM보다는 JVM에서 서버리스 애플리케이션을 실행하고 테스트하는 것이 더 편리하다. 그러나 더 나은 품질을 달성하고 오류를 더 일찍 발견하려면 배포 프로세스 초기에 가능한 한 네이티브 모드에서 애플리케이션을 실행하고 검증해야 한다. 커밋 단계는 애플리케이션을 컴파일하고 테스트하는 단계이므로 이러한 추가적인 세부 단계를 커밋 단계에 두는 것이 좋다.

인용구 함수 프로젝트(quote-function)에 .github/workflows 폴더를 새로 추가하고 이 폴더 안에 commit-stage.yml 파일을 만든다. 앞 장에서 구축한 다른 애플리케이션 중 하나에서, 예를 들면 카탈로그 서비스에서 커밋 단계를 구현한 것을 복사해도 된다. 지금까지 사용한 커밋 단계 워크플로는 두 가지 작업으로 이루어져 있다. '빌드 및 테스트'와 '패키지 및 등록'이다. 다른 애플리케이션의 구현을 재사용하되, 네이티브 모드 테스트를 수행하는 중간 작업을 추가해야 한다.

---

6   옮긴이 클라우드이벤트의 HTTP 스펙은 헤더명에 'ce-'라는 접두어를 붙이도록 규정한다. 자세한 내용은 https://github.com/cloudevents/ spec/blob/v1.0.2/cloudevents/bindings/http-protocol-binding.md에서 찾아볼 수 있다.

예제 16.12 네이티브 모드에서 애플리케이션을 빌드하고 테스트하는 작업

```
name: Commit Stage
on: push

env:
  REGISTRY: ghcr.io          ← 깃허브 컨테이너 저장소를 사용
  IMAGE_NAME: <your_github_username>/quote-function    ← 이미지의 이름. 소문자로 된 자신의 깃허브 유저명을
                                                          추가하는 것을 잊지 말아야 한다.
  VERSION: ${{ github.sha }}  ← 간편성을 위해 새 이미지는
                                'latest' 태그를 갖는다.
jobs:
  build:
    name: Build and Test
    ...                       ← 작업의 고유 식별자

  native:                     ← 사용자 친화적인 작업명
    name: Build and Test (Native)
    runs-on: ubuntu-22.04     ← 작업이 실행될 머신의 유형
    permissions:
      contents: read          ← 현재 깃 저장소를 체크아웃하기     작업에 부여된 권한
    steps:                       위한 권한
      - name: Checkout source code     현재 깃 저장소(quote-function)를
        uses: actions/checkout@v3      체크아웃한다.
      - name: Set up GraalVM
        uses: graalvm/setup-graalvm@v1     그랄VM을 자바 17과
        with:                              네이티브 이미지 컴포넌트와
          version: '22.1.0'                함께 설치하고 설정한다.
          java-version: '17'
          components: 'native-image'
          github-token: ${{ secrets.GITHUB_TOKEN }}
      - name: Build, unit tests and integration tests (native)
        run: |
          chmod +x gradlew
          ./gradlew nativeBuild    ← 애플리케이션을
                                     네이티브 실행 파일로 컴파일하고
                                     단위 및 통합 테스트를 수행한다.
  package:
    name: Package and Publish
    if: ${{ github.ref == 'refs/heads/main' }}
    needs: [ build, native ]    ← 'Package and Publish' 작업은
    ...                            이전의 두 작업이 성공적으로
                                   완료되어야만 실행된다.
```

> NOTE 이 책의 소스 코드 저장소의 Chapter16/16-end/quote-function 폴더에서 최종 결과를 확인할 수 있다.

완료되면 모든 변경 사항을 커밋하고 깃허브 quote-function 저장소로 푸시해 커밋 단계 워크플로를 트리거한다. 이 장의 뒷부분에서 해당 워크플로에서 등록한 컨테이너 이미지를 사용할 예정

이므로 성공적으로 수행됐는지 꼭 확인해야 한다.

인용구 함수 프로젝트의 커밋 단계 실행이 이 책의 다른 애플리케이션에 비해 상당히 오래 걸리는 것을 알 수 있을 것이다. 3장에서 필자는 지속적 통합의 정신에 따라 개발자에게 변경 사항에 대한 빠른 피드백을 제공하고 다음 작업으로 넘어갈 수 있도록 커밋 단계를 5분 이내로 빠르게 진행해야 한다고 했다. 그랄VM을 사용한 추가 단계로 인해 워크플로가 너무 느려질 수 있다. 이 경우 이 검사를 수락 단계로 옮기는 것도 고려해볼 만한데 전체 프로세스는 더 오래 걸릴 수 있다.

다음 하위 절에서는 스프링 클라우드 함수로 구현된 서버리스 애플리케이션을 배포하기 위한 방법을 살펴본다.

16.2.3 서버리스 애플리케이션의 클라우드 배포

스프링 클라우드 함수를 사용하는 애플리케이션을 배포할 수 있는 방법은 몇 가지가 있다. 우선, 이 애플리케이션은 여전히 스프링 부트 애플리케이션이기 때문에 앞 장에서 했던 것처럼 JAR 아티팩트나 컨테이너 이미지로 패키징하고 각각 서버 혹은 도커나 쿠버네티스와 같은 컨테이너 런타임에 배포할 수 있다.

스프링 네이티브가 포함된 경우에 네이티브 이미지로 컴파일하고 서버 또는 컨테이너 런타임에서 실행하는 방법도 있다. 즉각적인 시작 시간과 메모리 소비 감소 덕분에 이러한 애플리케이션을 서버리스 플랫폼에 원활하게 배포할 수 있다. 다음 절에서는 케이네이티브를 사용해 서버리스 워크로드를 쿠버네티스에서 실행하는 방법에 대해 살펴본다.

스프링 클라우드 함수는 또한 AWS 람다Lambda, 애저 함수Azure Function, 구글 클라우드 함수Google Cloud Function와 같은 공급업체별 FaaS 플랫폼에 애플리케이션을 배포하는 것도 지원한다. 플랫폼을 선택한 후에는 프레임워크에서 제공하는 관련 어댑터를 추가하여 통합을 완료할 수 있다. 각 어댑터는 특정 플랫폼에 따라, 그리고 함수를 인프라에 통합하기 위한 설정에 따라 약간씩 다른 방식으로 작동한다. 스프링 클라우드 함수에서 제공하는 어댑터는 비즈니스 로직을 변경할 필요는 없지만 통합을 설정하기 위한 코드가 추가로 필요할 수도 있다.

이러한 어댑터 중 하나를 시용할 때는 플랫폼과 통합할 함수를 선택해야 한다. 빈으로 등록된 함수가 하나만 있는 경우에는 그 함수가 사용된다. 인용구 함수 프로젝트와 같이 빈으로 등록된 함수가 여러 개가 있는 경우에는, `spring.cloud.function.definition` 속성을 통해 FaaS 플랫폼이 관리할 함수를 선언해줘야 한다.

> **NOTE** AWS 람다, 애저 함수 및 구글 클라우드 함수용 스프링 클라우드 함수 어댑터에 대한 자세한 내용은 스프링 클라우드 함수 공식 문서(https://spring.io/projects/spring-cloud-function)를 참고하기 바란다.

다음 절에서는 케이네이티브를 사용해 인용구 함수 프로젝트와 같은 서버리스 애플리케이션을 쿠버네티스 기반 플랫폼에 배포하는 방법에 대해 살펴본다.

16.3 케이네이티브를 통한 서버리스 애플리케이션 배포

앞 절에서는 스프링 네이티브와 이를 스프링 클라우드 함수와 함께 사용해 서버리스 애플리케이션을 구축하는 방법에 대해 배웠다. 이번 절에서는 케이네이티브 프로젝트를 사용해 인용구 함수 프로젝트를 서버리스 플랫폼에 배포하는 방법을 안내한다.

케이네이티브는 '최신 서버리스 워크로드를 배포하고 관리하기 위한 쿠버네티스 기반 플랫폼'으로 (https://knative.dev), 표준 컨테이너화 워크로드 및 이벤트 중심 애플리케이션을 배포하기 위해 사용할 수 있는 CNCF 프로젝트다. 이 프로젝트는 개발자에게 우수한 사용자 경험을 제공하고 더 높은 추상화를 통해 쿠버네티스에 애플리케이션을 더 간단하게 배포할 수 있게 해준다.

쿠버네티스 클러스터 위에서 자체 케이네이티브 플랫폼을 실행해도 되고 VM웨어 탄주 애플리케이션 플랫폼, 구글 클라우드 런Run, 레드햇 오픈시프트 서버리스OpenShift Serverless와 같은 클라우드 제공업체에서 제공하는 관리형 서비스를 사용할 수도 있다. 이들 모두 오픈소스 소프트웨어와 표준을 기반으로 하기 때문에 서비스를 옮기는 경우 예를 들어 구글 클라우드 런에서 VM웨어 탄주 애플리케이션 플랫폼으로 마이그레이션해야 한다면 애플리케이션 코드는 변경하지 않고 배포 파이프라인만 최소한으로 변경하면 된다.

케이네이티브 프로젝트는 두 가지 주요 구성 요소인 서빙과 이벤팅으로 이루어져 있다.

- **케이네이티브 서빙**Knative Serving은 서버리스 워크로드를 쿠버네티스에서 실행하기 위한 것이다. 엔지니어가 애플리케이션 비즈니스 로직에 집중할 수 있도록 자동 확장, 네트워킹, 개정revision, 배포 전략을 처리한다.
- **케이네이티브 이벤팅**Knative Eventing은 래빗MQ나 카프카 같은 백엔드를 추상화해서 애플리케이션을 클라우드이벤트CloudEvent 사양에 기반한 이벤트 소스 및 싱크sinks와 통합하는 것을 관리한다.

이 책에서는 케이네이티브 서빙을 사용해 서버리스 워크로드를 실행하고 특정 벤더에 종속되지 않도록 하는 데 중점을 둘 것이다.

NOTE 원래 케이네이티브는 '빌드'라는 세 번째 구성 요소가 있었는데, 이후 독립형 제품이 되어 테크톤Tekton(https://tekton.dev)으로 이름이 변경되고 지속적 전달 재단continuous Delivery Foundation(https://cd.foundation)에 기부되었다. 테크톤은 지속적 전달을 지원하는 배포 파이프라인을 구축하기 위한 쿠버네티스 자체 프레임워크다. 예를 들어 깃허브 액션 대신 테크톤을 사용할 수 있다.

이번 절에서는 쿠버네티스와 케이네이티브로 구성된 로컬 개발 환경을 설정하는 방법을 살펴본다. 그런 다음 서버리스 애플리케이션에 대해 원하는 상태를 선언하기 위한 케이네이티브 매니페스트를 소개하고, 이를 쿠버네티스 클러스터에 적용하는 방법을 배운다.

16.3.1 로컬 케이네이티브 플랫폼 구축

케이네이티브는 쿠버네티스 위에서 실행되므로 우선 클러스터가 필요하다. 이 책 전체에서 사용한 것과 동일한 방식에 따라 미니큐브를 사용해 클러스터를 생성해보겠다. 터미널 창을 열고 다음 명령을 실행한다.

```
$ minikube start --profile knative
```

다음으로 케이네이티브를 설치한다. 이 작업을 간단히 하기 위해 책의 소스 코드 저장소에 있는 스크립트에 필요한 명령을 모아 놓았다. Chapter16-end/polar-deployment/kubernetes/development 폴더에서 install-knative.sh 파일을 자신의 폴라 배포 저장소(polar-deployment)의 동일한 경로로 복사한다.

그런 다음 터미널 창을 열고 방금 전 스크립트를 복사한 폴더로 이동한 후 다음 명령을 실행해 로컬 쿠버네티스 클러스터에 케이네이티브를 설치한다.

```
$ ./install-knative.sh
```

실행하기 전에 파일의 내용을 살펴봐도 된다. 케이네이티브 설치에 대한 자세한 내용은 프로젝트 웹사이트(https://knative.dev/docs/install)에서 확인할 수 있다.

NOTE macOS 및 리눅스에서 위의 명령을 실행하려면 chmod +x install-knative.sh 명령을 통해 스크립트를 먼저 실행 가능하게 만들어야 할 수도 있다.

케이네이티브 프로젝트는 쿠버네티스 클러스터에서 케이네이티브 리소스와의 상호작용을 위해 사용할 수 있는 편리한 CLI 도구를 제공한다. 설치 방법에 대한 지침은 부록 A의 A.4절에서 찾을 수 있다. 다음 하위 절에서는 케이네이티브 CLI를 사용해 인용구 함수 프로젝트를 배포하는 방법을 살펴보겠다.

16.3.2 케이네이티브 CLI로 애플리케이션 배포

케이네이티브는 애플리케이션을 배포하기 위한 방법을 다양하게 제공한다. 프로덕션 환경에서는 표준 쿠버네티스 배포와 마찬가지로 설정은 선언적으로 하고 깃옵스 플로를 통해 원하는 상태(깃 저장소)와 실제 상태(쿠버네티스 클러스터)를 조정하는 것이 바람직하다.

로컬에서 실험하거나 작업할 때는 케이네이티브 CLI를 사용해 명령적인 방식으로 애플리케이션을 배포할 수도 있다. 터미널 창에서 다음 명령을 실행하여 인용구 함수 프로젝트를 배포해보자. 컨테이너 이미지는 앞서 정의한 커밋 단계 워크플로에서 등록한 이미지다. `<your_ github_username>`를 소문자로 된 자신의 깃허브 사용자 이름으로 바꾸는 것을 잊지 말자.

```
$ kn service create quote-function \
    --image ghcr.io/<your_github_username>/quote-function \
    --port 9102
```

이 명령에 대한 설명은 그림 16.3을 참고하기 바란다.

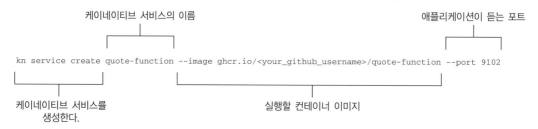

그림 16.3 컨테이너 이미지에서 서비스를 생성하기 위한 케이네이티브 명령. 케이네이티브는 쿠버네티스에 애플리케이션을 배포하는 데 필요한 모든 리소스를 생성한다.

이 명령은 쿠버네티스의 `default` 네임스페이스에 새로운 `quote-function` 서비스를 초기화한다. 이 명령을 실행하면 애플리케이션의 공개 URL을 다음과 같은 메시지로 반환한다.

```
Creating service 'quote-function' in namespace 'default':

  0.045s The Route is still working to reflect the latest desired specification.
  0.096s Configuration "quote-function" is waiting for a Revision to become ready.
  3.337s ...
  3.377s Ingress has not yet been reconciled.
  3.480s Waiting for load balancer to be ready
  3.660s Ready to serve.

Service 'quote-function' created to latest revision 'quote-function-00001'
↪is available at URL:
http://quote-function.default.127.0.0.1.sslip.io
```

테스트해보자! 먼저 미니큐브로 클러스터에 터널을 열어야 한다. 이 명령을 처음 실행하면 클러스터에 대한 터널링을 승인하기 위해 머신 비밀번호를 입력하라는 메시지가 표시될 수 있다.

```
$ minikube tunnel --profile knative
```

그런 다음 새로운 터미널 창을 열고 애플리케이션의 루트 엔드포인트를 호출해 전체 인용구 목록을 가져온다. 호출할 URL은 앞선 명령 실행 결과 반환된 URL(http://quote-function.default.127.0.0.1.sslip.io)과 동일한데 이 URL은 <service-name>.<namespace>.<domain> 형식이다.

```
$ http http://quote-function.default.127.0.0.1.sslip.io
```

로컬에서 작업하고 있기 때문에 케이네이티브가 sslip.io를 사용하도록 설정했는데 sslip.io는 '임베디드 IP 주소가 포함된 호스트 이름으로 질의할 때 해당 IP 주소를 반환'하는 DNS 서비스다. 예를 들어, 127.0.0.1.sslip.io 호스트 이름에 대해 127.0.0.1 IP 주소를 반환한다. 클러스터에 터널을 열었으므로 127.0.0.1에 대한 요청은 클러스터에서 처리되며, 케이네이티브는 이를 해당 서비스로 라우팅한다.

케이네이티브는 추가 설정 없이 애플리케이션 확장을 처리한다. 각 요청에 대해 더 많은 인스턴스가 필요한지 결정한다. 인스턴스가 특정 시간(기본값 30초) 동안 유휴 상태로 유지되면 케이네이티브는 해당 인스턴스를 종료한다. 30초 이상 요청이 수신되지 않으면 케이네이티브는 애플리케이션을 0으로 확장하는데 이는 실행 중인 인용구 함수 애플리케이션의 인스턴스가 하나도 존재하지 않는다는 것을 의미한다.

새로운 요청이 오면 케이네이티브는 새 인스턴스를 시작하고 이를 사용해 요청을 처리한다. 스프링 네이티브 덕분에 인용구 함수 애플리케이션의 시작 시간이 거의 즉각적으로 이루어지므로 사용자와 클라이언트는 표준 JVM 애플리케이션의 경우처럼 애플리케이션이 시작되기까지 기다리는 시간이 길지 않다. 이 강력한 기능을 통해 비용을 최적화하고 사용한 만큼만 비용을 지불할 수 있다.

케이네이티브와 같은 오픈소스 플랫폼을 사용하면 코드 변경 없이 애플리케이션을 다른 클라우드 제공업체로 마이그레이션할 수 있다는 이점이 있다. 하지만 이뿐만이 아니다! 동일한 배포 파이프라인을 그대로 사용하거나 약간만 수정해 사용할 수도 있다. 다음 하위 절에서는 YAML 매니페스트를 통해 선언적 방식으로 케이네이티브 서비스를 정의하는 방법을 학습하는데 이 방법은 프로덕션 환경에서 권장된다.

계속 진행하기 전에 이전에 만든 인용구 함수 애플리케이션의 인스턴스를 삭제한다.

```
$ kn service delete quote-function
```

16.3.3 케이네이티브 매니페스트를 통한 애플리케이션 배포

쿠버네티스는 확장 가능한 시스템이다. 배포나 파드와 같이 기본적으로 제공되는 객체 외에도 **사용자 지정 리소스 정의**Custom Resource Definitions, CRD를 통해 자신만의 객체를 정의할 수도 있다. 이것은 케이네이티브를 포함해 쿠버네티스를 기반으로 구축된 많은 도구에서 사용하는 전략이다.

케이네이티브를 사용해서 얻는 이점 가운데 하나는 더 나은 개발자 경험, 그리고 애플리케이션의 원하는 상태를 간단하게 선언할 수 있다는 점이다. 배포, 서비스 및 인그레스를 별도로 처리하는 대신 케이네이티브 서비스라는 단일한 유형의 리소스만으로 작업할 수 있다.

[NOTE] 이 책 전체에서 애플리케이션을 **서비스**service로 설명했다. 케이네이티브는 단일 리소스 선언에서 애플리케이션을 모델링하는 방법, 즉 케이네이티브 서비스를 제공한다. 처음에는 쿠버네티스에 이미 서비스라는 유형이 있기 때문에 케이네이티브 서비스라는 이름이 명확하게 와닿지 않을 수도 있다. 사실 케이네이티브 서비스라는 이름은 매우 직관적인 명칭인데 왜냐하면 아키텍처와 연관된 개념이 배포 개념과 일대일로 일치하기 때문이다.

케이네이티브 서비스가 어떻게 작동하는지 살펴보자. 인용구 함수 프로젝트(quote-function)에서 'knative' 폴더를 새로 만들고 이 폴더 안에 kservice.yml 파일을 만들어 인용구 함수 애플리케이션을 위한 케이네이티브 서비스의 상태를 선언한다. <your_github_username>을 소문자로 된 깃허브 사용자 이름으로 바꾸는 것을 잊지 말자.

예제 16.13 **인용구 함수 애플리케이션을 위한 케이네이티브 서비스 매니페스트**

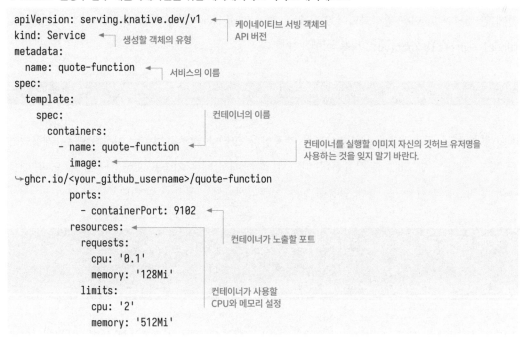

다른 쿠버네티스 리소스와 마찬가지로, 케이네이티브 서비스 매니페스트를 클러스터에 적용하려면 `kubectl apply -f <manifest-file>` 명령이나 앞 장의 아르고 CD에서 자동화한 흐름을 사용할 수 있다. 이 예제에서는 쿠버네티스 CLI를 사용하겠다.

터미널 창을 열고, 인용구 함수 프로젝트(quote-function)로 이동한 후에, 다음 명령을 실행하여 네이티브 서비스 매니페스트를 통해 인용구 함수 애플리케이션을 배포한다.

```
$ kubectl apply -f knative/kservice.yml
```

쿠버네티스 CLI의 다음 명령을 실행하면 현재 생성된 모든 케이네이티브 서비스 및 해당 URL에 대한 정보를 얻을 수 있다(아래의 명령 실행 결과는 해당 내용만 편집해서 보여준다).

```
$ kubectl get ksvc
```

```
NAME            URL                                            READY
quote-function  http://quote-function.default.127.0.0.1.sslip.io  True
```

루트 엔드포인트로 HTTP 요청을 전송해 애플리케이션이 올바르게 배포되었는지 확인해보자. 이전에 연 터널이 더 이상 활성화되어 있지 않은 경우, 애플리케이션을 호출하기 전에 먼저 `minikube tunnel --profile knative` 명령을 실행해야 한다.

```
$ http http://quote-function.default.127.0.0.1.sslip.io
```

케이네이티브는 쿠버네티스에서 추상화를 제공한다. 그러나 내부적으로는 여전히 배포, 레플리카셋, 파드, 서비스, 인그레스를 사용한다. 따라서, 앞 장에서 배운 기술을 모두 사용할 수 있다. 예를 들어, 컨피그맵과 시크릿을 통해 인용구 함수 애플리케이션을 설정할 수 있다.

```
$ kubectl get pod

NAME                                                    READY  STATUS
pod/quote-function-00001-deployment-c6978b588-llf9w    2/2    Running
```

30초 정도 기다린 후에 파드를 다시 확인하면 아무 파드도 없는 것으로 나오는데 비활성 상태로 인해 케이네이티브가 애플리케이션을 0으로 스케일링했기 때문이다.

```
$ kubectl get pod
No resources found in default namespace.
```

이제 `http http://quote-function.default.127.0.0.1.sslip.io`으로 애플리케이션에 새 요청을 보내자. 케이네이티브는 즉시로 인용구 함수 애플리케이션을 위한 파드를 생성하고 요청을 실행한다.

```
$ kubectl get pod
NAME                                                  READY  STATUS
quote-function-00001-deployment-c6978b588-f49x8      2/2    Running
```

애플리케이션 테스트가 끝나면, `kubectl delete -f knative/kservice.yml`로 애플리케이션을 제거할 수 있다. 마지막으로 다음 명령을 실행해 로컬 클러스터를 중지하고 삭제한다.

```
$ minikube stop --profile knative
$ minikube delete --profile knative
```

케이네이티브 서비스 리소스는 애플리케이션 서비스 전체를 나타낸다. 이러한 추상화 덕분에 더 이상 배포, 서비스, 인그레스를 별도로 직접 처리할 필요가 없다. 케이네이티브가 이 모든 것을 한 꺼번에 처리해준다. 케이네이티브가 내부적으로 이러한 리소스를 생성하고 관리하기 때문에 쿠버 네티스에서 제공하는 하위 수준의 리소스를 직접 다루지 않아도 된다. 심지어 케이네이티브는 기 본 설정상 인그레스 리소스 설정 없이도 애플리케이션을 클러스터 외부로 노출하고 애플리케이션 을 호출할 수 있는 URL을 직접 제공한다.

개발자 경험과 생산성에 중점을 둔 기능 덕분에 케이네이티브는 쿠버네티스에서 모든 종류의 워 크로드를 실행하고 관리하는 데 사용할 수 있으나, 0으로 확장하는 기능은 이를 지원하는 애플 리케이션(예: 스프링 네이티브 사용)에서만 가능하다. 케이네이티브를 통해 전체 폴라 북숍 시스템 을 쉽게 실행할 수 있었다. 0으로 확장하는 것을 원치않는 경우에는 `autoscaling.knative.dev/minScale` 애너테이션을 설정하면 된다.

```
apiVersion: serving.knative.dev/v1
kind: Service
metadata:
  name: catalog-service
  annotations:
    autoscaling.knative.dev/minScale: "1"    ◀──┤ 이 서비스는 0으로 확장되지 않도록 한다.
...
```

케이네이티브는 서버리스뿐만 아니라 보다 표준적인 컨테이너화된 애플리케이션에 대해서도 쿠버 네티스에서 워크로드를 배포하기 위한 추상화의 사실상 표준이 될 정도로 훌륭한 개발자 환경을 제공한다. 필자의 경우 새로운 쿠버네티스 클러스터를 제공할 때마다 가장 먼저 설치하는 것이 케 이네이티브다. 케이네이티브는 또한 탄주 커뮤니티 에디션Tanzu Community Edition, 탄주 애플리케이션 플랫폼Tanzu Application Platform, 레드햇 오픈시프트OpenShift, 구글 클라우드 런Run과 같은 플랫폼의 기본 구성 요소이기도 한다.

[NOTE] 탄주 커뮤니티 에디션(https://tanzucommunityedition.io)은 케이네이티브를 기반으로 훌륭한 개발자 경험을 제공하 는 쿠버네티스 플랫폼으로 오픈소스며 무료로 사용할 수 있다.

케이네이티브는 또한 동일한 케이네이티브 서비스 리소스를 통해 블루/그린 배포, 카나리아 배포 또는 A/B 배포와 같은 배포 전략을 채택할 수 있는 훌륭한 기능이 있는데 이는 직관적이고 개발자 친화적인 방법이다. 이러한 전략을 일반 쿠버네티스에서 구현하려면 많은 수작업이 필요하다. 대신 케이네이티브는 이러한 전략을 많은 노력 없이 바로 사용할 수 있도록 지원한다.

NOTE 서버리스 애플리케이션과 케이네이티브에 대한 자세한 내용은 공식 문서(https://knative.dev)를 참고하기 바란다. 또한 자크 체스터Jacques Chester의 《Knative in Action》(Manning, 2021, https://www.manning .com/books/knative-in-action)와 마우리시오 살라티노Mauricio Salatino의 《Continuous Delivery for Kubernetes》(www.manning.com/books/continuous-delivery-for-kubernetes)[7]를 비롯해 이 주제에 대한 책을 매닝 카탈로그에서 확인해보기 바란다.

> **폴라 랩**
>
> 마지막 절에서 배운 내용을 인용구 서비스에 대해 자유롭게 적용해보기 바란다.
>
> 1. 애플리케이션을 네이티브 실행 파일로 컴파일하고 테스트하는 단계를 포함하는 커밋 단계 워크플로를 정의한다.
> 2. 변경 사항을 깃허브에 푸시하고 워크플로가 성공적으로 완료되어 애플리케이션에 대한 컨테이너 이미지가 등록되는지 확인한다.
> 3. 케이네이티브 CLI를 통해 쿠버네티스에 인용구 서비스를 배포한다.
> 4. 쿠버네티스 CLI를 통해 케이네이티브 서비스 매니페스트로부터 인용구 서비스를 쿠버네티스에 배포한다.
>
> 최종 결과물은 책의 코드 저장소 Chapter16/16-end 폴더에서 확인할 수 있다.[8]

요약

- 자바 애플리케이션의 런타임 환경으로 OpenJDK 표준 배포판대신 그랄VM을 사용하면 JIT 컴파일을 수행하는 데 최적화된 새로운 기술(그랄VM 컴파일러)로 인해 성능과 효율성을 높일 수 있다.

- 서버리스 환경에서 그랄VM이 혁신적이고 인기 있는 이유는 네이티브 이미지 모드 때문이다.

- 자바 코드를 바이트코드로 컴파일하고 JVM이 이 바이트코드를 런타임에 이를 해석해 머신 코드로 변환하는 대신, 그랄VM은 자바 애플리케이션을 머신 코드로 직접 컴파일해 네이티브 실

---

7   옮긴이 현재 이 책의 제목이 《Platform Engineering on Kubernetes》로 변경된 상태다(https://www.manning.com/books/platform-engineering-on-kubernetes).

8   https://github.com/ThomasVitale/cloud-native-spring-in-action

행 파일 또는 네이티브 이미지를 얻을 수 있는 새로운 기술(네이티브 이미지 빌더)을 제공한다.

- 네이티브 이미지로 컴파일된 자바 애플리케이션은 JVM 옵션과 달리 시작 시간이 더 빠르고, 메모리 소비가 최적화되며, 즉각적인 최고 성능을 제공한다.

- 스프링 네이티브의 주요 목표는 코드 변경 없이 그랄VM을 사용해 모든 스프링 애플리케이션을 네이티브 실행 파일로 컴파일할 수 있도록 하는 것이다.

- 스프링 네이티브는 AOT 컴파일 스프링 클래스에 그랄VM에 필요한 모든 설정을 제공하기 위한 AOT 인프라(전용 그래들/메이븐 플러그인에서 호출)를 제공한다.

- 스프링 부트 애플리케이션을 네이티브 실행 파일로 컴파일하기 위한 방법은 두 가지가 있다. 첫 번째 옵션은 OS별 실행 파일을 생성하고 머신에서 애플리케이션을 직접 실행한다. 두 번째 옵션은 빌드팩을 사용해 네이티브 실행 파일을 컨테이너화해 도커와 같은 컨테이너 런타임에서 실행한다.

- 서버리스는 가상 머신과 컨테이너 위에 추상화 계층을 추가함으로써 더 많은 책임이 제품 팀에서 플랫폼으로 옮겨간다.

- 서버리스 컴퓨팅 모델에 따라 개발자는 애플리케이션의 비즈니스 로직을 구현하는 데 집중한다.

- 서버리스 애플리케이션은 들어오는 요청이나 특정 이벤트에 의해 트리거된다. 이러한 애플리케이션을 요청 중심 또는 이벤트 중심이라고 부른다.

- 스프링 클라우드 함수를 사용하는 애플리케이션은 몇 가지 방식으로 배포할 수 있다.

- 스프링 네이티브가 포함된 경우 애플리케이션을 네이티브 이미지로 컴파일하여 서버 또는 컨테이너 런타임에서 실행할 수도 있다. 즉각적인 시작 시간과 메모리 소비 감소 덕분에 이러한 애플리케이션을 케이네이티브를 통해 원활하게 배포할 수 있다.

- 케이네이티브는 '최신 서버리스 워크로드를 배포하고 관리하기 위한 쿠버네티스 기반 플랫폼'이다(https://knative.dev). 이를 사용해 표준 컨테이너화된 워크로드 및 이벤트 중심 애플리케이션을 배포할 수 있다.

- 케이네이티브 프로젝트는 개발자에게 우수한 사용자 경험을 제공하며, 더 높은 추상화를 통해 쿠버네티스에 애플리케이션을 더 간단하게 배포할 수 있도록 한다.

- 케이네이티브는 서버리스뿐만 아니라 보다 표준적인 컨테이너화된 애플리케이션을 위해 쿠버네티스에 워크로드를 배포하기 위한 추상화의 사실상의 표준이 될 정도로 뛰어난 개발자 경험을 제공한다.

APPENDIX
부록

APPENDIXR

개발 환경 설정

이 부록의 주요 내용

- 자바 설치 및 설정
- 도커 설치 및 설정
- 쿠버네티스 설치 및 설정
- 그 밖의 다른 툴 설치 및 설정

이 부록에서는 개발 환경을 설정하고 클라우드 네이티브 애플리케이션의 빌드, 관리, 배포를 위해 이 책의 전반에 걸쳐 사용할 툴을 설치하기 위한 도움말을 제공한다.

A.1 자바

이 책의 모든 예제는 자바의 최신 장기 지원 버전인 자바 17을 기반으로 한다. OpenJDK 17의 어느 배포판이라도 설치하면 된다. 이 부록에서는 이전에는 AdoptOpenJDK로 알려진 어댑티움 프로젝트(adoptium.net)의 이클립스 테무린Eclipse Temurin 배포판을 설치하겠지만 다른 것을 설치해도 무방하다.

여러 개의 다른 자바 버전과 배포판을 한 컴퓨터에서 관리하는 것이 골치아픈 일이 될 수 있다.

sdkman(sdkman.io)과 같은 도구를 사용하면 다른 JDK의 설치, 업데이트 및 변경이 용이하기 때문에 이 툴을 설치하기를 권한다. macOS와 리눅스에서는 sdkman을 다음과 같이 설치할 수 있다. 윈도우에서의 설치 지침은 공식 문서를 참고하기 바란다.

```
$ curl -s "https://get.sdkman.io" | bash
```

설치가 끝나면 다음 명령을 실행해[1] 현재 나와 있는 모든 OpenJDK 배포판과 버전을 확인해보기 바란다.

```
$ sdk list java
```

리스트 중에서 설치할 배포판을 선택하고 설치를 시작하면 된다. 예를 들면 이 책을 집필하는 현재 사용 가능한 상태에 있는 이클립스 테무린 자바 17의 최신 버전을 다음 명령으로 설치할 수 있다.

```
$ sdk install java 17.0.3-tem
```

독자들이 이 책을 읽을 때에는 최신 버전이 다를 수도 있기 때문에 이전 명령 실행 결과로 출력되는 목록에서 최신 버전을 확인한다.

설치 절차가 끝나면 sdkman은 새로 설치하는 배포판을 기본 배포판으로 설정할 것인지를 묻는다.[2] 이 책에서 예제로 구축하는 모든 프로젝트에서 자바 17을 사용하기 때문에 이 질문에 yes를 선택할 것을 권한다. 다음 명령을 사용하면 언제든지 기본 버전을 변경할 수 있다.

```
$ sdk default java 17.0.3-tem
```

---

1   [옮긴이] 터미널을 새로 열어 실행한다.

2   [옮긴이] 동일한 자바 버전의 배포판에 대해서는 이 확인을 거치지만, 자바 버전을 변경하는 경우는 새로 설치하는 버전이 기존의 기본 버전보다 최신이면 사용자 확인 없이 기본 버전을 최신 버전으로 변경하기 때문에 주의가 필요하다. sdkman을 통해 설치하지 않은 기존 자바 버전을 반드시 사용해야 하는 경우라면 기존 자바 버전을 삭제하고 sdkman으로 다시 설치하면 된다. 이미 설치된 자바를 삭제하지 않고 그대로 사용하려고 하면 sdkman이 기존 자바 버전을 인식하지 못한다. 이 경우 sdkman의 자바 설치 폴더에 기존 자바 설치 폴더에 대한 심볼릭 링크를 생성해 sdkman이 기존 설치된 자바를 인식하게 할 수 있다. 예를 들어 OpenJDK 11이 /Library/Java/jvm/jdk-11.0.10/Home에 설치되어 있고 sdkman을 사용해 17.0.3-tem이 /Users/jimin/.sdkman/candidates/java/17.0.3-tem에 설치되어 있다면 다음과 같은 명령을 실행해 sdkman이 기존 11을 인식하게 할 수 있다.

```
$ ln -s /Library/Java/jvm/jdk-11.0.10/Contents/Home \
        /Users/jimin/.sdkman/candidates/java/11.0.10-tem
```

기본 버전으로 변경된 OpenJDK 정보를 확인해보자.

```
$ java --version
openjdk 17.0.3 2022-04-19
OpenJDK Runtime Environment Temurin-17.0.3+7 (build 17.0.3+7)
OpenJDK 64-Bit Server VM Temurin-17.0.3+7 (build 17.0.3+7, mixed mode)
```

또한 현재 쉘의 콘텍스트 내에서만 자바 버전을 변경할 수도 있다.

```
$ sdk use java 17.0.3-tem
```

마지막으로 자바의 어느 버전이 기본 버전으로 설정되었는지 확인해본다.

```
$ sdk current java
Using java version 17.0.3-tem
```

A.2 도커

리눅스 재단Linux Foundation 프로젝트 **오픈 컨테이너 이니셔티브**Open Container Initiative, OCI(opencontainers. org)는 컨테이너로 작업하기 위한 산업 표준을 정의한다. 특히 OCI 이미지 사양은 컨테이너 이미지를 만드는 방법을, OCI 실행시간 사양은 컨테이너 이미지를 실행하는 방법을, OCI 배포 사양은 컨테이너 이미지를 배포하는 방법을 정의한다. 컨테이너 작업을 위해 책 전체에 사용되는 도구는 OCI 사양을 준수하는 도커다.

도커 홈페이지(www.docker.com)에는 자신의 로컬 환경에 맞게 도커를 설치하고 설정할 수 있는 지침이 나와 있다. 이 책에서는 현재 책을 쓰는 시점 기준으로 최신 버전인 도커 20.10 및 도커 데스크톱 4.11을 사용한다.

리눅스에서는 도커 오픈소스 플랫폼을 직접 설치할 수 있는데 **도커 커뮤니티 에디션**Docker Community Edition(도커 CE)이라고도 부른다.

macOS 및 윈도우에서는 도커 위에 구축된 상업용 제품인 도커 데스크톱Docker Desktop을 사용해 해당 운영체제에서 리눅스 컨테이너를 실행할 수 있다. 이 책을 쓰는 현재 도커 데스크톱은 개인 사용, 교육, 비상업적인 오픈소스 프로젝트 및 중소기업을 위해서는 무료로 설치할 수 있다. 설치하기 전에 도커 구독 서비스 계약의 내용을 준수할 수 있도록 주의 깊게 읽어보기 바란다(www.docker.com/legal).

도커 데스크톱은 ARM64 및 AMD64 아키텍처를 모두 지원하므로, 이 책의 모든 예제를 애플 실리콘 프로세서가 장착된 새로운 애플 컴퓨터에서 실행할 수 있다.

윈도우라면 도커 데스크톱은 Hyper-V 또는 WSL2 이렇게 두 가지 유형의 설정을 제공한다. 더 나은 성능을 제공하고 더 안정적이기 때문에 WSL2를 사용할 것을 권한다.

도커는 도커 허브Docker Hub로부터 OCI 이미지를 다운로드받도록 사전 설정되어 있는데 도커 허브는 우분투, PostgreSQL, 레디스 등 많은 오픈소스 프로젝트의 이미지를 호스팅하는 컨테이너 레지스트리Container Registry이다. 무료로 사용할 수 있지만 익명으로 사용할 경우 엄격한 속도 제한 정책이 적용되기 때문에 도커 웹사이트(www.docker.com)에서 무료 계정을 생성하는 것이 좋다.

계정을 생성한 후 터미널 창을 열어 도커 허브로 인증한다(그 전에 도커 엔진이 실행 중인지 확인한다). 도커 허브는 기본 설정된 컨테이너 레지스트리이므로 URL을 지정할 필요가 없다.

```
$ docker login
```

사용자 이름과 비밀번호를 입력하라는 요청을 받으면 무료로 생성한 계정의 사용자 이름과 비밀번호를 입력한다.

이제 도커 CLI를 통해 도커 허브와 상호작용하여 이미지를 다운로드(풀)하거나 직접 업로드(푸시)할 수 있다. 예를 들어, 도커 허브에서 공식 우분투 이미지를 다운로드해보자.

```
$ docker pull ubuntu:22.04
```

이 책 전체에서 도커 사용에 대해 자세히 배우게 될 것이다. 그 전에 컨테이너를 테스트해보고 싶다면 컨테이너의 수명 주기와 관련한 유용한 명령이 표 A.1에 있으니 실행해보기 바란다.

표 A.1 이미지와 컨테이너를 관리하는 데 유용한 도커 CLI 명령

도커 CLI 명령	명령이 수행하는 일
docker images	모든 이미지를 보여준다.
docker ps	실행 중인 컨테이너를 보여준다.
docker ps -a	생성되거나 시작되거나 중지된 컨테이너를 모두 보여준다.
docker run <image>	지정된 이미지를 가지고 컨테이너를 실행한다.
docker start <name>	기존 컨테이너를 시작한다.
docker stop <name>	실행 중인 컨테이너를 중지한다.
docker logs <name>	지정된 컨테이너로부터 로그를 출력한다.
docker rm <name>	중지된 컨테이너를 삭제한다.
docker rmi <image>	이미지를 삭제한다.

이 책에서 빌드하는 모든 컨테이너는 OCI와 호환되며, Podman(https://podman.io)과 같은 다른 OCI 컨테이너 런타임과도 호환된다. 도커 이외의 플랫폼을 사용하기를 원한다면, 로컬 개발 및 통합 테스트에 사용하는 일부 도구가 올바르게 작동하도록 추가 설정이 필요할 수도 있다는 점을 유념하기 바란다.

A.3 쿠버네티스

로컬 환경에 쿠버네티스를 설치하는 방법은 몇 가지가 있는데 다음은 가장 일반적으로 사용되는 방법이다.

- **미니큐브**minikube(https://minikube.sigs.k8s.io)를 사용하면 모든 운영체제에서 로컬 쿠버네티스 클러스터를 실행할 수 있다. 미니큐브는 쿠버네티스 커뮤니티에서 유지 관리한다.

- **카인드**kind(https://kind.sigs.k8s.io)를 사용하면 로컬 쿠버네티스 클러스터를 도커 컨테이너로 실행할 수 있다. 주로 쿠버네티스 자체를 테스트하기 위해 개발되었지만, 쿠버네티스를 사용하는 로컬 개발 작업에도 사용할 수 있다. 쿠버네티스 커뮤니티에서 유지 관리한다.

- **k3d**(https://k3d.io)를 사용하면 랜처 랩Rancher Labs에서 구현한 쿠버네티스의 최소 배포판인 k3s를 기반으로 로컬 쿠버네티스 클러스터를 실행할 수 있다. 랜처 커뮤니티에서 유지 관리한다.

필요에 따라 가장 적합한 도구를 자유롭게 선택하기 바란다. 이 책 전체에서 미니큐브를 사용할 예정인데, 그 이유는 미니큐브의 안정성과 새로운 애플 실리콘 컴퓨터를 포함한 모든 운영체제 및 아키텍처와의 호환성 때문이다. 이 책의 모든 예제에서 미니큐브를 사용하려면 최소 2개의 CPU와 4GB의 여유 메모리가 있어야 한다.

설치 가이드는 프로젝트 웹사이트(https://minikube.sigs.k8s.io)에서 찾을 수 있다. 이 책을 집필하는 시점에 사용 가능한 최신 버전인 쿠버네티스 1.24와 미니큐브 1.26을 사용할 것이다. macOS에서는 다음과 같이 홈브루를 사용하여 미니큐브를 설치할 수 있다.

```
$ brew install minikube
```

미니큐브로 로컬 쿠버네티스 클러스터를 실행하려면 컨테이너 런타임 또는 가상 머신 매니저가 필요하다. 이미 도커를 설치했으니, 이를 사용하면 된다. 내부적으로, 모든 미니큐브 클러스터는 도커 컨테이너로 실행된다.

미니큐브를 설치한 후, 도커 드라이버를 사용하여 새로운 로컬 쿠버네티스 클러스터를 시작할 수 있다. 이 명령을 처음 실행하면 클러스터를 실행하는 데 필요한 모든 구성 요소를 다운로드하느라 몇 분 정도 걸린다.

```
$ minikube start --driver=docker
```

다음 명령을 실행하여 도커를 미니큐브의 기본 드라이버로 설정한다.

```
$ minikube config set driver docker
```

새로 생성된 쿠버네티스 클러스터와 상호작용하려면 쿠버네티스 CLI인 kubectl을 설치해야 한다. 설치 지침은 공식 웹사이트(https://kubernetes.io/docs/tasks/tools)에서 확인할 수 있다. macOS 및 리눅스에서는 다음과 같이 홈브루로 설치할 수 있다.

```
$ brew install kubectl
```

그런 다음 미니큐브 클러스터가 올바르게 시작되었는지 확인하고 로컬 클러스터에서 노드가 실행되고 있는지 확인할 수 있다.

```
$ kubectl get nodes
NAME       STATUS    ROLES                AGE      VERSION
minikube   Ready     control-plane,master 2m20s    v1.24.3
```

미니큐브가 필요하지 않을 때는 로컬 환경의 리소스를 아끼기 위해 미니큐브를 중지하는 것이 좋다.

```
$ minikube stop
```

이 책 전체에서 쿠버네티스와 미니큐브의 사용과 관련해 자세하게 살펴볼 것이다. 하지만 지금 쿠버네티스 리소스를 테스트해보고 싶다면 표 A.2에 있는 몇 가지 유용한 명령을 확인해보기 바란다.

표 A.2 파드, 배포, 서비스 객체를 관리하기 위한 유용한 쿠버네티스 CLI 명령

쿠버네티스 CLI 명령	명령이 수행하는 일
kubectl get deployments	모든 배포 객체를 보여준다.
kubectl get pod	모든 파드를 보여준다.
kubectl get svc	모든 서비스를 보여준다.
kubectl logs <pod_id>	지정한 파드의 로그를 보여준다.
kubectl delete deployment <name>	지정한 배포 객체를 삭제한다.
kubectl delete pod <name>	지정한 파드를 삭제한다.
kubectl delete svc <service>	지정한 서비스를 삭제한다.
kubectl port-forward svc <service> <host-port>:<cluster-port>	자신의 로컬 컴퓨터에서 클러스터로 트래픽을 보낸다.

A.4 다른 툴

이 섹션에서는 보안 취약점 스캔이나 HTTP 상호작용과 같은 특정 작업을 수행하기 위해 이 책 전체에서 사용하는 유용한 도구 몇 가지를 소개한다.

A.4.1 HTTPie

HTTPie는 편리한 '커맨드라인 HTTP 및 API 테스트 클라이언트'(https://httpie.org)이다. 인간 친화적으로 설계되었으며 우수한 사용자 경험을 제공한다. 도구에 대한 설치 지침 및 자세한 내용은 공

식 문서를 참고하기 바란다.

macOS 및 리눅스에서는 다음과 같이 홈브루를 사용해 설치할 수 있다.

```
$ brew install httpie
```

설치가 끝나면 두 가지 도구, 즉 http와 https를 터미널 창에서 사용할 수 있다. 예를 들어 다음과 같이 GET 요청을 보낼 수 있다.

```
$ http pie.dev/get
```

A.4.2 그라이프

공급망 보안의 맥락에서 **그라이프**Grype를 사용해 자바 코드베이스와 컨테이너 이미지에 취약점이 있는지 검사한다(https://github.com/anchore/grype). 스캔은 사용자가 실행하는 컴퓨터에서 로컬로 이루어지므로 파일이나 아티팩트가 외부 서비스로 전송되지 않는다. 따라서 규제가 많거나 외부와 차단된 환경에 적합하다. 자세한 내용은 공식 문서를 참고하기 바란다.

macOS 및 리눅스에서는 다음과 같이 홈브루를 통해 설치할 수 있다.

```
$ brew tap anchore/grype
$ brew install grype
```

윈도우에서는 아직 이 도구를 사용할 수 없다. 윈도우 사용자라면 리눅스용 윈도우 하위 시스템 2(WSL2)를 활용해 그라이프를 설치할 수 있다. WSL2에 대한 자세한 내용은 공식 문서(https://docs. microsoft.com/en-us/windows/wsl/)를 참고하기 바란다.

A.4.3 틸트

틸트Tilt(https://tilt.dev)는 쿠버네티스 작업 시 좋은 개발자 경험을 제공하는 것을 목표로 한다. 로컬 환경에서 컨테이너화된 워크로드를 빌드, 배포, 관리하기 위한 기능을 제공하는 오픈소스 도구다. 설치 지침은 공식 문서(https://docs.tilt.dev/install.html)를 참고하기 바란다.

macOS 및 리눅스에서는 다음과 같이 홈브루를 사용해 설치할 수 있다.

```
$ brew install tilt-dev/tap/tilt
```

A.4.4 Octant

옥탄트Octant(https://octant.dev)는 '쿠버네티스 클러스터와 해당 애플리케이션을 검사할 수 있는 쿠버네티스용 오픈소스 개발자 중심 웹 인터페이스'이다. 설치 지침은 공식 문서(https://reference.octant.dev)를 참고하기 바란다.

macOS 및 리눅스에서는 다음과 같이 홈브루를 사용해 설치할 수 있다.

```
$ brew install octant
```

A.4.5 큐비발

큐비발Kubeval(www.kubeval.com)은 '쿠버네티스에서 하나 이상의 설정 파일의 유효성을 검사'해야 할 때 사용하면 편리한 도구다. 배포 파이프라인에서 이 도구를 사용하면 쿠버네티스의 모든 매니페스트가 올바른 형식으로 되어 있는지 그리고 쿠버네티스 API와 호환되는지 확인한다. 설치 지침은 공식 문서(www.kubeval.com/installation/)를 참고하기 바란다.

macOS 및 리눅스에서는 다음과 같이 홈브루를 사용해 설치할 수 있다.

```
$ brew tap instrumenta/instrumenta
$ brew install kubeval
```

A.4.6 케이네이티브 CLI

케이네이티브Knative는 '최신 서버리스 워크로드를 배포하고 관리하기 위한 쿠버네티스 기반 플랫폼'이다(https://knative.dev). 이 프로젝트는 쿠버네티스 클러스터에서 케이네이티브 리소스와 상호작용하는 데 사용할 수 있는 편리한 CLI 도구를 제공한다. 설치 지침은 공식 문서를 참고하기 바란다(https://knative.dev/docs/install/quickstart-install).

macOS 및 리눅스에서는 다음과 같이 홈브루를 통해 설치할 수 있다.

```
$ brew install kn
```

B

디지털오션 프로덕션 환경을 위한 쿠버네티스

이 부록의 주요 내용

- 디지털오션에서 쿠버네티스 클러스터 실행
- 디지털오션에서 PostgreSQL 데이터베이스 실행
- 디지털오션에서 레디스 실행
- 쿠버네티스 오퍼레이터를 사용하여 래빗MQ 실행하기
- 헬름 차트를 사용하여 키클록 실행하기

쿠버네티스는 컨테이너화된 워크로드를 배포하고 관리하기 위한 사실상의 표준이다. 이 책 전체에 걸쳐 폴라 북숍 시스템에서 애플리케이션과 서비스를 배포하기 위해 로컬 쿠버네티스 클러스터를 사용해왔다. 프로덕션은 다른 것이 필요하다.

모든 주요 클라우드 공급업체는 관리형 쿠버네티스 서비스를 제공한다. 이 부록에서는 디지털오션에서 쿠버네티스 클러스터를 생성하는 방법을 살펴본다. 또한, 플랫폼에서 제공하는 다른 관리형 서비스(예: PostgreSQL 및 레디스)도 살펴볼 것이다. 마지막으로, 쿠버네티스에서 직접 래빗MQ와 키클록을 배포하는 과정을 안내한다.

계속 진행하기 전에 디지털오션 계정이 있는지 확인해야 한다. 가입하면 디지털오션은 60일 무료 체험판과 함께 15장의 예제를 진행하기에 충분한 $200 크레딧을 제공한다. 공식 웹사이트의 안내

에 따라 계정을 생성하고 무료 평가판으로 시작하기 바란다(https://try.digitalocean.com/freetrialoffer).

[NOTE] 이 책의 소스 코드 저장소에는 디지털오션이 아닌 다른 것을 사용하려는 경우를 대비하여 몇 가지 다른 클라우드 플랫폼에서 쿠버네티스 클러스터를 설정하기 위한 추가 지침이 포함되어 있다.

디지털오션 플랫폼과 상호작용하는 데는 주로 두 가지 방법이 있다. 첫 번째는 웹 포털(https://cloud.digitalocean.com)을 사용하는 것으로, 사용 가능한 서비스와 그 기능을 탐색하는 데 매우 편리하다. 두 번째 옵션은 디지털오션 CLI인 doctl을 사용하는 것이다. 다음 절에서는 이 방법을 사용한다.

공식 웹사이트[1]에서 doctl을 설치하는 방법을 찾을 수 있다. macOS 또는 리눅스를 사용 중이라면, 홈브루를 통해 쉽게 설치할 수 있다.

```
$ brew install doctl
```

doctl 페이지에 있는 지침을 따라 API 토큰을 생성하고 디지털오션 계정에 대한 doctl 액세스 권한을 부여할 수 있다.

[NOTE] 실제 프로덕션 시나리오에서는 테라폼Terraform 또는 크로스플레인Crossplane과 같은 도구를 사용해 플랫폼 관리 작업을 자동화한다. 이는 일반적으로 애플리케이션 개발자가 아닌 플랫폼 팀의 책임이므로, 여기서 또 다른 도구를 사용함으로써 일을 더 복잡하게 만들지는 않겠고 대신 디지털오션 CLI를 직접 사용한다. 테라폼에 관심이 있다면, 매닝 카탈로그에 이 주제에 관한 책이 있다. 스콧 윙클러Scott Winkler의 《Terraform in Action》(Manning, 2021)[2]를 참고하기 바란다. 크로스플레인의 경우, 마우리시오 살라티노Mauricio Salatino의 《Continuous Delivery for Kubernetes》의 4장[3]을 읽어볼 것을 추천한다.

B.1 디지털오션에서 쿠버네티스 클러스터 실행

디지털오션에서 생성해야 하는 첫 번째 리소스는 쿠버네티스 클러스터이다. 플랫폼에서 제공하는 IaaS 기능에 의존하여 가상 머신 위에 수동으로 쿠버네티스 클러스터를 설치할 수도 있지만 이렇게 하지 않고 추상화된 서비스를 사용하기 위해 플랫폼에서 관리하는 설루션을 선택하겠다. 디지털오션 쿠버네티스[4]를 사용하면 플랫폼이 많은 인프라 문제를 처리하므로 개발자는 애플리케이션

---

1 https://docs.digitalocean.com/reference/doctl/how-to/install

2 https://www.manning.com/books/terraform-in-action

3 https://livebook.manning.com/book/continuous-delivery-for-kubernetes/chapter-4, [옮긴이] 이 책의 제목이 《Platform Engineering on Kubernetes》로 변경된 상태다(https://livebook.manning.com/book/platform-engineering-on-kubernetes/chapter-4/).

4 https://docs.digitalocean.com/products/kubernetes

개발에 더 집중할 수 있다.

doctl을 사용하면 새로운 쿠버네티스 클러스터를 간단하게 생성할 수 있다. 실제 프로덕션 환경에 폴라 북숍을 배포하겠다고 했는데, 필자가 여기서 설정하는 클러스터의 크기와 구성을 그대로 적용해서는 안 된다.

우선, 쿠버네티스 클러스터를 설정하는 것은 개발자의 책임이 아니라 플랫폼 팀에서 해야 할 일이다. 둘째, 구성을 완전히 이해하려면 이 책에서 제공하는 것보다 더 깊이 있는 쿠버네티스에 대한 이해가 필요하다. 셋째, 많은 컴퓨팅 리소스와 서비스를 사용한 것 때문에 디지털오션에서 추가 비용이 발생하지 않아야 한다. 비용 최적화는 실제 애플리케이션에 적용되는 클라우드 속성이다. 그러나 무언가를 시험해보거나 데모 애플리케이션을 실행하는 경우 비용이 많이 들 수 있다. 무료 평가판과 $100 크레딧이 언제 만료되는지 디지털오션 계정에서 주의해서 살펴야 한다.

각 클라우드 리소스는 특정 지역에 호스팅된 데이터 센터에서 생성할 수 있다. 더 나은 성능을 원한다면 가까운 데이터 센터를 선택하기를 추천한다. 필자는 'Amsterdam 3'(ams3)을 사용했지만, 다음 명령으로 전체 지역 목록을 확인할 수 있다.

```
$ doctl k8s options regions
```

계속해서 디지털오션 쿠버네티스(DOKS)를 사용해 쿠버네티스 클러스터를 초기화해보자. 클러스터는 기술 사양을 결정할 수 있는 3개의 워커 노드로 구성된다. CPU, 메모리, 아키텍처와 관련해 다양한 옵션 중에서 선택할 수 있다. 필자의 경우 여기서는 2개의 vCPU와 4GB 메모리가 있는 노드를 사용한다.

```
$ doctl k8s cluster create polar-cluster \         ◀── 생성할 클러스터의 이름을 정의한다.
    --node-pool "name=basicnp;size=s-2vcpu-4gb;count=3;label=type=basic;" \  ◀──
    --region <your_region> ◀──                                       워커 노드에 대한
                                     'ams3'과 같이                     사양을 제공
                                     데이터 센터의 지역
```

NOTE 다양한 컴퓨팅 옵션과 그 가격에 대해 자세히 알고 싶다면 doctl compute size list 명령을 사용하면 된다.

클러스터 생성은 몇 분 정도 걸린다. 마지막으로 클러스터에 할당된 고유 ID가 출력된다. 나중에 필요할 것이므로 메모해두기 바란다. 다음 명령을 실행하면 언제든지 클러스터 ID를 조회할 수 있

다(명확성을 위해 결과를 일부만 보여준다).

```
$ doctl k8s cluster list

ID             Name           Region   Status    Node Pools
<cluster-id>   polar-cluster  ams3     running   basicnp
```

클러스터 생성이 끝나면, doctl은 지금까지 로컬 클러스터에서 수행한 것과 유사하게 컴퓨터에서 디지털오션에서 실행 중인 클러스터와 상호작용할 수 있도록 쿠버네티스 CLI에 대한 콘텍스트를 설정한다. 다음 명령을 실행하여 kubectl의 현재 콘텍스트를 확인할 수 있다.

```
$ kubectl config current-context
```

NOTE 콘텍스트를 변경하려면 kubectl config use-context <context-name>을 실행하면 된다.

클러스터가 생성되면 다음과 같이 워커 노드에 대한 정보를 얻을 수 있다.

```
$ kubectl get nodes

NAME       STATUS   ROLES    AGE     VERSION
<node-1>   Ready    <none>   2m34s   v1.24.3
<node-2>   Ready    <none>   2m36s   v1.24.3
<node-3>   Ready    <none>   2m26s   v1.24.3
```

로컬 쿠버네티스 클러스터의 워크로드를 시각화하기 위해 사용한 옥탄트 대시보드를 기억할 것이다. 이제 이 대시보드를 사용하여 디지털오션의 클러스터에 대한 정보를 얻을 수 있다. 터미널 창을 열고 다음 명령으로 옥탄트를 시작한다.

```
$ octant
```

브라우저에서 옥탄트가 열리고 현재 쿠버네티스 콘텍스트의 데이터가 표시되며, 이는 디지털오션의 클러스터일 것이다. 오른쪽 상단 메뉴의 드롭다운 상자에서 그림 B.1과 같이 콘텍스트 간에 전환할 수 있다.

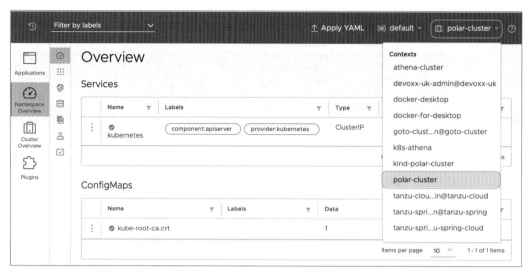

그림 B.1 옥탄트를 사용하면 콘텍스트를 전환하여 서로 다른 쿠버네티스 클러스터의 워크로드를 시각화할 수 있다.

9장에서 언급했듯이, 인그레스 컨트롤러는 쿠버네티스가 제공하지 않기 때문에 사용자가 직접 설치해야 한다. 퍼블릭 인터넷에서 클러스터로의 트래픽을 허용하기 위해 인그레스 리소스를 사용할 것이기 때문에, 인그레스 컨트롤러를 설치해야 한다. 로컬에서 사용한 것과 동일한 컨트롤러를 설치해보자.

`polar-deployment` 저장소에 새로 kubernetes/platform/production 폴더를 생성하고 이 책의 소스 코드 저장소의 Chapter15-end/polar-deployment/kubernetes/platform/production 폴더에 있는 내용을 복사한다.

그런 다음 터미널 창을 열고, polar-deployment 프로젝트의 kubernetes/platform/production/ingress-nginx 폴더로 이동한 후, 다음 명령을 통해 프로덕션 쿠버네티스 클러스터에 ingress-nginx를 배포한다.

```
$ ./deploy.sh
```

실행하기 전에 파일을 열고 내용을 살펴보기 바란다.

NOTE 먼저 chmod +x deploy.sh 명령으로 스크립트를 실행 가능하게 만들어야 할 수도 있다.

다음 절에서는 디지털오션에서 PostgreSQL 데이터베이스를 초기화하는 방법을 살펴보겠다.

B.2 디지털오션에서 PostgresSQL 데이터베이스 실행

이 책의 대부분에서 도커와 로컬 쿠버네티스 클러스터에서 PostgreSQL 데이터베이스 인스턴스를 컨테이너로 실행해왔다. 프로덕션 환경에서는 이 플랫폼을 활용하고 디지털오션[5]에서 제공하는 관리형 PostgreSQL 서비스를 사용하려고 한다.

이 책 전체에서 개발한 애플리케이션은 클라우드 네이티브이며 15요소 방법론을 따른다. 따라서 지원 서비스를 다룰 때는 애플리케이션 코드에서 아무것도 변경하지 않고도 교체할 수 있는 연결된 리소스로 생각한다. 또한 환경 동일성 원칙을 준수하여 개발과 테스트에 모두 실제 PostgreSQL 데이터베이스를 사용했으며, 이 데이터베이스는 프로덕션에서 사용하는 데이터베이스와 동일하다.

로컬 환경에서 실행되는 PostgreSQL 컨테이너에서 고가용성, 확장성 및 복원력을 갖춘 관리형 서비스로 전환하는 것은 스프링 부트의 설정 속성 몇 가지 값을 변경하는 것만으로 가능하다.

먼저, 다음 예제 코드에 표시된 대로 `polar-postgres`라는 이름의 새 PostgreSQL 서버를 생성한다. 개발 및 테스트에 사용한 것과 동일한 버전인 PostgreSQL 14를 사용하기 바란다. `<your_region>`은 사용하려는 지역으로 바꿔야 한다는 점을 잊지 말자. 이 값은 쿠버네티스 클러스터에 사용한 지역과 동일해야 한다. 필자의 경우에는 ams3다.

```
$ doctl databases create polar-db \
    --engine pg \
    --region <your_region> \
    --version 14
```

데이터베이스 서버 생성에는 몇 분이 소요된다. 다음 명령으로 설치 상태를 확인할 수 있다(명확성을 위해 결과를 필터링했다).

```
$ doctl databases list

ID                  Name        Engine   Version   Region   Status
<polar-db-id>       polar-db    pg       14        ams3     online
```

---

[5] https://docs.digitalocean.com/products/databases/postgresql

데이터베이스가 online 상태가 되면 데이터베이스 서버가 준비된 것이다. 이후에 필요하니 데이터베이스 서버 ID를 기록해두기 바란다.

불필요한 공격을 피하기 위해 이전에 생성한 쿠버네티스 클러스터에서만 PostgreSQL 서버에 액세스할 수 있도록 방화벽을 설정할 수 있다. PostgreSQL과 쿠버네티스의 리소스 ID를 적어두라고 한 것을 기억할 것이다. 다음 명령에서 이를 사용하여 방화벽을 구성하고 데이터베이스 서버에 대한 액세스를 보호할 수 있다.

```
$ doctl databases firewalls append <postgres_id> --rule k8s:<cluster_id>
```

다음으로, 카탈로그 서비스(polardb_catalog)와 주문 서비스(polardb_order)에서 사용할 두 개의 데이터베이스를 생성해보겠다. <postgres_id>를 PostgreSQL 리소스 ID로 바꾸는 것을 잊지 말아야 한다.

```
$ doctl databases db create <postgres_id> polardb_catalog
$ doctl databases db create <postgres_id> polardb_order
```

마지막으로 PostgreSQL에 연결하기 위한 세부 정보를 검색해보자. <postgres_id>를 PostgreSQL 리소스 ID로 바꿔야 한다는 점을 잊지 말자.

```
$ doctl databases connection <postgres_id> --format Host,Port,User,Password

Host          Port          User          Password
<db-host>     <db-port>     <db-user>     <db-password>
```

이번 절을 마무리하기 전에 두 애플리케이션에 필요한 PostgreSQL 크리덴셜을 사용하여 쿠버네티스 클러스터에 몇 가지 시크릿을 생성해보겠다. 실제 시나리오에서는 두 애플리케이션에 대한 전용 사용자를 생성하고 제한된 권한을 부여해야 한다. 간단히 하고자 두 애플리케이션 모두에 관리자 계정을 사용하겠다.

먼저, 이전 doctl 명령에서 반환한 정보를 사용하여 카탈로그 서비스에 대한 시크릿을 만든다.

```
$ kubectl create secret generic polar-postgres-catalog-credentials \
    --from-literal=spring.datasource.url=
```

```
↪jdbc:postgresql://<postgres_host>:<postgres_port>/polardb_catalog \
    --from-literal=spring.datasource.username=<postgres_username> \
    --from-literal=spring.datasource.password=<postgres_password>
```

마찬가지로 주문 서비스에 대한 시크릿을 만들어보자. 스프링 데이터 R2DBC에 대한 URL의 구문이 약간 다르다는 점에 유의하기 바란다.

```
$ kubectl create secret generic polar-postgres-order-credentials \
    --from-literal="spring.flyway.url=
↪jdbc:postgresql://<postgres_host>:<postgres_port>/polardb_order" \
    --from-literal="spring.r2dbc.url=
↪r2dbc:postgresql://<postgres_host>:<postgres_port>/polardb_order?
↪ssl=true&sslMode=require" \
    --from-literal=spring.r2dbc.username=<postgres_username> \
    --from-literal=spring.r2dbc.password=<postgres_password>
```

여기까지다. 다음 하위 절에서는 디지털오션을 사용하여 레디스를 초기화하는 방법을 살펴보겠다.

B.3 디지털오션에서 레디스 실행

이 책의 대부분에서 도커와 로컬 쿠버네티스 클러스터 모두 레디스 인스턴스를 컨테이너로 실행해 왔다. 프로덕션 환경에서는 이 플랫폼을 활용하고 디지털오션[6]에서 제공하는 관리형 레디스 서비스를 사용한다.

다시 한번 말하지만, 15요소 방법론을 따르기 때문에 애플리케이션 코드에서 아무것도 변경하지 않고도 에지 서비스에서 사용하는 레디스 지원 서비스를 교체할 수 있다. 스프링 부트에 대한 몇 가지 설정 속성만 변경하면 된다.

먼저, 다음 예제 코드에 표시된 대로 `polar-redis`라는 이름의 새 레디스 서버를 생성해보자. 개발 및 테스트에 사용한 것과 동일한 버전인 레디스 7을 사용한다. `<your_region>`을 사용하려는 지역으로 바꿔야 한다는 것을 잊지 말기 바란다. 쿠버네티스 클러스터에 사용한 것과 동일한 지역이어야 한다. 필자의 경우에는 `ams3`이다.

---

6 https://docs.digitalocean.com/products/databases/redis/

```
$ doctl databases create polar-redis \
    --engine redis \
    --region <your_region> \
    --version 7
```

레디스 서버 생성은 몇 분 정도 소요된다. 다음과 같은 명령으로 설치 상태를 확인할 수 있다(명확성을 위해 결과를 필터링했다).

```
$ doctl databases list

ID               Name          Engine   Version   Region   Status
<redis-db-id>    polar-redis   redis    7         ams3     creating
```

서버가 online 상태가 되면 레디스 서버가 준비된 것이다. 이후에 필요하니 레디스 리소스 ID를 기록해두기 바란다.

불필요한 공격을 피하기 위해 방화벽 설정을 통해 이전에 생성한 쿠버네티스 클러스터에서만 레디스 서버에 액세스할 수 있도록 할 수 있다. 레디스와 쿠버네티스의 리소스 ID를 기록해두라고 한 것을 기억할 것이다. 다음 명령에서 이를 사용하여 방화벽을 구성하고 레디스 서버에 대한 액세스를 보호한다.

```
$ doctl databases firewalls append <redis_id> --rule k8s:<cluster_id>
```

마지막으로, 레디스에 연결하기 위한 세부 정보를 검색해보자. <redis_id>를 레디스 리소스 ID로 바꿔야 한다는 것을 잊지 말기 바란다.

```
$ doctl databases connection <redis_id> --format Host,Port,User,Password

Host            Port           User            Password
<redis-host>    <redis-port>   <redis-user>    <redis-password>
```

이번 절을 마무리하기 전에, 에지 서비스에 필요한 레디스 크리덴셜을 사용하여 쿠버네티스 클러스터에 시크릿을 생성해보겠다. 실제 시나리오에서는 애플리케이션에 대한 전용 사용자를 생성하고 제한된 권한을 부여해야 한다. 간단하게 하고자 기본 계정을 사용하겠다. 이전 doctl 명령에서 반환한 정보로 시크릿을 생성해보자.

```
$ kubectl create secret generic polar-redis-credentials \
    --from-literal=spring.redis.host=<redis_host> \
    --from-literal=spring.redis.port=<redis_port> \
    --from-literal=spring.redis.username=<redis_username> \
    --from-literal=spring.redis.password=<redis_password> \
    --from-literal=spring.redis.ssl=true
```

여기까지 레디스에 대한 설명이 끝났다. 다음 하위 절에서는 쿠버네티스 오퍼레이터를 사용하여 래빗MQ를 배포하는 방법을 살펴본다.

B.4 쿠버네티스 오퍼레이터를 통한 래빗MQ 실행

이전 절에서는 플랫폼에서 제공하고 관리하는 PostgreSQL과 레디스 서버를 초기화하고 설정했다. 디지털오션은 애저Azure나 GCP와 같은 다른 클라우드 제공업체와 마찬가지로 래빗MQ를 제공하지 않기 때문에 동일한 작업을 수행할 수 없다.

쿠버네티스 클러스터에서 래빗MQ와 같은 서비스를 배포하고 관리하기 위한 편리한 방법은 **오퍼레이터**operator 패턴을 사용하는 것이다. 오퍼레이터는 "쿠버네티스의 소프트웨어적인 확장으로 애플리케이션과 그 구성 요소를 관리하기 위해 사용자 정의 리소스를 사용한다."[7]

래빗MQ를 생각해보자. 프로덕션 환경에서 사용하려면 고가용성과 복원력을 갖도록 설정해야 한다. 또한 워크로드에 따라 동적으로 확장할 수도 있어야 한다. 새 버전의 소프트웨어를 사용할 수 있게 되면 서비스를 업그레이드하고 기존 설정과 데이터를 마이그레이션할 수 있는 안정적인 방법이 필요하다. 이러한 모든 작업을 수동으로 하거나 아니면 오퍼레이터를 사용하여 이러한 모든 운영 요구 사항을 파악하고 쿠버네티스가 이를 자동으로 처리하도록 지시할 수 있다. 실제로 오퍼레이터는 쿠버네티스에서 실행되고 API와 상호작용하여 기능을 수행하는 애플리케이션이다.

래빗MQ 프로젝트는 쿠버네티스 클러스터에서 이벤트 브로커를 실행하기 위한 공식 오퍼레이터를 제공한다(www.rabbitmq.com). 필자는 래빗MQ 쿠버네티스 오퍼레이터를 사용하기 위해 필요한 모든 리소스를 설정해놓았고 이를 배포하기 위한 스크립트를 준비해놓았다.

터미널 창을 열고, 폴라 배포 프로젝트(polar-deployment)의 kubernetes/platform/produc-

---

7   https://kubernetes.io/docs/concepts/extend-kubernetes/operator

tion/rabbitmq 폴더로 이동한다. 쿠버네티스 클러스터를 설정할 때 해당 폴더를 자신의 저장소로 복사했을 것이다. 그렇게 하지 않았다면, 이 책의 소스 코드 저장소(Chapter15/15-end/polar-deployment/platform/production/rabbitmq)에서 지금 복사하기 바란다.

이제 다음 명령을 실행해 래빗MQ를 프로덕션 쿠버네티스 클러스터에 배포한다.

```
$ ./deploy.sh
```

실행하기 전에 파일을 열고 내용을 살펴보기 바란다.

NOTE 먼저 chmod +x deploy.sh 명령으로 스크립트를 실행 가능하게 만들어야 할 수도 있다.

이 스크립트는 래빗MQ를 배포하기 위해 수행하는 모든 작업의 세부 내용을 출력하는데 마지막 작업으로 주문 서비스 및 배송 서비스가 래빗MQ에 액세스하는 데 필요한 크리덴셜을 사용해 `polar-rabbitmq-credentials` 시크릿을 생성할 것이다. 다음과 같은 명령을 통해 시크릿이 성공적으로 생성되었는지 확인할 수 있다.

```
$ kubectl get secrets polar-rabbitmq-credentials
```

래빗MQ 브로커는 전용 `rabbitmq-system` 네임스페이스에 배포된다. 애플리케이션은 `polar-rabbitmq.rabbitmq-system.svc.cluster.local`의 포트 5672를 통해 이 브로커와 상호작용할 수 있다.

여기까지 래빗MQ에 대해 알아봤다. 다음 섹션에서는 프로덕션 쿠버네티스 클러스터에 키클록 서버를 배포하는 방법을 살펴보겠다.

B.5 헬름 차트를 사용한 키클록 실행

래빗MQ와 마찬가지로 디지털오션은 관리형 키클락 서비스를 제공하지 않는다. 키클록 프로젝트에서 오퍼레이터를 개발 중이지만, 집필 시점에는 아직 베타 버전이므로 다른 방법을 사용해야 하는데 **헬름 차트**Helm chart를 통해 배포하려고 한다.

헬름은 패키지 관리자라고 생각하면 된다. 컴퓨터에 소프트웨어를 설치하려면 apt(우분투), 홈브루

(macOS), 초코레티(윈도우)와 같은 운영체제 패키지 관리자 중 하나를 사용한다. 쿠버네티스에서도 비슷하게 헬름을 사용할 수 있지만 **패키지** 대신 **차트**라고 부른다.

자신의 컴퓨터에 헬름을 설치한다. 공식 웹사이트(https://helm.sh)에서 설치 지침을 찾을 수 있다. macOS 또는 리눅스를 사용하는 경우, 홈브루를 통해 헬름을 설치할 수 있다.

```
$ brew install helm
```

필자가 이미 비트나미(https://bitnami.com)에서 제공하는 키클록 헬름 차트를 사용하기 위해 필요한 모든 리소스를 설정했고, 이를 배포하기 위한 스크립트도 준비해놓았다. 터미널 창을 열고, 폴라 배포 프로젝트(polar-deployment)로 이동한 다음, kubernetes/platform/production/keycloak 폴더로 이동하기 바란다. 쿠버네티스 클러스터를 설정할 때 해당 폴더를 자신의 저장소로 복사했을 것이다. 그렇게 하지 않았다면, 이 책 소스 코드 저장소(Chapter15/15-end/polar-deployment/platform/production/keycloak)에서 지금 바로 복사하기 바란다.

이제 다음 명령을 실행해 키클록을 프로덕션 쿠버네티스 클러스터에 배포한다.

```
$ ./deploy.sh
```

실행하기 전에 파일을 열고 내용을 살펴보기 바란다.

> **NOTE** 먼저 chmod +x deploy.sh 명령으로 스크립트를 실행 가능하게 만들어야 할 수도 있다.

이 스크립트는 키클록 배포를 위해 수행한 모든 작업에 대한 세부 정보를 출력하고 키클록 관리 콘솔에 액세스하는 데 사용할 수 있는 관리자 사용자 이름과 비밀번호를 출력한다. 처음 로그인한 후 비밀번호를 자유롭게 변경할 수 있다. 나중에 필요할 수 있으므로 사용자 이름과 비밀번호를 기록해두기 바란다. 배포를 완료하는 데 몇 분 정도 걸릴 수 있다.

마지막으로 스크립트는 에지 서비스에서 키클록으로 인증하는 데 필요한 클라이언트 시크릿을 사용해 `polar-keycloak-client-credentials` 시크릿을 생성한다. 다음과 같이 시크릿이 성공적으로 생성되었는지 확인할 수 있다. 시크릿은 스크립트에 의해 임의로 생성된다.

```
$ kubectl get secrets polar-keycloak-client-credentials
```

키클록 헬름 차트는 클러스터 내부에서 PostgreSQL 인스턴스를 생성하고 이를 사용해 키클록에서 사용하는 데이터를 저장한다. 디지털오션에서 관리하는 PostgreSQL 서비스와 통합할 수도 있지만, 이렇게 하면 키클록 측의 설정이 상당히 복잡해진다. 외부 PostgreSQL 데이터베이스를 사용하려면 키클록 헬름 차트 설명서[8]를 참고하기 바란다.

키클록 서버는 전용 `keycloak-system` 네임스페이스에 배포된다. 애플리케이션은 클러스터 내에서 `polar-keycloak.keycloak-system.svc.cluster.local`의 8080 포트를 통해 이 서버와 상호작용할 수 있다. 또한 공용 IP 주소를 통해 클러스터 외부에도 노출할 수 있다. 다음 명령으로 외부 IP 주소를 찾을 수 있다.

```
$ kubectl get service polar-keycloak -n keycloak-system

NAME             TYPE           CLUSTER-IP       EXTERNAL-IP
polar-keycloak   LoadBalancer   10.245.191.181   <external-ip>
```

플랫폼에서 로드 밸런서를 생성하는 데 몇 분 정도 걸릴 수 있다. 생성하는 동안 EXTERNAL-IP 열에 `<pending>`이라는 상태로 표시된다. 조금 기다렸다가 재시도하면 된다. IP 주소가 나타나면 여러 시나리오에서 사용할 것이므로 이 주소를 기록해두기 바란다.

키클록은 공용 로드 밸런서를 통해 노출되므로 외부 IP 주소를 사용해 관리 콘솔에 액세스할 수 있다. 브라우저 창을 열고 http://<external-ip>/admin으로 이동한 후 이전 배포 스크립트에서 반환한 크리덴셜을 사용해 로그인할 수 있다.

이제 키클록에 대한 공개 DNS 이름이 만들어졌으므로, 몇 가지 시크릿을 정의해 에지 서비스(OAuth2 클라이언트), 카탈로그 서비스, 주문 서비스(OAuth2 리소스 서버)에서 키클록 통합을 설정할 수 있다. 터미널 창을 열고, 폴라 배포 프로젝트의 kubernetes/platform/production/keycloak 폴더로 이동한 후에, 다음 명령을 실행하여 애플리케이션이 키클락과 통합하는 데 사용할 시크릿을 생성한다. 실행하기 전에 파일을 열고 내용을 살펴본다. <external-ip>를 키클록 서버에 할당된 외부 IP 주소로 바꿔야 한다는 것을 유념하기 바란다.

```
$ ./create-secrets.sh http:/ /<external-ip>/realms/PolarBookshop
```

---

8 https://bitnami.com/stack/keycloak/helm

여기까지가 키클록에 대한 내용이다. 다음 절에서는 폴라 UI를 프로덕션 클러스터에 배포하는 방법을 살펴본다.

B.6 폴라 UI 실행

폴라 UI는 앵귤러로 빌드된 단일 페이지 애플리케이션으로 NGINX를 통해 제공된다. 11장에서 살펴봤듯이 프런트엔드 개발은 이 책의 범위를 벗어나기 때문에 이 애플리케이션을 배포하는 데 사용할 수 있는 컨테이너 이미지를 미리 준비해놓았다.

터미널 창을 열고, 폴라 배포 프로젝트(polar-deployment)의 kubernetes/platform/production/polar-ui 폴더로 이동한다. 쿠버네티스 클러스터를 설정할 때 해당 폴더를 자신의 저장소에 복사했을 것이다. 그렇게 하지 않았다면, 이 책 소스 코드 저장소(Chapter15/15-end/polar-deployment/platform/production/polar-ui)에서 지금 바로 복사한다.

이제 다음 명령을 실행해 프로덕션 쿠버네티스 클러스터에 폴라 UI를 배포한다. 실행하기 전에 파일의 내용을 살펴보기 바란다.

```
$ ./deploy.sh
```

> **NOTE** 먼저 chmod +x deploy.sh 명령으로 스크립트를 실행 가능하게 만들어야 할 수도 있다.

이제 폴라 UI와 모든 주요 플랫폼 서비스가 실행 중이므로, 15장을 계속 읽어나가면서 프로덕션 배포를 위해 폴라 북숍의 모든 스프링 부트 애플리케이션 설정을 완료할 수 있다.

B.7 모든 클라우드 리소스 삭제

폴라 북숍 프로젝트 실험이 끝나면 이번 절의 지침에 따라 디지털오션에서 생성한 모든 클라우드 리소스를 삭제한다. 예상치 못한 비용이 발생하는 것을 방지하기 위해 기본적으로 해야 하는 일이다.

먼저, 쿠버네티스 클러스터를 삭제해야 한나.

```
$ doctl k8s cluster delete polar-cluster
```

다음으로, PostgreSQL 및 레디스 데이터베이스를 삭제한다. 먼저 해당 데이터베이스의 ID를 알아야 하는데 다음 명령을 실행하여 해당 정보를 확인할 수 있다.

```
$ doctl databases list

ID                 Name          Engine    Version    Region    Status
<polar-db-id>      polar-db      pg        14         ams3      online
<redis-db-id>      polar-redis   redis     7          ams3      creating
```

그런 다음 앞의 명령에서 반환한 리소스 식별자를 사용해 두 데이터베이스를 모두 삭제한다.

```
$ doctl databases delete <polar-db-id>
$ doctl databases delete <redis-db-id>
```

마지막으로 브라우저 창을 열고 디지털오션 웹 인터페이스(https://cloud.digitalocean.com)로 이동한 다음 계정의 다양한 클라우드 리소스 카테고리를 살펴보고 혹시라도 사용 중인 서비스는 없는지 확인하고, 있다면 삭제한다. 클러스터나 데이터베이스 생성의 과정에서 부산물로 만들어진 로드 밸런서나 영구 볼륨이 있을 수 있으며, 이전의 명령으로 삭제되지 않았을 수도 있다.

진솔한 서평을 올려주세요!

이 책 또는 이미 읽은 제이펍의 책이 있다면, 장단점을 잘 보여주는 솔직한 서평을 올려주세요.
매월 최대 5건의 우수 서평을 선별하여 원하는 제이펍 도서를 1권씩 드립니다!

- **서평 이벤트 참여 방법**
  ❶ 제이펍 책을 읽고 자신의 블로그나 SNS, 각 인터넷 서점 리뷰란에 서평을 올린다.
  ❷ 서평이 작성된 URL과 함께 review@jpub.kr로 메일을 보내 응모한다.

- **서평 당선자 발표**
  매월 첫째 주 제이펍 홈페이지(www.jpub.kr)에 공지하고, 해당 당선자에게는 메일로 개별 연락을 드립니다.
  단, 서평단에 선정되어 작성한 서평은 응모 대상에서 제외합니다.

독자 여러분의 응원과 채찍질을 받아 더 나은 책을 만들 수 있도록 도와주시기 바랍니다.

찾아보기